U0900975

◎山东大学研究生核心课程教材

新政治经济学导论

李增刚　编著

山东大学出版社
SHANDONG UNIVERSITY PRESS
·济南·

图书在版编目(CIP)数据

新政治经济学导论 / 李增刚编著. —济南 ：山东大学出版社，2024.5

ISBN 978-7-5607-8078-8

Ⅰ. ①新… Ⅱ. ①李… Ⅲ. ①政治经济学 Ⅳ. ①F0

中国国家版本馆 CIP 数据核字(2024)第 020885 号

责任编辑 邵淑君

封面设计 王秋忆

新政治经济学导论

XIN ZHENGZHI JINGJIXUE DAOLUN

出版发行	山东大学出版社
社　　址	山东省济南市山大南路 20 号
邮政编码	250100
发行热线	(0531)88363008
经　　销	新华书店
印　　刷	济南乾丰云印刷科技有限公司
规　　格	787 毫米×1092 毫米　1/16 25.5 印张　　560 千字
版　　次	2024 年 5 月第 1 版
印　　次	2024 年 5 月第 1 次印刷
定　　价	67.00 元

版权所有 侵权必究

目　录

绪　言

一、经济学为什么要关注政治？如何关注和研究政治？

无论是经济还是政治，几乎所有人都不陌生，也都能够说上几句，甚至能够侃侃而谈，因为经济和政治与我们的生活息息相关。就经济来说，在这个日益分工化和专业化的时代，我们每个人每天的生活都离不开经济活动，如生产、分配、交换、消费等，我们不是从事这个活动，就是从事那个活动。就政治来说，上至全球，下至家庭内部，国家与国家之间、人与人之间的关系既有和谐一致，也有矛盾冲突。无论是和谐一致与矛盾冲突之间的转换，还是其各自的演变，都体现出不同主体之间的利益关系。

经济和政治作为社会科学的重要组成部分，我们从小学时期就开始学习其相关的知识。当然，在不同的阶段，学习内容存在差别。货币、商品的概念，小学阶段就已经有所涉及。在中学阶段，经济学的相关知识包含在"思想政治"课程中，在"思想政治"教材中有"经济与社会""经济生活""经济学常识"等不同分册。[①] 在大学阶段，无论什么专业，都需要学习"思想政治"和"政治经济学"或"经济学"的相关内容，但是不同专业学习的深度存在差别，有作为专业课的"政治学""经济学""政治经济学"，也有作为非专业课的"思想政治"，其中包含"政治学"和"政治经济学"或"经济学"的内容。因此，无论学习到什么阶段，也无论什么学历，政治学和经济学的知识都是必须学习的内容。

在大学阶段，由于学科划分和知识分工等，经济学、政治学属于不同的学科，在研究对象、主题和范围等方面存在较大的差别，那么经济学的研究能否脱离政治呢？2015 年 11 月 23 日，习近平总书记在主持中央政治局第二十八次集体学习时指出："经济学虽然是研究经济问题，但不可能脱离社会政治，纯而又纯。"[②]这个判断强调了经济学的研究不能不关注政治。那么，经济学为什么要关注政治？先看以下几个具体

---

① 参见人民教育出版社"思想政治"高中不同年级的教材分册，这些教材中包含的"经济学"知识还是非常专业的，比如"经济学常识"分册中就包含古典经济学、马克思主义经济学以及新古典经济学及其之后的凯恩斯革命、新自由主义经济学等内容。

② 习近平：《不断开拓当代中国马克思主义政治经济学新境界》，《求是》2020 年第 16 期。

的例子。

例一:经济全球化是纯粹的经济问题吗?

经济全球化是20世纪90年代以来被广泛讨论的概念。全球范围内有很多国际经济组织,如世界银行、国际货币基金组织、世界贸易组织等,它们制定国家之间进行经济交往的规则,发布全球范围内的经济数据,既包括全球层面的经济总量数据、人均数据、人口数据等,也包括各国家或地区层面的数据。全球层面的数据反映世界经济的总体情况,整个世界就像一个国家或地区一样。然而,各国家之间的经济往来是自由的吗?各国家参与经济全球化的程度相同吗?至少从现在的情况来看,答案是否定的。20世纪末21世纪初,反对全球化的大多数是发展中国家,而到2010年之后,许多发达国家也开始反对全球化,甚至采用了一些"逆全球化"的措施。为什么?难道全球化对发达国家不利?如果是这样,为什么还要全球化?

从全球数据来看,各国的经济发展水平存在巨大的差距,世界上最富裕国家的人均GDP(国内生产总值)是最贫穷国家的几百倍。虽然第二次世界大战之后,无论是富裕的发达国家,还是各种国际组织,都对贫困落后的国家进行了各种各样的援助,但是这些国家一直未能摆脱贫困。这些贫困落后的国家经济发展不起来,是出于国内的原因,还是发达国家其实并不希望这些国家发展起来?又或者是出于资本、劳动等生产要素的原因,还是其他方面的原因?

例二:国际贸易政策的选择是纯粹的经济问题吗?

学习过国际贸易理论的人都知道,从古典经济学时期的亚当·斯密(Adam Smith)、大卫·李嘉图(David Ricardo)开始,国际贸易理论就在强调贸易能够给参与国家带来的收益,因此,各国要尽可能地参与国际贸易,以便利用国际市场,提高分工水平,从国际贸易中获得收益。然而,在现实中,无论是发达国家还是发展中国家,没有几个国家采取过完全自由的贸易政策。所谓"完全自由的贸易政策",是指对进口和出口都不施加任何限制,无论是关税还是配额措施,都没有。而当今世界几乎所有国家都要对国际贸易施加一定程度的限制,不仅在进口中通过关税或配额进行限制,而且对出口部门也会施加同样的限制,甚至还有许多国家对本国产品的出口进行限制,比如美国对向中国出口芯片实施限制。这是什么原因导致的?是国际贸易理论错了,还是现实中出了问题?

对于这个问题,国际贸易政策理论从两个层面进行了解释。在国家层面,国际贸易虽然对两个国家都有好处,但是两个国家从国际贸易中获得的收益是存在差别的。不同的贸易条件决定了参与贸易的国家能否获得收益、能够获得多少收益。获得收益多的一方自然高兴,获得收益少的一方可能会不满意。在国内层面,国家虽然在总体上能够从国际贸易中获得收益,但是国内不同主体却可能因此而受损。按照赫克歇尔—俄林(Heckscher-Ohlin)的要素禀赋理论,本国丰裕要素的所有者在自由贸易中受益,而稀缺要素的所有者却在自由贸易中受损,不同要素的所有者之间的利益不一致，对自由贸易的态度自然也就不同，从而导致丰裕要素的所有者支持自由贸易，稀缺要素的所有者反对自由贸易。这样，自由贸易虽然能够为各国带来收益，但是由于国家层面的利益分配问题、国家内部不同要素的所有者的利益分配问题，自由贸易政策也就难以成为各国普遍采取的贸易政策了。

例三：地方领导人对地区经济表现有影响吗？

近些年，有很多研究关注地方领导人的性别、年龄、学历、毕业院校、工作经历等个人特征对地方经济增长的影响。在这些研究中，有的采用省级层面数据，有的采用市级层面数据；有的只关注“一把手”的个人特征，有的关注整个“班子”成员的特征，包括常委（省委常委或市委常委）、副省长（市长）等。

既然进行了这些研究，并且这些研究得出的结论基本上是显著的，那就很自然地体现出在中国目前的政治体制下地方领导人对地区经济活动有很大的影响，无论是“一把手”还是整个“班子”成员，他们的个人特征会决定其认知，进而影响其决策和资源配置行为，并最终影响整个地区的经济表现。当然，地方领导人的个人特征不仅对地区经济表现有影响，还会影响社会、文化等各个方面。那么，地方领导人对地区经济表现具有影响的判断在所有的国家、所有的时期都能成立吗？答案可能是否定的，因为各个国家的政治体制不同，地方领导人在地区资源配置中所起的作用也是不同的。如果地方领导人在地区资源配置中具有较大的权力，那么这种权力越大，其个人特征对地方经济表现的影响就越大；如果地方领导人在地区资源配置中没有任何权力，其个人特征就不会对地方经济的表现有任何影响。

例四：资本雇用劳动还是劳动雇用资本？

企业是生产活动最基本的单位。微观经济学对企业利润最大化的讨论是基于技术分析，即产出既定下的成本最小化或成本既定下的产量最大化。然而，现实中的企业并非如此简单，因为企业的生产活动是不同生产要素投入的结果，而不同要素的所有者之间的关系可能会直接影响企业的生产活动。仅就资本和劳动两种生产要素来说，就会出现资本雇用劳动还是劳动雇用资本的问题。那么，资本雇用劳动或者劳动雇用资本重要吗？为什么？如果假定资本和劳动的所有者之间信息完全对称，不存在任何的卸责、偷懒等问题，那么资本和劳动谁雇用谁并不重要。然而，现实可能并非如此。在资本雇用劳动的模式下，劳动力获得固定的工资，资本所有者拥有企业的剩余索取权并承担企业生产经营的风险；在劳动雇用资本的模式下，资本获得固定的利息，劳动力拥有企业的剩余所有权并承担企业生产经营的风险。在资本和劳动这两种生产要素中，资本可以与其所有者分离，而劳动与其所有者是无法分离的。劳动力作为一种能动的生产要素，其能否尽最大努力发挥作用，会直接影响到企业的产出。所以，在现实的企业中，为了尽可能地发挥劳动力的能动性，提高劳动力的积极性，对劳动力采取的股权激励等措施本质上是在资本雇用劳动的前提下让劳动力也享受资本收益，从而实现与资本所有者的激励相容。

例五：家庭关系与经济表现

家庭是最基本的社会单位。社会中的每个人都离不开家庭，从出生后与父母、兄弟姐妹共同组成的家庭，到结婚后与丈夫或妻子和子女组成的家庭。虽然家庭作为基本的社会单位是一个整体，但是家庭中的每个人都是独立的个体，都有自己的利益，丈夫与妻子之间、兄弟姐妹之间都有自己的利益，并且会存在利益冲突，因而我们会看到各种各样的家庭矛盾。丈夫与妻子在利益冲突不可调和的时候会离婚，父母与子女或兄弟姐妹之间利益冲突不可调和的时候会分家。实际上，家庭成员之间的关系会影响到家庭成员工作或劳动的积极性，进而会影响家庭收入等。

以最简单的由丈夫和妻子组成的家庭为例，丈夫和妻子在家庭决策中的关系可以分为三种类型：丈夫决策为主、妻子决策为主、丈夫和妻子共同决策。先不考虑三种决策的效率如何，单就丈夫和妻子作为两个不同的主体而存在的个体特征的差异，就可能产生不同的决策结果。比如丈夫比妻子更偏好风险，而妻子相对厌恶风险，那么在风险资产的投资上就可能会存在差别。如果丈夫决策，就可能将更多的资金投资在股票上；而妻子决策，就可能将更多的资金投资在债券、基金等风险较低的金融资产上。当然，将资金配置在不同的风险资产上，收益率会存在差别，所承担的风险也会存在差别。在这种情况下，我们可能会提出疑问：在家庭中，丈夫和妻子在决策中的地位是如何决定的？对此，我们先不进行深入的讨论，而是引用一句话暂作解释："你娶老婆，可是我花的钱，你没往外掏一个小钱。想想吧，咱俩是谁该听谁的？"[①]《民法典》对夫妻的共同财产、共同债务等作了新的规定，实际上是夫妻在具有各自的利益、作为独立个体的前提下明确各自的财产权以及需要承担的责任。

"分家"是中国传统社会家庭发展和分化的重要活动，既包括子女与父母之间分家，也包括兄弟姐妹之间分家，反映出家庭成员之间利益的差别。"分家"从经济意义上来看，具有"明晰产权"的重要作用。在分家之前，家庭任何一个成员赚取的收入或欠下的债务，都成为整个家庭的收入或债务，其他成员既可以从收入中获益，也会共同承担债务，这就可能形成"奖懒罚勤"的负向激励机制。但是，分家之后，各家的收入和债务分别由各家支配和偿还，即使是兄弟姐妹也要"明算账"。各家在收入、债务等方面会出现差异，从而在各家形成激励或惩罚机制。

上面所举的这些例子，涵盖了多个不同层次的主体，包括国家、企业、个人、官员、百姓等。各主体的共同点在于每个需要或能够单独进行决策的个体都有自己的利益，都从自己的利益出发进行决策，这就不可避免地出现个体间的利益差别和利益冲突等。正是这种利益差别和利益冲突，构成了人与人之间关系的重要方面。当然，人与人之间除了有利益差别和利益冲突，还存在利益的和谐与一致。那么哪个方面对人类更加重要呢？人类总是在追求利益的和谐与一致，然而出发点往往却是利益差别和利

---

① 这句话出自《骆驼祥子》，是虎妞在和祥子结婚后对祥子说的（参见老舍：《骆驼祥子》，浙江工商大学出版社 2017 年版，第 135 页）。当然，这种情况并不绝对，但是可以从侧面反映出家庭成员之间的关系。

益冲突。正是因为建立起了解决利益冲突的规则、制度，人类才基本实现了利益的和谐与一致。人们建立起来的解决利益冲突的规则和制度，以及建立这些规则和制度的过程，体现出人与人之间的关系，这就是典型的“政治”。这些规则和制度形成的目的是影响或决定各种主体的行为，涉及各种主体能做什么、不能做什么、可以做什么、不可以做什么等。当主体的行为涉及生产、分配、交换和消费等经济活动时，就会对经济结果或者经济绩效产生影响。所以，经济学需要关注政治。

那么，经济学如何关注或研究政治呢？至少有四个角度：一是政治对经济的影响，二是经济对政治的影响，三是从经济学的角度研究政治，四是从政治学的角度研究经济。对于政治与经济之间的关系，马克思主义政治经济学给出了非常经典的阐述，即生产力和生产关系的关系、经济基础和上层建筑的关系的理论。生产力决定生产关系，生产关系反作用于生产力；经济基础决定上层建筑，上层建筑反作用于经济基础。从经济学的角度研究政治，就是将所有的政治主体都假定为“经济人”，将所有的政治活动都视为一种“交易”关系，甚至可以以“市场”为主体对政治活动进行分析。从政治学的角度研究经济，典型的表现是对制定经济政策的政治过程的分析或研究。这四个角度对于理解现实的经济活动至关重要。如果说现代主流经济学主要对经济活动进行经济学分析，那么拓展研究的范围和视角，包括关注经济与政治的关系、从经济学的角度研究政治、从政治学的角度研究经济，既是经济学主题和范围的拓展，也是对政治与经济“融合”的回归。

二、研究政治经济学或经济学的目的和意义

研究政治经济学或经济学是人类对社会活动的总结分析。要说明研究政治经济学或经济学的目的和意义，就需要说明人类进行社会活动的目的和意义，进而说明研究学习、知识创造和知识传播的意义是什么。

从一般意义上讲，人类的一切活动，包括生产、消费、娱乐等，都是为了生存和发展；反过来说，生存和发展是人类一切活动的目的。那么，什么是生存？什么是发展？生存是人类作为一个整体、部分人作为一个集体、个人作为一个个体的存在及其延续。对于人类整体而言，人类作为一个物种要存在下去，不管是在与自然还是与其他物种的相处或竞争中，都要寻求生存。在人类组成的各个群体（国家就是这样一个群体）中，每个群体又会与其他群体相处或竞争，从而寻求生存。在每个群体中，组成群体的每个个体也要寻求生存。当面临生存危机的时候，群体中的个体首先试图维护其生存，其次才是群体的生存，最后是全人类的生存。[①]

发展是为了更好地生存。无论是人类整体、集体还是个人，发展都是为了创造更

① 英国学者理查德·道金斯（Richard Dawkins）在《自私的基因》中写道：“我将要论证，成功基因的一个突出特性就是其无情的自私性。这种基因的自私性通常会导致个体行为的自私性。然而我们也会看到，基因为了更有效地达到其自私的目的，在某些特殊情况下，也会滋长一种有限的利他主义。”参见［英］理查德·道金斯：《自私的基因》，卢允中等译，中信出版社2018年版，第3页。

好、更有利的生存条件，从而才能生存得更久、更好。美国社会心理学家亚伯拉罕·马斯洛（Abraham H. Maslow）提出了需求层次理论，将人的需求分为五个层次，分别是生理的需求、安全的需求、归属和爱的需求、尊重的需求、自我实现的需求，这些需求本质上都可以归结为人的生存和发展的需求，人不仅要生存，而且要生存得更好，进而不断发展。[①]

在评价人类活动的时候，比如判断某项活动好不好、应该不应该，所遵循的实际上也是上述标准，即是否有利于人类的生存和发展。人类在遵循这一标准的基础上从事生产、分配、消费等活动，我们在日常生活中也以此为标准阅读文学作品、观看各种娱乐节目、从事体育锻炼。

当然，在实现生存与发展这一目标的过程中，可能会出现长期或短期的矛盾，甚至会出现个人、集体、国家乃至全人类的矛盾。比如，有些人类活动短期内有利于生存和发展，但是对未来可能会产生不利影响；有些人类活动虽然有利于个人的生存和发展，但是具有很强的负外部性，即不利于其他人的生存和发展。实际上，在人类社会发展过程中，不同国家、不同地区之间为争夺有利的生存条件或环境而展开的竞争，某种程度上可能只有利于某些个体或群体而不利于人类整体的生存和发展。对于这一问题，从个人、家庭、社会、国家或者全人类等不同角度来看，人们也许会作出不同的判断。[②]“兄弟阋于墙，外御其侮。”（《诗经·小雅·常棣》）个人和家庭在没有面临外部挑战或竞争的时候，会为了自身的生存和发展而竞争，但是如果面临外部挑战或竞争，则会团结起来共同对敌，这不正是为了国家甚至全人类的生存和发展而斗争吗？

作为人类活动的一部分，知识的发明、发现、创造和传播，也是为了人类更好地生存和发展。知识包括很多种，未必只有科学的才是知识，人类的很多知识并不符合现代科学的定义和标准。人类创造并且传播各种各样的知识，如关于风、雨、雷、电等自然现象的认识。为什么会刮风？为什么会下雨？为什么会打雷、会有闪电？在现代科学产生之前，人类就对这些最为普通的自然现象作出了解释，比如风神、雨神、雷公电母等说法。这些虽然不是科学的，甚至还有些迷信的色彩（对学习了现代科学的人来说），但这些知识对人类是有用的。人类祈求上天保佑风调雨顺，不就是为了更好地生存和发展吗？这些知识经过几千年，现在也并没有完全消失。比如，关于雷电，有一种说法是雷公电母会劈死那些不孝之人、作恶多端之人。这算不上是一种知识，但是这种说法或观念会改变人的行为，比如促进人类合作，警示人们不去做损人利己的事情。这一观念能够促使人类在相互交往中形成更有利于人类生存和发展的秩序。

---

① 参见［美］A. H. 马斯洛：《动机与人格》，许金声、程朝翔译，华夏出版社 1987 年版，第 40-68 页。

② 人类为此创造出了各种各样的制度，比如国家。国家作为一种制度，其基本的对内功能和对外职能都体现了这一点，对内是调和和解决国内不同主体间的利益冲突，对外则要捍卫本国的利益。当国内的不同主体（包括个人或某些群体）之间发生利益冲突的时候，则按照某种原则、标准、法律等解决，这实际上就是为了避免这些个人或群体自行解决利益冲突造成更大的社会损失。在国家之间，通过国防，通过建立专门的军队来捍卫国家的主权、疆土等，实际上就是通过牺牲一部分人的利益，为本国居民的生存和发展创造更加有利的条件，而不需要全部人都为了保护自己的利益而与别人竞争或斗争。

科学是人类知识的一部分。近代以来，随着科学与哲学的分离，科学得到了高度的尊敬，迅速发展成为人类最重要的知识，甚至出现了所谓的“科学沙文主义”的说法。虽然科学家和哲学家对于“科学究竟是什么”有不同的认识，但是科学活动的最终目标（即为了人类的生存和发展）并没有差别。按照逻辑实证主义的观点，科学是从经验事实中推导出来的知识，并且这种知识符合逻辑、经得起实践的检验。科学从实践中来，又必须用于解决现实中的实际问题。在各种科学知识的竞争中，最能够解释现实、最能够解决现实问题的科学理论将会胜出。实际上，在科学与非科学的竞争中，科学能够胜出，就是因为科学比非科学更能够解释现实、解决现实问题，具有更高的解释力和更强的解决现实问题的能力，并且能够经得起长期检验。比如，对于雷电这种非常普通的自然现象，现代科学的解释比之前的“雷公电母（雷神电神）”的解释更能够经得起检验，所以能够被普遍接受。再比如，农学作为自然科学的一部分，是人类研究食物来源及其生产的科学。人类社会从采摘狩猎社会过渡到农耕社会，人类学会了驯化、种植、培育，就是为了生产出更多、更优质的农产品，这也构成了人类消费的最为重要的部分。农学的知识涉及很多方面，如土壤学、气候学、化学、植物学、动物学等。土壤学包含测定土壤中的化学成分的知识，通过测定结果确定不同的土壤分别适合种植什么作物，因为不同作物吸收的土壤中的成分是不同的。人们还可以根据测定结果确定施加什么肥料，目的是促进作物成长。气候学中最基本的温度、湿度、风向等知识也对植物的生长非常重要。中国南方和北方种植的植物有很大差别，“橘生淮南则为橘，生于淮北则为枳”就说明了这个问题。农业知识是人类最古老的知识之一，人们创造、发展这些知识，甚至通过分工让一些人专门从事相关知识的创造和发展，根本目的就是生产更多、更优质的农产品，满足人类的需求。

并非所有的知识都是科学，在科学之外还有大量的非科学知识。非科学的知识并非都有害，有些非科学的知识也可能有利于人类的生存和发展。按照学科门类划分，中国的学科门类包括哲学、经济学、法学、教育学、文学、历史学、理学、工学、农学、医学、军事学、管理学、艺术学，共有 13 个。[①] 每个学科都有大量的知识，有些学科被划归为科学，有些学科则不是科学，甚至在同一个学科门类中也有科学部分与非科学部分之分。但是，所有学科门类的知识能够被创造出来并且广泛传播，被人们接受，根源就在于这些知识对人类的生存和发展是有用的。比如，文学作品不是科学，但是对人类的发展却至关重要；哲学也不是科学，但却是人类对世界基本和普遍问题的探索研究。

政治经济学或经济学作为人类知识的一部分，对其进行研究和学习，同样是为了人类的生存和发展，为人类的生存和发展创造条件。

从广义上看，人类社会从一开始就存在经济活动，比如为满足最基本的生存需求

---

① 这是 2011 年 3 月国务院学位委员会和教育部颁布的《学位授予和人才培养学科目录（2011 年）》列出的学科门类。

而获取食物。无论是早期的狩猎采集,还是后来的农耕畜牧和工业制造,都可以看作经济活动。政治经济学或经济学知识的形成却比这些活动的产生晚得多。虽然最早的经济学知识或思想可以追溯到古希腊或者春秋战国时期,但是仍远远滞后于人类社会的经济活动。

政治经济学或经济学的研究如何实现人类的生存和发展呢?虽然政治经济学或经济学的研究对象在不同时期有不同的表述,但是都没有离开财富这个基本的客体。从古希腊时期作为家政管理的学问或技巧,到重商主义的国家致富之术,再到古典经济学时期强调财富的生产、分配、交换和消费等,都没有离开财富本身。人们创造、占有、储藏财富,根源就在于财富是满足人类各种需求的源泉,从满足最基本的生理需求的食物到满足自我实现需求的各种手段,没有一样能够离开财富或财富的支撑;无论一个人是食物的生产者还是知识的创造者,都需要财富,要么直接消费财富,要么以财富为手段。20世纪之后,政治经济学或经济学发展到以GDP为客体研究经济增长和经济发展,但其要实现人类的生存和发展的目标并没有改变。GDP是衡量一个国家或地区在一段时期内所创造出来的最终产品的价值的指标,实际上就是所创造出来的财富的货币表示。GDP虽然与财富并不等同,但是从总体上看,GDP能够衡量一个国家或地区的财富水平,也能够直接决定人类的生存和发展,比如无论从世界范围来看还是从一个国家或地区的历史纵向来看,预期寿命与人均GDP呈正相关关系就证明了这一点。政治经济学或经济学的各分支学科也都以财富为中间目标,进而服务于人类的生存和发展这一最终目标。

三、中国成就为政治经济学的创新发展提供动力、空间和条件

习近平总书记在哲学社会科学工作座谈会上指出:“历史表明,社会大变革的时代,一定是哲学社会科学大发展的时代。当代中国正经历着我国历史上最为广泛而深刻的社会变革,也正在进行着人类历史上最为宏大而独特的实践创新。这种前无古人的伟大实践,必将给理论创造、学术繁荣提供强大动力和广阔空间。这是一个需要理论而且一定能够产生理论的时代,这是一个需要思想而且一定能够产生思想的时代。我们不能辜负了这个时代。”①习近平总书记的这段话既为中国特色哲学社会科学的发展指明了方向,也提出了新的期望。作为哲学社会科学的重要分支,政治经济学在“百年未有之大变局”的历史背景下需要有所作为,也一定能够有所作为。

中国经济建设的伟大成就需要有科学的解释和总结。新中国成立以来,特别是改革开放以来,中国经济建设取得了伟大的成就。无论是经济总量还是人均GDP,无论是基础设施建设还是人民的生活状况,都发生了翻天覆地的变化。习近平总书记在党的十九大报告中指出:“中国特色社会主义进入新时代,我国社会主要矛盾已经转化为

① 习近平:《在哲学社会科学工作座谈会上的讲话》,人民出版社2016年版,第8页。

人民日益增长的美好生活需要和不平衡不充分的发展之间的矛盾。”[①]这说明中国改革开放初期的社会主要矛盾，即人民日益增长的物质文化需要同落后的社会生产之间的矛盾，已经基本解决。现阶段，在人民的收入水平不断提高，人均GDP超过1万美元、超过世界平均水平后，人民对生活质量的要求不断提高，对美好生活的需要日益广泛。2021年年初，中国完成了消除绝对贫困的艰巨任务，进入全面建成小康社会的新阶段。对改革开放之后中国取得的伟大成就进行解释和总结，是中国特色社会主义政治经济学义不容辞的重要任务。

改革开放以来不断进行的理论创新为中国经济建设的伟大成就提供了解释。改革开放之后，中国共产党不断进行理论创新，既强调理论来源于实践，又强调用理论来指导实践。习近平总书记列举了中国改革开放以来在10个重大问题上提出的重要论断，进行了11个方面的重要理论创新，“在发展理念、所有制、分配体制、政府职能、市场机制、宏观调控、产业结构、企业治理机构、民生保障、社会治理等重大问题上提出了许多重要论断。比如，关于社会主义本质的理论，关于社会主义初级阶段基本经济制度的理论，关于创新、协调、绿色、开放、共享发展的理论，关于发展社会主义市场经济、使市场在资源配置中起决定性作用和更好发挥政府作用的理论，关于我国经济发展进入新常态、深化供给侧结构性改革、推动经济高质量发展的理论，关于推动新型工业化、信息化、城镇化、农业现代化同步发展和区域协调发展的理论，关于农民承包的土地具有所有权、承包权、经营权属性的理论，关于用好国际国内两个市场、两种资源的理论，关于加快形成以国内大循环为主体、国内国际双循环相互促进的新发展格局的理论，关于促进社会公平正义、逐步实现全体人民共同富裕的理论，关于统筹发展和安全的理论，等等”[②]。“这些理论成果……是适应当代中国国情和时代特点的政治经济学，不仅有力指导了我国经济发展实践，而且开拓了马克思主义政治经济学新境界。”[③]

中国改革开放后的理论创新坚持以马克思主义为指导。作为马克思主义的重要组成部分，马克思主义政治经济学原理和方法论是中国经济发展理论创新并指导实践的基础。习近平总书记指出：“在人类思想史上，还没有一种理论像马克思主义那样对人类文明进步产生了如此广泛而巨大的影响。”“我国哲学社会科学坚持以马克思主义为指导，是近代以来我国发展历程赋予的规定性和必然性。在我国，不坚持以马克思主义为指导，哲学社会科学就会失去灵魂、迷失方向，最终也不能发挥应有作用。”[④]“各种经济学理论五花八门，但我们政治经济学的根本只能是马克思主义政治经济学，

---

① 习近平：《决胜全面建成小康社会　夺取新时代中国特色社会主义伟大胜利——在中国共产党第十九次全国代表大会上的讲话》，人民出版社2017年版，第11页。

② 习近平：《在经济社会领域专家座谈会上的讲话》，人民出版社2020年版，第10-11页。

③ 习近平：《不断开拓当代中国马克思主义政治经济学新境界》，《求是》2020年第16期。

④ 习近平：《在哲学社会科学工作座谈会上的讲话》，人民出版社2016年版，第9页。

而不能是别的什么经济理论。”①“面对错综复杂的国内外经济形势,面对形形色色的经济现象,学习领会马克思主义政治经济学基本原理和方法论,有利于我们掌握科学的经济分析方法,认识经济运动过程,把握经济发展规律,提高驾驭社会主义市场经济能力,准确回答我国经济发展的理论和实践问题。”②习近平总书记的这些论述,一方面强调了中国过去的经济成就是在坚持马克思主义基本原理并不断创新的基础上取得的,另一方面强调了中国在未来经济发展过程中会面对各种各样的问题,需要继续坚持马克思主义基本原理并不断进行理论创新。

中国不仅不排斥其他经济学理论、学说等,而且强调要积极借鉴优秀的理论和实践经验。习近平总书记在哲学社会科学工作座谈会上指出:“国外哲学社会科学的资源,包括世界所有国家哲学社会科学取得的积极成果,这可以成为中国特色哲学社会科学的有益滋养。”“对人类创造的有益的理论观点和学术成果,我们应该吸收借鉴,但不能把一种理论观点和学术成果当成‘唯一准则’,不能企图用一种模式来改造整个世界……对国外的理论、概念、话语、方法,要有分析、有鉴别,适用的就拿来用,不适用的就不要生搬硬套。”“对一切有益的知识体系和研究方法,我们都要研究借鉴,不能采取不加分析、一概排斥的态度。”③对于国外的经济学理论和经济学说,习近平总书记指出:“我们坚持马克思主义政治经济学基本原理和方法论,并不排斥国外经济理论的合理成分。西方经济学关于金融、价格、货币、市场、竞争、贸易、汇率、产业、企业、增长、管理等方面的知识,有反映社会化大生产和市场经济一般规律的一面,要注意借鉴。同时,对国外特别是西方经济学,我们要坚持去粗取精、去伪存真,坚持以我为主、为我所用,对其中反映资本主义制度属性、价值观念的内容,对其中具有西方意识形态色彩的内容,不能照抄照搬。”④这是对待马克思主义基本原理和方法论、马克思主义政治经济学以及其他各种理论学说的科学态度。

政治经济学只有以解决经济社会发展中的问题为导向,才能够焕发生机和活力。习近平总书记指出:“世界上伟大的哲学社会科学成果都是在回答和解决人与社会面临的重大问题中创造出来的。”“坚持问题导向是马克思主义的鲜明特点。问题是创新的起点,也是创新的动力源。只有聆听时代的声音,回应时代的呼唤,认真研究解决重大而紧迫的问题,才能真正把握住历史脉络、找到发展规律,推动理论创新。”“要围绕我国和世界发展面临的重大问题,着力提出能够体现中国立场、中国智慧、中国价值的理念、主张、方案。”⑤这几段话都强调哲学社会科学的发展需要以问题为导向,以解决中国和世界发展面临的问题为目标。针对政治经济学的创新和发展,习近平总书记更是明确强调以现实问题为导向。“实践是理论的源泉。我们用几十年的时间走完了发

---

① 习近平:《不断开拓当代中国马克思主义政治经济学新境界》,《求是》2020年第16期。
② 习近平:《在经济社会领域专家座谈会上的讲话》,人民出版社2020年版,第11-12页。
③ 习近平:《在哲学社会科学工作座谈会上的讲话》,人民出版社2016年版,第16、18页。
④ 习近平:《不断开拓当代中国马克思主义政治经济学新境界》,《求是》2020年第16期。
⑤ 习近平:《在哲学社会科学工作座谈会上的讲话》,人民出版社2016年版,第12、14、17页。

达国家几百年走过的发展历程，我国经济发展进程波澜壮阔、成就举世瞩目，蕴藏着理论创造的巨大动力、活力、潜力。当前，世界经济和我国经济都面临许多新的重大课题，需要作出科学的理论回答。我们要立足我国国情和我们的发展实践，深入研究世界经济和我国经济面临的新情况新问题，揭示新特点新规律，提炼和总结我国经济发展实践的规律性成果，把实践经验上升为系统化的经济学说。”①

中共十九届四中全会通过的《中共中央关于坚持和完善中国特色社会主义制度、推进国家治理体系和治理能力现代化若干重大问题的决定》明确指出，中国特色社会主义制度和国家治理体系是具有强大生命力和巨大优越性的制度和治理体系。其中列出的中国特色社会主义制度和国家治理体系的13点显著优势是中国改革开放之后取得伟大成就的基础和保证，这些优势都需要也能够从政治经济学的角度进行科学阐释和研究。

总之，中国改革开放所取得的伟大成就为中国进行政治经济学的理论创新打下了基础、创造了条件，中国在“百年未有之大变局”下面临的复杂的国际国内形势对政治经济学提出了许多新的问题，中国必须在坚持马克思主义基本原理和方法论的指导下，借鉴人类文明发展中一切有益的成果，不断进行理论创新。

四、关于经济学、政治经济学与新政治经济学

关于经济学、政治经济学和新政治经济学之间的关系，下面将从中国经济学的学科分类、美国经济学会对经济学的学科分类、经济学发展史三个角度进行阐述。

从中国经济学的学科分类来看，至少可分为三种：一是国务院学位委员会办公室发布的《博士、硕士学位授予和人才培养学科专业目录》中的经济学科；二是国家质量监督检验检疫总局（现国家市场监督管理总局）和国家标准化管理委员会发布的《中华人民共和国国家标准·学科分类与代码》中的经济学科分类；三是中国图书馆分类办法中的分类。

（1）经济学在国务院学位委员会办公室发布的专业目录中分为一级学科和二级学科。经济学包括“理论经济学”和“应用经济学”两个一级学科，其中“理论经济学”包括6个二级学科，“应用经济学”包括10个二级学科。“理论经济学”下的6个二级学科分别是“政治经济学”“西方经济学”“经济史”“经济思想史”“世界经济”“人口资源与环境经济学”。按照这个分类，“政治经济学”是“理论经济学”下的二级学科。在狭义上，政治经济学就是“马克思主义政治经济学”，与“西方经济学”相对应；在广义上，则并不局限于“马克思主义政治经济学”，还包括西方经济学中的“新政治经济学”。

（2）关于学科分类的国家标准，“经济学”下列出了35个学科，前三个分别是“政治经济学”“宏观经济学”“微观经济学”。如果“宏观经济学”和“微观经济学”代表西方经

---

① 习近平：《不断开拓当代中国马克思主义政治经济学新境界》，《求是》2020年第16期。

济学，那么“政治经济学”基本上就是“马克思主义政治经济学”。[①]

(3)中国图书馆分类办法中，“经济”是专门的一个类别，下设9个类别，分别为F0至F8。在“F0经济学”类下，“马克思主义政治经济学”被列为“F0-0”，算是其中的第一类；在“F01经济学基本问题”下，“F015”和“F016”分别为“宏观经济学”“微观经济学”；“F06”是“经济学分支学科”，共有23个分类号，列出名称的有21个。从中可以看出，“政治经济学”基本上就是指“马克思主义政治经济学”，“西方经济学”则涵盖了经济学的各种分支学科，“新政治经济学”没有被列入其中。

中国的这三个学科分类表明，“政治经济学”是“经济学”学科下的一个分支学科，可以归为狭义的“马克思主义政治经济学”；“新政治经济学”属于“经济学”，基本上属于“西方经济学”，也可以划归至广义上的“政治经济学”学科。

从美国经济学会《经济学文献杂志》(*Journal of Economic Literature*)创立的经济学文献主题分类系统(JEL分类)来看，经济学被划分为19大类。Political Economy在“P经济体制(Economic System)”下有三个，分别为“P1资本主义体制”“P2社会主义体制和转型经济”“P4其他经济体制”。从“新政治经济学”涵盖的内容来看，则分布多处，比如“微观经济学”下“D7集体决策的分析”基本上就是“政治的经济学分析”，包括“D71社会选择、俱乐部、委员会、学会”“D72政治过程的经济分析：寻租、选举、立法和投票行为”“D73官僚制、公共组织的行政过程、腐败”“D74冲突、冲突解决、联盟”“D78政策制定和实施的实证分析”等。再如在“B流派方法”中，“社会主义”“马克思主义”分别在“B1 1925年前的经济思想”“B2 1925年以来的经济思想”“B5目前的非主流方法”等分类中。这表明，在美国主流经济学中，“政治经济学”“新政治经济学”作为经济学的重要组成部分被划归至多个分支学科，但是“政治经济学”“新政治经济学”与中国的“政治经济学”含义并不完全相同。

从整个经济学发展史的角度看，经济学在名称上经历了从“经济学”到“政治经济学”再到“经济学”的历程，最后，“政治经济学”和“新政治经济学”都成了经济学的分支。1615年之前，“经济学”指的是“家政管理”，关于国家范围内的经济问题的论述包含在“政治学”中，比如亚里士多德的《政治学》中就包含着许多经济思想。1615年，蒙克列钦(Antoine de Montchrétien)在《献给国王和王太后的政治经济学》中首次提出“政治经济学”并用其研究国家层面的财富问题，之后经济学的发展经历了重商主义、重农学派和古典经济学时期，奠定了现代经济学最重要的基础。梳理这一时期代表性学者的著作，基本上都是用“政治经济学”来表示“财富的生产、分配、交换和消费”的学问。19世纪70年代，边际学派的代表人物威廉姆·斯坦利·杰文斯(William Stanley Jevons)提出采用“经济学”来替代“政治经济学”名称，原因是“经济学”比“政治经济

① 在《中华人民共和国国家标准·学科分类与代码》中，除了“经济学”学科下列出的35个学科外，在“农业科学”的“林学”学科下有“林业经济学”，“水产学”学科下有“水产经济学”；在“医药科学”的“预防医学与卫生学”学科下有“卫生经济学”；在“工程与技术科学”的“土木建筑工程”下有“建筑经济学”，“水利工程”下有“水利经济学”等。

学”更加简单。他明确指出:“我以为 Political Economy 这一个双名是麻烦的,应尽早放弃……我觉得最好的名称是 Economics。”[①]实际上,经济学家们并没有完全放弃采用“政治经济学”名称,比如新古典经济学的集大成者阿尔弗雷德·马歇尔(Alfred Marshall)在《经济学原理》中就既采用了“经济学”,也采用了“政治经济学”,甚至在很多地方采用的是“经济学或政治经济学”。20 世纪之后,随着经济学的迅速发展以及经济学的重心从英国转向美国,经济学家们主要采用“经济学”这个名称,比如,保罗·萨缪尔森(Paul Samuelson)1947 年出版的《经济分析基础》、1948 年出版的《经济学》等,既为“经济学”的数学化奠定了基础,也为“经济学”名称的确立奠定了基础。但是,“政治经济学”这个名称并没有被经济学家们完全放弃,比如 1892 年由芝加哥大学创办的《政治经济学杂志》(*Journal of Political Economy*)就一直采用“政治经济学”,并且从来没有因此影响到其在整个经济学界的地位。20 世纪 60 年代之后,“政治经济学”又被赋予了新的含义,专指对政治的经济学研究,如以詹姆斯·布坎南(James M. Buchanan)为代表的“公共选择理论”,“新政治经济学”就是以此为基础发展起来的。因此,从整个经济学发展的历程看,“经济学”“政治经济学”作为学科名称被应用于不同时期,主流经济学也没有完全不采用“政治经济学”这个名称,而“新政治经济学”则是作为“经济学”的一个分支发展起来的。

五、本书的主要思路、结构和特点

(一)主要思路

本书主要是对新政治经济学的有关理论进行分析,重点是综述和阐明现代西方国家的新政治经济学理论。尽管这些理论并不完全适合于中国,但我们只有弄清楚这些理论的主要内容和分析方法,才能结合中国的实际进行理论创新,也才能将相关理论用于研究中国的现实问题,因此本书也会提到相关理论在分析中国现实问题中的应用。

新政治经济学的理论和文献发展迅速,特别是 60 多年来取得了突飞猛进的发展,理论纷呈,文献浩如烟海。本书不可能也没有必要穷尽所有的理论和文献,我们主要是对新政治经济学的研究思路和方法以及主要的代表性文献、理论和人物进行阐述,以引领更多的学者关注这个领域,关注相关的问题,并采用相关思路和方法解释、解决中国的政治经济问题。因此,本书的重点在于阐述新政治经济学的相关理论。

(二)结构框架和主要内容

除绪言和结语外,本书共分为四大部分 16 章。第一部分(第一章和第二章)是在典型事实的基础上提出问题,并从总体上概括新政治经济学的含义及其产生与发展;第二部分(第三章至第七章)是政治主体人格结构和行为特征的政治经济学理论,分别

---

① [英]杰文斯:《政治经济学理论》,郭大力译,商务印书馆 1984 年版,第 6 页。

对选民、利益集团、政治家、政党、官员以及政府和国家等进行阐述;第三部分(第八章至第十三章)是对新政治经济学理论的应用,包括在寻租和腐败、管制、货币金融、贸易政策、经济周期和经济发展等领域的应用;第四部分(第十四章至第十六章)是新政治经济学的不同学科分支,包括立宪经济学、新比较经济学和新制度经济学等。

第一章是典型事实与已有解释,主要针对国家贫富差距和兴衰变迁等典型事实,阐述已有理论给出的解释,指出现有解释的不足,从而引出新政治经济学。

第二章是新政治经济学的兴起与发展,阐述新政治经济学的学科定义、新政治经济学的产生、理论渊源、主要分支和方法论特征。

第三章是选民与投票理论,阐述理性选民假定及由此引申出的"理性无知"和"理性胡闹"理论,然后阐述选民的投票理论,涉及投票规则、投票悖论、互投赞成票等相关理论。

第四章是利益集团理论,主要阐述利益集团的基本含义、利益集团形成的原因和条件、利益集团如何产生政治影响以及利益集团对经济产生的影响等内容。

第五章是政党和政治家理论,阐述政党的行为假定、政党与选民的关系、政党竞争等理论以及政治家的人格假定和行为特征等理论。

第六章是官员(僚)制度理论,首先阐述官僚制度和官员(僚);其次讨论官员(僚)的人格结构和行为特征,重点是威廉·尼斯坎南(William A. Niskanen)的官僚理论;最后阐述作为组织的官僚机构。

第七章是政府行为和国家理论,首先阐述政治经济学视角下的政府本质,其次对发达国家政府规模变化的特点与原因进行政治经济学层面的分析,最后分析国家本质和国家规模与边界的经济学理论。

第八章是寻租与腐败的政治经济学,首先阐述寻租的含义、寻租理论的产生与发展、寻租社会成本的计算等,其次对腐败的原因进行政治经济学的分析。

第九章是管制的政治经济学,首先阐述管制的含义、管制的类型等内容;其次阐述管制的主要经济学理论,包括传统的规范管制理论、管制的俘虏理论、管制的激励理论、管制的成本收益分析等。

第十章是货币金融政治经济学,首先从广义和狭义的金融政治经济学出发,阐明金融政治经济学的含义;其次对货币起源、货币制度等货币问题进行政治经济学层面的分析;最后从政治经济学的角度解释国际货币体系的变化及现状。

第十一章是贸易政策的政治经济学,首先阐述贸易政策非中性与利益集团的形成,其次以此为基础分析内生贸易政策理论的主要模型。

第十二章是发展的新政治经济学,首先从发展经济学的危机出发,阐明发展的新政治经济学的出现;其次阐述从新政治经济学角度研究发展问题的一些主要理论和思路。

第十三章是立宪经济学,简要阐述立宪经济学的含义、主要理论观点、应用的领域等。

第十四章是比较经济学、比较制度分析与新比较经济学，首先从比较经济学出发，阐述新比较经济学和比较制度分析方法的产生；其次阐述比较制度分析的主要理论和观点；最后阐述新比较经济学的发展和主要观点。

第十五章是新制度经济学、新经济史学与法经济学，从新制度经济学的基本概念入手，阐述交易成本、科斯定理、制度变迁理论，并阐述新经济史学和历史的制度分析以及法律的经济学分析等的主要理论和思路。

（三）主要特点

本书有以下三个特点：

第一，本书的研究内容主要是理论性的，是对新政治经济学相关问题文献的理论研究。不过，本书还是尽量给出对中国政治经济问题研究的启示，以对中国新政治经济学的发展和研究有所裨益或补充。

第二，由于新政治经济学的理论繁多，内容庞杂，本书在阐述的广度和深度上不可能兼顾。本书将尽可能地全面阐述，并且比较详细地列出相关参考文献，以便为对新政治经济学感兴趣的研究者、学习者提供指引。

第三，本书是作为研究生教材编写的，在每一章的结尾有"推荐阅读"和"思考题"。每一章推荐三部（篇）著作或文章供参阅。当然，注释中的所有文献都可供阅读。思考题都是开放性的、启发性的。虽然"推荐阅读"和"思考题"数量不多，但真心希望"推荐阅读"的文献能够让读者接受并真正阅读；"思考题"则是为了启发思考和研究，而不是从书中找答案。

第一章　典型事实与已有解释

人类文明的发展过程跌宕起伏。国家兴衰，朝代交替，在世界历史上时有发生。作为人类历史上最古老的国家之一，中国在5000多年的历史中经历了多个朝代，最长久的朝代也不过几百年。很多朝代曾经历过盛世，但最终都转向衰落并灭亡。在西方国家中，曾经辉煌的希腊和罗马也没有逃脱灭亡的命运。那么，在人类文明的发展过程中，各国家、各朝代的兴衰更迭到底是什么原因造成的呢？多少年来，无数仁人志士为了探寻这个问题的答案呕心沥血、贡献智慧。每个人研究的视角不同，得出来的结论自然也就不同。政治经济学或经济学以财富为研究对象，研究财富的生产、分配、交换和消费等，为该问题的研究提供了重要的视角。但是，不同的政治经济学或经济学分支为这个问题提供的答案并不相同，也因此形成了多个不同的经济学分支。正如1979年诺贝尔经济学奖得主阿瑟·刘易斯（Arthur Lewis）在《经济增长理论》中所指出的："研究经济增长有关的因素头绪万千，除非对这个主题有一个总的概念，否则容易迷失方向。"[①]他分析认为，人均产出的增长主要取决于可以利用的自然资源和人的行为两大方面，他重点关注人的行为，并且着重关注决定人类行为的制度的影响。[②]

人类社会是复杂的。作为人类社会的成员，每个人不管是否愿意，都必须与他人交往。人类在相互交往的过程中会形成各种各样的关系，包括经济关系、政治关系、社会关系等。但是，这些不同的关系并非先天存在，更非界限分明。虽然有很多学者曾经试图就这些关系寻找"自然法"，但是这种"自然法"并不是自动显现的，也无法确定适合一切人类社会的最优规则。界定人们之间经济、政治、社会、文化等方面关系的不同规则会产生不同的结果，如果这些规则是在国家层面，就表现为国家的繁荣或衰退；如果是在地区层面，就表现为地区的繁荣或衰退；如果是在企业层面，就表现为企业的赢利或亏损；如果是在家庭层面，就表现为家庭的富裕或贫困。

本章包括四节内容：第一节从历史和现实国富国穷的一些案例入手，提出国富国穷这个政治经济学或经济学的根本问题；第二节重点阐述中国的穷富变化，从近代"大

---

① ［英］阿瑟·刘易斯：《经济增长理论》，周师铭、沈丙杰、沈伯根译，商务印书馆1983年版，第2页。

② 参见［英］阿瑟·刘易斯：《经济增长理论》，周师铭、沈丙杰、沈伯根译，商务印书馆1983年版，第6页。

分流”“李约瑟之谜”到“中国奇迹”;第三节主要阐述对世界范围内的国富国穷、“中国奇迹”等的理论解释和假说,并进行评析;第四节针对已有的假说提出方法论的问题,即对国富国穷的解释是一元论还是多元论。

第一节 国富国穷:历史与现实

一、文明古国今安在?

在世界的不同地区,文明起源的时间不同。历史上的文明古国有很多,像古代的中国、古代的埃及、古代的印度、古代的巴比伦,以及古希腊、古罗马等。这些文明古国曾经创造了辉煌的文明,考古学的发现不断证实这些判断。从经济学的角度讲,文明的发展需要以一定的经济为支撑,就像恩格斯在马克思墓前的讲话中所提及的:“马克思发现了人类历史的发展规律……人们首先必须吃、喝、住、穿,然后才能从事政治、科学、艺术、宗教等等;所以,直接的物质的生活资料的生产,从而一个民族或一个时代的一定的经济发展阶段,便构成基础,人们的国家设施、法的观点、艺术以至宗教观念,就是从这个基础上发展起来的。”[①]这段话也表明,人类社会发展过程中创造出来的各种文明,特别是超出人类基本生活需求的各种文化等,像非生活必需品(如雕刻、文字、首饰、多样化的服饰、化妆品等)精细化且种类繁多,如果没有一定的物质,没有一定的剩余产品,是不可能发展起来的。所以,对人类历史早期经济基础的考察,虽然未必有直接的证据,但是其遗留下来的文化或文明能够在一定程度上反映出当时的生产状况、剩余产品和分工状况等。

(一)古巴比伦

位于现在伊拉克境内的美索不达米亚平原的古巴比伦曾经被认为是现代西方文明的发源地,至少在公元前15世纪就在西亚、北非等地文化产生扩散和影响。根据英国学者莱昂纳德·W.金(Leonard W. King)的研究,在公元前15世纪末之前巴比伦语已经成为东方外交的语言,埃及国王不仅与与巴比伦统治者进行通信时使用巴比伦语和书写方法,而且在向叙利亚和巴勒斯坦的统治者发号施令时也采用巴比伦语和书写方法。[②] 由于语言及其书写等不仅仅是一种工具,某种语言能够被广泛接受,还意味着与这种语言相关的文化被接受与传播。因此,在当时,巴比伦语及其书写和包含的文化具有相当强的竞争优势。不仅如此,巴比伦当时创造出来的艺术、立法等方面的成就一直影响着后世。正如金所说:“实际上,就艺术上的卓越性而言,当时就已经

① 《马克思恩格斯选集》(第三卷),人民出版社2012年版,第1002页。

② 参见[英]莱昂纳德·W.金:《古代巴比伦》,史孝文译,北京理工大学出版社2020年版,第1页。

达到了无法企及的高度，其标准从未被美索不达米亚的后世超越。”[①]根据考古学的发现，至少在公元前2000年以前，巴比伦就有滚印、大型陶罐[②]等，甚至考古学家还出土了第一王朝时期（公元前2225—公元前1926年）记录契约的3块泥板。这3块泥板记录了3份契约：一份是房屋转让契约，一份是土地赠予契约，一份是婚姻契约。[③] 契约的出现意味着交易，因此可以断定，在这一时期不仅存在交易，而且还通过契约来记录交易。

（二）古埃及

古埃及以金字塔而闻名。金字塔是古埃及统治者为自己所建造的陵墓，其规模之宏大、数量之多、布局和装饰之精美，令现代人叹为观止。对古埃及的历史研究，也主要是从对这些陵墓的考古发现中寻找证据。在一部由英国考古学家乔安·弗莱彻（Joann Fletcher）完成的古埃及历史著作《埃及四千年》中，她通过对埃及公元前5500年到公元前30年的历史讲述，描绘出了古埃及历代王朝的文明发展程度。当然，她的讲述依据的主要是对古埃及陵墓的发掘、考古等，比如陪葬品、陵墓中的雕刻和壁画、象形文字的记载。古埃及的墓葬至少开始于公元前15000年，不仅对死者进行包裹安葬，而且还会安放许多陪葬品。[④] 陪葬品的出现对文明历程的研究非常重要，至少可以从两个方面分析：第一，宗教观念或意识的起源或形成，之所以在坟墓中安放陪葬品，是因为死者及其后代认为，死者在死后也能够用到这些物品；第二，物质产品相对比较丰富，至少有一定数量的剩余，否则不可能将生者也可以使用的物品埋葬。[⑤]

早在公元前5500年前后，古埃及就已经有了驯化的动物和农作物，比如猪、小麦、大麦、亚麻等，也出现了人类用亚麻做成的衣服。[⑥]

在公元前约4500年，古埃及就已经有了专门贩运的商人。弗莱彻写道：“为之锦上添花的，还有来自西奈半岛的绿松石串珠首饰与来自地中海和红海的贝壳。当时已有专门贩运这些小玩意的旅行商人，而法尤姆居民就是从商贩手中换得这些饰物的。”[⑦]之后不久，在埃及甚至出现了与巴勒斯坦进行贸易的商队，贩运酒水、油和焚香树脂等。这不仅表明商业已经出现，而且首饰等装饰品也开始出现。[⑧]

---

① [英]莱昂纳德·W. 金：《古代巴比伦》，史孝文译，北京理工大学出版社2020年版，第3页。

② 据考古学家研究，这种大型陶罐的容积大约有200升，很可能是用来存放谷物的。参见[英]莱昂纳德·W. 金：《古代巴比伦》，史孝文译，北京理工大学出版社2020年版，第185页。

③ 参见[英]莱昂纳德·W. 金：《古代巴比伦》，史孝文译，北京理工大学出版社2020年版，第152-153页。

④ 参见[英]乔安·弗莱彻：《埃及四千年》，杨凌峰译，浙江文艺出版社2019年版，第14-15页。

⑤ 英国学者罗宾·邓巴（Robin Dunbar）在《人类的演化》中持有相同的判断。“从这时起，也开始出现墓葬，死者的尸体和丰富的陪葬品被埋在一起。这种现象说明了那时候的人们可能已经具有了来世的意识，觉得死者也需要日常生活的用品。”[英]罗宾·邓巴：《人类的演化》，余彬译，上海世纪出版集团、上海文艺出版社2016年版，第265页。

⑥ 参见[英]乔安·弗莱彻：《埃及四千年》，杨凌峰译，浙江文艺出版社2019年版，第18页。

⑦ [英]乔安·弗莱彻：《埃及四千年》，杨凌峰译，浙江文艺出版社2019年版，第18页。

⑧ 弗莱彻甚至写到这些古埃及人已经开始染发。参见[英]乔安·弗莱彻：《埃及四千年》，杨凌峰译，浙江文艺出版社2019年版，第25页。

在公元前 3250 年前后，古埃及就已经有了"语音学意义上可读的"书面文字。这些文字越来越精细，到古埃及第一位君主纳美尔（Narmer）统一埃及的时候，已经利用"日渐精细和复杂的书面象形文字"来管理国家，出现了抄书吏。[①]

到纳美尔统治时期，古埃及的制造业、对外贸易、航海业等都已经比较发达。比如在阿比多斯墓园，人们"敬献的各种陶器皿至今仍然覆盖着这里的一块地面"；雪松木的木船，多达 14 艘，最大的长度达到 23 米；墓室的天花板是用进口的黎巴嫩雪松木搭建的。[②]

从上述对古埃及公元前 3000 年之前的考察，我们至少可以得出几个判断：第一，古埃及当时应该比较富足，特别是劳动生产率较高，出现了一定程度的分工；第二，古埃及的达官贵人们在满足了物质生活需求之外，有了一定的精神追求，特别是对首饰和化妆品的需求；第三，除了农业和畜牧业、驯化的农作物和家畜之外，还有了制造业和商业等；第四，有了文字、文字的学习者和使用者，并且开始使用文字管理国家；第五，在墓葬中有了比较完备的陪葬品、墓葬仪式等。这些实际上都体现出古埃及在人类社会发展的早期创造出了灿烂的文化或文明。

（三）古印度

作为文明古国，印度早在 4000 多年前就已经产生了。其思想、艺术、经济等成就在当时非常辉煌，甚至引起了遥远国家的觊觎。正如斯坦利·沃尔波特（Stanley Wolpert）所写："印度思想的成熟、印度艺术的华美、印度帝国统一的力量和财富赋予印度历史无与伦比的辉煌。早在基督纪元起始之前，印度就激发了遥远地区人们的想象，吸引从马其顿到中亚的统治者入侵次大陆并试图征服它的人民、获得他们的艺术品。"[③]根据在印度哈拉帕的考古发现，该地出土了丰富多样的古代文物，至少在公元前 2300 年到公元前 1750 年之间，已经出现了城市，城墙的周长不少于 3.5 千米，城墙墙基的厚度达到 40 英尺[④]，城堡差不多有 50 英尺高，使用的砖块是按照一定的标准尺寸烧制的；出土的粮仓能够储藏足够大约 3.5 万人食用的小麦和大麦；出土的一尊石塑像表明，"他那缀满宝石的束发带和臂章，还有他外衣上的苜蓿叶图案也许是标志高贵地位的符号"[⑤]。从中可以看出，当时的印度已经能够建立起人们集中居住的地方，能够建立城墙进行防护，能够制作雕像，在雕像上雕刻花纹，而我们从雕刻的花纹中可以知道衣服有装饰品。这体现出古印度文明起源之早以及所取得的辉煌成就。

（四）古代中国

中国拥有 5000 多年的文明。虽然当时没有文字记载，但是古代的文献或考古学

---

① 参见[英]乔安·弗莱彻：《埃及四千年》，杨凌峰译，浙江文艺出版社 2019 年版，第 43-44 页。

② 参见[英]乔安·弗莱彻：《埃及四千年》，杨凌峰译，浙江文艺出版社 2019 年版，第 47、50 页。

③ [美]斯坦利·沃尔波特：《细数恒河沙：印度通史》（上），李建欣、张锦冬译，中国出版集团东方出版中心 2019 年版，第 1 页。

④ 1 英尺＝0.3048 米。

⑤ [美]斯坦利·沃尔波特：《细数恒河沙：印度通史》（上），李建欣、张锦冬译，中国出版集团东方出版中心 2019 年版，第 11 页。

证据至少可以将中国古代文明追溯到夏商周时期。夏朝作为中国史书中第一个有记载的世袭制朝代，大约在公元前2070年到公元前1600年。考古发现文字记载可以追溯的朝代至少是商朝。著名的历史学家、汉学家万志英(Richard von Glahn)在《剑桥中国经济史：古代到19世纪》正文开头就写道："始自公元前2000年的中国青铜时代，不但孕育了东亚最早的国家，同时也产生了能够大规模开展物质及人力资源动员的技术和制度……自公元前1200年开始，商朝的统治者开始使用文字来记录对皇室祖先崇拜至关重要的占卜活动及政府行为。公元前1045年，商朝被崛起的周朝推翻。周朝以其祖先所在的西部渭河流域为统治中心，但也包含了整个中原地带。"①中国在商朝就已经有比较先进的青铜冶炼技术，最典型的就是出土的商朝时代的铜鼎，比如司母戊大方鼎口径长116厘米、宽79厘米、高133厘米，重达832.84千克；该鼎两侧沿上有立耳，四角有扉棱，四壁周边有夔龙组成的兽面纹装饰等。② 这件青铜器不仅体现出商朝已经有了比较发达的铸铜技术，而且反映出当时的文明或文化特征，比如上面的文字反映出语言文字和书写发展的水平，图案体现出当时的崇拜或信仰。虽然对铜鼎的用途特别是如此之大的铜鼎的用途有不同的观点，但是如此大的铜鼎应该不是为了烹饪，很可能具有象征意义，比如政治目的或信仰等。

除了这四个文明古国之外，在西方还有古希腊、古罗马等对人类社会发展产生了重要影响的古代国家。比如古希腊基本上被视为西方文化或文明的发源地，正如朱龙华教授在《希腊史：迄至公元前322年》的"中译本序"的开头就写道："希腊开创了西方文明的传统，虽然它在2000多年前就已衰亡，可是它树立的古典楷模却延续至今，所以西方有识之士仍然总是'言必称希腊'。"③

这些文明古国都曾经创造出人类历史最早的文明，至少从其流传下来的文化或文明可以看出，它们都有相对比较发达的经济或物质基础，那么，这些国家现在的经济表现如何？以2019年的人均GDP来衡量，伊拉克④为5955美元，埃及为3020美元，印度为2104美元，中国为1.03万美元，而世界人均GDP为1.14万美元，这就意味着这四大文明古国的人均GDP都没有达到世界平均水平⑤，其中埃及不到世界平均水平的1/3，印度不到世界平均水平的1/5。从人均GDP在全球的位次来衡量，在全球大约200个经济体中，伊拉克居第110位，埃及居第145位，印度居第155位，中国居第80位。⑥ 如果再以人均寿命来衡量，伊拉克68.9岁，居第121位；埃及70.9岁，居第

① [美]万志英：《剑桥中国经济史：古代到19世纪》，崔传刚译，中国人民大学出版社2018年版，第10页。

② 参见百度百科"商后母戊鼎"词条(https://baike.baidu.com/item/%E5%95%86%E5%90%8E%E6%AF%8D%E6%88%8A%E9%BC%8E/22922991?fromtitle=%E5%8F%B8%E6%AF%8D%E6%88%8A%E5%A4%A7%E6%96%B9%E9%BC%8E&fromid=698364&fr=aladdin)。

③ [英]N. G. L. 哈蒙德：《希腊史：迄至公元前322年》，朱龙华译，商务印书馆2016年版，"中译本序"第i页。

④ 古巴比伦位于现在的伊拉克。实际上，无论哪一个文明古国，虽然现代国家沿用了其名称或者仅仅是名称相同，但疆界范围存在很大差别。

⑤ 2021年我国人均GDP超过世界人均GDP水平。

⑥ 世界人均GDP及其排名数据来自世界银行的数据库(https://data.worldbank.org.cn/indicator/NY.GDP.PCAP.CD?name_desc=false&view=chart)。

107 位；印度 68.3 岁，居第 125 位；中国 76.1 岁，居第 53 位。[①]

二、“富”“强”国家有哪些？

在世界范围内，各个经济体在富裕程度和规模上存在很大差别。之所以要同时讨论“富”和“强”，并且将其视为两个不同的维度，是因为富裕并不等于强大，强大也未必就富裕。但是，富裕往往是强大的基础，一个非常贫困的国家不可能强大，而一个强大的国家也不可能太贫困。当然，一个非常富裕的国家，也未必就是强大的国家，因为其规模可能非常小。从对世界政治经济格局的影响来看，通常是既富裕又强大的国家影响力最大，强大而不富裕但也不贫困的国家的影响力次之。

以 2019 年世界各国的经济总量和人均 GDP 进行说明。[②] GDP 总量和人均 GDP 都居前 10 位的国家或地区，只有美国；都居前 20 位的国家或地区中，除了美国还有 5 个国家，分别是瑞士、澳大利亚、荷兰、德国、加拿大；都居前 30 位的国家或地区有 16 个。在人均 GDP 居前 10 位的国家或地区中，卢森堡、新加坡的规模都很小，爱尔兰、挪威、冰岛、卡塔尔、丹麦是规模比较大的，但是在 GDP 总量上都居 30 位以后。当然，在 GDP 总量居前 10 位的国家中，印度还不到世界平均水平的 1/5；在 GDP 总量居前 20 位的国家中，韩国、西班牙、沙特阿拉伯的人均 GDP 比较高，远超世界平均水平，俄罗斯的人均 GDP 刚刚超出世界平均水平，土耳其、墨西哥的人均 GDP 接近世界平均水平，印度尼西亚的人均 GDP 则仅为世界平均水平的 1/3。所以，如果同时考虑这两个指标，那么世界上既富裕又强大的国家主要是美国、德国、英国、法国、意大利、加拿大、澳大利亚等。

这些既富裕又强大的国家或地区都是从什么时候开始形成的呢？或者，它们的文明起源于什么时候呢？从这些国家的历史看，我们虽然无法追溯其最早的人类活动，但是有一点是共同的，即它们都不是文明古国。它们的文明基本上都是从其他地方移植来的，即其他文明或国家的人口移居到此，带来了原来地区的文明或文化。比如，美国、加拿大和澳大利亚等是英国、法国、西班牙等的殖民地，它们文明的真正发展基本上都是从被殖民之后才开始的；英国、法国、德国、西班牙等的文明起源则受到罗马帝国的影响，是古罗马文明对外扩张和传播的结果；意大利是古罗马文明或文化的重要继承者，而且很大程度上受到古希腊文化或文明的影响；日本和韩国的文明或文化的早期形成主要是受到中华文化的影响。那么，将现代的“富”“强”国家与曾经的文明古国相比较，似乎可以得出这样的判断：一个国家或地区，经济绩效或表现与其文明的历史负相关，或者说，文明越久远的国家或地区经济绩效或表现越差。这个判断是否成

---

① 数据来源于世界卫生组织 2019 年发布的世界各国人均寿命排名（https://www.sohu.com/a/366345655_120137882）。人均寿命是一个相对比较综合的指标，在一定程度上是收入、环境、经济发展水平等的综合体现。

② 数据来自世界银行的数据库（https://data.worldbank.org.cn/indicator/NY.GDP.PCAP.CD?name_desc=false&view=chart，https://data.worldbank.org.cn/indicator/NY.GDP.MKTP.CD?view=chart）。

立呢？这种结果是巧合还是有内在的因果关系或联系？能否对此进行解释？

三、地区差距何其大？

无论是在世界范围内，还是在一个国家内部，甚至是在一个国家的区域内部，不同地区的经济发展水平都存在差距。采用最为简单的人均GDP数据的比较，可以窥见一斑。

在世界范围内，按照2019年现价美元的人均GDP来计算，人均GDP最高的国家卢森堡是最低国家布隆迪的439倍，居第10位的国家丹麦是倒数第10位国家多哥的89倍；按照中、高、低分组之后的平均值来看，高收入国家或地区的人均GDP为低收入国家或地区人均GDP的55倍，为中等收入国家或地区人均GDP的8倍。

就中国各省（自治区、直辖市）来看，人均GDP的差距也非常大。2019年，人均GDP最高的北京市是甘肃省的4.97倍，为全国平均水平的2.32倍；而全国平均水平是最低的甘肃省的2.15倍。

在一个省域内部，不同地市的收入差距也非常明显。以山东省为例，2019年，山东省人均GDP最高的地市东营市是最低地市聊城市的3.61倍，山东省人均GDP为最低地市聊城市的1.9倍。

从上面的数据可以看出，无论是在世界范围内，还是在一个国家内部的不同地区之间，都存在经济发展水平或者人均收入水平的巨大差距。这就很自然地提出一个问题：为什么？换句话说，为什么不同国家或地区的经济发展水平或人均收入水平存在如此大的差距？决定一个国家或地区经济发展或经济增长的主要因素有哪些？各种因素到底起多大的作用？哪些因素是起关键作用的？

四、能以GDP论英雄吗？

讨论一个国家或地区的经济发展、经济增长等宏观经济问题，离不开一个重要的指标GDP。衡量一个国家或地区的经济实力通常采用GDP总量指标，衡量一个国家或地区的经济发展水平通常采用人均GDP指标，衡量一个国家经济增长的速度通常采用GDP增长率指标。在不同国家或地区的经济实力、经济发展水平和经济增长速度等的比较中，也都是采用GDP总量、人均GDP或GDP增长率指标。GDP真的如此重要吗？实际上，GDP既重要，又不重要。

之所以说GDP重要，是因为GDP是指一个国家或地区在一定时期（通常是一年）内所创造出来的最终产品或服务的价值，基本上可以等同于一个国家或地区在一定时期内所创造出来的财富。所以，各个经济体无论是比较经济实力还是比较经济发展水平，都要采用GDP。

GDP也的确非常重要，因为GDP能够成为影响或决定一个国家或地区政治、文化、科技、卫生、军事等方面的重要因素。正如美国著名学者格雷厄姆·艾利森

(Graham Allison)所指出的:“虽然 GDP 不是衡量一个国家崛起的唯一标准,但它提供了国家权力的基础结构。虽然 GDP 不会立即或自动地转化为经济或军事实力,但以史为鉴,随着时间的推移,GDP 越大的国家,在塑造国际事务方面的影响力就越大。”[①]虽然 GDP 不完全等同于财富,但是一个国家或地区人们的生存状态、生活质量和幸福程度等都与人均 GDP 呈正相关关系。

但是,GDP 也并非如此重要。第一,GDP 并不等同于财富。有些人类活动虽然能够创造财富,但是未必能够带来 GDP 的增加,而有些则相反。比如,一个国家或地区的森林,几乎所有人都认为森林是财富,但是如果森林不被砍伐为木材进而制作成家具等,而是保持原始状态,就无法创造出 GDP。[②] 第二,GDP 是最终产品或服务的价值,而价值是用货币衡量的,因而在产品或服务总量不变的情况下,货币价值的变化也会引起 GDP 的变化。第三,GDP 作为人类创造出来的一个指标,并非客观存在。“在现实世界中,并不存在等待着经济学家们去测量的 GDP。”[③]因为 GDP 和国民经济核算的研究而获得诺贝尔经济学奖的理查德·斯通(Richard Stone)指出:“国民收入不是一个‘客观事实’,而是一个‘经验性构想’:为了确定收入必须建立一种理论,收入在这种理论中将会作为一个假设的概念,然后再把这种概念和一系列特定的基本事实联系在一起。”[④]

由于 GDP 备受争议,包括经济学家和政治家在内的许多有识之士试图提出新的指标来替代 GDP,比如联合国推出的“人类发展指数”、不丹提出的“国民幸福指数”等。[⑤] 然而,这些指数并没有完全取代 GDP。GDP 总量仍然是衡量一个国家或地区经济实力的重要指标,人均 GDP 仍然是衡量一个国家或地区经济发展水平的重要指标。实际上,人类发展指数和国民幸福指数都是综合指标。虽然就单个国家或地区来看,并非人均 GDP 越高,国民就越幸福,但是总体上来看,人类发展指数高的国家或地区,人均 GDP 通常也高,至少不会太低;人均 GDP 太低的国家或地区,人类发展指数也不会太高。

上述表明,第一,GDP 以及人均 GDP 指标虽然并非完美,但是其他替代性指标也

---

① [美]格雷厄姆·艾利森:《注定一战:中美能避免修昔底德陷阱吗?》,陈定定、傅强译,上海人民出版社 2019 年版,第 27 页。

② 习近平总书记提出的“绿水青山就是金山银山”的伟大判断,表明自然环境、自然资源等在未被利用、未被开发之前,虽然没有创造出 GDP,没有增加人们的收入或人均 GDP,但是不能够否认其本身就是财富。以牺牲自然环境、自然资源来增加 GDP,虽然 GDP 增加了,但是未必意味着人们或者更广义上讲人类的财富就增加,甚至 GDP 的增加远没有浪费掉的财富多。

③ [英]戴安娜·科伊尔:《极简 GDP 史》,邵信芳译,浙江人民出版社 2017 年版,第 25 页。如果借用鲁迅先生的名言“地上本没有路,走的人多了,也便成了路”,也可以说“世上本没有 GDP,说的人多了,就有了 GDP”。

④ 斯通是 1984 年诺贝尔经济学奖得主。他的这个观点来自其著作《测量在经济学中的作用》,Richard Stone, *The Role of Measurement in Economics*, Cambridge: Cambridge University Press, 1951, p.9。转引自[英]戴安娜·科伊尔:《极简 GDP 史》,邵信芳译,浙江人民出版社 2017 年版,第 25 页。

⑤ 参见[英]伊桑·马苏德:《GDP 简史:从国家奖牌榜到众矢之的》,钱峰译,东方出版社 2016 年版,第 130、146 页。

无法完全摆脱GDP;第二,其他替代性指标所存在的问题并不比GDP或人均GDP存在的问题少;第三,从方法论的角度看,指出一个理论或概念存在的问题是容易的,但是要找到一个替代性的理论或概念却是困难的。①

第二节 从"李约瑟难题"到"中国奇迹"

一、"李约瑟难题":近代中国为什么落后了?

中国在历史上曾经创造了辉煌的文明。虽然中国在不同历史时期的版图和范围不尽相同,甚至差别甚大,但是中国在历史上一直是大国这一点毋庸置疑。正如安格斯·麦迪逊(Angus Maddison)所指出的,在相当长的时期内,中国一直是世界数一数二的经济体。一直到19世纪早期,中国无论是在人口总量、经济总量还是人均GDP等各方面都位居世界前列。根据麦迪逊对世界经济推算的结果,1820年,中国人口占世界的37%,中国的GDP总量占世界的33%,人均GDP为世界平均水平的90%。在整个19世纪,由于欧洲、美国等的快速增长,到1900年,中国的人口下降为世界的26%,经济总量下降为世界的11%,人均GDP下降为世界平均水平的43%。② 从经济增长速度上看,1700—1820年,中国的GDP增长率高于世界平均水平,中国为0.85%,全世界为0.52%;但是1820—1952年,中国的GDP增长率就远低于世界平均水平了,中国仅为0.22%,全世界为1.64%,美国、欧洲均高于世界平均水平。③ 所以,中国是在近代才落后于西方的,特别是从19世纪之后。单纯地从历史数据来看,直到1820年,中国的经济增长速度虽然不快,但是至少不算慢,并不比世界的平均速度慢;1820年一直到新中国成立,中国的经济增长速度比世界平均速度慢了很多,而美国、英国、日本等国家经济却快速增长。于是,这就提出了一个问题:近代中国为什么落后了?这个问题实际从清末开始就已经被提出来了,并得到了许多仁人志士的探究。20世纪40年代,英国学者李约瑟(Joseph Needham)在中国的多个地方进行调查后曾经对王亚南提出过这个问题④,并在20世纪60年代编著出版的《中国科学技术

---

① 拉卡托斯(Lakatos)的精致证伪主义强调理论证伪理论,只有当新的理论能够比原来的理论包含更多的经验事实,能够解释原来理论所不能够解释的经验事实,能够解决原来理论所不能够解决的问题的时候,新理论才能够取代原来的理论,即新理论证伪原来的理论。参见[英]伊·拉卡托斯:《科学研究纲领方法论》,兰征译,上海译文出版社1999年版,第52页。

② 参见[英]安格斯·麦迪森:《世界经济千年史》,伍晓鹰译,北京大学出版社2003年版,"中文版前言"。

③ 参见[英]安格斯·麦迪森:《中国经济的长期表现:公元960—2030年》,伍晓鹰、马德斌译,上海人民出版社2016年版,第40页。

④ 王亚南在《中国官僚政治研究》"自序"中曾经对此问题作了交代,参见王亚南:《中国官僚政治研究》,中国社会科学出版社1981年版,"自序"第14页。李约瑟在《中国科学技术史》(第一卷:总论)第一章"序言"中也曾经提到这一点,参见[英]李约瑟:《中国科学技术史》(第一卷:总论),李约瑟《中国科学技术史》翻译出版委员会译,科学出版社、上海古籍出版社2018年版,第10页。

史》中正式阐述出来[①],即“尽管中国古代对人类科技发展作出了很多重要贡献,但为什么科学和工业革命没有在近代的中国发生?”[②]这个问题被后来的学者称为“李约瑟难题”(Needham's Grand Question),许多经济学家将19世纪早期中国与西方所出现的分化称为“分流”或“大分流”等。[③] 从一般意义上讲,这实际上就是一个国家兴盛衰落根源的问题。将中国与欧洲进行比较,可以提出两个相关但并不完全相同的问题,即近代欧洲为什么实现了快速增长?中国为什么没有发生工业革命和快速增长?从一般的方法论的角度,则可以提出一个问题:是否要用相同的原因来回答这两个问题?

二、“中国奇迹”:中国在改革开放之后的快速增长

新中国成立之后,特别是党的十一届三中全会之后,中国实现了快速的经济增长和经济发展,令世界瞩目,并被称为“中国奇迹”。[④] “中国奇迹”体现在多个方面,最重要的是经济增长和经济发展的速度,特别是GDP和人均GDP的增长速度。

就GDP总量来说,从1978年的3678.7亿元增长到2019年的990865.1亿元,增长268.4倍;人均GDP从1978年的385元增长到2019年的70892元,增长183倍。[⑤] 按照现价美元计算,中国GDP总量从1978年的1495.41亿美元增长到2019年的143429.03亿美元,增长95倍;人均GDP从1978年的156.4美元增长到2019年的10261.68美元,增长64.6倍。[⑥] 在这40年中,中国经济总量从1978年居世界第10位左右,到2010年成为世界第二大经济体,从一个贫困落后的国家发展成为中等偏上收入国家。

与其他国家同时期的经济增长进行比较,更能够体现出中国经济增长速度之快(见表1.1)。1978—2019年,作为世界第一大经济体的美国,GDP总量从23516亿美元增长到214332亿美元,增长8.11倍;在2009年之前长期为第二大经济体、之后成为第三大经济体的日本,GDP总量从10136亿美元增长到50818亿美元,增长4.01倍。其他

---

① 麦迪森在《中国经济的长期表现:公元960—2030年》中也专门讨论了这个问题,参见[英]安格斯·麦迪森:《中国经济的长期表现:公元960—2030年》,伍晓鹰、马德斌译,上海人民出版社2016年版,第17-18页。

② 这句话是“李约瑟难题”的一般表述,但是这句话出自何处,没有查找到。在《中国科学技术史》(第一卷:总论)第一章“序言”中,他写道:“中国的这些发明和发现往往远远超过同时代的欧洲,特别是在15世纪之前更是如此。欧洲在16世纪以后就诞生了近代科学,这种科学已被证明是形成近代世界秩序的基本因素之一,而中国文明却未能在亚洲产生与此相似的近代科学,其阻碍因素是什么?”参见[英]李约瑟:《中国科学技术史》(第一卷:总论),李约瑟《中国科学技术史》翻译出版委员会译,科学出版社、上海古籍出版社2018年版,第2页。

③ 围绕这个主题,国内外许多学者进行了大量的研究。比如[美]彭慕兰:《大分流:欧洲、中国及现代世界经济的发展》,史建云译,江苏人民出版社2003年版。

④ “中国奇迹”这个判断最初提出是在20世纪90年代,提出的依据是1978—1993年连续15年的快速经济增长,年均经济增长率达到9.7%。参见林毅夫、蔡昉、李周:《中国的奇迹:发展战略与经济改革》,上海人民出版社1994年版。对此的回顾可见陈昕主编:《“中国奇迹”20年:滴水湖会议实录》,上海人民出版社2015年版;蔡昉主编:《中国奇迹背后:改革的逻辑与学理》,社会科学文献出版社2020年版。

⑤ 数据来源于中国国家统计局的年度数据(https://data.stats.gov.cn/easyquery.htm? cn=C01)。

⑥ 数据来自世界银行数据库(https://data.worldbank.org.cn/indicator/NY.GDP.PCAP.CD? name_desc=false&view=chart,https://data.worldbank.org.cn/indicator/NY.GDP.MKTP.CD? view=chart)。

主要发达国家，像德国、英国、法国，增长速度也远低于中国。中国周边增长最快的韩国，2018 年的 GDP 总量为 1978 年的 33.19 倍，也远低于中国的 92.92 倍；同样为发展中大国的印度，1978—2018 年增长速度远快于主要发达国家，2018 年 GDP 总量为 1978 年的 19.76 倍，也远低于中国。因此，1978—2019 年，无论是相对于世界主要经济体，相对于中国周边的主要国家日本和韩国，还是相对于同为发展中大国的印度，中国的经济增长速度都是最快的，并且要快得多。

表 1.1　中国与主要国家经济增长速度的比较

国家	1988 年	1998 年	2008 年	2018 年	2019 年
中国	2.09	6.88	34.2	92.92	95.91
美国	2.23	3.85	6.26	8.75	9.11
日本	3.03	3.98	4.97	4.09	5.01
德国	1.89	3.02	4.59	5.35	5.21
英国	2.71	4.91	7.18	8.52	8.42
法国	2.01	2.97	5.31	5.50	5.36
韩国	4.75	7.38	20.15	33.19	31.69
印度	2.16	3.07	8.73	19.76	20.90

注：表中数据为相关年度的 GDP 与 1978 年 GDP 的比值，采用的是现价美元数据计算得出的。

资料来源：https://data.worldbank.org.cn/indicator/NY.GDP.MKTP.CD? view=chart。

与 GDP 的迅速增长相伴随，中国经济各方面都得到了快速发展。从三次产业结构来看，1978 年，中国的三次产业构成为 27.7∶47.7∶24.6，之后第一产业占比除 1984 年之前略有上升外逐年下降，第三产业占比除个别年份略有下降之外逐年提升；到 2012 年，第三产业占比超过第二产业；到 2015 年，第三产业占比超过 50%；到 2019 年，三次产业构成为 7.1∶38.6∶54.3。[①] 第一产业占比的下降和第三产业占比的上升，特别是第三产业占比超过 50%，经济迅速增长条件下产业结构的变化正是经济发展的重要体现。从城镇化率来看，1978 年中国的城镇化率为 17.86%，全国人口 9.63 亿，城镇人口仅为 1.72 亿；到 2019 年，中国的城镇化率提高到 60.57%，全国14 亿人口中有 8.48 亿为城镇常住人口。[②] 城镇常住人口数量的不断增加和城镇化率的不断提高，也是经济迅速发展的结果和重要体现。

随着中国对外开放的推进，中国的对外经济联系日益增多。以进出口为例，1978 年中国的进出口总额仅为 355.04 亿元，人均 36.88 元；2019 年中国进出口总额达到 31.56 万亿元，人均 2.25 万元，分别增长了 888 倍和 609 倍。如果按照美元计算，1978 年中国

① 中国三次产业的数据来自国家统计局的年度数据（https://data.stats.gov.cn/easyquery.htm? cn=C01）。

② 中国城镇化率的数据根据人口数据计算得出，人口数据来自国家统计局的年度数据（https://data.stats.gov.cn/easyquery.htm? cn=C01）。

进出口总额为103.93亿美元，人均21.44美元；2019年进出口总额达到4.58万亿美元，人均3269.81美元，分别增长了419倍和152倍。

从中国减贫所取得的成就来看，按照世界银行每人每天1.90美元的贫困标准衡量，中国贫困发生率从1981年的88.1%下降到2018年的0.3%，大约8亿人脱贫。[①]2021年2月25日，在全国脱贫攻坚总结表彰大会上，习近平总书记庄严宣告："我国脱贫攻坚战取得了全面胜利，现行标准下9899万农村贫困人口全部脱贫，832个贫困县全部摘帽，12.8万个贫困村全部出列，区域性整体贫困得到解决，完成了消除绝对贫困的艰巨任务。"[②]按照世界银行的标准，中国减贫人数占世界摆脱极端贫困人口总人数的3/4，这也是"中国奇迹"的重要体现。[③]

对于中国改革开放所取得的经济成就，应该如何解释？中国改革开放之后的经济成就能否与改革开放之前的状况进行比较，形成一致的解释？已有的经济学理论能否解释？

第三节 可能的解释：多种视角、多种理论或假说

国家或地区繁荣富强、贫困衰退等，无论是专家学者还是普通百姓都有所体会或认识，不仅经济学和政治经济学涉及这些问题，而且政治学、社会学、法学等著作中也有大量讨论。对于这些问题，在科学主义的指导下，形成了多种视角下的不同理论或假说。为什么强调科学主义？正如弗朗西斯·培根（Francis Bacon）在《新工具》一书中所指出的，无论是人们做工还是认识或理解自然，不借助于工具，就不会有多大的效果。因此，他提出认识或理解自然界的"新工具"，即"建立一列通到准确性的循序升进的阶梯"[④]。约瑟夫·熊彼特（Joseph Schumpeter）在《经济分析史》第一章也指出了"科学是经过工具加工的知识"，科学家和"外行"和实际工作者的区别就在于科学家掌握一定的工具、方法和专门技巧进行知识创造。[⑤] 本节阐述已有的不同视角下的多种可能解释：经典的经济增长理论、地理假说、文化假说、无知假说和制度假说。

---

① 参见《中国减贫四十年：驱动力量、借鉴意义和未来政策方向》（会议版），2022年3月31日，http://www.cikd.org/ms/file/getimage/1516697201483554817。

② 习近平：《在全国脱贫攻坚总结表彰大会上的讲话》，人民出版社2021年版，第1页。

③ 参见《中国减贫四十年：驱动力量、借鉴意义和未来政策方向》（会议版），2022年3月31日，http://www.cikd.org/ms/file/getimage/1516697201483554817。

④ ［英］弗朗西斯·培根：《新工具》，许宝骙译，商务印书馆1984年版，第2页。

⑤ 熊彼特指出："一门科学是任何一种知识，它发展了寻找事实和解释或者推理（分析）的专门技巧……一门科学是一个知识领域，其中有人，即所谓研究工作者，或科学家，或学者，他们致力于完善现已积累的事实与方法，同时在这样做的过程中，他们所掌握的事实与方法使他们与一般'外行'有所区别，因而也和单纯的'实际工作者'有所区别……（1）科学是经过提炼的常识；（2）科学是经过工具加工的知识。"［美］熊彼特：《经济分析史》（第一卷），朱泱、孙鸿敬、李宏译，商务印书馆1991年版，第22页。

一、经济学的正统解释：经济增长理论

虽然国家富裕和贫穷、繁荣和衰落等问题一直是包括经济学家在内的学者、思想家关注的核心，但是在现代主流经济学的视角下，国富国穷的问题被归结到经济增长和经济周期理论中。经济增长表现为GDP总量和人均GDP水平的不断提高，并且是按照一定的比率提高；经济周期则表现为经济增长的速度有快有慢、有正有负，在快速增长的情况下，表现为经济繁荣，在低速增长甚至负增长的情况下，则表现为经济衰退；在人均GDP处于相对较高水平的时候被认为是富裕，而处于相对较低水平的时候，则被认为是贫困。由于技术进步和工业革命，西欧国家经济快速增长，使得世界各国或经济体出现了增长不平衡和发展差距等问题，经济增长的问题受到经济学家们的关注，逐渐发展出了各种各样的经济增长理论。

主流的经济增长理论基本上是以生产要素和生产函数为基础的框架，因为经济增长无非就是一个国家或经济体所有个体生产的加总。从哈罗德-多马的经济增长模型(Harrod-Domar model)到索洛模型(Solow model)，再到内生增长模型，基本的框架是生产函数，生产要素则包括资本、劳动、自然资源(本)、技术等。一个基本的生产函数可以表示为①：

$$Y_t = Af(K_t, L_t, N_t)$$

其中，Y_t 表示一个国家或经济体的产出，K_t 表示资本存量，L_t 表示劳动力，N_t 表示自然资源，A 代表技术水平。当然，在不同的分析模型中，生产函数的形式、生产要素的种类可能会存在一些差别。

按照主流的经济增长理论，一个国家或经济体的经济增长，可以通过增加投资、劳动力以及技术进步等实现。增加投资是很多国家或经济体实现经济增长的重要方式，不仅投资本身是增长，而且投资还通过乘数效应实现比投资多得多的经济增长。发达国家比发展中国家具有更高的人均GDP，根本原因就在于人均投资数量高。比如，2000年，美国的单位劳动力资本为148091美元，墨西哥为42991美元，印度为6270美元②，这种单位劳动力资本数量的差别很容易说明美国的人均GDP比印度高③。在其他条件相同的情况下，劳动力投入越多，产出越高，但是人均产出未必更高。技术进步在现代经济增长理论中越来越重要，并且技术进步已经被内生化到理论模型中。发达国家在总体上比发展中国家具有更高的技术水平，正是技术进步和工业革命使得发达

---

① 生产函数的形式参见[加]彼得·豪伊特、[美]戴维·韦尔：《经济增长》，[美]史蒂文·N. 杜尔劳夫、劳伦斯·E. 布卢姆主编：《新帕尔格雷夫经济学大辞典(第二版)》(第二卷)，樊纲等译，经济科学出版社2016年版，第598-603页。罗斯托(W. W. Rostow)在《经济增长理论史：从大卫·休谟至今》中也有类似的表述，参见[美]W. W. 罗斯托：《经济增长理论史：从大卫·休谟至今》，陈春良、茹玉骢、郑恒译，浙江大学出版社2016年版，第4-5页。

② 参见[加]彼得·豪伊特、[美]戴维·韦尔：《经济增长》，[美]史蒂文·N. 杜尔劳夫、劳伦斯·E. 布卢姆主编：《新帕尔格雷夫经济学大辞典(第二版)》(第二卷)，樊纲等译，经济科学出版社2016年版，第600页。

③ 更为重要的是，这种单位劳动力资本量的差距能够解释美国和印度人均GDP差异的多少。这里先不作讨论。

国家实现了快速的经济增长；同时，发达国家意识到技术进步对经济增长的重要性，一直在增加研发投入，不断促进技术进步。

作为宏观经济学的核心，经典的经济增长理论是有一定说服力的，能够解释国家间经济增长差异的绝大部分。但是，仍然存在一些无法解释的问题。比如它能够解释国家间经济差距的绝大部分，但毕竟不是全部，其他的部分如何解释？国家间资本投资或者人均资本投资量的差别是什么原因造成的？进而，如果假定储蓄全部转化为投资，那么储蓄的差别是什么原因造成的？储蓄率的差别是什么原因造成的？如果储蓄不能够全部转化为投资，那么转化率又是由什么原因造成的？国家间的技术差距是什么原因造成的？研发投入的差距是什么原因造成的？对贫穷落后国家加大资本和技术援助是否就能够促进其经济增长、提高人均收入？为了回答这些问题，需要弄清楚决定国家间投资或储蓄的因素、国家间研发差异的因素以及劳动力数量和质量等方面的因素。对这些问题的回答涉及更深层次的问题，许多学者从地理、文化、制度等方面进行了解释。

二、地理假说

地理假说强调地理位置对国家贫富差距起决定性作用。从一个国家或地区的地理位置和贫富状况似乎可以直观地得出这个判断，比如世界上绝大多数发达国家或经济体都处于温带地区，而贫穷落后的国家或地区通常处于热带或寒带；再比如，世界上约有40%的人口生活在沿海100千米范围内，滨海地区的人口平均密度为全球平均水平的2倍。就一个国家来看，不同地区的经济发展水平也存在差别，比如大多数国家的沿海地区要比内陆地区更加富裕。

将地理位置与贫富状况联系起来的思想或观点至少可以追溯到18世纪早期法国思想家孟德斯鸠(Montesquieu)。[①] 他在《论法的精神》中，对地理决定人的生理、心理、感情、行为等方面都有深入的研究和思考。他论证的出发点是地理决定气温，而气温会对人体表面纤维的弹性和长度产生影响，对人的血液流动和心脏运作进而对人的性格产生影响。“在寒冷的气候下，当地人们的精力更为充沛。心脏的运作和纤维末端的反应都很强，分泌更为均衡，血液也能更为强劲地流向心房；在相互作用下，心脏也更为有力。这种力量的增强会带来诸多影响。比如，寒冷气候中的人们会更为自信，即更有勇气；他们会更加了解自己的优势，即不会过多诉诸报复；他们也会更有安全感，即变得更为坦诚、不甚多疑、少用阴谋诡计。于是这样一来，不同气候下的人们，会有着迥然不同的性格。”[②]孟德斯鸠曾经在显微镜下观察羊舌头的表面组织，发现在冷冻和正常气温下羊舌头表面乳突的数量等存在差别，以此得出动物的表面神经感觉

① 有些著作将地理假说追溯到亚里士多德。“从亚里士多德时代到孟德斯鸠和巴克尔时代，不少人都相信气候是决定文明的最重要因素。”[美]埃尔斯沃思·亨廷顿：《文明与气候》，吴俊范译，商务印书馆2020年版，第2页。

② [法]孟德斯鸠：《论法的精神》，祝晓辉、刘宇飞、卢晓菲译，北京理工大学出版社2018年版，第316页。

系统受到气温影响的判断。[①] 所以，在不同的气候条件下，人们对快乐的感觉、对疼痛的感觉、对爱情的感觉等存在差别。“气候过于炎热的时候会使当地的人们完全失去力气。因此，这种虚脱萎靡的状态也会蔓延到精神；没有好奇、没有高尚的进取心、没有慷慨豁达的感情；一切的爱好都将是被动的；懒惰或将成为幸福；灵魂的运用甚至比惩罚更难以让人接受；同鼓起精神力量引领自己前行相比，奴役似乎更容易让人接受。”[②]孟德斯鸠的这段话概括了他的“地理假说”的核心，气候炎热地区的人们缺乏创新精神、没有力气、懒惰，从而更容易被奴役，这几个方面都使得气候炎热地区的经济发展落后于其他地区。

孟德斯鸠对于地理和气候与人的行为关系的观点在地理学家埃尔斯沃思·亨廷顿(Ellsworth Huntington)的著作《文明与气候》中被进一步研究。亨廷顿通过对美国多个城市数千名工人、学生等的跟踪调查，也得出了气候与人的行为或能力的关系。“气压的变化对人们的活动似乎没有影响。湿度的重要性引人注目，但气温显然是最重要的因素。当平均气温位于60至65华氏度[③]，即正午的气温升至70华氏度或以上时，人们的生理活动最为活跃。这比我们大多数人所料想的要高。当室外平均气温位于38华氏度即夜晚有轻度霜冻时，人们的脑力活动活跃度达到峰值。另一个非常重要的气候条件是两天之间的气温变化。当没有温差或温差太大时，人们的工作状态都会欠佳。较为理想的气候条件是温和的气温波动，尤其是偶尔吹一点凉爽的风。”[④]这段话实际上表明了气压、湿度和温度对人的行为、活力等的影响，适宜的气温并且存在温差有助于提高人们的活力，进而可能会对处于不同地理位置和气候条件下的国家或地区的繁荣或发达程度产生影响。

地理假说也受到了经济学家们的青睐。美国著名经济学家杰弗里·萨克斯(Jeffery Sachs)是地理假说的倡导者。[⑤] 在分析世界上各国家之间经济发展的差距时，他首先从地理上进行归结。他指出了两个与地理相关的经济发展差距的事实。第一个是温带地区比热带地区发达。在全世界30多个发达经济体中，只有新加坡和中国香港位居热带，其他都位居温带。第二个是地理位置偏僻的地区通常比沿海、平原或通航河流两岸地区经济发展落后，无论是在一个国家内部还是在全球范围内，都是如此。比如，一个国家的沿海地区通常比内陆地区发达，沿海国家通常比内陆国家发达。对于温带比热带地区发达，萨克斯主要从三个方面进行解释：农业因素、健康因素、与科技资源动员相关的因素。就农业因素来说，主要是热带地区的水土资源、病虫

---

① 对此，我们无法判断对错。举这个例子只是表明，孟德斯鸠的地理(气候)决定论是以实验观察为基础的推断。

② [法]孟德斯鸠：《论法的精神》，祝晓辉、刘宇飞、卢晓菲译，北京理工大学出版社2018年版，第319页。

③ 华氏度＝1.8×摄氏度＋32。

④ [美]埃尔斯沃思·亨廷顿：《文明与气候》，吴俊范译，商务印书馆2020年版，第6页。

⑤ 萨克斯对地理假说的阐述，参见[美]杰弗里·萨克斯：《贫穷的终结：我们时代的经济可能》，邹光译，上海人民出版社2007年版；[美]杰弗里·萨克斯：《对新的经济发展社会学的几点看法》，[美]塞缪尔·亨廷顿、劳伦斯·哈里森主编：《文化的重要作用：价值观如何影响人类进步》，程克雄译，新华出版社2018年版，第3章。

害以及食品易腐烂等不利于农业的发展；就健康因素来说，主要是各种各样的传染病，如疟疾、黄热病、血吸虫病等影响人们的健康，进而对人的劳动生产率和寿命等产生不利影响；就与科技资源动员相关的因素来说，主要是温带能够提高生产率的创新等难以扩展到热带地区。对于沿海、沿河地区通常比内陆地区发达，主要是受交通运输条件所决定的对外经济交往成本的影响，沿海、沿河地区便利的交通运输条件，使得其对外经济交往成本大大低于内陆地区或偏远山区。萨克斯虽然解释了地理假说，但是他同时提出这些地理因素导致的障碍并非不可改变。

生态学家和进化生物学家贾雷德·戴蒙德(Jared Diamond)在分析"为什么有的国家富裕，有的国家贫穷"的时候，也从地理假说的视角给出了解释。他指出："最重要的地理因素之一是纬度。一般说来，位于温带地区的国家比位于热带地区的国家要富裕得多。"①戴蒙德认为，地理对经济的影响不只是在国家之间，甚至在一个国家内部也会有所体现。热带国家的贫穷可以从两个方面解释：一是农业生产率低下，二是公共健康的问题。这两个方面都与热带国家持续高温密切相关。戴蒙德的解释与萨克斯的解释差不多，他们都是从与地理、气候密切相关的农业及其生产率、传染病及健康的角度进行解释的。

无论是国家间的贫富差距还是一个国家内部的贫富差距，地理假说都有一定的解释力，因为事实就是地理位置差别及由此引起的气候等方面的差异的确存在。在世界范围内，南北差距、东西差距都曾经是学者们研究的重要问题；在一个国家内部，比如中国不同地区之间的差距，东中西、南北差距等都带有地理特征。

从地理假说出发，还可以引申出一个与地理因素有关但又不完全取决于地理因素的判断，即"自然资源诅咒"假说。这是一个"悖论"，即许多自然资源丰富并且曾经繁荣发达的地区现在落后了。自然资源是一种发展优势，因为许多国家或地区的工业化就是从自然资源的开发起步的，但是许多资源丰富的国家或地区在经历了繁荣之后却落后了。这至少包括两个方面的原因：一是对资源的依赖不利于创新和制造业的发展，过分地享受"资源红利"；二是对"资源红利"的追逐导致寻租、腐败甚至政变、战争等。"自然资源诅咒"假说与地理有关，但并非孟德斯鸠、萨克斯和戴蒙德等所解释的"地理因素"，只能说是与"地理"有关。在世界范围内，或在一个国家内部，财富在不同国家或地区的"逆转""反转"可以说是对这种假说的验证。

地理假说具有比较强的说服力和解释力，至少可以从两个方面说明：一是从总体上来看，地理位置的确是重要的，无论是温带与热带的差距还是沿海、沿河与内陆地区的差距，都是比较清晰的；二是地理假说的自然科学基础，即地理位置决定的气候、温度、水土等情况是难以改变的，有相对清晰的逻辑。

但是，地理假说也存在缺陷，即很多个案可以"证伪"它，使其解释力受到质疑。

---

① [美]贾雷德·戴蒙德：《为什么有的国家富裕，有的国家贫穷：比较人类社会》，栾奇译，中信出版社2017年版，第22页。

(1)具有相同或差不多地理特征的国家或地区间经济发展的差异又如何解释？比如，相邻国家国界线两边的地区，像美国和墨西哥边界的诺加利斯城，属于美国亚利桑那州的诺加利斯北部与属于墨西哥索诺拉州的诺加利斯南部，就差别甚大，这可不是单靠地理因素就能够解释的。再比如位于伊斯帕尼奥拉岛的海地和多米尼加这两个国家，分属同一个岛屿的东西两边，纬度相同，然而两个国家的经济表现却相差甚大。① 2021 年，海地的人均 GDP 为 1814.7 美元，多米尼加为 8603 美元；而在 2019 年，海地的人均 GDP 为 754 美元，多米尼加为 8282 美元。(2)地理假说能够在多大程度上解释国家间经济发展的差距？在不同的历史时期，地理假说的解释能力是否相同？比如，在农业为主的发展阶段，由地理因素所决定的气候等可能很重要，但是在工业为主的发展阶段，这可能就不是最重要的条件。

三、文化假说

世界上各个国家或经济体以及一个国家的不同地区在长期的发展过程中，形成了不同的文化。文化既可以指“一个社会的知识、音乐、艺术和文学作品”，也可以指一个社会的全部生活方式，包括“其价值观、习俗、象征、体制以及人际关系等”，或“一个社会中的价值观、态度、信念、取向以及人们普遍持有的见解”。② 有很多学者认为，一个社会的文化会对经济发展或经济增长产生影响，甚至会起决定性作用；世界范围内各国家或地区间经济发展或经济增长的差异，主要是因为文化的差异。这是“文化假说”的核心观点。

早在古典经济学时期，亚当·斯密、约翰·穆勒(John S. Mill)等就讨论人们的品德、信仰等对经济的影响。专门论述文化对经济的重要性，甚至从文化的角度来解释各国家或地区经济发展水平的差异，至少可以追溯至 20 世纪德国著名的社会学家马克斯·韦伯(Max Weber)。他在《儒教与道教》《新教伦理与资本主义精神》《新教教派与资本主义精神》等一系列著作中，试图从文化的角度解释东西方在近代之后发展的差异，解释为什么资本主义出现于西方，而文化源远流长的中国没有出现西方那样的资本主义。③ 他认为，儒家伦理阻碍了中国资本主义的发展，而资本主义在西方的兴起是由于新教伦理。④ 在《新教伦理与资本主义精神》中，他认为：“从基督教禁欲主义中，诞生了近代资本主义精神，乃至整个近代文化精神的一个基本要素：以天职概念为基础的理性行为。”⑤按照韦伯的观点，近代资本主义在西方产生而没有在其他国家产

① 对于海地和多米尼加两个国家间的差异，详细的研究参见[美]贾雷德·戴蒙德：《岛内比较与岛际比较》，[美]贾雷德·戴蒙德、詹姆斯·A. 罗宾逊主编：《历史的自然实验》，李增刚等译，中国人民大学出版社 2020 年版，第 151-182 页。

② 这个比较全面的定义参见[美]塞缪尔·亨廷顿：《文化的作用》，[美]塞缪尔·亨廷顿、劳伦斯·哈里森主编：《文化的重要作用：价值观如何影响人类进步》，程克雄译，新华出版社 2018 年版，第 4 页。

③ 参见[德]马克斯·韦伯：《儒教与道教》，王容芬译，商务印书馆 1995 年版。

④ 参见[德]马克斯·韦伯：《新教伦理与资本主义精神》，赵勇译，陕西人民出版社 2009 年版，第 14 页。

⑤ [德]马克斯·韦伯：《新教伦理与资本主义精神》，赵勇译，陕西人民出版社 2009 年版，第 140 页。

生，主要是基督教加尔文教派的"预定论""天职观""禁欲主义"等理念的结果。"人生是非常短暂和宝贵的，要确保自己成为上帝的选民，却把时间浪费在社交、闲谈、享乐，甚至是超过健康需要（六小时，最多八小时）的睡眠上，都应受到无条件的道德谴责。"①"劳动本身开始被视为人生目的，这是上帝的戒律。"②"上帝已经给每个人安排了一个天职，人必须各事其业，辛勤劳作。"③"宗教禁欲主义的力量还给他们（指资产阶级）准备了有节制的、有良知的、工作异常勤勉的工人：他们一心扑在工作上，视工作为上帝赐予的毕生目标。"④所以，"当消费受到限制和获利取得自由两者结合在一起时，会产生一个不可避免的实际效果：由禁欲主义的强制节俭带来的资本积累。强加在财富消费上的种种限制，自然会引起财富增长，因为这些限制使资本用于生产性投资成为可能"⑤。从经济学的角度来总结新教伦理观念，勤勉工作、杜绝享乐和奢侈消费、积累财富、多储蓄、少消费，这实际上都是有利于经济增长的重要因素。

韦伯的论述产生了广泛的影响。在20世纪，大量学者讨论了文化对经济发展的影响。美国政治学家爱德华·班菲尔德（Edward C. Banfield）1958年出版《落后社会的道德基础》（*The Moral Basis of a Backward Society*），他通过对意大利南部一个村庄的研究，提出采用"无道德家庭主义"（Amoral Familism）的社会信条来解释其落后。⑥ 社会信条被归结为一种社会文化，这实际上就通过案例研究了文化对经济发展的影响。⑦ 在20世纪七八十年代，许多学者进一步讨论了文化的重要性，并且试图量化文化的经济影响、政治影响等。为此，学者们限定了"文化"的范围，主要集中于价值观、态度、信念等。⑧ 比如，日裔美国学者弗朗西斯·福山（Francis Fukuyama）以"信任"作为文化和社会资本的表征提出了文化在解释各国家或地区的经济和社会差异中起决定性作用的判断。⑨

---

① [德]马克斯·韦伯：《新教伦理与资本主义精神》，赵勇译，陕西人民出版社2009年版，第116-117页。

② [德]马克斯·韦伯：《新教伦理与资本主义精神》，赵勇译，陕西人民出版社2009年版，第119页。

③ [德]马克斯·韦伯：《新教伦理与资本主义精神》，赵勇译，陕西人民出版社2009年版，第120页。

④ [德]马克斯·韦伯：《新教伦理与资本主义精神》，赵勇译，陕西人民出版社2009年版，第137页。

⑤ [德]马克斯·韦伯：《新教伦理与资本主义精神》，赵勇译，陕西人民出版社2009年版，第133页。

⑥ "无道德家庭主义"是指一种只顾及自己小家庭的利益而完全置社会其他成员的利益于不顾的社会信条。Edward C. Banfield, *The Moral Basis of a Backward Society*, New York: Free Press, 1958, p.85；[美]塞缪尔·亨廷顿、劳伦斯·哈里森主编：《文化的重要作用：价值观如何影响人类进步》，程克雄译，新华出版社2018年版，第226-228页；[美]弗朗西斯·福山：《信任：社会美德与创造经济繁荣》，郭华译，广西师范大学出版社2016年版，第56页。

⑦ 正是由于这个研究，班菲尔德被认为是继马克斯·韦伯之后文化决定论的重要代表。参见[美]劳伦斯·哈里森：《文化为什么重要》，[美]塞缪尔·亨廷顿、劳伦斯·哈里森主编：《文化的重要作用：价值观如何影响人类进步》，程克雄译，新华出版社2018年版，第14页。

⑧ 能够反映这些内容的比较有代表性的著作是美国学者塞缪尔·亨廷顿和劳伦斯·哈里森共同主编的《文化的重要作用：价值观如何影响人类进步》，它集中讨论了文化对经济发展、政治发展等的影响。参见[美]劳伦斯·哈里森：《文化为什么重要》，[美]塞缪尔·亨廷顿、劳伦斯·哈里森主编：《文化的重要作用：价值观如何影响人类进步》，程克雄译，新华出版社2018年版，第7-35页。

⑨ 参见[美]弗朗西斯·福山：《信任：社会美德与创造经济繁荣》，郭华译，广西师范大学出版社2016年版，第35页。

关于文化对经济发展、对一个国家或地区经济繁荣或衰退等的影响已经取得了一些重要的成果，然而也面临着大量的挑战。(1)两个或者几个文化相近甚至相同的国家或地区，经济发展水平存在巨大的差异。比如韩国和朝鲜，本来是同一个国家，拥有相同的语言、文字，文化完全相同，但是经济发展却截然不同；再比如德国统一前的西德和东德也是如此。(2)一个国家的经济繁荣和衰退并存。典型的是20世纪许多东亚国家或地区的快速增长、中国改革开放之后的快速增长和发展，在韦伯所谓的“儒家文化”未变的情况下实现了快速的经济增长。一个经济衰退的典型是阿根廷，20世纪初期经济发展水平位居世界前列，但是2021年阿根廷的人均GDP还未达到世界平均水平，明显是落后了，但是阿根廷的文化并没有变化。[①] 这能否用“文化假说”来解释呢？

四、无知假说

无知假说认为，有些国家或地区之所以落后或不发达，是因为统治者(或领导人)和公众不知道如何致富，不知道什么样的经济制度、经济政策等最有利于实现经济增长和经济发展。这种观点得到了大多数经济学家的认可，因为经济学被定义为研究资源配置的科学，研究如何配置稀缺资源才能够实现帕累托最优(Pareto Optimality)的问题。[②] 经济学中的“福利经济学第一定理”已经证明，在完全竞争的条件下，市场竞争能够通过价格机制有效调节经济活动，从而达到帕累托最优的资源配置。然而，“福利经济学第一定理”的成立有严格的条件，如完全竞争、完全信息、不存在信息不对称、不存在外部性、不存在交易成本等。在现实中，不要说所有这些条件，就是其中的任何一个条件都可能无法满足，从而存在所谓的“市场失灵”。市场失灵意味着出现了市场自身无法解决的问题，市场机制无法有效地发挥作用，一个重要的解决办法就是政府干预。如果政府能够有效地解决市场失灵，帮助市场机制有效地发挥作用，那么经济就可能实现繁荣。但是，如果政府不能够有效地解决市场失灵，那么市场机制无法有效发挥作用，经济就可能出现衰退。无知假说就基于此，认为贫困落后国家的政治家或领导人不知道如何解决市场失灵，不知道什么样的经济政策或制度能够最有效地解决市场失灵。正是基于无知假说，发达国家的经济学家或者像世界银行等国际组织的经济学家，经常向发展中国家的政府或领导人提发展建议，以帮助贫穷落后的国家实现快速的经济增长和经济发展。世界银行在向发展中国家提供贷款的时候，通常也附

---

① 阿根廷在20世纪初期无论是人均GDP还是GDP总量都位居世界前列。1913年，阿根廷的人均GDP仅次于美国、英国、瑞士、荷兰，高于法国、德国等。根据[英]安格斯·麦迪森：《世界经济千年统计》，伍晓鹰译，北京大学出版社2009年版整理得到。

② 经济学这个经典的定义源于英国经济学家莱昂内尔·罗宾斯(Lionel Robbins)。他在《经济科学的性质与意义》中提出的经济学的定义，后来基本上成为经济学的标准定义。

有专家建议，甚至将发展中国家接受并执行专家建议作为提供贷款的前提条件。[①]

无知假说的一个例证就是1990年的“华盛顿共识”。这是美国国际经济研究所联合世界银行、国际货币基金组织以及美国财政部的研究人员针对拉美国家的经济改革提供的方案和对策，对象是陷入债务危机的拉美国家。在东欧及苏联社会主义经济转轨时，许多国家按照“华盛顿共识”进行以自由化、私有化和市场化为方向的改革。“华盛顿共识”曾经一度产生过重要影响，但是并没有让接受并执行的国家实现经济繁荣。

实际上，如果国家贫困落后真的是因为领导人的“无知”，那么贫困落后的问题就容易解决了。可以让这些贫困落后国家的领导人接受教育或培训，可以由发达国家的经济学家直接传授经验或做法，甚至可以直接告诉这些国家的领导人具体的做法，还可以直接让“有知”的、知道怎么做的经济学家担任这些国家的领导人。但是，贫困落后国家的领导人真的“无知”吗？真的不知道怎么做吗？真的不知道经济学家们所提出来的政策或建议吗？

五、制度假说

制度假说认为，制度是重要的，在一个国家或地区的经济增长中起决定性作用。这是由制度对人们行为的激励和约束所决定的。制度与经济增长和经济发展之间的关系是制度经济学最重要的问题之一。

新制度经济学的重要代表、1991年诺贝尔经济学奖获得者罗纳德·科斯（Ronald Coase）提出的“科斯定理”是制度假说的基础。“科斯第一定理”说明，在交易费用为零时，产权的初始配置不会影响资源配置的效率；“科斯第二定理”说明，在交易费用不为零时，产权的初始配置会影响资源配置的效率；“科斯第三定理”说明，产权的配置是有成本的。交易费用为零只是一种理想的状态，交易费用不为零是人类社会的常态。所以，在交易费用不为零的前提下，资源最初配置给谁将直接决定资源能否得到最有效率的利用。很明显，在一个国家或地区的资源有限且稀缺的前提下，资源配置的效率直接决定经济增长和经济发展。资源配置的效率越高，经济增长或经济发展的速度越快；资源配置的效率越低，经济增长或经济发展的速度越慢。但是，科斯并没有直接将制度与经济增长或经济发展联系起来，他主要是从产权角度来论证资源配置的效率问题。

新制度经济学的另一位重要代表、1993年诺贝尔经济学奖得主道格拉斯·诺思[②]

---

① 人类学家理查德·施韦德（Richard Shweder）在《道义地图、“第一世界”的自吹自擂及新福音传道者》的开头讲了一个笑话，是关于巴布亚新几内亚人脑子市场上不同职业人士脑子的价格，有经济学家、基督教新教伦理学家、单文化女权主义者以及人类学家。这反映出来的一个方面的内容是，“第一世界”给发展中国家提供的贷款都是以满足“第一世界”的标准为条件的，这些标准也就意味着对发展中国家的建议。参见［美］理查德·施韦德：《道义地图、“第一世界”的自吹自擂及新福音传道者》，［美］塞缪尔·亨廷顿、劳伦斯·哈里森主编：《文化的重要作用：价值观如何影响人类进步》，程克雄译，新华出版社2018年版，第12章。

② 也译作道格拉斯·诺斯，为避免人名混淆，本书统一称作诺思。

(Douglass North,道格拉斯·诺斯)直接阐述了制度假说,即直接将制度与经济增长和经济发展问题结合起来,明确提出制度在一个国家或地区经济增长中起决定性作用的观点。诺思是通过对美国经济增长、西方国家兴起等经济史的研究而得出相关判断的,为科斯定理提供了历史证据。他在《制度变迁与美国经济增长》《西方世界的兴起》《经济史中的结构与变迁》等一系列著作中都论证了经济增长的关键在于制度,一种提供适度个人激励和约束的有效制度是促进经济增长的决定性因素。比如,在《西方世界的兴起》中,诺思开篇提出:“有效率的经济组织是经济增长的关键;一个有效率的经济组织在西欧的发展正是西方兴起的原因。”[①]在《经济史中的结构和变迁》中,诺思提出,不是所有的制度都能够促进经济增长或经济发展,无效率的制度会存在,一个国家或地区只有选择了适合经济增长或经济发展的制度才能够实现经济的繁荣。[②] 一个社会的制度决定了人们能够做什么或不能够做什么、可以做什么或不可以做什么以及按照什么方式或途径做等,通过影响个人、企业、政府等各类自然人或组织的行为及行为方式,从而最终影响整个社会的经济绩效。

在诺思之后,德隆·阿西莫格鲁(Daron Acemoglu)等进一步发展了制度假说,从政治与经济、包容性与攫取性两个维度来解释国家的兴盛衰落。[③] 经济制度直接决定经济绩效,然而政治制度却会决定经济制度,因为经济制度只不过是既定的政治制度下相关主体博弈的结果;包容性经济制度能够带来经济繁荣,而攫取性经济制度却会导致经济衰退。一个实行攫取性政治制度的国家很可能制定出攫取性经济制度,只有实行包容性政治制度的国家才有可能制定出包容性经济制度,实行攫取性政治制度的国家不可能制定包容性经济制度,但是实行包容性政治制度的国家却可能制定攫取性经济制度。阿西莫格鲁的分析比诺思等人的研究推进了一步,从政治与经济关系的角度解释了有利于推进经济增长、实现繁荣的经济制度所需要的政治制度环境。

制度假说也很有说服力,无论是曾经获得诺贝尔经济学奖的科斯和诺思,还是现在在国际经济学界如日中天的阿西莫格鲁,他们的著作都广受关注,特别是结合不同国家或地区兴盛衰落历史进行的宏大叙事更是引人入胜。然而,我们仍然可以提出一些问题:如果能够知道哪种制度是最有利于经济增长或经济发展的,所有的国家都采取这种制度不就解决问题了吗?为什么世界上不同的国家采取差别巨大的制度?为什么有些国家还存在不利于甚至阻碍经济增长或经济发展的制度?换一种说法,是否存在适用于所有国家或地区经济增长或经济发展的最优制度?发达国家所采取的制度是不是相同的?

针对国家间经济增长和经济发展的差距,有多种不同视角的解释,所有的解释都

---

① [美]道格拉斯·诺思、罗伯特·托马斯:《西方世界的兴起》,厉以平、蔡磊译,华夏出版社1989年版,第5页。

② 参见[美]道格拉斯·诺思:《经济史中的结构与变迁》,陈郁、罗华平译,上海人民出版社、上海三联书店1994年版,第17页。

③ 参见[美]德隆·阿西莫格鲁、詹姆斯·A. 罗宾逊:《国家为什么会失败》,李增刚译,湖南科技出版社2015年版,第49-67页。

有一定的说服力，也基本上符合历史事实的某个或某些方面，然而所有这些解释或假说都是一些假说，都存在反例。那么，如何来评价或判断、解释这些假说？

第四节　一元论还是多元论：方法论的思考

针对国家兴衰及其解释所形成的各种假说，如何进行评价？这仍然涉及如何来解释国家的兴衰变迁。第三节所给出来的多个不同视角的解释，都只是强调了某个方面或因素的重要影响或决定性作用，如地理、文化或制度等，那么解释兴衰变迁的假说应该是一元的还是多元的呢？这是本节讨论的问题。

一、"一元论"还是"多元论"？

既然政治经济学或经济学以财富为研究对象，以实现人类的生存和发展为终极目标，那么政治经济学或经济学就需要弄清楚世界范围内的国富国穷、一个国家或地区的兴衰变迁。解释是"一元论"还是"多元论"？是采用一种因素还是多种因素进行解释？解释富裕或增长的理论是否也必须解释贫困或衰退？

（一）一种因素还是多种因素？

关于国家或地区富裕贫困、增长衰退，历来是社会有识之士关注的焦点，无论是思想家还是实业界人士，也无论是经济学家还是其他学科的学者，都有大量的讨论。人们提出了各种各样的解释，然而世界上的贫困并未彻底消除，贫富差距仍然存在并且非常大。影响因素肯定是多元的，但是决定因素是一元的还是多元的？是否存在根本性的决定因素？

就一个经济体来看，影响其增长和发展的因素包括内部因素和外部因素，是多种因素的综合。内部因素就是在经济体内部发生或出现的原因。比如天气或气候，在农业社会中，土壤和降水量直接影响到农业生产中作物的生长。无论是干旱还是洪涝，都会对农业生产产生不利的影响，只有风调雨顺是最理想的。再比如，经济体内部的暴乱，统治者与被统治者之间出于各种原因发生冲突，也会影响到生产者的积极性。外部因素就是在经济体外部发生或出现的原因，相对于经济体是外生的原因或变量。比如战争，某个经济体受到外部某个民族的侵扰，必须应战，这就可能降低生产性投入，包括资本和劳动的投入等，这必然会造成生产下降。

问题是，决定经济增长和经济发展的因素是什么？是自然资源、资本、劳动、技术、教育还是其他？不同国家或地区的自然资源的丰裕程度存在很大差别。比如在农业社会中，土地肥沃、水源充足的地区比土地贫乏、缺水少雨的地区能够更加容易地从事生产活动，也能够生产出更多的产品；在工业社会中，一个煤炭或铁矿石等矿产资源丰裕的地区，也能够比较快速地实现经济增长。自然资源的丰裕程度自然可以解释不同国家或地区经济增长的差异。但是，为什么自然资源相似或相同的经济体会有不同的经济表现？一个经济体在不同的时期也会有不同的经济表现？传统的经济增长理论从资本和劳动两个因素进行解释，后来增加了技术这个因素。利用生产函数可以很容易地看出，无论是资本投入的增加还是劳动投入的增加都能够推动经济增长，因为生产函数被假定为产量对资本和劳动是非递减的，即资本或劳动投入量的增加至少不会引起产量的下降。不同的技术水平下，相同数量的资本和劳动投入，产量不同，也表现为生产函数的差别。但是，问题是，不同国家或地区的资本、劳动和技术为什么会存在差异？按照生产函数的定义，资本和劳动投入的增加、技术进步本身就可以视为经济增长。所以，问题又变为，是否存在决定资本、劳动投入和技术进步的因素呢？该因素是不是决定经济增长的最终因素？能否将决定经济增长的因素都归结到这一种因素？再具体一些来说，作为资本形成基础的储蓄由什么因素决定？相同数量的劳动力和劳动时间投入，是否能够生产出相同数量的产品？劳动投入由什么因素决定？先进的技术是否一定会淘汰落后的技术？技术的采用是由什么因素决定的？从方法论的角度看，是否有必要探寻、能否探寻到决定资本形成、劳动投入和技术采用的共同因素？

(二)解释增长的理论能否、是否必须能够解释衰退？

就像硬币的两面一样，富裕与贫困、繁荣与失败始终并存。有的国家富裕，有的国家贫困；一个曾经繁荣的国家，可能会走向失败，而一个曾经失败的国家也可能会走向繁荣。那么，解释一个国家或地区经济增长的因素能否用来、是否必须能够解释这个国家或地区的经济衰退？解释一个国家或地区经济繁荣的因素能否用来、是否必须能够解释这个国家或地区的失败？解释一个国家或地区经济增长或繁荣的因素是否必须能够解释另一个国家或地区的经济增长或繁荣？解释一个国家或地区经济衰退或失败的因素是否必须能够解释另一个国家或地区的经济衰退或失败？

从一个国家或地区的宏观经济理论来说，核心就是两大主题：一个是经济增长，另一个是经济周期或波动。无论是经济的持续增长还是经济周期或波动，都是常态。虽然人类的理想是经济持续增长，虽然有些国家或地区会经历较长时间的经济持续增长，但是这种理想是不现实的，特别是从长期来看，即使经济一直在增长，但还存在经济增长率的波动，有的年份经济增长率高，有的年份经济增长率低；即使经济一直在增长，并且经济增长率一直保持在较高水平，还可能存在增长率的变化率的问题。所以，这就不可避免地提出，解释经济增长的理论能否解释经济周期或经济波动问题？解释经济增长的理论是否必须能够解释经济周期或经济波动问题？如果从一个国家或地区的历史来看，王朝更迭，兴衰交替，那么解释繁荣的理论能否或者是否必须能够解释其衰落呢？

从世界上不同的国家或地区来看，在某一个时间点上，经济增长率、人均 GDP、人均 GDP 增长率等都存在很大差异。有的国家经济增长甚至高速增长，有的国家经济增长率为负；有的国家人均 GDP 已经突破 10 万美元，有的国家却只有几百美元，相差数百倍，那么解释经济高速增长的理论能否解释、是否必须能够解释低速增长甚至负增长？解释高收入国家繁荣的理论能否解释、是否必须能够解释贫困落后国家的失败？

从现实来看，解释经济增长的理论并未能够解释经济危机，解释经济繁荣的理论也没能够解释经济衰退，至少是解释得不够成功，否则怎么可能会有经济危机？怎么会有很多国家仍然处于失败或高度不发展的状态？[①] 无论是解释经济增长还是经济衰败，都是容易的。这些解释最多只是解释清楚了经济增长的必要条件，但是没有给出避免经济衰败、实现持续经济增长的充分条件；最多解释清楚了哪些因素可能导致了经济衰败，但是不能够穷尽导致经济衰败的所有因素，也就不能够提出避免经济衰败的充分条件。这就像解释一个人生病一样，虽然可以找出很多对病因的可能解释，但是要让一个人永远不生病是不可能的，最多只能够让其少生病。

无论是"一元论"还是"多元论"，面对复杂的经济现实，首先必须解释，然后才能够进行预测并抓住机遇、应对挑战。当然，连科学哲学中到底"什么是科学"，到底有没有、需不需要适用于所有学科的科学哲学或科学标准，都没有达成一致意见，更不要说在解释一个问题两面的时候必须建立一致的理论了。正如美国著名经济学家杰弗里·萨克斯所指出的："对于为什么世界上某些地区仍然贫困这个问题，既没有唯一的原因，也没有唯一的药方……一个好的行动计划开始于对形成一个国家经济条件的具体因素作出区别性的诊断。"[②]人类学家理查德·施韦德也指出，经济学家虽然针对富国穷国的问题提出了很多假说，但是并未弄清楚经济增长的原因究竟是什么。正如约翰·穆勒所提出的，"原因"是种种必要条件结合在一起才能够产生一种结果，可问题是无法穷尽各种必要条件，因此也就无法真正弄清楚经济增长的根源。[③] 埃尔斯沃思·亨廷顿在研究气候与文明的关系，提出文明的气候假说后指出："虽然气候十分重要，但其他因素也同等重要……我们不能因为人缺少空气即会死亡，就认为空气比食物、水、保暖、血液循环、种族繁衍、无致命细菌的环境等其他条件更为重要。历史也是如此。"[④]这段话也是"多元论"的观点，在国家兴衰的问题上不是一种因素能够解释的，是多种因素共同作用的结果。国家繁荣必需的因素有无数个，是"多元的"，但是导致国家衰落的原因可能只是其中一个，只要繁荣所必需的因素缺少其中的一个或几个，繁荣就可能实现不了。

---

① 问题或许转化成了经济增长理论是否解释清楚了经济增长的根源。实际上，解释经济增长或经济繁荣的理论容易被接受，也容易"成功"，因为当一个国家或地区经济繁荣或经济快速增长的时候，没有多少人会认真关注对经济繁荣或经济快速增长的解释，怎么解释无关紧要，理论很容易被证实。但是，当经济危机或经济衰退或失败的时候，需要提出切实可行的解决方案，要切实解决问题，这时候理论很容易被证伪。正如英国经济学家安于姆·霍达（Anjum Hoda）所指出的："在发生危机时，经济学解释收入、财富生产和分配的理论并没有发挥任何实质性的作用，帮助经济走出困境。"[英]安于姆·霍达：《虚张声势：欧美央行的出牌逻辑与宏观调控思路》，姜忠伟译，北京联合出版公司2018年版，第220页。

② [美]杰弗里·萨克斯：《贫穷的终结：我们时代的经济可能》，邹光译，上海人民出版社2007年版，第47页。

③ 参见[美]理查德·施韦德：《道义地图，"第一世界"的自吹自擂及新福音传道者》，[美]塞缪尔·亨廷顿、劳伦斯·哈里森主编：《文化的重要作用：价值观如何影响人类进步》，程克雄译，新华出版社2018年版，第307页。

④ [美]埃尔斯沃思·亨廷顿：《文明与气候》，吴俊范译，商务印书馆2020年版，第212页。

二、经济学还是政治经济学？

一个国家或地区的经济增长和经济发展既不能够从单一要素或因素进行解释，也无法采用一种理论“走遍天下”，否则国家兴盛衰落的问题就容易解决了。试图解释经济增长和经济发展的所有理论，就像盲人摸象，只是看到了“事物”的一个方面，因为面对庞杂纷繁的现实世界，每个人能够接触到的信息是有限的，处理信息的能力也是有限的，即便到了大数据时代，计算机处理数据的能力已经非常强大，也是如此。所以，无论是经济学、政治经济学还是新政治经济学，都只能够认识或解释客观经济世界的一个分支或一部分。

一个国家或地区的经济增长和经济发展，可以说是多种因素或要素共同起作用的结果，无论是增长还是不增长、发展还是不发展，都需要从多种因素进行解释。已有的解释经济增长和经济发展及经济衰退等的理论，既包括物理因素，也包括人为因素，还包括人与人之间关系的因素。

按照莱昂内尔·罗宾斯开创的对“经济学”的定义，经济学是研究资源配置的，关注的是人与物之间的关系，即经济主体在既定的约束下配置资源，以实现帕累托最优；经济主体只是在自己的既定约束下配置资源，不需要考虑与其他主体之间的关系，即便涉及与其他主体之间的关系，也是通过市场机制、价格机制进行的，就像市场的供需两方那样。因此，主流经济学在解释经济增长和经济发展的时候，是以市场经济为既定条件的，在市场机制、价格机制完备的条件下，土地、资本、劳动、技术等各种生产要素或资源实现最优配置，从而实现经济增长。从这个意义上看，主流经济学主要是从物理条件、资源条件等方面解释经济增长和经济发展的。一个国家经济繁荣发达，是因为存在良好的经济增长的条件。比如地理假说强调纬度、气候、气温、自然资源等条件，其实本质上是资源配置的问题。为什么温带地区比热带地区的国家富裕？为什么世界上大多数富裕国家、发达国家都位于温带？为什么世界上大多数贫困落后国家都位于热带？无论是从农业生产率角度进行解释，还是从传染病角度进行解释，本质上都是生产要素的问题。从农业生产率的视角，热带地区土壤不如温带地区肥沃，这与土地这种农业生产最为重要的生产要素相关；从传染病的视角，热带地区有更多的传染病，使得劳动力的质量下降。“自然资源诅咒”假说也说明，自然资源条件好的国家或地区在资源开采的时候容易致富，但在资源开采完之后就陷入了落后。技术是对土地、资本、劳动等各种生产要素利用的方式，在相同数量和质量的生产要素条件下，技术水平将直接决定各种生产要素能够生产的最终产品的数量和质量。无知假说本质上也是基于这种判断，即一个国家或地区的决策者或领导人是否具备最优配置资源的能力。政策建议的逻辑就是，如果这些决策者或领导人知道如何最有效地配置资源，那么这些国家或地区的经济就能够实现快速增长。所以，主流经济学在经济增长和经济发展问题上，主要强调生产要素的重要性，强调生产要素起决定性作用。

政治经济学不仅关注人与资源之间的关系，更加关注人与人之间的关系。所有的资源都包含着人与人之间的关系，即通过资源所体现出来的人与人之间的关系。所有的资源都是稀缺的，都存在所有权、占有权、支配权、使用权等各种产权，而所有这些权利都暗含着权利拥有者可以从中获得的收益。正如科斯第二定理所强调的，在交易成本不为零的条件下，不同的产权配置会产生不同的结果，即产权界定会影响资源使用的效率。实际上，同样的生产要素或资源，产权界定的方式不同，会产生截然不同的结果。比如，中国改革开放之后在农村实行的家庭联产承包责任制，在土地数量和质量、生产技术、自然条件等基本上没有变化的情况下，极大地提高了农业生产率，提高了土地产量。根本原因就在于土地的产权结构发生了变化，农地的所有权没有变化，但是占有权、支配权和使用权等发生了变化，农民获得了土地的占有权、支配权和使用权，特别是土地的剩余索取权，即"交够国家的，留足集体的，剩下都是自己的"。这意味着农民能够生产出来的农产品越多，自己得到的也就越多。这极大地提高了农民的生产积极性。再比如，经济学中的生产可能性边界代表资源最优配置的状态，在现实中并不是都能够达到的，因为资源的实际控制者或使用者可能并非所有者，这就出现所谓的"委托—代理"问题。无知假说可能的一种情况是，决策者或领导人可能并非不知道对整个国家或地区经济增长和经济发展最有利的政策或制度，而很可能是作为代理人的决策者或领导人压根就不想实行最优的政策或制度，也有可能是无法实行最优的政策或制度，因为任何政策或制度的实施都需要一定的制度环境。

当然，无论是经济学还是政治经济学，都是从一个角度、一个方面解释国家经济增长与衰退、解释国家的兴盛与衰落，对于一个国家或地区的经济增长和经济发展来说，需要天时、地利、人和。资源是最为重要的，毕竟"巧妇难为无米之炊"，但是，仅有资源是不够的，还需要适当的人与人之间的关系，毕竟"事在人为"。所以，要解释一个国家或地区的经济增长和经济发展，既需要经济学，也需要政治经济学及新政治经济学。

本章小结

有的国家富裕繁荣，有的国家贫困萧条，这是人类历史的一个永恒主题。人类社会的历史长久以来就在记述、讨论国家兴衰的问题。无数思想家、研究者提出了各自的假说。主流的经济增长理论、地理假说、文化假说、无知假说、制度假说等都是从某个方面提出了一种解释或判断，这些不同的解释和假说都既各具说服力，又各有不足。从方法论的角度看，经济增长和经济发展的解释应该是"多元的"，需要用多种不同的因素进行解释，而要弄清楚各种因素对经济增长的贡献以及各种因素之间是否存在替代性是很复杂的，甚至各种因素之间不存在相互替代性，即缺一不可，所以对于国家不发达的解释可能仅仅需要其中的一个因素就够了。对于国家兴衰问题的研究，不仅需要经济学，而且需要政治经济学；不仅要研究清楚资源配置问题，而且必须研究清楚人与人之间的关系，研究清楚人与人之间通过物所表现出来的关系。

推荐阅读

1.[美]德隆·阿西莫格鲁、詹姆斯·A. 罗宾逊:《国家为什么会失败》,李增刚译,湖南科学技术出版社 2015 年版,第 1-3 章。

2.[美]贾雷德·戴蒙德:《为什么有的国家富裕,有的国家贫困》,栾奇译,中信出版社 2017 年版。

3.林毅夫、蔡昉、李周:《中国的奇迹:发展战略与经济改革》,上海人民出版社 2014 年版。

思考题

1.不同国家或一个国家不同地区之间经济发展为什么会存在差距?能否消除这种差距?

2.解释国家或地区之间经济发展差距的理论有哪些?你认为哪种理论具有更强的解释力?

3.已有的经济学理论在解释国家兴衰差别上各有什么优势和不足?

第二章　新政治经济学的兴起与发展

第一章阐述了国家兴衰历史与现实及其解释，目的是表明经济学虽然以经济增长和经济发展为研究的基本目标，但不是只有经济学讨论这个主题，更不是通过经济学就能够研究清楚这个问题，所以引入了“政治经济学”和“新政治经济学”。本书聚焦于“新政治经济学”。“新政治经济学”是政治经济学，但是是“新”政治经济学。它既不同于“古典政治经济学”，也不同于“马克思主义政治经济学”。与“古典政治经济学”不同，它是在20世纪三四十年代起源、六七十年代发展起来的；与“马克思主义政治经济学”不同，它产生于英、美等发达国家，属于现代“西方经济学”的一个分支。它是一门经济学和政治学的交叉学科，特点是在研究经济增长、经济发展等问题时不将制度、法律、意识形态等排除在外，并采用经济学的工具和方法内生地分析制度、法律、意识形态等。

本章共分为五节：第一节阐明新政治经济学的学科定义，第二节从理论和现实的推动角度阐明新政治经济学的产生，第三节阐述新政治经济学的理论渊源，第四节阐述新政治经济学的主要学说和代表人物，第五节阐述新政治经济学的主要方法论特征。

第一节　新政治经济学的学科定义

对于什么是“新政治经济学”(New Political Economy)，有一个分钱的故事可以很好地说明。美国某大学讲授“政治经济学”的教授，在开学的第一堂课上，没有讲授任何政治经济学理论，而是让学生们分成三人一组来做游戏。游戏规则是这样的，在“一人一票”的公平前提下，按照少数服从多数的原则来分一元钱，最后看谁得到的最多、次多和最少，并且强调每人分钱多少与期末考试成绩挂钩。具体讲，在三个人中，如果其中两位赞同他俩各得0.5元，那么第三者就一分钱也得不到。在作了简短的说明之后，教授就离开了教室。这些素不相识的同学被留下来，怀着浓厚的兴趣开始做这个游戏了。在快下课的时候，教授又回到了教室。当时整个教室乱作一团，学生们相互指责、面红耳赤。他们究竟为何如此呢？一元钱不可能被平均分成三份，三人各得 1/3 的可能性不大；而期末成绩又与分得多少密切相关，所以每个人都会尽可能多得，“一人一票”前提下的多数票规则恰恰提供了通过“联盟”等手段多分得一些的机制。不妨假定其中一个小组的三位同学为甲、乙、丙。甲、乙两人为了各得 0.5 元而将丙排除在外。此时，丙可能会向甲或乙中的一个人提出优厚的条件，比如同意给甲 0.51 元，自己只要 0.49 元，显然甲和丙的状况都得到改善，甲会同意丙的提议。一旦面临这种情况，乙可能会向丙提出，丙和乙每人各得 0.5 元，将甲排除在外。甲可能又会向丙或乙提出新的分享办法，自己只要 0.49 元，给对方 0.51 元。这样，甲、乙、丙三方就不断有新的提议，每个人都不想被排除在外，并且希望尽可能多分。在这个过程中，有“联盟”，有“阴谋”，有“合作”，有“背叛”。[①] 在这个故事中，我们不能讲哪个人“好”、哪个人“坏”，其实他们都在追求自己的福利最大化。1 元只是一笔很小的钱，可以扩大到 1 亿元甚至更多。当多个商人进行谈判、多个国家进行谈判的时候，可能都会为了自身的利益而“合作”“背叛”“欺诈”等，就像“国家之间没有永恒的朋友，也没有永恒的敌人，只有永恒的利益”。

本节首先综述已有文献对“新政治经济学”的定义；其次结合政治与经济的关系阐述“新政治经济学”的含义；最后分析“新政治经济学”的“新”是相对哪些经济学分支而言的，并简要说明其差别。

一、对“新政治经济学”的解释：文献评述

作为现代经济学的一个分支，“新政治经济学”是从“公共选择理论”开始的。狭义的“新政治经济学”就是“公共选择理论”；广义的“新政治经济学”则包括“公共选择理论”，而且“公共选择理论”是“新政治经济学”最重要的组成部分。1987 年，布坎南在为《新帕尔格雷夫经济学大辞典》写的“宪则经济学”词条中指出，“新政治经济学”的标签下可以包括公共选择理论、产权经济学、法与经济学、规制政治经济学、新制度经济学、新经济史学。[②]

（一）对“公共选择理论”的定义

1.什么是公共选择？

公共选择在日常生活中随处可见，如公共产品提供、国家领导人选举、宏观经济政策制定等，但很少有人说明“公共选择”究竟是什么。简单说，公共选择就是一个集团

---

① 这个故事参见张宇燕：《政治经济学》，《说服自我》，生活・读书・新知三联书店 1997 年版，第 105-109 页。这很容易让我们想到中国古代各诸侯国之间的合纵连横、纵横捭阖。在合纵连横中，不能够保证实力较强的国家一定得到好处，但实力较弱的国家却一定占不到便宜。这些实力较弱的国家在帮助实力较强者打败另一个实力更强的国家后，就面临着被其吞并或攻占的可能，这时联姻就可能成为实力较弱的国家依附实力较强国家的手段。

② 参见[美]布坎南：《宪则经济学：人类集体行动机制探索》，韩朝华译，中国社会科学出版社 2017 年版，第 74 页。

的成员聚集在一起决定他们共同关心的事情。具体而言,它包括三个要素:参与者、选择方式和选择标准。参与者就是谁对共同关心的事情作出决策。他们既可能利益相关,也可能利益无关;利益可能很大,也可能很小。参与者包括选民、政府官僚、工商企业、工会、非营利组织以及其他各种利益集团。选择方式就是如何对共同关心的事情作出决策,这包括高度集权社会中的独裁者作出决策,通过市场上的自由出价竞争作出决策,依靠具有专门知识和才能的人作出决策,通过一致同意作出决策,通过投票表决作出决策,通过代表作出决策,通过精英人物作出决策,等等。选择标准就是选择一种而不是另一种结果的标准或理由,例如法律规则的选择究竟应该遵循什么标准,是公平、公正、正义还是效率?①

2.什么是公共选择理论?

公共选择理论的创始人之一布坎南将"公共选择"定义为"经济工具在政治上的应用与扩展",并从正反两个方面作了解释,公共选择"不是这个术语在寻常意义上的一种方法,不是一组工具,不是以标准方法对标准工具的特殊应用,虽然我们正在向后一个说法靠拢。公共选择是政治上的观点,它从经济学家的工具和方法大量运用于集体或非市场决策而产生"。②

公共选择理论的另一位创始人戈登·塔洛克(Gordon Tullock)认为,公共选择学基本上是运用经济学工具来研究政治科学中的传统问题的一门科学;其最大的特点是将所有主体(包括工商业者、政治家、选民和官僚等)看作追求自身利益最大化者。③曾经对公共选择理论作过系统综述的丹尼斯·缪勒(Dennis Mueller)也指出,公共选择理论是"对非市场决策的经济学研究",是"应用经济学去研究政治学。公共选择理论的主题与政治学是一样的:国家理论、投票规则、投票人行为、政党政治、官僚制等。但是,公共选择理论的方法论是经济学的。公共选择理论和经济学类似,其基本假定是,人是自我的、理性的、效用最大化的"④。英国公共选择理论的代表人物、牛津大学政治系教授埃恩·麦克里恩(Iain Mclean)指出,从行为者来看,公共选择关心的是投票者、党派、政治家、官僚、利益集团;从理论上讲,它的主题则包括国家理论、投票规

① 这三个要素的分析参见[美]乔·B.史蒂文斯:《集体选择经济学》,杨晓维等译,上海三联书店、上海人民出版社1999年版,第2-9页。

② 这两段话分别出自[美]布坎南:《政治经济学:1957—1982年》和《公共选择的观点》,《自由、市场和国家》,吴良健、桑伍、曾获译,北京经济学院出版社1988年版,第12、18页。

③ 参见[美]戈登·塔洛克:《公共选择》,[美]约翰·伊特韦尔、默里·米尔盖特、彼得·纽曼编:《新帕尔格雷夫经济学大辞典》(第三卷),陈岱孙等译,经济科学出版社1996年版,第1111-1115页。

④ [英]丹尼斯·缪勒:《公共选择理论(第三版)》,韩旭、杨春学等译,中国社会科学出版社2010年版,第1-2页。截至2022年,丹尼斯·缪勒的《公共选择理论》出版了三版,都有中译本,其中第一版有两个中译本。前两版的中译本分别是:[美]丹尼斯·缪勒:《公共选择》,王诚译,商务印书馆1992年版;[美]丹尼斯·缪勒:《公共选择》,张军译,上海三联书店1993年版;[美]丹尼斯·缪勒:《公共选择理论》,杨春学等译,中国社会科学出版社1999年版。Dennis C. Mueller,"Public Choice: A Survey", *Journal of Economic Literature*, 1976, Vol.14, No.2, pp.395-433.

则、投票者行为、党派政治学以及官僚政治等。[①]

公共选择虽然是对共同关心事务作决定，但公共选择理论很少涉及具体的公共事务，如应该在河流的什么位置建设桥梁、在公路的两旁设置多少路灯。它更侧重于对决策规则、决策程序的研究。正如布坎南曾经指出的："公共选择的分析家无权告诉卡特总统或是杰米·施莱辛格'应该'提出什么样的能源政策。他们在描述什么是'理想'的政策结构上起不了作用。然而，在较广的范围内，公共选择的实证分析家可以告诉我们，从被观察的现行的集体决策制度下大体上将要产生某种能源政策。这便是并且一直是我们这些经济学家的主要贡献。"[②]英国经济学家阿瑟·塞尔顿（Arthur Seldon）在为戈登·塔洛克的一本小册子写的"序言"中指出："公共选择学派经济学家感兴趣的不是了解国家生产这个而不是那个'数量'的国防、连带责任以及再分配是否会'更好'，也不是了解这种赋税在本质上是否比那种赋税更'公正'，或这种法律是否比那种法律更好……他们感兴趣的是要了解为什么一个集体选择这个而不选择那个。公共选择理论的目标是了解决定公共产品之生产及分配的过程是如何运转的。其论题是了解公共生产机器是如何组织、如何构成的，在这部机器中，有怎样的限制制度、惩罚制度或奖励制度——它们决定或影响着与公共生产过程有关的所有人员的个人行动——以及由此产生的不同级别的最终目的是什么。"[③]

综上所述，"公共选择理论"大体可以界定为这样一种理论：其研究对象是集体的非市场决策过程；研究工具为经济学，特别是价格理论；把政治舞台看作市场，把选民、政治家和官僚看作政治市场上的博弈者，把选票看作"货币"。[④]

（二）对"新政治经济学"的定义

在公共选择理论的基础上，许多经济学家提出了"新政治经济学"的表述，有的甚至直接采用"政治经济学"。他们从不同角度对其含义进行了解释。

法国经济学家让-雅克·拉丰（Jean-Jacques Laffont）在《激励与政治经济学》中将"政治经济学"定义为"一门研究经济活动与政治决策程序之间相互作用的学问"。[⑤]他认为，政治经济学源于经济政策授权给政治家的需要，政治经济学在本质上也就成为一门关于激励的科学。这实际上涉及政治家作为公共政策的制定、实施等的代理

---

① 麦克里恩曾经出版过公共选择理论的重要著作，如 Iain Mclean, *Public Choice: An Introduction*, New York: Basil Blackwell, 1987。该定义转引自张宇燕：《公共选择理论》，邹东涛主编：《经济中国之新制度经济学与中国》，中国经济出版社 2004 年版，第 169 页。

② ［美］布坎南：《论公共选择的历史与方向》，《经济学家应该做什么》，罗根基、雷佳端译，西南财经大学出版社 1988 年版，第 156 页。

③ 转引自［法］亨利·勒帕日：《美国新自由主义经济学》，李燕生、王文融译，北京大学出版社 1985 年版，第 127-128 页。

④ 布坎南曾经对价格理论给予很高的评价，"我们相信，对价格体系的理解为自由制度支持力量的产生，提供了可能是最好的道路。"［美］布坎南：《政治经济学：1957—1982 年》，《自由、市场和国家》，吴良健、桑伍、曾获译，北京经济学院出版社 1988 年版，第 9 页。

⑤ ［法］让-雅克·拉丰：《激励与政治经济学》，刘冠群译，中国人民大学出版社 2013 年版，第 217 页。

人，无论委托人是君主还是选民，都存在信息不对称下的委托—代理问题，因此需要进行机制设计来解决公共政策制定和实施中的委托—代理问题。[①]

阿伦·德雷泽(Allan Drazen)在《宏观经济学中的政治经济学》中提出，新政治经济学"主要是以运用现代经济分析的正规技术工具来考察政治学对经济学的重要性来定义。运用现代经济分析，不仅体现在运用数学方法这种形式化的意义上，而且表现为它还是概念性的，它运用最优化、激励和约束等概念来考察政治现象"[②]。他进一步指出，政治学的本质是"权力和授权"，而权力和授权的基础是利益不一致[③]，因此，"不一致性和利益冲突是政治经济学的实质"[④]。在此基础上，他分析了"实证政治经济学"和"规范政治经济学"。"政治经济学首先从对实际政策经常与'最优'政策截然不同这一观察开始。后者被认为受技术和信息的制约，而不是受政策的制约。政治约束是指由于利益冲突以及面对这些冲突需要作出集体决策时所受到的约束。因此，实证政治经济学探讨这样的问题——政治约束将如何解释与最优政策不同的政策选择(及其经济结果)以及这些政策所意味的结果。同样的意思换一种说法就是，面对利益冲突，社会所运用的政策选择机制意味着它的结果常常与仁慈的社会计划者所选择的结果大相径庭。这一实证的观点也暗含了一个规范的方法：规范政治经济学将探讨在现有政治约束既定的条件下，如何能够将社会很好地引导到实现特定经济目标上这样的问题。它不仅包括如何在现行的制度框架内'克服'政治约束，而且包括为了更好地实现经济目标而设计政治制度。"[⑤]

托斯滕·佩尔森(Torsten Persson)和吉多·塔贝里尼(Guido Tabellini)在《政治经济学：对经济政策解释》中指出，政治经济学就是借助经济学的基本工具为政策选择建立模型，并将其视为"理性人"之间的策略性互动作用的均衡结果。需要作出解释的经济政策选择包括是什么因素决定着再分配的规模和形式、公共品供给的范围和类型、各种税收的负担、政府的赤字规模、官员的腐败程度、劳动力市场的管制结构、货币政策在商业周期和选举周期中的态度等。[⑥] 政治经济学的方法可以概括为："采用宏观经济理论研究政策的均衡方法，利用理性选择工具，分析公共选择理论的某些经典

---

① 让-雅克·拉丰在《激励与政治经济学》的"序言"和第一章简介中阐述了这些观点。参见[法]让-雅克·拉丰：《激励与政治经济学》，刘冠群译，中国人民大学出版社2013年版。

② [美]阿伦·德雷泽：《宏观经济学中的政治经济学》，杜两省、史永东等译，经济科学出版社2003年版，第4页。

③ 德雷泽分析了政治学的本质，引用了马克斯·韦伯、林德布洛姆等人的观点。参见[美]阿伦·德雷泽：《宏观经济学中的政治经济学》，杜两省、史永东等译，经济科学出版社2003年版，第6页。

④ [美]阿伦·德雷泽：《宏观经济学中的政治经济学》，杜两省、史永东等译，经济科学出版社2003年版，第5页。

⑤ [美]阿伦·德雷泽：《宏观经济学中的政治经济学》，杜两省、史永东等译，经济科学出版社2003年版，第7页。为了说明利益冲突在政治经济学中的重要性，德雷泽还引用了阿特金森和斯蒂格利茨的一段话："如果每一个人都有相同的偏好和天赋，那么，许多公共财政问题都将失去意义，国家行为更是如此。如果社会成员的利益能够作为一个'代表性的'个人来处理，那么国家的作用就会降低为有效地贯彻同意的决定。"

⑥ 参见[美]佩尔森、塔贝里尼：《政治经济学：对经济政策的解释》，方敏等译，中国人民大学出版社2007年版，第2页。

问题。”①

盖勒斯·圣保罗(Gilles Saint-Paul)在对德雷泽的《宏观经济学中的政治经济学》、佩尔森和塔贝里尼的《政治经济学:对经济政策的解释》两部著作进行评论的文章中指出,新政治经济学有两个特征:第一,主要目标是解释实际经济政策,而不是将其看作外生;第二,不同于传统经济学“政策根据社会福利最大化决定”的假定,新政治经济学认为,政策是由政治机制决定的,反映了社会中最具实力集团的利益。②

在一篇关于新政治经济学问题的综述中,斯图尔特·塞耶(Stuart Sayer)给出了一个比较宽泛的定义,即“将经济学方法运用于诸如法律、犯罪和惩罚,甚至结婚和离婚等”,研究的主要领域包括货币和财政制度,再分配、转移支付和人口流动,政治变量和经济增长之间的关系,国际政治经济学,多重视角的经济和政治转型,公共财政、公共产品供给、外部性等。③ 蒂莫西·贝斯利(Timothy Besley)在一篇题为《新政治经济学》的论文中指出,新政治经济学的目标是理解政策领域中出现的重要问题,它不是经济学家对政治领域的“殖民”,而是将分析问题的能力扩展到经济决策和政治决策。④

巴里·温格斯特(Barry Weingas)和唐纳德·魏特曼(Donald Wittman)在共同主编的《牛津政治经济学手册》(*The Oxford Handbook of Political Economy*)中对“政治经济学”进行了比较宽泛的解释。他们认为,政治经济学有时候被视为一个研究领域(主要研究经济学和政治学之间的相互关系),有时候被视为一种研究路径。作为一种研究路径,政治经济学可以分为两大部分:一部分是经济学路径,强调个人理性假定(通常被称为“公共选择理论”);另一部分是社会学路径,分析的层次倾向于讨论制度。政治经济学是所有这些不同方面的综合,但最重要的是将经济学的方法运用于政治行为和制度的分析,并非只强调单一的统一方法,而是采用一组方法。⑤

詹姆斯·阿尔特(James E. Alt)和肯尼斯·谢泼斯(Kenneth A. Shepsle)在共同主编的《实证政治经济学》(*Perspectives on Positive Political Economy*)的“导论”中指出:“实证政治经济学领域的产生得益于经济学和政治学的学科交叉研究的近期发展。实证政治经济学这一新的研究方法既有别于政治经济学的规范研究方法,也有别于历史研究方法……实证政治经济学寻求一般原理和命题,并将实际经验与这些原理和命题相对比,以对实际经验进行理解和解释,而不是评价……实证政治经济学的重

---

① [美]佩尔森、塔贝里尼:《政治经济学:对经济政策的解释》,方敏等译,中国人民大学出版社 2007 年版,第 4 页。

② Gilles Saint-Paul, “The New Political Economy: Recent Books by Allen Drazen and by Torsten Persson and Guido Tabellini”, *Journal of Economic Literature*, 2000, Vol.38, pp.915-925. 这篇文章将佩尔森和塔贝里尼的《政治经济学:对经济政策的解释》和德雷泽的《宏观经济学中的政治经济学》看作现代政治经济学的经典著作。

③ Stuart Sayer, “Issues in New Political Economy: An Overview”, *Journal of Economic Surveys*, 2000, Vol.14, No.5, pp.513-526.

④ Timothy Besley, “The New Political Economy”, 2004-11-8, http://econ.lse.ac.uk/staff/tbesley/papers/keyneslecturetext.pdf.

⑤ Barry R. Weingast, Donald A. Wittman, *The Oxford Handbook of Political Economy*, New York: Oxford University Press, 2006, p.3.

点是微观基础，而且它是植根于微观经济学的理性人分析方法。因此，实证政治经济学的最显著特点为：一致的政治学和经济学理论观点，很强的跨学科特性，以及重视解释经验规律。”[①]这个定义反映了新政治经济学的以下特征：(1)经济学特别是微观经济学作为基础，提供理论和研究方法；(2)强调解释，寻求一般的原理或命题，而不是提出政策建议等；(3)对所提出的理论命题或判断进行经验检验。在这本《实证政治经济学》的第一章“政治经济学的兴起”中，彼得·奥德舒克(Peter Ordeshook)特别强调了理性选择理论在政治科学中的应用：“在政治科学明确引入理性选择范式分析之前，并不存在任何明显方向性的洞见，对一个特别经验现象的理解也不会导致对其他现象的理解。”“经济学家并没有给政治科学带来实质性的洞见；经济学家只是给政治学引入了做研究的方法，该方法与一般性的可塑性强的理论结构紧密结合。”[②]

杰弗瑞·S. 班克斯(Jeffrey S. Banks)和艾里克·A. 哈努谢克(Eric A. Hanushek)在《政治经济学新方向》中指出：“政治经济学就是在政治与经济诸制度背景下的理性选择研究。它的核心信念是，要对经济现象作深入理解，就要获得有关政治制度、行动者以及体现在决策过程中的激励的知识。反过来说，只有借助经济学的理性行动者假定并对政治选择的经济后果作持续观察，才能深入地研究这些政治变量。”[③]班克斯和哈努谢克也强调了理性选择研究在政治学中的应用，同时强调经济学和政治学的密切结合。

在1996年3月创刊的《新政治经济学》杂志中，编委会将新政治经济学看作19世纪古典政治经济学与20世纪社会科学分析方法的融合，打破主体与结构、国家与市场之间的二分法，其采用的主要理论方法包括经济学中的制度—组织方法、经济学和经济史中制度和经济变迁的比较理论、社会学中的结构理论和战略相关理论、国际关系的批判理论、新公共选择、文化政治和认同理论，主要研究四大主题，即比较政治经济学、环境的政治经济学、发展的政治经济学、国际政治经济学。[④]

总结以上各种不同定义可以看出，无论是“公共选择理论”，还是“新政治经济学”，都强调采用经济学(主要是20世纪发展起来的新古典经济学)的理论、工具和方法研究政治主体的行为、政治过程和政治现象等，特别是在各种主体的行为假定上采用“经济人”假定、“理性”假定等，这当然包括各种经济政策的制定过程等。所以，作为现代西方经济学的一个分支，新政治经济学的理论、方法和工具等都是主流的，只是研究的

---

① [美]詹姆斯·A. 阿尔特、肯尼斯·E. 谢泼斯：《实证政治经济学》，王永钦、薛峰译，上海人民出版社2009年版，“导论”第1页。

② [美]彼得·奥德舒克：《政治经济学的兴起》，[美]詹姆斯·A. 阿尔特、肯尼斯·E. 谢泼斯：《实证政治经济学》，王永钦、薛峰译，上海人民出版社2009年版，第7-8页。

③ [美]杰弗瑞·S. 班克斯、艾里克·A. 哈努谢克：《政治经济学新方向》，王志毅、叶敏译，上海人民出版社2010年版，第1页。

④ Andrew Gamble, Anthony Payne, Ankie Hoogvelt, et al., “Editorial: New Political Economy”, *New Political Economy*, 1996, Vol.1, No.1, pp.5-11. 该杂志是由英国谢菲尔德大学政治经济学研究中心(The Political Economy Research Centre at the University of Sheffield)主办的。这是一个集中关注世界经济转轨中出现的政策问题的跨学科研究中心。

问题从经济领域的资源配置转到政治领域。

二、政治经济学的本质：基于政治与经济、政治学与经济学关系的分析

虽然可以非常笼统地认为政治经济学强调政治与经济之间的相互关系，但是如果仔细分析可以发现，政治与经济之间的相互关系至少可以包括五个维度：一是经济对政治的影响，二是政治对经济的影响，三是将经济学作为一种工具或方法研究政治问题，四是从政治学的角度研究或关注经济，五是政治学和经济学之间的互动。这些关系可以用图 2.1 表示。

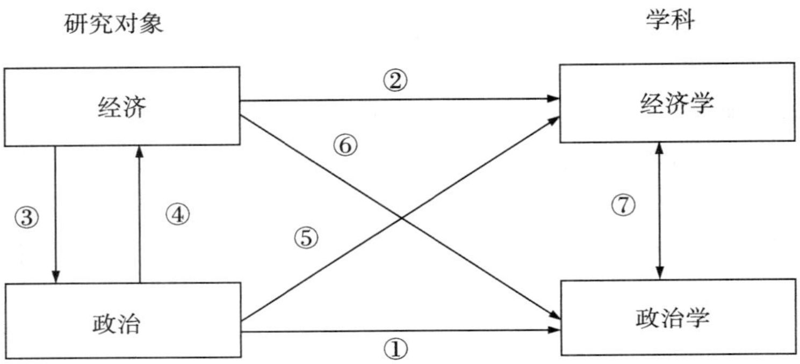

图 2.1 经济、政治、经济学、政治学之间的相互关系

在图 2.1 中，政治学研究政治，经济学研究经济，这是根据作为研究对象的政治和经济不同来界定的，主流的或传统的政治学和经济学基本上也是如此界定的，无须过多解释，所以图中①②关系不详细说明。从研究对象看，在一个整体的现实世界中政治与经济并没有明确的界限，而是相互影响，即图中的③④；从研究对象与学科的关系看，政治学也关注经济，经济学也关注政治，即图中的⑤⑥；从学科关系看，政治学与经济学两个学科的互动推动政治学和经济学发展，即图中的⑦。

按照最简单的解释，经济学是研究经济现象、经济活动的学问，政治学是研究政治现象、政治活动的学问。在分析经济与政治、经济学与政治学之间的关系之前，先简要讨论什么是经济与经济学，什么是政治与政治学。

(一)经济与经济学、政治与政治学

1.经济与经济学

在古代汉语中，经济指的是“经世济民”。比如，《晋书 · 苻坚载记》有“性至孝，博

学多才艺，有经济大志”；杜甫《上水遣怀》中有“古来经济才，何事独罕有”。[①] 其中的“经济”都是“经世济民”的意思。在现代汉语中，“经济”有六种意思：“(1)(名)经济学上指社会物质生产和再生产的活动；(2)(名)国民经济的总称，也指国民经济的各部门，如工业经济、农业经济等；(3)(形)属性词，对国民经济有价值或影响的，如经济作物、经济昆虫；(4)(名)个人生活用度，如他家经济比较宽裕；(5)(形)耗费较少而获益较大，如经济实惠的家用轿车，作者用非常经济的笔墨写出了这一场复杂的斗争；(6)(动)经世济民，指治理国家，如经济之才。”[②]这六种不同的意思有三种名词含义、两种形容词含义、一种动词含义，既包括作为学术术语的含义，也包括作为口语的含义。

“经济”对应的英语单词是“Economy”。共识的看法是“Economy”(Oeconomicus)源于古希腊的“家政管理”或“家庭管理”(οίκονομία)[③]；根据熊彼特的考证，它由两个词根组成：οίχος 和 νόμος。前者的意思是家庭，后者的意思是法律或规则。“经济学”是“管理家庭的实际智慧”。[④] 这从最早的经济学著作即色诺芬的《经济论》中也可以看出来。色诺芬在《经济论》中讨论了两个核心问题：一是丈夫如何在家庭之外获得财富，二是妻子如何在家庭内部管理财富。[⑤] 17 世纪初期产生的政治经济学将“家庭管理”扩大到国家，“政治经济”也就延伸为国家管理，政治经济学也就成为国家管理的学问，特别是国家如何致富的学问。

最早将“Economy”翻译为“经济”的是日本学者。中国学者在 19 世纪末 20 世纪初从日本翻译引进西方国家的经济学著作时，曾经采用过“富国策”“富国养民策”“生计学”“理财学”等多种译法。最终，孙中山先生确定了“经济”这个译法，他曾经指出其他译法“皆不足以赅其义，惟有‘经济’二字，似稍近之”[⑥]。

现代“经济学”的经典定义来自 1937 年英国经济学家莱昂内尔·罗宾斯的《经济科学的性质和意义》。他将经济学定义为“把人类行为当作目的与具有各种不同用途的稀缺手段之间的一种关系来研究的科学”[⑦]。这个定义包括三重含义：一是人类行为有各种各样的目的，二是存在用于满足人类目的的手段，三是用来满足人类目的的手段是稀缺的。所以，现代经济学就成为研究稀缺资源或手段在实现人类各种不同目的之间如何配置的学问。既然是配置，就涉及配置给不同主体、不同地区、不同时间的

① 对经济的解释和两句引文均来自商务印书馆辞书研究中心修订：《古代汉语词典》，商务印书馆 2019 年版，第 758 页。

② 中国社会科学院语言研究所词典编辑室编：《现代汉语词典》(第 7 版)，商务印书馆 2019 年版，第 685 页。

③ 参见[英]罗杰·巴克豪斯、[美]斯蒂文·米德玛：《经济学的定义》，[美]史蒂文·N. 杜尔劳夫、劳伦斯·E. 布卢姆主编：《新帕尔格雷夫经济学大辞典(第二版)》(第二卷)，樊纲等译，经济科学出版社 2016 年版，第 636 页。

④ [美]熊彼特《经济分析史》(第一卷)，朱泱、孙鸿敬、李宏译，商务印书馆 1991 年版，第 87 页。

⑤ 参见[古希腊]色诺芬：《经济论·雅典的收入》，张伯健、陆大年译，商务印书馆 1981 年版，第 13 页。

⑥ 《孙中山全集》(第二卷)，中华书局 1982 年版，第 510 页。这句话是 1912 年 10 月孙中山先生在上海的一次演讲中提出的：“按经济学，本滥觞于我国。管子者，经济家也，兴鱼盐之利，治齐而致富强。特当时无经济学之名词，或以‘富国学’名，或以‘理财学’名。皆不足以赅其义，惟‘经济’二字，似稍近之。”

⑦ [英]莱昂内尔·罗宾斯：《经济科学的性质和意义》，朱泱译，商务印书馆 2000 年版，第 20 页。

问题，在如何配置上就涉及标准或依据，即经济学的效率标准（最优化标准）。消费者行为理论强调在既定的收入下实现效用最大化，厂商理论强调在既定的产出下实现成本最小化或者在既定的成本下实现产出最大化，经济增长理论强调在既定的资本、劳动等投入下产出最大化或者既定产出下投入最小化。

2.政治与政治学

在古代汉语中，“政治”两个字连用的情形不多，大多数情形下是分开使用的。[①]在《尚书·周书·毕命》中有“道洽政治，泽润生民”，《周礼·地官·遂人》有“掌其政治禁令”。“政”通常是指国家的权力、制度、法令和秩序等；“治”通常指管理或教化人民，使其安定，遵守国家的规则和秩序，得到治理。“政”和“治”通常是分开使用的，如《论语》中有“政者，正也；治者，理也”（《论语·颜渊》），“不在其位，不谋其政”（《论语·泰伯》）。在现代汉语中，“政治”是指“政府、政党、社会团体和个人在内政及国际关系方面的活动”[②]。这个解释也是政治的通常含义。

“政治”对应的英文是“politics”（法语是 politique，德语是 politik），都可以追溯到古希腊语中的 πολιs，原义是城堡或卫城，后来指城邦中的公民参与统治、管理等各种公共活动的总和。虽然古汉语中也有“政治”的说法，但是将西方国家的“politics”翻译为“政治”并不是直接来源于古汉语，而是来自日本的译法，并且也是孙中山先生确定了“政治”这个译法和用法。他曾经指出：“政就是众人之事，治就是管理，管理众人之事，就是政治。”[③]从孙中山先生的解释可以看出，凡是对众人之事的管理或治理就是政治。

“政治”可以从狭义和广义上进行解释。狭义上，通常是指国家或政府的活动，特别是各级领导人的活动。广义上的政治，是指“人们为制定、维持和修改社会一般规则而进行的活动”[④]，它至少包括四种活动：第一种是将政治与政府艺术和国家活动联系在一起，这是因为“政治”这个词语在古希腊时期就是与“城邦国家”联系在一起的；第二种是将政治看作公共活动，因为公共活动意味着对共同事务的引导和管理；第三种是将政治视为解决冲突的方法，通过妥协、安抚和谈判而非强制和权力来解决冲突；第四种是将政治与社会生活中的资源生产、分配和使用相联系。[⑤] 可以看出，广义上的政治并不仅仅指国家或政府的活动，而是包括更多的层次。从第二种含义来看，只要存在公共活动就涉及政治的问题。在布坎南看来，政治“是一种制度形式，个人能够通过这种形式实施联合或集体行动，而不是通过个别的私人行动来提高自身福利水平”[⑥]。按照这种定义，个人进行联合或集体行动就存在政治。从最广义上来讲，人与

① 比如商务印书馆出版的《古代汉语词典》中在“政”的词语中就没有“政治”。参见商务印书馆辞书研究中心修订：《古代汉语词典》，商务印书馆 2019 年版，第 1917 页。

② 中国社会科学院语言研究所词典编辑室编：《现代汉语词典》（第 7 版），商务印书馆 2019 年版，第 1675 页。

③ 《孙中山选集》（下），人民出版社 1981 年版，第 661 页。

④ [英]安德鲁·海伍德：《政治学核心概念》，吴勇译，天津人民出版社 2008 年版，第 39 页。

⑤ 参见[英]安德鲁·海伍德：《政治学核心概念》，吴勇译，天津人民出版社 2008 年版，第 40 页。

⑥ [美]詹姆斯·布坎南：《为什么我也不是保守派》，麻勇爱译，机械工业出版社 2015 年版，第 28 页。

人之间的一切关系都是政治。列宁曾经指出，凡是有社会的地方就有政治，哪怕只有两个人也有政治；德裔美籍政治学家汉娜·阿伦特(Hannah Arendt)曾经指出，世界上有两个人就会产生政治。只要存在不同的主体，各主体都有自己的利益，并且利益并不总是一致的，那么就存在政治，因为这种并不总是一致的利益关系需要某种机制进行解决。无论是从广义还是狭义上定义政治，也许都不如毛泽东对"政治"的解释深刻，"所谓政治，就是把拥护我们的人搞得多多的，把反对我们的人搞得少少的"[①]。

政治可以分为不同的层面，包括全球的(国际的)、国家的、地方政府的、社区的。[②]在这几个层面的基础上，向更广的空间还可以增加宇宙的(星球间的，如果其他星球也存在类似地球的人类的话)，向更窄的范围还可以增加家庭的。从作为最基本社会单位的家庭来看，夫妻之间解决共同事务，本质上也是政治；如果家庭成员比较多，就更是如此了。

政治学以政治行为和政治活动为研究对象，在学科上突出"对权力(Power)和权威(Authority)本身及其运作的研究。而权力意味着一个人(或一个集团)达到想要达到的结果的能力。与此相类似，当一个人、几个人或许多人明确同意或默许另外某个人在某类行动上为他们作决策时，就存在着权威"[③]。这就涉及权力和权威的含义。权力是"达到期望的结果的能力"，是"一个人通过并非出自他人选择的方式影响他人行为的能力"。[④] 这种能力意味着具有权力者能够让或使他人做在其他情况下不做的事情。权威是与权力相关的概念，有时候被认为是一种"合法性权力"。"如果说权力是影响他人行为的能力，那么权威就是影响他人行为的权利。"[⑤]这表明"权威"不仅能够影响他人行为，而且将这种能力"合法化"。政治学通常与权力和权威密切相关，就是因为在人与人之间的关系中，无论是平等主体还是不平等主体之间，只要存在利益冲突，就必须通过某种权力或权威机制解决。

(二)经济、政治、经济学、政治学之间的相互关系

1.经济对政治的影响

这至少包括两层含义：一是一切政治活动都具有经济根源或动机，二是一个国家或地区的经济格局或经济实力影响其政治格局、政治地位等。

就政治活动的经济根源或动机来看，毕竟所有的政治活动都是特定主体完成的，

---

① 转引自《习近平谈治国理政》(第三卷)，外文出版社2020年版，第296页。

② 参见[美]杰弗里·庞顿、彼得·吉尔：《政治学导论》，张定淮译，社会科学文献出版社2003年版，第20-21页。

③ [美]阿伦·德雷泽：《宏观经济学中的政治经济学》，杜两省、史永东等译，经济科学出版社2003年版，第6页。需要说明：在该书的中译本中，译者将authority译为"授权"，这里修改为了"权威"。因为authority是一个名词，而授权是一个动词，权威是一个名词；政治学词典或著作也通常将authority翻译为"权威"，比如[英]戴维·米勒、韦农·波格丹诺主编：《布莱克维尔政治学百科全书》，邓正来等译，中国政法大学出版社1992年版，第45页；[英]安德鲁·海伍德：《政治学核心概念》，吴勇译，天津人民出版社2008年版，第17页。

④ [英]安德鲁·海伍德：《政治学核心概念》，吴勇译，天津人民出版社2008年版，第42页。

⑤ [英]安德鲁·海伍德：《政治学核心概念》，吴勇译，天津人民出版社2008年版，第17页。

特定主体参与政治活动以及政治活动中的决策和行为都是以利益为前提的。比如,战争是典型的国家之间的政治关系,但国家之间并非为战争而战争,而是为了实现经济利益。再比如,各国家的领导人之间互相访问,大多数是以经济合作为目标的。

在世界范围内,一个国家或地区的经济实力决定了其在国际舞台上的发言权,而这又会影响最终的政治结果。比如,第二次世界大战之后国际货币体系的建立,英国提出了"凯恩斯计划",美国提出了"怀特计划",但最终采取了吸收"凯恩斯计划"有益成分的"怀特计划",根本原因在于当时美国的经济实力已经超过了英国。再比如,世界银行和国际货币基金组织的投票权分配除了每个国家的固定份额之外,还有每个国家认缴的股份份额,这当然依赖于一个国家的经济实力。

在一个国家或地区内部,一个集团或阶级的经济实力决定了其政治影响力,比如17、18世纪的英国,随着工业革命的发生,工商业者的经济地位不断提高,土地贵族的经济实力相对下降,工商业者追求政治权力等的动机越来越强烈。1830年,"伯明翰政治同盟"成立宣言中的一段话颇能说明问题:"大贵族在下院有充分的代表权……工业和商业却几乎全无代表!它们是国家最重要的利益所在,是国家财富与力量的源泉,相比之下它们代表不足,而和国家的累赘(指贵族)有千丝万缕的联系的每一项利益,却被代表得足而又足!"①这说明一个国家或地区不同阶级或集团经济实力的变化会影响政治权力的分配,并且最终会影响政治结果,包括政策选择和制度选择等。

有些政治学家认为,一个国家或地区持续的经济增长和经济发展能够导致民主,原因至少包括四个方面:一是持续的经济增长和经济发展能够使更多的人接受更高水平的教育,而这意味着更多人具有更强的独立意识;二是持续的经济增长和经济发展会打破阶级或阶层固化,改变阶级结构,普遍提高人们的生活水平,原来较为贫困的人口将具有更强烈的权利意识;三是持续的经济增长和经济发展会更有利于人们之间的信任和容忍;四是持续的经济增长和经济发展有利于各种非政府组织和中介的形成。② 这也表明了经济对政治的影响和决定作用。

其实,马克思对生产力和生产关系、经济基础和上层建筑之间关系的分析,早就向我们指明了经济对政治的影响。一个国家或地区的生产力发展水平决定了生产关系,经济基础决定了上层建筑。

2.政治对经济的影响

这主要体现在制度、意识形态、法律、政治过程等影响资源配置,进而影响经济增长和经济发展。其包括两个方面的内容:一是制度、意识形态、法律、政治过程等影响收入分配;二是影响资源配置,进而影响经济增长和经济发展。制度、意识形态、法律等都是界定权利的,它规定了人们能够干什么、不能够干什么、必须干什么、可以干什

---

① 转引自王觉非主编:《近代英国史》,南京大学出版社1997年版,第425页。

② 这四个方面是根据罗纳德·英格尔哈特(Ronald Inglehart)和王绍光的观点总结出来的。参见[美]罗纳德·英格尔哈特:《文化与民主》,[美]塞缪尔·亨廷顿、劳伦斯·哈里森:《文化的重要作用》,程克雄译,新华出版社2018年版,第七章;王绍光:《民主四讲》,生活·读书·新知三联书店2008年版。

么等，这是权利的配置，也就是资源的配置。首先，这会影响不同主体的收入，比如科斯第一定理虽然强调在交易费用为零的条件下，权利的初始界定不影响资源的最终配置，但权利的初始界定却会影响不同主体的利益，因为谁要补偿谁或者谁要购买谁的权利本身就是利益的分配。其次，权利的配置或资源的配置影响资源利用的效率，如果资源配置给利用效率高的一方，其创造的社会财富就多。比如在交易成本不为零的条件下，权利的初始配置会影响资源利用的效率，进而对社会福利产生影响。

政治过程决定政治结果，影响经济制度，进而影响资源配置、经济增长或经济发展。比如，投票制度中采取简单多数票制、2/3 多数票制或 3/4 多数票制或 4/5 多数票制，产生的投票结果肯定是不同的；采用直接民主制和代议民主制产生的最终表决结果也是不同的。表决结果的不同可能意味着通过的经济政策不同、资源的配置不同，从而资源利用的效率就存在差别，影响最终的经济结果。

在宏观层次上，一个国家或地区的政治制度（比如民主制度或独裁制度）会对经济运行的过程及经济绩效产生重要影响；在微观层次上，无论是企业还是家庭，家庭内部的决策规则或决策方式等，也会对企业的绩效、家庭的收入和幸福等产生影响。这也是新政治经济学、制度经济学等关注、强调政治过程和制度的根本原因。

3.采用经济学的工具和方法分析政治

这主要是采用现代经济学的假定、工具和方法（比如“经济人”假定、理性选择、边际分析法、均衡分析法等）刻画政治市场上各个主体（如政治家、选民、利益集团、政党、官员等）的行为特征和政治市场的运行。这种分析打破了传统政治学的分析方法，也与庇古福利经济学的分析方法不同。政治学对各个主体（包括国家、政治家、官僚、选民等）的行为假定非常模糊，不同的学派或学者有不同的看法，这就使得政治学的流派纷呈，没有统一的框架。阿瑟·庇古（Arthur C. Pigou）提出的福利经济学认为，由于存在市场失灵，因此需要政府干预经济，或者说，市场失灵是政府干预的充分必要条件。这个观点成立的条件在于政府是全知全能的、大公无私的、仁慈的。当存在市场本身没有办法或不能够解决的问题时，政府去解决。然而，政府也是由人组成的，政府本身也有自己的利益。新政治经济学就在于突破政治学和传统福利经济学对于政治家、选民、政党、政府的假定，将其全部看作追求自身利益最大化的“经济人”。政治家追求当选或再次当选，或者权力，或者经济利益；选民追求个人利益最大化；官僚追求预算最大化；政党追求政治支持最大化。将所有政治主体的行为特征都看作追求自身利益最大化，采用现代经济学的工具和方法研究投票、选举、政策制定、腐败、寻租、管制等问题，从而为政治过程和政策制定的分析找到了一条新的思路。从实证的角度看，这条思路解释了政策为什么是这样而不是那样、选举结果为什么如此、腐败为什么存在、寻租为什么存在等问题，而不是从规范的角度分析政府应该采取什么政策的问题。

4.对经济的政治学分析

虽然对经济运行的规律进行解释和探讨主要是经济学的任务，但是政治学也关注经济问题,而且很多经济问题都需要从政治学的角度进行分析和研究。对经济的政治学分析与对政治的经济学分析不同,研究对象不同,所采用的理论也不同。

无论是一个国家或地区的经济,还是全球范围内的经济,都是在特定的政治环境、制度环境中运行的,都必然涉及人与人之间的关系,这就不可避免地涉及利益分配和权力等问题。比如,国际贸易,从古典经济学开始,几乎所有的经济学家都相信自由贸易能够给贸易参与国带来收益,即相对于封闭经济来说,自由贸易是一种帕累托改进,这基本上是经济学的标准思路和逻辑。然而,两个参与国际贸易的国家能够从贸易中得到的收益是存在差别的,即贸易条件决定了参与国能够从贸易中得到的收益。从长期来看,这可能会改变贸易参与国的地位和实力。[①] 从而,虽然自由贸易能够给参与国带来绝对收益,但是由于相对收益的问题,贸易参与国未必会同意自由贸易。正如国际政治学家肯尼斯·华尔兹(Kenneth N. Waltz)在《国际政治理论》中所指出的:"当多个国家面对共同获利可能性的时候,有不安全感的国家关心的是收益如何分配,他们的问题不是'大家都会获得收益吗?'而是'谁的收益更多?'如果一个预期的收益以 2∶1 的比例被分配,一个国家可能利用它的不均衡收益,去破坏或者损害另一国家的政策。只要双方都担心对方可能利用它增强的能力用于不利于自己的政策行动,那么,即使双方绝对获益的前景很诱人,也不会引发合作。"[②]

从政治学的角度关注经济问题,在国际经济关系的研究中有较多体现,并由此形成了"国际政治经济学"或"国际经济政治学"学科。正如罗伯特·奥布莱恩(Robert O'Brien)和马克·威廉姆斯(Mark Williams)在《国际政治经济学》中所指出的:"IPE 研究现在已经发展成国际关系学的一个重要分支学科。"[③]再如琼·E. 斯佩罗(Joan E. Spero)和杰弗里·A. 哈特(Jeffrey A. Hart)在《国际经济政治学》所指出的:"随着国际政治经济逐渐成为政治学一项新的、日益突出的研究领域,国际政治和国际经济研究之间的差距显著缩小。有关国际经济关系中的政治学理论以及实证分析也开始规律地出现在专业书和期刊中。"[④]这两段话都体现出政治学家(主要是国际关系学者)对国际经济关系的关注。

5.政治学与经济学之间的分立(Division)与互动(Interplay)

在"政治经济学"被提出之前,既有"政治"(如亚里士多德的《政治学》),也有"经济"(如色诺芬的《经济论》),然而二者并非作为独立的学科或科学分支。即使到了古典经济学时期,"政治学""经济学""法学""伦理学"等学科也没有明确的界限,正如亚当·斯密既是经济学家,又是伦理学家和法学家一样。

---

① 参见李增刚:《双层博弈框架下的国际贸易政策选择理论研究》,经济科学出版社 2010 年版,第 142 页,第 180-185 页。

② Kenneth N. Waltz, *The Theory of International Politics*, Redding: Addison-Wesley, 1979, p.105.

③ [美]罗伯特·奥布莱恩、[英]马克·威廉姆斯:《国际政治经济学》,张发林译,中国人民大学出版社 2016 年版,第 22 页。

④ [美]琼·E. 斯佩罗、杰弗里·A. 哈特:《国际经济政治学》,吴义学译,人民出版社 2017 年版,第 1 页。

“经济学”与“政治学”的分立或分离通常被认为是从边际学派的重要代表杰文斯采用“经济学”这个简洁的名称开始的。他在1879年出版的《政治经济学理论》中提出，“Political Economy(政治经济学)”这个双名是麻烦的，应该尽早放弃，最好的名称是采用“Economics(经济学)”这个单名。[①] 虽然至少一直到马歇尔，主流经济学家并未放弃采用“政治经济学”名称，甚至芝加哥大学还在1892年创办了《政治经济学杂志》并一直持续至今，但是“政治学”与“经济学”还是发展成了不同的学科，在大学的学科设置中，“政治学”与“经济学”成了不同的学科、专业。“不管是出于什么原因，到了19世纪晚期，致力于纯粹的经济学研究与政治科学研究的职业组织开始浮现，与此相伴的是分离的学术部门在各主要大学的发展。在不同的学校，基于各自的内部动态，这一发展的时机有所不同，但学科的分立在20世纪早期已经完成建立起来了。”[②]

20世纪经济学和政治学的分立或分离分别推动了两个学科的深入发展。按照经济学基本原理，分工和专业化有助于提高劳动生产率，经济学和政治学的分立或分离可谓学科的分工和学者的分工，能够使有所侧重的学者各自集中关注本学科的发展。经济学发展出了新古典的微观经济学、宏观经济学等，典型的是以理性选择范式为基础，以最优化为基本目标，无论是在基本理论还是在研究方法和工具上都突飞猛进，经济学自身形成了若干分支。[③] 政治学也发展出多种不同的理论范式，如自由主义、现实主义、激进主义等多种不同理论。

然而，政治过程与经济过程、政治现象与经济现象、政治问题与经济问题的不可分性，使得无论是经济学还是政治学都出现了一定程度的“瓶颈”，从而在20世纪后期出现了一定程度的“融合”。“在学科分工被滥用得最厉害的那些领域，将政治科学与经济学重新融合成政治经济学的努力已经取得了成果。研究成果已经相当丰富，人们的期待也越来越高。”[④]经济学和政治学既在学科分立或分离的背景下各自向纵深发展，也进行一定程度的“互动”，共同发展。正如查尔斯·林德布洛姆(Charles Lindblom)所指出的，“在世界上的任何一种政治制度下，政治学的大部分是经济学，经济学的大部分是政治学”；也如约翰·肯尼斯·加尔布雷思(John Kenneth Calbraith)所言，“脱离政治学的经济学是无用的”。[⑤]

(三)小结

上文从五个角度概括了政治和经济、政治学与经济学之间的关系，而这五个方面又可以统一起来，这种统一构成了“政治经济学”的本质，或者对“新政治经济学”的

---

① 参见[英]杰文斯：《政治经济学理论》，郭大力译，商务印书馆1984年版，第6页。

② [美]杰弗瑞·S.班克斯、艾里克·A.哈努谢克：《政治经济学的新方向》，王志毅、叶敏译，上海人民出版社2010年版，第2页。

③ 这从美国经济学会发布的JEL分类可以窥见一斑。

④ [美]杰弗瑞·S.班克斯、艾里克·A.哈努谢克：《政治经济学新方向》，王志毅、叶敏译，上海人民出版社2010年版，第2页。

⑤ [美]巴里·克拉克：《政治经济学：比较的观点》，王询译，经济科学出版社2001年版，第4页。

定义：

新政治经济学是在研究经济问题(经济增长、经济发展、资源配置等)时至少不把政治、制度、法律、意识形态等排除在外，并采用经济学的假设、原理和工具内生分析政治、制度、法律、意识形态等方面，既横跨经济学和政治学，又推动二者融合发展的一门交叉学科。

它包括以下几层含义：第一，新政治经济学从本质上讲是经济学，是经济学的一个分支，只不过在分析经济学的核心问题(资源配置、经济增长和经济发展等)时，需要考虑政治因素，如制度、法律、意识形态、政治过程等，这体现了政治对经济的影响。第二，既然政治对经济存在影响，那么相关的各种政治因素又是如何决定的？例如制度是如何生成的、法律是如何达成的、政治制度是如何形成的等。按照经济学的理论框架，这些都是人的行为，可以从相关主体的行为假定入手，而经济学对主体行为假定的分析最为彻底和深刻，从而就需要采用经济学的方法，特别是经济人和理性选择范式。第三，新政治经济学既强调经济学和政治学的交叉，又要推动二者的融合。这样，政治和经济、政治学与经济学之间的关系五个方面的深入分析最终统一于“新政治经济学”。

三、为什么是“新”政治经济学？

既然是新政治经济学，那么与“新”相对的“旧”指什么？在整个经济学说发展的历史中，“政治经济学”的名称至少从1615年蒙克列钦提出之后就一直被采用，直到古典经济学时期，“政治经济学”就是经济学；古典经济学之后，在西方主流经济学改名为“经济学”并且与“政治学”分立之后，马克思主义政治经济学一直采用“政治经济学”的名称并不断发展。因此，与“新政治经济学”相对的“政治经济学”至少包括两方面：一是“马克思主义政治经济学”，二是“古典政治经济学”。汪丁丁曾经提出过类似的问题，并进行了回答。他说：“为什么我们研究的是‘新’政治经济学而不是‘古典’政治经济学？我的回答是，因为政治学与经济学各自的内容已经与古典时期很不一样了。新政治经济学更像是结合了马基雅维利之后的新政治学和马歇尔之前的古典经济学，而不像是新政治学与新古典经济学的结合。”[①]

(一)政治经济学和经济学的发展：简要回顾

在经济学说史上，至少从重商主义开始，近现代经济学的大部分阶段都是政治经济学。重商主义强调国家干预；古典经济学研究国家财富的源泉，名称和内容都是“政治经济学”；马克思主义经济学剖析资本主义经济制度；边际革命和新古典经济学虽然试图在研究经济问题时不考虑政治因素，但它隐含着假定市场制度在资源配置方面能够最有效地发挥作用，而且也没有完全放弃使用“政治经济学”名称；凯恩斯主义经济学强调国家干预、财政政策和货币政策等，也没有完全脱离政治经济学。虽然如此，新政治经济

① 汪丁丁：《为什么是“新”政治经济学》，《新政治经济学评论》2007年第1期。

学的“新”仍然有其特色，特别是方法论和主题与之前的“政治经济学”存在差别。

1.古典经济学之前的政治经济学

在以亚当·斯密的《国富论》为标志的古典政治经济学产生之前，至少从古希腊时期开始，就有很多思想家阐述了对政治、经济等问题的看法，形成了早期的经济思想。[①] 柏拉图(Plato)的《理想国》《政治家》《法律篇》，亚里士多德(Aristotle)的《政治学》《雅典政制》《尼各马可伦理学》，色诺芬的《经济论》《雅典的收入》，都包含着政治经济学的思想。比如，亚里士多德就曾经分析过财产私有比公有更加可取的五个方面的原因：第一，财产私有比公有具有更高的生产力，因此倾向于进步；第二，财产公有并不导向和平，因为人民卷入了紧密的伙伴关系，就面临着种种困难；第三，私有财产给所有者提供愉快；第四，从现实中说，如果财产公有更好的话，人们早就实行了；第五，财产私有能够使人们从事慈善事业，训练节制和慷慨品德。[②] 古希腊之后，古罗马时期的马尔库斯·图利乌斯·西塞罗(Marcus Tullius Cicero)、中世纪的托马斯·阿奎那(Thomas Aquinas)等都曾经阐述过政治经济学的问题。

在“政治经济学”被提出后，出现了许多以“政治经济学”为名称的著作。17 和 18 世纪，政治经济学的文献大量涌现。[③] 1615 年，蒙克列钦在《献给国王和王太后的政治经济学》中首次提出了“政治经济学”这个说法，用以表明城邦国家(政治)的经济(家政管理)。之后，被归结为“重商主义”的经济思想逐渐形成并产生了重要影响。重商主义的主要特征是强调金银是财富，国家要鼓励金银流入、限制金银流出，在贸易政策上强调贸易保护，限制对其他国家产品的进口，而鼓励本国产品出口。不过，著名经济学家约翰·希克斯(John R. Hicks)认为，重商主义经济学的根本要求在于保护财产和维护合同，即国家保护产权的重要性。[④] 这体现了重商主义的政策主张，显然是政治经济学。

在重商主义之后，针对其理论和政策主张出现了许多不同的论述，威廉·配第(William Petty)、约翰·洛克(John Locke)、大卫·休谟(David Hume)等是其中的代表。不过，影响比较大且形成一个派别的是重农学派，包括让-巴普蒂斯特·柯尔贝尔(Jean-Baptiste Colbert)、布阿吉尔贝尔(Pierre le Pesant de Boisguillebert)、理查德·坎

---

① 对于西方早期经济思想，参见[美]A. E. 门罗编：《早期经济思想》，蔡受百译，商务印书馆 2011 年版；巫宝三主编，厉以平、郭小凌编译：《古代希腊、罗马经济思想资料选辑》，商务印书馆 1990 年版；巫宝三主编，傅举晋、吴奎罡等译：《欧洲中世纪经济思想资料选辑》，商务印书馆 1998 年版。

② 参见[美]亨利·威廉·斯皮格尔：《经济思想的成长》，晏智杰等译，中国社会科学出版社 1999 年版，第 20-28 页。

③ 据经济思想学家亨利·威廉·斯皮格尔(Henry William Spiegel)统计，从专门收藏这种材料的图书馆统计，像哈佛大学的克莱斯图书馆，16 世纪这类小册子和图书有 200 多种；17 世纪有 2000 多种；而在随后的 75 年中(即到 1776 年《国富论》出版)，这类小册子的数量增加到 5000 多种。其中有些是厚厚的多卷本著作，更多的则是几十页纸的小册子和小品文。这些著作的作者并非专门的学者，更不是经济学家，而是政府官员、记者、科学家、哲学家以及商人等，“每个人是他自己的经济学家”。参见[美]亨利·威廉·斯皮格尔：《经济思想的成长》，晏智杰等译，中国社会科学出版社 1999 年版，第 81 页。

④ 参见[英]约翰·希克斯：《经济史理论》，厉以平译，商务印书馆 1987 年版，第 32 页。

蒂隆(Richard Cantillon)、弗朗斯瓦·魁奈(Francois Quesnay)和安·罗伯特·雅克·杜尔哥(Anne Robert Jacques Turgot)等人。重农学派反对财富等同于金银的观点,认为只有农业才能够生产出财富,农业是一个国家或地区的基础,只有农业劳动才是生产性劳动。所以,一个国家或地区要想致富必须大力发展农业。一方面,重农学派将财富的来源从流通领域转向生产领域,强调劳动是财富的来源;另一方面,重农学派反对国家通过贸易保护政策干预经济。

2.古典经济学时期的政治经济学

从亚当·斯密到大卫·李嘉图,再到约翰·穆勒,他们在著作中都是采用的"政治经济学"。亚当·斯密在其著作《国民财富的性质和原因的研究》中,将"政治经济学"看作"政治家或立法家的一门科学",并确定了它的两个目标:"第一,给人民提供充足的收入或生计,或者更确切地说,使人民能给自己提供这样的收入或生计;第二,给国家或社会提供充分的收入,使公务得以进行。总之,其目的在于富国裕民。"[①]大卫·李嘉图认为,政治经济学的研究主题是确定产品分配的法则。[②] 约翰·穆勒继承了前人关于政治经济学研究对象的阐述观点,认为其就是研究财富的生产、分配和消费的科学。

不仅仅是政治经济学的定义,古典经济学在许多方面都表明了其政治经济学属性。古典经济学主张自由放任,减少政府干预,强调个人追求自身利益的最终结果将使整个社会的福利最大化。但古典经济学并非认为政府无所作为,而是起"守夜人"的作用,即保护分工、产权、契约等。根据布坎南的观点,新政治经济学无非就是回到亚当·斯密等的古典政治经济学,强调"规则和制度"在社会经济中的重要性。[③]

3.边际革命、新古典经济学以及同时期的政治经济学

在马克思《资本论》(第一卷)发表几年之后,出现了以杰文斯、卡尔·门格尔(Carl Menger)和莱昂·瓦尔拉斯(Léon Walras)为代表的边际革命,他们主张建立纯经济学,将政治经济学的名称改为"财富学"或"经济学"。[④] 以边际革命为基础,新古典经济学产生。虽然他们主张建立所谓的"纯经济学",但并未完全放弃使用"政治经济学"这一名称。1879 年,阿尔弗雷德·马歇尔夫妇将他们的基础经济学教科书命名为《工业经济学》,但在 1890 年出版的《经济学原理》中,仍然将"政治经济学"与"经济学"同

---

① [英]亚当·斯密:《国民财富的性质和原因的研究》(下卷),郭大力、王亚南译,商务印书馆 1974 年版,第 1 页。

② 参见[英]大卫·李嘉图:《政治经济学及赋税原理》,郭大力、王亚南译,商务印书馆 1962 年版,第 3 页。

③ 参见[美]布坎南:《政治经济学:1957—1982 年》,《自由、市场和国家》,吴良健、桑伍、曾获译,北京经济学院出版社 1988 年版,第 8 页。

④ 参见[澳]彼得·格罗奈维根:《政治经济学和经济学》,[美]约翰·伊特韦尔、默里·米尔盖特、彼得·纽曼编:《新帕尔格雷夫经济学大辞典》(第三卷),陈岱孙等译,经济科学出版社 1996 年版,第 969 页。

等看待，在很多地方都使用了“政治经济学或经济学”。[①] 新古典经济学虽然试图建立所谓的“纯经济学”，但并不能够完全摆脱政治经济学的影响。马歇尔明确指出，经济学是一门研究财富的学问，同时也是一门研究人的学问，并且认为后者是更加重要的方面。[②]

在马歇尔之后，罗宾斯等学者强调经济学研究的是对稀缺资源的配置，极力主张“经济学”与“政治”的分离，并认为“政治经济学”是不科学的。“在我的辞典里，政治经济学不是科学的经济学，也就是说它并不是阐述经济系统本身运行而与价值观念无关的一般规律，它讨论经济领域中公共政策的原理。”[③]

与马歇尔同时期出现的瑞典学派、美国的制度学派[以托斯丹·凡勃伦(Thorstein Veblen)为代表的旧制度经济学]也都是主张政治经济学。瑞典学派的克努特·魏克塞尔(Knut Wicksell)奠定了现代公共财政理论的基石，成为布坎南、理查德·马斯格雷夫(Richard Musgrave)等提出公共选择和公共财政理论的重要渊源。[④] 凡勃伦等强调制度的重要作用，其《有闲阶级论》一书的副标题是“关于制度的经济研究”。[⑤]

边际革命之后，经济学试图不考虑政治、制度对经济增长和经济发展的影响，创立所谓“纯经济学”的努力，体现了经济学与政治学的分工或分立。这一分工或分立促进了经济学研究工具和方法的发展，形成了边际分析、均衡分析等现代经济学的分析工具，深化了人们对基本经济问题的认识。

4.新古典经济学之后：凯恩斯经济学的产生与新古典综合

20世纪30年代，面对资本主义经济大危机，凯恩斯(John Maynard Keynes)出版了著名的《就业、利息和货币通论》。他从三大基本心理规律(边际消费倾向递减、资本边际效率递减和流动性偏好)出发，得出了有效需求不足的结论，解释了经济危机发生的必然性，而应对的策略就是政府扩大公共开支，刺激经济。这成为现代宏观经济学的基础。

第二次世界大战之后，在以保罗·萨缪尔森为代表的一批美国经济学家的努力下，以“新古典综合”为名称的现代经济学体系逐渐形成：一系列在凯恩斯基本理论基

---

① 《经济学原理》第一章第一节开头就是这一用法。参见[英]马歇尔：《经济学原理》，朱志泰、陈良璧译，商务印书馆1964年版，第23页。有人认为，马歇尔在20世纪20年代初之后，全部改用了“经济学”这一名称，但是，从《经济学原理》1938年版来看，“政治经济学”与“经济学”仍然是等同的。《经济学原理》的中译本是根据麦克米伦公司1938年出版的版本翻译的，因此，马歇尔直到最后也并未将“政治经济学”全部改为“经济学”。当然，马歇尔已经在1924年逝世，该版经济学应该是他最后修订的结果。

② 参见[英]马歇尔：《经济学原理》，朱志泰、陈良璧译，商务印书馆1964年版，第1页。

③ [英]L. 罗宾斯：《过去和现在的政治经济学：对经济政策中主要理论的考察》，陈尚霖、王春育译，商务印书馆1997年版，第6-7页。

④ 在布坎南和马斯格雷夫于1998年进行的一场为期5天的对话中，他们都表明了自己的理论源于魏克塞尔于1896年发表的《财政理论考察》。参见[美]詹姆斯·J. 布坎南、理查德·A. 马斯格雷夫：《公共财政与公共选择》，类承曜译，中国财政经济出版社2000年版，第14、22页。

⑤ 参见[美]凡勃伦：《有闲阶级论：关于制度的经济研究》，蔡受百译，商务印书馆1964年版。

础上发展出来的研究成果，形成了所谓的“宏观经济学”；传统的经济学理论，包括价格理论、消费理论、生产理论、市场理论、分配理论、一般均衡理论与福利经济学采用了“微观经济学”的名称。20世纪的主流经济学基本上是按照微观和宏观两条不同的路径发展的：微观经济学强调个量分析，研究消费者、厂商的行为以及市场结构；而宏观经济学强调总量分析，研究一个国家或地区总体的经济运行，包括财政政策、货币政策等对整体经济运行的影响。

20世纪六七十年代，西方经济进入严重的滞胀阶段，传统的凯恩斯主义宏观经济学受到严重挑战，出现了新的宏观经济学流派，包括货币学派、供给学派、理性预期学派、新凯恩斯主义经济学派等。有的认为政府政策有效，有的认为政府政策无效；有的认为货币政策有效，财政政策无效，有的认为财政政策有效，货币政策无效。宏观经济学的发展呈现出多种分支、多种流派的繁荣景象，但是基本的问题没有完全离开政府是否要干预经济、什么时候干预经济等。

5.简单评论

从经济学萌芽到古典经济学产生，再到新古典经济学、凯恩斯经济学和新古典综合派，经济学的发展经历了从道德哲学中分离及与政治学、法学等分立的过程。关于经济学的研究也越来越深化，体现出学科分工对经济学发展的促进作用。应该说，现代经济学的精确和深入离不开政治经济学逐渐从道德哲学中产生和经济学与政治学的分野。但是，这种分野也产生了理论所不能够解释的大量问题，这就需要在思路、方法和视角上进行创新和突破，即新政治经济学的产生。

（二）“新政治经济学”与“马克思主义政治经济学”：两种不同的分析范式

在中国，“政治经济学”主要是指“马克思主义政治经济学”，无论是在学科设置还是在教科书中都是如此。在学科设置中，政治经济学与西方经济学并列；在教科书中，《政治经济学》与《西方经济学》（或《宏观经济学》《微观经济学》）是两种不同的教材名称。狭义上的政治经济学基本上等同于马克思主义政治经济学，但是广义上的政治经济学几乎涵盖所有的经济学，因为经济学作为一门学科开始建立时所采用的名称就是“政治经济学”。

马克思和恩格斯的政治经济学是在古典政治经济学的基础上发展起来的，采用的名称有“政治经济学批判”“政治经济学批判大纲”等。[①]“新政治经济学”与“马克思主义政治经济学”属于不同的分析范式。我们之所以在这里强调这个问题，目的是突出本书中“新政治经济学”的“新”不仅不同于古典政治经济学，而且与马克思主义政治经济学根本不同。它相对于马克思主义政治经济学是彻头彻尾的“新”政治经济学。

从经济学说史的角度看，古典政治经济学之后，经济学分化为两大分支：一是边际革命基础上的庸俗经济学—新古典经济学—凯恩斯经济学—新古典综合—现代经济学；二是马克思、恩格斯政治经济学—列宁、斯大林等苏联的政治经济学—苏联、东欧

① 马克思、恩格斯的经济学产生于古典政治经济学之后，其理论渊源之一就是英国的古典政治经济学。

国家的政治经济学—中国的马克思主义政治经济学。新政治经济学属于现代经济学的分支，与马克思主义政治经济学属于两条完全不同的分析思路。

（三）"新政治经济学"与"古典政治经济学"：从西方经济学内部来看

在西方经济学内部，与"新政治经济学"对应的"政治经济学"是"古典政治经济学"。现代经济学最初是以"政治经济学"的名称发展的。从蒙克列钦的《献给国王和王太后的政治经济学》到亚当·斯密的《国富论》、大卫·李嘉图的《政治经济学及赋税原理》、约翰·穆勒的《政治经济学原理及其在社会哲学上的若干应用》，都采用了"政治经济学"的名称。[①] 德雷泽认为，"这一术语在很大程度上反映了经济学并没有真正与政治学分开这样一种信念"，它产生于"政治因素对决定经济成果至关重要这样一种广泛流行的看法"，"作为一门学科，历史上的经济学不仅认为政治力量影响经济结果，而且经常将政治视为决定性的影响因素"。[②] 边际革命之后，经济学家们试图建立摆脱政治影响的"纯经济学"，而尽量不再关注政治和制度等因素。新古典经济学之后，经济学为了追求工具的精确和分析的严密，抽象掉了政治、制度等因素，其基本硬核强调理性选择、偏好稳定和均衡结构，强调消费者在既定的收入约束下追求效用最大化，生产者（厂商）在既定的成本约束下追求产量最大化或者在产量既定的条件下追求成本最小化。[③]"新政治经济学"与"古典政治经济学"虽然都采用了"政治经济学"的名称，虽然有着诸多联系，但也存在差别。

第一，"新政治经济学"的基础是"古典政治经济学"，两者都强调政治因素对经济增长和经济发展的影响。面对20世纪新古典经济学无法解释的大量问题，新政治经济学强调政治和经济之间的相互作用，在研究经济增长和经济发展等问题时，考虑政治因素的作用。布坎南明确指出，新政治经济学"与古典政治经济学相关"，甚至可以说是对亚当·斯密著作内容的重新呈现。[④] 贝斯利在分析新政治经济学的先驱时，专门列出了"古典政治经济学"。[⑤] 塞耶在解释什么是"新政治经济学"时，就是从古典政治经济学开始的。[⑥] 德雷泽则认为："政治如何影响经济结果？也许早在人们开始对

---

① 当然，这一时期的"政治经济学"著作绝不仅仅是这几部，而是要多得多。

② ［美］阿伦·德雷泽：《宏观经济学中的政治经济学》，杜两省、史永东等译，经济科学出版社2003年版，第3-4页。

③ 埃格特森认为，新古典经济学的硬核是"稳定性偏好、理性选择和相互作用的均衡结构"，参见［冰］埃格特森：《新制度经济学》，吴经邦等译，商务印书馆1996年版；加里·贝克尔认为，"最大化行为、市场均衡和稳定偏好的综合假定……构成了经济分析的核心"，参见［美］加里·贝克尔：《人类行为的经济分析》，王业宇、陈琪泽，上海三联书店、上海人民出版社2003年版。

④ 参见［美］布坎南：《宪则经济学：人类集体行动机制探索》，韩朝华译，中国社会科学出版社2017年版，第71页。

⑤ Timothy Besley, "The New Political Economy", 2004-11-8, http://econ.lse.ac.uk/staff/tbesley/papers/keyneslecturetext.pdf.

⑥ Stuart Sayer, "Issues in New Political Economy: An Overview", *Journal of Economic Surveys*, 2000, Vol.14, No.5, pp.513-526.

经济学本身感兴趣的时候，这一问题就提了出来。”[①]实际上，现代经济学任何一个分支的发展都不可能离开古典政治经济学的影响。新政治经济学在研究主题和政治对经济的关系上受到古典政治经济学的影响尤大。

第二，“新政治经济学”不是对“古典政治经济学”的简单复归，而是有了更加明确的分析方法和研究主题。作为现代经济学的基础或理论渊源，古典政治经济学包含了经济学各方面的问题。“新政治经济学”是在经济学与政治学相分离及经济学的基本理论、工具和方法得到很大发展之后产生出来的，其主要思路、方法或工具是新古典的，以理性选择作为所有主体的行为假定，并且偏好是稳定的，分析的最终结果是求出均衡解——局部均衡或一般均衡解。同时，新政治经济学主要强调对经济政策的分析，不是讨论政策应该是什么，而是分析政策为什么如此，更加注重政治过程的讨论。因此，许多经济学家认为，虽然新政治经济学和古典政治经济学感兴趣的问题是一致的，都要分析政治对经济的影响，但新政治经济学绝对不是对古典政治经济学的简单复归。

四、新政治经济学的其他名称及其与相关学科的关系

在英文文献中，“新政治经济学”(New Political Economy)的名称多种多样，如“公共选择理论”(Public Choice Theory)、“公共选择”(Public Choice)、“集体选择”(Collective Choice)、“公共选择经济学”(Economics of Public Choice)、“政治的经济学”(Economics of Politics, or Political Economics)、“政治的经济理论”(Economic Theory of Politics)、“新古典政治经济学”(Neoclassical Political Economy)、“政治的经济学方法”(Economic Approach of Politics)等。我们倾向于采用“新政治经济学”或者“新古典政治经济学”名称。[②] 它既表明了研究的问题是政治经济学的，又表明了与传统政治经济学的不同，即研究方法是现代主流经济学的。

与新政治经济学相关的学科包括公共选择、公共经济学、新制度经济学等。它们之间是并列的关系，还是相互包含的关系？不同的学者有不同的回答。

(一)新政治经济学与公共选择理论

有学者认为，新政治经济学就是公共选择理论，至少公共选择理论是新政治经济学的主要内容。比如汪丁丁就明确指出，新政治经济学是沿着两条思路发展的：肯尼思·阿罗(Kenneth Arrow)的理论工作和布坎南的实证工作，而阿马蒂亚·森

---

① [美]阿伦·德雷泽：《宏观经济学中的政治经济学》，杜两省、史永东等译，经济科学出版社2003年版，第3页。

② 关于“新政治经济学”，还有人采用“现代政治经济学”(Modern Political Economy)这个名称。实际上，这是一个包含范围更广的名称。James H. Weaver于1973年主编了一部名为*Modern Political Economy*的著作，其副标题为“关于重要问题的激进和正统观点”，内容涉及激进政治经济学、美国资本主义的性质、美国未解决问题的经济方面、美国对外政策的经济方面等。James H. Weaver, *Modern Political Economy*, Boston: Allyn and Bacon, Inc., 1973.

(Amartya Sen)则是对二者的综合。[①]

有学者认为,二者虽然存在很重要的联系,但是也有差别。德雷泽就指出:“新政治经济学的许多处理不对研究领域作出区分,认为公共选择是新政治经济学的一个不可或缺的组成部分。对这一个观点我们有许多不同的看法。首先,公共选择和新政治经济学都主要使用它们的分析方法而不是用它们的论题来定义;其次,由于政治结果可能依赖于决策过程的错综复杂性,对特定的应用领域进行划分可能是徒劳的。”[②]塞耶认为,新政治经济学和公共选择理论采用的方法是一致的,但在研究目标上存在非常细微的差别:公共选择理论主要关注决策机制本身,而新政治经济学主要关注政治机制对经济结果的影响。[③] 贝斯利将公共选择理论看作新政治经济学的先驱理论[④],佩尔森和塔贝里尼将公共选择理论看作新政治经济学的基础[⑤]。

这两种不完全相同的观点体现出不同学者对新政治经济学和公共选择理论关系的不同认识。新政治经济学涵盖的范围比公共选择理论要大一些,公共选择理论侧重于对政治过程的经济学分析,而新政治经济学除了对政治过程进行经济学分析之外,也讨论政治过程对经济的影响,但是二者又是统一的,正是因为政治过程对经济结果存在影响,所以才可以从经济学的角度讨论政治过程。

(二)新政治经济学与公共经济学

根据德雷泽的分析,“公共经济学通常涉及的是公共部门的经济学,即政府的经济决策如何影响经济参与者。实证公共经济学研究税收和支出政策对个人和厂商行为的影响。虽然广义定义的实证公共经济学包括关于国家的政治理论,但重点放在税收和支出政策的效应上。在阐述税收和支出政策是如何选择的这个问题时,公共经济学主要是从新古典福利经济学的角度出发,即把政府的福利最大化目标作为既定的,然后探讨如何用税收和支出政策,而不是用直接‘命令’来实现福利最大化的目标,这也是规范公共经济学学科范围内的事。规范公共财政的一个研究领域是政府决策的简单评价标准的公式化,但这不能说成是选择标准使它(福利)最大化,而是为了达到最优而选择标准和方法”[⑥]。这表明,公共经济学虽然也涉及公共政策和政府行为,但主要是讨论公共部门从追求社会福利最大化角度出发制定什么样的政策并付诸实施,而

---

① 参见汪丁丁:《为什么是“新”政治经济学》,《新政治经济学评论》2007年第1期。

② [美]阿伦·德雷泽:《宏观经济学中的政治经济学》,杜两省、史永东等译,经济科学出版社2003年版,第9页。

③ Stuart Sayer, “Issues in New Political Economy: An Overview”, *Journal of Economic Surveys*, 2000, Vol.14, No.5, pp.513-526.

④ 他将新政治经济学的历史先驱归结为古典政治经济学、比较社会制度、公共选择和唐斯模型。Timothy Besley, “The New Political Economy”, 2004-11-8, http://econ.lse.ac.uk/staff/tbesley/papers/keyneslecturetext.pdf.

⑤ 他们将新政治经济学的基础归结为三个:卢卡斯(Lucas)于20世纪70年代中期对宏观经济政策理论的研究、公共选择理论和以赖克(Riker——原译文中被译为里克尔)为代表的规范政治学研究。参见[瑞典]佩尔森、[意]塔贝里尼:《政治经济学:对经济政策的解释》,方敏译,中国人民大学出版社2007年版,第3-4页。

⑥ [美]阿伦·德雷泽:《宏观经济学中的政治经济学》,杜两省、史永东等译,经济科学出版社2003年版,第8-9页。

这与新政治经济学对政府的假定恰好是相反的。也就是说，规范公共经济学讨论如果要实现社会福利最大化应该制定什么样的政策，即最优的税收政策和支出政策；而实证公共经济学主要讨论税收和支出政策的效果。新政治经济学无论在基本假定上还是在研究对象上与此都存在差别。在基本假定上，新政治经济学假定政治家、立法者、官员甚至政府都是追求自身利益最大化的，而公共经济学则不同，它假定政府追求社会福利最大化。在研究对象上，新政治经济学解释政策为什么如此，既包括税收政策和支出政策，也包括货币政策、贸易政策等；而公共经济学则主要研究最优的财政政策是什么，实行最优的财政政策导致了什么结果。

(三)新政治经济学与新制度经济学

在新制度经济学家看来，政治经济学和公共选择理论都属于“新制度经济学”。约翰·德勒巴克(John Drobak)和约翰·奈(John Nye)在为《新制度经济学前沿》撰写的“引论”中明确指出，“新制度经济学”是一个含混不清的术语，那些可以贴上“制度主义者”标签的学者研究的问题主要包括四个领域：(1)交易成本和产权；(2)政治经济学和公共选择；(3)数量经济史；(4)认知、意识形态以及路径依赖的作用。新制度经济学家研究的问题可以概括为两个方面：制度如何影响经济增长，制度如何兴起。[①] 盛洪认为，新制度经济学、新经济史学、产权经济学、法经济学、管制的政治经济学与立宪经济学和公共选择理论一起构成了新政治经济学。[②] 黄少安认为，所谓“新政治经济学”就是恢复制度分析传统的一些经济学流派，有时专指以布坎南为代表的用经济分析方法分析政治领域的经济学；广义的“新政治经济学”包括各种制度经济学和一些与其他社会科学交叉的经济学。[③] 这实际上表明，有人将新政治经济学包含在新制度经济学中，有人将新制度经济学包含在新政治经济学中。

关于新政治经济学与相关学科(特别是公共选择理论和新制度经济学)之间的关系，之所以存在不同的观点，是因为涉及对新政治经济学定义的广义和狭义之分。从狭义上讲，新政治经济学就是公共选择理论，因为公共选择理论的代表性人物(如布坎南)推动了新政治经济学的发展，从其最初设在弗吉尼亚大学的杰斐逊政治经济学研究中心开始，而且公共选择的定义就是“非市场决策经济学”或者“经济学在政治科学中的应用”。[④] 从广义上讲，新政治经济学则不仅仅是经济学在政治科学中的应用，还包括政治与经济之间相互关系的研究，如新制度经济学、法经济学、管制经济学等。本书对“新政治经济学”的定义是广义的，因此新政治经济学的主要理论学说包括公共选

---

① 参见[美]约翰·德勒巴克、约翰·奈：《新制度经济学前沿》，张宇燕等译，经济科学出版社 2003 年版，“引论”第 2 页。

② 参见盛洪：“走向新政治经济学——《现代制度经济学》前言之二”，《现代制度经济学》(上卷)，北京大学出版社 2003 年版，第 22 页。

③ 参见黄少安：《产权经济学导论》，山东人民出版社 1995 年版，第 5-6 页。

④ 这可以从公共选择学会和《公共选择》杂志最初的名称看出来。James Buchanan, “Public Choice: The Origins and Development of a Research Program”, 2003, http://www.gmu.edu/centers/publicchoice/Booklet.pdf; [英]丹尼斯·缪勒：《公共选择理论(第三版)》，韩旭、杨春学等译，中国社会科学出版社 2010 年版，第 1 页。

择理论、新制度经济学等,新政治经济学的兴起至少可以追溯到科斯 1937 年《企业的性质》。

第二节 新政治经济学的产生:理论与现实的推动

新政治经济学是在 20 世纪三四十年代发端、六七十年代发展、八九十年代兴盛起来的。在 20 世纪 90 年代之后,随着一些社会主义国家的政治和经济转轨,新政治经济学得到快速发展。本节主要阐述新政治经济学的产生过程,并分析理论和现实如何推动了新政治经济学的发展。

一、新政治经济学的产生与发展

"新政治经济学"最初是以"公共选择理论"的名称得到发展的。"公共选择理论之父"邓肯·布莱克(Duncan Black)在 20 世纪四五十年代发表的一系列关于委员会和选举的论文[①],标志着公共选择理论的诞生;50 年代后期、60 年代初期,布坎南、戈登·塔洛克等组建了专门研究公共选择理论的机构,形成了公共选择理论的阵营;后来,他们又创办了《公共选择》杂志,公共选择理论迅速发展;到 80 年代,公共选择理论已经成为经济学的一个重要分支。

丹尼斯·缪勒认为:"大体上从 1948 年以来,公共选择理论作为一个独立的研究领域而发展起来了。"[②]之所以说是 1948 年,是因为邓肯·布莱克从 1948 年开始发表了一系列关于委员会和选举理论的论文。也正因如此,邓肯·布莱克被誉为"公共选择理论之父"。1957 年,安东尼·唐斯(Anthony Downs)发表《民主的经济理论》,将政党、政治候选人、选民等假定为追求自身利益最大化者,研究了投票、政府决策、政党联盟等问题,奠定了现代公共选择理论的基础。[③]

布坎南也认为公共选择理论从 20 世纪中期第二次世界大战期间就开始形成了,但作为一个学派而产生影响却是六七十年代的事情。"'公共选择'是作为政治经济学的一个独立或半独立的分支学科出现的,它的开端在 60 年代早期托马斯·杰斐逊政

---

① 布莱克在这一时期发表的一系列论文成为后来选举与委员会理论的核心内容。这些论文包括 Duncan Black, "On the Rationale of Group Decision Making", *Journal of Political Economy*, 1948, Vol.56, No.1, pp.23-34; "The Decisions of a Committee Using a Special Majority", *Econometrica*, 1948, Vol.16, No.3, pp.245-261; "The Elasticity of Committee Decision with an Altering Size of Majority", *Econometrica*, 1948, Vol.16, No.3, pp.262-270; "The Theory of Elections in Single-Member Constituencies", *Canadian Journal of Economics and Political Science*, 1949, Vol.14, No.2, pp.158-175; *The Theory of Committee and Elections*, Cambridge: Cambridge University Press, 1958.

② [美]丹尼斯·缪勒:《公共选择理论》,杨春学等译,中国社会科学出版社 1999 年版,第 4 页。

③ 参见[美]安东尼·唐斯:《民主的经济理论》,姚洋、邢予青、赖平耀译,上海人民出版社 2005 年版,第 24 页。

治经济学研究中心。”①

1957年,布坎南和沃伦·纳特(G. Warren Nutter)在弗吉尼亚大学创建了托马斯·杰斐逊政治经济学研究中心,专门研究政治经济学和社会哲学。其目标是建立一个“愿保持以个人自由为基础的社会秩序的学者团体”,关注“越来越受忽视的经济学的基础理论”,“回到古典政治经济学家的姿态”。② 1963年4月,布坎南和塔洛克在弗吉尼亚的夏洛茨维尔(Charlottesville)创办“非市场决策委员会”,以促进人们对非市场决策经济理论的研究。随后发行了名为《非市场决策论文集》的杂志,塔洛克任主编。1968年,“非市场决策委员会”更名为“公共选择学会”,《非市场决策论文集》杂志也更名为《公共选择》。③

按照布坎南的说法,托马斯·杰斐逊政治经济学研究中心高度成功。它得到了许多基金会、大学和州的资助,吸引了一批非常有影响的经济学家在此访问或工作,如弗里德里希·奥古斯特·冯·哈耶克(Friedrich August von Hayek)、罗纳德·科斯、莫里斯·菲力·夏尔·阿莱(Maurice Félix Charles Allais)、伯蒂尔·俄林(Bertil Ohlin)、弗兰克·奈特(Frank Knight)、迈克尔·波拉尼(Michael Polanyi)、邓肯·布莱克等。它还招收了一批非常优秀的研究生。布坎南曾经提到:“我个人犹能回忆起,我最值得骄傲的时刻之一,是在1963年或1964年的某个时候,当时《美国经济评论》主编杰克·格利在美国经济学会的一次大会上声称,弗吉尼亚研究生提出的论文比这个国家任何别的机构提出的论文更令人感到兴趣。”④

1968年,在布坎南和纳特不知情的情况下,托马斯·杰斐逊政治经济学研究中心受到弗吉尼亚大学当局的调查,布坎南、塔洛克、科斯、奈特等主要人员相继离开。1969年,布坎南和塔洛克在弗吉尼亚工学院安顿下来,创办了公共选择研究中心。在这一时期,公共选择理论的影响日益扩大。它不仅在美国影响越来越大,而且在欧洲、日本等地也产生了重要影响。“弗吉尼亚的布莱克斯堡成为来自地球上各处的经济学家、政治科学家、哲学家、社会学家和其他学者的麦加。”⑤然而,1982年,弗吉尼亚工学院的公共选择研究中心再次成为“它自己成功的牺牲品”,“当局重新作出决定,把中心的活动作为一个单位(教员、职员、设施)移交给乔治·梅森大学”。⑥

---

① [美]布坎南:《政治经济学:1957—1982年》,《自由、市场和国家》,吴良健、桑伍、曾获译,北京经济学院出版社1988年版,第11页。

② [美]布坎南:《政治经济学:1957—1982年》,《自由、市场和国家》,吴良健、桑伍、曾获译,北京经济学院出版社1988年版,第7-8页。

③ “公共选择学会”是非常成功的,许多著名经济学家、政治学家和社会学家曾担任该学会的会长,如布坎南、塔洛克、奥尔森、威廉·赖克(William Riker)等。现在,它每年举行年会,每两年选举一届会长。

④ [美]布坎南:《政治经济学:1957—1982年》,《自由、市场和国家》,吴良健、桑伍、曾获译,北京经济学院出版社1988年版,第10页。

⑤ [美]布坎南:《政治经济学:1957—1982年》,《自由、市场和国家》,吴良健、桑伍、曾获译,北京经济学院出版社1988年版,第12页。

⑥ [美]布坎南:《政治经济学:1957—1982年》,《自由、市场和国家》,吴良健、桑伍、曾获译,北京经济学院出版社1988年版,第12页。

1986 年，布坎南因在公共选择理论方面的研究而获得诺贝尔经济学奖，公共选择理论的影响更大。公共选择理论在多个学科中受到重视，包括经济学、政治学、哲学、社会学等。然而，公共选择理论的地位仍然存在争议。“尽管新近（当时是 1987 年）名声大振，公共选择学说仍受到许多学术界人士的抵制，因为它攻击了势力强大的两大学术集团所珍视的观念：一批经济学家认为政府采用‘福利经济学’的处方即可实现公众利益，而一批政治学家则认为各利益集团之间的多元化竞争将为公众谋得利益。”①

二、理论推动新政治经济学的产生与发展

新政治经济学的产生既受到理论的推动，也受到现实的推动。在理论上，包括两个方面：一方面是理论争论的结果，另一方面是理论工具的发展为争论的解决提供了可能。

（一）理论争论的推动

这包括两个理论争论的推动：一是关于社会福利函数性质的讨论，二是关于市场失灵和政府干预的讨论。

1.关于社会福利函数的讨论

在庇古于 1920 年发表《福利经济学》之后，社会福利函数的形式和性质等问题引起讨论。1938 年，艾布拉姆·伯格森（Abram Bergson）发表《福利经济学某些方面的重构》，提出采用一个多元函数表示社会福利函数，认为“社会福利必定是所消费的全部商品量以及包括劳动在内的全部投入量的函数”②。具体而言，“社会福利的数值被理解为依赖于所有那些被认为影响福利的变量：每个家庭所消费的每一种商品的数量，每个家庭所完成的每一种服务的数量，每一种资本投资的数量，等等”③。萨缪尔森对伯格森的文章给予了高度评价④，并在此基础上作了深入发展，提出了“伯格森—萨缪尔森社会福利函数”⑤。伯格森—萨缪尔森社会福利函数的核心在于由个人偏好通过某种特定的技术加总成社会偏好。这种加总是否可行？能否在理论上得到证明？

1951 年，肯尼斯·阿罗发表《社会选择与个人价值》，试图回答这个问题。他从对个人偏好的假定出发，得出结论：“如果我们排除效用人际比较的可能性，各种各样的

---

① ［美］布坎南：《布坎南和公共选择经济学》，《自由、市场和国家》，吴良健、桑伍、曾获译，北京经济学院出版社 1988 年版，第 230 页。

② ［英］罗杰·巴克豪斯：《现代经济分析史》，晏智杰译，四川人民出版社 1992 年版，第 413 页。

③ ［美］伯格森：《社会主义经济学》，转引自外国经济学说研究会编：《现代国外经济学论文选》第 13 辑，商务印书馆 1992 年版，第 7 页。

④ 萨缪尔森称伯格森的文章“犹如‘闪电’，在此之后，福利经济学中当时令人吃惊的混淆的概念‘一切都明亮了’”。参见［英］迈克尔·埃尔曼：《伯格森》，［美］约翰·伊特韦尔、默里·米尔盖特、彼得·纽曼编：《新帕尔格雷夫经济学大辞典》（第一卷），陈岱孙等译，经济科学出版社 1996 年版，第 247 页。

⑤ 伯格森—萨缪尔森社会福利函数包含了功利主义社会福利函数、贝努利—纳什社会福利函数和罗尔斯社会福利函数，成为最一般的社会福利函数。各种社会福利函数的形式和差别，参见［意］尼古拉·阿克塞拉：《经济政策原理：价值与技术》，郭庆旺、刘茜译，中国人民大学出版社 2001 年版，第 55-60 页。

个人偏好次序都有定义,那么把个人偏好综合成为表达社会偏好的最理想的方法,要么是强加的,要么是独裁性的。"[①]这表明,不可能存在一种社会机制,能够把个人对 N 种备选方案的偏好次序转换成社会偏好次序,以准确表达社会全体成员的各种各样的个人偏好。这个结论就是"阿罗不可能定理"(Arrow's Impossibility Theorem)。

在阿罗不可能定理提出之后,许多学者致力于研究相关问题:在什么样的条件下,个人偏好可以加总成为社会偏好?或者说,如何放松阿罗关于个人偏好的严格限定,将其加总成社会偏好。其实,这是关于社会福利函数的构造问题,即社会福利函数在什么条件下才能构造出来?因为按照阿罗不可能定理,社会福利函数无法构造出来。在这种情况下,自然提出来的问题是,能否通过某种投票规则和政治程序,将个人偏好表达成为社会偏好?这样,选举、投票等问题自然也就出现了。对这些问题的深入研究,即公共选择理论的产生。布坎南曾多次强调,他是受阿罗不可能定理的影响而系统研究公共选择问题的。

2.关于市场失灵和政府干预的讨论

庇古及其以后的许多经济学家发现,单纯依靠市场机制解决不了外部性、公共产品、信息不对称和垄断等问题,即市场失灵。凯恩斯理论的出现,彻底打破了市场"神话",从理论上证明了市场并非万能的。既然存在市场失灵,就需要政府干预,市场失灵也就成为政府干预经济的理由。他们提出,国家应当更多地担负起纠正市场机制缺陷的职能,使社会资源得到最优配置。

与此相反,布坎南等却对国家干预经济运行的能力持怀疑态度。首先,市场失灵并非政府干预经济生活的充要条件。市场失灵仅说明许多问题单纯依赖市场无法解决,但不一定必须通过政府干预来实现。换句话说,市场失灵仅是政府干预的必要条件,但不是充分条件。其次,政府未必一定比市场做得更好。在传统经济学中,政府被看作一种全能的、仁慈的、全知的机构。然而,政府同个人一样,并非全知全能。市场做不好的,政府也未必能够做好。许多时候不是市场失灵了,而是政府失灵了。对这些问题的研究,促成了实证公共选择理论的产生,即从经济学的基本假定出发,对寻租、投票、政府规模扩大、官僚等问题进行研究。它们不再研究政府可以或应该如何行事,而是强调它们会如何行事。

随着对政府干预经济重要性的强调,政府在资源配置等各方面的地位越来越高,控制的资源越来越多。在第二次世界大战期间,即使西方民主国家,其总产值的1/3到1/2也是政府通过集体政治制度而不是市场配置的。然而,主流经济学家们主要集中于对市场部门的理解和解释上,很少有人研究政治集体决策问题。这种现实与理论的矛盾,促使了公共选择理论的出现。

正如缪勒指出的:"假如国家作为一种类似于市场的制度而存在是为了提供公共物品和减少外部性的话,它就必须完成显示公民对公共物品之偏好的工作,就如同市

① Kenneth J. Arrow, *Social Choice and Individual Value*, New Haven: Yale University Press, 1963, p.59.

场显示出消费者对私人物品之偏好一样。公共选择对非市场决策的分析思路一直是：作出与一般经济学相同的行为假设（理性的、功利主义的个人），通过把偏好显示过程描述为类似市场（选民从事交换活动，个人通过投票行为来显示他们的需求，公民自由进入或退出俱乐部），提出与传统价格理论相同的问题（均衡存在吗？它们是否稳定？是否具有帕累托效率？它们是如何达成的？）。”①

（二）理论进展的推动

塞耶认为，从理论上讲，主要是经济学理论和工具的发展，使新政治经济学的繁荣成为可能。② 一是理性预期理论的发展和宏观经济学微观基础建立的努力，需要对政治主体的行为进行分析，并且将其模型化。理性预期理论强调，要利用政策规则体系的对比分析来研究经济政策结果，仅当政策成为一项规则的时候，我们才能够通过理性预期假设得出个人预期的准确内容。为宏观经济学寻找微观基础，特别是经济政策的制定和实施，不能够假定政治家和政策制定者在市场上追求个人福利最大化，而在政策制定上追求社会福利最大化。二是博弈论和委托—代理理论的发展为新政治经济学找到了分析工具。无论是理性预期还是政策的制定和实施，都涉及不同主体之间的博弈，理性预期体现的是公众同政策制定者就财政政策和货币政策进行的博弈，而政策制定者或者政治家、官员又是选民的代理人。这样，要阐明宏观经济政策为什么如此、效果为什么如此就有了分析方法和分析工具。

三、现实推动新政治经济学的产生与发展

塞耶认为，从现实来看，世界范围内的众多事件呼唤新政治经济学的产生。③ 特别是 20 世纪 70 年代之后，无论是国际还是国内的众多经济问题都与政治密切相关，只采用经济学的理论和工具无法进行解释。

（1）西方国家的“滞胀”现象。西方发达国家在第二次世界大战之后一直到 20 世纪 70 年代初，经济增长比较迅速，而且通货膨胀和失业率都不算高。比如，1948—1970 年，美国和英国的年平均增长率分别为 3.8％和 3.2％，失业率分别为 4.7％和 1.7％，通货膨胀率分别为 2.5％和 4.1％。④ 然而，20 世纪 70 年代之后，这两个国家不仅经济增长缓慢甚至负增长，而且高失业和高通胀并存，1980 年，美国实际经济增长率－0.2％，失业率 7.2％，通货膨胀率 9.0％；英国实际经济增长率－2.3％，失业率 5.4％，通货膨胀率 19.7％。⑤ 相对于 20 世纪 70 年代之前，这两个国家低增长、高失

① ［美］丹尼斯·缪勒：《公共选择理论》，杨春学译，中国社会科学出版社 1999 年版，第 6 页。

② Stuart Sayer, “Issues in New Political Economy: An Overview”, *Journal of Economic Surveys*, 2000, Vol.14, No.5, pp.513-526.

③ Stuart Sayer, “Issues in New Political Economy: An Overview”, *Journal of Economic Surveys*, 2000, Vol.14, No.5, pp.513-526.

④ 参见章星：《冲出滞胀的泥潭》，北京理工大学出版社 1992 年版，第 10 页。

⑤ 参见章星：《冲出滞胀的泥潭》，北京理工大学出版社 1992 年版，第 27 页。

业与高通胀并存，即“滞胀”。这种状况按照以凯恩斯理论为基础的“菲利普斯曲线”是不可能出现的，所以凯恩斯主义宏观经济学无法对这种现象进行解释，而微观经济学同样不可能进行解释。

(2)20 世纪 70 年代初期的布雷顿森林体系崩溃和石油输出国组织(OPEC)的石油禁运，表明了政治对经济的影响以及政治行动的经济根源。布雷顿森林体系是指第二次世界大战之后建立起来的国际货币体系。它有两个重要的基础：一是美元与黄金挂钩，二是其他国家的货币与美元挂钩。美元基本上等同于黄金，美元与黄金的兑换关系基本上固定。然而，1971 年 8 月 15 日，美国总统理查德·米尔豪斯·尼克松(Richard Milhous Nixon)突然宣布暂停美元与黄金的兑换关系。这意味着布雷顿森林体系赖以建立的基础遭到了破坏。布雷顿森林体系是二战后期美国主导建立起来的，然而美国却在 1971 年不愿再承担在该体系中的责任，这体现出国家利益与世界利益的冲突或矛盾，当某个国家的利益受到损害或可能受到损害的时候，就会不惜牺牲其他国家的利益。

1973 年 10 月，第四次中东战争爆发，OPEC 为了打击对手以色列和支持以色列的国家，对英国、美国等国家进行石油禁运，使得世界市场上的石油价格从每桶 3 美元上涨到 13 美元。这使得高度依赖从 OPEC 进口石油的国家和相关的产业受到沉重打击。OPEC 的石油禁运反映出政治与经济之间的关系、国家与市场之间的关系，世界市场并非完全按照经济规律运行。

(3)20 世纪 80 年代发生的拉美国家主权债务危机。第二次世界大战之后，拉美发展中国家采取进口替代等工业化战略实现了经济的快速增长，GDP 年均增长率达到 6.5%以上，一度创造了所谓的“拉美奇迹”。70 年代，石油价格快速上涨，使得很多石油输出国产生流动性过剩，国际贷款利率大幅度下降。墨西哥、阿根廷、巴西和秘鲁等拉美发展中国家借入大量外债，试图以低利率资金加快本国的工业化。然而，到 80 年代，美国等发达国家的利率上升，资金不再流向发展中国家。1982 年 8 月12 日，墨西哥的外汇储备下降到危险线以下，宣布无法偿还到期的外债本息，暂停偿付外债。之后，巴西、委内瑞拉、阿根廷、秘鲁、智利等拉美国家也出现了同样的问题。拉美国家的主权债务危机对国际社会提出了新的问题：如果一个国家到期无法偿还对其他国家的债务，其是否要破产、能否破产、如何破产等。这些问题显然已经不是纯粹的经济问题了。

(4)欧盟的迅速发展和欧洲货币的产生。第二次世界大战对欧洲经济的破坏是非常严重的，给人民的生产生活造成严重的灾难。在第二次世界大战刚结束的时候，欧洲就有很多仁人志士提出建立“欧洲委员会”之类组织的设想。1952 年，欧洲煤钢共同体成立；1955 年，煤钢共同体六国提出了建立欧洲共同市场的设想；1965 年，欧共体成立，并在 1967 年正式生效。1991 年，欧共体首脑会议通过了《欧洲联盟条约》；1993 年 11 月 1 日，该条约生效，标志着欧洲联盟正式成立。欧盟提出采用统一的财政政策和货币政策，并且成立了欧元区，各国家放弃本国货币，采用欧元作为法定货币。2002 年 1 月

1 日，欧元正式流通；2002 年 3 月 1 日，欧元成为欧元区法定货币。欧盟的成立和欧元的产生，各成员放弃了本国独立的财政政策和货币政策，甚至放弃了一定程度上具有主权属性的本国货币。所以，欧盟的成立和快速发展以及欧元的产生，不仅是经济问题，而且是政治问题。

(5)中央银行的独立性问题日益突出。各国家所采用的中央银行制度并不完全相同。欧洲各国家的中央银行基本上是政府部门，而美国的中央银行即美联储却是相对独立于联邦政府的。中央银行独立于政府能够避免受政府控制，特别是避免货币的过度发行和通货膨胀，尤其是在财政赤字比较严重的时候。然而，中央银行的独立并非完全独立，也并非完全就是政府的一个部门，而是存在独立程度的问题。这反映出中央银行在多大程度上受到政府的控制、能否制定并执行独立的货币政策。很多发展中国家特别是存在严重通货膨胀国家的中央银行通常是政府的一个部门，在政府出现财政赤字或者入不敷出的时候发行货币，使得本国货币超发，造成严重的通货膨胀。所以，很多发达国家的经济学家建议发展中国家提高中央银行的独立性，避免中央银行受到政府的控制。问题是：中央银行能否独立于政府？中央银行独立于政府能否更有利于经济增长和经济稳定？中央银行与政府的关系是一个纯粹的经济问题吗？

(6)全球问题的出现和日益突出需要国家之间共同合作。20 世纪 80 年代之后，全球性的问题越来越突出，比如气候变化、计算机病毒、全球犯罪等。气候变化影响的不仅仅是一个或部分国家，通常会影响到几乎所有国家。像全球变暖、气温升高等，不仅会直接影响到人们的体感，而且会通过灾害性天气、动植物生长等影响人们的生活。针对这些问题，不是单独一个或几个国家能够解决的，而是需要几乎所有国家共同努力。这就是所谓的全球公共产品的提供、外部性问题的解决。但是，全球范围内没有类似于一个国家政府那样的机构，能够行使征税权并提供公共产品或解决外部性问题。全球问题如何解决？国家如何通过合作解决？各国家在解决全球问题中承担多大的责任？这些问题表面上是经济问题，但实际上都不是纯粹的经济问题。

(7)20 世纪 80 年代末 90 年初，苏联和东欧社会主义国家的政治、经济转轨。从 20 世纪六七十年代开始，一些东欧社会主义国家就在进行经济改革；80 年代后期，东欧社会主义国家和苏联进行了经济和政治转轨，不仅放弃了计划经济体制，而且在政治制度上彻底转变。中国从 1978 年开始改革开放，在保持社会主义制度不变的前提下建立了社会主义市场经济体制。对比苏联、东欧社会主义国家的政治经济转轨和中国的改革开放，有许多重要的理论问题需要回答，比如经济转轨和政治转型之间的关系如何，市场经济体制的建立是否必须建立在政治转型的基础上，是渐进性改革还是激进性改革。这些问题显然都不是纯粹的经济问题。

总之，20 世纪七八十年代世界范围内出现的许多事件和问题，单纯采用经济学的工具和方法难以作出令人信服的回答，而是必须考虑政治和经济的相互关系和相互作用，这促进了新政治经济学的繁荣。所以，新政治经济学的发展也是现实推动的结果。

四、统计技术的发展和一系列数据库的建设推动新政治经济学的发展

现代主流经济学越来越强调实证检验的重要性。如果说古典经济学之后政治经济学转变为“纯经济学”是为了追求科学性和精确性，那么 20 世纪八九十年代之后一系列刻画“政治”变量的统计指标和数据库的建设，为新政治经济学理论和命题的检验提供了可能，也就推动了新政治经济学的发展和繁荣。这些指标涉及民主和政治权利、产权的保护程度、法律和立法制度的透明度、犯罪率、腐败感觉指数等。

20 世纪 90 年代之后，世界银行等国际组织以及透明国际等非政府组织发布了多种衡量治理质量、政府质量的指标。比如世界银行从 1996 年开始发布的全球治理指数（Worldwide Governance Indicators，WGI），涵盖了全球 200 多个国家或地区 6 个维度的数据：话语权和责任（Voice and Accountability）、政治稳定性和没有暴力/恐怖（Political Stability and Absence of Violence/Terrorism）、政府效率（Government Effectiveness）、规制质量（Regulatory Quality）、法治（Rule of Law）、腐败控制（Control of Corruption）。这些数据来自一些调查机构、智库、非政府组织、国际组织和私营企业等。[①] 比如，位于德国柏林的国际非政府组织透明国际（Transparency International）从 1995 年开始发布的衡量各国家或地区清廉程度的腐败感觉指数（Corruption Perception Index，CPI）指标，涵盖了世界上绝大多数国家或地区。再比如，由《华尔街日报》和美国传统基金会从 1995 年开始发布的全球经济自由度指数（Index of Economic Freedom，IEF），也涵盖了世界上绝大多数国家或地区（逐年增加）。

这些衡量“政治”变量的指标虽然不是非常准确，甚至受到各种各样的批评，但是它们至少提供了一个衡量方法和指标，基本上能够对各国家的“政治”变量进行衡量或测度。这些指标为检验政治与经济之间的关系提供了数据支持。比如，对腐败程度与经济增长和经济发展、外国直接投资等之间关系的检验，对经济自由度与经济增长和经济发展之间关系的检验，对政府质量、法治水平与经济之间关系的检验。这些检验为新政治经济学命题或理论的可证实性提供了基础，确保了其科学性。

五、中国需要新政治经济学

中国正处于经济转型时期，正在经历一场巨大的制度变迁，许多学者认为中国的经济转型为新政治经济学的研究提供了巨大的试验场。对中国经济转型的研究，单纯依靠马克思主义政治经济学和现代西方经济学的原理，无法作出令人完全满意的回答，必须采用新政治经济学的视角，考虑经济转型对政治制度的影响以及政治制度变革对经济增长和经济发展的影响。对于中国经济所发生的一切，特别是“中国奇迹”，

---

① Daniel Kaufmann，Aart Kraay ，Massimo Mastruzzi，“The Worldwide Governance Indicators：Methodology and Analytical Issues”，2022-10-4，https：//papers.ssrn.com/sol3/papers.cfm？ abstract_id＝1682130.

难以用西方主流经济学的原理加以说明，好像也不符合正统经济学的逻辑。[①]

哈佛大学发展经济学家德怀特·帕金斯(Dwight H. Perkins)在《中国经济对中国经济学家的挑战》中指出，中国经济学家面临的最大挑战是中国经济本身，并且对中国经济学家的研究提出了四点建议：一是要做好心理准备处理重大问题，而不是鸡毛蒜皮和雕虫小技的问题；二是先不要试图解决经济学问题，而是深入了解所处社会的政治、社会、文化、法律背景以及所有跟经济因素相关的外界因素；三是不要随便用一个数据光盘就做多元回归，然后就胡乱下结论；四是把关于中国问题的结论拿到国际社会上进行国别之间的比较、对话，融入西方社会科学的主流。[②] 帕金斯的观点说明，中国经济学家的研究不能够是西方经济学单纯在中国的套用，而是必须考虑中国的政治、文化、法律、制度等，也就是说中国经济学研究必须是政治经济学，而不能够是单纯的经济学。

盛洪在讨论制度经济学在中国兴起问题的时候指出，中国经济学家为讨论改革开放之后面临的大量问题，包括农村改革、乡镇企业兴起和发展、市场经济体制建立、价格机制形成、国有企业改革等，引入了各种理论。在各种理论的相互竞争中，制度经济学取得了重要地位，并且影响越来越大。[③] 这实际上说明，对于中国改革开放之后诸多问题的研究，采用新制度经济学或者新政治经济学的方法取得了成功，要解释中国改革开放中的各种政治经济问题，必须采用新制度经济学或新政治经济学的方法。

实际上，中国学者从20世纪80年代末90年代初开始大量引进公共选择理论、新制度经济学等新政治经济学的研究思路和方法研究中国的改革实践。他们一方面翻译、介绍新政治经济学的文献，另一方面将新政治经济学的理论用于研究、分析中国现实。翻译的新政治经济学的文献包括肯尼思·阿罗的《社会选择与个人价值》(1987年)，布坎南的《自由、市场和国家》(1988年)、《赤字中的民主》(1988年)、《民主过程中的财政》(1992年)，罗纳德·科斯的《论生产的制度结构》(1991年)、《企业、市场与法律》(1991年)，道格拉斯·诺思的《经济史中的结构与变迁》(1994年)、《制度、制度变迁与经济绩效》(1994年)，曼瑟尔·奥尔森(Mancur Olson)的《集体行动的逻辑》(1996年)，乔治·施蒂格勒(George J. Stigler)的《产业组织和政府管制》(1996年)，等等。将新政治经济学的理论用于研究中国现实的文献包括林毅夫的《制度、技术与中国农业发展》(1992年)，张宇燕的《经济发展和制度选择》(1992年)，黄少安的《产权经济学导论》(1995年)，盛洪的《分工与交易》(1992年)、《中国的过渡经济学》(1994年)，樊纲的《渐进改革的政治经济学分析》(1996年)，张军的《"双轨制"经济学》(1997年)等。[④]

---

① 参见张军：《"双轨制"经济学：中国的经济改革(1978—1992)》，上海三联书店、上海人民出版社1997年版，第10-11页。

② 转引自汪丁丁、罗卫东、叶航：《新政治经济学的可能依据：行为和意义的综合视角》，《浙江社会科学》2003年第11期；Dwight H. Perkins, "The Challenge China's Economy Poses for Chinese Economists", *China Economic Review*, 2002, Vol. 13, Issue 4, pp.412-418.

③ 参见盛洪：《制度经济学在中国的兴起》，《管理世界》2002年第6期。

④ 关于这一点的详细阐述，可参见盛洪：《制度经济学在中国的兴起》，《管理世界》2002年第6期。

进入21世纪之后，中国又出现了一些以新政治经济学为主要研究对象，甚至以此命名的研究机构，如复旦大学的新政治经济学研究中心，浙江大学的跨学科社会科学研究中心，还出版了以此命名的杂志，如浙江大学的《新政治经济学评论》、山东大学的《制度经济学研究》等。

西方的新政治经济学理论虽然在中国受到了青睐，但并不完全适合中国。这主要是因为新政治经济学的许多理论是以西方国家的政治制度为基础的，如政治商业周期理论就是以两党制为背景的。不过，这些理论为我们提供了思路和方法或者说思考中国问题的视角。研究中国经济问题离不开新政治经济学的思路或方法，但我们不能够盲目接受或运用，要结合中国的历史、文化、政治背景等创建中国的新政治经济学。

第三节　新政治经济学的理论渊源

新政治经济学是作为主流经济学的一个分支发展起来的，无论假定还是研究方法都是主流经济学的。古典经济学、新古典经济学显然都构成其理论基础。然而，对于政治过程等问题，早期思想家、数学家关于社会选择、公共选择等的论述已有所涉及。其渊源大体可以分为四个方面：一是早期的数学家对投票选举方法的研究；二是欧洲大陆早期的政治哲学；三是19世纪欧洲大陆的公共财政理论，如瑞典学派的克努特·魏克塞尔(Knut Wicksell)、埃里克·林达尔(Erik Lindahl)和意大利的财政思想；四是美国本土的自由主义和民主思想。

一、早期数学家对投票选举方法的研究

对投票方法的研究，至少可以追溯到中世纪，两位主要的代表人物是诺曼·吕尔(Roman Lull)和努拉斯·库桑(Nuolas Cusanus)。据考证，在吕尔留传至今的手稿中，至少有两处记叙非常接近现代选举方法：一是小说*Blanquera*在记叙修女们选举修道院长时，提出了一种形式上近似孔多塞两两比较法，而本质上是一种博达法的选举方法；二是短文*De Arte eleccionis'*提出了一种形式上完全等同于当今各国议会表决中常用的“修正案表决程序”的选举方法。库桑对投票方法的贡献也在于提出了一种形式上是两两比较法、本质上是博达法的选举方法。[①]

到18世纪，研究选举方法的数学家增多，主要有博达(Jean-Charles de Borda)、孔多塞(Marie Jean Antoine Nicolas de Caritat，marquis de Condorcet)、拉普拉斯(Pierre-Simon marquis de Laplace)、道奇森(C. L. Dodgson)等。博达被认为是第一位对选举的数学理论作出杰出贡献的思想家，他于1781年在法国《皇家科学院史》上发表了题为《普选回忆录》的论文，通过一个简单的例子发现在多候选人单席位(即一个获胜者)的选举中

① 参见罗云峰、肖人彬：《社会选择的理论与进展》，科学出版社2003年版，第4-5页。

简单多数票法则的缺陷，即根据简单多数票法则得到的获胜者在与其他候选人的两两比较中，往往不能根据该法则战胜对手。孔多塞1785年在论文《有关简单多数票法则所作决策的概率的应用分析》(Essay on the Application of Analysis to the Probability of Majority Decisions)中最早提出了所谓的"投票悖论"(又称"孔多塞悖论")，并首次将概率论运用于研究投票选举问题。拉普拉斯利用概率论系统研究了偏好序的赋值问题，提出对偏好序的各方案应该按照等差数列赋值，并指出该方法的缺陷在于成员很容易通过谎报偏好操纵选举结果。道奇森对选举和委员会问题进行了大量研究，对简单多数票法则和各种赋值法进行了比较分析，指出了它们的不足，并提出了一种解决"孔多塞悖论"的方法。

在新政治经济学和公共选择学者的著作中，没有人提到吕尔和库桑，但对博达、孔多塞、拉普拉斯、道奇森等人的成果给予了高度重视。20世纪40年代，邓肯·布莱克在关于委员会和选举理论的一系列论文中，对博达、孔多塞、拉普拉斯、道奇森的成果进行了发掘性研究，指出了他们的理论贡献。戈登·塔洛克曾根据布莱克的研究对他们的贡献进行总结："博达开辟了这一研究，并作出了重要贡献。在他之后是孔多塞，孔多塞做了一项重要的研究，不幸的是，这项研究的表述非常糟糕，以至于在布莱克之前似乎没有人理解它。拉普拉斯给支起来的结构加上了一些细节。"道奇森"出了三本关于表决方法的小册子"，他的工作"完全是原创性的，他没有汲取博达或孔多塞的观念"。[①]

二、欧洲早期的政治哲学

新政治经济学和公共选择理论深受欧洲17、18世纪政治哲学的影响。正如丹尼斯·缪勒所指出的，公共选择理论最起码可以追溯到托马斯·霍布斯(Thomas Hobbes)和贝内迪特·斯宾诺莎(Benedict Spinoza)的政治哲学传统。[②] 布坎南详细分析了斯宾诺莎、约翰·洛克、大卫·休谟等的政治哲学对公共选择理论的影响。"斯宾诺莎的工作似乎与我们自己的工作有很多共同之处"，"斯宾诺莎接近了对政治组织的完整研究"，"大卫·休谟的那些概念似乎最有助益，而且它们还似乎与我们自己的概念有许多共同之处"。[③] 这些影响主要体现在三个方面：

一是斯宾诺莎、休谟等假定人是唯一由利益考虑驱动的。通过这个假定，斯宾诺莎考察了各种可替代的组织安排、政治制度和经济秩序的选择。"斯宾诺莎慎重地开始以这样一种方式构建政治制度：采取行动追求其自身利益的个人，将受这样的行动在其中发生的制度性结构的引导，而促进其在政治集团中的同类成员的利益。"休谟"非常

---

① 塔洛克为《同意的计算》所写的附录"理论先驱"，[美]布坎南、塔洛克：《同意的计算：立宪民主的逻辑基础》，陈光金译，中国社会科学出版社2000年版，第363-364页。

② 参见[美]丹尼斯·缪勒：《公共选择理论》，杨春学译，中国社会科学出版社1999版，第4页。

③ [美]布坎南：《阅读政治哲学的评注》，布坎南、塔洛克：《同意的计算：立宪民主的逻辑基础》，陈光金译，中国社会科学出版社2000年版，第342、342、344页。

成功地能够使政治义务既不立基于得到的原则，也不立基于契约，而是立基于私利”。[①]

二是斯宾诺莎、洛克、休谟等人已经分开了集体决策的立宪层面与操作层面。“在斯宾诺莎的著作中，集体决策的立宪层面与其操作层面被清楚地分开了。对于后者而言，至少在他的贵族政体模型中，简单多数规则被承认是适合于在立法会议上达成决定的。对于宪法即基本法律中的变革而言，所建议的是‘普遍同意’或相对的全体一致。”“约翰·洛克以及所有对发展出‘天赋权利’这个概念负责的作者，都在宪法决定与操作决定之间作出了许多区分，宪法决定确定了集体行动的规则，而操作决定则确定了集体行动在前面所选择的规则的范围内的具体表现。”[②]

三是霍布斯等人的社会契约论。布坎南指出，现代公共选择理论“是和社会契约论密切相关的”[③]。社会契约论认为，人类曾经生活在一种法律和政府的自然状态之中，生命、自由与财产等自然权利是天赋的，人们的活动受体现理性的自然法支配，人们彼此相互为敌。由于这种自然状态缺少一个公正的、强有力的裁判者而有许多不便，于是人们通过相互订立契约，把部分自然权利让给社会，从而产生了国家或政府。国家的目的主要是保护私有财产和公民的自然权利，国家是不同于自然物体的人工物体。政府的权力不是无边无际的，政府受宪法的制约或限制；统治者也必须遵守社会契约，否则选民有权推翻他。这种自然法思想和有限政府学说构成了公共选择理论国家学说的潜在基础。对人之行为追求私人利益的假定、集体决策立宪层面与操作层面的分开、国家的契约论观点正是公共选择理论突出强调的。同时还有必要指出的是，这些先驱人物对公共选择理论的影响可能只是普遍的、间接的影响。布坎南曾明确指出，他是在完成了《同意的计算：立宪民主的逻辑基础》第一稿之后才开始重新研读这些早期思想家的著作的。

三、瑞典、意大利等国家的公共财政理论

瑞典和意大利等欧洲大陆国家在19世纪末20世纪初的公共财政思想，构成了公共选择理论的直接来源。“毫不奇怪，现代公共选择理论的主要创始人都是一些受过欧洲财政理论传统训练的经济学家。”“早期的几位学者就是通过对财政理论的研究在公共选择理论上作出了一些贡献的，而他们的著作大都反映了欧洲学者的影响。”[④]

布坎南曾经明确指出：“公共选择理论，至少是我自己的那种公共选择理论，几乎

---

① 这两句话分别见：[美]布坎南：《阅读政治哲学的评注》，布坎南、塔洛克：《同意的计算：立宪民主的逻辑基础》，陈光金译，中国社会科学出版社2000年版，第342、345页。

② 详细内容见布坎南为《同意的计算：立宪民主的逻辑基础》所写的附录“阅读政治哲学的评注”。参见[美]布坎南、塔洛克：《同意的计算：立宪民主的逻辑基础》，陈光金译，中国社会科学出版社2000年版，第342-345页。

③ James M. Buchanan, *The Theory of Public Choice II*, Ann Arbor: University of Michigan Press, 1984, p.16.

④ [美]布坎南：《公共选择与财政理论》，《经济学家应该做什么》，罗根基、雷家端译，西南财经大学出版社1988年版，第160-161页。

是我消化吸收魏克塞尔的思想自然而然地产生的结果。"[①]布坎南在获得诺贝尔经济学奖后发表的演说《经济政策的宪法》(The Constitution of Economic Policy)中，详细阐明了其公共选择理论深受魏克塞尔思想的影响。"假如我不承认那位伟大的瑞典人克努特·魏克塞尔(1851—1926)对我本人工作的影响，这就未免太怠慢了。没有他的影响，我就不会在这里宣读这篇论文。我的许多著作，尤其是政治经济学和财政理论方面的论文，可以说是对魏克塞尔论题的种种重述、推敲和引申；这篇论文也不例外。""魏克塞尔应得到现代公共选择理论的最重要的先驱之称号，因为我们在他 1896 年的论文里发现了提供此理论基础的全部三个构成要素：方法论上的个人主义、经济人以及看作交换的政治。"[②]

魏克塞尔可以被看作瑞典最伟大的经济学家之一。他的许多主要思想是在他逝世之后很多年才传到英国、美国并产生影响的。他在 1896 年出版的《财政理论研究》中，有一篇论文是《公平税赋的新原理》(A New Principle of Just Taxation)。[③] 在这篇论文中，他提出了政治的自愿交易学说和一致同意原则。魏克塞尔认为，传统的财政理论在经济学和政治学两个学科之间竖起了一道隔墙。这种传统理论认为，在一般经济领域(经济市场)和公共经济领域(政治市场)，同一个人会按照两种不同的方式活动。在经济市场上，个人追求自身利益最大化；而在政治市场上，个人追求公共利益最大化。魏克塞尔认为，政治是一种个人之间进行复杂交易的结构，在这种结构里，个人通过集体行动的方式追求他们不能够通过市场交易实现的目标，个人参与政治行动的最终目标也是追求自身利益。人们正是基于对自身利益的追求，才形成了所需要的政治结构。"在现实中，行政机构或立法机构，更不用说立法机构中起决定的多数……都不像一般理论所说的那样，它们并不是一心一意地要增进公共福利的单纯的社团机构……代议机构的成员，绝大多数对一般福利的兴趣恰似他们的选民那样，不多也不少。"[④]在经济市场上，人们通过货币自愿交易，在政治市场上的交易也同样是自愿的。"如果迫使某人为某一活动的费用捐赠款项，而该项活动并不促进他的利益，或者甚至可能与他的

---

① [美]布坎南：《由内观外》，[美]迈克尔·曾伯格编：《经济学大师的人生哲学》，侯玲译，商务印书馆 2001 年版，第 147 页。

② James M. Buchanan, "The Constitution of Economic Policy", *American Economic Review*, 1987, Vol. 77, No.3, pp.243-250.

③ 布坎南曾叙述了他发现和阅读魏克塞尔这篇文章时的兴奋。"在我一生经历中最令人激动的显示智力的时机之一，是我在 1948 年对克努特·魏克塞尔未被人们所知和未经翻译的论文《财政理论研究》(1896 年)的发现，这篇论文埋没在芝加哥古老的哈珀图书馆的积满灰尘的书库里。只有一位学术新手，在刚完成学位论文之后，才能有空暇去浏览魏克塞尔的这篇文章。这样，我无意中获得珍宝并有幸写出了自己的激动人心的学习心得。魏克塞尔在课税方面的新的公平原理大大增强了我的自信心。魏克塞尔是经济思想史方面一位被确认的人物，他向财政学理论的正统观念挑战，所涉及的方面与我本人的批判意识一脉相承。"James M. Buchanan, "The Constitution of Economic Policy", *American Economic Review*, 1987, Vol.77, No.3, pp.243-250. 布坎南在这篇演讲稿中的每一部分开头，都引用魏克塞尔在这篇文章中的一段话。

④ Richard A. Musgrave, Alan T. Peacock, ed., *Classics in the Theory of Public Finance*, London: The Macmillan Press, 1958, pp.86-87; James M. Buchanan, "The Constitution of Economic Policy", *American Economic Review*, 1987, Vol.77, No.3, pp.243-250.

利益针锋相对，这就好像是一种露骨的不公正。”[①]布坎南深受魏克塞尔对传统财政理论这种批评的影响，“魏克塞尔的异议对我的思想就像真正的音乐一样动听，在我关于政治经济学的基本思想形成的几个影响因素中，魏克塞尔占有重要的地位”[②]。

魏克塞尔认为，由于政治行为人是在一定的规则内作出选择的，所以规则是极其重要的。改革的方向必须集中于改变决策规则，而不是通过对决策行为人施加影响来改善预期的结果。要判断规则的改变是否有效率，就需要根据某种标准进行检验，魏克塞尔提出了一致同意原则。他认为，和市场交易一样，要使公共部门的交易有效率，一致性原则就必不可少。假如每个人都赞成政府的某项活动，就表明每个人都可以从中获得收益，这项活动也就能够提高整个社会的经济效率。“如果一项公共支出要被批准的话……一般地，它必定含有这样的假定，即这种支出准备用于一种对全社会有益的活动，并且所有社会成员都无一例外地这样认为。”[③]

魏克塞尔之后，瑞典另一位著名经济学家林达尔以“政治的自愿交换”方法为基础，研究了公平税收问题，提出了公共产品提供的“林达尔均衡”。[④] 所谓“林达尔均衡”，是公共产品均衡时的条件，“每一个纳税人所支付的公共财货和私人财货的价格与他从这两类财货中得到的边际收益之比皆相等”。[⑤] 正如马斯格雷夫指出的，魏克塞尔等人提出了“应当把税收当作对公共服务的自愿支付，而这些公共服务与个人对它们的偏好相符合”，“这种自愿交换说的‘最后陈述’，以及被当作政府提供服务的代价而要征收的各种税所意味的均衡概念，是由林达尔提供的”。[⑥]

20世纪初，意大利公共财政学派经济学家庞塔雷奥尼(Pantaleoni)、德·维蒂(De Viti)、德·马尔科(De Marco)和萨克斯(Sax)等人的公债理论和国家学说，对公共选择理论的产生也具有重要影响。布坎南在早年的学习中，对当时的政治学教科书极其不满，并提出了建立一些政治学模型的想法。就在那个时候，他发现了意大利财政学家马尔科的《财政学的第一原理》的英译本。这本书激发了他进一步钻研意大利文献的兴趣。[⑦]

意大利财政学派否认当时的民主秩序，认为总是要由一个小集团为集体作出决策。在分析公债问题时，他们试图把古典边际价值论分析的模式扩大到对决定公共行

---

① Richard A. Musgrave, Alan T. Peacock, ed., *Classics in the Theory of Public Finance*, London: The Macmillan Press, 1958, p.89; James M. Buchanan, “The Constitution of Economic Policy”, *American Economic Review*, 1987, Vol.77, No.3, pp.243-250.

② [美]布坎南:《出身、经历和思想:回顾性评估》,[美]布坎南、马斯格雷夫:《公共财政与公共选择》,类承曜译,中国财政经济出版社2000年版,第14页。

③ Richard A. Musgrave, Alan T. Peacock, ed., *Classics in the Theory of Public Finance*, London: The Macmillan Press, 1958, p.89.

④ 林达尔在1919年的博士论文中系统研究了魏克塞尔的理论,并提出了“公平税收”思想。

⑤ [德]奥托·施泰格尔:《林达尔》,[美]约翰·伊特韦尔、默里·米尔盖特、彼得·纽曼编:《新帕尔格雷夫经济学大辞典》(第三卷),陈岱孙等译,经济科学出版社1996年版,第211-214页。

⑥ [瑞典]彼得·伯姆:《林达尔论财政》,[美]约翰·伊特韦尔、默里·米尔盖特、彼得·纽曼编:《新帕尔格雷夫经济学大辞典》(第三卷),陈岱孙等译,经济科学出版社1996年版,第218-219页。

⑦ 参见[美]布坎南:《出身、经历和思想:回顾性评估》,[美]布坎南、马斯格雷夫:《公共财政与公共选择》,类承曜译,中国财政经济出版社2000年版,第13页。

动结构的理解上。这些都直接对公共选择理论产生了较大影响。布坎南曾以邓肯·布莱克和自己为例说明这个问题。“布莱克在他写的第一本书中严格地按照传统财政理论的主题论述了所得税的征收范围,布莱克阅读了意大利作者有关财政的著作和魏克塞尔的书,并且由此写出了他论证委员会理论的经典著作,这个理论已被广泛地运用于解决财政之外的问题。我的情况也是如此。最初,我所受的教育使我完全成了财政经济学家。一个偶然的机会,我拜读了魏克塞尔的书,接着开始对意大利学者的著作进行了研究。这使得我的注意力从正统的财政学问题逐渐转移到了分析政治决策机构、研究宪法规则上。”①

布坎南曾经于1955—1956年到意大利作富布赖特研究学者。这一年时间,他全部用来研究意大利财政学的著作,特别是政治学的模型化方法。他说:“我满载着意大利现实主义对政治学、政治家和官僚政治的许多有益的思想离开了意大利。”②

四、美国本土的自由主义和民主思想

美国建国初期“国父”们的宪法制定和联邦主义思想对公共选择理论产生了重要影响。正如布坎南曾经指出的:“毫不奇怪,人们可以发现,公共选择观点的根源可以隐含地在美国缔造者的著作中找到,最令人注意的是可以在詹姆斯·麦迪逊(James Madison)为《联邦党人文集》所写的文章中找到。”③

弗兰克·奈特(Frank Knight)、亨利·西蒙斯(Herry Simons)等人所开创的自由主义的“芝加哥传统”对布坎南和塔洛克等具有重要的影响。④ 公共选择理论的代表人物布坎南、塔洛克等都曾在芝加哥大学学习,并深受奈特、西蒙斯等的影响。布坎南多次强调是奈特让自己真正理解了经济学的本质,并将其作为自己思想最主要的来源。⑤

一些学者认为,熊彼特对公共选择理论的产生有影响,但对影响程度的判断并不一致。萨缪尔森和威廉·诺德豪斯(William D. Nordhaus)认为,《资本主义、社会主

---

① [美]布坎南:《公共选择与财政理论》,《经济学家应该做什么》,罗根基、雷佳端译,西南财经大学出版社1988年版,第161页。

② [美]布坎南:《出身、经历和思想:回顾性评估》,[美]布坎南、马斯格雷夫:《公共财政与公共选择》,类承曜译,中国财政经济出版社2000年版,第15页。

③ [美]布坎南:《公共选择的观点》,《自由、市场和国家》,吴良健、桑伍、曾获译,北京经济学院出版社1988年版,第26页。

④ 布坎南曾经对芝加哥大学的特征进行了总结。“芝加哥大学的经济学家并不想成为政府的参谋,也不想再为如何管理国民经济献计献策,无论这种计策是关系到国计民生还是无关宏旨。芝加哥派经济学家学到的是经济如何运作而不是应该怎样控制经济。”[美]布坎南:《出身、经历和思想:回顾性评估》,[美]布坎南、马斯格雷夫:《公共财政与公共选择》,类承曜译,中国财政经济出版社2000年版,第13页。

⑤ 布坎南在获得诺贝尔经济学奖后进行的一次演讲中,专门讨论了弗兰克·奈特对自己学术生涯的影响。“他对我的影响,不只是透过观念,也透过延伸四分之一世纪以上的亲密友谊。”“如果没有奈特做我的良师与楷模,我这位刚出茅庐的年轻经济学者,能否发现魏克塞尔的伟大研究成果?我对此极表怀疑。”“在回顾个人的发展时,我实在难以想像,假如未曾受业于奈特,我将会变成什么样的人。”[美]伯烈特、史宾斯编:《诺贝尔之路:十三位经济学奖得主的故事》,黄进发译,西南财经大学出版社1999年版,第201、207、210页。

义与民主》开创了公共选择理论。[①] 兰迪·西蒙斯(Randy T. Simmons)认为,熊彼特的《资本主义、社会主义与民主》中关于民主的理论与现在的公共选择理论是一脉相承的。[②] 然而,公共选择理论的创建者们——安东尼·唐斯、布坎南和塔洛克等却没有承认这一点。他们虽然也高度赞赏熊彼特的著作和分析,但是却都强调在理论创建时受到熊彼特的影响非常小。比如,安东尼·唐斯虽然断言"熊彼特对民主制的深刻分析,构成我们的所有主题的启示源泉和基础",但他只引证过熊彼特那本书中的一页(2 次),且仅仅是用于支持"经济人"假设。布坎南指出:"在本世纪中叶,熊彼特对现代社会科学家关于政治制度的思想似乎只有极小甚至没有影响。"[③]戈登·塔洛克专门谈到熊彼特对自己的影响:"就我的情况而言,他无疑对我产生了巨大的影响,虽然这种影响来得颇晚。进一步地说,虽然我早在 1942 年就读过这本书,但是,当我写作《官僚体制的政治学》时,并没有重新研读过它。在某种意义上,它给我提供了我们在政府中所能看到的事态类型的一般观念,但却没有可供具体引证的任何一种细致的东西。"缪勒指出,"熊彼特的著作似乎产生过轻微的直接影响"。[④] 实际上,公共选择理论的大部分文献很少提到熊彼特。之所以认为熊彼特对公共选择理论有影响,可能是基于他在《资本主义、社会主义与民主》中对民主的方式、民主与政治制度的兼容性、民主政治成功条件等问题的深入探讨。[⑤] 这些问题也是公共选择理论研究的主要内容。

第四节　新政治经济学的主要分支

"新政治经济学"虽然在整体上可以被视作经济学发展的一个重要分支或派别,但是不同的学者在研究主题、研究方法等方面存在差别,从而出现了许多更小的分支。它们只能算作新政治经济学的分支,还不能够成为独立派别或学派。在这里,为简化表述,也为了更深入地研究新政治经济学,我们暂且称其为不同的"学派",大体上包括:以布坎南、塔洛克为首的"弗吉尼亚学派",以米尔顿·弗里德曼(Milton Friedman)、罗纳德·科斯、乔治·施蒂格勒、加里·贝克尔(Gary Becker)等为代表的"芝加哥学派",以威廉·里克(William H. Riker)、奥德舒克、谢泼斯、巴里·温加斯特(Barry Weingast)等为代表的"罗切斯特学派",以曼瑟尔·奥尔森为代表的"马里兰

---

① 参见[美]萨缪尔森、诺德豪斯:《经济学(第 16 版)》,萧琛等译,华夏出版社 1999 年版,第 232 页。

② 参见[美]兰迪·T. 西蒙斯:《政府为什么会失败》,张媛译,新华出版社 2017 年版,第 120 页。

③ [美]布坎南:《公共选择的观点》,《自由、市场和国家》,吴良健、桑伍、曾获译,北京经济学院出版社 1988 年版,第 26 页。

④ 缪勒、唐斯和塔洛克对熊彼特影响的观点,参见[美]丹尼斯·缪勒:《公共选择理论》,杨春学等译,中国社会科学出版社 1999 年版,第 9-10 页。

⑤ 参见[美]熊彼特:《资本主义、社会主义与民主》,吴良健译,商务印书馆 1999 年版,第 395-413 页。

学派”，以埃利诺·奥斯特罗姆（Elinor Ostrom）为代表的“印第安纳学派”。[①]

一、弗吉尼亚学派

作为新政治经济学核心的公共选择理论兴起并发展于弗吉尼亚。布坎南等最早在弗吉尼亚大学成立托马斯·杰斐逊政治经济学研究中心，后来在弗吉尼亚工学院成立公共选择研究中心，再后来公共选择研究中心整体转移到乔治·梅森大学。1963 年公共选择学会成立时，也是在弗吉尼亚。

弗吉尼亚学派在公共选择理论中影响最大。一说到“公共选择理论”，人们首先想到的就是布坎南、塔洛克等弗吉尼亚学派的学者和乔治·梅森大学的公共选择研究中心。布坎南和塔洛克是公共选择理论的创始人，也是弗吉尼亚学派最主要的两位代表人物。弗吉尼亚学派其他代表人物有查尔斯·罗利（Charles K. Rowley）、罗杰·康格尔顿（Roger D. Congleton）、大卫·列维（David Levy）等。

布坎南是公共选择理论的创始人和领袖人物。他从 1949 年发表《公共财政的纯理论》（The Pure Theory of Government Finance: A Suggested Approach）开始，逐渐建立起公共选择理论。[②] 在这篇文章中，布坎南比较了关于政府的两种观点：一是包括所有个体在内的政府被理解为一种单一的有机整体，二是政府被描述为以集体方式行动的个体成员的总和。传统的公共财政理论倾向于将两者混淆起来，在考虑政府做什么时，采用第一种观点；在考虑怎样分担公共成本时，采用第二种观点。布坎南认为，一种有生命力的公共财政理论应该把两者（即公共成本的分担和公共利益的分配）结合起来；政治活动主要是个人或集团所作出的从政府获得最大收益并支付最少税款的努力。此后，布坎南发表了《社会选择、民主与自由市场》（1954 年）、《投票中的个人选择与市场》（1954 年）等论文[③]，着重讨论了市场上的个人选择与投票过程中的个人选择之间的关系。这几篇论文为布坎南和塔洛克共同完成《同意的计算：立宪民主的逻辑基础》这部公共选择理论的经典之作奠定了基础。

在与布坎南合作之前，塔洛克深受熊彼特、邓肯·布莱克、安东尼·唐斯等学者著作的影响，试图在一个严格的理性选择框架内将经济学与政治学再次融合。[④] 1959 年，他

---

① 再着重强调一下，这里对学派的划分是极不严格的。这种划分是为了更系统、更深入地研究新政治经济学不同学者侧重点的差别，也是为了突出新政治经济学理论的影响之大。

② James M. Buchanan, “The Pure Theory of Government Finance: A Suggested Approach”, *Journal of Political Economy*, 1949, Vol.57, No.6, pp.496-505.

③ James M. Buchanan, “Social Choice, Democracy, and Free Markets”, *Journal of Political Economy*, 1954, Vol.62, No.2, pp.114-123; James M. Buchanan, “Individual Choice in Voting and the Market”, *Journal of Political Economy*, 1954, Vol.62, No.4, pp.334-343.

④ Charles K. Rowley, “Gordon Tullock”, in Charles K. Rowley and Friedrich G. Schneider eds., *Readings in Public Choice and Constitutional Political Economy*, New York: Springer Science and Business Media, LLC, 2008, p.110.

发表了《多数表决的一些问题》[①]，对民主政府中互投赞成票的过程进行了初步分析。此后，他完成了《宪法的经济理论》(An Economic Theory of Constitutions)论文的初稿。1962 年，塔洛克与布坎南共同出版了《同意的计算：立宪民主的逻辑基础》，奠定了他们作为公共选择理论创始人的地位。此后，塔洛克主要是从实证角度，将官员、政治家、选民等看作追求自身利益最大化的主体，分析寻租、投票等问题。自从 1966 年《非市场决策论文集》(《公共选择》杂志的前身)创刊后，塔洛克长期担任该杂志的主编、资深编辑等职务，为公共选择理论的发展作出了重要贡献。

需要指出的是，布坎南和塔洛克虽然长期合作，但他们研究公共选择的角度并不完全相同。布坎南曾指出，“我自己强调的是塑造作为交换的政治”，塔洛克的重点是以严格的个人利益塑造所有公共选择者(投票人、政治家、官僚)。[②]

二、罗切斯特学派

罗切斯特学派主要因代表性学者威廉·赖克在罗切斯特大学政治科学系工作而得名。[③] 与弗吉尼亚学派相比，罗切斯特学派的特点有：第一，坚持用数理方法、博弈论研究政治学，在投票、互投赞成票、利益集团和官员研究中采用数理推导；第二，坚持把实证政治理论与伦理学分开，建立实证的政治学理论。[④] 罗切斯特学派的学者基本上都在政治系工作，从事政治科学研究。

1962 年，威廉·赖克出版《政治联盟理论》(*The Theory of Political Coalitions*)。他认为，政治活动是一个博弈过程，政党竞争是一个零和博弈，一方所得是另一方所失，每个政党的最优策略是让对手规模保持尽可能大，而自己只需保持略有优势(有时甚至是一票之差)就可以战胜对手。因此，在多数票选举制度下，最终将形成在规模上略有差异但仍然势均力敌的两个政党。赖克的这本书获得了极大的成功。据统计，1972—2001 年，这本书的年均引用达 17.5 次。[⑤] 1973 年，赖克与奥德舒克共同出版《实证政治理论导论》(*Introduction to Positive Political Theory*)。他们提出，政治学

---

① Gordon Tullock, “Problems of Majority Voting”, *Journal of Political Economy*, 1959, Vol.67, No.6, pp.571-579.

② 参见[美]布坎南:《公共选择的观点》,《自由、市场和国家》,吴良健、桑伍、曾获译,北京经济学院出版社 1988 年版,第 26 页。

③ 威廉·赖克(1920—1993),政治学家,以将博弈论和数理方法运用于政治学而闻名,曾长期担任罗切斯特大学政治系主任。早在 1966 年,他就担任公共选择学会的第三届会长(第一届是布坎南,第二届是塔洛克)。布坎南多次提到赖克在公共选择理论方面的卓越贡献:不仅组织了公共选择学会的许多早期会议,而且通过建立和推行研究生计划,促进了公共选择理论在政治学领域的传播。赖克逝世后,罗切斯特大学政治系设立了威廉·赖克奖学金,以纪念其学术成就。

④ 具有这两个特点的学者都被划为“罗切斯特学派”。其实,只有威廉·赖克曾在罗切斯特大学工作,其他的代表人物都不在此工作。彼得·奥德舒克现任加利福尼亚理工学院政治学教授;肯尼思·谢泼斯早年从罗切斯特大学获得博士学位,后来在华盛顿大学政治系、政治经济学研究中心工作,现在哈佛大学工作;巴里·温格斯特在斯坦福大学政治系工作。

⑤ Kellie Maske, Garey Durden, “The Contributions and Impact of Professor William H. Riker”, *Public Choice*, 2003, Vol.117, pp.191-220.

探索社会选择如何由个人偏好发展演变而来的奥秘,这个奥秘可以通过使用精确的统计方法建立起来的数理政治科学加以分析。这部著作也受到美国政治学界的高度关注,其年均引用率超过《政治联盟理论》,达到年均21次。[①] 罗切斯特学派的成员始终把实证政治理论月来研究选举、政党策略、投票程序控制、政党联盟形成、立法机构和政府官员等。

罗切斯特学派所倡导的这种研究方法遭到了布坎南的反对。他认为,这种方法会把经济学变成应用数学或工程学,经济学的本意会被自然科学的含义取代。实际上,布坎南的这种批评不仅仅是针对罗切斯特学派的,他对主流经济学中过度运用数学表示极度担忧。"在政治经济学中需要的方法论革命必须抛弃数学观点以摆脱畏惧;如果不修改这种数学观点,我们将老是成为经济学家兼数学家的奴隶。"[②]

目前,坚持采用数理方法、博弈论研究实证政治理论的学者主要有彼得·奥德舒克、肯尼思·谢泼斯和巴里·温格斯特等。奥德舒克1986年出版了《博弈论和政治理论》(*Game Theory and Political Theory*),1989年出版了《政治学中的策略性选择模型》(*Models of Strategic Choice in Politics*);谢泼斯1982年主编出版了《政治均衡》(*Political Equilibrium*),1990年与詹姆斯·阿尔特(James E. Alt)共同主编了《多重视角的实证政治经济学》(*Perspectives on Positive Political Economy*),1997年出版了《分析政治学:理性、行为和制度》(*Analyzing Politics: Rationality, Behavior, and Institutions*);温格斯特与谢泼斯于1995年共同出版了《议会制度的实证理论》(*Positive Theories of Congressional Insitutions*)等。这些著作都采用数理方法和博弈论等工具研究政治过程和政治制度,也就是采用主流经济学的方法研究政治问题。

三、芝加哥学派

芝加哥大学以弗兰克·奈特、亨利·西蒙斯等对自由主义经济学的影响而闻名。从其初创时期的凡勃伦,到后来多位获得诺贝尔经济学奖的经济学家,如米尔顿·弗里德曼、乔治·施蒂格勒、罗纳德·科斯、加里·贝克尔、罗伯特·福格尔(Robert Fogel)等,都曾经在芝加哥大学工作。芝加哥学派有一种坚定的信念,即价格机制是成功解决经济问题的关键因素[③],而且价格机制还可以用于解决社会和政治问题,这就是后来被称为"经济学帝国主义"的发端。

弗里德曼是1976年诺贝尔经济学奖得主。他对经济学最主要的贡献虽然是货币主义,但是从政治经济学的角度来看,他强调价格机制和市场的力量,反对一切形式的政府干预。

---

① Kellie Maske, Garey Durden, "The Contributions and Impact of Professor William H. Riker", *Public Choice*, 2003, Vol.117, pp.191-220.

② [美]布坎南:《政治经济学:1957—1982年》,《自由、市场和国家》,吴良健、桑伍、曾获译,北京经济学院出版社1988年版,第15页。

③ 参见[美]约翰·范·奥弗特瓦尔德:《芝加哥学派》,王永龙译,中国社会科学出版社2010年版,第55页。

乔治·施蒂格勒是1982年诺贝尔经济学奖得主。他同样推崇价格机制，反对政府干预，尤其重要的是，他提出了管制的俘虏理论。他认为，传统的管制理论以社会福利最大化为假定前提，认为政府对自然垄断等价格管制有利于提高消费者福利，然而实证研究表明，政府管制不但不能够提高消费者的福利，反而可能损害消费者福利。他由此推断，政府管制可能不是基于社会福利最大化作出的决策，而很可能是被管制者游说的结果。① 政策制定者或者立法者之所以会接受被管制者的游说，是因为其可以由此获得政治支持或政治献金。

罗纳德·科斯是1991年诺贝尔经济学奖得主。他是新制度经济学的开创者、法经济学的开创者。他在1937年发表的《企业的性质》的论文中提出了"交易成本"概念，研究了企业的边界、企业与市场的关系等问题；在1960年发表《社会成本问题》，提出了著名的"科斯定理"，即当交易成本为零时，产权的初始配置不影响资源使用的效率；进一步地，如果交易成本不为零，则产权的初始配置就影响资源使用的效率；再进一步，产权的初始配置也是有成本的，即制度的制定本身也存在成本。这样，他就为制度优劣的比较提供了分析框架，为分析产权制度的重要性奠定了基础，无论是在企业微观层面还是在国家或地区宏观层面，制度都是影响经济绩效的重要因素。

加里·贝克尔是1992年诺贝尔经济学奖得主。他把经济理论扩展到对人类所有行为的研究，尤其是将经济理论扩展到与市场力量没有关系的领域，像歧视、家庭、婚姻、犯罪等问题，他也因此被视为"经济学帝国主义"者。贝克尔扩展了经济理论解释的主题范围，为其他学科的问题提供了新的视角。

还有很多学者也深受芝加哥学派的影响，如弗吉尼亚学派的布坎南、塔洛克等。

四、马里兰学派

公共选择理论的马里兰学派主要是从研究集体行动的达成、利益集团理论发展起来的，主要代表人物就是马里兰大学已故经济学家曼瑟尔·奥尔森。1972—1974年，奥尔森担任公共选择学会会长。马里兰学派的出发点也是方法论个人主义、经济人等，但他们相信政府的作用，并且认为政府至关重要。

1965年，奥尔森发表《集体行动的逻辑：公共物品与集团理论》(The Logic of Collective Action: Public Goods and the Theory of Groups)，提出了集体行动中的"搭便车"问题。他认为，基于理性选择的个体为集体利益而采取行动是不理性的，因为自己即使不付出任何努力，也可以享受集体行动的收益。比如，公共产品具有非竞争性、非排他性，某个个体即使不付出任何代价，也可以享受别人提供的公共产品，从而没有人愿意提供，造成集体行动难以达成。个体理性导致集体非理性，这被称为"集

① George J. Stigler, Claire Friedland, "What Can Regulators Regulate? The Case of Electricity", *The Journal of Law and Economics*, 1962, Vol.5, pp.1-16; George J. Stigler, "Public Regulation of the Securities Markets", *The Journal of Business*, 1964, Vol.37, No.2, pp.117-142; George J. Stigler, "The Theory of Economic Regulation", *The Bell Journal of Economics and Management Science*, 1971, Vol.2, No.1, pp.3-21.

体行动的困境”。为避免这一困境，奥尔森提出了两种途径：一是集体非常小，每个人的利益相关性比较高，即使自己提供公共产品，收益也能够弥补成本，同时由于集体很小，人数很少，相互之间可以形成有效监督；二是“威逼利诱”，通过选择性激励，每个主体在享受集体行动收益或承担集体行动成本时，还会获得某种私人收益或避免某种惩罚。

1982 年，奥尔森出版《国家的兴衰：经济增长、滞胀和社会僵化》(*The Rise and Decline of Nations: Economic Growth, Stagflation, and Social Rigidities*)，从分利集团角度解释了经济增长、滞胀和社会僵化等问题。他指出，不同的利益相关者形成利益集团的可能性不同，已经形成的利益集团为了集团成员的利益会采取各种行动，阻碍经济增长。分利集团的活动不是像“分蛋糕”那样简单，而更像一群人冲进了瓷器店，在自己抢占更多瓷器的同时打碎了许多本来可以让其他人得到的瓷器，因而利益集团在追逐自身利益时会损害集体利益。

2000 年，奥尔森的遗作《权力与繁荣》出版。他提出，并非所有的市场经济都能够带来经济繁荣，市场经济要促进经济繁荣必须具备两个条件：一是个人产权界定良好；二是产权保护良好，不存在公众之间的相互掠夺，也不存在政府的征用或掠夺。产权的界定和保护，需要政府完成。因此，政府并非越小越好，强有力的政府是促进经济增长必不可少的，不过政府的作用在于保护产权，而不是直接干预经济生活。

马里兰学派与弗吉尼亚学派和罗切斯特学派的区别表现得非常明显，弗吉尼亚学派和罗切斯特学派怀疑政府，因为政府官员、政治家等都是追求私利的个人，他们可能会在追求私利时不惜损害公众利益，因此政府越小越好；而马里兰学派则认为，政府在保护产权方面是不可或缺的，过小的政府可能无法有效地保护产权，不利于经济增长。

马里兰学派除奥尔森之外，还有南加利福尼亚大学的托德·桑德勒(Todd Sandler)等。桑德勒深受奥尔森的影响，出版了《外部性、公共产品和俱乐部产品理论》(*The Theory of Externalities, Public Goods, and Club Goods*)、《集体行动》(*Collective Action*)。桑德勒还把公共产品、集体行动的理论用于国际或全球层次，用于分析全球集体行动、国际公共产品、地区公共产品、国防、北约等问题，如《全球集体行动》(*Global Collective Action*)、《地区公共产品》(*Regional Public Goods: Typologies, Provision, Financing, and Development Assistance*)、《全球挑战》(*Global Challenges: An Approach to Environmental, Political and Economic Problem*)等。

五、印第安那学派

印第安那大学政治理论和政策分析中心(Workshop in Political Theory and Policy Analysis)的文森特·奥斯特罗姆(Vincent Ostrom)和埃利诺·奥斯特罗姆(Elinor Ostrom)夫妇都是美国政治学家。埃利诺·奥斯特罗姆曾经担任美国政治学会的主席(1996—1997 年)等，也担任过公共选择学会的会长((1982—1984 年))；文森特·奥斯特罗姆也曾经担任公共选择学会的会长(1967—1969 年)。他们主要从政治学的视角关注公共事务的治理,形成了自己的特色,强调个人自我利益与公有社会文化之间、政府强制与自愿合作之间的协调。从经济学的方面看,接受经济人假设,但承认个人除了经济利益之外还有其他利益;坚持方法论个人主义,但又强调文化和制度在形成个人需要、社会权力和社会习俗方面的作用。埃利诺·奥斯特罗姆虽然是政治学家,但是在 2009 年获得了诺贝尔经济学奖,而且是第一位获得诺贝尔经济学奖的女性学者。所以,他们的研究横跨经济学和政治学,是典型的“政治经济学”,可称为印第安那学派。[①]

埃利诺·奥斯特罗姆在 20 世纪 90 年代之前主要研究成果的总结就是她 1990 年出版的《公共事物的治理之道:集体行动制度的演进》。[②] 这本书取得了极大的成功,成为 90 年代美国政治学界引用率最高的学术专著。90 年代之后,奥斯特罗姆更注重对实际案例中所得出结论的一般化。她借鉴了博弈论和实验经济学的成果和研究方法,特别是检验自主治理模式中人类行为的普遍性,并试图在人为可控制的条件下复制或再现田野发现的情形。奥斯特罗姆等发现,许多主体在实验室中实施直接惩罚,在主体可以沟通的情形下,惩罚能够更好地起作用。[③] 奥斯特罗姆等的实验再次证实了其一贯主张,即对人类合作行为的理解需要更细致地分析个人行为动机。

本书对“新政治经济学”分支的划分主要是根据代表性学者所属机构的所在地进行简单命名,还有很多学者没有包含其中。毕竟“新政治经济学”涵盖大量的主题,并且在研究方法和基本理念上存在差别。当然,本书的划分不是“定论”,只是为了研究或表述方便,也是为了在将来能够进行更加准确的划分。

第五节 新政治经济学的方法论特征

布坎南明确指出:“公共选择的硬核可以归结为三个假定前提:方法论个人主义,理性选择,将政治视作交换。”[④]这不仅是公共选择理论的共同特征,而且是新政治经济学理论的共同特征。

---

① 因为该中心在印第安那大学布卢明顿校区,所以该学派又被称为“布卢明顿学派”。见王亚华:《奥斯特罗姆与布卢明顿学派》,《奥斯特罗姆与公共事务治理研究》等系列文章。

② Elinor Ostrom, *Governing the Commons: The Evolution of Institutions for Collective Action*, Cambridge:Cambridge University Press,1990;[美]埃莉诺·奥斯特罗姆:《公共事物的治理之道:集体行动制度的演进》,余逊达译,上海三联书店 2000 年版。

③ Elinor Ostrom, et al. , “Govenants with and without a Sword: Self-Governance is Possible”, *American Political Science Review*, 1992, Vol.86, No 2, pp.404-417.

④ James Buchanan, “Public Choice: The Origins and Development of a Research Program”, 2003, http://www.gmu.edu/centers/publicchoice/Booklets.pdf. 在以前的文章中,布坎南着重强调的公共选择特征是两个方面:经济人和将政治看作交换。其实,这里的三个方面与此前的两个方面并不冲突,从方法论个人主义和理性选择出发,必然是采用经济人假定。

一、方法论个人主义

在公共选择理论中，方法论个人主义贯穿始终。布坎南对国家的分析、塔洛克对官员行为的分析、奥尔森对利益集团的分析等都是从方法论个人主义出发的。

方法论个人主义认为，一切社会现象都应该追溯其个人行为基础，都必须从个人角度来分析，个人的目的和偏好是经济学分析的出发点和基石，必须把个人的有目的性放在首位。“人被认为是决定私人行动与群体行动的唯一的终极决策者。”[①]“只有个人在进行选择，只有个人在行动。”[②]比如，国家、政府、利益集团等虽然可以看作一个主体，但它们都是由具体的个人组成的，其行为都具有个人追求自身利益的特征，其行为的最终目的还是为成员追求个人利益。国家、政府、利益集团等不过是个体、个人实现自身目的的手段。布坎南和塔洛克曾经指出：“集体行动被视为个体在选择集体而非个体地实现目标时的行动，而政府则被视为不过是允许这样的集体行动发生的诸过程之集合或机器而已。”[③]

布坎南和马斯格雷夫关于国家观念的差别就在于：布坎南认为国家是由个人组成的，不存在超越个人利益的集体利益或公共利益；而马斯格雷夫认为，国家虽然由个人组成，但存在超越个人利益的国家利益。既然所有集体行动都是个人实现自身目标的手段，也就不存在对整个社会是“好”还是“不好”的问题，就不存在“社会福利函数”问题。所以，当阿罗 1951 年提出不可能定理的时候，布坎南一点也不感到奇怪。

奥尔森对利益集团形成的分析也完全建立在方法论个人主义基础上。在传统的集体行动理论中，集体行动如何达成的问题很少有人研究。在奥尔森看来，单个个体都追求自身利益最大化，如果不参加集体行动也能够从中受益的话，这些个体就没有动力参加集体行动，造成“集体行动的困境”。

针对方法论个人主义，布坎南提出了四点限定[④]：一是“方法论个人主义并不意味着或并不要求个人选择行为不随制度情境的变化而变化”，个人生活在社会中，选择会随着外部情境的变化而变化；二是单就方法论个人主义而言，并不设定个人作出选择时所追求的目标；三是个人是在每个人独自面对的各种替代选项中作出选择，而不是在各种资源配置或分配状态中进行选择；四是用来评价个人选择的理性准则不可能在任何意义上被直接扩展至非个人实体上去。布坎南的论述表明，方法论个人主义假设是分析的前提或预设，个人作出选择，是在社会情境下作出选择，因为所有人都是生活

---

① [美]布坎南、塔洛克：《同意的计算：立宪民主的逻辑基础》，陈光金译，中国社会科学出版社 2000 年版，第 2 页。

② [美]布坎南：《宪则经济学：人类集体行动机制探索》，韩朝华译，中国社会科学出版社 2017 年版，第 44 页。

③ [美]布坎南、塔洛克：《同意的计算：立宪民主的逻辑基础》，陈光金译，中国社会科学出版社 2000 年版，第 13 页。

④ 这四点根据布坎南的论述进行总结，有的直接采用了布坎南的表述，有的是对布坎南意思的转述。四点内容详见[美]布坎南：《宪则经济学：人类集体行动机制探索》，韩朝华译，中国社会科学出版社 2017 年版，第 44-45 页。

在特定的社会中，也只有生活在特定的社会中，这是哈耶克的《个人主义：真与伪》中所谓的“真”个人主义。[①]

二、“经济人”假定

在公共选择理论之前，经济学与政治学相互分离。经济学假定个人追求自身利益最大化；而政治学假定君主、政府等追求社会福利最大化，或者说追求公共利益。“在政治学领域，个体参与者对私人收益的追求，几乎总是被各式各样的道德哲学家谴责为‘恶’。似乎还没有人仔细地探究下述含蓄假设，即个人在生活的私人方面与社会方面之间活动时，必定会以某种方式转动他的心理和道德齿轮。”[②]这就造成同一个人在政治活动和经济活动中的人格特征可能不同。

在公共选择学者看来，所有的主体都是经济人，都是追求特定收益最大化的主体。人就是人，无论在经济活动还是政治活动中，都会追求满足自己的最大化利益要求。他的行为并不因为担任“部长”或者企业“经理”而有任何差别。布坎南指出：“选民、官僚、法官、立法者——充任这些角色的人与所有其他设法使其自身效用最大化的人极其相似。”[③]政治家或官员的行动与经济学研究的其他人的行动并无不同。假如有可能，他还会就在行政部门工作或者在企业工作作出选择，选择能够实现自身满足（包括物质上或纯粹心理上的满足，如威信、职业成就等）最大化的工作。正如布坎南所指出的：“个人在参与各种市场关系时是效用最大化追求者，就没有理由假定，当他们在非市场性约束下行动时会发生动机上的转换……当个人从市场环境中的买方或卖方那样的角色转向政治过程中的投票者、纳税人、受益人、政治家或官僚那样的角色时，不会经历个人品性上的巨变。”[④]

选民在投票活动中也是如此。我们没有理由认为一个人在填写选票时的行为与在超级市场中购买日用品的行为存在本质的区别。在超级市场上，个人会在不同的产品之间进行选择，以实现既定投入下的效用最大化。个人对产品价值的判断是通过货币表现出来的。个人是否参与投票，会考虑投票成本和投票可能带来的预期收益；在投票时选择哪个候选人，会考虑谁能够给自己带来更多的收益或让自己付出更低的代价（如税收）。

塔洛克甚至认为，个人在政治活动中可能比在经济活动中更符合“经济人”假定。他说：“资本主义企业和行政部门的区别不在于个人在其中的表现不一样，而在于规定他们追求个人目标时的自治程度的行为法则和制度束缚，在私人企业中要比在政府部

① 参见［英］哈耶克：《个人主义：真与伪》，《个人主义与经济秩序》，邓正来译，北京经济学院出版社 1989 年版，第 6 页。

② ［美］布坎南、塔洛克：《同意的计算：立宪民主的逻辑基础》，陈光金译，中国社会科学出版社 2000 年版，第 21 页。

③ ［美］布坎南：《宪则经济学：人类集体行动机制探索》，韩朝华译，中国社会科学出版社 2017 年版，第 34 页。

④ ［美］布坎南：《宪则经济学：人类集体行动机制探索》，韩朝华译，中国社会科学出版社 2017 年版，第 77 页。

门严格得多,由此产生了一种反常的结果:在其他条件不变的情况下,私人企业中的个人活动最有可能符合公共利益,而在行政机构中,人们却最有可能恣意追求最大化个人利益,而不管这些个人利益是否符合公共利益。”①

布坎南还提出了“经济人”假定的弱版本和强版本。他指出,在为政治家、立法者等建模的时候假定他们都是为了维护职位特权,甚至会为此“收买”选民等。这样,选民、官僚、政治家和立法者等政治主体,都是追求净财富最大化的。布坎南称这种经济人假定为“强版本”。在这种强版本的“经济人”假定下,很容易得出“政府失灵”的结论。但是,布坎南也指出,现实中的政府是正常运转的。“在我们的观察中,某些公民所向往的物品和服务的确是靠政府来供给的。税收也并未处于其严格的岁入最大化极限上。”②这在一定程度上说明,政府并非完全“失灵”。也许各种政治主体并非遵循“强经济人”假定。

三、将政治学看作交换

人们在经济市场上的活动是一种交换关系。我们用货币购买日用品、消费品,用蔬菜交换别人的谷物,都是交换。亚当·斯密将交换看作人的本性,并在这个前提下构筑经济学理论。正如布坎南指出的:“文明秩序的基础是交换,文明社会要求和意指它的成员之间对待的互惠性。”③

边际革命之后,经济学成为研究资源配置最大化的科学。20 世纪 30 年代,莱昂内尔·罗宾斯把经济学定义为研究既定约束下的优化资源配置,以实现最大化的科学。这个定义成为经济学的主流定义和经典定义。这样,在经济学中,人与人之间的关系就体现不出来了,每个主体只是在个人预算约束内最大化效用或利润。布坎南认为,罗宾斯的定义不仅不会促进反而会阻碍科学进步。④ 经济学的本质并不是最大化的科学,而是交换的科学。“我竭力主张,我们不要使最大化范例在我们工具箱里占有支配地位;不要再以缺乏限制来给我们的学科、我们的‘科学’下定义;我们要改变这个定义,改变我们‘科学’的名称;我们不必再为资源分配及其效率过分担忧,不要继续以这种忧虑来代替一整套思想;我们要开始把注意力集中在交换的起源、性质和制度。亚当·斯密的僻好是以一样东西交换另一样东西——这成为我们研究和调查的合适目标。”⑤

① 转引自[法]亨利·勒帕日:《美国新自由主义经济学》,李燕生、王文融译,北京大学出版社 1985 年版,第 129 页。

② [美]布坎南:《宪则经济学:人类集体行动机制探索》,韩朝华译,中国社会科学出版社 2017 年版,第 36 页。

③ [美]布坎南:《既相关又有区别的经济学“科学”和政治经济学“科学”》,《自由、市场和国家》,吴良健、桑伍、曾获译,北京经济学院出版社 1988 年版,第 34 页。

④ 参见[美]布坎南:《经济学家应该做什么》,《经济学家应该做什么》,罗根基、雷佳端译,西南财经大学出版社 1988 年版,第 4 页。

⑤ [美]布坎南:《公共选择的观点》,《自由、市场和国家》,吴良健、桑伍、曾获译,北京经济学院出版社 1988 年版,第 18-19 页。

布坎南认为，经济学作为交换的科学，研究和观察的范围可以扩大到政治和政治过程。他指出，在"经济"和"政治"制度之间，"市场"和"政府"之间，"私营部门"和"公营部门"之间，难以划出一条界线。经济学家不必把他们的调查限于人们在市场中的行为(买卖活动本身)。使用或多或少自然地扩大交换经济学的方法，经济学家便能够按照交换范例来观察政治和政治过程。只要集体行动是以个人作为基本的决策单位，只要这样的集体行动被认为是一个群体全体成员之间的复杂交换或协议，那么这样的行动或行为或选择可以很容易地列入交换经济学的范畴。[①] 比如说，荒岛上的鲁滨逊和星期五，如果鲁滨逊是一个出色的渔夫，而星期五擅长爬椰子树，那么他们之间，鲁滨逊专门捕鱼，星期五专门摘椰子，然后两人交换，对双方都有好处。同样，如果鲁滨逊和星期五发现，他们修建城堡来保护自己的财产是有好处的，并且只需要一个城堡就足以保护两个人，那么他们就可能进行政治"交换"，将资源共同投入到修建城堡中。两个人交换食物和修建城堡过程中的合作，本质是相同的，都是一种交换关系。从两个人的人格假设、行为特征到达成的两种交换，本质并没有差别。

政治学中的交换相对于人们在市场上的交换更复杂。"人们在政治上的相互作用在一定程度上有点像复杂的交换过程，在这个过程中，投入是个人的估价或喜爱，而过程本身被想象为手段。通过这个手段，这些可能分歧的喜爱多少会结合或聚集成一个模式的结果，人们的注意力或多或少必然引向相互作用过程本身，不是引向对结果本身含糊的估价。"[②]在政治交换中，选民与政治家之间，选民通过选票与政治家许诺的政策之间达成交换关系；官员与政治家之间，官员为政治家提供信息，为政治家具体办理各种行政事务，而政治家付给官员报酬。这些都是交换。美国旧制度经济学的代表约翰·康芒斯(John Commons)把"交易"划分为"市场的交易""管理的交易""限额的交易"[③]，这就包含了人们之间在市场的平等交易、科层制下上下级之间的交易、个人与政府之间的交易。

将经济学看作交换科学，并把这种分析扩展到政治分析，源于魏克塞尔。他早在1896年就提出警告，"不要设想：我们作为经济学家向仁慈的专制君主提出忠告，对这个实体提出忠告，他就真的会作出努力，最大地扩充社会福利机能"[④]。

方法论个人主义、经济人假定和将政治看作交换科学，构成了公共选择理论的硬核和方法论特征，正是这三个方面的结合，"政治的经济学理论"才得以建立起来。

---

① 参见[美]布坎南：《公共选择的观点》，《自由、市场和国家》，吴良健、桑伍、曾获译，北京经济学院出版社1988年版，第19-20页。

② [美]布坎南：《公共选择的观点》，《自由、市场和国家》，吴良健、桑伍、曾获译，北京经济学院出版社1988年版，第21页。

③ [美]康芒斯：《制度经济学》，于树生译，商务印书馆1962年版，第74-75页。

④ [美]布坎南：《公共选择的观点》，《自由、市场和国家》，吴良健、桑伍、曾获译，北京经济学院出版社1988年版，第23页。

本章小结

本章对新政治经济学的学科定义、产生背景、理论渊源、主要分支和代表人物以及主要的方法论特征等进行了详细的阐释。新政治经济学包括多个视角的研究和分析，本质是强调政治与经济之间的互动和交叉融合，强调采用经济学的工具和方法研究政治，也从政治学的视角讨论经济。接下来的章节将在概括政治制度、政治过程如何影响经济绩效机理的基础上，阐述新政治经济学中有关政治主体的理论，包括选民与选举理论、利益集团理论、政治家与官员理论、政党理论以及政府和国家理论等。

推荐阅读

1.[美]阿伦·德雷泽:《宏观经济学中的政治经济学》，杜两省、史永东等译，经济科学出版社 2003 年版。

2.[美]佩尔森、塔贝里尼:《政治经济学:对经济政策的解释》，方敏等译，中国人民大学出版社 2007 年版。

3.[英]丹尼斯·C. 缪勒:《公共选择理论》，韩旭等译，中国社会科学出版社 2010 年版。

思考题

1.如何理解政治经济学和新政治经济学以及它们之间的关系?

2.如何看待新政治经济学的兴起、发展和未来?

3.如何理解新政治经济学的方法论特征?

第三章　选民与投票理论

在现代民主社会，投票或选举是最基本、最常见的公共选择方式或方法，选民是最为重要的政治主体。选民是理性的，他们是否投票、投票支持哪种议案或哪个候选人，也都是理性计算的结果。新政治经济学在理性选民假定的基础上，发展出了选民的"理性无知"和"理性胡闹"假说，用于解释民主制度下也会产生无效率甚至是"坏"的政策或制度。

在选举中，投票规则起着异乎寻常的重要作用，因为投票规则将直接决定投票结果。投票规则包括一致同意、多数票规则、简单多数票规则和特定多数票规则等。在不同的投票规则下，选民选票所起的作用存在差异，即在不同的投票规则下选民相同的选票能否起作用、能够起多大的作用是存在差别的。在民主国家，在多数票规则下，投票交易和互投赞成票是一种常见的现象，可能会造成"多数人的暴政"或少数人"剥削"多数人等现象。

图 3.1 给出了选民与投票规则如何影响投票结果，进而影响制度和政策的选择并决定经济绩效的框架。图 3.1 从下到上呈现了公民通过政治过程影响经济绩效的框架，也反映出了政治与经济之间的关系，并落脚到经济绩效上。

首先，选民与公民不同。一个国家或地区的公民成为选民的资格或条件将直接决定选民的数量和结构等。在公民数量、结构等不变的条件下，针对选民的资格或条件的制度就直接决定哪些公民会成为选民。无论是历史上还是现在各民主国家，公民成为选民的资格或条件都是在不断变化的。这些条件可以分为基本条件和特殊条件。就基本条件来说，像年龄、公民身份、居住年数等是基本要求。比如，年龄限制，这涉及各国家规定的"成年"年龄，16 岁还是 18 岁、20 岁等，显然是有差异的。因为这直接决定了多少周岁之上的公民可以成为选民。就特殊条件来说，像文化程度、财产数量、性别、种族或其他身份限制等。在历史上，许多国家都曾经将这些作为选民资格或条件。比如，对文化程度的要求，一个基本的逻辑就是选民必须要认识字、会写字，能够看懂选票、作出选择并填写选票。在教育不发达、识字率较低的年代，绝大多数公民是成不了选民的。

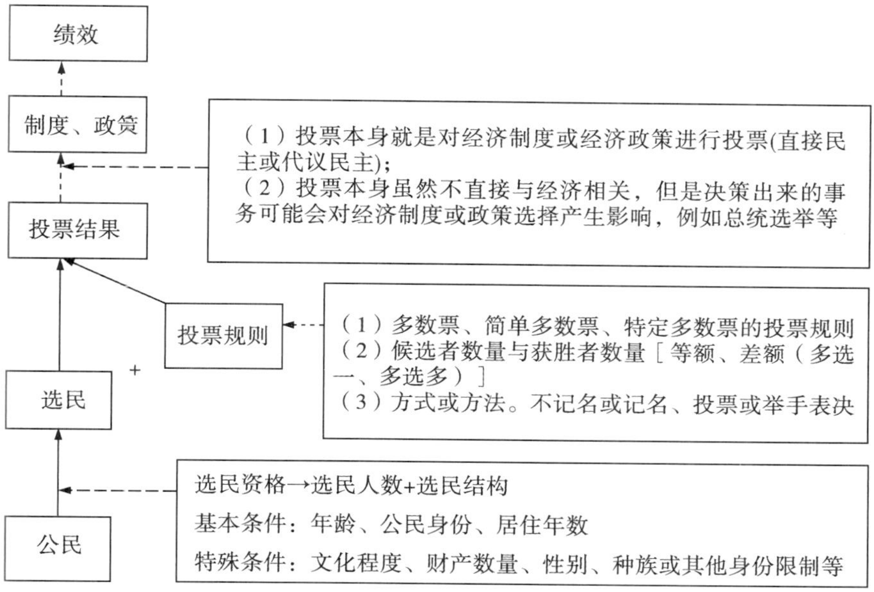

图 3.1　选民和投票对经济绩效的影响

其次，投票制度或选举规则存在差别。在选民人数和结构既定的条件下，投票制度或选举规则不同会产生不同的结果。这至少涉及三个方面。一是表决的机制。一致同意原则、协商一致原则、多数票制、简单多数票制和特定多数票制是不同的。二是候选者与获胜者的数量。是等额选举还是差额选举，是多选一还是多选多，也是不同的。三是表决的方式。实名投票与匿名投票，协商一致、举手表决与投票表决也存在差别。

再次，选民投票主要是选举立法者或政策制定者，也有可能是直接表决经济制度或经济政策。在直接民主制下，选民直接对经济制度或经济政策进行投票，所以表决的结果就是经济制度或经济政策；在代议民主制下，选民投票选举出立法者或政策制定者，再由他们制定或决定经济制度或经济政策，不同的立法者或政策制定者会制定不同的经济制度或经济政策。

最后，经济制度或经济政策决定经济绩效。“制度是重要的”“制度是起作用的”“制度决定经济绩效”，这些都是新制度经济学的核心命题。经济制度或经济政策决定经济绩效是最为直接的，因为经济制度或经济政策本身就是针对经济问题、解决经济问题的。

本章首先阐释理性选民理论及由此得出的“理性无知”和“理性胡闹”假说；其次介绍投票规则和投票制度的相关理论，包括投票规则与权力指数、投票悖论、投票联盟与投票交易及代议民主制下少数人“剥削”多数人模型。

第一节 理性选民理论

作为政治“市场”最为基本的主体，选民是理性的。选民是否投票、投票支持哪个候选人或议案是理性选择的结果，与其作为市场主体追求效用最大化或利润最大化没有本质的差别。在选民理性假定的基础上，安东尼·唐斯提出了“理性无知”假说，布莱恩·卡普兰(Bryan Caplan)提出了“理性胡闹”假说。

一、理性选民假定

在私人部门和经济市场上，人们通过货币来表达自己的偏好。人们意愿支付的价格就代表了其偏好程度。是否去购买某物品、购买哪个牌子的物品、购买多少该物品，都是人们理性计算的结果，对此，微观经济学中的消费者行为理论已经阐述得非常清楚。人们在政治市场上作为选民和在经济市场上作为消费者的动机应该是相同的。作为选民的选票就相当于货币。不过，作为选民的选票是固定的，且通常情况下每个选民只有一张选票。

选民是否投票，投给谁，会进行理性计算。只有当投票给选民带来的收益高于(至少是不低于)投票成本时，选民才会去投票站投票，这是因为选民的时间是有限的。在成本既定的条件下，选民从投票中得到的收益增加会提高选民投票的可能性；在投票收益一定的条件下，投票成本的提高会降低选民投票的可能性，投票成本的下降也会提高选民投票的可能性。比如，如果在投票的时候给选民某种私人产品作为激励，那么选民投票的可能性就会提高；再比如，投票当天的天气状况也会影响投票率，相比雨雪天气、气温炎热或寒冷，投票当天天气晴朗、温度适宜，选民更可能选择投票。这是仅就选民是否投票的决策。

选民投票的收益是选民从投票中得到的期望收益，取决于两个方面：一是选民从某个议案通过与不通过、某个候选人当选与不当选能够得到的收益之差，二是选民投票能够影响投票结果的概率。从前一个方面来看，某个候选人或者某个议案能够给选民带来的收益不是最重要的，重要的是两个及以上候选人或议案中，某个选民最偏爱的或者能够得到最大收益的候选人或议案与其他候选人或议案能够给他带来的收益的比较。比如，有两个候选人甲和乙，甲能够给某个选民带来的收益为$R_{甲}$，乙能够给该选民带来的收益为$R_{乙}$，并且$R_{甲}>R_{乙}$，这意味着该选民会选择甲。但是，如果候选人甲和乙给其带来的收益没有差别，那么甲或乙无论谁当选对该选民来说就是没有差别的，该选民显然就不会投票。从后一个方面来看，某个选民是否投票还取决于其投票能够改变选举结果的可能性或概率。如果该选民认为其所偏爱的候选人肯定当选或者其偏爱的候选人肯定不能够当选，那就意味着其投票或不投票对选举结果没有影响，那么该选民就不会投票。只要该选民认为其投票有改变选举结果的可能性，哪怕这种可能性非常小，只要满足一定的条件，他都会有投票的可能性。

这个分析框架可以用式(3.1)表示：

$$R = BP - C \tag{3.1}$$

其中，B 表示某选民最偏爱的候选人或议案与其他候选人或议案能够为其带来的收益之差，P 表示其投票能够影响或改变选举结果的概率，C 为需要为投票支付的成本或代价，R 为该选民投票能够得到的净期望收益。很明显，只有当 R 大于零的时候，该选民才会投票；当 R 等于零的时候，该选民可能会投票；当 R 小于零的时候，该选民不会投票。

那么，决定 B、C、P 等变量的因素有哪些呢？

第一，意识形态或者选民的偏好。这包括选民对政党的支持或对某个候选人的偏爱。例如，选民是某个政党的党员，信奉该政党或候选人宣扬的某些主张，自己即便不会得到收益，也会支持该政党当选。

第二，政党的施政纲领能够为自己带来的预期收益。正如安东尼·唐斯所指出的，政党是为了当选而制定政策，而不是为了制定政策而当选。[①] 政党为了当选，会宣传本党的执政纲领或政策方针。选民就是从政党的执政纲领或政策方针中预期能够从该政党当选中获得的预期收益。

第三，选民的投票成本。影响选民投票成本的因素多种多样，如交通费用，即到投票站投票的费用；投票的机会成本，即由于投票耽误工作而承担的成本；信息成本，即为了解某个候选人而支付的收集信息等的费用。

第四，选民对自己投票影响候选人当选概率的估计。每个选民都会考虑自己这一票能起多大的作用，能否是关键性的一票，或者能够在多大程度上成为关键性的一票。

在选民数量非常大的情况下，个人的一票能起多大的作用？或者，能在多大程度上成为关键性的一票？赖克和奥德舒克的研究指出，在全国大选中，合法选民和参加投票的人数都非常多，P 值实际上非常小。他们估计，在美国，P 值大约为 10^{-8}。[②] 因为投票成本 C 大于零，要使 R 为正，B 值必须足够大。他们认为，通常情况下，R 值都会小于零。[③] 丹尼斯·缪勒给出了一个计算 P 值的公式：

$$P = \frac{3e^{-2(N-1)(f-0.5)^2}}{2\sqrt{2\pi(N-1)}} \tag{3.2}$$

缪勒认为，P 值的大小取决于选民预期选举怎样势均力敌，是参与投票的人数(N)和选民预期其所偏好的候选人能够得到的选票百分比(f)的函数。显然，随着 N 增大和 f 偏离 1/2，P 也会变小。根据该公式，可以估算某位选民的投票能够影响投票结果的概率。当选民的数量(N)为 1 亿时，即使 $f=0.5$，P 也仅为 5.99×10^{-6}；当

---

① Anthony Downs, *An Economic Theory of Democracy*, New York: Harper and Row Publishers, 1957, p.28.

② 参见[美]丹尼斯·缪勒：《公共选择理论》，杨春学等译，中国社会科学文献出版社 1999 年版，第 424 页。

③ William H. Riker, Peter C. Ordeshook, "A Theory of the Calculus of Voting", *American Political Science Review*, 1968, Vol.62, No.1, pp.25-42.

选民的数量为 1000 万时，即使 $f=0.5$，P 也仅为 1.9×10^{-4}。这说明，因为 P 很小，即使 C 不高，要使 R 大于零，B 也必须要大于一定的数值才可以。比如，在有 1000 万选民的社会中，两位候选人所得选票均为 50%，即使 C 仅为 1 元（大约为乘坐单程公共汽车的费用），要使 R 大于零，B 也必须要在 5000 元以上。

按照这个理论逻辑，大多数选民应该不会去投票，或者不投票是理性的。问题是，投票率还不低。有调查表明，美国大约有一半的选民在地方选举中定期投票，3/4 的选民会在总统选举中投票。[①] 比如 2020 年美国大选的投票率为 66.8%，为 1900 年之后最高。[②] 那么，为什么会有如此高比例的选民参与投票呢？对此，有各种各样的解释。[③]

第一，投票偏好。赖克和奥德舒克认为，选民可以在投票中获得某种政治上的满足感或政治利益，比如，作为选民身份的自豪感、维护选举制度的责任感或者荣誉感、爱国或公民意识等。因此，赖克和奥德舒克在式(3.1)的基础上增加了一个变量 D，变为：

$$R=BP-C+D \tag{3.3}$$

D 越大，R 为正的可能性就越大。那么，如何来解释 D 呢？D 实际上成了一个"万能"变量，比如选民对政党的忠诚、政治参与感的满足、维护民主制度的自豪感等。D 的引入虽然提高了模型的解释力，但是模型的预测力降低了，因为很难确定 D 到底包括哪些方面的内容，更难以确定每个选民的 D 分别有哪些等。

第二，非合作博弈。如果每个选民都意识到自己的一票影响投票结果的概率非常低，都不去投票，那么此时任何一个人的选票都将影响选举结果。因此，某个选民不投票是否理性，取决于其他选民是否不去投票。"我"预期其他人不去投票的可能性越大，那么"我"去投票越可能影响选举结果。因此，一个选民是否投票取决于其他选民是否去投票。这实际上就成了多个人的非合作博弈。

第三，投票是为了避免对自己不利的结果。虽然自己的一票不能影响投票结果，但如果自己不去投票，自己所支持的候选人当选的概率就可能下降，而自己不支持的候选人当选的概率就可能上升。选民为了避免对自己不利的候选人当选，或者为了避免由于自己不投票而造成的遗憾，从而参加投票。

然而，这些解释都有缺陷。投票偏好假说虽然解释了选民投票的动机，然而不能够进行预测，因为我们不知道任何一个选民是怎么想的，其爱国或者参加政治活动的偏好有多高；非合作博弈同样如此，它必须建立在对其他选民行为准确预测的基础上；而投票是为了避免对自己不利的结果，必须建立在对不同候选人比较的基础上。

---

① 参见[美]乔·B. 史蒂文斯：《集体选择经济学》，杨晓维等译，上海三联书店、上海人民出版社 1999 年版，第 227 页。

② 参见《美国大选约 1.6 亿选民投票，投票率创 1900 年以来最高》，2020 年 11 月 5 日，https://baijiahao.baidu.com/s? id=1682497825673180527&wfr=spider&for=pc。

③ 参见[美]丹尼斯·缪勒：《公共选择理论》，杨春学等译，中国社会科学文献出版社 1999 年版，第 424-428 页。

在选民投票支持哪一个候选人或哪一个议案上，也明显体现出选民的理性。因为选民是根据自己能够从各个候选人或议案得到的收益或受到的损失来权衡投票支持哪个候选人或议案的。选民将投票支持能够给自己带来最大预期收益的候选人或议案，或者投票支持能够避免最大损失的候选人或议案。如果甲候选人能够给自己带来的收益为 $B_{甲}$，乙候选人能够给自己带来的收益为 $B_{乙}$，若 $B_{甲}>B_{乙}$，那么选民就会选择甲候选人；如果 $B_{甲}<B_{乙}$，选民就会选择乙候选人。

二、"理性无知"假说和"理性胡闹"假说

布坎南曾经指出，如果投票人投票作出的选择与后果之间的联系很小或者几乎没有联系，那么投票人要么不参与投票，要么在投票作出选择的时候就可能不会获得关于候选人或候选议案的信息。在这种情况下，投票者的"无知"是理性的。同时，投票者在投票时并非一定会选择受评价最高的候选人或议案，即使他知道哪个候选人或议案获得了最高评价。[①]"即使他确实去投票了，他也没有多少动力去了解各个替代选项。同时，如果他投票，且即使他很理性地掌握了情况，也没有多少激励使其按自己的那些'利益'而不是按种种'突发奇想'来投票。"[②]

（一）"理性无知"假说

选民是理性的，根据选举能够为自己带来的净期望收益作出是否投票的决策，根据不同候选人或候选议案能够为自己带来收益的多少决定支持哪个候选人或候选议案。然而，候选人或候选议案能否为选民带来收益、能够带来什么样的收益、能够带来多少收益等，都需要选民作出判断，这就涉及选民需要拥有候选人或候选议案等的信息。要拥有信息，就必须要获得信息、处理信息，然而信息是有成本的，无论是获得信息还是处理信息都需要花费时间甚至是金钱。对于理性的选民来讲，如果获得信息是有成本的，那么在投票或选举的时候就需要作出决策、是否获得候选人或候选议案的信息。因此，安东尼・唐斯认为，理性的选民在投票的时候可能不会获得关于候选人或候选议案的信息，选民会在没有候选人或候选议案信息或者信息不充分的条件下进行投票[③]，这就是所谓的"理性无知"假说（Rational Ignorance）。

"理性无知"假说表明，选民在投票选举中不获取、不处理候选人或候选议案的信息，在决策中可能就无法作出准确的判断，就可能会选举出对整个社会不利的候选人或者议案，从而导致无效率制度或政策的出现。选民甚至可能会投票支持了最终会对自己不利的候选人或议案，因为选民对所选举出来的候选人或议案最终会带来什么结果、最终会对自己产生何种影响并没有完全的信息。这并非意味着选民是不理性的，

① 参见[美]布坎南：《宪则经济学：人类集体行动机制探索》，韩朝华译，中国社会科学出版社 2017 年版，第 51 页。

② [美]布坎南：《宪则经济学：人类集体行动机制探索》，韩朝华译，中国社会科学出版社 2017 年版，第 191 页。

③ 参见[美]安东尼・唐斯：《民主的经济理论》，姚洋、邢予青、赖平耀译，上海人民出版社 2005 年版，第 254 页。

而恰恰是因为选民理性,才选择了在信息不完全、不充分的条件下投票。

(二)“理性胡闹”假说

如果说“理性无知”假说是基于信息成本,那么“理性胡闹”假说则表明,即使选民拥有关于候选人或候选议案的信息,并且能够准确理解这些信息,理性的选民可能也不会选择对整个社会来说最优的政策,甚至可能会选择对整个社会来说不良的政策,原因在于个人利益与整个社会利益的冲突或不一致。大体来讲,有两种情况:第一种情况是对整个社会来说是最优的政策,但是对选民个人来说不是最优的,甚至可能会与选民的个人利益相冲突,选民会为了自身利益或避免自身利益受损而选择可能对整个社会来说非最优的政策;第二种情况是对整个社会来说,最优的政策虽然不与选民个人利益直接冲突或不一致,但是可能与和该选民有直接利益关系者的利益不一致甚至存在冲突,对于该选民来说,维护或实现与自身利益相关者的利益比实现整个社会的利益更符合自身的利益,在这种情况下,选民投票选举的结果可能就不是社会最优的,甚至可能是不良的政策或制度。所以,选民基于个体理性选择了可能对整个社会来说并非理性的政策或制度。这被称作“理性胡闹”假说。[①]

同样,“理性胡闹”假说是基于选民的理性假设。选民对不同候选人或候选议案下个人和社会利益拥有充分的信息,即使如此,选民通过投票或选举作出的决策仍然可能不是社会最优的,甚至是不良的。正如卡普兰所表明的,当选民们在表示自己的选举意向时通常会夸夸其谈,表示自己会理性地作出选择,而实际上在投票时往往会根据个人的利益,实际投票的结果可能会与他所说的相反。

“理性无知”假说和“理性胡闹”假说虽然不完全相同,但是都表明民主制度未必一定会产生良好的政策或制度。这体现出民主制度的内在缺陷。当然,这两种假说都是在选民理性假设下作出的。选民理性都可能产生“不良”的制度或政策,那么如果选民“不理性”呢?法国社会学家古斯塔夫·勒庞(Gustave Le Bon)在《乌合之众:大众心理研究》中对“群体”行为的描述表明,一个理性的个人在群体中可能会表现出“狂热”等不理性行为,产生所谓的“集体心理”或“群体心理”。他指出:“在某些既定的条件下,并且只有在这些条件下,一群人会表现出一些新的特点,它非常不同于组成这一群体的个人所具有的特点。聚集成群的人,他们的感情和思想全都向着同一个方向,他们自觉的个性消失了,形成了一种集体心理。”“构成这个群体的个人不管是谁,他们的生活方式、职业、性格或智力不管相同还是不同,他们变成了一个群体这个事实,便使他们获得了一种集体心理,这使他们的感情、思想和行为变得与他们单独一人时的感情、思想和行为颇为不同。”[②]如勒庞所言,选民分散决策的时候也许是理性的,但是形

---

① 参见[美]布莱恩·卡普兰:《理性选民的神话:为何民主制度选择不良政策》,刘艳红译,上海人民出版社2010年版,第19页。

② [法]古斯塔夫·勒庞:《乌合之众:大众心理研究》,冯克利译,中央编译出版社2005年版,第11、14页。在中国大陆,勒庞的这部著作至少有33家出版社出版了中译本,中国台湾地区也至少出版过一个中译本。可见这部著作的影响之大。

成“群体”后可能会作出不理性的决策，这些决策有可能对社会是最优的，但是也有可能不是最优的，甚至是“不良的”。

第二节　投票理论

一、投票规则与权力指数

选民通过投票表决，在选民数量和选民结构一定的条件下，不同的投票规则会产生不同的结果。

（一）投票规则

1.一致同意规则

一致同意规则是指一项决策或议案要求所有选民一致同意、没有人反对才能获得通过的投票规则。在一致同意规则下，所有主体都能够平等地表达自己的偏好，并且都能够从该决策或议案中获益。如果有人会在该决策或议案中受损，其就可能提出反对意见，一致同意就无法达成。一致同意规则相当于一票否决制，只要有一个人不同意，该议案或决策就无法达成。从帕累托效率的角度讲，一致同意规则可以达到帕累托最优状态，因为没有人再可以获得更多收益，否则他就可能不同意该决议或议案。

一致同意规则虽然能够达到帕累托最优，但在现实中常常不可行。首先，对所有人都有利而没有人受损的事情并不多，特别是涉及多个主体时。即使像美国“9·11”之后的反恐行动这样涉及全美利益的事情，美国人也没有达成完全的一致同意。[①] 其次，即使所有人都获益而没有人受损，人们也未必能够认识到这一点，这与人们的认知能力密切相关。最后，即使所有人都可以认识到获益的可能性，但每个人获益的大小可能存在差别，出现相对获益问题，获益小的主体未必能够同意。[②]

从社会公平与效率的角度看，一致同意规则能够充分保证公平，因为一致同意保证了所有人都获益，而没有人受损。但是，从整个社会来看，有些决策或议案可能达不成一致同意而无法通过，进而造成社会效率损失。比如，某个议案对一部分人的收益完全可能超过另一部分人的损失，按照一致同意规则的要求，在没有对受损者进行补偿的情况下，受损者就不会同意通过这项议案。前面提到，一致同意规则可以保证帕累托效率，而这里又提出一致同意规则却可能造成社会的低效率，二者是什么关系？

---

① 根据当时的民意调查，美国有70%的选民支持政府的反恐策略，但并非全部。我们至少可以设想，某些具有犯罪倾向或者与恐怖主义组织有关联的人，并不支持美国反恐。在反恐问题上，共和党和民主党也达成了一致。美国媒体报道说，反恐是共和党和民主党多年来达成的为数不多的共识之一。

② 对此，位置消费理论作了很好的阐述。参见王建国：《争名的经济学：位置消费理论》，汤敏、茅于轼主编：《现代经济学前沿专题》（第三集），商务印书馆1999年版，第83-103页。

前者是说明，在一致同意达成之后，如果不使一个人的福利下降，就不会再使另一个人的福利增加，实现了帕累托最优；后者是说明，由于一致同意规则的存在，整个社会的收益大于损失的决策或议案不能达成，影响了社会效率。

2.多数票规则

多数票规则是指一项决策或议案并非要求所有选民一致同意，只需要多数人同意即可。这包括多种类型：

一是最大多数票原则，比如多个候选人参加选举，获得票数最多的候选人当选，他究竟获得了多少比例的选票不是主要的，关键是所占比例最高，可能只有30%的选票，但其他候选人获得的选票更少。此时，该候选人并非代表大多数人的利益，因为有70%的选民不同意，但其能够代表的选民数量最多，这实际上形成了少数人“剥削”多数人的可能性。

二是简单多数票原则，它要求决策或议案的通过需要半数以上的投票人同意，而不仅仅是获得最大多数的选票。在大多数情况下，人们都采用简单多数票原则，比如总统选举、议员选举等。获得半数以上的选票当然保证获得了多数选票，因此简单多数票原则是最大多数票原则的一个特例。

三是特定多数票原则，它要求决策或议案的通过不是获得半数以上选票就可以了，而且要求必须是获得某个特定比例以上的票数才能够通过。在重大问题的决策上，一般都要求特定多数票原则。比如，《中华人民共和国宪法》规定：“宪法的修改，由全国人民代表大会常务委员会或者五分之一以上的全国人民代表大会代表提议，并由全国人民代表大会以全体代表的三分之二以上的多数通过。”“法律和其他议案由全国人民代表大会以全体代表的过半数通过。”[①]《美国宪法》要求：“国会与两院各三分之二人数认为必要时提出本宪法之修正案，或因各州三分之二之州议会之请求召集会议提出修正案。在任一情况下，该修正案根据国会建议经以下批准方法之一，或经各州四分之三之州议会，或经各州四分之三之国民大会之批准，即作为本宪法之实际部分而发生效力。”[②]

（二）投票规则与投票结果

在选民数量、结构和选民所拥有的票数一定的前提下，不同的投票规则会产生不同的结果。比如，有两个候选议案需要选民进行表决，假定每个候选议案都有一定比例的选民支持，那么按照一致同意规则，这两个候选议案都不可能获得通过；如果其中一个议案有55%的选民支持，另一个议案有45%的选民支持，按照简单多数票规则，有55%的选民支持的议案能够获得通过；但是如果投票规则为特定多数票制，只要特定多数要求55%以上，那么这种获得了半数以上支持的议案也无法获得通过。再比

① 《中华人民共和国宪法》第64条。

② 《美国宪法》第5条。[美]汉密顿、杰伊、麦迪逊：《联邦党人文集》，程逢如、在汉、舒逊译，商务印书馆1980年版，第462页。

如，有三个候选议案，每种议案都有一定比例的选民支持，那么采用一致同意规则议案就更难获得通过了，但是如果这三个候选议案分别有30%、30%、40%的选民支持，无论是简单多数制还是特定多数票制议案都无法获得通过，只有在多数票制下，有40%的选民支持的议案才能够获得通过，而对于这个议案却有60%的选民并不支持。如果将投票规则视为一种政治制度或政治过程，那么就可以进一步引申出不同的政治制度或政治过程会产生不同的政治结果，包括制度或政策等，从而可能影响经济绩效。

(三)票数、投票规则与权力指数

选民拥有选票，也参与投票，问题是选民所持有的选票能否发挥作用、能发挥多大的作用。在所有选民拥有的选票数量完全相同的情况下，比如一人一票，每个选民的选票都是相同的，其能够发挥的作用也是相同的。然而，在现实中，并非所有的选民所拥有的票数都是相同的，比如在股份公司中，选民拥有的投票权数就取决于其所持有的股份数量。在特定的投票规则下，能够控制股份公司的股东不需要持有全部公司股份，也不需要持有50%以上的股份。

一个非常经典的例子是国际货币基金组织和世界银行投票权的分配与投票规则相当于使美国拥有“否决权”。在国际货币基金组织，美国拥有16.74%的投票权；在世界银行，美国拥有15.85%的投票权，而在表决机制上，这两大机构在重大事务上都要求85%以上的特定多数票。这意味着在国际货币基金组织和世界银行的重大事务上，只要美国不同意，这项重大事务就无法获得通过，因为其他所有国家的投票权总和也不足85%。这样，美国实际上拥有对重大事务的“否决权”。这个例子表明，美国通过投票权比例和投票规则控制着国际货币基金组织和世界银行重大事务的决策。2008年美国金融危机爆发后，很多国家都提出了改革国际货币基金组织和世界银行的建议，然而改革难以推进，根本原因就是美国不同意进行根本性改革。只要美国的投票权比例和重大事务的决策规则不发生变化，这两大国际金融组织的重大改革基本上就是不可能的。

那么，在投票权数额分配不均等的情况下，每一票对投票结果是否都具有相同的影响呢？投票者的权力体现在他/她能够通过加入一个要失败的联盟而使其获胜，或者通过退出一个胜利的联盟而使其失败，是这个联盟的“关键加入者”，投票者作为“关键加入者”的联盟个数就是其“权力指数”。这种思路是由2012年诺贝尔经济学奖获得者罗伊德·沙普里(Lloyd Shapley)提出来的。这可以通过一个简单的例子来说明。假定有三个人组建一个股份公司，每个人根据出资数额获得相应比例的投票权，这是现代股份公司的基本特征。如表3.1所示，甲出资50%、乙和丙各出资25%，因此在投票权的分配上，甲、乙、丙的比例为2∶1∶1，公司采取简单多数票规则，即涉及公司的事务要有50%以上的票数同意才能够获得通过。虽然是简单多数票规则，但不是人数上的简单多数票，而是投票权的简单多数票。所以，某项公司事务要投票通过，可能有三种获胜联盟，分别是“甲乙丙”“甲乙”“甲丙”。在这三个获胜联盟中，甲都是关键加入者，因此其权力指数为3；乙是“甲乙”获胜联盟的关键加入者，但不是“甲乙丙”获胜联盟的关键加入者，因此其权力指数为1；丙是“甲丙”获胜联盟的关键加入者，也不是“甲乙丙”获胜联盟的关键加入者，因此其权力指数也为1。所以，甲、乙、丙三人的权力指数比例为3∶1∶1，而不是出资额或投票权的分配比例2∶1∶1。直观上看，通过投票进行表决的公司事务，必须要甲同意，仅有乙和丙同意是不够的，但是，乙或者丙不同意的事务仍然有可能通过，因为甲和丙或者甲和乙也能够组成获胜联盟。上述分析表明，甲的2票获得了3的权力指数，乙和丙各自的1票分别获得了1的权力指数，也就出现了“同票不同权”，这意味着并非同等数量的选票就一定会对投票结果产生相同的影响。

表3.1 各主体的出资比例和票数分配

主体	出资比例/%	票数
甲	50	2
乙	25	1
丙	25	1

那么，权力指数有什么用处呢？股份公司通常是按照出资比例(即股权比例)分配利润的，但是各股东所拥有的股权比例在公司决策中所起的作用并非与出资比例或股权比例完全一致，大股东拥有的股权比例会发挥比此比例高得多的作用，小股东虽然拥有投票权但可能压根对决策起不了任何作用，即权力指数为零。在表3.1的简单例子中，股东甲在公司决策中的作用要高于其所持有的股权比例或投票权比例，而股东乙和丙在公司决策中的作用要低于其所持有的股权比例或投票权比例。那么，甲是否可以要求按照权力指数分配利润，而不是按照出资额分配利润？同样地，在公司亏损的时候，甲是否也要按照其权力指数承担损失？

再进一步分析，还是甲、乙、丙三人所组成的公司，出资比例变为甲出资50%、乙出资40%、丙出资10%，投票权比例相应地变为50%、40%、10%，投票规则仍然是简单多数票制，那么甲、乙、丙的权力指数分别为多少呢？权力指数仍然为3∶1∶1。这意味着，乙的投票权比例虽然比丙高得多，但是乙与丙的权力指数是相同的。这也反映出乙在投票决策中所发挥的作用远低于其所持有的股权比例或投票权比例。那么，公司红利是按照出资比例5∶4∶1还是按照权力指数3∶1∶1分配呢？公司亏损是按照出资比例5∶4∶1还是按照权力指数3∶1∶1承担呢？

二、投票悖论

(一)投票悖论：多数票规则并非一定能够达成决议

按照多数票规则，只要能够获得多数选票，决议就可以获得通过，候选人就可以当选。当议案或候选人只有两个时，这也许可能，但当表决的议案或者候选人数大于等于三个时，得到多数同意的议案或候选人未必能够胜出。阿罗和布莱克几乎同时研究了这个问题。不过，他们研究的出发点不完全相同。布莱克的问题是：当集体备选方案(提议、运动等)以成对选择的结果提出来时，如何通过每个人独立的偏好序达成投票结果？阿罗的问题是：通过加总个人对社会状态的偏好序，能否得出一个类似于个人偏好条件的"社会"偏好序？换句话说，阿罗要解决个人偏好能否加总为社会偏好，或者个人福利能否加总为社会福利，即社会福利函数是否存在？我们可以通过一个简单的例子来说明这个问题。

假定有甲、乙、丙三个人，对 A、B、C 三个决议进行表决，获得多数票的决议胜出。假定甲偏好 A 胜于 B 胜于 C，乙偏好 B 胜于 C 胜于 A，丙偏好 C 胜于 A 胜于 B，如表 3.2 所示。

表 3.2　各主体的决议偏好

主体	偏好		
甲	A	B	C
乙	B	C	A
丙	C	A	B

在 A 和 B 之间选择时，甲和丙赞成 A 优于 B，只有乙赞成 B 优于 A，多数票规则下胜出的结果显然是 A 优于 B；在 B 和 C 之间选择时，甲和乙赞成 B 优于 C，只有丙赞成 C 优于 B，多数票规则下胜出的结果显然是 B 优于 C；在 A 和 C 之间选择时，乙和丙赞成 C 优于 A，只有甲赞成 A 优于 C，多数票规则下胜出的结果显然是 C 优于 A。将 A 和 B 之间、B 和 C 之间、C 和 A 之间得出的选择结果放在一起，可以得出 A 优于 B 优于 C 优于 A，从而出现循环。这里，A 和 B 之间、B 和 C 之间、C 和 A 之间偏好序的选择完全遵循多数票规则，但是没有产生最终结果。因此，三个人对三个议案进行表决，有可能得不出表决结果。

需要指出的是，投票悖论只有在备选方案超过两个时才会发生，当只有一个或两个备选方案时，多数票规则可以获得一个均衡的结果，这就是社会生活中通常使用多数票规则的理由。正如肯尼斯・梅(Kenneth May)指出的，如果在两个备选方案中进行选择，多数票规则是一种最优的投票规则。[①]

(二)阿罗不可能定理：投票悖论的正式阐述

上文是对投票悖论的简单描述，阿罗早在 1951 年讨论社会福利函数时，就证明了上述问题。他指出："如果我们排除效用人际比较的可能性，各种各样的个人偏好次序都有定义，那么个人偏好总和成为表达社会偏好的最理想的方法，要么是强加的，要么

① Kenneth O. May, "A Set of Independent, Necessary and Sufficient Conditions for Simple Majority Rule", *Econometrica*, 1952, Vol.20, pp.680-684.

是独裁的。”[①]阿罗的意思是说，在民主社会中，不存在一种机制，能够把个人对 N 种备选方案的偏好次序转换成社会偏好次序，使其能够准确表达每个人的偏好次序。这就是“阿罗不可能定理”。在《社会选择与个人价值》一书中，阿罗是基于社会选择的两个公理和五个条件来证明“不可能定理”的。

阿罗关于社会选择的两个公理是[②]：

公理Ⅰ：对于所有的 x 和 y，要么 xRy，要么 yRx。

公理Ⅱ：对于所有的 x、y 和 z，如果 xRy、yRz，那么 xRz。

公理Ⅰ说明，对于两个备选方案 x 和 y，要么 x 优于 y，要么 y 优于 x；公理Ⅱ说明，对于三个备选方案 x、y 和 z，如果 x 优于 y，y 优于 z，那么必然有 x 优于 z。[③]

阿罗关于社会特征假定的五个条件分别是[④]：

条件 1：个体偏好序是相容的(Admissible)。

如果相对于某个体偏好序，社会福利函数能够定义出一个社会偏好序，并且满足公理Ⅰ和公理Ⅱ，那么就称该个体偏好序是相容的。对于一个通用的社会福利函数，每个个体的偏好序都应该是相容的，但现实并不总是如此。例如，每个人通常会根据自己所处社会状态下的消费来评价社会状态，这就可能造成个体偏好序与社会偏好序不相容。因此，对于每一个个体偏好序，都能够从与全体备选方案相容的个体偏好序中找到。

条件 2：社会评价与个人评价正相关(Positive Association of Social and Individual Values)。

这个条件意味着，社会福利函数使得社会偏好序能够对个体偏好序的改变作出正向反应，至少不能够是逆向。如果某一备选方案在每个个体偏好序中的地位都有所增高或保持不变，而其他备选方案的地位都不变，那么在社会偏好序中，该备选方案的地位也要有所提高，至少不应该下降。[⑤]

条件 3：不相关选择的独立性(the Independence of Irrelevant Alternatives)。

这个条件意味着，在环境不变的条件下，如果在所有备选方案中增加或减少某个

---

① [美]肯尼思·阿罗：《社会选择：个性与多准则》，钱晓敏等译，首都经济贸易大学出版社 2000 年版，第 100 页；[美]肯尼思·阿罗：《社会选择与个人价值》，陈志武、崔之元译，四川人民出版社 1987 年版，第 111 页。

② 参见[美]肯尼思·阿罗：《社会选择：个性与多准则》，钱晓敏等译，首都经济贸易大学出版社 2000 年版，第 20 页。

③ 在微观经济学中，上述两个公理分别被称为完备性(Complete)公理和传递性(Transitive)公理。参见[美]范里安：《微观经济学：现代观点》，费方域译，上海三联书店、上海人民出版社 1994 年版，第 45 页。

④ 参见[美]肯尼思·阿罗：《社会选择：个性与多准则》，钱晓敏等译，首都经济贸易大学出版社 2000 年版，第 35-51 页；[美]肯尼思·阿罗：《社会选择与个人价值》，陈志武、崔之元译，四川人民出版社 1987 年版，第 43-57 页。

⑤ 举个例子来说，在苹果和梨之间，每个个体都认为苹果好于梨，那么社会偏好也应该是苹果好于梨。如果某一个个体对苹果的评价变得更高了，即认为苹果相对于梨更好了，那么社会偏好也要保持苹果好于梨，并且苹果好于梨的程度不会低于前面认为的苹果好于梨的程度。再具体一点，原来每个个体赋予苹果 5 个单位的效用，赋予梨 2 个单位的效用，从个体偏好来看，苹果好于梨，从整个社会的角度来看，苹果也好于梨，并且好 3 个单位。现在，某个个体认为苹果的效用上升为 6，那么整个社会也要认为苹果好于梨的程度至少不低于 3 个单位。

方案，每个个体对其他备选方案的偏好顺序不发生变化，或者是与本议题无关的另一组备选方案的偏好顺序发生变化、备选方案数目发生改变，每个个体对原备选方案的偏好顺序不发生变化。例如，有 A、B、C、D 四个候选人，每个选民对这四个候选人形成了偏好排序，选举结果将根据选民的偏好排序决定；现在 B 宣布退出竞选，那么每个选民对 A、C、D 三个候选人的偏好顺序不应该发生变化，选举结果将根据选民对 A、C、D 的偏好排序得出。

如果选举规则确定为，选民根据偏好程度对 A、B、C、D 四个候选人分别赋予权数值 4、3、2、1，权数值之和最高的候选人当选。假定有甲、乙、丙三个选民，他们对 A、B、C、D 的排序分别为：

甲：A(4)、B(3)、C(2)、D(1)

乙：A(4)、B(3)、C(2)、D(1)

丙：C(4)、D(3)、A(2)、B(1)

B 退出竞选，选民对 A、C、D 三人的偏好序不应该发生变化，分别为：

甲：A(3)、C(2)、D(1)

乙：A(3)、C(2)、D(1)

丙：C(3)、D(2)、A(1)

条件 4：公民主权条件(the Condition of Citizen's Sovereignty)。

这个条件意味着，所有公民都可以自由地表达自己的偏好，而不受强加的社会福利函数的影响。也就是说，每个人都有自主权，自己决定自己的偏好。比如，任何公民都可以在苹果和梨之间进行选择，即使其他所有社会成员都认为苹果好于梨，你仍然可以认为梨好于苹果。

条件 5：非独裁条件(the Condition of Nondictatorship)。

这个条件意味着，社会福利函数不是一个人决定的，社会偏好序的选择并非根据某一个人的意志确定。对独裁者而言，社会偏好序必须根据其偏好来决定，如果他认为苹果好于梨，那么整个社会就应该认为苹果好于梨。但是，这里要求社会偏好序不是由某一个人决定的，即坚持非独裁性原则。

阿罗认为，社会福利函数的选择必须满足上述两个公理和五个条件，换句话说，从个人价值判断到社会选择的过程必须满足这些公理和条件。但是，满足这些公理和条件，将个人偏好转换成社会偏好的机制并不存在。也就是说，不存在一种机制，能够将个人偏好加总成社会偏好，并且满足上述公理和条件。这就是“阿罗不可能定理”的核心内容。

阿罗在放松以上两个公理和五个条件的基础上，还得出了从个人偏好加总为社会偏好的两种可能情况，即两个可能性定理。①

---

① 对这两个定理的表述和证明分别参见[美]肯尼思·阿罗：《社会选择：个性与多准则》，钱晓敏译，首都经济贸易大学出版社 2000 年版，第 77-99；[美]肯尼思·阿罗：《社会选择与个人价值》，陈志武、崔之元译，四川人民出版社 1987 年版，第 87-110 页。

定理 1:如果备选方案数为 2,那么少数服从多数的决策方法满足条件 2 至条件 5,并能够为每一个个体偏好序产生一个社会偏好序。这是只有两个备选方案的一般可能性定理。

定理 2:如果社会中的每个成员至少能自由地对三个备选方案以任何方式进行排序,那么满足条件 2 与条件 3,且能够得出满足公理Ⅰ和公理Ⅱ的社会偏好序的任何一个社会福利函数,要么是强加的,要么是独裁的。

(三)投票悖论出现的概率

在投票悖论提出并经过阿罗论证之后,有学者专门研究了投票悖论发生的概率。科林·坎贝尔(Colin D. Campbell)和戈登·塔洛克(Gordon Tollock)从议案数和选民数两个维度计算了投票悖论出现的可能性。表 3.3 是坎贝尔和塔洛克计算的结果①,计算出来的数字表示在 1000 个案例中出现循环的百分比。

表 3.3 投票悖论出现的概率 %

议案数	选民数													
	3	5	7	9	11	13	15	17	19	21	23	25	27	29
3	5.7	7.8	8.4	8.9	8.5	7.3	7.4	8.4	8.0	8.9	9.1	9.7	11.1	11.1
4	10.7	14.6	15.9	15.6	15.1	14.7	15.5	17.3	16.9	17.2	16.4	18.0	18.6	17.4
5	15.4	18.3	21.5	23.0	25.1	22.4	25.3	23.7	23.9	24.8	25.4	24.3	24.0	21.1
6	20.1	25.5	25.8	28.4	29.4	28.1	29.8							
7	23.9	29.9	30.5	34.2	34.3	34.1	35.9							
8	27.7	32.5	36.7	37.8	38.6									
9	30.2	36.7	39.5	41.8	42.1									
10	32.4	40.8												
11	35.2			46.4			49.7							47.5
12														
13														
14														
15														
16														
17	46.4								62.6					

① Colin D. Campbell, Gordon Tollock, "A Measure of the Importance of Cyclical Majorities", *The Economic Journal*, 1965, Vol.75, No.300, pp.853-857.

续表

议案数	选民数													
	3	5	7	9	11	13	15	17	19	21	23	25	27	29
18														

表 3.3 中的数字表明，在有 3 个选民、3 种议案的情况下，出现循环的概率为 5.7%；当选民增至 15 人、供选议案提高到 11 种时，出现循环的概率高达 49.7%；当供选议案为 3 个、选民不少于 27 人时，出现循环的概率大体稳定在 11.1%；当供选择的议案数为 17，选民人数为 19 时，出现循环的概率高达 62.6%。

1968 年，理查德·涅米（Richard G. Niemi）和赫伯特·威斯伯格（Herbert F. Weisberg）发表了题为《投票悖论概率的数学解》的论文，对坎贝尔和塔洛克的计算作了进一步推敲。他们指出，选民超过 10 个以后，当备选方案数不变时，出现投票循环的概率变化很小；出现投票悖论的概率取决于备选方案的数量，备选方案数越多，出现投票循环的概率越大。①

（四）如何消除投票悖论？

对于多数票规则遇到的问题，许多学者和思想家都曾经作过研究，并在具体应用时对其施加各种限制。对于投票悖论，主要是对投票人的行为等进行限制，如单峰偏好的限制；对于直接民主制下和代议民主制下简单多数票规则所造成的问题，或者规则变为限制多数票制，或者事先对投票结果进行限制。其实，这些做法在很早之前就已经存在了，因为人们很早之前就发现了多数票规则的问题。例如，中世纪天主教教会内部的某些组织曾使用"多数加资历"的规则，相当于对不同选票增加了一个权数；约翰·洛克在赞成多数票规则的同时，还坚持个人权利必须受到保护以免遭到多数人的侵犯；卢梭坚持多数票规则必须增进共同利益，而不是个人利益；杰里米·边沁曾经提出多数裁定规则也可能导致愚蠢的决定和侵犯少数人权利的问题；约翰·穆勒则主张同时采用比例代表制和赋予优秀分子复加投票权。②

1.设定表决程序

（1）设定表决顺序。在多数票规则下，如果能够设定表决的先后顺序，投票循环问题就可以解决。在表 3.2 的例子中，如果先对 A 和 B 进行表决，胜出者再与 C 进行表决，那么 C 将最后胜出；如果先对 B 和 C 进行表决，胜出者再与 A 进行表决，那么 A 将最后胜出；如果先对 A 和 C 进行表决，胜出者再与 B 进行表决，那么 B 将最后胜出。在这种情况下，表决程序或表决顺序的设定将直接影响表决结果。

① Richard G. Niemi, Herbert F. Weisberg, "A Mathematical Solution for the Probability of the Paradox of Voting", *Behaviorat Science*, 1968, Vol.13, No.4, pp.317-323.

② 参见[英]戴维·米勒、韦农·波格丹诺主编：《布莱克维尔政治学百科全书》，邓正来等译，中国政法大学出版社 1992 年版，第 442-443 页。

(2)博达计数法。如果在投票时,根据投票人对各种方案的偏好赋予一定的值,那么将不同方案得到的赋值加起来,得数最大的方案将胜出。假设有 N 个方案,每个选民都根据偏好对这 N 个方案分别赋予从 N 到 1 的数值,将每个选民的赋值加起来,就得到每个方案的赋值之和,赋值最大的一个方案就可以获胜。但在某些情况下,这种方法未必可行。例如在表 3.2 的例子中,如果按照偏好顺序分别赋值,那么每个方案得到的赋值是相同的,都为 6。最终哪个方案将获胜,还是无法确定。

(3)淘汰程序法。这种方法与设定表决顺序基本相同。它强调在表决过程中进行两两比较,依次去掉得票最少的方案;然后再两两比较,依次淘汰。最后,没有被淘汰的方案将胜出。

(4)赞同投票。一个投票人可以为他赞成的任何一个或所有候选人投一票。他可以为全部候选人投票,可以只投其中一个或几个候选人,也可以任何一个候选人都不投。然后根据各个候选人得到的选票数确定谁将获胜。在这种情况下,投票人只要投票,其选票对候选人的价值就是一样的,因为都代表且只代表一票。

2.单峰偏好设定

如果投票人在不同议案之间遵循单峰偏好而不是多峰偏好,那么投票悖论就可以避免。当投票人数目为奇数时,简单多数票规则可以产生唯一的集体选择解,而且这一方案正好与处于中间状态的选民偏好的方案一致。

所谓"单峰偏好",是指个人在一组按照某种标准排列的备选方案中,对其中一种方案的偏好程度最高,对其他方案的偏好程度都低于对这个方案的偏好程度。虽然每个人最偏好的方案不同,但是只要每个人的偏好都为单峰,那么简单多数票规则就可以得出唯一的均衡解。这个均衡解与中间投票人的最优偏好恰好一致,因此中间投票人偏好的议案将获得通过。由于这个方法最早是由邓肯·布莱克提出来的,因此又被称为"布莱克定理"。

这里仍然采用表 3.2 中三个人对三种方案进行表决的例子。不过对丙的偏好略作改变,改为 C 优于 B 优于 A,如表 3.4 所示。

表 3.4 调整后的各主体偏好

主体	偏好		
甲	A	B	C
乙	B	C	A
丙	C	B	A

此时,多数票规则的结果将发生改变。对于 A 和 B 而言,乙和丙赞成 B 优于 A,只有甲赞成 A 优于 B;对于 B 和 C 而言,甲和乙赞成 B 优于 C,只有丙赞成 C 优于 B;对于 A 和 C 而言,乙和丙赞成 C 优于 A,只有甲赞成 A 优于 C。这样,结果为 B 优于 C 优于 A,不会出现投票循环。用图 3.2 可以表示为:

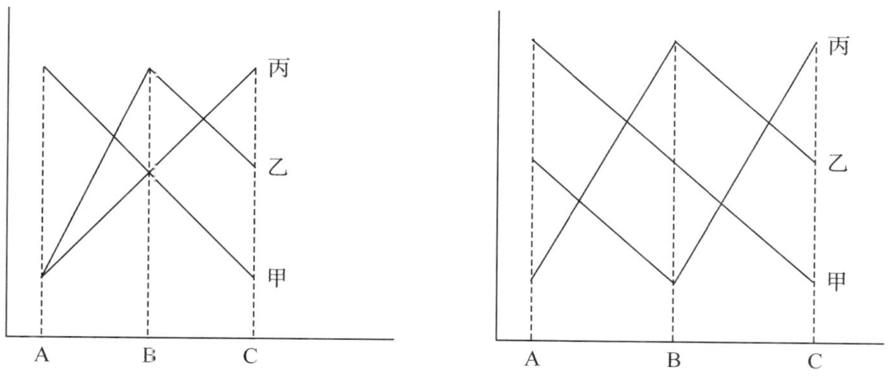

(a)单峰偏好　　　　(b)多峰编好

图 3.2　各主体的单峰偏好和多峰偏好

在图 3.2(a)中,甲、乙、丙对 A、B、C 的偏好呈单峰特征,或者只有一个上坡面或下坡面,或者同时有上坡面和下坡面,但也只有一个顶峰;在图 3.2(b)中,甲、乙的偏好虽然呈单峰特征,但丙的偏好呈双峰特征,不仅有上坡面和下坡面,而且有两个顶峰。

3.价值限制偏好的可能性定理(Possibility Theorem for Value-restricted Preferences)

阿马蒂亚·森(Amartya K. Sen)在 1966 年发表的《多数票决定的可能性定理》中提出,当参与投票的人数为奇数时,如果对这些投票人的选择进行价值限制,就可以避免投票悖论。对投票者的选择进行价值限制,就是指在一组选择方案中,全体投票人都同意其中一种不是最优的。[①] 在表 3.2 的例子中,如果限定 A 不是最优的,那么就可能成为如表 3.5 所示的情形。在 A 和 B 之间,甲和乙认为 B 优于 A,只有丙认为 A 优于 B;在 B 和 C 之间,甲和丙认为 C 优于 B,只有乙认为 B 优于 C;在 A 和 C 之间,甲、乙、丙都认为 C 优于 A,所以最终结果就是 C 优于 B 优于 A。因此,通过对甲、乙、丙三个投票人选择的价值限定,避免了投票循环。

表 3.5　价值限定下的各主体偏好

主体	偏好		
甲	C	B	A
乙	B	C	A
丙	C	A	B

其实,森的价值限定条件可以放得更宽一些,只要对 A、B、C 三种方案作出任何一种限定,就可以避免投票循环。上面的例子限定 A 不是最优的,实际上还可以限定 A

① Amartya K. Sen, "A Possibility Theorem on Majority Decisions", *Econometrica*, 1966, Vol.34, No.2, pp.491-499.

不是最差的,A 不是次优的,这些限定都可以保证避免投票循环。

三、投票联盟与投票交易

(一)投票联盟

在直接民主制下,如果多数投票人结成联盟,并且采取一致的行动,就有可能形成对少数人的"剥削"。多数人获得利益,少数人利益受损。这里采用公共产品的例子进行说明。

假定一个社会由甲、乙、丙三人组成,需要某种公共产品,比如公路。三人能够从这种公共产品的供给中获得相同的收益。现在的问题是如何供给,即三人各支付多少钱。当每个人从公路中获得的收益不能明确表现或被他人观察到时,每个人都会尽可能地隐藏对公路的偏好,以尽可能少出钱。如果其中两个人结成联盟或小集团,那么完全可能形成对另一个人的"剥削",只有一个人完全承担成本的情况就可能发生。假定甲、乙、丙三人分别能够从公路供给中获得 4 单位效用。各种假定如表 3.6 所示。

表 3.6 假定情况汇总

	主体	收益值	税收	净收益
方案Ⅰ	甲	4	3	1
	乙	4	3	1
	丙	4	3	1
方案Ⅱ	甲	4	0	4
	乙	4	0	4
	丙	4	9	−5
方案Ⅲ	甲	4	0	4
	乙	4	0	4
	丙	4	15	−11
方案Ⅳ	甲	4.5	0	4.5
	乙	4.5	0	4.5
	丙	0	9	−9

在表 3.6 中,对于方案Ⅰ而言,每个人都可以获得 4 单位的收益,平均分担 9 单位成本。每个人净收益为 1 单位,社会总收益增加 3 单位。在没有其他选择的情况下,每个人都应该赞成这个方案并从中受益。此时,三人达成一致同意的可能性较大。

但是,甲和乙可能组成联盟,将公共产品的承担成本全部转嫁给丙(同样可以分析其他两种情况:乙和丙结成联盟"剥削"甲,甲和丙结成联盟"剥削"乙)。按照多数票规则,只要有两个人赞成该方案,该方案就可以获得通过。此时,甲和乙肯定都赞成方案Ⅱ,因为他们都能享受 4 单位收益,而不承担任何成本。丙承担 5 单位的损失,他虽然不同意这个方案，但无法改变按照多数票规则达成的决议。社会总收益可以增加3单位。

对于方案Ⅲ，甲和乙组成联盟，丙承担公共产品的全部成本。此时，甲、乙、丙三个人分别能够获得4单位收益，但公共产品的提供成本提高了，为15单位。按照多数票规则，甲和乙仍可能赞成该方案，由丙投资提供公共产品，丙损失11单位。社会总收益损失3单位，因为三个人的收益之和为12单位，而成本为15单位。很显然，对整个社会而言无效率的方案获得通过。这可以部分解释无效率的制度长期存在的原因。

方案Ⅰ、Ⅱ、Ⅲ都是提供公共产品，三个人都可以从中获得收益的情况。现在即便不提供公共产品，甲和乙仍然可以形成联盟“剥削”丙，即通过向丙征税，然后转移支付给甲和乙，即方案Ⅳ的情况。对整个社会而言，该方案既没有增加任何收益，也没有造成任何损失。

这样，整个社会虽然采取直接民主制，也采用了多数票规则，但却可能出现多数人结成联盟“剥削”少数人的情况。当然，这种联盟未必是明确达成的，也有可能是隐含或默认的。从规则上看，三个人可能达成了一致同意，即按照多数票规则决定，但得出的结果却存在很大的不公正或不公平。如果丙一开始就意识到甲和乙将结成联盟，他就不会同意这个规则，但是丙也有可能与甲(或乙)结成联盟“剥削”乙(或甲)。

(二)投票交易

在完全竞争的商品市场上，人们对商品的偏好强度是通过商品价格表现出来的。在拍卖中，每个人都有一个保留价格(即通常所说的“底线”)，保留价格最高者胜出，这个保留价格就是偏好强度。

在政治市场上，不同的选民从特定议题或政治事件中获得的收益或遭受的损失不同，他们对这些议题或政治事件的关注程度也就不同。但是，无论一个选民对某议题或政治事件的关注程度有多高，也只有一票。在这种情况下，如果有多个议题或议案需要表决，那么不同的选民就可能进行投票交易(Vote-trading)或者互投赞成票(Logrolling)，通过相互支持对方的议案而使自己的议案获得通过。

比如，有A、B、C、D、E五位选民对甲、乙、丙三项议案分别进行投票表决。每个选民对三项议案的偏好程度存在很大差别，如表3.7所示。如果按照每人一票的原则，三项议案都可以获得通过，然而从整个社会的角度看，并非每项议案都是划算的。

表3.7 不同议案对不同选民而言损益情况

议案	选民					总体损益
	A	B	C	D	E	
甲	−5	−5	3	3	3	−1
乙	2	6	2	−5	−7	−2
丙	2	6	10	−5	−7	6

从表 3.7 可以看出，对甲议案而言，C、D、E 都可以获得收益，而 A、B 遭受损失，如果按照一人一票的原则，该议案可以获得通过；对于乙议案而言，A、B、C 可以获得收益，而 D、E 遭受损失，按照一人一票的原则，该议案可以获得通过；对于丙议案而言，A、B、C 获得收益，而 D、E 遭受损失，按照一人一票的原则，该议案也可以获得通过。然而，从 A、B、C、D、E 五个选民的总体损益来看，只有丙方案具有正的收益，甲和乙方案总体而言都是不划算的。

对于甲议案而言，由于 A、B 两个选民遭受的损失比较大，他们可能就会向 C、D、E 支付，使该方案不通过。实际上，A 和 B 只要对 C、D、E 中的一个进行支付就能够保证该议案不通过，比如对 C 支付。因为 C 能够从甲议案的通过中获得 3 单位收益，A 和 B 对 C 提供的支付之和只要超过 3 单位，C 就可能不会支持甲方案通过。此时，A 和 B 每人可以提供 2 单位给 C，这样 A 和 B 虽然各自支付了 2 单位成本，但是避免了 5 单位损失，C 由于不支持该议案可以得到 4 单位收益，而支持议案仅能得到 3 单位收益，他当然会选择不支持该议案。这样，A 和 B 通过与 C 交易，就可以减少损失，整个社会也由于该议案没有通过而不会造成损失。

对于乙议案而言，由于其通过给整个社会带来的收益小于损失，D 和 E 可能会游说 A、B、C 中的一个，从而使得该议案不被通过。

对于丙议案而言，其通过的整体收益虽然大于成本，但是 D 和 E 仍然可以通过向 A、B、C 中的一个支付而使得该议案不被通过。比如，由于 D 和 E 的损失比较大，他们完全可以通过对 A 支付超过 2 单位收益的办法，使 A 不支持丙议案，从而保证自己不会因为丙议案的通过而遭受过大损失。

投票交易是各个投票人基于个人收益最大化进行的，如果投票交易不需要交易成本，不存在信息不对称，最终的结果将可能保证只有对整个社会具有收益的方案通过，可能给整个社会造成损失的方案不通过。

四、代议民主制下少数人可能“剥削”多数人

在代议民主制下，不是所有选民都直接参与最终议案的表决，而是选出代表参加投票。代议民主制之所以出现，是因为直接民主制的成本非常高。当选民数量非常多时，仅投票、计票的成本就非常可观。如果选民直接选举代表采用多数票规则，代表选出代表也采用多数票规则，最终选出的代表在表决最终议案或选择执政者时也采用多数票规则，那么最终的结果可能就是最终通过的议案或者选出的执政者仅代表一少部分人的利益，这一点至少在逻辑上完全可能。代理的层次越多，划分的选区数量越多，最终通过的议案或选出的执政者代表的选民比例就可能越低。

假定存在一个有 25 人的社会，划分为 5 个小组，每个小组选出一个代表，共 5 个，表决某个议案。那么，从理论上讲，这 25 个人中只要有 9 个赞成某议案，它就可能获得通过，但这可能牺牲其他 16 个人的利益。投票情形如表 3.8 所示。

表 3.8　投票情形

	A	B	C	D	E
1	×	×	×		
2	×	×	×		
3	×	×	×		
4					
5					

在表 3.8 中，有 25 个人的社会被划分为 1、2、3、4、5 五个组，每个组的成员分别标记为 A、B、C、D、E。按照多数票规则，第 1 组中，只要 A、B、C 三人赞成议案就可获得通过，同样，第 2 组和第 3 组中，只要 A、B、C 赞成议案就可以获得通过。当这 5 个组选出的代表表决最终议案时，只要 1、2、3 组选出的代表同意，该议案就可以获得多数票。这样，最终表决的议案可能只代表了 1、2、3 组中 A、B、C 的利益，而可能牺牲其他 16 个人的利益。这就出现了代议民主制条件下少数人对多数人的"剥削"。

上面仅仅分析了 25 人、一层代表的情况，如果扩展到更多人、更多层代表的情况，理论上能够被代表的选民比重就更低了。在 25 人、一层代表的情况下，能够代表的选民比重可能只有 9/25(36%)；而在 49 人、一层代表的情况下，能够代表的选民比重可能只有 16/49(33%)；在 81 人、一层代表的情况下，能够代表的选民比重可能只有 25/81(31%)。

假定一个由 N 人组成的社会，有 m 层代表，那么能够代表的选民比重可能只有：

$$\frac{N+B}{2^{m+1}N} \tag{3.4}$$

其中，$B=f(N)$，次数最高项的指数为$\frac{1}{2}$。

对式(3.4)求极限，可以得出：

$$\lim_{N\to\infty}\frac{N+B}{2^{m+1}N}=\frac{1}{2^{m+1}} \tag{3.5}$$

可以看出，划分的选区越多，划分选区的层次越多，最终通过的决议可能代表的选民比重越低。如果代理的层次达到 5 级，所能够代表的选民比重就非常少了，极限值大约为$\frac{1}{64}$，即$\left(\frac{1}{2}\right)^6$。

当然，上面分析的是高度抽象的理想化模式。在现实中，代议的层次可能非常多，但每个选区的划分并非完全按照人口多少，每个选区的人数也并非完全相等。所得出的数字是最低线，它表示支持某项决议的选民占全部选民的比例超过该值，此项决议就有通过的可能，但并非一定会通过。

本章小结

新政治经济学认为，选民是理性的，与市场上的消费者或厂商相同，都是追求自身利益最大化的主体。只不过在政治市场上，选民拥有选票，在投票的时候会对自己能够从投票中获得的收益和可能支付的成本进行权衡，作出是否投票的选择，在支持哪个候选人或候选议案上也据此作出选择。在理性选民假定下，安东尼·唐斯提出了"理性无知"假说，布莱恩·卡普兰提出了"理性胡闹"假说。这两个假说虽然不同，但是都可以引申出选民投票的民主制度不一定会产生对整个社会来说最优的制度或政策，甚至会产生"不良"的制度或政策。

在选民数量和选民结构既定的条件下，投票规则会影响投票结果。当选民拥有的选票数量不相等时，每个选民所拥有的选票可能会出现"同票不同权"的问题，即权力指数存在差别。在多数票规则下，阿罗不可能定理表明，不存在一种机制，能够将个人偏好加总成为社会偏好，这证明了"社会福利函数"是不可能的。针对投票悖论，经济学家们提出了多种解决方案。在民主制度下，选民之间的投票交易可能会导致多数人"剥削"少数人的情形，但是在代议民主制下却可能会出现少数人"剥削"多数人的情形。这些理论分析都表明西方国家的民主制度并不是完美的，而是存在缺陷的。

推荐阅读

1.[美]安东尼·唐斯:《民主的经济理论》，姚洋等译，上海人民出版社2005年版。

2.[美]布莱恩·卡普兰:《理性选民的神话:为何民主制度选择不良政策》，刘艳红译，上海人民出版社2010年版。

3.[美]肯尼思·约瑟夫·阿罗:《社会选择:个性与多准则》，钱晓敏等译，首都经济贸易大学出版社2000年版。

思考题

1.选民是理性的吗?"理性无知"和"理性胡闹"假说有什么区别?

2.为什么民主制度未必产生良好的政策?

3.为什么会出现投票悖论?如何解决投票悖论问题?

第四章　利益集团理论

现代政治经济生活中，利益集团数量越来越多，作用越来越大。20 世纪 60 年代之后，大多数国家政治稳定，利益集团的数量猛增。以美国为例，《协会百科全书》(*Encyclopedia of Associations*)在 1959 年的版本中仅提到了 5843 个，1980 年的版本为 14726 个，而 2000 年的版本就达到了 22000 个；《华盛顿代表》(*Washington Representatives*)也表明了同样的情况，1999 年的版本列出了 11000 个公司、协会和公共利益集团，而 1979 年仅为 4000 个。[①] 在美国首都华盛顿从业的律师数量在 1972 年为 1.1 万，而到 1987 年就上升到 4.5 万，这些律师虽然不全都从事院外活动，但大多数是；全国行业协会将总部设在华盛顿的比例从 1970 年的 21%上升到 1986 年的 31%。另有研究表明，美国 90%的公民都卷入了利益集团。[②] 无论这些数字是否完全准确，美国利益集团数量迅速增长是不争的事实。除了利益集团的数量不断增长外，利益集团的名称、涉及的领域也是五花八门，例如全国步枪协会(National Rifle Association)、全国男女同性恋组织(National Gay and Lesbian Task Force)等。在《协会百科全书》中，鲍姆加特纳(Baumgartner)和利奇(Leech)将全国的协会划分为 18 个种类，排在前几位的是贸易、商业协会(3973 个)，医疗卫生协会(2426 个)，公共事务协会(2178 个)，文化组织(1938 个)，社会福利组织(1938 个)，宗教协会(1243 个)，环境和农业协会(1136 个)，工会(226 个)。[③]

在西方国家，利益集团影响对内对外政策的制定、资源配置、政治领导人的活动。许多看起来"冠冕堂皇"的事，背后实际上都是为了利益集团的利益。许多研究西方国家政治过程的学者将利益集团视为政治过程的基本特征，将利益集团视为政治过程中与选民、政治家和官僚(员)同样重要的政治主体。[④] 本章对图 3.1 略作修改，引入利益集团，可以看出利益集团在政治过程中的地位，如图 4.1 所示。

---

① Gene M. Grossman, Elhanan Helpman, *Special Interest Politics*, Cambridge: The MIT Press, 2001, p.2.

② 参见[美]乔·史蒂文斯：《集体选择经济学》，杨晓维等译，上海三联书店、上海人民出版社 1999 年版，第 240 页。

③ Gene M. Grossman, Elhanan Helpman, *Special Interest Politics*, Cambridge: The MIT Press, 2001, p.3.

④ 参见[美]兰迪·T. 西蒙斯：《政府为什么会失败》，张媛译，新华出版社 2017 年版，第 59 页。

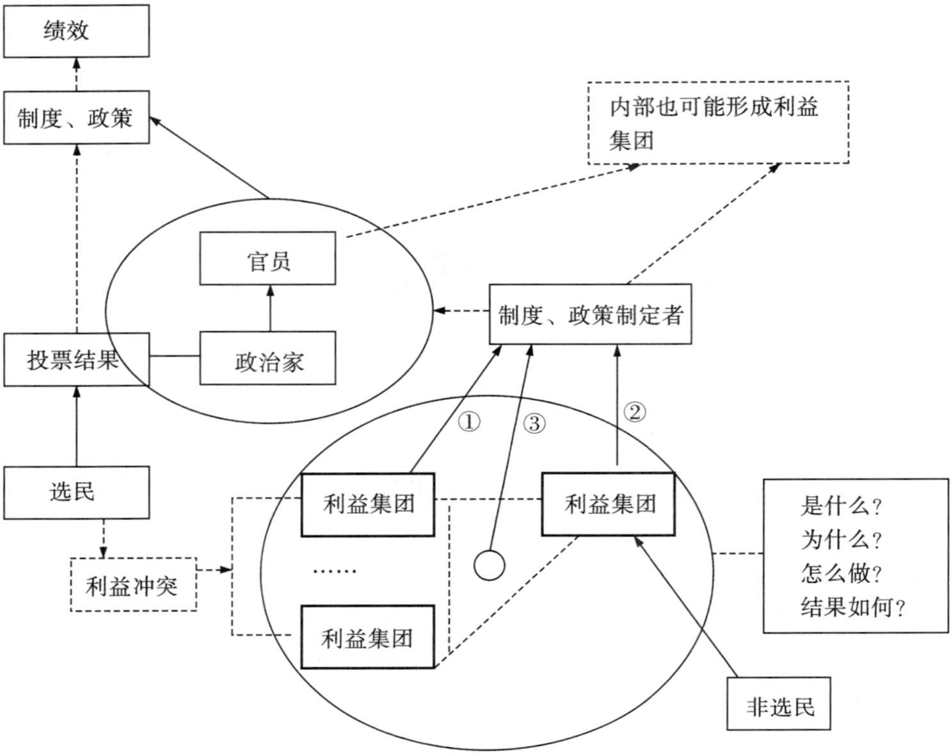

图 4.1　利益集团影响经济绩效的过程

在图 4.1 中，利益集团既可能是由选民形成的，因为有不同利益或者利益存在冲突的选民具有形成利益集团的可能性，也有可能是非选民形成的。他们都可能通过政治献金等方式对政治家或官员、立法者等政策制定者进行游说，从而影响制度或政策的制定，当然在官员或者立法者内部也可能会形成不同的利益集团。利益集团最重要的特征是对制度或政策制定者产生影响，从而使制度或政策偏向于自己，以维护既定利益或者寻求利益，即“寻租”。

围绕西方国家的利益集团，本章主要阐述四个方面的问题：利益集团是什么？利益集团为什么会形成？利益集团怎么做？利益集团的存在会产生什么影响？

第一节　集团与利益集团

笼统地讲，利益集团就是具有共同利益者为了实现特定的目的而形成的集体。利益集团有不同的定义和分类。许多学者从不同角度给出了定义，也为了不同的目的进行了分类。有的利益集团已经组织起来，拥有正式组织，是有形的；有的利益集团尚未组织起来，没有正式组织，是无形的。

一、集团

在现代汉语中,“集团”是指“为了一定的目的组织起来共同行动的团体”①。这表明:(1)集团都是为了一定的目的组织起来的,人们之间如果没有共同的目的,也就不会组织起来;(2)组织起来是为了共同行动,组织起来本身不是目的,组织起来是为了共同行动,实现共同的目的,即利益;(3)所谓“团体”,是指“有共同目的、志趣的人所组成的集体”②。

在英语中,“group”一词有多种含义。作为名词,其常见的解释有:“群、簇,聚集或座落在一起的一群人或物体”,“组,团体,由于相同点而被归为一类的一些个人或物体”。这两个常见的解释表明,“group”是聚集在一起的一群人或物,而且具有某种相同点。

日本学者辻中丰根据拥有相同特征或共同目的的主体是否组织起来区分了集团和团体。他认为,集团是指当事者之间没有任何关系的人的集合体,它仅仅要求具有一定的相似属性,包括属性相同、态度相同、存在相互作用或共同利益等,它既可以已经组织起来,也可以尚未组织起来。“潜在集团”就是一种尚未组织但将来有可能组织起来的集团。团体是那些已经组织起来、具有持续性并拥有有形规则的组织,如全国妇女联合会、全国工商联、全国足协等。可见,集团要比团体的范围更广泛一些,只要是有共同的利益、特征、偏好等,都可以形成集团,但未必一定组织起来。

二、政治学中“利益集团”概念的发展

“利益集团”的概念源于政治学,古希腊时期的亚里士多德就已经开始讨论“宗派集团”问题。亚里士多德在《政治学》中提到,“在克里特,时常发生一些政治宗派集团……”③;“人们为了获得特别的好处,通过为生活的目的提供某些特别的东西而聚到一处;同样,政治社团看来是为它所带来的总的好处而自发地聚到一处并继续存在下去”④。法国思想家卢梭在1762年出版的《社会契约论》中也非常清楚地阐明了“众意”“公意”和“利益集团”的问题。“当人民在充分了解情况的前提下进行讨论时,公民之间就不会相互勾结,即使有许许多多小分歧,那也会产生公意的,而且讨论的结果也总是好的。但是,如果有人玩弄阴谋,形成了牺牲大众利益的小集团,则每一个这种集团的意志对其成员来说就成了公意,而对国家来说就成了个别意志,这时候,我们可以说,就不再是有多少人就投多少票,而只能是有多少小集团就投多少票了。分歧固然是减少了,但

---

① 中国社会科学院语言研究所词典编辑室编:《现代汉语词典》(第7版),商务印书馆2019年版,第611页。

② 中国社会科学院语言研究所词典编辑室编:《现代汉语词典》(第7版),商务印书馆2019年版,第1329页。

③ [古希腊]亚里士多德:《政治学》,吴寿彭译,商务印书馆1965年版,第96页。

④ 转引自[美]曼瑟尔·奥尔森:《集体行动的逻辑》,陈郁、郭宇峰、李崇新译,上海三联书店、上海人民出版社1996年版,第6页。

结果却不是公意了。而且,只要这些小集团中有一个是强大到胜过所有的其他小集团,则所得到的结果就不是小分歧的总和,而是一个唯一的分歧;这样一来,公意没有了,占上风的意见,是个别意见。""因此,为了使公意能更好地得到表达,就不能允许国家之中存在小集团,并让每个公民按照他自己的想法表达他自己的意见……如果已经出现了小集团,那就使小集团的数目得到增加,以防止它们之间不平等;梭伦、努玛和塞尔维乌斯就是这样做的。这样防范的措施,是使公意能够永远充分展示并使人民不犯错误的唯一好办法。"[①]卢梭实际上阐明了利益集团是为了实现小集团成员的利益,而可能会牺牲整个社会的公共利益。

很多政治学文献都将美国开国元勋、第四任总统詹姆斯·麦迪逊在《联邦党人文集》中对"党争"的讨论视作现代政治学研究利益集团的开始。[②] 麦迪逊指出:"党争就是一些公民,不论是全体公民中的多数或少数,团结在一起,被某种共同情感或利益所驱使,反对其他公民的权利,或者反对社会的永久的和集体利益。"[③]这实际上说明了利益集团的存在会对一个国家或地区全体公民的利益产生不利影响。之后,美国社会学家阿瑟·本特利(Arthur F. Bentley)在1908年出版《政府的过程:社会压力研究》(*The Process of Government: A Study of Social Pressures*),提出了"集团"在政治生活中的重要作用。他指出,集团是政治的"原材料",社会是集团复杂的组合,政府行为是利益集团作用的结果,"排除了集团现象便无所谓政治现象",因此,"除了集团所包括的复杂性之外,社会本身什么也不存在……当集团被充分地阐述时,一切便得以阐明……"[④]。1951年,美国政治学家戴维·杜鲁门(David B. Truman)出版《政治过程:政治利益与公共舆论》(*The Governmental Process: Political Interests and Public Opinion*)。杜鲁门以本特利的研究为基础,并关注早期麦迪逊的"党争"研究。他在"作者前言"的开头指出:"在美国政治中,相当大部分的权力是由通常被称作'压力集团'的那类组织来行使的。实际上,大多数人都会或明或暗地承认,这些集团是政治过程中至关重要的部件。"[⑤]"在所有各种复杂社会中,个人很少受到社会整体的影响,更多的是受到社会的不同部分或集团的影响。"[⑥]杜鲁门还将集团视为观察世界和社会的基本出发点,"集团经历和个人的集团归属是个人主要的,尽管不是唯一的了解、解释社会和对社会作出反应的途径和方式。它们的意义在于在集团成员中产生了一种行为和态度的一致性,如果个人想要被集团所完全接受的话,他就必须服从这种一致性"[⑦]。后来,本特利和杜鲁门的这两部著作成为美国政治学界关于利益集团的经典

① [法]卢梭:《社会契约论》,李平沤译,商务印书馆2011年版,第33-34页。

② 参见高华云:《经济学视野下的利益集团理论研究》,华中师范大学出版社2013年版,第7页。

③ [美]汉密尔顿、杰伊、麦迪逊:《联邦党人文集》,程逢如、在汉、舒逊译,商务印书馆1980年版,第45页。

④ Arthur Bentley, *The Process of Government*, Cambridge: Belknap Press of Harvard University Press, 1967, p.205, p.208, p.222.

⑤ [美]戴维·杜鲁门:《政治过程:政治利益与公共舆论》,陈尧译,天津人民出版社2005年版,第13页。

⑥ [美]戴维·杜鲁门:《政治过程:政治利益与公共舆论》,陈尧译,天津人民出版社2005年版,第18页。

⑦ [美]戴维·杜鲁门:《政治过程:政治利益与公共舆论》,陈尧译,天津人民出版社2005年版,第24页。

著作,他们也因此成为美国利益集团理论研究的两位重要代表。

《布莱克维尔政治学百科全书》对利益集团下了一个比较有代表性的定义,“利益集团是致力于影响国家政策方向的组织,它们自身并不图谋组织政府”[①]。政治学家杰弗里·贝利(Jeffrey M. Berry)给“利益集团”下了一个颇为相似的定义,“那些有共同的目标并试图影响公共政策的个人组织的实体”[②]。这些定义都表明:(1)利益集团的成员具有共同的利益、目标或特征;(2)利益集团的形成是为了影响公共政策的制定或利益偏向;(3)利益集团通常是个人的集合或组织,是由个人形成的;(4)利益集团的目标不是组建新的政府、组阁或掌权,与政党不同。

根据不同的目的,可以从不同的角度将利益集团划分为不同的种类。按照利益集团的领域或行业划分,可以分为工商类、医疗卫生类、公共事务类、文化组织类、宗教类等。按照利益集团是否已经组织起来,可以分为有组织的利益集团和尚未组织起来的利益集团,前者如各类协会,后者如各种松散的组织等。按照利益集团影响政治的可能性,可以分为“圈内”利益集团和“圈外”利益集团。“圈内”利益集团可以定期与政府磋商,并对政策的制定和实施发挥积极的作用;“圈外”利益集团通常被政府视为非法,它们为在政治事务中获得立足之地而奋争。按照利益集团涉及的利益范围,可以分为保护特定局部利益的集团和致力于推动公共事业的集团,前者如农民或雇主协会,后者如推动核裁军集团等。这些不同的分类包含各种各样的利益集团,它们都是为了各自的目的而组织起来、影响政策选择和政策制定的机构或组织。

从政治学者对利益集团的定义和分类可以看出,其把精力集中于研究各利益集团对政府、议会或其他集团的影响上,而很少论及利益集团内部的问题。

三、经济学中“利益集团”的引入

经济学家对利益集团的研究与20世纪60年代公共选择理论的兴起密切相关。但是,很少有经济学家给利益集团下明确的定义,大多数经济学家将利益集团视为既定的概念,直到2001年经济学家吉恩·格罗斯曼(Gene Grossman)与埃尔赫南·赫尔普曼(Elhanan Helpman)在《特殊利益政治学》中从广义和狭义两个角度给“利益集团”下了定义。从广义上讲,利益集团是指“一部分选民,他们具有相同的社会或人口统计学特征,或者具有相同的信仰、利益或政策偏好”;从狭义上讲,利益集团是指“代表其成员从事政治活动的组织”。[③] 这两个定义既说明了人们参加利益集团的原因,也说明了利益集团的政治活动。

在新古典经济学的框架中是没有“利益集团”的,因为无论是代表性厂商还是代表性消费者,各自的内部利益是一致的,不存在利益冲突;厂商和消费者之间通过价格机

---

① [英]戴维·米勒、韦农·波格丹诺主编:《布莱克维尔政治学百科全书》,邓正来等译,中国政法大学出版社1992年版,第362页。

② Jeffrey M. Berry, *The Interest Group Society*, Glenview: Scott, Foresman, 1989, p.4.

③ Gene M. Grossman, Elhanan Helpman, *Special Interest Politics*, Cambridge: The MIT Press, 2001, p.1.

制达成交易,在交易中双方都能够获得比支付价格更高的效用或收益,即交易对双方都是有好处的,自然也不会存在利益集团。

20世纪60年代,随着对垄断、特权等社会成本问题的研究,利益集团逐渐进入经济学家的研究范围。经济学家对利益集团的研究包括三个方面:分析利益集团形成的原因及内部运作情况,研究利益集团对公平与效率的影响(或者对社会福利的影响),研究利益集团的政治影响。

从利益集团形成的原因与内部运作来看,曼瑟尔·奥尔森1965年出版的《集体行动的逻辑》是经典之作。奥尔森从人们追求个人利益的假定出发,将利益集团得到的利益看作公共产品,并提出人们参加利益集团只能得到其中的一小部分利益,而集体行动得到的是公共产品,即便不参加集体行动也可以从中获益,因而人们就可能有某种"搭便车"倾向。按照这种逻辑,利益集团就不能够达成,但现实中利益集团却大量存在,原因包括:第一,利益集团规模比较小,人们是否参加能够很容易被发现;第二,选择性激励,即威逼利诱机制,通过强制手段迫使人们加入,或者通过提供某些具有私人物品性质的利益诱使人们参加。

从利益集团对公平和效率的影响来看,一是讨论利益集团的存在对整个国民经济或者国家繁荣的影响,奥尔森在《国家的兴衰》(1982年)和《权力与繁荣》(2000年)中作了精彩的分析;二是讨论利益集团对收入再分配的影响,贝克尔对此作了深入的研究。

从利益集团对政治的影响来看,经济学家从政治家与利益集团之间的交易出发进行研究,利益集团给政治家提供竞选献金、信息、广告宣传、选票等,而政治家用政策或政治倾向回报利益集团。

第二节 为什么会形成利益集团

利益集团之所以能够形成,一是因为利益集团的形成不可避免,二是因为人们有参加利益集团的动机,三是因为具备利益集团形成的条件。

一、利益集团的形成不可避免

许多政治学家、社会学家和经济学家都曾经对"利益集团"形成与存在的原因做过论述。有的学者强调利益集团的存在是由于人的本性。亚里士多德认为,人本质上是一种政治动物,其含义就是人有组织起来的本性①;约翰·杜威(John Dewey)认为,"人的联合行动无需解释,事情总是那样"②;意大利著名政治哲学家加特诺·默斯卡

① 参见[古希腊]亚里士多德:《政治学》,吴寿彭译,商务印书馆1965年版,第5页。

② 转引自[美]戴维·杜鲁门:《政治过程:政治利益与公共舆论》,陈尧译,天津人民出版社2005年版,第16页。

(Gaetano Mosca)指出,人类有一种"聚在一起与其他人群对抗的本能"[①];美国独立运动的代表人物之一麦迪逊也曾指出利益集团形成的潜在原因"深植于人性之中"[②]。法国的托克维尔(Charles Alexis de Tocqueville)在研究了美国的民主之后,指出美国人具有比欧洲人更强的结社本性,"美国是世界上最便于组党结社和把这一强大行动手段用于多种多样目的的国家"[③]。

但从一般意义上讲,利益集团的存在还具有人性之外的普遍原因。拿破仑·波拿巴(Napoleon Bonaparte)曾经说过,"有两种力量将人们联合起来——恐惧和利益"[④]。拿破仑所说的恐惧,从经济学的角度说,就是风险或不确定性。利益则包括多个方面,按照彼得·克拉克(Peter B. Clark)和詹姆斯·威尔逊(James Q. Wilson)等人的观点,人们组织起来能够得到的利益包括物质性利益、参与性利益和目的性利益。物质性利益是指因归属于利益集团所获得的经济利益;参与性利益是指因加入利益集团而获得的某种社会归属感;目的性利益是指追求某种意识形态目标,或追求解决某种问题的目标,而不仅仅是为集团成员获取利益。[⑤] 当然,规避风险或减少不确定性也可以看作一种利益。对一个风险厌恶者而言,他宁愿放弃部分收入以规避风险,被放弃的这部分收入就是风险溢价(Risk Premium)。因此,对个体效用而言,规避风险与增加收入在一定意义上是相互替代的。奥尔森指出,只有当个人能够从形成的利益集团中获得某种好处时,利益集团才会形成。[⑥] 这说明了人们为获得利益而形成利益集团的可能性。

只要资源还存在稀缺性,人们之间的利益冲突就不可避免,具有相同利益者就有组织起来追求或维护共同利益的可能。就像麦迪逊曾指出的,"自由于党争,如同空气于火"。[⑦] 这说明,就像只要存在空气,火就不可避免一样,只要自由普遍存在,利益集团的形成就不可避免。人们的目标千差万别,满足这些目标的手段多种多样,利益对不同的主体也意味着不同的东西,因而就会出现各种类型的利益集团。有些集团是为了获取经济利益,如各种制造业协会、商会、大公司等;有些集团是为了获得文化利益,如各种宗教团体。只要人们追求的目标或利益存在差别,就有可能形成不同类型的利益集团。

---

① Gaetano Mosca, *The Ruling Class*, New York: McGraw-Hill, 1939, p.163. 转引自[美]曼瑟尔·奥尔森:《集体行动的逻辑》,陈郁、郭宇峰、李崇新译,上海三联书店、上海人民出版社 1996 年版,第 15 页。

② [美]汉密尔顿、杰伊、麦迪逊:《联邦党人文集》,程逢如、在汉、舒逊译,商务印书馆 1980 年版,第 46 页。

③ [法]托克维尔:《论美国的民主》,董果良译,商务印书馆 1988 年版,第 213 页。

④ Ronald J. Hrebenar, *Interest Group Politics in American*, New York: M. E. Sharpe, Inc., 1997, p.24.

⑤ Peter Clark, James Q. Wilson, "Incentive System: A Theory of Organization", *Administrative Science Quarterly*, 1961, Vol.6, No.2, pp.129-166.

⑥ 参见[美]曼瑟尔·奥尔森:《集体行动的逻辑》,陈郁、郭宇峰、李崇新译,上海三联书店、上海人民出版社 1996 年版,第 1-2 页。

⑦ 麦迪逊接着指出:"但是因为自由会助长党争而废除政治生活不可缺少的自由,这同因为空气给火以破坏力而希望消灭动物生命必不可少的空气同样愚蠢。"[美]汉密尔顿、杰伊、麦迪逊:《联邦党人文集》,程逢如、在汉、舒逊译,商务印书馆 1980 年版,第 46 页。

二、人们有参加利益集团的动机

人们参加利益集团的动机虽然表现出来多种多样，但是归根到底无非是为了特定的利益。虽然麦迪逊认为利益集团的形成“深植于人性之中”，但他也指出，形成利益集团“最普遍而持久的原因，是财产分配的不同和不平等”。“有产者和无产者在社会上最会形成不同的利益集团。债权人和债务人也有同样的区别。土地占有者集团、制造业集团、商人集团、金融业集团和许多较小的集团，在文明国家里必然会形成，从而使他们划分为不同的阶级，受到不同情感和见解的支配。管理这各种各样又互不相容的利益集团，是现代立法的主要任务，并且把党派精神和党争带入政府的必要的和日常的活动中去。”①麦迪逊的话表明，利益才是利益集团形成的根源。

利益的表现形式也是多种多样的，包括物质利益、规避风险、满足某种心理需要等。克拉克和威尔逊将人们参加利益集团能够得到的利益概括为三个方面：物质性利益、参与性利益和目的性利益。② 对于不同的个人或利益集团，这三类不同的利益既可以单独使用，也可以混合使用。这三种不同的利益都具有私人物品的性质，具有一定的排他性和竞争性，如果不加入利益集团或者不是利益集团的成员，就不能够享受或者获得这些利益。

第一是物质性利益。一个利益集团有能力提供物质性利益，即某种有形的、排他性的物品。如果一个人或企业没有加入该利益集团，就得不到这些物品，包括给利益集团成员提供的打折服务、医疗保险或者以杂志或新闻简报形式出现的信息等，这对个人或企业来说是一种实实在在的收益。奥尔森在分析选择性激励时，特别强调了人们参加集体行动是为了获得某种看得见的物质性利益。

第二是参与性利益。虽然参加利益集团的活动可能需要花费时间甚至金钱，但是能够从活动的参与中获得一种满足感，而这种满足感只有参与的时候才能够获得。虽然有些目的性利益通过捐款就能够实现，但是参与性利益只有亲临现场、参与活动才能够得到。比如，某些喜欢参加公共场合活动的选民，可能会从中得到更多的参与性收益。

第三是目的性利益。这是一种与意识形态目标或价值导向目标相关的无形报酬，与参与者通过参与避免的内疚感有关。比如，挽救鲸类的利益集团活动。虽然参与者知道自己的贡献很微薄，成功的集团活动收益也不是排他性的，但是，如果自己作出了努力，就可以得到目的性收益或者避免内疚感(假设我没有参加，挽救鲸类的筹资活动没有成功，自己可能会感到内疚)。在这类活动中，如果参与者能够以较低的成本作出努力，会感觉更好。有研究表明，获得目的性利益的价格越低(尤其是努力实现一个利

---

① 参见[美]汉密尔顿、杰伊、麦迪逊:《联邦党人文集》，程逢如、在汉、舒逊译，商务印书馆 1980 年版，第 47 页。

② Peter Clark, James Q. Wilson, “Incentive System: A Theory of Organization”, *Administrative Science Quarterly*, 1961, Vol.6, No.2, pp.129-166.

益集团的目的的成本越低),且一个人的收入越高,这个人就越有可能加入利益集团。

三、利益集团形成的条件

具有相同的利益,只是不同主体形成利益集团的一个必要条件,而非充分条件。奥尔森最早在1965年出版的《集体行动的逻辑》中提出了这个问题。他指出,传统观点分析了利益集团在政治生活中的重要影响及其活动,但是没有分析利益集团为什么能够形成,它们的一个基本假定就是只要人们有共同利益,就会形成利益集团。但理论和现实并非如此。按照经济学的假定,每个人都是追求自身利益最大化的"经济人",而集体行动产生的结果却具有"公共产品"性质,即消费的非排他性、非竞争性和不可分割性。这就必然产生"搭便车"问题。如果每个人或大多数人都如此行事,那么集体行动就不可能达成。也就是说,"理性的、寻求自我利益的个人不会采取行动以实现他们共同的或集团的利益"[①]。利益集团的形成实际上是具有相同利益的各个主体之间的合作。但在现实中,利益集团大量存在。这可以从不同方面进行解释。

第一,小集团相对容易形成。具有相同利益的人数越少的集团,形成利益集团的可能性越大。因为在小集团中,每个成员能够得到集团总收益的相当大一部分,即使仅有一个成员承担集体行动的费用,其收益也可能高于成本。利益集团的规模越小,其形成的可能性就越大。同时,具有相同利益的成员数目越少,相互之间的监督协调费用也就越低,单个成员"搭便车"的可能性下降,从而形成利益集团。[②] 由于小集团比大集团更容易形成,小集团更可能对政策施加影响,出现所谓的"小集团剥削大集团"的情况。

第二,大集团中的"选择性激励"和"联邦集团"。"选择性激励"即赏罚机制。在利益集团成员与非成员能够区分开的情况下,向成员提供某些具有"私人物品"性质的激励,或者对非成员实施某种惩罚,从而诱导或强迫人们加入利益集团。所谓"联邦集团",是指一个大集团被分成几个小集团,每个小集团都出于某种动机与其他小集团一起组成一个大的联邦集团。在每个大集团中小集团容易形成,而形成后的小集团的数量相对于大集团的潜在成员数又少得多,从而容易形成大集团。[③]

第三,良好的意识形态会降低"搭便车"的可能性。奥尔森从人的激励多元化的角度分析了这个问题。经济激励只是一方面,声望、尊敬、友谊以及其他社会和心理目标都能够对人们形成激励。[④] 而这些都具有私人物品的性质,构成了选择性激励。林毅

---

① [美]曼瑟尔·奥尔森:《集体行动的逻辑》,陈郁、郭宇峰、李崇新译,上海三联书店、上海人民出版社1996年版,第2页。

② 参见[美]曼瑟尔·奥尔森:《集体行动的逻辑》,陈郁、郭宇峰、李崇新译,上海三联书店、上海人民出版社1996年版,第1章。

③ 参见[美]曼瑟尔·奥尔森:《集体行动的逻辑》,陈郁、郭宇峰、李崇新译,上海三联书店、上海人民出版社1996年版,第72页。

④ 参见[美]曼瑟尔·奥尔森:《集体行动的逻辑》,陈郁、郭宇峰、李崇新译,上海三联书店、上海人民出版社1996年版,第70-71页。

夫从人力资本的角度分析了人们的虔诚行为。他认为，从世界是复杂的、人的理性是有限的假定出发，虔诚可以看作一种能够为人们带来效用的商品，可以缓解集体行动的难题。① 在一个社会中，人们如果具有良好的道德修养，树立"占别人便宜"是不道德的基本观念，那么"搭便车"的可能性就会大大降低。

第四，人们之间交往的长期重复性。罗伯特·阿克塞尔罗德(Robert Axelrod)认为，在无政府状态下，在双方进行无限多次博弈时，只要未来收益的贴现率满足一定条件，双方就可以进行合作。② 虽然从某一次交往来看，在对方合作的情况下，自己不合作能够得到的收益大于合作，然而不合作会导致对方的"报复"，而合作会得到对方的"报答"，即所谓的"以牙还牙，投桃报李"。这就像"熟人社会"中的合作。由于需要长期的重复交往，彼此间的合作成为"占优策略"。

第五，政治企业家或领袖人物的存在。当利益集团的潜在成员意识到存在集体行动的共同利益之后，如果出现集体行动的组织者，即领袖人物，利益集团形成的可能性会大大提高。政治企业家"通常受人敬重(或令人畏惧)，或者他能猜出在议价活动中谁在使用恐吓手段，或他能够缩短议价时间，那么他有时就能拟出一种解决办法，这种办法对于一切有关事项都会优于在没有企业家领导或组织的情况下产生的任何结果"。"如果企业家挺身而出之前的状况不是最优，那么企业家也可以从他带来的收益中使自己有所收益。由于这种收益以及有些人有当领袖、政治家或急先锋的偏好，常常不必担心政治企业家人选枯竭。"③

第六，国内制度对利益集团形成的影响。现有的国内制度有促进或阻碍利益集团形成的可能性。这可以从三个方面分析。一是利益集团是否合法。有的国家明令禁止利益集团的存在，虽然可能会存在一些非法的利益集团，但其影响要小得多。二是利益集团是否必要。利益集团产生的最终目的是通过影响政府政策，自身获得利益。那么，对于该国宪法中明确规定的事务，形成利益集团的可能性就非常小。举一个假想的例子，如果某国将自由贸易政策以宪法的形式确定下来，并且规定除非全体人民一致同意，否则不得变更，那么为影响贸易政策问题而形成利益集团就不太可能。但这并不否定不同主体从自由贸易中获得的收益和遭受的损失存在差别。三是某些已经存在的规则、组织或利益集团对形成新的利益集团会起促进或阻碍作用。

上面分析的影响利益集团形成的六个因素，归结起来，就是集体行动的成本，即交易费用。"搭便车"动机之所以存在，从人性的角度讲是因为"经济人"假定；从外部约束的角度看，则是因为相互监督、识别"搭便车"者的成本太高。在"经济人"假定不变

---

① 参见林毅夫：《诱致性制度变迁与强制性制度变迁》，中译文见盛洪主编：《现代制度经济学》(下卷)，北京大学出版社2003年版，第258-259页。

② Robert Axelrod, *The Evolution of Cooperation*, New York: Basic Books, Inc., 1984, chp.1.中译本见[美]罗伯特·阿克塞尔罗德：《合作的进化》，吴坚忠译，上海世纪出版集团2007年版，第一章。

③ [美]曼瑟尔·奥尔森：《集体行动的逻辑》，陈郁、郭宇峰、李崇新译，上海三联书店、上海人民出版社1996年版，第215-216页。

的条件下，分析利益集团能否形成，关键在于对集体行动成本的分析。利益集团规模小，成员容易相互监督，降低了集体行动的成本；大集团的“选择性激励”和“联邦集团”关键在于改变了潜在主体的成本收益和集团的规模；意识形态的作用就在于改变潜在利益集团成员的效用函数，不仅有经济激励，还包括社会激励或其他激励；无穷多次重复博弈使利益集团的潜在成员合作的长期收益大于非合作的收益；政治企业家或领袖则承担了组织的最初成本，并意识到了合作的潜在巨大收益；制度的作用在于确认利益集团的形成或改变其成本收益。因此，利益集团能否形成，关键就在于对利益集团的潜在成员或集团整体而言，组成利益集团是否划算。

四、奥尔森的小集团理论①

奥尔森还通过一个模型论证了小集团容易形成的问题。他认为，任何集团的形成都取决于集团成员的收益和成本。对每个集团成员而言，只有当其能够获得的收益大于成本时，他才会有动力参与集团的活动。如果有一定数量的集体物品，获得它的成本远远低于它所带来的收益，相关集团中的某一个人即使承担全部成本也能够从中获益，那么就可以假设这种物品会被提供。因此，在这种情况下，该集体物品的总收益大大高于总成本，即使是其中一个人分享的收益也会超过总成本。

奥尔森假定，一个人能够分享集团总收益，其份额取决于集团的人数以及与集团中的其他人相比能够从该物品中获得的收益。集团总收益取决于获得集团物品的比例或水平(T)以及集团的规模(S_g)。集团的规模不仅取决于集团中的人数，也取决于某一种集体物品对集团中每个人而言的价值。奥尔森通过一个游说降低财产税的财产所有者的例子加以说明。集团总收益取决于集团的规模(S_g)，即对所有集团财产的总估价，以及以每一美元的财产估价计算的纳税折扣的比率或水平(T)。集团成员获得的收益取决于其占集团收益的份额(F_i)。集团收益(S_gT)作为对集团的价值，可被称作V_g；个人收益作为对个人的价值可被称作V_i；份额就等于V_i/V_g，个人收益V_i就等于F_iS_gT。任何一个人i得到任一数量的集体或集团物品而获得的好处(A_i)等于个人的收益(V_i)减去成本(C)。

既然已经将有关参数分离出来，那么首先应该考虑的就是个人购买不同数量的集体物品的收益或损失。这取决于个人的好处($A_i=V_i-C$)随T变化而变化的方式，即取决于

$$\frac{\mathrm{d}A_i}{\mathrm{d}T}=\frac{\mathrm{d}V_i}{\mathrm{d}T}-\frac{\mathrm{d}C}{\mathrm{d}T} \tag{4.1}$$

$\mathrm{d}A_i/\mathrm{d}T$的最大值为零。由于$V_i=F_iS_gT$，并且$F_i$和$T$都已经被设定为常数，那么

① 参见[美]曼瑟尔·奥尔森：《集体行动的逻辑》，陈郁、郭宇峰、李崇新译，上海三联书店、上海人民出版社1996年版，第19-28页。

$$\frac{\mathrm{d}F_i S_g T}{\mathrm{d}T}-\frac{\mathrm{d}C}{\mathrm{d}T}=0 \tag{4.2}$$

即

$$F_i S_g-\frac{\mathrm{d}C}{\mathrm{d}T}=0 \tag{4.3}$$

这表明了单独行动的个人会购买的集体物品的数量。我们可以据此求出个人购买集体物品的最优数量。根据求极值的条件，要使式(4.1)等于零，有

$$\frac{\mathrm{d}A_i}{\mathrm{d}T}=\frac{\mathrm{d}V_i}{\mathrm{d}T}-\frac{\mathrm{d}C}{\mathrm{d}T}=0 \tag{4.4}$$

由于 $\frac{\mathrm{d}V_i}{\mathrm{d}T}=F_i\frac{\mathrm{d}V_g}{\mathrm{d}T}$，因此有

$$F_i\frac{\mathrm{d}V_g}{\mathrm{d}T}-\frac{\mathrm{d}C}{\mathrm{d}T}=0 \tag{4.5}$$

即

$$F_i\frac{\mathrm{d}V_g}{\mathrm{d}T}=\frac{\mathrm{d}C}{\mathrm{d}T} \tag{4.6}$$

这意味着，当集团收益率乘以个人得到的集团收益的份额等于集体物品总成本的增长率时，个人得到的集体物品数量最优。换句话说，集体收益率($\mathrm{d}V_g/\mathrm{d}T$)必须超过成本增长率($\mathrm{d}C/\mathrm{d}T$)，其倍数等于集团收益率超过个人收益率的倍数($1/F_i=V_g/V_i$)。

上面仅仅分析了个人得到集体物品的最优数量，但这不是问题的关键。关键在于集体物品能否得到提供。在个体单独行动达到最优点时，如果 $F_i>\frac{C}{V_g}$，那么集体物品就能得到提供。这是因为，如果 $F_i>\frac{C}{V_g}$，那么有 $\frac{V_i}{V_g}>\frac{C}{V_g}$，即 $V_i>C$。

因此，当 $F_i>\frac{C}{V_g}$时，个人收益就可能超过成本。这意味着，当集团中的任何个人得到的集体物品达到最优点时，集体物品的成本与集团从集体物品中得到的收益相比是如此微不足道，以至于总收益超过总成本的倍数大于或至少等于集团收益超过个人收益的倍数，集体物品得以提供。概括起来，集体物品得以提供的条件为：集团从集体物品中得到的收益增加的比率是总成本增加比率的($1/F_i$)倍，集团总收益与集体物品的成本之比要大于集团收益与个人收益之比。

奥尔森还通过市场中企业能否达成价格联盟的例子对小集团理论进行了检验。他假定一个生产同类产品的产业，假设其中的企业都独立地寻求利润最大化。为了简化，同时假定生产的边际成本为零。上面模型中各符号表示的变量调整为：T 代表价格，S_g 代表整个产业的销售额，S_i 代表企业 i 的规模或销售额，F_i 代表个别企业或集团成员占总销售额的份额，即 $F_i=S_i/S_g$，价格 T 会影响整个产业的销售量，其程度由需求弹性 E 给出：

$$E=-\frac{T}{S_g}\frac{\mathrm{d}S_g}{\mathrm{d}T} \tag{4.7}$$

由式(4.7)可以得出需求曲线的斜率为

$$\frac{\mathrm{d}S_g}{\mathrm{d}T}=-\frac{ES_g}{T} \tag{4.8}$$

在不增加生产成本的条件下，企业 i 达到最优产量的条件为

$$\frac{\mathrm{d}A_i}{\mathrm{d}T}=\frac{\mathrm{d}(S_iT)}{\mathrm{d}T}=0 \tag{4.9}$$

由式(4.9)可以得出：

$$S_i+T\frac{\mathrm{d}S_i}{\mathrm{d}T}=0 \tag{4.10}$$

因为 $S_i=S_gF_i$，所以由式(4.10)可以得出：

$$S_gF_i+T\frac{\mathrm{d}S_i}{\mathrm{d}T}=0 \tag{4.11}$$

由于企业 i 独立采取行动，其他企业不会有什么反应，因此有 $\mathrm{d}S_i=\mathrm{d}S_g$，从而得出：

$$F_iS_g+T\frac{\mathrm{d}S_g}{\mathrm{d}T}=0 \tag{4.12}$$

将式(4.8)代入式(4.12)，可以得出：

$$F_iS_g-T\frac{ES_g}{T}=0 \tag{4.13}$$

由式(4.13)可以得出：

$$S_g(F_i-E)=0 \tag{4.14}$$

只有当 $F_i=E$ 时，式(4.14)才成立。这说明，只有当对产业的需求弹性小于或等于某一特定企业占产业产量的份额时，该企业才会限制产量。一家正在决定是否限制产量以促成更高价格的企业会对放弃产量造成的成本和损失与它能从“集体物品”——更高的价格中获得的收益加以权衡。需求弹性是对此进行衡量的标准。如果 F_i 等于 E，这意味着对产业的需求弹性等于这一企业占产业产量的比例：如果需求弹性为 1/4，这意味着产量减少 1%，价格就会上升 4%。如果一家企业占产业总产量的 1/4，它就会停止增加产量或限制产量。如果一个产业中有 1000 家相同规模的企业，只有当产品的需求弹性小于或等于 1/1000 时，才会有企业对产量加以限制。所以，在一个包含大量企业的产业中，达到均衡时，任何企业都不可能获得利润。一家追求利润最大化的企业限制其产量，即采取与产业总体利益相一致的行为的条件是：在提供更高的 T 时，集团收益增加的比率为限制产量导致的总成本增加比率的 $1/F_i$。

奥尔森的小集团理论分析表明，只有当集团规模较小时，每个集团成员在集团总利益中占有较高的份额，即使其承担利益集团建立的全部成本，其能够得到的收益也会高于成本，参与集体行动的积极性会比较高，达成集体行动的可能性较大。

五、几个例子：少数人“剥削”多数人的情形

小集团相对于大集团更容易形成，这意味着具有共同利益的较少的人更可能组织起来，形成有组织的利益集团，通过影响公共政策为小集团成员带来收益，并且可能以没有组织起来的大集团成员为代价，出现所谓的少数人“剥削”多数人的情形。有两个非常经典的例子说明了这个问题：一是美国的食糖计划，二是美国军工联合体。

（一）美国的食糖计划[①]

食糖是生活中的调味品，几乎是一种必需品。美国的食糖价格高于国际市场。如果食糖的进口是自由的，那么美国的食糖价格应该与国际市场相差不大（国际市场价格加上运输成本）。然而，美国并没有对食糖的进口采取自由贸易政策，导致美国食糖的价格几乎比国际市场高出一倍。为什么会这样？根源就在于美国甜菜种植业者所形成的利益集团的游说活动。虽然几乎每个人都是食糖的消费者，但是每个人每年消费的食糖数量是有限的，虽然食糖在美国的价格高于国际市场价格，但是由于消费数量有限，每个消费者每年多支付的货币总额也不过几十美元。但是，甜菜种植业者就不同了，他们通常是成千上万亩甜菜的种植者。食糖的价格高，生产食糖的原料价格也高，甜菜种植业者就能够获得较高的利润。一方面，甜菜种植业者的利益相关度比消费者要高得多；另一方面，甜菜种植业者的数量相对于消费者少得多。所以，甜菜种植业者更容易组织起来，形成有组织的利益集团。这个例子表明，占人口少数的甜菜种植业者对几乎所有的消费者形成了“剥削”。

（二）美国军工联合体

美国军工联合体（Military-Industrial Complex，MIC）的影响广受关注。据说曾经担任欧洲盟军最高司令的德怀特·戴维·艾森豪威尔（Dwight David Eisenhower）将军在1961年1月17日的总统告别演说中首次使用了“军工联合体”这个概念。他警告说，庞大的军火工业正在成长为一个“影子政府”。“一支庞大的军队和一个大规模军事工业相结合，在美国是史无前例的。它的全部影响——经济的、政治的，甚至是精神的——在每个城市、每座州的议会大楼，每一个联邦政府机构内，都能感觉到……在政府委员会中，我们必须严防军工联合体有意无意、图谋不明的影响。极不适当的权力恶性增长的可能性目前已经存在并将继续存在。”[②]军工联合体对美国政府产生了很大的影响，特别是在军事、安全等决策方面。比如冷战时期的美、苏军备竞赛就受到军工联合体很大的影响，成为美国和苏联军费开支不断增长的重要原因。从利益集团的角度来看，军工联合体是一个利益集团，而且是一个有组织的利益集团，他们能够影

---

① 著名经济学家安妮·克鲁格（Anne Krueger）曾经专门写过一篇论文从政治经济学的视角研究食糖管制的问题。Anne O. Krueger, “The Political Economy of Controls: American Sugar”, *NBER Working Paper*, No. 2504, 1988, https://www.nber.org/system/files/working_papers/w2504/w2504.pdf.

② 《艾森豪威尔总统辞职演讲》，1961年1月17日，https://www.ximalaya.com/waiyu/10037443/139260137。

响军事、军费等方面的政策制定。不断增长的军费是由广大纳税人承担的,然而纳税人的数量庞大,几乎每个公民都是纳税人,形成有组织的利益集团几乎是不可能的。另外,投入军费中的资金到底来自谁缴纳的税收、来自哪种税种,都是模糊的或者不确定的。纳税人作为一个松散的具有共同利益者根本无法与军工联合体这个有组织的利益集团相抗衡。这体现出占人数比重较少的军工联合体利益集团形成了对占人数比重较大的纳税人的"剥削"。

六、利益集团形成的交换理论

奥尔森提出的小集团模型假定所有的主体同时采取行动,然而罗伯特·索尔兹伯里(Robert H. Salisbury)提出利益集团的成员并非同时行动,而是存在组织者或企业家和成员或顾客之分。[①] 利益集团的组织者以一定的价格向成员提供来自利益集团的收益,而成员或顾客获得这些收益时向利益集团的组织者支付一定的代价。这就像某种商品或服务的市场交易一样,供给者(卖者)以一定的价格提供商品或服务,需求者(买者)在支付一定的价格后获得商品或服务。所以,利益集团的形成本质上是组织者和成员之间的交换或交易。

在索尔兹伯里的理论框架中,有四个核心概念:组织者、成员、利益和交换。组织者是集团的发起者,是具有企业家特征者。他们投资生产有足够价值的物品或服务,并希望得到回报,这些物品或服务就是给成员提供的利益集团的产品。虽然这对利益集团的所有成员来说是一种公共产品,但是具有一定的排他性,即集团的潜在成员只有在成为集团成员的情况下才能够得到这些产品或服务。集团的潜在成员为获得这些产品或服务,需要支付代价,这种代价可能是对组织者的支持,也可能是缴纳会费等。利益集团的成员是集团组织者的跟随者或后行动者。他们如果认为组织者所提供的具有私人产品性质的收益超过其参加利益集团需要支付的价格,就会支付这个价格并购买组织者所提供的产品或服务。

利益集团的组织者能够给集团成员提供的收益,索尔兹伯里采用了克拉克和威尔逊对三种利益的划分,即包括物质性利益、参与性利益和目的性利益。虽然利益集团在形成之后所提供的收益对所有的集团成员来讲具有公共产品的特征,但是这三种利益对集团成员来讲却具有某种私人产品的性质,所以不加入者就不能够享受或者获得这些利益。比如,工会会员能够获得打折商品或服务,不是会员者就不能够得到,这就是一种物质性利益;集团成员所获得的参与收益,因为是集团成员,所以具有参与某些活动的权利,能够给自己带来某种满足感;集团成员所获得的目的性利益,即只有作为集团成员才能够得到的一种满足感或成就感。这样,只要集团成员认为其能够得到的具有私人产品性质的产品或服务的收益超过了其支付的价格或代价,就有动力参加利

---

① Robert H. Salisbury, "An Exchange Theory of Interest Group", *Midwest Journal of Political Science*, 1969, Vol.13, No.1, pp.1-32.

益集团的行动。

那么,利益集团组织者的动力是什么?他不仅能够得到来自集团成员的收益,还能够得到更多的具有私人收益性质的额外收益。第一,利益集团的组织者就像一个企业家,在投资组织利益集团时预期在将来能够得到回报,并且这种预期回报将超过投资,即能够赚取利润。这跟企业的投资活动类似。第二,利益集团的组织者在集团中拥有较高的收益占比,即使自己承担成本,其获得的收益也将超过成本。第三,组织者在集团组织成功后能够在集团中处于领导地位,控制集团的活动,并从中受益。

因此,按照索尔兹伯里的交换理论,利益集团的组织者和成员之间就像市场上的交易者,双方都能够从集团得到具有私人物品性质的收益,而不是只有公共产品。这与奥尔森的利益集团模型假定所有成员同时采取行动不同,也与假定利益集团为集团成员和潜在成员提供公共物品不同。索尔兹伯里和奥尔森论述的思路不同,但是都是从主体"经济人"假定出发,讨论了利益集团形成的微观逻辑。

第三节　利益集团如何产生影响

利益集团的建立是为了影响公共政策,特别是让政策制定者制定并实施偏向或者有利于本利益集团的公共政策。那么,利益集团如何影响政策制定者?哪些因素决定了利益集团影响力的大小?利益集团的影响如何内生到政策分析中?

一、利益集团影响政策制定者的方式

利益集团会通过多种方式影响政策制定者,这些手段包括游说、给选民和集团成员提供信息、政治献金、和平示威、公开运动等,其中最经常采用的是游说和公开运动。

(一)游说

游说是利益集团最经常使用的重要手段之一。利益集团对政策制定者进行劝说,阐明对政策制定者、对整个社会等最为有利的政策主张,以便让政策制定者根据利益集团的偏向制定政策。"根据各种调查发现,试图教育劝说立法者接受利益集团的政策主张的组织化的利益集团的数量最多。"[①]利益集团游说立法者的活动具体包括"会见政策同情者、帮助策划立法战略、协助立法者构思法律草案、拜见持观望态度的立法者并尽量获取他们的支持、破坏立法者之间的相互立法交易等"[②]。为什么利益集团的游说能够起作用?原因就在于立法者或政策制定者的信息是不完全的,知识是有限的。立法者受到时间、个人能力、专业背景等方面的限制,并非对所需要立法的领域拥有充分的知识和信息。在很多情况下,立法者不仅没有完备的知识和信息,甚至可能

① [美]格罗斯曼、[以]赫尔普曼:《特殊利益政治学》,朱保华等译,上海财经大学出版社 2009 年版,第 3 页。
② [美]格罗斯曼、[以]赫尔普曼:《特殊利益政治学》,朱保华等译,上海财经大学出版社 2009 年版,第 4 页。

压根就没有相关的知识和信息。在这种情况下,立法者一方面需要学习相关的知识,获取相关的信息,另一方面会接受利益集团或其他拥有知识或信息优势者的知识或信息。利益集团通常会在某些相对专业的领域拥有更完备的知识或信息。比如,立法者关于政府预算的规模、预算投入的方向和结构等专业性相对较强的问题通常并没有充分的知识或信息。对于这类问题,不仅大多数不具有专业知识的立法者没有充分的知识或信息,即使是具备专业知识的研究者,也未必具备充分的知识或信息。这样,利益集团提供的专业知识或信息能够帮助立法者作出决策,立法者也就受到利益集团游说的影响。

正如诺尔曼·奥恩斯坦(Norman J. Ornstei)和埃尔德(S. Elder)在《利益集团、院外游说和政策制订》中引用的美国几位众议员和参议员的说法,"院外活动人员是我获得情报的重要来源之一"①,"在任何一段特定的时间内,这里都有几百件事情发生,包括委员会的意见听证会,议员的唱名投票和很多的会议。参议员整天在意见听证会和参院会议之间跑来跑去。他们没有时间想问题,因而他们需要精练的和容易消化的情报。这样的情报,工作人员可以提供一些,但是,院外活动人员是必不可少的来源。这对我们(工作人员)和对参议员来说,都是如此"②。这说明,在众议员或参议员的决策中,利益集团或院外游说人员提供的信息非常重要。在很多情况下,众议员或参议员接受利益集团的信息,并成为其决策依据。

(二)给选民和集团成员提供信息

在很多情况下,选民不拥有关于候选人或候选议案的信息是理性的选择,即"理性无知"假说,这是因为信息的获取和处理都是有成本的。如果选民能够非常容易地获得信息甚至在获得信息的时候能够得到对自己有利的私人物品,很可能就会接受这种信息。利益集团以选民最容易接受的方式向选民提供信息,甚至为了向选民提供信息而赠送能够给其带来私人收益的物品。这就像在大街上发广告一样,商家把广告印刷在一把扇子上或纸巾上赠送给行人比直接印刷在纸上散发给行人更容易被接受。如果利益集团把所支持的候选人或候选议案的信息通过这种方式提供给选民,就可能会影响选民的决策。利益集团也会给成员提供相应的信息,从而影响本集团成员的决策,因为利益集团的成员本身也很可能不具备关于候选人或候选议案的信息或知识。

(三)政治献金

利益集团直接为立法者或立法者所在的政党提供政治献金或支持,是其获得支持的重要途经。政治献金并非在所有国家、所有地区都是合法的,但是在某些国家或地区是合法的。立法者之所以接受政治献金,至少有三个方面的原因:一是立法者的时

① [美]奥恩斯坦、埃尔德:《利益集团、院外活动和政策制订》,潘同文、陈永易、吴艾美译,世界知识出版社1981年版,第69页。

② [美]奥恩斯坦、埃尔德:《利益集团、院外活动和政策制订》,潘同文、陈永易、吴艾美译,世界知识出版社1981年版,第70页。

间是有限的，利益集团要获得接触立法者的机会，就必须付出相应的代价，而立法者也会根据不同利益集团政治献金的数量决定是否接触、接触哪个或哪些利益集团，这实际上相当于利益集团以政治献金换取接触立法者或被立法者接见的机会。二是通过政治献金反映利益集团政策偏好的强度。这就像消费者在市场上通过货币表达自己的偏好，愿意支付的货币越多代表偏好越强。利益集团虽然存在政策偏向，但是强度却需要通过政治献金的数量来体现和反映。三是政治献金的数量会决定利益集团能够对立法者施加影响力的大小。利益集团愿意支付、能够支付的政治献金数量越多，对立法者施加的影响力就会越大。

(四)和平示威

利益集团也会通过和平示威等对立法者产生影响。利益集团成员或公众举行游行等活动，对立法者施加压力，立法者为了维持政治稳定等可能不得不妥协。比如，1999 年世界贸易组织在美国西雅图举行第三次部长会议的时候，多达 5 万人的示威者阻挡了西雅图市中心通往世贸会议场地的主要通道。示威者包括劳动团体、环保团体等多种不同的利益集团。[①] 在每年一度的“达沃斯世界经济论坛”举办期间，也多次发生示威活动，比如 2000 年达沃斯世界经济论坛举办期间，就有 1300 多名反全球化者举行了抗议示威活动。[②] 当然，在很多国家，和平示威是受到限制的，并非利益集团经常采用的方式。

(五)公开运动

利益集团会通过投书电台、公开演讲、张贴标语、制作广告以及举行记者招待会等向记者提供“新闻”和“真相”，制造和影响舆论，从而造成一种假象：利益集团对某个候选人或候选议案的支持或反对有广泛的群众基础，立法者不支持或不反对该候选人或候选议案似乎是没有道理的。比如在美国的“亲以色列”政策制定和宣传中，舆论和媒体就起了非常大的作用，“《华尔街日报》《芝加哥太阳时报》《华盛顿时报》定期发表亲以社论。《纽约时报》经常发表亲以社论。《新共和》《标准周刊》等杂志则忠诚地捍卫以色列……这些潜移默化地影响着不少美国人”[③]。正是媒体持续不断地宣传，让无论是公众还是立法者，都认为媒体的报道是正确的，如果不按照媒体报道的观点制定公共政策或者不支持媒体报道的观点，自己就错了。

另外，利益集团还可能会通过与立法者交朋友等合法手段以及威胁或行贿等非法手段影响立法者。比如奥恩斯坦和埃尔德指出，曾经的美国总统杰拉尔德·鲁道夫·福特(Gerald Rudolph Ford)从在众议院任职的时候开始就一直将美国钢铁公司的副

① 参见《世贸示威：场面失控　美国丢脸》，1999 年 12 月 2 日，https://www.chinanews.com/zhuanti/wto/991202/3.htm。

② 参见《达沃斯世界经济论坛引发抗议潮》，2000 年 1 月 31 日，https://news.sina.com.cn/world/2000-1-31/58241.html。

③ 杨明光：《利益集团与美国中东政策》，云南大学出版社 2012 年版，第 81-82 页。

董事长和该公司在华盛顿的院外活动家威廉·怀特视为亲密的朋友、高尔夫球伙伴和顾问。[①]

二、利益集团影响力大小的决定因素

不同的利益集团对立法者的影响不同,也就反映出它们对公共政策制定的影响力大小不同。那么,哪些因素决定了利益集团影响力的大小呢?

(一)政治制度的性质以及有关的法律规定

并非所有国家都允许利益集团存在并在政治过程中发挥作用。在西方民主国家,利益集团通常在政治生活中发挥重要的影响,同时美国等国家还允许利益集团给立法者或政党提供政治献金。

(二)利益集团本身的合理合法性和利益集团组织的紧密程度

利益集团本身是否合理合法反映了利益集团是否得到广泛的支持,利益集团组织的紧密程度反映了利益集团成员组织的紧密程度。通常情况下,组织严密的利益集团比组织松散的利益集团具有更强的影响力,有组织的利益集团比无组织的利益集团具有更强的影响力。

(三)占有资源的数量以及捐献的数量

利益集团占有的资源数量决定了其能够捐献的数量,其能够为立法者提供的捐献越多,影响立法者的可能性越大,对立法者的影响力就越大。从对选民的影响来看,也是如此,利益集团占有的资源越多,其对选民的影响力也会越大。反过来看,利益集团占有资源的数量也反映了该利益集团对成员的必要性和重要性,越重要才可能拥有越多的资源。

(四)利益集团成员的决心和献身精神

利益集团成员的决心决定了其为利益集团贡献的大小。成员的决心越大,献身精神越强,利益集团产生的影响可能越大。利益集团成员的决心和献身精神也反映出利益集团成员与利益集团关系的密切程度,通常情况下,利益越密切,成员为利益集团献身的决心越强。

三、将利益集团的影响内生到政策分析

利益集团主要通过影响公共政策的方向为集团成员谋取利益。利益集团的影响如何内生到政策中,这与政策是如何制定出来的有密切关系。基本的假定是立法者或政治家的效用取决于两个因素:一个是选票支持,另一个是个人利益。立法者或政治

---

① 参见[美]奥恩斯坦、埃尔德:《利益集团、院外活动和政策制订》,潘同文、陈永易、吴艾美译,世界知识出版社 1981 年版,第 71 页。

家既要寻求选票最大化，也要寻求个人利益最大化；选票通过选民获得，个人利益通过利益集团的捐献获得。选民之所以会投票支持某个立法者或政治家，是因为选民预期其会制定有利于选民的公共政策，但是立法者或政治家受到利益集团的影响后，制定出来的公共政策可能会向利益集团倾斜，而这可能会失去一部分选民的支持，失去一部分选票。这样，立法者或政治家制定出来的公共政策既不同于没有利益集团影响下的情形，也不同于压根不考虑选民的情形。用函数关系表示为：

$$U=f(v,m) \tag{4.15}$$

$$v=v(p) \tag{4.16}$$

$$m=m(p) \tag{4.17}$$

$$U=f[v(p),m(p)] \tag{4.18}$$

$$p^{*}=aug\max U(p) \tag{4.19}$$

式中，U 是立法者或政治家的效用或目标；v 是能够得到的选票数量；p 是公共政策；m 是能够得到的货币收益。式(4.15)说明立法者或政治家的效用与其能够得到的选票和货币收益相关；式(4.16)说明立法者或政治家能够得到的选票数量与其制定的公共政策有关；式(4.17)说明立法者或政治家能够得到的货币收益也与其制定的公共政策有关。将式(4.16)和式(4.17)代入式(4.15)，就可以看出立法者或政治家的效用实际上取决于其制定出来的公共政策。这样，在立法者或政治家效用最大化时制定出来的公共政策就是效用最大化的结果。

以贸易政策的制定为例进行说明。对于普通的选民来说，其能够从完全自由的贸易政策中得到最大收益，但是要求贸易保护的利益集团（比如进口品的替代产品的国内生产商）主张一定程度的保护，这就涉及关税率的问题。对于利益集团来说，游说越多，立法者制定的关税率越高，但是其需要付出的代价也越大。可以用图 4.2[①] 表示。

在图 4.2 中，横轴表示关税水平，纵轴表示利益集团在不同关税水平下能够得到的收益或需要支付的成本。OA 表示利益集团游说活动费用，向右上方倾斜，并且斜率越来越大，原因就在于随着关税水平的提高，单位关税水平上升，利益集团需要支付的边际成本增加。OC 为不同关税水平下利益集团能够得到的收益，虽然它也向右上方倾斜，但是斜率越来越小，原因在于随着关税水平上升，单位关税水平的上升，利益集团能够得到的边际收益下降。OA 和 OC 相交于 B，但是对利益集团来说最优的关税水平不是由 B 点决定的。对于利益集团来说，最优的关税水平由 OA 和 OC 的斜率相等时决定，此时意味着边际收益等于边际成本，利益集团达到了最优游说，此时的关税水平对利益集团来说是最优的。这个简单的图形表明，对于利益集团来说，并非游说越多越好，而是存在最优游说量。这也反映出政策制定并非完全根据选民的偏好，也并非完全照顾利益集团的利益。政策制定是立法者或政治家在选民和利益集团之间寻求的一个平衡结果。

---

① 该图参考了[瑞士]布鲁诺・弗雷：《国际政治经济学》，吴元湛译，重庆出版社 1987 年版，第 22 页图 2.3。

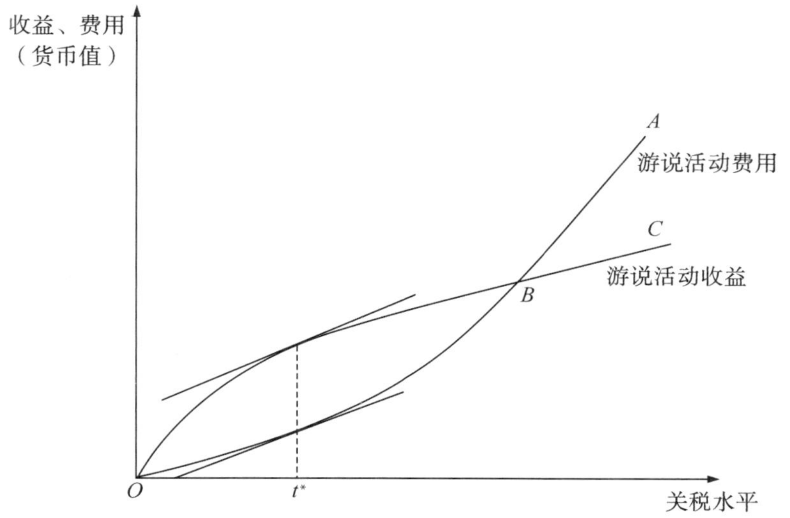

图 4.2　最优游说数量的确定

第四节　利益集团存在的利弊分析

利益集团的存在对政治、经济和社会各领域产生广泛而又重要的影响已成为共识，但就利益集团的存在对效率与公平等的影响而言，不同学者持不同的观点。概括起来有三种：一是利益集团的存在利大于弊；二是利益集团的存在弊大于利；三是具体情况具体分析，不能笼统地说究竟是利大于弊，还是弊大于利。

一、利益集团的存在利大于弊

康芒斯是支持利益集团活动的早期学者之一。他主张只有利益集团才是美国经济政策最有代表性的力量，有益影响也最大，而且，利益集团是实现公平合理的经济秩序不可或缺的工具，各个利益集团之间的冲突是改革和进步的媒介。康芒斯与帕森斯(Parsons)十分推崇经济利益集团，认为它比那些以地域代表性为基础的立法机构更能代表人民，是社会中最重要的机构，是民主的生命线，组织利益集团的自由的重要性远甚于其他任何民主自由。与康芒斯关于经济学和政治学的思想遥相呼应的是，本特利、杜鲁门、拉瑟姆(Latham)等学者在政治学中关于集团行为的思想倾向。这种思想倾向指出，集团压力是社会系统最终均衡的唯一决定因素，而且，集团均衡一般是公正的、合适的，当社会变得更为复杂时，若某些集团需求更多、更大，便会自然而然地另外形成一些集团来稳定社会中各种集团的关系。拉瑟姆相信集团利益和集团行为在经济行为和政治行为中都是首要的力量，集团利益最为重要。贝克尔进一步指出，像企业间的竞争会提高市场效率一样，利益集团的竞争也会提高政府的工作效率。

二、利益集团的存在弊大于利

研究利益集团的学者中，大多数人赞同利益集团的存在弊大于利。

詹姆斯·麦迪逊在《联邦党人文集》第十篇中阐述“党争”的概念时，明确地指出利益集团会损害公民的权利或社会的永久和总体利益。但他同时指出，利益集团的形成是出于人们的本性，不能够因为利益集团的不利影响而彻底遏制，而应该通过制定宪法、鼓励不同利益集团之间的竞争来消除利益集团的不利影响。[①] 关于利益集团的害处，另一位著名的政治学家西奥多·洛伊（Theodore J. Lowi）提出了四个方面的批评：第一，它扰乱和破坏了人们对民主的组织机构及其制度的期望，并表露出它基本上对民主的不尊重；第二，它使政府变得无能，不能计划；第三，它以关心管辖权限（由哪些采取行动的人作出决定）来代替关心正义（做“正当的事”），使政府道德败坏；第四，它用非正式的讨价还价来反对正式的程序，削弱了民主的组织结构及其制度。[②]

政治学家主要从影响政府决策而损害社会利益和民主制度的角度来论证利益集团的害处，而经济学家更多的是关注利益集团阻碍经济发展与经济改革的负面作用。从宏观的角度来看，道格拉斯·诺思认为在近代经济史中，利益集团的争斗使货币供给倍增而成为现代世界主要的不稳定力量。[③] 对利益集团批评最为尖锐的经济学家是奥尔森，他在《国家的兴衰》（1982 年）和《权力与繁荣》（2000 年）中进一步明确指出，像行会、工会以及议会院外游说集团等利益集团的分利活动必定会限制竞争、阻碍技术进步、扩大社会分歧、提高社会交易成本、损害社会效率、抑制经济增长，不仅如此，它还是造成 20 世纪 70 年代以来经济“滞胀”现象的主要原因。[④]

从微观的角度来看，施蒂格勒认为，利益集团相互竞争的结果通常是政府的规制偏向于使组织良好的利益集团获益，例如，企业对立法过程的影响较消费者有明显优势，这是因为企业数量更少，并且企业可能比它们的消费者有更多的同质性，更容易花较少的成本组织起来，因而，最后的规制结果必然有利于企业，损害作为弱势集团的消费者的利益。

从动态的角度来看，一国往往不断经历改革的循环，从良好的愿望出发，但结果却是失败，由此，新一轮的改革者又倡导回到改革的起点。这种情形可能是权力均衡变化的结果，因为制度是非中性的，不同的集团从不同规则中获利，一旦某一集团掌权，

---

① 参见[美]汉密尔顿、杰伊、麦迪逊：《联邦党人文集》，程逢如、在汉、舒逊译，商务印书馆 1980 年版，第 45 页。

② 参见[美]奥恩斯坦、埃尔德：《利益集团、院外活动和政策制定》，潘同文译，世界知识出版社 1981 年版，第 22-23 页。

③ 参见[美]道格拉斯·诺思：《经济史中的结构与变迁》，陈郁、罗华平等译，上海三联书店、上海人民出版社 1994 年版，第 208 页。

④ 参见[美]曼瑟尔·奥尔森：《国家的兴衰》，李增刚译，上海人民出版社 2008 年版，第 186-244 页；[美]曼瑟尔·奥尔森：《权力与繁荣》，苏长和、嵇飞译，上海人民出版社 2005 年版，第 152 页。

就会改变规则，使其有利于自己，当该集团被击败后，规则又被新掌权集团恢复到原来状况，而这从总体上来说并没有发生任何绩效上的变化。[①]

三、利益集团利大还是弊大要视具体情况而定

还有一种观点认为，利益集团本身是一个中性词，并无好坏之分，只是如果利益集团之间失衡，就会造成不利影响。因此，各利益集团之间势均力敌的均衡受到众多学者的推崇。麦迪逊虽然认为利益集团主要带来负面影响，但也认为可以通过利益集团之间的平衡来遏制其害处。而另一些政治学家认为，如果利益集团很发达，并且各利益集团之间形成了相互制衡的局面，那么，多元的利益集团存在本身就是民主的一种形式，这并不是什么坏事。[②] 诺思通过对经济史的专门研究得出了一个类似的结论：哪里不存在势均力敌的替代者，那里现存的统治者就好似一个暴君、一个独裁者或一个专制君主，替代者越是势均力敌，统治者所拥有的自由度就越低。由此，利益集团的利弊依存于它们之间的实力对比。[③] 而利益集团的力量受许多因素的影响，不同情况会导致不同的结果。例如，萨姆·佩茨曼(Sam Peltzman)针对施蒂格勒提出的规制必定导致生产者获益、消费者受损的论断，通过扩展施蒂格勒模型，得出的结论是：立法规制基于不同的环境，可能有利于生产者，也可能有利于消费者。[④]

应该说，任何结论的成立都是有条件的，利益集团的活动对社会产生的影响也不例外。我们不能笼统地说利益集团的存在是利大于弊还是弊大于利，而要视具体情况而论。当利益集团的存在不可避免的时候，鼓励不同利益集团之间竞争可能就是有利的，但我们也必须意识到利益集团的存在会浪费大量的本来可以用于生产领域的资源，从而造成资源浪费。

四、利益集团与滞胀：利益集团消极影响的一个例证

第二次世界大战之后，凯恩斯主义经济学大行其道，在20世纪五六十年代成为主流经济学，然而面对60年代末开始的经济滞胀，凯恩斯主义经济学却无能为力。奥尔森采用利益集团分析方法对滞胀进行了解释，成为宏观经济学微观基础的新的切入点。[⑤]

我们首先分析非自愿失业的问题。在图4.3中，M 和 N 分别代表经济中劳动力

---

① 参见张宇燕：《利益集团与制度非中性》，《改革》1994年第2期。

② 参见[美]汉密尔顿、杰伊、麦迪逊：《联邦党人文集》，程逢如、在汉、舒逊译，商务印书馆1980年版，第46页。

③ 参见[美]道格拉斯·诺思：《经济史中的结构与变迁》，陈郁、罗华平等译，上海三联书店、上海人民出版社1994年版，第23-24页。

④ Peltzman, Sam, "Toward a More General Theory of Regulation", *Journal of Law and Economics*, 1976, Vol.19, No.2, pp.211-240.

⑤ 参见[美]奥尔森：《国家的兴衰：经济增长、滞胀和社会僵化》，李增刚译，上海人民出版社2007年版，第202-204页。

的需求和供给曲线。OQ 表示竞争均衡时就业的劳动力数量。假设我们观察到只有 OX 数量的劳动力被雇用。在 RBV 区域，雇主和劳动力签订合约，对双方、对社会都是有利的，因为劳动力能够创造的产品价值大于雇主付给劳动力的工资，雇主愿意提供的工资数量也大于劳动力希望得到的报酬，因此我们称 XQ 为非自愿失业。那么，是什么力量阻碍雇主支付这样的工资？一旦雇主同意支付，又是什么力量阻碍工人接受这样的工资？

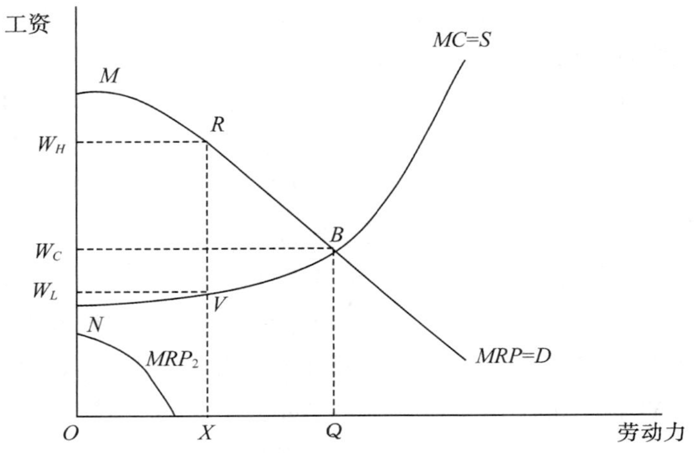

图 4.3　由利益集团活动造成的非自愿失业

假定当就业的劳动力数量为 OX 时，雇主愿意支付的工资水平为 W_H，而当就业量扩大到 OQ 时，平均工资水平将下降到 W_C。很显然，一旦就业量提高，那些现在已经就业的工人的平均工资水平将下降，他们将成为阻碍工资下降的最主要力量。因此，是已经就业的工人阻碍了工资水平的下降，从而减少了就业劳动力，造成非自愿失业。而当原来失业的工人一旦就业，也同样会阻碍工资水平的下降，成为为维护高工资而阻碍就业率提高的因素。为什么会如此？因为已经就业的工人可能受到工会的领导，工会代表工人与资本家谈判，阻碍工资水平下降；而处于失业状态的工人没有类似工会组织的机构代表，无法与资本家谈判。

由于就业劳动力数量为 OX 时的工资水平高于充分就业时的工资水平，就不可避免地造成部分经济资源闲置，不能够用于推动经济增长，限制了经济的发展。同时，由于工资水平较高，物价水平较高，通货膨胀与经济停滞的现象同时发生不可避免，造成所谓的“滞胀”。

本章小结

利益集团在西方民主国家的政治生活和政治过程中具有重要的影响，许多问题都可以从利益集团在政治和经济生活中的影响找到答案。利益集团通过对公共政策或制度施加影响来实现自身目标和利益。经济学家关注利益集团基本是从 20 世纪 60 年代随着公共选择理论的产生而开始的。对于利益集团，经济学家主要关注四个方面的问题，即利益集团是什么、为什么会形成、如何影响经济政策或制度、对经济增长和经济发展有什么影响；从微观层面主要关注利益集团为什么会形成，从宏观层面主要关注利益集团对经济增长和经济发展乃至对国家兴衰所产生的影响。

利益集团对经济产生的负面影响完全可以解释战后许多国家的迅速崛起，也能够解释这些国家经过长时期稳定之后所产生的衰退或增长缓慢。例如，日本在战后经历了长期的稳定，本国没有遭遇战争，也没有参与战争，甚至很长时间里没有自己独立的军队，但是在 20 世纪 90 年代之后，日本经济经历了长期的增长缓慢甚至衰退，日本政府采取了各种各样的政策但收效甚微。对日本经济复苏乏力的解释多种多样，利益集团也提供了一个视角。因为战后日本政治经济稳定，国内利益集团迅速成长，并且越来越牢不可摧，最终成为阻碍日本经济增长的力量。当然，这仅仅是一个假说，有待进一步检验。

推荐阅读

1.[美]曼瑟尔·奥尔森：《集体行动的逻辑》，陈郁、郭宇峰、李崇新译，上海三联书店、上海人民出版社 1996 年版。

2.[美]格罗斯曼、[以]赫尔普曼：《特殊利益政治学》，朱保华等译，上海财经大学出版社 2009 年版。

3.Robert H. Salisbury, "An Exchange Theory of Interest Group", *Midwest Journal of Political Science*, 1969, Vol.13, No.1, pp.1-32.

思考题

1.利益集团为什么会形成？像美国等国家为什么会存在多种多样的利益集团？利益集团的形成需要具备哪些条件？

2.利益集团如何影响政治过程？如何对经济政策产生影响？

3.利益集团对一个国家或地区的经济增长或经济发展有什么影响？

第五章　政党和政治家理论

现在世界上绝大多数国家都采用政党制度，只有很少几个国家不存在政党。有的国家实行一党制，有的国家实行两党制，也有的国家实行多党制。政党在政治生活中具有重要的作用，因为存在政党、实行政党制度的国家基本上都分为执政党和在野党。这是因为政治领导人通常是属于特定党派，并且通常还是政党领袖，或者政党推举或推选本政党的领袖参加国家领导人的选举。就像美国两党制那样，民主党和共和党轮流执政，总统要么来自民主党，要么来自共和党。那么，政党的行为目标是什么？同样是采取政党制度，为什么有的国家是一党制，有的国家是两党制，还有的国家是多党制？

图 5.1 为引入政党的政治过程。政党的所有成员都来自选民，他们占有相对较低的选民比例。政党通过宣扬执政纲领或政策主张等，赢得尽可能多的选票，或者成为执政党，或者在议会中获得尽可能多的席位，从而才能够实施所宣扬的政策主张。

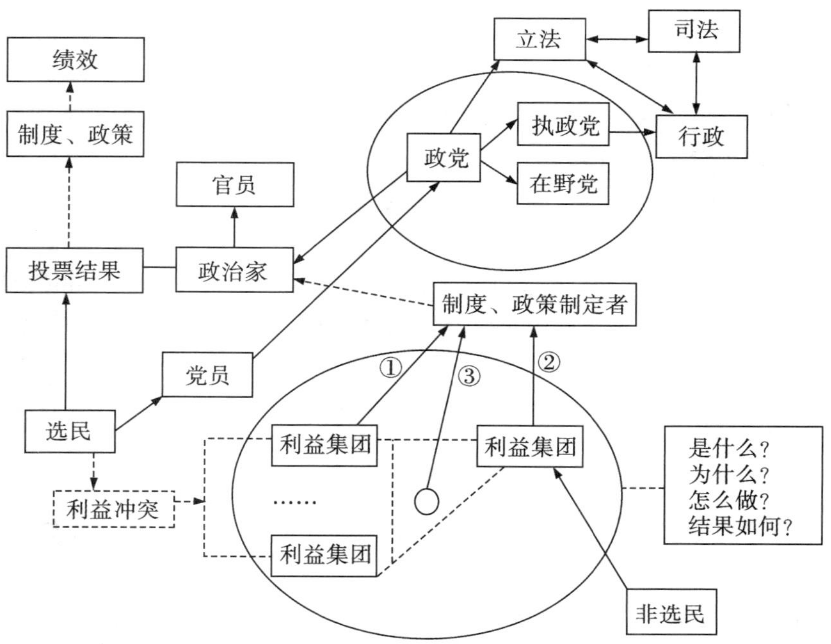

图 5.1　引入政党的政治过程

政治家通常来自执政党，其目标与政党的目标是一致的，都是追求最大化的政治支持和当选。政治家是通过选举产生出来的，政治家当选意味着其所在的政党成为执政党。然而，政治家虽然是政党的代理人，但是其目标与政党的目标又不完全相同。

本章在阐述政党行为目标的基础上，阐释政党竞争理论，并阐述政治家的行为特征。

第一节　政党的政治经济学理论

在民主政治中，政党参加竞选是政治过程的重要一环。从经济学的角度看，政党能够形成并参加竞选并非为了追求公共利益，而是为了政党当选。本节将从经济学的角度分析政党的动机以及政党竞争和联盟等问题。

一、政党制度与政党动机

全世界有2000多个政党，只有像梵蒂冈这样的20多个国家没有政党。有的国家政党数量甚至多达几百个，政党之间相互竞争。政党与利益集团不同，利益集团主要是对公共政策的方向产生影响，为集团成员追求利益；但是政党主要是为了组织政府，成为执政者。

（一）政党与政党制度

对于政党有许多不同的定义。俞可平指出："政党是实现某种主义的团体；是选举的工具；是一种政治权力的组织机构；是人们谋求公职的工具；是人民控制政府的团体，是利益表达和利益聚合结构。"[①]王浦劬认为，政党本质上是特定阶级利益的集中代表者，是特定阶级政治力量中的领导力量，是由各阶级的政治中坚分子为了夺取或巩固国家政治权力而组成的政治组织。[②] 这两个定义都强调了政党具有明显的意识形态偏向，即与某种主义相对应或者为特定阶级利益服务。美国学者迈克尔·罗斯金（Michael G. Roskin）指出："政党是组织松散的、以特定的标签（政党名称）寻求选举政府官员为目标的组织"，并认为"政党的产生是现代政府的显著标志之一，政党创造出民主政治，现代民主政体不容置疑地与政党制度互栖互生。"[③]罗斯金对政党的定义强调了政党的目标，即选举政府官员，也就是说政党的目标是组织政府。英国学者安德鲁·海伍德（Andrew Heywood）将政党定义为："为了通过选举或其他途径来赢得政府权力而组织起来的一群人……它通常有四个特征。第一，政党旨在通过赢得公职来实施政府权力（尽管小型政党可能更在意用选举来获得讲台，而不是权力）。第二，政

---

① 俞可平主编：《政治学通论》，当代世界出版社2002年版，第47页。

② 参见王浦劬：《政治学基础（第三版）》，北京大学出版社2014年版，第210页。

③ ［美］迈克尔·罗斯金：《政治学》，林震等译，华夏出版社2002年版，第160-161页。

党是有着正式'带卡'的成员资格的有组织的实体,因而与更为广泛与分散的社会运动不同。第三,政党具有极为广泛的议题焦点,对有关政府政策的每一项重大议题都要发表意见(而小型政党可能只有一个议题焦点,因此与压力集团相似)。第四,政党在不同程度上都是通过享有共同的政治偏好和总体的意识形态认同而联合起来的。"[①]海伍德对政党的定义特别是对其特征的概括表明,政党的目标是组织政府,实施政府权力。

政党制度主要是根据执政党或能够成为执政党的政党数量来划分的。政党制度包括四大类:(1)无党制。像梵蒂冈没有政党。(2)一党制。国内只有一个政党,或者能够成为执政党的政党只有一个,比如苏联;在一党制国家,政党与政府通常是一体的,甚至是政党有效地取代政府,建立起党政合一的国家。(3)两党制。国内只有两个政党轮流执政,或者能够成为执政党的政党只有两个;两个政党有几乎相等的成为执政党的可能性。就像美国,民主党和共和党轮流执政,参与政治竞争;英国是工党和保守党两个政党轮流执政。(4)多党制。国内存在多个政党,并且每个政党都有成为执政党的可能性,也有可能多个政党共同组织政府,比如日本、德国、比利时、瑞典、印度等。当然,各国家的政党制度并非完全固定不变,也有的国家存在多个政党,在理论上各政党都有成为执政党的可能性,但是实际上长期执政的政党只有一个,比如新加坡已经注册的政党有 30 多个,但是从其独立以来一直是人民行动党执政。

(二)政党的行为动机

政党或政治家的行为受什么动机支配?政治学一般认为,政党或政治家追求公共利益或社会福利最大化;但经济学家认为,政党或政治家的行为与企业和普通的消费者没有根本差别。[②] 企业追求利润最大化,消费者追求效用最大化,政党也是由人组成的,政治家也是人。一个人作为厂商和作为政治家的动机应该不存在根本差别。我们不能说,一个人是厂商或消费者的时候,他追求个人利润或个人效用最大化,而作为政治家的时候,他又追求公共利益最大化。显然,一个人作为政治家和作为厂商或消费者的行为动机应该相同,即追求个人利益最大化。在政治市场上,政党或政治家的利益不是利润,也不是效用,而是选票。政党或政治家获得的选票越多,当选的可能性就越大。具体而言,政党或政治家的目标可以细化为以下几方面[③]:

第一,选票数量最大化。在竞争对手众多或者对竞争对手的情况知之甚少的情况下,每个政党都追求尽可能多的选票。如果我们用 Q_i 表示政党 i 的得票数,其施政纲领或政策为 P_i,预期的得票数为 V_i,那么目标函数可以表示为

---

① [英]安德鲁·海伍德:《政治学核心概念》,吴勇译,天津人民出版社 2008 年版,第 270 页。

② 安东尼·唐斯早在 1957 年就指出:"民主政治中的政党和经济中追求利润的企业家是类似的。为了达到他们的个人目的,他们制定能够为其带来最多选票的政策,正如企业家生产能够带来最多利润的产品一样。" Anthony Downs, *An Economic Theory of Democracy*, New York: Harper and Row Publishers, 1957, p.295.

③ Peter H. Aranson, Melvin J. Hinich, Peter C. Ordshook, "Election Goals and Strategies: Equivalent and Non Equivalent Candidate Objectives", *American Political Science Review*, 1974, Vol.68, No.1, pp.135-152.

$$Q_i = V_i(P_i) \tag{5.1}$$

第二，得票差额最大化。在两党竞争的情况下，总选票数在两党之间的关系呈此消彼长的趋势，一个政党获得的选票越多，其竞争对手获得的选票越少，它获胜的可能性就越大。因此，每个政党都尽可能地追求本党与竞争对手获得选票差额最大化。如果我们用 Φ_i 表示政党 i 的得票数与其他政党得票数的差额，那么目标函数可以表示为

$$\Phi_i = V_i(P_i) - V_j(P_j) \tag{5.2}$$

第三，得票比例最大化。每个政党追求得票比例最大化，出于两个目的：一是当选的可能性最大化，得票比例越高，当选的可能性显然越大；二是获得的议席最大化，政党竞选不仅仅是为了追求当选，还要在议会中追求更多的议席数，哪个政党在议会中占有的议席越多，对议会决策影响的可能性就越大。如果我们用 R_i 表示政党 i 的得票比例，那么目标函数可以表示为

$$R_i = \frac{V_i(P_i)}{\sum_{j=1}^{n} V_j(P_j)} \tag{5.3}$$

第四，得票数超过一定数目的概率最大化。在多党竞争中，某些政党意识到自己当选的可能性不大，但是为了表明自己的力量在不断壮大，就确定一个最低限度，并追求选票数超过该最低限度的概率最大化。如果我们用 G_i 表示政党 i 得票数超过 μ_i 的概率，那么目标函数为

$$G_i = F[V_i(P_i) \geqslant \mu_i] \tag{5.4}$$

第五，得票差额超过一定数目的概率最大化。某些大党为了彰显与其他党派的差距，不但要追求当选，还要表明自己比其他各党的力量强大很多，从而追求得票差额超过一个最低限度的概率最大化。有些国家的政治制度也规定，两党或多党竞选，获胜党的选票必须超过排名第二位政党的选票某个确定的数目，否则选举无效。很显然，一个政党不仅要追求获得最多的选票，还要追求与其他党的选票数差额超过此最低限度的概率最大化。如果我们用 G_i 表示政党 i 超过其他政党 μ_i 票的概率，那么目标函数为

$$G_i = F[V_i(P_i) - V_j(P_j) \geqslant \mu_i], \quad i \neq j \tag{5.5}$$

第六，得票数占总票数的比例超过最低限度的概率最大化。如果我们用 G_i 表示政党 i 获得的选票占总票数的比例超过 μ_i 的概率，那么其目标函数为

$$G_i = F\left[\frac{V_i(P_i)}{\sum_{j=1}^{n} V_j(P_j)} > \mu_i\right] \tag{5.6}$$

(三)选民与政党的关系

安东尼·唐斯认为，政党与选民之间是一种相互依赖的交易关系。选民如何投票取决于政党采取的行动和对手许诺一旦当选将会采取的行动；政党在制定施政纲领时

就需要考虑选民的偏好和其他政党的施政纲领。用一句话来概括就是:投票依赖于政党的行动,而行动又依赖于投票。[①] 这可以通过一系列等式概括出来[②]:

执政党的行动是其预期的选民投票方式和竞争党策略的函数:

$$A_t = f_1(V'_e, P_t) \tag{5.7}$$

执政党预期选民将根据效用收益的变化和竞争党的策略投票:

$$V'_e = f_2(U_t, P_t) \tag{5.8}$$

选民根据其效用收益的变化和竞争党提供的可替代选择来投票:

$$V_e = f_3(U_t, P_t) \tag{5.9}$$

选民从执政党行动中得到的效用收益依赖于当选周期中执政党的行动:

$$U_t = f_4(A_t) \tag{5.10}$$

竞争党的策略依赖于其对选民效用收益的看法和执政党将要采取的策略:

$$P_t = f_5(U_t, A_t) \tag{5.11}$$

其中,t 代表整个当选周期;V 代表执政党实际得到的选票数;V' 代表执政党预期能够得到的选票数;A 代表政党的行动;U 代表选民从政党行动中得到的预期收益;e 代表选民周期结束时的选举日期;P 代表竞争党的策略;f_i 代表函数关系。

二、两党竞争模型

安东尼·唐斯借用区域经济学中的区位选择模型来解释两党竞争的策略选择。假定在一条封闭的公路旁边住着很多均匀分布的居民,有两个商店需要选择最优的经营地点。假定两家商店经营的商品种类、价格、服务等完全相同。居民在哪个商店购买商品主要取决于距离。

如图 5.2 所示,LR 代表封闭的公路,旁边均匀地住着很多居民。假定两个商店随机选址,商店 1 位于 A 位置,商店 2 位于 B 位置。很明显,位于 A 左边的居民肯定到商店 1 购物,位于 B 右边的居民肯定到商店 2 购物。位于 AB 之间的居民,要根据到两家商店的距离确定到哪家购物。假定 AB 的中间点为 C,那么位于 C 左边的居民到商店 1 购物,而位于 C 右边的居民到商店 2 购物。由于 C 点位于 LR 中间点 M 的左边,到商店 1 购买东西的顾客少于到商店 2 购买东西的顾客。此时,商店 1 就会向右移动,同样,商店 2 也会向左移动。只要两个商店位置的中间点不在 M 点,分别到两个商店的顾客数量就不相同。两个商店为了争夺更多的顾客,就会不断向中间移动,最终的结果可能是两家商店都位于 M 点,也就是位于中间位置。这个简单的区位选

① Anthony Downs, *An Economic Theory of Democracy*, New York: Harper and Row Publishers, 1957, p.73.

② Anthony Downs, *An Economic Theory of Democracy*, New York: Harper and Row Publishers, 1957, P.72.

择模型同样可以用于分析两党竞争问题。①

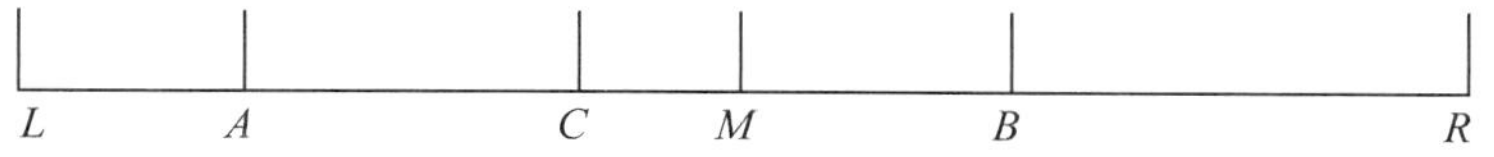

图 5.2　区位选择模型

假如图 5.2 中的 L 和 R 分别代表左(Left)和右(Right)的政治倾向。具有不同政治倾向的选民均匀分布。参选政党 1 和 2 的政治主张分别用 A 和 B 表示。政治倾向比 A 还要左的选民肯定支持政党 1,政治倾向比 B 还要右的选民肯定支持政党 2。A 和 B 中间的选民则要依据到 A 和 B 的距离来确定,因为他们会选择与自己的政治倾向最接近的政党。两个政党为了赢得更多的选民都可能向中间位置移动。最终的结果就是两个政党都选择 M 的政治主张,即两党的政策立场相同。这就是所谓的"中间选民"假说,即两个政党竞争的均衡结果是两个政党都采取中间选民的立场作为自己的策略,只有这样才可能会赢得最多选民的支持。在图 5.3 中,横轴表示政党的立场(分别为左和右),纵轴表示不同政策倾向下的选民人数。如果不同政策倾向下的选民人数呈正态分布,且分布函数为 $f(N)$。其中,N 为不同的政策倾向,$f(N)$表示具有这种政策倾向的选民数量。

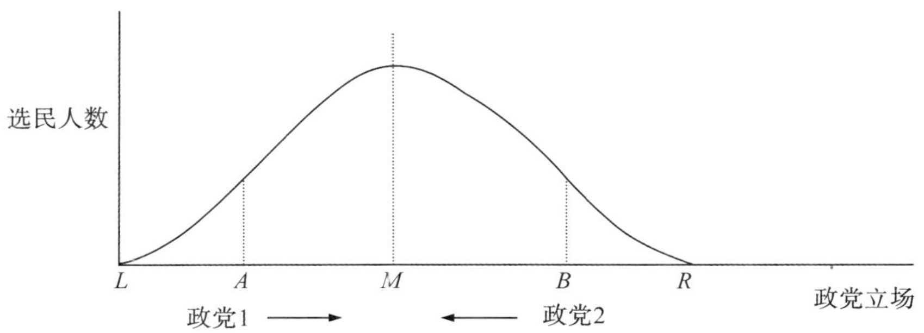

图 5.3　两党竞争模型

当政党 1 和政党 2 的政策主张分别为 A 和 B 的时候,它们得到的选票数 V_1 和 V_2 分别为:

$$V_1 = \int_0^{\frac{A+B}{2}} f(N)\mathrm{d}N \tag{5.12}$$

① 关于区位选择的理论是由哈罗德·霍特林(Harold Hotelling)提出并经过亚瑟·史密西斯(Arthur Smithies)发展的。安东尼·唐斯首先将区位选择理论运用于分析政党竞争。Harold Hotelling, "Stability in Competition", *The Economic Journal*, 1929, Vol.39, pp.41-57. Arthur Smithies, "Optimum Location in Spatial Competition", *The Journal of Political Economy*, 1941, Vol.49, No.3, pp.423-439.

$$V_2 = \int_{\frac{A+B}{2}}^{R} f(N)\mathrm{d}N \tag{5.13}$$

由于 $f(N)$ 为正态分布函数，当且仅当 $(A+B)/2=M$ 时，$V_1=V_2$。双方相互博弈的结果又必然是 $A=B=M$，否则结果就是不稳定的。因此，两个政党为了得到最大的选票数量，都会向中间政策靠拢，M 将成为两个政党共同的政策主张。根据上面的分析，两个政党的政策主张将倾向于相同。在这种情况下，无论哪个政党上台，政府政策的变化都不大。

如果不同政策倾向下的选民人数不服从正态分布，那么两个政党为了获得最多选票制定的政策就可能不是中间政策。这可以分为不同的情况：一是不同政策倾向下的选民人数先递增后递减，呈单峰变化；二是不同政策倾向下的选民人数呈双峰变化，先递增后递减再递增再递减。

情形 1：单峰变化

在图 5.4 中，两个政党的中间政策为 M。如果政党 2 的政策保持在 M 点不变，而政党 1 的政策向左移动到 X 点，那么政党 1 可能会失去 Y 点右边的所有选民，但会赢得 Y 点左侧的所有选民，如果政党 1 赢得的选民数量超过失去的选民数量，那么政党 1 就不会选择中间政策 M 点，而是选择偏左的政策 X 点，直到在某一点政党 1 赢得的选民数等于失去的选民数。X 点就是满足众数原则的政策主张。由于政策选择向左偏离可以获得更多的选票，政党 2 的政策主张也会向左移动。

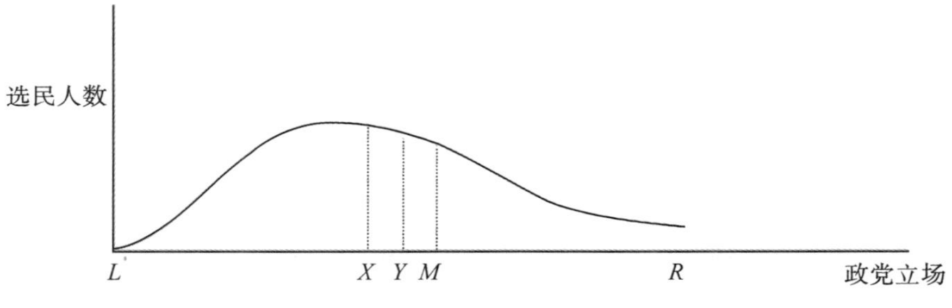

图 5.4 单峰变化下的两党竞争模型

情形 2：双峰变化

在图 5.5 中，不同政策倾向下的选民人数呈双峰变化，并且在 M 点两侧对称。当政党 1 的政策主张为 A、政党 2 的政策主张为 B 时，两党得到的选票数量相等。如果政党 1 的政策主张向右移动，比如到 M 点，而政党 2 的政策主张不变，那么它除了可以继续得到 M 左边的选民外，还得到 M 和 B 之间的部分选民。显然，两个政党追求选票最大化的结果可能是都向 M 点移动。不过，有人认为，政党 1 的政策主张偏离 A 点向 M 点移动，未必能够增加选票，因为如果政党 1 的政策主张过于向右偏离，其可能会失去一些极左的选民。这些选民可能会对政党 1 的过分偏离不满而放弃投票。

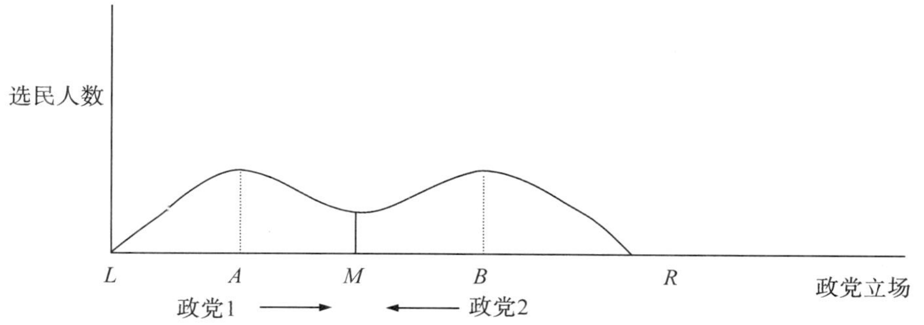

图 5.5　双峰情形下的两党竞争模型

三、多党制与政党联盟理论

许多国家和地区都存在各种各样的政党。比如美国除了共和党和民主党,还有社会民主党、社会党、共产党等;英国主要政党有工党、保守党和自由民主党;日本的政党主要有自民党、民主党、公明党、日本共产党、社民党、保守党等;中国台湾地区有 100 多个党,最主要的有国民党、民进党、亲民党、新党和台湾团结联盟。政党多并非代表多党制,有可能是一党制,也有可能是两党制。比如美国虽然有多个政党,但能够在大选中获胜并执政的只有共和党和民主党;英国是工党和保守党。这可能有多种原因,但主要原因是其他政党都比较弱小,与执政党力量相差悬殊,无法赢得大选,更无法执政。

(一)多党制形成的原因

多党制形成的原因多种多样,归纳起来,主要有以下几个。

第一,政治制度。在多数票规则下,容易形成两党制。任何政党要赢得选举,都必须获得至少一半的选票,如果政党过多,选票过于分散,可能任何政党都无法获得一半以上的选票。有些国家有多个政党,在选举之后,如果没有一个政党得到的选票超过半数,则允许形成政党联盟,多个政党共同执政。在代议民主制下,许多政党并非为了执政,而是为了获得在国会的席位,以影响政策。在这种情况下,就容易形成多党制。

第二,选民偏好。选民偏好如果多种多样,并且每种情形都有大量的支持者,那么就容易形成多党制。图 5.6 就说明了这种情形。

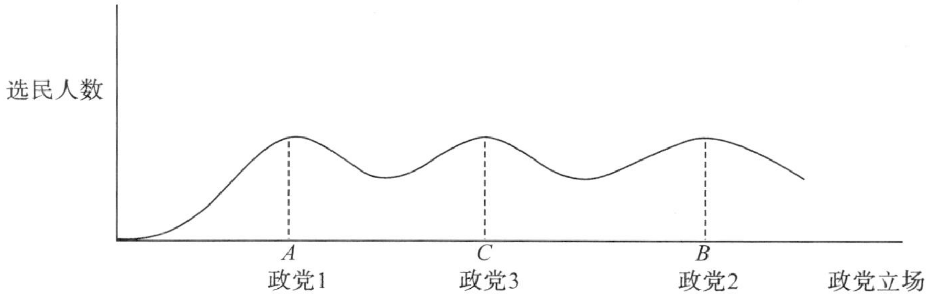

图 5.6　选民偏好与多党制的形成

在这种情况下,政党立场在三种不同的情况下的选民人数都比较多,选民的数量比较分散,容易形成多党制。即便原来只有两个政党,也有可能形成第三个政党。比如原来只有政党 1 和政党 2,如果在立场 C 处的选民增多,并且能够与政党 1 和政党 2 分别坚持立场 A 和立场 B 时的选民数相当,就有可能形成政党 3,与政党 1 和政党 2 竞争。因此,选民偏好的变化,可能会产生新的政党。

第三,新选民的出现。由于政治制度的改革或法律调整,原来不是选民者成为选民,也有可能导致新政党的产生。因为新增加的选民与原选民的偏好可能差别很大,新产生的选民数量如果很大,完全可能组成新的政党,并争取获得执政地位。比如,1900 年之前,英国只有自由党和保守党,后来随着选举权的扩大,新的选民加入政治生活中,他们的政治立场与其他政党差别较大,从而形成了新的政党,即工党。图 5.7 说明了这个问题。

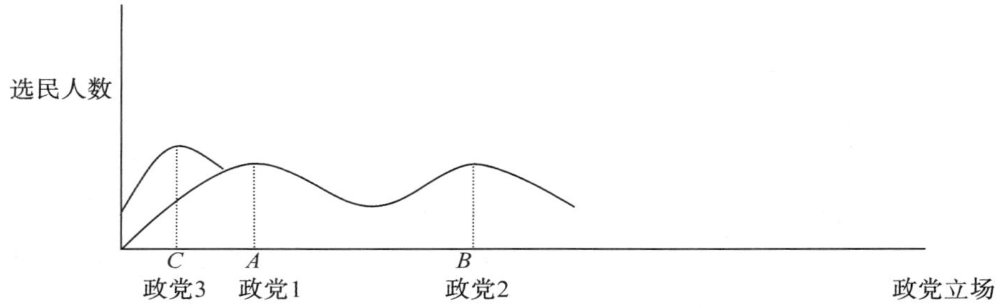

图 5.7 新选民的出现与多党制的形成

原来只有坚持政策立场 A 和 B 的政党 1 和政党 2,现在由于新增加的选民绝大多数偏好 C,从而支持该立场政党获得竞选胜利的可能性大大增加,在政党 1 和政党 2 无法改变政策立场以赢得这部分选票时,就有可能形成政党 3。

(二)多党联盟

在多党制下,由于选票比较分散,一个政党获得 50%以上的选票经常比较困难。不同的政党为了赢得执政地位,就可能结成政党联盟,共同执政。在 2004 年的印度大选中,国大党和人民党获得的席位都不足总数的一半。在 543 个议席中,国大党拥有了 217 个,而人民党获得了 185 个。最终,获得席位最多的国大党获得了联合其他政党组阁的权力。

既然政党可以通过结成联盟赢得选举,那么多大的联盟规模是恰当的?威廉·赖克(William Riker)在 1962 年出版的《政治联盟理论》(*The Theory of Political Coalitions*)中提出了"最小获胜联盟假说"(Minimum Winning Coalition Hypothesis)。[①] 他认为,政党

① William Harrison Riker, *The Theory of Political Coalitions*, New Haven: Yale University Press, 1962;[英]丹尼斯·缪勒:《公共选择理论(第三版)》,韩旭、杨春学等译,中国社会科学出版社 2010 年版,第 308 页。

之间的博弈是一种零和博弈，所有的议案都涉及财富的零和再分配，即一方所得恰好是另一方所失。如果单纯从赢得选举的角度看，一个联盟要获胜，规模越大越好，因为联盟越大，失去的选票就越少。然而，从成本和收益角度看，获胜联盟的收益恰好等于失败联盟的损失。如果获胜联盟过大而失败联盟过小，获胜联盟的收益也不会太大，每个成员分得的收益就会很少，而维持大规模联盟的成本却会随着联盟的扩大而增加。所以，获胜联盟的规模并非越大越好，它追求在赢得选举的概率一定的情形下规模最小。

在赖克之后，罗伯特·阿克塞尔罗德在《利益冲突》(*Conflict of Interest: A Theory of Divergent Goals with Applications to Politics*)一书中提出了"最小关联获胜联盟假说"(Minimum Connected Winning Coalition Hypothesis)。他认为，在多党制条件下，利害冲突较少或意识形态接近(即有某种关联)的政党将会联合起来形成联盟，这种联盟不断扩大，直至形成一个最小的获胜联盟。①

丹尼斯·缪勒曾经利用比利时 1946 年 2 月选举之后 4 个主要政党分配到的席位数来说明赖克和阿克塞尔罗德假说的差别。根据各党派在左派、右派的意识形态维度上的立场从上到下排列，表 5.1 表明了各党分配到的席位数。②

表 5.1 1946 年比利时议会的席位分配 %

党派	席位百分比
共产党	11
社会主义党	34
基督教社会党	45
自由党	8

最小关联获胜联盟假说认为，只有意识形态相邻的各个政党团体才会结合起来，组成在数量上足够多的政党联盟，以确保在议会中赢得大多数席位。比如自由党和基督教社会党就可以结成这样一个联盟，共同占有 53%的议席。最小获胜联盟假说则认为，像共产党、社会主义党和自由党这些不"相关联"的政党，也能够组成联盟。事实证明，共产党、社会主义党和自由党联盟组建的政府的确存在过，存在了 13 个月后，被社会主义党和基督教社会党组成的最小关联获胜联盟取代。后者存在了 27 个月，直

---

① Robert Axelrod, *Conflict of Interest: A Theory of Divergent Goals with Applications to Politics*, Chicago: Markham, 1970.

② 参见[美]丹尼斯·缪勒:《公共选择理论》,杨春学等译,中国社会科学文献出版社 1999 年版,第 273-274 页;Norman J. Schofield, Michael Laver, "Bargaining Theory and Cabinet Stability in European Coalition Governments: 1945-1983", in The Logic of Multiparty Systems, M. Holler, ed., Dordrecht: Martinus Nijhoff, 1987, pp.137-152; Norman J. Schofield, and M. Laver, *Multiparty Governments: The Politics of Coalitions in Europe*, Cambridge: Oxford University Press, 1990;[英]丹尼斯·缪勒:《公共选择理论(第三版)》,韩旭、杨春学等译,中国社会科学出版社 2010 年版,第 309 页。

到 1949 年 6 月再次选举。

最小关联获胜联盟假说和最小获胜联盟假说的成立都必须以各个政党的立场不变、不存在投票交易、互投赞成票等为基础。然而,这在现实中并不总是成立的。假设社会上有 A、B、C、D、E 五个政党。它们在不同联盟规模下的收益和损失分别如表 5.2 所示。

表 5.2　不同联盟规模下的收益和损失

		政党				
		A	B	C	D	E
获胜联盟的规模	5 个	0	0	0	0	0
	4 个	5	5	5	5	−20
	3 个	10	10	10	−15	−15

按照赖克的最小获胜联盟假说,如果 A、B、C、D 四个政党结成党派联盟,它们可以从政党 E 那里获得 20 单位的收益。联盟中的每个政党可以获得5 单位收益,政党 E 损失 20 单位。如果 A、B、C 三个政党结成联盟,它们可以从政党 D 和 E 那里获得 30 单位收益。联盟中的每个政党获得 10 单位收益,政党 D 和 E 各损失 15 单位收益。在这种情况下,如果 D 采取策略性行动,分别对 A、B、C 进行支付,要求 A、B、C 三个政党不要结成最小获胜联盟。假如 D 分别向 A、B、C 支付 6 个单位,并结成 4 党联盟。那么,A、B、C 三个政党除了可以从政党联盟中获得 5 单位收益外,还从政党 D 那里获得 6 单位,它们的收益都将变成 11 个单位(见表 5.3)。政党 D 可以从联盟中获得 5 单位收益,但需要对 A、B、C 支付 18 个单位,净损失 13 个单位收益。这样,由于 D 采取了策略性行动,A、B、C 三个政党相比于组成三党联盟多得 1 单位收益,而政党 D 少损失 2 单位收益。所以,如果有的政党采取策略性行动,那么最小获胜联盟假说就不能成立。

表 5.3　从 3 党联盟到 4 党联盟每个政党的收益和损失变化

		政党				
		A	B	C	D	E
获胜联盟的规模	3 个	10	10	10	−15	−15
	4 个(名义)	5	5	5	5	−20
	4 个(实际)	11	11	11	−13	−20

(三)多党制政府的稳定性

在议会政治体制中,政府只有维持住多数国会议员对它的支持,才能够生存下去。

当只有两个政党时，保持多数议员的支持相对容易得多；当政党数目成为多个时，要保持多数议员则变得相对困难。因为不同的党派对政府的施政纲领应该是什么、政府代表哪个利益集团的利益、政治倾向等都有自己的看法。因此，多党制政府的稳定性相对较差。

许多学者曾经对此进行过研究。泰勒（M. Taylor）和赫尔曼（V. M. Herman）利用第二次世界大战以后196个政府的资料，研究了政党制度与政府稳定之间的关系，结论表明：政府稳定性（用政府存续的日期长短来衡量）既与议会中政党的数目负相关（相关系数为－0.39），也与联合政府中的党派数目负相关（相关系数为－0.307）。一党政府存续的时间平均为1107.9天，而多党制政府的存续时间仅为624.5天。[①]

保罗·沃里克（Paul Warwick）等对联合政府持久性的研究表明，由多数党组成的联合政府比由少数党组成的联合政府持续的时间要长，最小获胜联盟存续的时间比其他联盟存续的时间要长。政府存续时间与政府中的党派数目负相关。[②]

第二节　政治家的行为特征

一、"政治家"的含义

在英语中，"Politician"的含义有：(1)政治家，即积极参与政治的人，特别是政党政治（One who is actively involved in politics, especially party politics）；(2)从政者，即占有或寻求政治职位的人（One who holds or seeks a political office）；(3)政客，即谋求个人或党派利益的人，常通过阴谋和伎俩（One who seeks personal or partisan gain, often by scheming and maneuvering）；(4)政治家，即在政府的科学或管理上老练的或有经验的人（One who is skilled or experienced in the science or administration of government）。[③] 这四种含义有褒义、有贬义、有中性。第一、第二种含义是中性词，积极参与政治或政党政治或者寻求政治职位，至于是为了什么目的或通过什么手段，没有体现出来；第三种含义是贬义词，特别是说到通过阴谋和伎俩的时候，贬义的成分就十分明显地体现出来了；第四种含义是褒义词，强调在政府科学或管理上具有经验、老练。

在汉语中，"政治家"和"政客"有明显的区别。政治家是有政治见识和政治才能并从事政治活动的人，多指国家的领导人物；而政客是指从事政治投机、玩弄权术、谋取

---

① Michael Taylor and V. M. Herman, "Party Systems and Government Stability", *The American Political Science Review*, 1971, Vol.65, No.1, pp.28-37. 参见丹尼斯·缪勒：《公共选择理论》（第3版），韩旭、杨春学等译，中国社会科学出版社2010年版，第318页。

② Paul Warwick, "The Durability of Coalition Governments in Parliamentary Democracies", *Comparative Political Studies*, 1979, Vol.11, No.4, pp.465-498; Norman J. Schofield, "Stability of Coalition Governments in Western Europe: 1945-1986", *The European Journal of Political Economy*, 1987, Vol.3, No.4, pp.555-591.

③ 参见《美国传统词典》中的Politician辞条。

私利的人。根据这种解释，政治家和政客的差别似乎一目了然。然而，一个人究竟是政治家还是政客，我们似乎很难判断出来。关于政治家和政客的区分，有学者强调，政治家为公，而政客为私。“政治家是以政治为事业，政客是以政治为职业。事业，就是做事；职业，就是做官。政客，作官，越不做事越好，多一事不如省一事。政治家是有所不为的，政客是无所不为的。政治家是考虑原则的，合乎原则的事就做，不合乎原则的事就不做。政客就顾不了那么多，有利可图，就无所不作。”①

根据政治学的观点，成为政治家的条件包括普遍条件和特殊条件。普遍条件是不私、不邪、不息、不欺，特殊条件是立大体、忍大辱、用大人、成大事。② 广义的政治家是指立德、立功、立言的一切伟大人物；而狭义的政治家，单指立功的伟大人物。③ 对政治家普遍条件和特殊条件的要求，既是一种规范的标准，也是对一些公认政治家标准的概括。

从经济学的角度讲，这些条件无论是对政治家的规范要求，还是实证概括，似乎都难以解释。比如，“不私”，我们首先要承认政治家也是人，他们也要生存。完全不私，可能最终的结果就是难以生存下去。我们也许可以认为，政治家不追求个人得失，甚至不惜牺牲自己的生命，他们从人民大众和整个社会的角度考虑问题，追求社会福利的提高或他人福利的改善。我们承认这样的人的确存在，然而并非普遍存在。

以现实的政治家为例，一个国家的总统显然可以称为政治家，然而作为总统的政治家并不一定具有政治学对政治家美好品德的概括，当然也不能够假定一个人成为总统之前和当选为总统后在人格结构上就存在明显差别。这至少说明，政治家与政客在人格结构上并没有本质的差别。

二、政治家的行为特征

从新政治经济学的角度看，政治家并非与政客相对，而是与官僚（或官员）相对。因为新政治经济学假定，所有主体都追求自身利益最大化，政治家也不例外。我们无法假定政治家的人格比别人高尚，或者一个人作为政治家时的人格与作为普通消费者或厂商、经理时的人格有什么不同。所以，我们假定政治家与政客没有差别，都追求权力以及通过权力获得地位和财富。

艾尔伯特·布雷顿（Albert Breton）曾经提出，被选出的政治家，“可以用一个效用

---

① 作者还用非常尖刻的描述说明了政客的特征。“满街都是政客，但满街不容易得一个政治家。特别是资本主义国家，有议员，有议会，人们有竞选活动，政客满天飞。这些人，是市侩，是流氓，是赌徒。他们把政治也当成了赌场。他们为了自己，到处钻营，争权夺利，视为理所当然，而丝毫无所顾忌。”杨玉清：《论政治家》，中国广播电视出版社1993年版，第25页。

② 参见杨玉清：《论政治家》，中国广播电视出版社1993年版，第18、22页。

③ 参见杨玉清：《论政治家》，中国广播电视出版社1993年版，“自序”第2页。立德的政治家，如文天祥；立言的政治家，如孟子、韩愈、朱熹；立功的政治家，如诸葛亮、毛泽东、邓小平等。在这本书中，作者特别分章节研究的政治家有：中国古代的管仲、商殃、诸葛亮、王安石、张居正、林则徐，外国历史上的克伦威尔、拿破仑、华盛顿、伊藤博文，近现代的列宁、孙中山、毛泽东。

函数刻画其特征，这个函数的变量包括：当选（或再当选）的概率、个人金钱收入、个人权势、自己的历史形象、对崇高个人理想的追求、对公共物品的个人看法以及政治家特有的其他东西”①。布雷顿模型的表达式是：

$$U_p = U_p(\pi, a_m) \tag{5.14}$$

式中，U_p 是政治家的效用；π 是当选或再当选的主观概率；a_m 是其他变量。从这个公式可以看出，政治家追求当选或再次当选并非目的，最终目的是实现自身效用最大化。或者说，当选或再当选仅是政治家实现自身效用最大化的一种手段。

政治家与官僚（或官员）的差别并非在人格结构上，而是在产生方式上。由于产生方式不同，政治家和官僚（或官员）的行为特征也就有很大差别。在现代民主国家，在和平时期，政治家主要是通过选举产生的②，而官僚（或官员）是政治家任命或提拔的。但是，经过选举产生的未必都是政治家。政治家为了当选或再次当选，就要追求选票最大化。选票来自选民，为了赢得选票，政治家需要服务于选民的利益，制定对选民有利的政策；同时政治家会与利益集团达成交易，利益集团提供政治献金和选票，政治家制定对利益集团有利的政策。政治家会从选票最大化的角度权衡利益集团和选民的利益。政治家在当选之后一方面要满足利益集团的利益，另一方面为了再次当选也不能过分损害选民的利益。

但官僚（或官员）不同，他们是政治家雇用的“职员”，其地位和收入都源于政治家。因为政治家的时间和精力都是有限的，不可能直接为所有选民和利益集团服务，官僚（或官员）就是政治家雇用的、代表政治家服务于选民利益的代理人。官僚（或官员）能够为选民做事，服务于选民的利益，最终是为了满足政治家的利益。因为官僚（或官员）过分损害选民的利益，实际上就间接损害了政治家在选民中的形象，政治家就可能因此失去选票。政治家为了当选或再次当选，就要求官僚（或官员）服务于选民的利益。如果官僚（或官员）不能够为政治家的利益服务，就有可能被政治家辞退或降职；而官僚（或官员）如果能够实现政治家的利益，政治家则可能会提拔官僚（或官员），给予更高的工资或者经费。这样，选民、政治家和官僚（或官员）之间形成相互交易的利益关系。

可以用图 5.8 来表示政治家与官僚（或官员）之间的关系。

---

① Albert Breton, *The Economic Theory of Representative Government*, Chicago: Aldine, 1974, p.124.

② 在中国，政治家包括以下几种：一是革命或变革时期的某些领袖、革命家、改革家、先驱者；二是掌握政权的国家元首、政府首脑、政党和国家卓越领导人；三是通过考核而升任的高级政府官员；四是拥有政治影响的知名人士和参与政治活动、经常发表重要政见的社会名流。

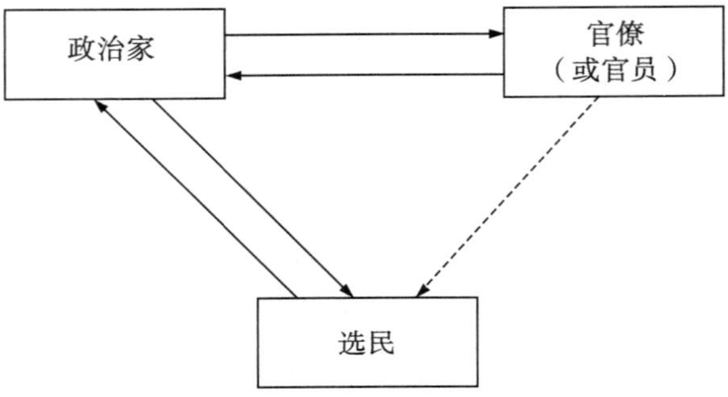

图 5.8　政治家、官僚（或官员）和选民的交易关系

图 5.8 表明，选民作为委托人与政治家作为代理人存在委托—代理关系；政治家要为选民提供服务，选民为政治家提供政治支持；因为政治家的时间和精力等有限，不可能直接为选民提供所需的公共服务，政治家委托官僚（或官员）为选民提供服务，所以官僚（或官员）是政治家的代理人；选民根据官僚（或官员）提供的公共服务评价政治家。这样，在选民和政治家之间存在委托—代理关系、政治家与官僚（或官员）之间存在委托—代理关系。在现实的政治生活中，官僚（或官员）又可以分为多个不同的层次，不同层级官僚（或官员）之间也存在委托—代理关系。既然存在委托—代理关系，就不可避免地面临信息不对称及由此产生的逆向选择和道德风险问题，进而需要设计相应的机制。

本章小结

政党是为追求执政而参与政治竞争的重要主体，其目标是赢得选举或者尽可能多的选票，以求在公共政策的制定上发挥更大的作用。政治家作为政党的代表，同样是为了赢得选举或选票，能够当选是政治家的目标。政治家当选后，其所在的政党成为执政党，所以政治家与政党的目标是一致的。

推荐阅读

1.［美］安东尼·唐斯：《民主的经济理论》，姚洋等译，上海人民出版社 2010 年版。

2.William H. Riker, *The Theory of Political Coalitions*, New Haven: Yale University Press, 1962.

3.Albert Breton, *The Economic Theory of Representative Government*, Chicago: Aldine, 1974.

思考题

1.政党的目标是什么？如何理解政党与选民之间的交易关系？

2.政党联合或政党联盟的目标是什么？政党联合或政党联盟的规模如何确定？

3.政治家的目标是什么？政治家与政客是否存在人格结构和行为特征上的差别？

第六章　官僚(官员)制度理论

第五章考察了政党和政治家的行为特征，本章考察官僚(官员)的行为特征和官僚(官员)制度。从政治经济学的角度看，官员也是追求自身利益最大化的主体。一个人成为官僚(官员)，与其作为消费者、企业家或厂商，应该没有本质区别。官僚(官员)制度虽然经常被人们指责甚至诟病，但却是几乎所有国家都存在并实行的一种行政管理制度。这又表明官僚(官员)制度是不可或缺的。本章使用的“官僚”或“官员”都是中性词。

承接第五章在政治家行为特征基础上关于选民、政治家和官僚(官员)关系的框图(见图 5.1)，本章将继续表明，官僚(官员)是政治家的代理人，他们与政治家形成委托—代理关系。选民选举出来的政治家委托官僚(官员)为选民提供公共服务，选民根据从官僚(官员)那里得到的公共服务来判断或评价政治家。

本章包含三节内容：第一节分析官员(官僚)制度，第二节阐释尼斯坎南提出的官员(官僚)预算最大化模型，第三节分析作为组织的官员(官僚)体系。

第一节　官僚制度与官僚(官员)

“官僚制”(Bureaucracy)是现代各国政治结构的主要特征。一个国家的统治和运行是与大量官僚(官员)的工作分不开的。虽然大多数人对官僚(官员)存在消极的看法，认为他们无能、官僚主义、腐败、人浮于事等，但人们又离不开官僚制，离不开官僚(官员)的活动。那么，到底什么是官僚制？官僚(官员)的特征是什么？他们追求什么目标？本节分析官僚制和官僚理论。需要强调指出的是，本节使用的官僚制、官僚(官员)都是中性的。①

---

① 安东尼·唐斯在《官僚制内幕》中特别强调了这种观念。参见[美]安东尼·唐斯：《官僚制内幕》，郭小聪等译，中国人民大学出版社 2006 年版，第 29 页。

一、官僚制和官僚（官员）的含义

在英语中，官僚制度（Bureaucracy）有四种含义：（1）行政系统，由官员组成的政府机关局或处进行的行政管理，而官员不是经过选举产生的；（2）官僚部门和其官员作为一个整体的总称；（3）官僚主义，一种以在众多机构中拥有权威地位，并且以固守着不变规则办事为特点的处理或管理；（4）官僚制度，一套行政制度，需要或倾向于一个复杂的过程从而阻碍有效行动的行政制度。这四种含义都是没有任何感情色彩的中性解释。需要特别注意的是第一点中的"不经选举的官员"，说明官僚机构中的官员不是选举产生的，这与选举产生的政治家是不同的。

在现代汉语中，"官僚制度""官僚主义"都带有一定的贬义色彩，官员、官员制度等是中性词语。在《现代汉语词典》中，"官僚"有两种解释：第一种是"官员""官吏"，第二种是"官僚主义"。第一种解释是中性的，基本上不带有感情色彩；第二种解释带有感情色彩。

在政治学中，许多学者从不同角度解释了"官僚（官员）制度"的含义。其中，《布莱克维尔政治学百科全书》中的解释颇具代表性。"这个术语有诸多不同的含义。它可以指一种由训练有素的专业人员根据固定规则不间断地推行的行政管理体制，亦可以指一种由职业行政官员而不是当选代表担任主要行政职务的政府管理体制；它可以指职业行政官员这样一个特殊的社会集团，亦可用某种贬义的方式来指某种带有一些特定缺陷的畸型的管理，如'文牍主义'、不负责任、拖沓延误等等。"[①]这个定义包括四个角度的含义：第一种含义表明，官僚制度是由"训练有素的专业人员"组成的，说明官僚制度或官僚机构的运行带有一定的专业性；第二种含义表明官员不是通过选举产生出来的；第三种含义说明官员是一种职业，官员群体构成了职业行政官员；第四种含义则带有一定的贬义，说明官僚制度或官僚机构无效率。

二、官僚制度的特征

最早对官僚制度和官僚进行系统研究并给出了经典定义的学者，当推马克斯·韦伯。按照韦伯的看法，现代官僚机构具有六个方面的特征："第一，官僚机构是大的组织；第二，大部分官僚机构的雇员是全职的，他们以此谋生，其大部分收入是从官僚机构得来的；第三，雇员的任命、续聘和提升，主要根据其在官僚机构内的表现（而不是通过选举或预先的特征）；第四，官僚机构以命令和服从的等级结构权威关系来管理，官僚有权利和义务服从既定的规则；第五，任职者和职位是严格分开的，长官并不拥有他的职位或生产手段，下属只有在作为一个受雇用者角色时才对官僚机构的权威负责；第六，官僚活动以行政的复杂性、任务的特殊功能性和运行的秘密性为特征。任务的

---

① ［英］戴维·比瑟姆：《官僚·官僚制》，［英］戴维·米勒、韦农·波格丹诺主编：《布莱克维尔政治学百科全书》，邓正来等译，中国政法大学出版社 1992 年版，第 76 页。

特殊性，使得官僚在任职前的正规训练及其前一职位成为考察素质的重要依据。”①也有人将韦伯的这六个特征概括为四个：“(1)等级制，即每个官员都明确地拥有特定的权限，并对其上级负责；(2)非人格性，即每个官员的工作是根据固定的规则而不是根据官员的好恶来确定的，每项具体事务都必须保留文字记录；(3)延续性，即行政官员是一个专职的薪金阶层，其职务稳定，并有望正常晋升；(4)专业化，即官员都是择优录用，受过专门训练，并系统了解所在领域的全部知识。”②在韦伯看来，相对于其他组织形式，官僚制度是最优的选择。他说：“充分发达的官僚体制同其他组织相比，恰如机器生产同其他非机器生产方式一样……准确性、速度、毫不含糊、档案知识、连续性、审慎、统一、严格的等级服从关系、减少摩擦、人力成本的节约——在严格的官僚管理机构中，这些优点都上升到最完美的境界。”③

奥地利学派的代表人物路德维希·海因里希·艾德勒·冯·米塞斯(Ludwig Heinrich Edler von Mises)在1944年出版了《官僚体制》一书。他认为，在人类社会框架内人们之间的和平合作存在两种方式：一种是官僚体制的管理，另一种是利润管理。在不存在利润管理问题的领域，只能够采用官僚体制管理。“警察局不能按营利企业的活动所采用的方式运行……警察局不能出售它的‘产品’，它的成就不管多么有价值，甚至必不可少，然而它没有市场价格，所以也无法与它所造成的开支进行比较。”④米塞斯一直强调官僚管理不同于企业的利润管理，原因在于“公共行政取得的成果没有市场价格”。“官僚管理是一种运用于行政事务的手段，这种行政的结果不具有市场上的现金价值。请记住：我们没有说成功的公共事务管理没有价值，而是说它没有市场价格，它的价值无法落实于市场交易之中，所以也无法用金钱来衡量。”⑤“官僚管理，就是对无法用经济核算进行监督的事务的管理。”⑥从米塞斯的论述来看，他强调官僚所提供的产品或服务无法通过市场价格来衡量，官僚机构无法强调利润目标，而是更加强调服从和预算。官僚机构的产出不能够用利润来衡量，对于官僚来说也是如此，即不能够采用货币来评价官员的服务或产出，不管其服务或产出多么重要、多么有价值。

安东尼·唐斯在《官僚制内幕》(*Inside Bureaucracy*)中讨论了官僚组织、官僚和官僚制度的特征。唐斯在马克斯·韦伯官僚组织特征分析的基础上增加了一条经济特征，即官僚组织“产出的主要部分并不是直接或间接地由组织外部的市场通过权衡

---

① [美]尼斯坎南：《官僚制与公共经济学》，王浦劬等译，中国青年出版社2004年版，第21页。

② [英]戴维·比瑟姆：《官僚·官僚制》，[英]戴维·米勒、韦农·波格丹诺主编：《布莱克维尔政治学百科全书》，邓正来等译，中国政法大学出版社1992年版，第77页。

③ Max Weber, “Bureaucracy”, *From Max Weber: Essays in Sociology*, Oxford University Press, 1946；转引自[美]奥尔森：《官僚制度》，[美]约翰·伊特韦尔、默里·米尔盖特、彼得·纽曼编：《新帕尔格雷夫经济学大辞典》(第一卷)，陈岱孙等译，经济科学出版社1996年版，第323页。

④ [奥地利]米塞斯：《官僚体制·反资本主义的心态》，冯克利、姚中秋译，新星出版社2007年版，第5页。

⑤ [奥地利]米塞斯：《官僚体制·反资本主义的心态》，冯克利、姚中秋译，新星出版社2007年版，第45页。

⑥ [奥地利]米塞斯：《官僚体制·反资本主义的心态》，冯克利、姚中秋译，新星出版社2007年版，第46页。

机制来评估”。[①] 对于官僚，唐斯同样概括了四个特征：“（1）他为一个大型组织工作；（2）全职为组织工作，并且主要收入来源于这个职业；（3）组织对其重要成员以及有问题的员工采取的人事政策（包括雇用、提升和留职），至少是以其在组织中履行的职责为基础的；（4）无论他所在的组织整体如何对产出进行评估，他自身的产出不能通过任何市场评价机制来进行直接或间接的评估。”[②]

从唐斯的分析可以看出，官僚在官僚组织中工作与工人在工厂中工作并没有本质的差别，他以此赚取收入、以此谋生，他能否得到晋升等都依赖于他在工作中的表现，但是官僚的工作是无法采用“计件”衡量的，也不能够以其服务的数量和质量获得对应的报酬。

威廉·尼斯坎南在其关于官僚制的经典著作《官僚制与代议制政府》[③]（*Bureaucracy and Representative Government*）中，将“官僚机构”定义为同时具有下列两个特征的组织：这些组织的所有者和被雇用者并不挪用收益与成本之差的任何一部分作为个人收入；这一组织的再生收益的某些部分并不来自按照单位价格销售产品。概括起来，“官僚机构是非营利组织，它至少一定程度上是依靠周期性拨款或赠款获得财政资助的”[④]。

三、与官僚制度相关的三个理论问题

（一）官僚制度的起源和发展

关于官僚制度的起源和发展，按照尼斯坎南的观点：“官僚可能是公社部落以外最古老的组织形式。书面文字第一次广泛使用，就记录了古苏美尔人的官僚机构的指示和决策。最早的埃及文献充满了帝国官僚制中年轻官员的行为规则，形成了文献的一个主题，并且得到了儒家学说、柏拉图和尼可罗·马基亚维利（Niccolò Machiavelli）的丰富发展。从古代的苏美尔和埃及王国，到现代的民族国家，官僚制一直是所有拥有广袤领土主权的政府的公共行政的特定形式。与许多其他工业国家一样，大约1/6的美国国家收入耗费在官僚机构上。官僚的行为充斥着世界报纸的前几页。”[⑤]孙越生在为王亚南《中国官僚政治研究》写的“再版序言”中指出：“官僚主义由于它的非凡的亲和力，几乎与人类共始终的共生的性格——它的原始的压迫形态早在私有制出现以

---

① ［美］安东尼·唐斯：《官僚制内幕》，郭小聪等译，中国人民大学出版社2006年版，第28页。

② ［美］安东尼·唐斯：《官僚制内幕》，郭小聪等译，中国人民大学出版社2006年版，第29页。

③ 许多学者对这本书给予了高度评价。米歇尔在1974年的书评中称这本书是“由经济学家论述官僚制角色迄今为止所做的最有意义的工作”；缪勒在对公共选择理论的系统性研究著作中称这本书是“在公共选择框架内研究官僚制的第一次系统的努力”；布莱斯（Blais）和迪奥（Dion）认为：“尼斯坎南的模型的伟大意义在于，它能够考虑官僚寻求更大预算的固有习性。它确实假定官僚企图使其预算最大化，并且使这个假定成为官僚行为理论的核心命题。”以上评论见查尔斯·罗利为《官僚制与公共经济学》写的“前言”，见［美］尼斯坎南：《官僚制与公共经济学》，王浦劬等译，中国青年出版社2004年版，第3页。

④ ［美］尼斯坎南：《官僚制与公共经济学》，王浦劬等译，中国青年出版社2004年版，第15页。

⑤ ［美］尼斯坎南：《官僚制与公共经济学》，王浦劬等译，中国青年出版社2004年版，第4页。

前就已存在,它的未来的压迫形态未必能在私有制消灭以后消失殆尽,人类不仅不可能在条件不足的情况下过早地凭空将它消灭,而且也不可能由于勉强这样做而不受到'政治生态危机'的惩罚。"[①]从这两段论述可以看出,官僚制度自从人类社会开始出现统治者就已经存在,在人类社会发展过程中一直存在,甚至到了未来的共产主义社会也会存在官僚制度。

(二)官僚制度是有效率的吗

"官僚制度"本身虽然是一个相对中性的词语,但是"官僚主义"肯定是一个贬义词。[②] 人们对"官僚主义"的批评至少表明,官僚制度应该是效率不高的。因为"官僚主义"意味着"脱离实际,脱离群众,不关心群众利益,只知发号施令而不进行调查研究的工作作风和领导作风"[③]。实际上,对官僚制度一直存在着支持和反对两种不同的观点。反对官僚制度的观点通常认为,官僚制度存在三大问题:绩效不佳、权力过多、压制个体。[④] 绩效不佳主要体现为各种社会问题的存在,虽然税收在不断提高,政府的投入在不断增加,然而各种社会问题的解决通常并不尽如人意;权力过多主要体现为官僚机构的规模越来越大,对公众行动的控制越来越多,正如米塞斯所指出的,"官僚们每天都在获得更多的权力,用不了多久,他们就会主宰整个国家"[⑤];压制个体主要体现为对个体行为的限制和管制。

虽然对官僚制度的各种批评广泛存在,但是官僚制度作为政治过程或政治制度中的重要部分又一直存在而且将长期存在。官僚制度为什么能够长期存在呢?本质上还在于官僚制度的效率。对于人类社会的发展来讲,不论采取什么样的政治制度,统治者都需要官僚(官员),而且需要各种层级的官僚(官员)。问题很可能在于:不是官僚制度本身是否有效率,而是官僚制度是否存在可替代的制度或体制?相对于能够以货币进行衡量、以追求利润为目的的市场制度来说,官僚制度可能效率不高,但是对于解决市场失灵问题,对于集体行动来说,应该不是效率最低的制度。比如,可以设想一个国家公共政策的制定,如果每个公共事物都采取全体选民投票决策的模式,对于人数比较少(也许像梵蒂冈那样)的国家来说也许是可行的,对于世界上绝大多数的国家或地区是不可想象的。所以,几乎所有国家都采取代议制的模式,选出执政的政党和政治家,然后由政治家任命或委托官员为选民作出决策。

(三)官僚制度与市场制度的关系

正统的经济理论认为,官僚原则与市场原则之间有着根本性的对立。市场原则代

---

① 王亚南:《中国官僚政治研究》,中国社会科学出版社 1981 年版,第 12 页。王亚南的这部著作初版于 1948 年。

② 正如米塞斯所指出的,没有人自称"官僚",或者把自己的管理方式称为"官僚"管理。参见[奥地利]米塞斯:《官僚体制·反资本主义的心态》,冯克利、姚中秋译,新星出版社 2007 年版,第 11 页。

③ 中国社会科学院语言研究所词典编辑室编:《现代汉语词典》(第 7 版),商务印书馆 2019 年版,第 480 页。

④ 参见[美]查尔斯·T. 葛德塞尔:《为官僚制正名:一场公共行政的辩论》,张怡译,复旦大学出版社 2007 年版,第 14 页。

⑤ [奥地利]米塞斯:《官僚体制·反资本主义的心态》,冯克利、姚中秋译,新星出版社 2007 年版,第 13 页。

表着竞争、活力和选择自由，而官僚原则则代表着垄断、迟钝和强制。根据这种观点，只有在根据市场原则来组织生产、官僚在社会福利中的必要作用保持在最低限度的情况下，社会才能是充满活力的。马克思主义者认为，在资本主义条件下，官僚的日益庞大恰恰是市场本身的产物。因此，只有通过大规模的国家供给，才能消除市场内在的垄断趋势以及由此造成的不稳定和剥削，而且，只有通过建立庞大的强制性机构，才能制止与市场相联系的阶级冲突。

那么，官僚与市场是什么关系呢？官僚与市场相冲突吗？官僚是市场的产物吗？可能都不是。首先，无论有没有市场、采不采取市场经济体制，都需要官僚，资本主义存在，社会主义也存在。事实证明，在采取市场经济的国家存在官僚制度，在采取计划经济的国家也存在官僚制度；在发达的资本主义国家存在官僚制度，在社会主义国家也存在官僚制度。其次，官僚与政治家或选民之间的关系可以通过交易来分析或研究。官僚是政治家的代理人，官僚与政治家之间存在交易关系。政治家为官僚提供预算支出，购买官僚的公共服务。

第二节　官僚(官员)的目标与行为特征

一、官僚(官员)的目标

马克斯·韦伯曾经提出，作为个人的官僚与不是官僚的个人相比，在效率、诚实、勤奋、正直、公共精神和更适合做行政工作方面并没有差别，安东尼·唐斯、尼斯坎南等都认可这种看法。诚然，并不是所有的人都适合做官僚，但就人格结构和行为特征而言，作为个人的官僚与不是官僚的个人在追求个人利益最大化方面可能并没有差别。①

布坎南在为荅洛克的《官僚体制的政治学》写的前言中指出："许多的行政管理理论，不管是古代的还是现代的，都基于相反的观点，即人一旦置身于等级制中，他就变得像一部机器，一部忠心耿耿执行上级命令的机器，而上级的行为就是要让整个组织实现政策决定。荅洛克却把我们带回到亚当·斯密的说法，并重新措辞，表述为如下话语：'我们所需的研究经费或福利支票，并非得自官员的恩惠，而是得自他对自己利

---

① 米塞斯在对官僚制的研究中，对当时关于官僚的一些观点进行了评论："在德国中央集权的形而上学主义者那里，存在着一个目标混乱的现象，那就是所有的政府工作人员都被披上了利他主义的个人牺牲精神的外衣。在德国统治者看来，市民是作为神圣的动物出现的，他们就像僧侣一样，甘愿放弃个人所有的快乐和幸福，以个人能力的最大限度的发挥来服务于上帝的代理人，即以前的霍亨索伦王室和今天的希特勒元首。他们工作并非为了报酬，因为相对于他们以个人的牺牲换来的社会利益而言，无论多么高的报酬都是微不足道的。社会对他们的回报并不只是付给他们薪水，而且还奖赏他们一定的政治地位和政府职位。"这段话转引自：[美]威廉姆·A.尼斯坎南：《官僚制与公共经济学》，王浦劬等译，中国青年出版社 2004 年版，第 35 页。

益而非公众利益的算计。’”[①]布坎南和塔洛克都认为，将官僚假定为追求公共利益者是不正确的，一个人不会因为成为官员人格结构就发生变化，他们也追求自身利益。官僚虽然可能会有表面上“利他”的行为，但是“利他”的背后是“利己”。

安东尼·唐斯在《官僚制内部》中也持有同样的观点，“官僚组织官员（以及其他社会代理人）试图理性地实现他们的目标”，“每一个官员都在很大程度上受他自己的个人利益的驱动，即使当他纯粹执行职责的时候也不例外”。[②] 这是唐斯对官僚（官员）的基本行为假定。以此为基础，他认为：“官僚作为个体在效率、诚实、努力工作、精确性、公共精神等方面比非官僚既不是更好也不是更坏，他们通常也不一定比非官僚更令人钦佩。”[③]一个人作为企业家赚取利润、作为工人赚取工资和作为官僚（官员）赚取收入应该没有差别，企业家追求利润最大化，工人追求工资和闲暇以实现效用最大化，同样官僚也会在闲暇、收入和权力（职位）等方面寻求效用最大化或利益最大化。然而，对官僚追求效用最大化或利益最大化的描述过于笼统，因为一个人的效用函数中到底包括哪些变量是不清楚的，一个人的利益到底是什么也不清楚。

米塞斯最早提出了官员的目标是追求预算，尼斯坎南接受了米塞斯的这个观点并将其模型化。米塞斯曾经指出：“在民主社会里，行政部门不仅受到法律的约束，而且受到预算的约束。民主的控制是预算控制。人民代表拿着国库的钥匙。不经议会同意，没有一个便士可用。把公共资金用于未经议会安排的开支，是违法的。”[④]尼斯坎南认为，官僚的目标是追求预算最大化。在他看来，官员效用函数的变量包括工资、办公室津贴、公众声誉、权力、奖金、官僚机构的输出、变革的难易度、管理官僚机构的难易度。在这些变量中，除了最后两个，其他变量都和官僚机构的总预算正相关。然而，最后两个变量也和总预算有某种内在联系。“改革的问题和管理一个官僚机构的个人负担，常常会随着预算水平的提高而增加，但是，通过提高总预算却可以减少问题和减轻负担。这个后果形成了一个相互影响的囚徒困境，并使得官僚竭力提高总预算水平，直到他们把稳定的较高的预算的管理责任转移到一个新的官僚身上。这里提供了一个有趣的循环模式，当预算稳定时，那些热衷于变革的官僚就会辞职；其替代者将满足于高预算的其他报酬，或者努力进一步提高预算，或者可能削减预算，以便为将来进一步提高预算做准备。”[⑤]从这段话可以看出，官僚效用函数中的所有变量都直接或间接地与总预算水平有关。

官僚的目标是提高预算总水平，那么，谁为官僚提供预算？为什么提供预算？在尼斯坎南看来，大部分官僚机构是由政府或者当选的政治家提供预算。这些政治家评估官僚机构将进行的活动和预算，批准预算，监督官僚机构的运行，还批准官僚机构首

① [美]塔洛克：《官僚体制的政治学》，柏克、郑景胜译，商务印书馆2010年版，“前言”第2页。

② [美]安东尼·唐斯：《官僚制内幕》，郭小聪等译，中国人民大学出版社2006年版，第280页。

③ [美]安东尼·唐斯：《官僚制内幕》，郭小聪等译，中国人民大学出版社2006年版，第29页。

④ [奥地利]米塞斯：《官僚体制·反资本主义的心态》，冯克利、姚中秋译，新星出版社2007年版，第42页。

⑤ [美]尼斯坎南：《官僚制与公共经济学》，王浦劬等译，中国青年出版社2004年版，第37页。

脑的任命。官僚机构为政府或政治家提供服务，而且是一种通常没有替代品的特定服务。这就在政治家和官僚之间形成了一种交换关系，而且是具有"双边垄断"性质的交换。官僚机构和政府或政治家之间的交换关系与市场上的交换关系差别在于：官僚机构为了预算而供给一个总产出，市场组织按照一个价格供给单位产出。也就是说，官僚机构的预算是由政府或政治家一次给予的，官僚机构提供给政府或政治家的服务也是总体性的，而并非分散的。官僚机构之所以对政治家具有"垄断力"，是因为政府或政治家"缺乏对于其他官僚机构的有价值的选择，而且不想放弃由该官僚机构所提供的服务"[①]。这表明了官僚与政府或政治家之间的交换关系。

二、官僚模型(一)：预算最大化模型[②]

尼斯坎南利用官员的预算产出函数和成本产出函数分析了官员预算最大化的条件，解释了官僚（官员）追求预算最大化的基本理论框架。

(一)基本模型

1.政府或政治家的预算/产出函数

从官僚机构的角度看，政府或政治家的偏好用"预算/产出函数"来概括。这个函数上的每一点表示政府或政治家为了获得较高的预期产出而愿意资助的预算资金。用数学语言来说，这个函数的一阶导数在相关范围内是正的。换句话说，在一定范围内，相对于较大的预期产出来说，政府或政治家更愿意对较小的预期产出的每个单位产出给予比较高的资助。因此，这个函数的二阶导数为负。为了简化，尼斯坎南采用了预算/产出函数[见图 6.1(a)]：

$$B = aQ - bQ^2, \quad 0 \leqslant Q < a/b \tag{6.1}$$

其中，B 表示在一定时期内政府或政治家愿意给予官僚机构的最大预算资金，Q 表示在一定时期内官僚机构的预期产出。

对式(6.1)求导数，可以得到预算/产出函数的边际值[图 6.1(b)]：

$$V = a - 2bQ, \quad 0 \leqslant Q < a/2b \tag{6.2}$$

式中，V 表示政府或政治家愿意支付的单位产出的最高价格。

这个函数与官僚没有关系，但与政府或政治家有密切关系。它表示，如果政府或政治家所需要的服务由竞争性产业供给，那么在不同的供给价格上，政府或政治家会从竞争性产业那里购买多少服务。

---

① [美]尼斯坎南：《官僚制与公共经济学》，王浦劬等译，中国青年出版社 2004 年版，第 25 页。

② 预算最大化模型的相关内容参见[美]尼斯坎南：《官僚制与公共经济学》，王浦劬等译，中国青年出版社 2004 年版，第 24-101 页。有改动。

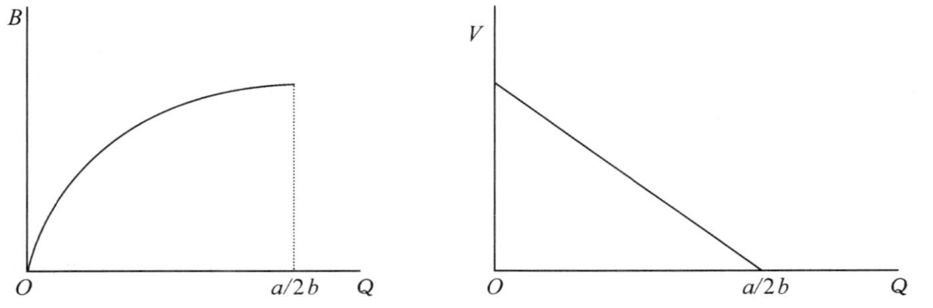

(a)预算/产出函数　　(b)预算/产出函数的边际值

图 6.1　预算/产出函数及其边际值

2.官僚机构的成本/产出函数

大多数官僚机构在竞争性市场上雇用人力和物质生产要素。官僚机构支付的工资和要素价格,称为成本/产出函数。在一定的要素价格和可行的生产程序下,这个函数上的任何一点代表特定产出所必需要素的最小总体支付,成本/产出函数代表这些点之间的关系。这个函数的特征是:在一定的预期产出范围内,较大的产出只能通过较大的要素支付获得。这个函数的导数总为正,同时较大的产出一般只能通过每单位产出的较高成本获得,但有时也可以通过较低成本获得。该函数的一阶导数总为正,二阶导数一般为正,但也可能为负。为了简化,尼斯坎南采用的成本/产出函数[见图6.2(a)]为:

$$TC = cQ + dQ^2, \quad 0 \leqslant Q \tag{6.3}$$

式中,TC 表示特定时期内要素的最小总支付。

对式(6.3)求导数,可以得到最低边际成本函数[见图 6.2(b)]:

$$C = c + 2dQ, \quad 0 \leqslant Q \tag{6.4}$$

式中,C 表示一定时期内要素的最低边际支付。

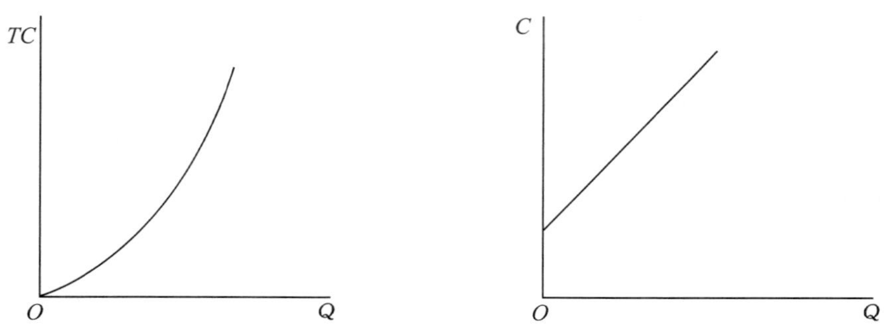

(a)成本/产出函数　　(b)成本/产出函数的边际值

图 6.2　成本/产出函数及其边际值

对于竞争性产业来说，要素平均成本函数[即式(6.3)除以 Q，$AC=c+dQ$]表示不同价格水平上的产出，是一个长期的供给函数。但是，对于垄断性的官僚机构而言，它并不在一个给定的价格上提供特定量的产出，所以不能够反映最低成本条件。

3.求解官僚机构的产出和预算

根据前面对政府或政治家预算/产出函数和官僚（官员）成本/产出函数的分析，在政府或政治家与官僚（官员）双边垄断的条件下，政府或政治家为官僚提供的总预算水平必须大于等于官僚生产预期产量的总成本。将预算/产出函数和成本/产出函数联系起来：

$$B \geqslant TC \tag{6.5}$$

关键的问题是，如何求解政府或政治家将要批准的预算的最大化水平和官僚机构在所批准的预算上供给服务的预期产出。

在充分考虑到政府或政治家在审议预算过程中可能作出的削减之后，官僚提出一个预算/产出议案。这个议案将使预期批准的预算最大化，其约束条件是，所批准的预算必须足以包括政府或政治家在该预算水平上预期产出的成本。也就是说，官僚提出的预算/产出议案，政府或政治家批准的预算水平，至少能够满足官僚生产特定产出的成本。

当预算 B 最大化时，

$$Q=a/2b \tag{6.6}$$

这是政府或政治家预期的最大产出水平。

由于 $B \geqslant TC$，联合式(6.1)和式(6.3)，可以得出

$$Q \leqslant (a-c)/(b+d) \tag{6.7}$$

这表示官僚机构的产出水平总不大于 $(a-c)/(b+d)$。

当 $a/2b>(a-c)/(b+d)$，即 $a<2bc/(b-d)$ 时，

$$Q=(a-c)/(b+d) \tag{6.8}$$

当 $a/2b \leqslant (a-c)/(b+d)$，即 $a \geqslant 2bc/(b-d)$ 时，

$$Q=a/2b \tag{6.9}$$

所以，官僚机构的产出水平 Q 就是：

$$Q=\begin{cases}(a-c)/(b+d), & \text{当 } a<2bc/(b-d) \text{ 时} \\ a/2b, & \text{当 } a \geqslant 2bc/(b-d) \text{ 时}\end{cases} \tag{6.10}$$

这也可以用图形说明。当成本/产出曲线与预算/产出曲线相交于预算/产出曲线最高点的左边时，均衡的产出水平由两条曲线的交点决定，如图 6.3 中 TC 和 B 的交点，决定均衡产出为 $(a-c)/(b+d)$；当成本/产出曲线与预算/产出曲线相交于预算/产出曲线最高点的右边时，均衡的产出水平由预算/产出曲线的最高点决定，即预算最大化时的产出为 $a/2b$。

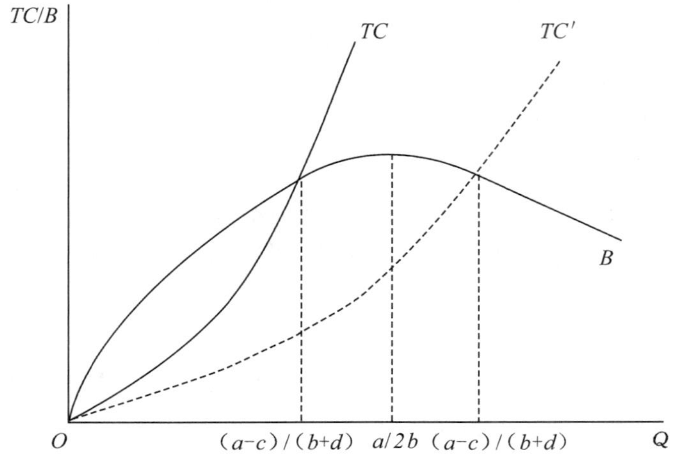

图 6.3 官僚(官员)产出均衡模型

当 $Q=(a-c)/(b+d)$时，

$$B=TC=(ad+bc)(a-c)/(b+d)^2 \tag{6.11}$$

官僚机构能够得到的剩余为：

$$S=\int_0^Q (C-AC)\mathrm{d}Q$$

$$=\frac{1}{2}dQ^2=\frac{(a-c)^2 d}{2(b+d)^2} \tag{6.12}$$

当 $Q=a/2b$ 时，

$$B=a^2/4b \tag{6.13}$$

$$TC=a(2bc+ad)/4b^2 \tag{6.14}$$

由于 $a \geqslant 2bc/(b-d)$，可以证明 $B \geqslant TC$。

因此官僚机构能够得到的剩余为：

$$S=\frac{1}{2}dQ^2=\frac{a^2 d}{8b^2} \tag{6.15}$$

4.几个结论

通过对官僚基本模型的分析，尼斯坎南得出了三点结论。

第一，如果政府或政治家对服务的需求既定，所有的官僚机构都太大，即所有官僚机构的预算和产出都将大于使政府或政治家的净值最大化的预算和产出。

第二，官僚机构的产出通常会过大，结果就是官僚机构在提供公共服务的过程中会使用过多的生产要素，获得更多的剩余。

第三，一些官僚机构，尤其是那些新的官僚机构和面对成本的外部实质性增长的官僚机构，以最低可能预算供给均衡水平的服务；相反，其他官僚机构，尤其是那些老的官僚机构和面对成本的外部实质性下降的官僚机构，会以高于最低必要成本的预算供给服务。

官僚组织倾向于规模逐渐扩大的事实，被英国历史学家诺斯古德·帕金森(Northcote C. Parkinson)归结为“帕金森定律”(Parkinson's Law)。他曾经提出了一个计算官僚机构扩张速度的公式。[①] “帕金森定律”得到了广泛的赞同和支持。戈登·塔洛克指出：“所有的官员，不论成功与否，全都会赞成整个官僚体制的扩张。”[②]安东尼·唐斯指出：“官僚组织有一种内在的扩张倾向，而不管是否真正存在服务的需要。”[③]尼斯坎南也指出：“官僚机构天生具有扩展的趋势。”[④]

尼斯坎南还对官僚预算最大化的基本模型进行了扩展，一是将官僚机构作为歧视性垄断者；二是多个官僚机构共同生产某种产出；三是将官僚机构的生产与竞争性市场企业的产出进行比较。所得出的结果都表明，官僚机构追求更多的预算和投入，但是产出相对更低，从而说明了官僚机构生产的低效率。

(二)需求和成本变化的影响

尼斯坎南还研究了需求和成本变化对均衡产出和预算的影响，即当预算/产出函数和成本/产出函数的参数发生变化时，产出和预算将发生什么样的变化。可以通过对均衡条件下的预算、成本求关于各个参数的导数，分析需求和成本变化对产出和预算总水平的影响。表 6.1 列出了基本模型下预算约束的官僚机构、需求约束的官僚机构以及竞争性行业各自的均衡产出和预算。

表 6.1　均衡产出和预算条件

	Q	B
预算约束的官僚机构		
$a<2bc/(b-d)$，$d\neq 0$	$(a-c)/(b+d)$	$[(a^2-ac)/(b+d)]-[b(a-c)^2(b+d)^2]$
$a<2bc/(b-d)$，$d=0$	$(a-c)/b$	$(ac-c^2)/b$
需求约束的官僚机构		
$a\geq 2bc/(b-d)$	$a/2b$	$a^2/4b$

① 参见[英]诺斯古德·帕金森：《官场病·帕金森定律》，陈休征译，生活·读书·新知三联书店 1982 年版，第 11 页。Northcote C. Parkinson, *Parkinson's Law and Other Studies in Administration*, Boston: Houghton Mifflin Co., 1962, p.12. 他在这部著作的开头讲了一个例子非常形象地说明了官僚机构的扩张。官员 A 在感到自己劳累过度之后，有三种补救的办法：一是辞职，二是让另一个同事 B 来分担其工作，三是要求增加两个助手 C 和 D。在这三种办法中，他会选择第三种。第一种意味着他将失去工作和未来的报酬，不可行。第二种意味着他将在未来的晋升中增加一个强有力的对手，不利于未来的发展，不可行。按照第三种选择，为什么要增加两个助手而不是一个，原因在于如果只增加一个助手，则与第二种办法类似，增加了竞争对手；而增加两个助手，两个助手之间的竞争能够避免自己被取代。当 C 和 D 也工作过度劳累的时候，会采取同样的做法。所以，工作人员的数量会呈金字塔式增长。规模越来越大，而要处理的工作未必会增加，但是效率大幅度下降了。帕金森的这个例子非常形象。

② [美]塔洛克：《官僚体制的政治学》，柏克、郑景胜译，商务印书馆 2010 年版，第 160 页。

③ [美]安东尼·唐斯：《官僚制内幕》，郭小聪等译，中国人民大学出版社 2006 年版，第 18 页。

④ [美]尼斯坎南：《官僚制与公共经济学》，王浦劬等译，中国青年出版社 2004 年版，第 40-41 页。

1.需求变化时

需求变化,要么是参数 a 发生变化,要么是需求函数的斜率 b 发生变化。首先分析参数 a 发生变化的情况,对表 6.1 中的不同情况分别求 a 的一阶导数和二阶导数,可以得到如表 6.2 所示的各种情况。

表 6.2 需求变化的结果

	Q	B
预算约束的官僚机构		
$a<2bc/(b-d)$ $\partial Q/\partial a,\partial B/\partial a$	$1/(b+d)$	$[(2a-c)/(b+d)]-[2b(a-c)/(b+d)^2]$
$\partial^2 Q/\partial a^2,\partial^2 B/\partial a^2$	0	$[2/(b+d)]-[2b/(b+d)^2]$
需求约束的官僚机构		
$a\geqslant 2bc/(b-d)$ $\partial Q/\partial a,\partial B/\partial a$	$1/2b$	$a/2b$
$\partial^2 Q/\partial a^2,\partial^2 B/\partial a^2$	0	$1/2b$

尼斯坎南还对 a 变化对均衡产量和预算的影响进行了简单的数值模拟。给定 $b=0.5,c=75,d=0.25$,则

$$Q=\begin{cases}(4a/3)-100, & a<300\\ a, & a\geqslant 300\end{cases}$$

$$B=\begin{cases}4(a^2+75a-11250)/9, & a<300\\ a^2/2, & a\geqslant 300\end{cases}$$

图 6.4 给出了 $b=0.5,c=75,d=0.25$ 时,Q 和 B 随 a 变化的曲线。

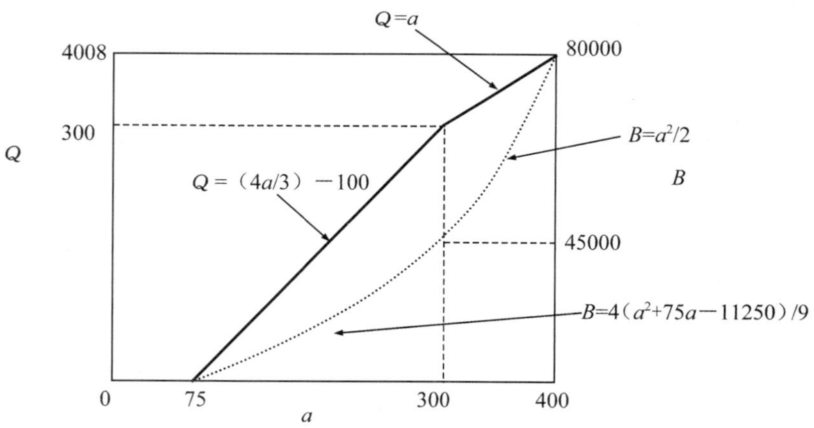

图 6.4 Q 和 B 随 a 变化的曲线

从图 6.4 可以看出,(1)当 a 小于 300 时,均衡产出增长的速度快于 a 变化的速度,当 a 大于 300 时,均衡产出增长的速度与 a 变化的速度相同;(2)当 a 小于 300

时，预算增加的速度比较缓慢，当 a 大于 300 时，预算增加的速度明显加快。这说明，随着需求的增加，均衡产出增加的速度在减慢，但是预算增加的速度在加快。当斜率变化时，也就是 b 变化时，c、d 都给定，b 的变化可能会影响 a 的临界值。Q 和 B 对 b 的偏导数比较复杂，其图形的变化也比较复杂，这里不再作分析。

2.成本变化时

成本变化，要么是 c 变化，要么是成本函数的斜率 d 变化。首先分析参数 c 的变化对产出 Q 和预算 B 的影响。对表 6.1 中的不同情况分别求 c 的一阶导数和二阶导数，可以得出 Q 和 B 随 c 变化的各种情况，如表 6.3 所示。

表 6.3　成本变化的结果

	Q	B
预算约束的官僚机构		
$a<2bc/(b-d)$　$\partial Q/\partial c,\partial B/\partial c$	$-1/(b+d)$	$(ab-ad-2bc)/(b+d)^2$
$a<2bc/(b-d)$　$\partial^2 Q/\partial c^2,\partial^2 B/\partial c^2$	0	$-2b/(b+d)^2$
需求约束的官僚机构		
$a\geqslant 2bc/(b-d)$　$\partial Q/\partial c,\partial B/\partial c$	0	0
$a\geqslant 2bc/(b-d)$　$\partial^2 Q/\partial c^2,\partial^2 B/\partial c^2$	0	0

尼斯坎南还对 c 变化对均衡产量和预算的影响进行了简单的数值模拟。如果给定 $a=200$，$b=0.5$，$d=0.25$，可以计算 Q 和 B 与 c 的函数关系：

$$Q=\begin{cases}4(200-c)/3, & c>50\\ 200, & c\leqslant 50\end{cases}$$

$$B=\begin{cases}160000/9+800c/9-8c^2/9, & c>50\\ 20000, & c\leqslant 50\end{cases}$$

图 6.5 给出了 $a=200$，$b=0.5$，$d=0.25$ 时，Q 和 B 与 c 的函数关系曲线。

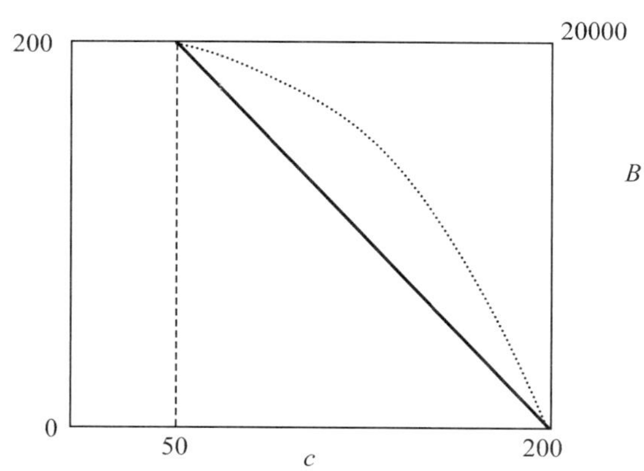

图 6.5　Q 和 B 与 c 的函数关系曲线

从图 6.5 可以看出，当 c 小于 50 的时候，无论是均衡产量还是预算都不变化；但是当 c 大于 50 的时候，均衡产出下降的速度快于 c 增加的速度，预算下降的速度先是慢于 c 增加的速度，然后快于 c 增加的速度。这说明，当官僚面对成本上升的时候，均衡产出会快速下降，同时预算也会快速下降。最低边际成本函数斜率的变化是由参数 d 的变化来表示的。较小的 d 表示最低边际成本函数的弹性较高，反之亦然。与对 b 的偏导数一样，对 d 的偏导数比较复杂，这里不再阐述。

四、官僚模型(二)：官僚效用最大化模型

在尼斯坎南出版《官僚与代议制政府》之后，许多学者提出了批评，主要包括两个方面：第一，官僚机构的预算最大化并不明显与官僚的效用最大化一致；第二，该理论没有阐明官僚机构所偏好的产出和政府所偏好的产出之间的均衡产出条件。比如，米格(Migué)和毕朗格(Bélanger)认为，官僚们最关心的是管理的自由裁量，从而只有自由裁量的预算(收入超过最低成本的部分)才是官僚们真正想最大化的。[①] 自由裁量的预算依赖于总预算。1975 年，尼斯坎南在《法和经济学杂志》发表题为《官僚与政治家》论文，从官僚效用最大化的角度重新阐明了官僚模型。[②]

尼斯坎南假定官僚机构中官僚的效用函数为：

$$U=\alpha_1 Y^{\beta_1} P^{\gamma_1} \tag{6.16}$$

式中，Y 表示官僚从其职位上得到的(现值)收入，P 是其职位的非货币化的一种额外补贴，包括休闲时间、他人的尊重等。

官僚所看重的条件和官僚机构的绩效之间的关系是由报酬结构决定的，这种报酬结构是由政府审查集团建立的。尽管不同的职位之间存在差异，但是，这种报酬结构对于特定职位的所有潜在候选人都是相同的。报酬结构的函数为：

$$Y=\alpha_2 Q^{\beta_2}\ (B-C)^{\gamma_2} \tag{6.17}$$

$$P=\alpha_3 Q^{\beta_3}\ (B-C)^{\gamma_3} \tag{6.18}$$

式中，Q 是官僚机构的产出，B 是由政府审议集团批准的最大预算，C 是官僚机构生产这些产出的最低成本，这样，$B-C$ 就是官僚机构任意决定的预算。

将式(6.17)和式(6.18)代入式(6.16)，可以得出由 Q 和 $B-C$ 表示的效用函数：

$$U=\alpha Q^{\beta}\ (B-C)^{\gamma} \tag{6.19}$$

式中，$\alpha=\alpha_1\alpha_2^{\beta_1}\alpha_3^{\gamma_1}$，$\beta=\beta_1\beta_2+\beta_3\gamma_1$，$\gamma=\beta_1\gamma_2+\gamma_1\gamma_3$。

官僚机构任意决定的 $B-C$ 也是官僚机构的产出函数。采用式(6.1)和式(6.3)关于 B 和 C 的表述，可以得出

① Jean-Luc Migué, Gérard Bélanger, William A. Niskanen, "Toward a General Theory of Managerial Discretion", *Public Choice*, 1974, Vol.17, pp.27-47.

② William A. Niskanen, "Bureaucrats and Politicians", *Journal of Law and Economics*, 1975, Vol.18, No.3, pp.617-644.

$$B-C=(a-c)Q-(b+d)Q^2 \tag{6.20}$$

将式(6.20)代入式(6.19)，可以得出：

$$U=\alpha Q^{\beta}\left[(a-c)Q-(b+d)Q^2\right]^{\gamma} \tag{6.21}$$

对式(6.21)求极大值，可以得出 U 取最大值时的 Q 为：

$$Q=\frac{\beta+\gamma}{\beta+2\gamma}\cdot\frac{a-c}{b+d} \tag{6.22}$$

把一般产出式(6.22)代入式(6.20)，可以得到官僚任意决定的预算：

$$B-C=\gamma\frac{\beta+\gamma}{(\beta+2\gamma)^2}\cdot\frac{a-c^2}{b+d} \tag{6.23}$$

当 $\beta=0$，即官僚机构的产出与官僚的收入或额外补贴无关时，任意决定的预算最高。在此限度内，任意决定的预算相对于最低潜在成本的比率可以表示为：

$$\frac{B-C}{C}=\frac{(a-c)(b+d)}{2c(b+d)+d(a-c)} \tag{6.24}$$

如果政府审议机构批准的单位产出预算不变，那么，式(6.24)就可以简化为：

$$\frac{B-C}{C}=\frac{a-c}{a+c} \tag{6.25}$$

这个表达式说明，当政府能够从其他来源购买服务时，官僚机构的生产效率是单位成本 a 的增函数。如果 $a-c$ 足够小，即使 $\beta=0$，官僚机构也相当有效率。

尼斯坎南通过分析得出：对于每一个官僚机构和每一个官僚来说，一般产出和预算函数都是确定的，差异取决于官僚们对于收入和额外补贴的偏好。政府审议集团也许会为每个官僚设计特定的报酬结构，依据是对于其偏好的判断，以促使他们作出更负责的行为。尼斯坎南对官僚行为的分析从追求预算最大化发展为追求效用最大化，更加贴近现实，因为官僚追求预算最大化本身不是目的，重要的是追求可以支配的、任意处置的那部分预算，即预算减去成本部分的最大化。总之，尼斯坎南的两个官僚模型都将官僚看作追求自身利益最大化的经济人，采用主流经济学的框架和思路刻画官僚的行为，是从经济学角度研究政治主体行为的重要进展。

第三节　作为组织的官僚机构

官僚制度的一个重要特点是等级制和权威性。从马克斯·韦伯到米塞斯，再到塔洛克和尼斯坎南等，都将等级制视为官僚制度的一个重要特征。在官僚体系中，有明确的上下级关系。不仅官僚机构之间存在上下级的条形结构，比如主管某项公共事务的官僚机构或部门从全国机构到地方机构存在着上下级关系，而且在同一个官僚机构中，不同层级的官员之间也存在着上下级关系，上级官员对下级官员发号施令，下级官员需要遵照执行，上级官员对下级官员有着权威性。那么，在官僚机构中为什么要采取这种等级制的权威关系框架呢？官僚机构的规模是否可以一直扩大？是否存在着最优规模或边界？政治学家特里·莫（Terry M. Moe）运用新制度经济学中以交易费用为基础的组织理论对这些问题进行了讨论。[①]

一、官僚机构为什么采取等级制

像罗纳德·科斯在1937年发表的著名论文《企业的性质》中提出来的问题，“企业为什么会存在”，官僚机构也是一样的。对于官僚机构为什么采取等级制的解释，是对科斯关于企业性质解释的延伸。科斯在解释企业的性质时提出的分析框架是“交易费用”理论。在假定技术完全相同的条件下，生产一个物品，可以采取不同的组织形式。第一种是完全市场化的操作，每一个生产过程都是平等主体的市场交易；第二种是企业的操作，在一个企业内部，不同生产环节由企业内部不同主体分工完成，而企业内部存在着管理者。实际上，在交易费用为零的时候，两种生产方式没有本质的差别；然而，在交易费用不为零的时候，两种生产方式是不同的，即生产效率存在差别，关键是看哪一种生产方式的交易成本更低。理性的生产者自然会选择交易成本更低的生产方式，这就是企业为什么会存在的答案。

这个框架实际上也可以用来分析官僚机构为什么采取等级制。在官僚机构中，也可以设想另外一种组织模式，即不存在等级制的情形，所有的主体在地位上都是平等的，没有上下级之分。这意味着所有的主体谁也无法命令谁，任何人都不能够向其他人发号施令。这很可能意味着政治家与官僚（官员）之间的委托—代理关系不复存在，或者政治家委托的官僚（官员）都是平等的。如果是前者，官僚（官员）自然没有存在的必要，也就没有组织形式的问题了；如果是后者，所有的官僚（官员）都是平等的，政治家协调官僚（官员）的成本可能会非常高。在组织规模非常小的时候，政治家协调所有官僚（官员）也许是可能的，但是在组织规模相对比较大的时候，政治家协调所有官僚（官员）的交易成本将会非常高。也正是出于这个原因，政治家委托官僚（官员）作为其代理人向选民提供公共物品的时候，就存在着多个层级结构。一是不同层级的政治家需要委托（雇用）本层级的官僚（官员），并由所委托（雇用）者委托（雇用）下一个甚至下几个层级的官员；二是不同层级的官僚（官员）机构之间也存在委托—代理关系，上级官僚（官员）机构委托下级官僚（官员）机构代表政治家为选民提供服务。

实际上，层层委托—代理关系本质上就是上下级关系或权威关系的基础。在政治家与官僚（官员）的关系中，政治家是委托人，官僚（官员）是代理人；在官僚（官员）的不同层级中，上级官员是委托人，下级官员是代理人。委托人是否委托代理人，代理人是否愿意成为委托人的代理人，都是交易关系。委托人是以晋升或金钱报酬（或者尼斯

---

① Terry M. Moe, "The New Economics of Organization", *American Journal of Political Science*, 1984, Vol.28, No.4, pp.739-777.［美］特里·M. 莫：《新组织经济学》，［美］道格拉斯·诺斯等：《交易费用政治学》，刘亚平编译，中国人民大学出版社2011年版，第36-78页。

坎南强调的预算）作为激励的。晋升激励或金钱报酬就成为委托人的权力或权威的来源。在官僚机构中，官僚的晋升和收入主要依靠委托人的评价。所以，从委托—代理关系来看，官僚（官员）机构采取层级结构是为了降低交易费用。这也反映出官僚（官员）制度至少不是效率最低的一种制度。

二、官僚机构是否存在最优的规模或边界

根据前面的分析，官僚机构具有无限扩张的趋势，但是这种扩张是否存在限制？是否扩张到一定程度之后就不再扩张了？这也可以从委托—代理的视角进行分析。随着官僚机构的扩张，无论是委托代理的层次，还是代理人的数量都会大幅度增加，代理成本，包括各种各样的管理费用、协调费用、监督费用等，也会不断提高。对于官僚机构来说，在规模扩大到一定程度之后，就会分成两个或以上的官僚机构，从而抑制官僚机构内部因不断扩张而导致的交易费用的提升。这可以解释官僚机构为何日益臃肿。实际上，很多国家的官僚机构的数量是不断增加的，同一个官僚机构内部部门的数量也不断增加。

本章小结

官僚（官员）都是追求自身利益的经济主体。官僚（官员）作为政治家的代理人，除了追求预算最大化之外，还追求晋升激励。当然，晋升的最终目的是追求或控制更大的预算。如果将晋升激励作为官僚（官员）追求的一个目标，那么尼斯坎南的官僚模型就可能需要进一步发展。同时，尼斯坎南的官僚模型仅是高度抽象的结果，特别是其对官僚目标的分析，对预算/产出函数和成本/产出函数的分析。这些分析都是理论上的规范分析，现实中官僚（官员）追求的具体目标可能存在很大差别，这需要结合具体的政治制度进行分析。不过需要强调指出的是，官僚（官员）制是现代国家治理方式的主要特征，任何一个国家都离不开官僚（官员）制度。因此，深入研究官僚（官员）制的特征，深入分析官僚（官员）的人格结构和行为特征，对理解现代国家的运行和公共管理具有重要的作用。

推荐阅读

1.［美］尼斯坎南：《官僚制与公共经济学》，王浦劬等译，中国青年出版社 2004 年版。

2.［美］诺斯古德・帕金森：《官场病・帕金森定律》，陈休征译，生活・读书・新知三联书店 1982 年版。

3.王亚南:《中国官僚政治研究》,中国社会科学出版社1981年版。

思考题

1.如何认识官僚(官员)的人格结构和行为特征?

2.官僚机构为什么会越来越大?

3.作为一种组织的官僚机构是否存在规模限制或边界?

第七章　政府行为和国家理论

关于政府的行为特征、作用和职能，不同的学者给出了不同的解释。从规范的角度，主要讨论政府应该是什么、应该发挥什么作用；从实证的角度，主要讨论政府是什么、发挥了什么作用。20世纪40年代之后，发达国家政府规模迅速增长，但并没有无限制增长，而且不同国家政府规模存在很大差别，原因何在？国家既是一个地理、文化、政治概念，也是一个经济概念。对于国家的规模和范围需要从政治经济学的角度进行讨论。

本章分三节讨论政府行为和国家的政治经济学。第一节从政治经济学视角对政府本质进行讨论，第二节对发达国家政府规模变化进行政治经济学解释，第三节对国家的本质、规模和范围进行政治经济学分析。

第一节　政府的本质：政治经济学的视角

从规范和实证的角度对政府进行分析可以概括为两个问题：一是政府应该做什么或政府应该是什么，这是规范分析；二是政府做了些什么或政府是什么，这是实证分析。对这两个问题的回答，仁者见仁，智者见智。本节从三个角度阐述政府的本质：一是政府作为行政主体和市场主体的两重身份；二是与亚当·斯密提出的市场作为“看不见的手”相对应，政府被看作“另一只手”，包括无为之手、扶持之手和掠夺之手①；三是从仙女模型到女巫模型的四种观点，即仙女模型、半仙女模型、不确定模型和女巫模型。

---

① 参见[美]安德烈·施莱弗、罗伯特·维什尼编著：《掠夺之手：政府病及其治疗》，赵红军译，中信出版社2004年版，第2-7页；王一江：《国家与经济》，吴敬琏主编：《比较》第十八辑，中信出版社2005年版，第1-26页。

一、政府的两重身份:行政主体和市场主体

(一)政府作为行政主体

政府作为行政主体,至少体现在:第一,政府征税、提供公共产品,形成政府与公民之间的交易。税收实际上是政府提供公共产品的要价,是公民为获取公共产品支付的价格。在国家间人口完全自由流动的条件下,如果政府的税收过高、提供的公共产品过少,公民可以“用脚投票”。第二,保证法律、合同、契约等的执行,包括个人之间、个人与国家之间、个人与企业之间的合同和契约等。第三,政府制定宏观经济政策进行宏观经济管理,比如出现通货膨胀时制定紧缩的财政政策和货币政策,失业严重时制定扩张性的财政政策和货币政策。

政府作为行政主体的职能具有强制性。法律、契约的执行及宏观政策的实施,都具有强制性,任何个人或机构都必须遵照执行。比如征税权,政府的税务部门征税具有强制性,任何个人或企业不得违抗;只要是合法的契约,政府就会保证实施;只要是法律,政府也会平等地强加给所有主体。政府具有强制力,是以强大的武力作后盾的。

(二)政府作为市场主体

政府作为市场主体,至少体现在四个方面。第一,政府是一个组织,其运行需要大量的资源,要有办公用品、办公室、汽车等,这些物品都是政府在市场上与其他市场主体(包括企业、个人等)交易的结果。第二,政府由大量工作人员组成,这些人员的雇用本身就是政府与个人达成的契约,个人提供劳动力,包括脑力和体力,政府支付报酬。第三,政府拥有的企业等经营性单位及其股权,对经营性单位的经营管理及对国有股权的经营、处置等,政府都是作为市场主体在发挥作用。第四,政府作为市场主体存在地方间的政府竞争,特别是在招商引资、贸易等方面存在竞争关系,类似于企业等市场主体的竞争。政府不仅是一个市场主体,而且是一个庞大的市场主体,无论从就业人员还是从资金实力上讲都如此。从资金实力上讲,政府的财政收入是最大的。

二、三种“手”:无为之手、扶持之手和掠夺之手

(一)无为之手

政府作为“无为之手”的观点,源于经济学鼻祖亚当·斯密 1776 年出版的《国富论》。他把市场比喻为一只“看不见的手”,认为自由竞争可以导致社会福利最大化。在市场上,所有的主体都是主观为自己,客观为别人、为他人、为社会而服务的。通过市场交换,经济资源实现最优配置,社会福利实现最大化。按照亚当·斯密的理论,只要有市场这只“看不见的手”调节经济活动,整个社会就可以实现资源最优配置,政府不需要参与经济活动。在多数情况下,政府充当“无为之手”。总体而言,政府除了提供国防、安全、维持治安、执行合同等公共产品外,不要过多地干预经济生活。

亚当·斯密的市场发挥“看不见的手”的观点是西方经济学的主流观点。换一种表述，市场的自由竞争可以带来资源的最优配置。这是现代西方国家普遍采用市场经济体制的理论基础。与“无为之手”的观点相对应，西方资本主义国家普遍主张政府除了提供公共产品之外，尽可能少地干预经济生活，即便发生经济危机，政府也相信市场的自发调节能够使经济恢复正常。在20世纪福利经济学出现之前，西方大多数国家对于政府的职能基本上都持这种观点。政府“无为之手”的观点基本上是一种规范分析。

(二)扶持之手

政府作为“扶持之手”的观点来自福利经济学。正如庇古在《福利经济学》中所指出的，经济研究“寻求的目标是，设计出更加简单的供提高福利所使用的实际的方法，即政治家可能采用的建立在经济学家成果之上的实际的方法”[①]。面对公共产品、外部性、垄断、信息不对称等市场无法解决的问题或市场失灵问题，庇古等经济学家提出政府发挥积极作用的观点。布坎南不止一次指出，理论福利经济学对“市场失灵”的证明成为依靠政治或政府手段执行各种矫治措施的前提，政府干预成为解决市场失灵的“有效”替代，这是因为“仁慈君主”的幻想[②]；理论福利经济学隐含地假定，“市场顺畅运行的政治替代物本身运行得很理想”，“在引导众市场参与者的规则上实施由政治引导的调整，就能够理想地矫治市场安排中的种种‘失灵’”[③]。福利经济学的这个隐含假定就预示着政府能够、愿意解决市场失灵，不仅有意愿，而且有能力，这是“扶持之手”判断的理论来源。

福利经济学的基本分析思路是，首先定义社会福利(比如生产者剩余和消费者剩余的总和)，确定福利最大化的目标；其次讨论市场失灵的可能性和由此造成的社会福利损失；最后讨论如何通过政府干预，采取诸如反垄断和消除信息不对称的措施来帮助提高社会福利。这类讨论的分析前提至少包括三个：一是政府的目标是使社会福利最大化，政府是善意的，面对市场失灵有意愿解决；二是政府有能力解决市场失灵的问题，仅仅存在意愿是不够的，还必须具备解决市场失灵的能力；三是政府对市场失灵存在完全的信息并且能够及时处理这些信息，即政府是全知的，具备关于市场失灵的所有信息。

政府“扶持之手”源于市场失灵，即存在市场自身无法解决的问题，需要政府发挥积极作用。从本质上讲，凯恩斯经济学的基本理念也是政府“扶持之手”的观点。像资本主义大危机这类单纯依靠市场解决不了的问题，政府需要通过财政政策或货币政策干预经济生活，增加就业、刺激经济。在20世纪30年代资本主义大危机时期，包括庇

① [英]庇古：《福利经济学》，金镝译，华夏出版社2007年版，第8页。

② 参见[美]布坎南：《宪则经济学：人类集体行动机制探索》，韩朝华译，中国社会科学出版社2017年版，第28页。

③ [美]布坎南：《宪则经济学：人类集体行动机制探索》，韩朝华译，中国社会科学出版社2017年版，第497页。

古、凯恩斯在内的英国经济学家就提出了政府干预经济、采取扩张性政策解决危机的主张。[①]

政府"扶持之手"的作用可以分为三个层次。在最低层次上,政府可以通过价格机制,比如通过税收和补贴来改变企业的成本收益结构,从而改变其行为;在中等层次上,政府可以通过行政和法律手段,鼓励、禁止和规范产业和企业的行为;在最高层次上,政府可以拥有并直接管理企业,将企业资源直接用于实现就业、居民收入和其他经济或非经济目标。

政府"扶持之手"的观点一直到现在仍然在主流经济学中占有重要地位,是政府干预经济生活的理论依据。这实际上也是一种规范的观点,既然市场失灵,政府就应该积极发挥作用,解决市场解决不了的问题。这也反映出政治学关于政府行为的假定。

(三)掠夺之手

政府"掠夺之手"的观点是随着公共选择理论的产生而逐渐发展起来的。这一观点认为,政府也是由人组成的,其目标是满足自身利益,并非社会福利最大化。市场失灵并非政府干预经济生活、充当"扶持之手"的理由,反而现实的大量问题是政府失灵的结果,政府实际上是"掠夺之手"。

研究政府"掠夺之手"的代表性人物,当推曼瑟尔·奥尔森。他指出,在人类社会,总有一些人认为,生产财富不如掠夺财富来得容易。要掠夺财富,就需要拥有武力。靠武力掠夺财富的人分为两类,奥尔森分别称其为流寇和坐寇。流寇抢完就走,根本不考虑掠夺以后的情况,他们会竭泽而渔;而坐寇则要考虑长期掠夺的问题,不但不会竭泽而渔,还会提供公共产品,以便臣民们能够生产更多的物品。[②] 当流寇掠夺财富的速度和方便程度不如坐寇,并且他们意识到这一点之后,流寇就会定居下来,成为坐寇。奥尔森认为,皇帝、国家就是这样产生的。[③] 道格拉斯·诺思也持有这种观点。政府既能够保护产权,也能够掠夺产权。因为政府是合法地"垄断"暴力机器,既然能够保护产权以推动经济增长,自然也有能力掠夺产权,阻碍经济增长。然而,诺思并不像奥尔森等坚持政府一定"掠夺",而只是说明政府有可能"掠夺",具备掠夺的能力和条件。

安德烈·施莱弗(Andrei Shleifer)等以"掠夺之手"为前提条件,分析腐败、寻租、短缺等问题,取得了重要的进展。[④] 他们提出,不要天真地认为政府的目标是使社会福利最大化。政府的所有成员都有自己的目标,有自己的切身利益。要理解政府的行为,就必须首先理解政府人员的目标和行为。以短缺为例来说明,施莱弗和罗伯特·

---

① 参见[英]特伦斯·哈奇森:《经济学的革命与发展》,李小弥等译,北京大学出版社1992年版,第208-213页。

② 因此,政府或统治者提供公共产品等,是为了扩大税基,更多、更方便地掠夺财富。

③ Mancur Olson, *Power and Prosperity*, New York: Basic Books, 2000. 中译本参见[美]曼瑟尔·奥尔森:《权力与繁荣》,苏长和译,上海人民出版社2005年版,第8-9页。

④ 参见[美]安德烈·施莱弗、罗伯特·维什尼编著:《掠夺之手:政府病及其治疗》,赵红军译,中信出版社2004年版,第75-98页。

维什尼(Robert Vishny)认为,短缺本质上是人为制造的,因为政府通过人为制定低于均衡价格的价格,制造出短缺,而短缺成为政府寻租的重要手段。

如图 7.1 所示,在这个经济学最简单的供求决定的均衡价格和均衡产量图中,均衡价格为 P_0,均衡产量为 Q_0,当价格为 P_0 的时候,供给和需求相等,实现了均衡。如果政府通过价格控制,比如限制价格,将价格确定为 P_1,低于均衡价格 P_0,那么此时就会出现需求大于供给,即所谓的供不应求,也就是短缺。在短缺之后,如何配置相对短缺的物品或产品呢?有各种方式,比如排队、凭票供应等。排队是一种先到先得的制度安排;凭票供应是在货币价格之外的一种购买权利,而票证由政府供应和配给,政府将票证配给给谁、配给多少、如何配给等就是一种权力,也为政府在配给票证的时候寻租创造了条件。这种价格控制也可以视为一种"创租"的活动。在租金创造出来之后,为获得票证或更多的票证,就可能需要向配给的工作人员"行贿"等,这就相当于政府对市场主体的一种"掠夺",既掠夺消费者(需求者),也掠夺生产者(供给者)。之所以说"掠夺"需求者,是因为需求者虽然名义上支付的货币价格下降了,但是实际上付出的努力或代价可能要大得多;之所以说"掠夺"供给者,是因为供给者能够得到的价格低于均衡价格。

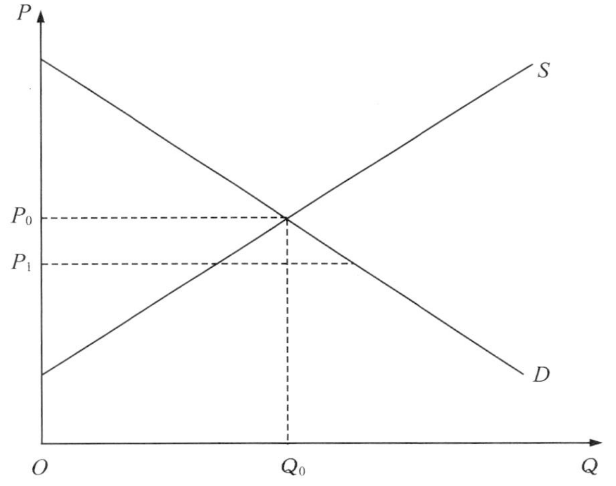

图 7.1　短缺的经济学分析

(四)对三种"手"假说的简要总结

对政府三种"手"职能和作用的分析,既有规范角度,也有实证角度。"无为之手""扶持之手"的观点最初都是从规范角度提出来的,即政府应充当什么角色,但"扶持之手"的观点后来成为许多学者实证研究的出发点;"掠夺之手"的观点主要是实证研究的结果,成为研究政府行为的主要视角。

"无为之手"和"扶持之手"在不同阶段都可能推动经济发展或经济增长。比如,在经济繁荣时期，政府可能需要尽可能少地干预经济生活；而在经济萧条时期，面对大量的失业、通货膨胀，虽然可以预期长期内经济能够恢复繁荣，但失业的工人需要的不是长期的预期，而是解决现实问题，政府积极干预经济生活就是必要的。当然，政府充当“扶持之手”，也可能造成巨大的浪费和不经济，因为政府的信息毕竟也不是充分的，可能从良好的愿望出发，却产生了灾难性的后果。政府充当“掠夺之手”，对经济的影响肯定是灾难性的，但这又是不可避免的。只要有政府，它充当“掠夺之手”的可能性就不会消除。关键问题是通过什么样的途径和方式，减少或避免政府充当“掠夺之手”的机会，或者降低政府“掠夺之手”造成的不利影响。

三、从仙女到女巫

有人将政府的角色从乐观到消极定位为四种：仙女模型、半仙女模型、不确定世界模型和女巫模型。①

（一）仙女模型（Good Fairy Model）

在仙女模型中，政府的作用只是解决市场不能够解决的问题。仙女模型至少要满足三个方面的假定：全知、全能和仁慈。全知意味着具有完全信息，凡是市场解决不了的问题或市场失灵，政府都能够立即知道；全能意味着政府在获得信息之后能够立即处理，并且有能力解决市场解决不了的问题；仁慈意味着政府有意愿解决市场解决不了的问题，能够“急”市场所“急”。比如，政府只修建需要修建而不是正在修建的道路；政府在选民一致同意的基础上，将收入转移到应得的接收者手里，以克服集体行动问题。在这个模型中，不论政府做什么，都能够带来帕累托改进。政府被假定为一个全知全能的仁慈机构。这是对政府行为最乐观的假定。

（二）半仙女模型（Semigood Fairy Model）

在半仙女模型中，政府并不像仙女模型中想象的那样好。政府的行为虽然能够提高整个社会的福利，但由于补偿机制不健全、不完善，可能使某些人受损。也许政府的动机是好的，是为了提高社会福利水平，然而政府可能并非全知的，也可能并非全能的。并非全知意味着政府获得的信息是不完全的，甚至有可能是不准确的；并非全能意味着政府虽然获得了信息，但是对信息的处理可能不够及时，甚至虽然处理了信息，但是没有能力按照社会福利最大化的方式行事。比如，在“仙女模型”提到的修建道路的例子中，公路使用者可以获得足够大的利益，他们在赔偿完损失者之后还有剩余。对整个社会而言，效率会通过修路而得到改善，但由于分配机制不尽如人意，拥有土地的人可能感觉得到的补偿不够，生存境况恶化。这意味着修建道路虽然从整个社会的角度来看提高了福利，但是并非所有人的福利都因此得到了改善，甚至有的主体还遭

① 参见[美]乔·史蒂文斯：《集体选择经济学》，杨晓维等译，上海三联书店、上海人民出版社1999年版，第218-219页。

受了福利损失，未能够实现帕累托改进。

（三）不确定世界模型（Uncertain World Model）

在不确定世界模型中，由于信息不完全、不对称以及不确定性等问题，实际出现的情况与预期的情形可能不完全一致。比如，实际成本可能远高于预期成本，虽然收益总体上没有变化，结果成本可能会大于收益，导致社会整体福利水平未能够提高。还是修路的例子，在修路的过程中，由于设计问题，或者由于地质环境等问题考虑不周，修路实际花费的成本也许超过收益，但这一点在开始修路时并不了解。在这种情况下，政府的行为可能是为了提高整个社会的福利水平或以有效的方式使某些集团受益，但环境和有限的知识可能会阻碍政府目标的实现。

（四）女巫模型（Wicked Witch Model）

在这个模型中，政府被假定为自利的，其行为并不是为了实现社会福利最大化，而是为了追求或实现自身的利益。就像“女巫”一样，为了实现自己的目标，可以不惜牺牲其他主体的利益。在政府实现自身利益的过程中，如果整个社会的效率碰巧提高，那也是政府满足自身利益的副产品。这样，政府官员或政治家可能并非坏人，但选举制度或政府制度却会推动他们做一些降低社会效率的事情。

从仙女模型到女巫模型都是关于政府行为的假定，既包含规范分析，也包含实证分析。仙女模型就是一个规范分析或假定，认为政府应该像仙女一样全知全能并且仁慈；半仙女模型和不确定世界模型，体现出规范判断和实证判断相结合，本来政府应该是仁慈的、追求社会福利最大化的，但是出于各种各样的现实原因无法实现社会福利最大化或帕累托改进；女巫模型则是典型的实证判断，只要政府行为不能够实现社会福利最大化或对选民、公众的利益造成损害，就判断其也存在自身利益，甚至为了自身利益不惜损害其他主体利益。

第二节 发达国家政府规模变化的政治经济学

19世纪80年代，德国经济学家阿道夫·瓦格纳（Adolph Wagner）提出，随着经济的发展，公共和国家活动将不断增加。这被称为“瓦格纳定律”。[①] 这一定律最初仅是归纳的结果，后来被许多国家的经验证实。第二次世界大战之后，到20世纪90年代初，大多数国家的政府规模达到了最大，即该国政府支出占GDP的比重达到了最大值。此后，在各国家，这一数值基本上围绕某个值变动，而没有越升越高，即政府规模并没有无限制地扩大。那么，政府规模不断扩大的原因何在？政府规模为什么达到某个确定的上限之后就不再进一步扩大了？本节首先以美国和部分OECD国家为例阐

① 参见[美]理查德·马斯格雷夫：《比较财政分析》，董勤发译，上海人民出版社、上海三联书店1996年版，第71页。

明政府规模变化的事实，然后从 5 个方面对政府规模变化的趋势进行政治经济学分析：(1)政府规模并非越大越好，但也并非越小越好；(2)政府规模变化与政府职能的经济学理论的发展密切相关；(3)利益集团和官僚体制造成政府规模扩大；(4)选民的财政幻觉为政府规模扩大留下了余地；(5)政府规模过大不利于执政党或执政者的再次当选。

一、政府规模不断变化的事实

在许多国家，政府规模表现出不断扩大的趋势，特别是第二次世界大战之后。这不仅表现为政府支出规模的绝对增大，而且表现在政府支出占 GDP 的比重不断提高上。有研究表明，在 14 个工业化国家中，政府支出占 GDP 的比重，第一次世界大战之前的平均值为 8%—9%；第一次世界大战结束到 1920 年，平均值上升到了 15.4%；到 1937 年，又提高到 18.3%。在第二次世界大战之后的和平时期，这些国家的平均支出规模显著增长，从 1960 年占 GDP 的 28.5%、1980 年占 GDP 的 43.3%，提高到 1994 年占 GDP 的 49%。①

1929 年，美国联邦、州和地方开支之和占 GDP 的比重仅为 10%，到 1949 年的时候上升为 23%；从 1970 年到 2008 年，基本上维持在 35%左右；2009 年超过了 40%，之后又略有下降，在 2020 年达到了 47.3%，2021 年又略有下降，如表 7.1 和图 7.2 所示。从美国的数据可以看出，在从 1970 年到 2008 年近 40 年的时间内，美国一般性政府支出占比基本上维持在 35%上下。由此可以提出来的问题是：在这段时间美国政府规模为什么没有较大幅度的提高，特别是没有按照“瓦格纳定律”所表明的那样有较大幅度的提高？

表 7.1 美国一般性政府支出占 GDP 的比重 %

年度	比重	年度	比重	年度	比重
1929	10	1984	36.7	2003	37.3
1939	19.4	1985	37.3	2004	36.9
1949	23	1986	37.8	2005	37
1959	26.8	1987	37.6	2006	36.7
1969	30.4	1988	36.7	2007	37.4
1970	34.2	1989	36.7	2008	39.7
1971	34.6	1990	37.7	2009	43.2
1972	34.4	1991	38.6	2010	43
1973	33.4	1992	39.4	2011	41.9

① Ludger Schuknecht, Vito Tanzi, “The Growth of Government and the Reform of the State in Industrial Countries”, IMF, 1995.

续表

年度	比重	年度	比重	年度	比重
1974	34.6	1993	38.8	2012	40.1
1975	36.9	1994	37.8	2013	38.9
1976	35.5	1995	37.8	2014	38.3
1977	34.6	1996	37.1	2015	38
1978	33.7	1997	36	2016	38.3
1979	33.6	1998	35.1	2017	38.1
1980	35.4	1999	34.6	2018	38
1981	35.6	2000	34.3	2019	38.5
1982	37.8	2001	35.6	2020	47.3
1983	37.9	2002	36.7	2021	44.9

注:(1)1929—1969 年的数据来自[美]丹尼斯·缪勒:《公共选择理论》,杨春学等译,中国社会科学出版社 1999 年版,第 389 页。

(2)1970 年之后的政府支出数据为一般性政府支出占比,来自 OECD (2023), General government spending (indicator), doi: 10.1787/a31cbf4d-en (Accessed on 04 January 2023)。根据 OECD 的解释,该指标用来衡量政府规模。

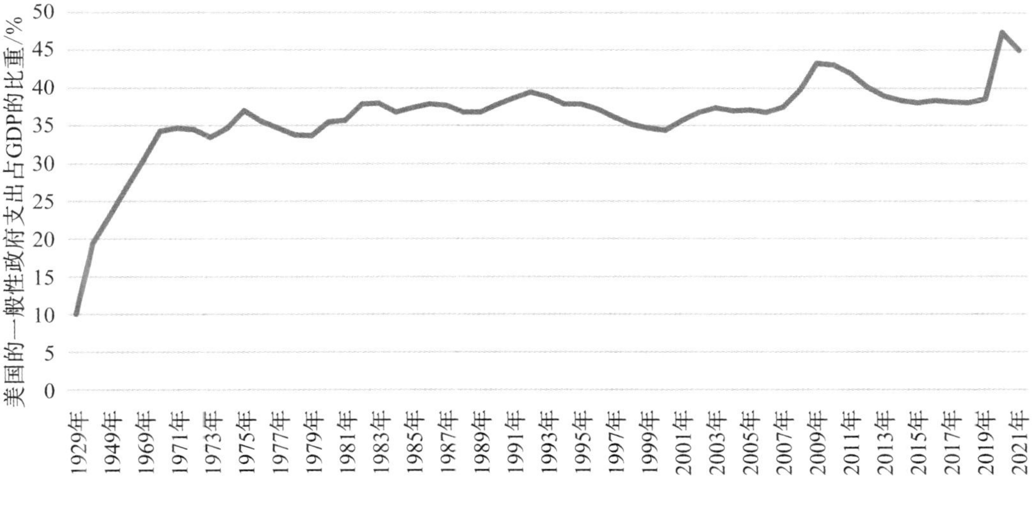

图 7.2　美国政府规模的变化

OECD 国家的情形也是如此。比如,瑞典和荷兰在 1985 年政府支出超过了 GDP 的 60%,其他国家最低也在 30%。表 7.2 和表 7.3 列出了主要 OECD 国家 1960—2020 年的一般性政府支出和收入占 GDP 比重的变化情况。

表 7.2 主要 OECD 国家政府规模的变化(以一般性政府支出占 GDP 的比重衡量) %

国家	1960 年	1985 年	1990 年	1995 年	2000 年	2005 年	2010 年	2015 年	2020 年
澳大利亚	21.4	36.6	36.2	—	37.4	36.0	37.9	39.6	46.3
奥地利	35.7	50.7	51.5	55.8	51.0	51.2	52.8	51.1	56.8
比利时	30.3	54.4	51.9	52.6	49.4	51.9	53.9	53.7	58.8
加拿大	28.9	47.0	48.8	—	—	—	—	—	—
丹麦	24.8	59.5	55.9	58.5	52.7	51.2	56.7	54.5	53.6
芬兰	26.6	41.5	48.3	61.1	47.9	49.0	53.9	56.5	57.0
法国	34.6	52.4	49.3	54.8	51.7	53.3	56.9	56.8	61.4
德国	32.4	47.2	44.5	55.1	47.8	46.8	48.1	44.1	50.3
希腊	17.4	43.2	50.2	46.0	46.4	45.6	53.0	54.1	59.8
冰岛	28.2	35.6	41.7	—	44.8	45.0	48.8	43.5	5.6
爱尔兰	28.0	54.6	42.9	40.4	30.6	33.0	64.9	29.0	27.4
意大利	30.1	58.4	54.4	51.6	46.5	47.2	49.9	50.3	56.9
日本	18.3	32.7	31.8	—	—	35.0	39.2	39.0	47.3
卢森堡	30.5	56.4	43.3	41.4	38.0	43.4	42.0	40.4	46.8
荷兰	33.7	60.2	52.5	53.7	42.1	42.3	47.9	44.7	48.3
挪威	29.9	48.1	54.0	50.7	42.4	42.5	45.4	49.3	58.5
葡萄牙	17.0	43.9	40.6	42.6	42.7	46.8	51.9	48.3	49.2
西班牙	18.8	39.3	42.5	44.1	39.1	38.5	46.0	43.9	52.6
瑞典	31.0	64.5	61.9	63.0	53.1	52.3	50.4	49.3	52.1
瑞士	17.2	30.9	30.0	33.3	33.3	33.3	32.4	33.6	38.4
英国	32.3	47.8	42.2	38.3	35.2	41.1	47.1	42.2	52.5
美国	17.0	36.7	37.1	37.8	34.3	37.0	43.0	38.0	47.3

资料来源:1960 和 1985 年的数据参见[美]丹尼斯·缪勒:《公共选择理论》,杨春学等译,中国社会科学出版社 1999 年版,第 390 页;1990 年的数据来自 *OECD Economic Outlook 2005*, Annex Table 25、26, http://www.OECD.org; 1995 年及之后的数据来自 OECD (2023), General government spending (indicator), doi: 10.1787/a31cbf4d-en (Accessed on 04 January 2023)。

表 7.3 主要 OECD 国家政府规模的变化(以一般性政府收入占 GDP 的比重衡量) %

国家	1960 年	1985 年	1990 年	1995 年	2000 年	2005 年	2010 年	2015 年	2020 年
澳大利亚	25.4	33.3	34.5	31.4	35.2	36.5	32.3	35.3	35.1
奥地利	34.4	47.7	49	49.7	48.6	48.7	48.4	50.1	48.7
比利时	27.5	46.5	45.3	48.1	49.3	49.2	49.8	51.3	49.9
加拿大	26	38.9	43	42.9	43.9	40.9	39.2	40.8	42.7
丹麦	27.3	57	54.6	54.9	54.6	56.2	54.0	53.2	53.6

续表

国家	1960年	1985年	1990年	1995年	2000年	2005年	2010年	2015年	2020年
芬兰	29.7	40.5	53.7	55.1	54.8	51.7	52.4	54.1	51.6
法国	34.9	48.5	47.4	49.7	50.3	49.9	50.0	53.2	52.5
德国	35	45.4	42.5	45.7	46.2	43.5	43.8	45.1	46.1
希腊	21.1	34.6	34.5	36.3	42.4	39.4	41.6	48.2	49.8
冰岛	36.4	33.4	38.5	—	46.3	50.0	42.1	43.1	41.9
爱尔兰	24.8	44.3	40.1	38.3	35.4	34.6	32.8	27.0	22.3
意大利	28.8	44.1	42.6	44.4	44.1	43.2	45.7	47.8	47.3
日本	20.7	31.2	33.9	—	—	30.6	30.3	35.2	37.1
卢森堡	32.5	53	48.1	44.1	43.5	43.2	41.7	41.7	43.3
荷兰	33.9	54.4	47.4	45.2	43.6	42.1	42.8	42.9	44.1
挪威	33.1	56.1	56.2	53.8	57.5	57.3	56.3	55.3	55.9
葡萄牙	17.6	33.3	34.2	37.5	39.5	40.6	40.5	43.8	43.4
西班牙	18.1	33.2	38.6	37.3	38.0	39.7	36.5	38.7	41.8
瑞典	32.1	59.4	65.3	56.1	56.2	54.1	50.3	49.3	49.3
瑞士	23.3	34.4	30.6	31.5	33.6	32.6	32.7	34.2	35.4
英国	30	42.8	40.7	33.1	36.5	38.0	37.9	37.7	39.2
美国	26.3	31.1	32.8	33.2	34.6	32.5	30.6	33.4	32.5

资料来源：1960和1985年的数据参见[美]丹尼斯·缪勒：《公共选择理论》，杨春学等译，中国社会科学出版社1999年版，第390页；1990年的数据来自 *OECD Economic Outlook 2005*，Annex Table 25、26，http://www.OECD.org；1995年及之后的数据来自 OECD (2023), General government revenue (indicator), doi: 10.1787/b68b04ae-en (Accessed on 04 January 2023)。

可以看出，OECD国家1960—1995年政府支出和收入占GDP的比重有较大幅度的提高，但1995—2020年，政府支出和收入占GDP的比重虽然总体上略有上升，但是上升幅度不大，甚至有的国家略有下降。在大多数国家，1995年，政府支出和收入占GDP的比重最高，之后略有下降，在2020年又有明显的上升。

综合部分OECD国家政府规模变化的趋势，可以看出：(1)在20世纪90年代之前，各国家的政府支出占GDP的比重不断上升，此后一直震荡，有些国家的政府支出占GDP的比重略有下降。那么，政府支出占GDP比重不断上升的根源是什么？政府支出占GDP的比重上升到一定的水平后基本不再上升，这是否意味着各国找到了政府支出占GDP的最优比重或者最高比重呢？(2)各国家政府支出占GDP的比重差别很大，有的甚至相差一倍。那么，各国为什么会有这种差别？为什么有的国家政府规模大，有的国家政府规模小？

二、政府规模并非越大越好，但也并非越小越好

现实表明，经济发达国家都采用了市场经济体制，但采用市场经济体制的国家并非都繁荣。市场经济国家要实现繁荣有两个不可缺少的条件：一是界定良好的个人产权；二是不存在任何形式的掠夺，包括政府对公众财产的没收、征用和个人之间的盗窃、抢劫等。[①] 这说明，市场经济是一个国家经济长期繁荣的必要条件，但非充分条件。政府要良好地界定并保护个人产权，就需要建立相应的机构，比如立法机关等，合理、清晰地界定产权，警察等保护个人财产，防止被盗窃、抢劫等。这些相应机构的建立和运转，需要大量的政府开支，并且其占 GDP 的比重不能过低，否则这些公共机构就可能保护不了公众的产权。如果立法机构的工作人员不够、经费投入不足，他们虽然希望界定和保护公众产权，也会无能为力；警察巡逻、防止盗窃和抢劫、维持公共秩序也是如此。奥尔森等曾经研究了许多国家政府支出占 GDP 的比重和经济增长率之间的相关关系发现，政府支出占 GDP 比重最低的国家，不是世界上经济增长速度最快的国家，反而是世界上最贫穷的国家。[②] 这些国家虽然试图建立起产权良好界定并得到充分保护的政府，但政府支出的规模根本不足以实现这个目标。

图 7.3 给出了 2019 年和 2020 年世界上大多数国家公共开支占 GDP 的比重与人均 GDP 关系的散点图。[③] 结果显示，公共开支占比与人均 GDP 呈现正相关关系。这个非常粗略的估计说明，公共开支占比越高，人均 GDP 越高；公共开支占比越低，人均 GDP 越低。从个别国家的数据中也能够反映出这一点，比如公共开支占比最低的国家为索马里，其人均 GDP 也最低。这基本上可以证实，政府规模并非越小越好。

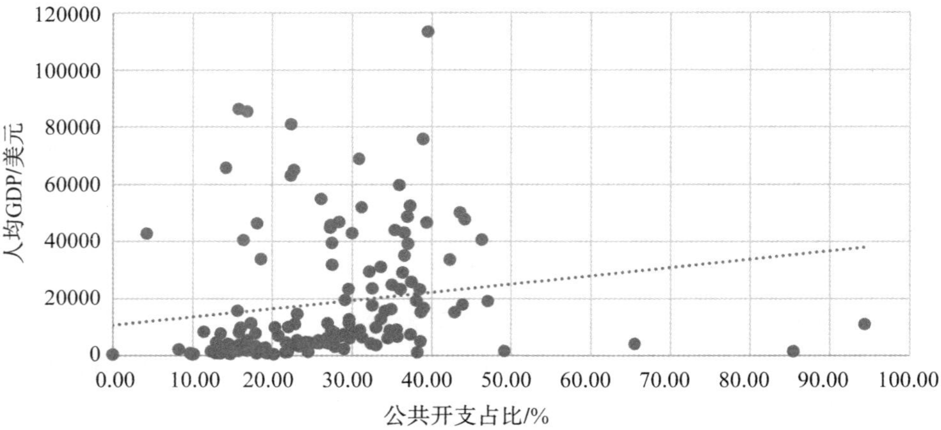

(a)2019 年

① Mancur Olson, *Power and Prosperity: Outgrowing Communist and Capitalist Dictatorships*, New York: Basic Books, 2000, pp.195-199.

② Mancur Olson, Naveen Sarna, Anand V. Swamy, "Governance and Growth: A Simple Hypothesis Explaining Cross-country Differences in Productivity Growth", *Public Choice*, 2000, Vol.102, pp.341-364.

③ 之所以选择 2019 年和 2020 年的数据进行说明，是因为数据库中 2021 年的数据只有人均 GDP 数据，没有公共开支占比的数据。

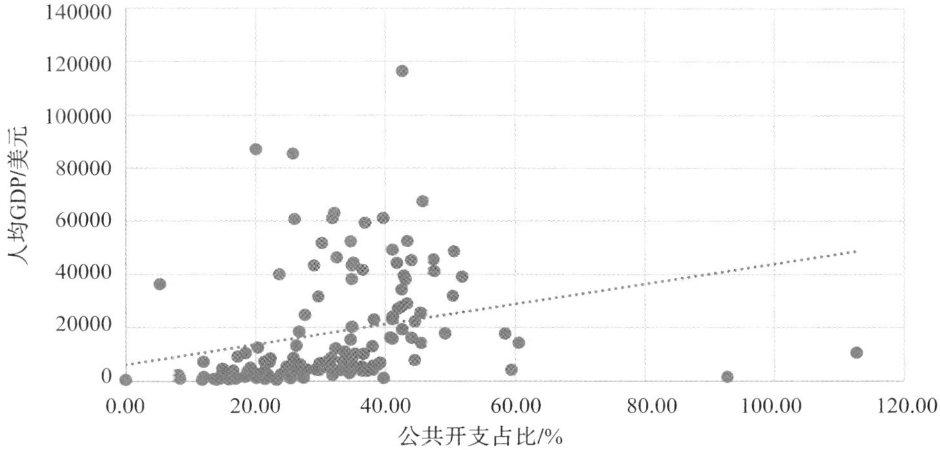

(b)2020 年

图 7.3　部分国家的公共开支占比与人均 GDP 散点图

资料来源：公共开支的数据来自 https://data.worldbank.org.cn/indicator/GC.XPN.TOTL.GD.ZS? view=chart，人均 GDP 的数据来自 https://data.worldbank.org.cn/indicator/NY.GDP.PCAP.CD? view=chart。

个人财产不能够以任何形式被征用的另一层含义是政府也不能够随意侵犯个人产权，这就决定了政府的规模不可能无限扩大。政府可以征收适当的税收，但税率不能够过高，“拉弗曲线”说明如果税率过高，就可能导致税基下降，进而导致税率可能提高但税收总额未必提高的情形。税基下降意味着 GDP 水平下降，至少是 GDP 增长速度下降，因为如果每个主体在作出经济决策时按照边际收益等于边际成本决定经济活动的规模，那么税收的增加就意味着边际收益的下降，在边际成本不变的条件下，就可能减少经济活动。

宏观经济学中的“挤出效应”也可以解释政府规模并非越大越好。挤出效应说明，政府扩大开支可能会导致公众减少投资和消费。如果政府支出的规模过大，就会导致政府开支扩大的规模还不如非政府主体投资和消费减少的规模，从而不利于经济增长。

从政府开支占 GDP 比重的极限角度看，最低比重就是政府开支为零，最高比重就是政府开支等于 GDP。如果政府开支为零，固然公众能够支配所有的收入，但这种情形相当于无政府状态，没有秩序，产权得不到界定和保护。如果政府控制全部的 GDP，则相当于政府决定整个社会的投资和消费，个人在投资或消费上没有了任何激励，虽然未必没有生产活动，但是生产活动很可能是不活跃的。

三、政府规模变化与政府职能理论的发展密切相关

自从第二次世界大战之后，政府规模的迅速增长与政府职能理论的变化有密切的关系。第一，自从亚当·斯密提出“看不见的手”原理之后，经济学家、政治哲学家都强调政府规模要尽可能小，其主要作用是提供公共物品。第二，19 世纪末，政府的职能

扩大到再分配领域，即政府通过转移支付等方式进行再分配。实证研究表明，转移支付在政府支出总规模中占比很高，1870 年左右，转移支付占 GDP 的比重还不到 1%，1937 年左右不到 4%，而到了 1990 年左右，这一比重上升到了 20%。第三，从 20 世纪 30 年代凯恩斯的《就业、利息和货币通论》出版之后，政府的职能又扩大到稳定和管理宏观经济，政府通过财政政策，刺激经济。马斯格雷夫在 1959 年出版的《公共财政理论》中就将政府职能概括为“资源配置、再分配和稳定经济”，这成为经济学中关于政府职能的经典论述。[①] 随着政府职能理论的发展，政府职能从最初的一种扩大到三种，就自然不得不扩大支出。因此，政府规模的变化与政府职能理论的发展密切相关。

(一)提供公共产品与解决外部性

提供公共产品和解决外部性是政府最传统的职能，这也是对政府为什么存在的最经典解释。按照契约论国家观，人们建立国家的目的就是公民通过缴税与政府交换公共产品，人们与政府之间的关系也就成了一种交易关系。根据丹尼斯·缪勒的研究，如果将政府在公共物品上的支出看作公共物品的相对价格、中位投票人的收入、偏好参数向量等因素的函数，那么在下列情况下政府在公共物品的支出会随时间而增加：对公共物品的需求是无弹性的且它们的价格在上升；对公共物品的需求有弹性且它们的价格在下降；收入随时间而上升且公共物品的需求收入弹性大于 1；偏好以某种方式发生了变化。[②] 有学者对公共物品需求价格弹性的研究表明，需求是没有弹性的，公共物品相对价格的上升导致了政府规模不断扩大。威廉·杰克·鲍莫尔(William Jack Baumol)认为，公共物品相对价格的上升可以解释 OECD 国家政府规模扩大的 1/4。但是，缪勒的实证检验表明，其他因素在解释政府规模扩大上的作用非常有限。例如，政府支出的需求收入弹性估计值经常小于 1，很少显著地大于 1，而偏好变化的影响难以量化。

(二)政府的转移支付和补贴

转移支付和补贴是政府再分配的主要形式。有人认为所有政府的支出都具有再分配性质，比如政府修建一条道路，道路修建位置的选择，修建道路企业的选择，就有再分配的成分。将修建道路的工程承包给甲企业而不是乙企业，就意味着甲企业受益而乙企业受损，这就是一种再分配。阿兰·梅尔策(Allan H. Meltzer)和斯科特·理查德(Scott F. Richard)提出了收入再分配模型来解释政府规模的扩大。[③] 在他们的模型中，每个人必须得到同样多的转移支付，在政治均衡中，再分配的数量是最初的收入分配和政治决策机制的函数。如果每个人都是自利的，对再分配本身没有意识形态上的

---

① 参见[美]詹姆斯·M. 布坎南、理查德·A. 马斯格雷夫：《公共财政与公共选择》，类承曜译，中国财政经济出版社 2000 年版，第 4 页。

② 参见[美]丹尼斯·缪勒：《公共选择理论》，杨春学等译，中国社会科学出版社 1999 年版，第 392-393 页。

③ Allan H. Meltzer, Scott F. Richard, “A Rational Theory of the Size of Government”, *Journal of Political Economy*, 1981, Vol.89, No.5, pp.914-927.

偏好，那么他所偏好的税率就是使其效用最大化的税率，这个意愿的税率是其税前收入的非递增函数，因为对于一个收入水平高于均值的人来说，税率越低越好，再分配越少越好，而收入水平越低的人偏好税率越高越好，偏好转移支付水平越高越好。实际上的税收—转移支付政策的选择依赖于将选民偏好集中在一起的政治制度。在对公民的投票权没有任何限制的多数裁定规则下，税收—转移支付政策的选择依赖于中位选民的偏好。相对于均值，中位选民的收入水平越低，税率、转移支付的水平就会越高，政府支出转移的项目就会越多。如果中位选民的收入水平下降，税率和政府支出水平就可能提高。

佩茨曼也是从再分配角度解释政府规模增长的。他认为，候选人承诺向那些支持他们的集团提供收入的转移支付，以竞争选票。在一个候选者的潜在支持者中，收入分配越平等，这些支持者的谈判力量就越大，候选者承诺再分配的数量就必须越大，因而在一个政治均衡中就必须有更高的转移支付额。①

有许多转移支付和补贴计划并非通过直接的转移支付，而是通过在产品或服务方面的支出来体现，其目标仍然是再分配。比较典型的例子是具有“政治分肥”性质的公共工程项目。一种广为流传的观点认为，公共工程项目的总量大于最优量，即供给过多。这可以从三个方面进行分析：一是利益集中而成本分散，承担成本的人根本没有动力推动这些项目，而获取收益的人可能极力促成这些项目；二是这些项目存在巨大的政治利益，例如在项目的接受地区创造就业机会；三是在立法范围内，决策的性质导致了过多的供给。

（三）稳定经济和宏观调控职能

自从20世纪30年代初期西方资本主义国家大危机和凯恩斯于1936年出版《就业、利息和货币通论》后，稳定经济和进行宏观调控成为政府的重要职能，特别是在经济危机或者经济增长缓慢、存在大量失业的时候。按照凯恩斯的“有效需求不足”理论以及通过扩大公共开支进行解决的思路，政府出台财政政策、扩大公共开支是稳定经济的最重要手段。政府扩大公共开支，进行公共工程建设等，能够增加就业，从而政府投资在经济增长中就起到了重要作用，自然也就提高了政府支出占GDP的比重。

四、民主政治和官僚体制造成政府规模日益庞大

（一）利益集团

在大多数西方现代民主国家，公民都可以自由表达自己的偏好，并且形成了各种各样的利益集团。利益集团的规模不断增大、数量不断增多，是导致政府规模不断扩大的重要因素。塔洛克在一篇论述“多数投票制”问题的经典论文中，通过一个例子间

① Sam Peltzman, "The Growth of Government", *Journal of Law and Economics*, 1980, Vol.23, No.2, pp.209-288.

接说明了在多数投票制下利益集团的形成可能会导致政府规模变大。[①] 假设在一个由100个农民组成的社区中,就修筑道路的提议进行投票,而修筑的道路只能使部分农民受益。运用多数票规则,这很可能产生一个由51个农民组成的联盟。其政治后果是,在这个必胜的联盟中,只有那些服务于这51个农民的道路才会被修筑。因为这51个农民只承担道路修筑费用的51%,所以,他们对道路修筑的决策将维持在比他们承担全部成本更高的水平上。在这种情况下,相对于一致同意原则下的帕累托最优,多数票规则导致了政府规模过大的问题,一方面,修筑这些道路的支出大于一致同意规则下的支出;另一方面,如果按照一致同意规则,这些道路可能就不会被修筑。同时,我们也可以设想在多数票规则下,51个人的联盟完全可能成为统治其他49人的决策机构。

(二)官僚体制

官僚体制在任何国家都存在,它是一个国家维持正常运转不可缺少的组成部分。官僚是政治家任命或雇用的从事政府事务的人。官僚机构作为一种独立的力量,完全可能导致政府规模增长。尼斯坎南通过具体实例论证了官僚的产出增长1倍,官僚要得到的预算远远大于1倍,而官僚能够得到的剩余甚至超过3倍。[②] 官僚体制导致政府规模增长的最直接证据就是,当提供可以直接度量的产出时,官僚机构要比私人部门花费更高的成本。有研究表明,取消一项由私人部门进行的活动将使这一活动的单位成本翻番。官僚机构为什么不能以更高的效率运行呢?这是因为"官僚体制超越立法机构和公民所要求的量扩张预算的能力,部分取决于歪曲公共供应物品的真实价格和数量的能力。这种歪曲能力又可能转过来取决于预算本身的规模和复杂性。官僚体制越大,外部人监督其活动就越困难,致力于增加官僚体制规模的内部人就越多。这样,官僚体制的规模就可能取决于其自身的绝对规模"[③]。

五、选民的财政幻觉为政府规模扩大留下了余地

"财政幻觉"是指导致选民过低地估计政府支出规模,因而使他们接受一个比正确感觉更大的政府的可能性。财政幻觉解释假定选民依据纳税规模来度量政府规模,政府可以向选民征收较低的税收,却可能会以其他更隐蔽的方式获得收入来源,比如负债。通过更一般的研究,奥茨总结了财政幻觉的五种假说[④]:(1)税收结构越复杂,感知真正的税收负担就越困难;(2)由于税收结构的累进不像税法的改变那样容易被察觉,自动税增加了;(3)与债务发行相联系的隐含的税收负担,不像当前的税收那样容易被察觉;(4)财产税对房屋所有者来讲是比较明显的,但对承租人来说却不明显;

---

① Gordon Tullock, "Some Problems of Majority Voting", *Journal of Political Economy*, 1959, Vol.67, No.6, pp.571-579.

② 参见[美]尼斯坎南:《官僚制与公共经济学》,王浦劬等译,中国青年出版社2004年版,第49页。

③ [美]丹尼斯·缪勒:《公共选择理论》,杨春学等译,中国社会科学出版社1999年版,第410页。

④ 关于财政幻觉五个方面的归纳,参见[美]丹尼斯·缪勒:《公共选择理论》,杨春学等译,中国社会科学出版社1999年版,第412-413页。

(5)对政府单位一次总付的转移支付与对政府单位管辖下的个人一次总付的转移支付,即使数额相等,二者的花费方法也是很不同的。

这些假说中的每一种都意味着政府规模增长与相关的财政幻觉之间的某种关系。每种假说都反映出纳税人虽然承担了税收,但是并没有直接感受到税收或税率。对于第一种假说,税收结构反映了公民需要承担多种不同的税种和税率,由于是在收入、生产或消费等不同的环节缴纳税收,公民到底承担了多少税收,无法计算,也不知道,而且有些税收并非直接征收的。对于第二种假说,累进税通常是针对收入等逐渐提高,按照不同的收入等级征收不同的税率,这说明纳税人如果承担的税率高,也就意味着其收入高。纳税人在收入水平提高之后虽然承担的税率提高了,但是收入水平也提高了,从而比较容易接受这种较高的税率。对于第三种假说,政府通过发债筹集资金,增加收入,而不是通过直接征税,公民在购买政府发行的国债时由于能够到期还本付息,比提高税率更容易接受。第四种假说反映出税收过程中的税收转嫁,房屋所有者虽然需要缴纳财产税,但是财产税会转嫁给租房者,包含在租房者缴纳的房租中,但是租房者只会感受到房租,因为其被转嫁的税收是包含在房租中的。第五种假说反映出转移支付从总额上看虽然很大,但是平均到个人却非常低,单位缴纳总体的税收与个人缴纳税收所能够感觉到的税率是不同的。可以通过一个例子来说明,比如一个纳税人缴纳所得税,在拿到收入后缴纳和在拿到收入前由所在单位代扣所得税,能够感受到的税率是不同的。同样是税后 X 元,税前 $(1+t)X$ 元。如果是拿到收入后自己缴纳,感觉自己赚了 $(1+t)X$ 元,然后缴纳了 tX 元的税收,实际收入为 X 元;而由单位代扣,感觉自己赚了 X 元。在这两种情形下,纳税人能够感觉到的税收是不同的,这是最为直接的财政幻觉。

不过,奥茨也指出:"虽然这五种情况都带来貌似合理的幻觉假说,但是它们中没有一个有非常令人信服的经验支持。"[①]主要的原因可能在于这些假说虽然比较容易解释,但是要找到实证的数据却并不容易,不是所有的指标都能够容易度量。

六、过多的政府开支会影响竞选者的选票

从当政者要追求连任或选票的角度看,政府规模不能够无限制扩大,因为政府开支过大会影响竞选者的选票。尼斯坎南对1896—1972年美国总统选举的研究表明,在宏观经济绩效不变的情况下,联邦支出的增长意味着执政党获得较低的得票总数。[②] 佩茨曼的研究也提供了强有力的计量经济学证据。他分析了1950—1988年的美国总统选举、参议院选举和州长选举,发现选民在投票时会对联邦政府和州政府支

① Wallace E. Oates, "On the Nature and Measurement of Fiscal Illusion: A Survey", in G. Brennan, et al., *Taxation and Fiscal Federalism: Essays in Honour of Russell Mathews*, Sydney: Australian National University Press, 1988.

② William Niskanen, "Bureaucrats and Politicians", *Journal of Law and Economics*, 1975, Vol.18, No.3, pp.617-643.

出的增长作出相应的惩罚。但是增长的联邦支出的构成似乎是不相关的，无论是国防还是非国防支出增长，总统所在的执政党在大选时都会遭受选票损失。在州长选举中，福利支出的增长会受到严厉的惩罚。佩茨曼还发现，是较高的支出而不是较高的税收会惹恼选民。这表明，政府支出占 GDP 的比重不可能无限扩大。①

另外，对于 20 世纪 80 年代之后政府规模增长速度下降和 90 年代之后政府规模不再扩大，也可以从选民的学习和认知角度进行解释。在经历了政府支出占 GDP 的比重持续增长之后，政府规模扩张带来的问题日益凸显，比如政府为扩大开支而大量发行国债，虽然选民在政府开支扩大时得到了好处，但最终的成本仍然由选民承担。这样，选民既然逐渐认识到从政府那里得到的好处最终还要由自己承担成本，就会变得更加理性，不再支持政府规模的扩大，而是要限制政府规模。到 21 世纪，很多发达国家政府债务占 GDP 的比重不断提高，很多国家的比例已经超过 100%。表 7.4 给出了世界部分国家或地区中央政府债务占 GDP 的比重，美国、日本、英国、法国、西班牙等发达国家政府债务占 GDP 的比重都已经超过 100%，甚至超过 200%，政府规模扩大不能不受到限制。

表 7.4 世界部分国家或地区中央政府债务占 GDP 的比重 %

	1990 年	1995 年	2000 年	2005 年	2010 年	2015 年	2020 年
澳大利亚	12.23	21.68	29.55	22.42	28.67	46.51	69.41
奥地利	—	—	64.74	74.31	85.79	95.08	99.91
加拿大	—	77.37	58.60	46.03	52.46	54.65	72.09
瑞士	12.33	22.50	25.78	29.40	20.99	20.44	20.91
西班牙	35.13	57.88	56.42	40.27	50.17	100.93	141.22
法国	—	—	58.30	65.61	80.30	97.98	123.01
英国	30.20	88.41	87.45	91.99	130.69	147.61	195.39
希腊	—	—	119.43	127.55	136.60	189.16	252.29
冰岛	29.91	46.34	58.26	84.72	150.63	117.37	100.02
日本	52.89	60.77	98.93	128.21	160.50	194.59	216.28
新加坡	77.86	72.78	83.84	94.97	101.45	103.32	153.41
美国	40.93	47.21	33.27	56.54	84.96	96.43	126.39
高收入国家	36.49	52.99	52.67	67.64	91.17	104.91	131.51
北美	40.93	49.78	35.43	55.64	82.19	92.86	121.75
经合组织成员	36.34	51.71	51.18	67.68	90.16	103.02	129.33

资料来源：世界银行数据库(https://data.worldbank.org.cn/indicator/GC.DOD.TOTL.GD.ZS? view=chart)。

① Sam Peltzman, "Voters as Fiscal Conservatives", *Quarterly Journal of Economics*, 1992, Vol.107, No.2, pp.327-361.

第三节 国家的本质及其规模和边界

诺思认为："国家的存在是经济增长的关键，然而国家又是人为经济衰退的根源。"[①]关于国家的本质，大体上有两种不同的思路：契约论和暴力论。布坎南、诺思、奥尔森、约拉姆·巴泽尔（Yoram Barzel）等分别提出了关于国家的政治经济学理论。如果将国家看作类似企业的组织，就可以分析其规模和边界。本节从新政治经济学的角度分析国家的本质以及国家规模和边界。

一、"国家"语词含义与国家要素

（一）nation、state 和 country：三个与"国家"对应的英语单词

country、nation、state 三个英语单词都可以翻译成"国家"，但它们的含义并不相同。根据《美国传统辞典》等的解释："country"侧重于 territory、people、land 这些含义，即它是一个疆界、人口、土地等物质、实体层面的概念；"nation"侧重于人所组成的集合，具有共同的风俗、历史、起源、语言等，即它是一个人与人之间具有内在感情联系的概念；"state"侧重于政权、政府概念，例如 statesman 就反映了这层含义。[②]

其实，这三个词在英语国家中也常常被混用。西奥多·哥伦比斯（Theodore Couloumbis）和杰姆斯·沃尔夫（James Wolfe）就曾经指出："'民族'（nation）和'国家'（state）在概念上泾渭分明，然而，不幸在运用上却经常被混淆，民族是以每个人具有统一的文化为基础的历史范畴，而国家则是由人口、领土和自治政府等要素构成的政治单位。国家为全体公民的政治忠诚提供了基础，而民族则增进了公民们感情上的联系，通过这种联系，民族内每个人都会产生一种一致感。民族同国家在文化和领土疆界方面并不总是一致的。因此，'民族国家'这个术语被社会科学家们用来表示在中央权力对一定的领土和居民实行长期的政治控制之后介乎文化和政治疆界之间逐渐形成的融合体。"[③]

从上面的解释中我们可以看出，country 是一个宽泛的概念，指国家的领土、人口、疆界这个物理层面，nation 和 state 都必须以 country 为基础；nation 更侧重于国家组成中的内在感情联系，更容易形成集体利益；state 侧重于具有统治地位的国家政府，是阶级统治的工具。

---

① [美]诺思：《经济史中的结构与变迁》，陈郁、罗华平等译，上海三联书店、上海人民出版社 1994 年版，第 20 页。

② 参见《美国传统辞典》《牛津英语辞典》等对这三个词的解释。

③ [美]西奥多·哥伦比斯、杰姆斯·沃尔夫：《权力与正义》，白希译，华夏出版社 1990 年版，第 53-54 页。在这段话中，译者白希将"nation"译成了"民族"，将"state"译成了"国家"，但是如果这样翻译就不会混淆这两个词了。这两个词之所以被混淆，是在"国家"这个意义上。

(二)国家要素

国际法在讨论作为国际主体的国家时论述了国家的构成要素,可以分为“三要素”和“四要素”说。《奥本海国际法》认为,当人民在他们自己的主权政府下定居在一块土地之上时,一个国家就存在了;国家有四个要素,即人民、人民所定居的土地、政府、一个主权的政府。[①] 英国国际法学家阿库斯特认为,国家必须有领土、人口、能对其领土保持有效控制和处理同其他国家之间关系的政府。[②] 奥裔美籍法学家凯尔森在《法与国家的一般理论》中还将“时间”作为国家的一个要素,主要是强调国家存在或者存续的时间和期间。就像领土是空间上的要素,同一领土在同一时间只能属于一个国家,但是同一领土在不同时间却可能属于不同的国家,而且同一领土在不同的时间内可能会被分割或组合而属于不同的国家。[③]《奥本海国际法》说明了国家构成的四要素,阿库斯特是三要素。他们的共同点是都强调国家的构成必须有人民、确定的领土、政府、主权。所以,从国际法的角度看,一个国家必须具备人民、领土、政府或者政权组织以及政府必须具有主权、能够行使主权。人民和领土是必备的,是国家的物理构成成分。至于多少数量的人口、多大面积的领土,国际法没有讨论。政府或政权组织表明人民和领土是有组织的,既对内管理人民和领土,又对外拥有主权并行使主权。需要强调的是,政府在国家要素中的重要性,对内是得到人民认可的,对外必须得到国际社会的承认。这也体现出国家作为国际社会主体的人格地位是以其他国家或国际社会的承认为前提的。

二、国家本质:新政治经济学的理论

国家的本质一直受到政治学家、社会学家和经济学家等的关注。古希腊时期的亚里士多德在《政治学》中就讨论了国家的本质和起源;英国的托马斯·霍布斯、约翰·洛克、赫伯特·斯宾塞(Herbert Spencer)和荷兰的贝内迪特·德·斯宾诺莎(Benedictus de Spinoza)等欧洲早期的政治哲学家也都讨论过国家的本质;马克思和恩格斯对国家的本质和起源也有深刻的论述。[④] 这些思想对从新政治经济学视角讨论国家的本质和起源提供了基础。布坎南、诺思、奥尔森、巴泽尔等新政治经济学家从不同视角论述了国家的本质。

(一)布坎南的契约论

布坎南在一系列著作中强调了国家的契约论。他认为,“可以把国家或政体构想

---

① 参见[英]詹宁斯、瓦茨修订:《奥本海国际法》(第一卷第一分册),王铁崖等译,中国大百科全书出版社1998年版,第92页。

② 参见[英]阿库斯特:《现代国际法概论》,汪瑄等译,中国社会科学出版社1981年版,第62页。

③ 参见[奥地利]汉斯·凯尔森:《法与国家的一般理论》,沈宗灵译,中国大百科全书出版社1996年版,第244-246页。

④ 对于国家理论,《当代国家理论:基础与前沿》提供了多个视角的研究。参见郭忠华、郭台辉编:《当代国家理论:基础与前沿》,广东人民出版社2017年版。

为一个规则或制度集，个体的人通过这个规则或制度集，集体地而非个体地或私下地行动”①，“国家展现为一套制度，借由这套制度，我们将自己政治地、集体地组织起来，去实现一些靠其他方法显然绝无可能有效搞定的目的”②。

这可以从最初的无政府状态开始阐述。当时，人们相互掠夺、侵占，不断地为争取有利的物品或居住地而战争，为了改变这种不利的局面，人们主动放弃一部分权利和自由，签订契约，形成一个组织，并且缴纳税收，获得组织提供的公共产品。这就形成了国家。因此，国家是人们为了获得一致的利益，放弃一部分权利而达成的一个契约。同时，统治者也必须意识到自己的权力来自人们达成的契约。布坎南提出的一致同意或宪法规则，实际上强调的就是这种规范意义上的契约。在国家层面，人们一致同意形成宪法，宪法对统治者的权力进行界定，同时也规定人们必须放弃的权利。人们缴纳税收交换国家提供的公共产品，国家征税的权力来源于此，征税就必须提供公共产品，否则国家就没有存在的必要。实际上，国家是人们为了共同的利益而达成的一个契约。这个契约符合所有人的利益，因而能够实现一致同意。这就在国家的形成上存在两重交易：一是人们之间的交易，他们达成契约，一致同意由一个超越他们的组织来“统治”或“管理”他们；二是人们与国家之间的交易，即人们缴税，国家提供公共产品。

(二)诺思的新古典国家模型

诺思认为，“国家可视为在暴力方面具有比较优势的组织，在扩大地理范围时，国家的界限要受其对选民征税权力的限制”，“理解国家的关键在于为实行对资源的控制而尽可能地利用暴力。离开产权，人们很难对国家作出有效的分析”。③ 在此基础上，他构建了新古典国家模型。他认为，具有一个福利或效用最大化的统治者的国家模型有三个基本的特征。④

第一，国家为获取收入，以一组服务（可称之为“保护”）与公正做交换。由于提供这些服务存在规模经济，因而作为一个专门提供这些服务的组织，它的社会总收入要高于每一个社会个体自己保护自己拥有的产权收入。

第二，国家试图像一个带有歧视性的垄断者那样活动，为使国家收入最大化，它将选民分为各个集团，并为每一个集团设计产权。

第三，由于总是存在着能提供同样服务的潜在竞争对手，国家受制于其选民的机会成本。它的对手是其他国家，以及在现存政治经济单位中可能成为潜在统治者的个人，因而统治者垄断权力的程度是各个不同选民集团替代度的函数。

---

① [美]布坎南：《阅读政治哲学的评注》，[美]布坎南、塔洛克：《同意的计算》，陈光金译，中国社会科学出版社2000年版，第335页。

② [美]布坎南：《宪则经济学：人类集体行动机制探索》，韩朝华译，中国社会科学出版社2017年版，第62页。

③ [美]诺思：《经济史中的结构与变迁》，陈郁、罗华平等译，上海三联书店、上海人民出版社1994年版，第21页。

④ 参见[美]诺思：《经济史中的结构与变迁》，陈郁、罗华平等译，上海三联书店、上海人民出版社1994年版，第23-24页。

诺思进一步指出:"国家提供的基本服务是博弈的基本规则。无论是无文字记载的习俗(在封建庄园中),还是用文字写成的宪法演变,都有两个目的:一是界定形成产权结构的竞争与合作的基本规则(即在要素和产品市场上界定所有权结构),这能使统治者的租金最大化;二是在第一个目的框架内降低交易费用以使社会产出最大,从而使国家税收增加。这第二个目的将导致一系列公共(或半公共)产品或服务的供给,以便降低界定、谈判和实施作为经济交换基础的契约所引起的费用。"①

从诺思的论述可以看出,国家的出现是为了界定、保护产权,并使社会产出最大化,而统治者通过一些手段这样做的目的是追求税收最大化。

(三)奥尔森的坐寇国家理论

奥尔森在一系列著作中阐述了坐寇国家理论。② 最初是一群流寇到处掠夺、盗窃,某一天发现定居下来成为坐寇,向老百姓征税,能够获得更多的收入。于是他们定居下来,戴上王冠,成为国王,组成国家。那么,这可能有两个问题:一是成为坐寇为什么能够比流寇掠夺更多的收入?二是人们为什么愿意接受他们的统治?

他们在作为流寇到处掠夺、盗窃的时候,基本采取的是竭泽而渔的策略,老百姓民不聊生,生产的积极性很低,产量很少,流寇竭泽而渔能够获得的收入也不高,而且这种收入的获取不具有稳定性和连续性。成为坐寇之后,不再竭泽而渔,而是征收相对固定的税收,甚至为了扩大税收还会提供一些公共产品,如保护产权免受其他流寇的抢夺,老百姓生产的积极性提高,坐寇能够获得比较高的收入。

人们愿意接受他们的统治,也是因为这样能够得到更高的收益。虽然需要缴纳很高比例的税收,但统治者不会竭泽而渔,老百姓在缴纳税收之后,还有供自己支配的剩余,而且还能够得到保护,免受其他流寇的掠夺。这样,老百姓也能够获得相对稳定的收入,愿意接受坐寇的统治。奥尔森甚至还认为,人们在喊"国王万岁"的时候,是发自真心的肺腑之言。因为如果统治者能够长命万岁的话,就永远不会竭泽而渔,而是征收相对温和的税收,并提供适当的公共产品,目标是实现长期统治。③

(四)巴泽尔的国家理论

巴泽尔通过经济权利、权力、法律权利等给出了国家的定义:"国家包括以下两个部分:(1)一群个体,这些个体臣服于一个使用暴力执行合约的单一的终极第三方;

---

① [美]诺思:《经济史中的结构与变迁》,陈郁、罗华平等译,上海三联书店、上海人民出版社 1994 年版,第 24 页。

② Mancur Olson, "Dictatorship, Democracy and Development", *The American Political Science Review*, 1993, Vol.87, No.3, pp.567-576; Mancur Olson, *Power and Prosperity*, New York: Basic Books, 2000; [美]奥尔森:《独裁、民主和发展》,盛洪编:《现代制度经济学》(上卷),北京大学出版社 2003 年版,第 368 页;[美]奥尔森:《权力与繁荣》,苏长和译,上海人民出版社 2005 年版,第 24 页。

③ 对于奥尔森的坐寇国家理论,有两个例子:一个是中国首位诺贝尔文学奖得主莫言的小说《红高粱》中对于当时的国民政府、日本入侵者和土匪三方势力较量的叙述,另一个是意大利黑手党的例子。莫言:《红高粱》,花城出版社 2011 年版;[法]希莫里克·杜瓦尔:《黑手党档案》,罗尘译,东方出版社 2003 年版。

(2)一个疆域,这是这些个体居住的地方,也是实施者权利所及的范围。”[①]

巴泽尔分析的起点是:“在人类初期,个体是独立工作的。”“在一开始,个体相互独立。他们是不同的,在智力和运用暴力的能力上存在差异。他们分布在一个非匀质的空间中。最重要的,每一个个体都最大化他的效用,这个效用是其身体、个体福利及个体安全的函数,但不必是其他人的福利的函数。”“个体使用自己的技能和实力来获取资产,并采用他所认为的合适的任何手段来保护自己防范他人。当他们认为可以从相互作用中获利时,就会进行相互作用。”[②]在人类最初阶段,没有制度、没有国家,也没有人们之间的相互作用,但是,当人们认识到相互作用能够获得预期收益时,就会这样做。巴泽尔提出了“经济权利”概念,“即个体直接消费某一资产服务的能力,或通过交换间接消费这种服务的能力”。

但由于信息不对称等,经济权利并非总能够得到有效实施和执行,就出现了“权力”。巴泽尔认为,“权力是强加成本的能力”,而权力的最有效实施要求国家的出现。[③] 因此,权力是国家的本质组成部分。

总之,巴泽尔的国家理论可以归结为:人类最初相互独立,预期到相互合作能够带来收益时,就相互合作;但由于信息不对称等,这种相互合作会受到限制,就出现了第三方实施,通过人们赋予其权力来控制人们的行为,这就是国家的出现。

(五)小结

各种不同的国家理论,实际上可以归结为两种不同的观点:契约论和暴力论。这两种不同的观点强调人们之间利益的冲突与一致。契约论强调人们存在共同的利益;诺思的国家理论既强调了人们的共同利益,又强调了人们的利益冲突;奥尔森的国家理论强调了国家与臣民之间在利益冲突中实现利益调和;而巴泽尔的理论强调了利益一致,但也存在冲突,而利益冲突需要第三方解决,即国家。这些不同的国家理论实际上可以统一起来,因为在某个范围和空间内的个体之间不可能始终利益一致,也不可能始终利益冲突。利益一致和利益冲突揭示了一枚硬币的两面。人们之间由于存在共同利益而结合成为共同体,这是契约论;人们之间存在利益冲突,需要一个阶级统治另一个阶级,或者为了实现一部分人的利益而不可避免地损害另一部分人的利益,这是暴力论。现代国家同时具有这两个特征,它既是人们为共同利益达成的契约,也是调和人们之间利益冲突的第三方实施者。

---

① [美]巴泽尔:《国家理论》,钱勇、曾咏梅译,上海财经大学出版社 2006 年版,第 31 页。

② [美]巴泽尔:《国家理论》,钱勇、曾咏梅译,上海财经大学出版社 2006 年版,第 20-21 页。

③ 巴泽尔认为,权力并非完全由国家实施,因为某些盗匪或其他通过暴力攫取财富者,实际上也具有“权力”。巴泽尔还批判了马克斯·韦伯、诺齐克等国家垄断暴力的合法使用和决定暴力的合法使用等概念。他认为,“不被视为国家的无数个体和组织也都拥有权力。父母对自己的小孩拥有权力。持有武器的人(无论合法与否)也拥有一些权力。犯罪组织拥有很大的权力并使用武力来实施犯罪。实际上,如果国家真正拥有这样的垄断性,那么,有一件事就是:警察就不必害怕犯罪了。”[美]巴泽尔:《国家理论》,钱勇、曾咏梅译,上海财经大学出版社 2006 年版,第 28 页。

三、国家的规模、边界与范围

无论是在历史还是现实中，国家的规模都是在变化的，也是存在差别的。横向来看，各国家之间的规模相差甚大，无论从领土面积、人口等物理要素，还是从经济总量等社会要素来看，都是如此。纵向来看，一个国家的规模也是在变化的，人口和经济等是如此，领土也是变化的，比如中国历朝历代的领土面积差别很大。现实地看，像欧盟这样的"准国家"或"类国家"的规模也体现出国家规模的变化，一方面是欧盟成立以来一直有国家申请加入，欧盟的规模不断扩大；另一方面是出现了像英国脱离欧盟的事件。这些能否采用国家规模理论进行解释？国家规模的变化是由哪些因素决定的或者受到哪些因素的影响？

国家的规模、边界与范围有多种不同的分析方法。阿兰·德雷泽曾经指出，人们通常可能会认为，定义一个国家最重要的因素并不是经济特征或共同的经济政策，而是诸如语言、民族以及文化等。① 但是，从经济学的角度分析国家的规模、边界与范围可能会产生许多富有启发性的结论。

阿兰·德雷泽总结了在研究国家的经济模型时所提出的三种不同类型的经济特征：(1)某些经济联系在一个单一国家中要比在两个分立的国家中更有效，这些联系诸如贸易(广义的)的便利与合同的执行；(2)通过某些政治过程，一个国家有了一个总的宏观目标函数，在这一过程中，不同国家的"政策联盟"是一组选择共同政策的国家，尽管它们的国内目标并不完全一致；(3)从经济的角度看，用某种程度的财政政策共性来定义一个国家，即国家是一个财政联盟，国家的经济特征是通过某些(大规模的、非竞争性的)公共物品的供给来体现的。② 从这些不同类型的经济特征出发，不同学者提出了关于国家规模与数目的不同模型。帕特里克·博尔顿(Patrick Bolton)和杰拉德·罗兰(Gerard Roland)按照第一种特征提出了关于国家分裂与统一的政治经济学模型③；阿尔贝托·阿莱西纳(Alberto Alesina)和格利(V. Grilli)以欧洲中央银行的形成为例采用第二种特征研究了国家之间的联合。④

(一)国家的规模与边界

阿兰·德雷泽认为，如果从公共物品的提供来定义一个国家，那么一个国家的规模反映了这样一种权衡和取舍：一方面，一个大的行政管辖区域在公共物品的供给方

---

① 参见[美]阿兰·德雷泽：《宏观经济学中的政治经济学》，杜两省、史永东等译，经济科学出版社 2003 年版，第 679 页。

② 参见[美]阿兰·德雷泽：《宏观经济学中的政治经济学》，杜两省、史永东等译，经济科学出版社 2003 年版，第 678 页。

③ Patrick Bolton, Gerard Roland, "The Breakup of Nations: A Political Economy Analysis", *The Quarterly Journal of Economics*, 1997, Vol.112, No.4, pp.1057-1090.

④ Alberto Alesina, V. Grilli, "The European Central Bank: Reshaping Monetary Politics in Europe", in M. Canzoneri, V. Grilli, P. Masson, eds., *Establishing a Central Bank, Issues in Europe and Lessons from the U.S.*, Cambridge: Cambridge University Press, 1992.

面能够得到较大的规模经济,也能够把税收竞争所反映的外部性内部化;另一方面,行政管辖区域越大,公共物品的选择与辖区内居民的偏好相匹配的程度就越低。这两方面因素的权衡和取舍,将决定一个国家提供公共物品的最优数目。这是规范角度的国家规模与公共物品数目决定理论。从实证角度看,国家的规模和数目取决于一个具体的政治机制所产生的对这种权衡取舍的集体选择。

波尔顿和罗兰分析了两个边界非常明确的地区是联合组成单一国家还是各自独立形成国家的问题。他们假定,这两个地区的要素禀赋和人口的收入分配不同,两种不同的生产要素(资本和劳动)不可以随意流动。这样,两个不同地区的资本收益率和劳动工资率存在差别,合并还是分裂将直接影响资本和劳动的收益率和工资率。在多数票规则下,合并还是分裂取决于支持这两种不同选择的选民的数量。选民支持合并还是分裂取决于他们在不同情况下的收益率或工资率的变化。如果两个地区支持合并的选民数量多于支持分裂的选民数量,则两个地区就合并组成一个国家;如果两个地区支持分裂的选民数量多于支持合并的选民数量,则两个地区就各自组成国家。如果政治制度不同,或者说政治决策的过程不同,那么最终决策的结果也必然存在差别。以此为基本模型,他们讨论了一个国家可能会通过财政政策和税收政策调节避免国家分裂;如果放松生产要素不能够自由流动的假定,比如资本可以自由流动,那么结果也会有所不同。不同地区除了合并与分裂两种不同的选择外,还可以成为联邦国家中的自治地区,它们虽然属于同一个联邦国家,但在设置自身的财政政策方面具有某种程度的独立性和自治性。这样,不同地区是分裂,是合并,还是联邦自治,就需要从选民自身收益的角度结合政治决策制度进行分析。

阿莱西纳和恩里科·斯波劳雷(Enrico Spolaore)采用空间竞争模型与人们对公共物品的偏好分析国家的数目和规模问题。他们认为,随着一个国家中人数的增加,人均政府成本(或者政府提供公共物品的人均成本)不断下降,然而随着一个国家变得越来越大,人们与政府之间的距离增大了,这表明实际的与意愿的公共物品供给之间不那么匹配了。他们认为,世界的社会计划者在总税收等于管理 J 个国家政府的成本的约束条件下,通过最大化整个世界的效用来选择国家的数目 J。效用依赖于政府的位置。对于国家边界的确定,阿莱西纳和斯波劳雷提出了许多可能的规则:一是位于两个国家边界附近的个人可以选择要加入的国家;二是在每一个已经存在的并且受到重新划定边界影响的国家中,如果按照多数投票裁定规则批准变更的话,就可以创造一个新国家,或消除一个已经存在的旧国家,一个可供选择的方法是一群人能够从已存在的国家中脱离出来,并且当他们全体一致同意投票打算组成新国家时,就能够组成一个新国家。他们分析得出的一个结论是,一个仁慈的世界社会计划者选择拥有的国家数目,要比在一个民主均衡中具有的国家数目少。[①]

---

① Alberto Alesina, Enrico Spolaore, "On the Number and Size of Nations", *The Quarterly Journal of Economics*, 1997, Vol.112, No.4, pp.1027-1056;[美]阿兰·德雷泽:《宏观经济学中的政治经济学》,杜两省、史永东等译,经济科学出版社 2003 年版,第 694-696 页。

(二)国家的范围

巴泽尔给出了国家范围的定义以及计算方法。他指出,“国家范围是暴力维系的第三方所实施的协议价值与一国境内总产品的价值之比,总产品包括输入的产品”[①],可以用公式表示为:

$$\text{国家范围}=\frac{\text{国家作为第三方实施协议的价值}}{\text{国内总产品价值}}$$

在一个国家中,如果不存在权力维系的第三方实施合约,那么比值为零。市场经济中的纵向一体化程度越低,这个比值就越高。假定某人(B)买了价值 10 美元的原材料,劳动力和资本服务增值为 20 美元,订立合约将产品以 30 美元的价格卖给了 C。接着,C 在 30 美元的材料上又增加了 30 美元的劳动力和资本服务,并以 60 美元的合同价格将他的产品卖给了其他人。这两项增加值总值为 50 美元。这两项交易合约的货币总值为 90 美元。后者与前者的比值即国家范围。如果这两个人合并为一个单一的纵向一体化企业,增加值仍然为 50 美元,但交易合约的货币值只有 60 美元,得到的比值为 1.2。因此,纵向一体化程度越高,比值越低,国家范围越小。换句话说,一个国家合约交换的范围越广,比值就越高,国家的范围就越大。[②]

为什么会出现国家范围的差别呢?国家的范围大小可以衡量国家制度特别是市场交易制度质量的高低。国家范围越大,制度质量越高;国家范围越小,制度质量越低。这是因为国家范围越大,纵向一体化程度越低,更多的生产过程通过市场交易完成。之所以能够通过市场交易而不是通过纵向一体化内部生产,就是因为市场交易成本足够低。

本章小结

本章对政府本质、政府规模变化的原因、国家的本质以及国家的规模和边界等问题进行了政治经济学分析,但还有许多问题尚未涉及。

对于政府究竟是什么、应该是什么,虽然存在许多不同观点,但都是从不同角度出发分析的结果。政府本质的规范分析与实证分析是什么关系?为什么存在差别?不同层级政府或不同政治制度中政府的本质是否相同?发达国家政府规模变化,虽然对此提出了各种各样的解释,但政府规模变化绝不是单一因素决定的,它是许多因素共同作用的结果。对于一个国家而言,政府规模不可能很小,因为如果政府规模过小,它将一事无成;但政府规模也不可能过大,否则就形成对选民利益的侵犯,不利于获得足够多的选票,不利于执政党再当选目标的实现。是否存在政府的适当规模?从 20 世

① [美]巴泽尔:《国家理论》,钱勇、曾咏梅译,上海财经大学出版社 2006 年版,第 32 页。

② 参见[美]巴泽尔:《国家理论》,钱勇、曾咏梅译,上海财经大学出版社 2006 年版,第 32-33 页。

纪 90 年代起政府支出占 GDP 的比重基本不再增加，有的略有下降，有的在某个点徘徊波动，这是否意味着各国找到了自己的最优政府规模？政府的最优规模应该如何确定？是否存在最优政府规模？各国政府规模存在差异的原因何在？在 OECD 国家中，政府支出占 GDP 的比重甚至能够相差一倍，为什么有的国家政府规模大，有的国家小？为什么在 20 世纪 90 年代之后，政府规模不再扩大，而是有所减小？就中国而言，新政治经济学的理论能否解释中国政府规模的变化？如何解决中国政府的最优规模问题？

国家的形成既需要从利益冲突的角度，也需要从共同利益的角度进行分析。国家的规模、边界和范围是否可以借鉴企业边界和规模的分析思路进行探讨？就现在各国家的规模来说，虽然其形成有政治的、文化的、地理的等多方面原因，也存在很多偶然因素，但能否从经济学的角度给出统一的解释？另外，随着许多国家政府债务规模不断扩大，不仅发展中国家或贫困落后国家的政府债务规模超过 GDP 总量，而且很多发达国家的政府债务规模也超过 GDP，甚至达到 GDP 的 2 倍以上。政府债务规模过大，就可能出现无法偿还到期债务的问题。当一个国家无法偿还到期的政府债务时，国家能否破产？如何破产？这些问题存在现实发生的可能性，必须从理论上进行探索和分析。

推荐阅读

1.[美]安德烈·施莱弗、罗伯特·维什尼编著:《掠夺之手:政府病及其治疗》，赵红军译，中信出版社 2004 年版。

2.[美]曼瑟·奥尔森:《权力与繁荣》，苏长和、嵇飞译，上海人民出版社 2005 年版。

3.[美]巴泽尔:《国家理论》，钱勇、曾咏梅译，上海财经大学出版社 2006 年版。

思考题

1.如何理解政府的行为？政府的目标、官僚的目标、政治家的目标是否相同？有什么差别？

2.政府的规模会不断扩大吗？是否存在最优规模？

3.国家的本质是什么？国家是否存在最优规模？

第八章　寻租与腐败的政治经济学

“寻租”(Rent-seeking)理论[①]是20世纪70年代之后发展起来的一个重要的政治经济学理论。公共选择理论较早地提出了寻租理论及主要观点。许多学者将寻租等同于腐败。[②] 的确,寻租是一种腐败活动,正是由于政府官员等寻求非生产性利润的动机,才造成了腐败,但寻租又不完全等同于腐败。寻租理论也不完全等同于腐败的政治经济学。本章两节内容分别阐述寻租理论与腐败的政治经济学。

第一节　寻租理论

寻租理论自从提出之后,在经济学各分支领域的影响迅速扩大,为政治学、社会学、行政管理学提供了新的研究思路。寻租理论的提出使经济学研究从资源在生产领域的分配扩大到资源在生产领域和非生产领域的分配。本节主要阐述寻租的定义、寻租理论的发展及与寻租社会成本相关的理论等。

一、“租”“寻租”与寻租理论

(一)什么是“租”

根据《新帕尔格雷夫经济学大辞典》的解释,“租金”是为使用土地、劳动、设备、思

---

① 对于“rent-seeking”的译法,有人认为,“寻租活动”是一个在《辞海》中找不到的词,从相关文献中也看不出“寻租”的“租”与“租金”(rent)有什么关系,将“rent-seeking”译为“找窍门”或“钻空子”似乎更为确切。参见叔达:《“寻租”与“菜单”》,《读书》1998年第12期。不过,我们认为,这种说法未理解“租”的经济学含义,单纯从“地租”的角度理解“租”是不恰当的。

② 比如由《经济社会体制比较》编辑部主编的《腐败寻根:中国会成为寻租社会吗?》一书,所收录的文章基本包括两部分:一部分是中国学者的论文,另一部分是译文。中国学者的论文大多数是讨论腐败问题,而译文大多讨论寻租问题。参见《经济社会体制比较》编辑部主编:《腐败寻根:中国会成为寻租社会吗?》,中国经济出版社1999年版。这部著作最早出版于1989年,题目为《腐败:货币与权力的交换》,中国展望出版社出版;1993年再版,题目改为《腐败:权力与金钱的交换》,中国经济出版社出版;1999年第三版,题目改为《腐败寻根:中国会成为寻租社会吗?》。

想甚至货币等资源所作的支付。一般来说，劳动的租金被称为“工资”，对土地和设备的支付称为“租金”，为使用一种思想所作的支付称为“专利使用费”，对货币的使用所作的支付称为“利息”。在经济理论中，如果一种可供使用的资源量长久地不受为使用这种资源所作的支付额多寡的影响，这种支付就称为“经济租”；如果可供使用的资源量只是暂时不受对其支付额多寡的影响，这种支付就称为“准租”。[①] 也就是说，要产生“经济租”，必须存在某种供给数量不受价格影响的要素，因为只有供给数量一定，不随价格波动，才会产生短缺，才会有“租”出现。这样，“租”也就可以被解释为“一种生产要素的所有者获得的收入中，超过这种要素的机会成本的剩余”[②]。比如土地，在短期甚至在长期中，其供给量都不会发生变化，但随着人口的增加，对土地的需求不断增加，即使对土地支付很高的价格，土地的供给量也不会增加。此时，对土地所有者支付的价格就可能超过这种要素的机会成本，出现剩余，产生经济租。

“租”的产生可以分为两种方式：一种是自然（Naturally）产生的，比如新产品的开发、新技术的发明或者供求曲线的变化等，都可能使一方经济主体获得超过机会成本的收益；另一种是人为（Artificially）产生的，比如垄断、关税等形成的特权。寻租理论中的“租”主要是指后者。

（二）什么是寻租

笼统地讲，“寻租”是指那些维护既得经济利益、设法取得或维持垄断利益或者对既得利益进行再分配的非生产性活动。

布坎南区分了“寻利”和“寻租”。他指出：“在有秩序的市场结构中，人们力图使根据自己的能力或机会得到的报酬极大化的行为能够有利于社会……这种行为称为‘寻求利润’。但是，在另外一套机构和制度下，完全相同的行为可能不会产生对社会有益的结果，个人在竭力使报酬极大化时所产生的并非故意造成的结果可能是‘坏的’，而不是‘好的’。‘寻求租金’要描述的就是这样一种制度背景中的行为。个人竭力使价值极大化造成了社会浪费，而没有形成社会剩余。”布坎南同时强调，在个人决策的层次上，“寻租”与“寻求利润”没有什么不同。个人在寻求报酬极大化时从对社会“有利”转变为对社会“不利”，并非个人的道德水准发生了变化，而是因为制度结构发生了变化，作出个人选择的制度环境发生了变化。[③] 寻租理论的提出者塔洛克主要是从垄断、特权等角度定义寻租的，他将寻租看作凭借政府准许的特权取得垄断地位并获取租金的一种努力。具体而言，寻租就是为了获得垄断或取得政府其他庇护所从事的活

---

① 参见［美］阿门·阿尔奇安：《租金》，［美］约翰·伊特韦尔、默里·米尔盖特、彼得·纽曼编：《新帕尔格雷夫经济学大辞典》（第四卷），陈岱孙等译，经济科学出版社 1996 年版，第 150-153 页。

② 陆丁：《寻租理论》，汤敏、茅于轼主编：《现代经济学前沿专题》（第二集），商务印书馆 1993 年版，第 142 页。

③ James Buchanan, “Rent-seeking and Profit-seeking”, in James Buchanan, Gordon Tullock, and Robert Tollison, *Toward a Theory of the Rent-seeking Society*, Taxas: Texas A&M University Press, 1980. 中译文见［美］詹姆斯·布坎南：《寻求租金与寻求利润》，《经济社会体制比较》编辑部主编：《腐败寻根：中国会成为寻租社会吗?》，中国经济出版社 1999 年版，第 162-177 页。

动，或者为使用资源，以取得政府允许的符合自己利益的垄断，或者为了保护自己以免他人对这类活动侵犯而改变政府的管制。[①] 从这个角度看，寻租就是个人维护或获得某种既得的和潜在超额收益的活动。

贾格迪什·巴格瓦蒂(Jagdish N. Bhagwati)采用了“直接非生产性寻利活动”[Directly Unproductive, Profit-Seeking (DUP) Activity]概念。“直接非生产性寻利活动”是指通过从事直接(即就其立即产生的最初的影响而言)非生产性活动而获得利润的方法，非生产性活动的含义是，这些活动产生金钱收益，但并不生产包括在正常效用函数中的产品或劳务，也不生产投入这些产品与劳务的投入品。比如，寻求关税好处的院外游说活动，这种活动的目的是通过改变关税以及要素收入来获得金钱收入；寻求收入好处的院外游说活动，这种活动是把政府收入引向自己，使自己成为收入的接收者；寻求垄断利益的院外游说活动，这种活动的目标是创立一种人为的、产生租金那样性质的垄断；逃避关税或走私，这种活动实际上是减少或取消了关税(或限额)，并通过利用缴纳关税的合法进口品和不缴纳关税的非法进口品之间的价格差异来获得利润。[②] 这些显然都是有利可图的活动，这些活动的产出为零，即并不创造任何财富。

还有学者从产权分配的角度解释了“寻租”。寻租是个人或团体对既有产权的重新分配方式。政府的作用在于界定和保护产权。人们可以通过正常的市场交换处理产权，也可以通过政府重新界定和分配产权。这既可以增进社会福利，如明确界定财产归属，维持市场秩序，也可以损害社会福利，例如产生人为垄断，限制竞争。[③]

巴格瓦蒂的“直接非生产性寻利活动”是比“寻租”更广泛的一个概念，而且能够避免“寻租”这个概念中的“租”所造成的误解，因而被广泛接受。然而，相对于“直接非生产性寻利活动”，“寻租”一词因其简练受到学者们的青睐。

(三)“寻租”的类型与层次

寻租活动可以分为非法的和合法的。合法的寻租活动如企业向政府争取优惠待遇，利用特殊政策维护本身的垄断地位。在许多西方国家，利益集团或企业可以合法地向政党或政治家提供政治献金，影响政策选择，这种寻租活动就是合法的。非法的寻租活动如行贿受贿、走私贩毒、盗窃等。

巴格瓦蒂将“直接非生产性寻利活动”(DUP)分为内生的和外生的两大类。比如关税，如果讨论关税的内生决定，就是内生的DUP活动；如果关税是外生决定的，寻求该关税的既得收益或者逃避关税的行为就是外生的DUP活动。前者是影响政策

---

① 参见张军：《特权与优惠的经济学分析》，立信出版社1995年版，第34页。

② 参见[美]巴格瓦蒂：《直接非生产性寻利活动》，[美]约翰·伊特韦尔、默里·米尔盖特、彼得·纽曼编：《新帕尔格雷夫经济学大辞典》(第一卷)，陈岱孙等译，经济科学出版社1996年版，第913-915页；Jagdish N. Bhagwati, “Directly Unproductive, Profit-Seeking (DUP) Activity”, *Journal of Political Economy*, 1982, Vol. 90, No.5, pp.988-1002.

③ Bruce Benson, “Rent Seeking from a Property Rights Perspective”, *Southern Economic Journal*, 1984, Vol.51, No.2, pp.388-400.

的 DUP 活动，后者是由政策引起的 DUP 活动。[①] 巴格瓦蒂还按照市场条件扭曲程度对寻租活动的影响将 DUP 活动分为四种类型：(1)在该活动发生前后，市场条件都是扭曲的。例如利益集团对政府收入的争夺战，起源于对市场竞争的限制，其结果也不会改变这种限制。(2)在直接非生产性寻利活动发生之前市场是扭曲的，但该活动的效果是对市场条件扭曲的矫正，如一些希望通过竞争获利的企业通过游说政府的方式使决策当局废除限制竞争的政策法令。(3)使市场扭曲从无到有的寻租活动，例如通过寻求政府保护来维持既得利益的企业的行为。(4)在发生前后都不会增加或减少对市场活动的行政法律限制的寻租活动，如盗窃。表 8.1 给出了寻租的分类与例子。

表 8.1　寻租的分类和例子

类型	市场一开始扭曲，最后仍扭曲的情形		市场一开始扭曲，最后得到矫正的情形		市场一开始不扭曲，后来扭曲的情形		市场在一开始和最后都不扭曲的情形	
	合法	非法	合法	非法	合法	非法	合法	非法
例子	寻求溢价或寻求收益	逃避关税、走私	破坏关税的游说	通过贿赂政治家破坏关税的游说	寻求垄断；寻求关税	从最优关税出发逃避关税	零关税结果的游说	盗窃

资料来源：Jagdish N. Bhagwati, "Directly Unproductive, Profit-Seeking (DUP) Activity", *Journal of Political Economy*, 1982, Vol.90, No.5, pp.988-1002.

布坎南将寻租划分为三个层次。[②] 这可以通过一个例子进行说明。假定一个城市政府采取发放许可证的方式限制出租车数量，那么市场上的出租车数量就会低于自由竞争市场的均衡水平，出租车经营者就可以获得超额利润(即租金)。人们受这种超额利润的吸引，就会想办法从发放许可证的官员那里得到许可证。如果许可证的发放很大程度上取决于官员的个人意志，那么寻求执照的人就会竞相贿赂官员，从而产生第一个层次上的寻租活动。因为这些活动使官员得到了丰厚的收益，这又会吸引人们为争夺该官员的职位而贿赂更高层次的官员，这就产生了第二个层次上的寻租活动。如果部分或全部的出租车超额收入以执照费的形式转化为政府的财政收入，那么各个利益集团又会为争夺这笔收入的分配而展开竞争，这就出现第三个层次上的寻租活动。只要政府人为地创造出短缺，寻租就可能产生。如果租金的"获取权"不是在全体

---

① Jagdish N. Bhagwati, Richard A. Brecher, T. N. Srinivasan, "DUP Activities and Economic Theory", in David C. Collander, *NeoClassical Political Economy: The Analysis of Rent-Seeking and DUP Activities*, Cambridge: Ballinger Publishing Company, 1984. 中译文见[美]巴格瓦蒂等：《DUP 活动和经济理论》，[美]大卫·柯兰德编：《新古典政治经济学》，马春文、宋春艳译，长春出版社 2005 年版，第 3-20 页。

② James Buchanan, "Rent-seeking and Profit-seeking", in James Buchanan, Gordon Tullock, and Robert Tollison, *Toward a Theory of the Rent-seeking Society*, Texas: Texas A&M University Press, 1980. 中译文见詹姆斯·布坎南：《寻求租金与寻求利润》，《经济社会体制比较》编辑部主编：《腐败寻根：中国会成为寻租社会吗?》，中国经济出版社 1999 年版，第 162-177 页。

人员中平等地分配或拍卖，预期进入者就会尽力说服当局获取有差别的待遇，以寻求租金。布坎南认为，在这三个层次的寻租活动中，第二个层次最为重要。因为如果政府职位的工资或津贴包含经济租金的成分，并且高于私人部门的工资或津贴，那么政治家或官僚就会耗费大量的资源获取该职位，如接受专门的训练或教育、在政治竞选活动中投入大量经费。不论人们为在这三个层次上的寻租活动提出的理由多么合理，都会浪费掉大量的资源。

（四）寻租理论的兴起、发展及分支

对寻租问题的关注，至少在古典经济学时期就已经存在。亚当·斯密曾经指出："同业中人甚至为了娱乐或消遣也很少聚集在一起，但他们谈话的结果，往往不是阴谋对付公众便是筹划抬高价格。"[①]让·巴蒂斯特·萨伊（Jean-Baptiste Say）不仅对寻租活动的成本和收益进行了实证分析，而且对这种活动所造成的社会福利损失进行了规范性判断。他提到："如果某个人或某个阶级能够得到政府的帮助阻止别人竞争，他就取得特殊权利，而以整个社会为牺牲，使整个社会遭受损失。他就一定可得到不是完全来自他提供的整个的生产服务而是部分构成于为他的私人利益向消费者征收的赋税的利润。这些利润通常由政府和他共分。政府不正当地给予他帮助，就是因为这些利润。""这种制度，产生了特权公司……不论所使用的方法怎样，结果总相同，专利或垄断继之而起，消费者给付这些特权的代价，而享受特权的人获得全部利益。"[②]古典经济学家虽然提出了类似的问题，但没有深入分析。

20 世纪 50 年代，有关垄断、关税和政府管制造成的社会成本的计算成为经济学家研究的热点问题。阿诺德·哈伯格（Arnold C. Harberger）在 1954 年提出了计算垄断的社会成本的方法，即"哈伯格三角"（Harberger's Triangle）。[③] 根据这种方法计算的结果表明，在 20 世纪 20 年代，美国国内的垄断所造成的社会福利损失不到美国国民生产总值的 0.1%。这个结果使研究垄断等问题的经济学家陷入了尴尬。有人甚至讽刺说，经济学家与其研究垄断定价问题，倒不如去研究如何消灭白蚁。罗伯特·蒙代尔（Robert Mundell）在 1962 年发表的一篇评论文章中指出："如果不对这些研究得以进行的理论工具进行系统的理论再检验……人们将不可避免地得出经济学不再重要的结论。"[④]

正是基于这种情况，塔洛克在 1967 年发表了《关税、垄断和盗窃的福利成本》，提

---

① ［英］亚当·斯密：《国民财富的性质和原因的研究》（上卷），郭大力、王亚南译，商务印书馆 1972 年版，第 122 页。

② ［法］萨伊：《政治经济学概论》，陈福生、陈振骅译，商务印书馆 1982 年版，第 158、189 页。

③ Arnold C. Harberger, "Monopoly and Resource Allocation", *American Economic Review*, 1954, Vol.44, pp.77-87; Arnold C. Harberger, "Using the Resources at Hand More Effectively", *American Economic Review*, 1959, Vol.49, No.2, pp.134-146.

④ Robert A. Mudell, "A Review of L. H. Janssen: Free Trade, Protection and Customs Union", *American Economic Review*, 1962, Vol.52, p.622.

出了新的计算关税、垄断等福利成本的方法，即"塔洛克四角"（Tullock's quadrangle）。[①] 正是这篇文章奠定了塔洛克在寻租理论领域的地位。但是，塔洛克并没有提出"寻租"这个概念。

1974 年，美国经济学家安妮·克鲁格在研究许多发展中国家为什么没有增长的问题时，提出了"寻租"这个概念，并给出了计算寻租福利损失的形式化模型。她指出："在多数市场导向的经济中，政府对经济活动的管制比比皆是。这些管制导致各种形式的租金，以及人们经常为这些租金而展开竞争。在某些场合，这种竞争是完全合法的；在另一些场合，寻租采取其他的形式，如贿赂、腐败、走私和黑市。"[②]值得注意的是，克鲁格所采用的分析方法与塔洛克非常相似，但并未提到塔洛克 1967 年的论文。[③]

1982 年，美国经济学家巴格瓦蒂提出了"直接非生产性寻利活动"（DUP）这个概念，从国际贸易理论中关税、限额等活动出发研究"直接非生产性寻利活动"。根据其解释，DUP 包括垄断、关税、游说、盗窃等。他主要分析了 DUP 的福利结果，即社会成本。[④] 其实，在此之前，许多国际贸易学者就已经开始关注关税的内生化问题，并且分析了关税的福利损失。[⑤] 巴格瓦蒂的分析与塔洛克和克鲁格的分析在形式上有差别，塔洛克注重思想和简单的数学图形的应用，而巴格瓦蒂更擅长使用数理模型。[⑥]

---

① Gordon Tullock, "The Welfare Costs of Tariffs, Monopolies, and Theft", *Western Economic Journal*, 1967, Vol.3, pp.224-232.

② Anne O. Krueger, "The Political Economy of Rent-seeking Society", *American Economic Review*, 1974, Vol.64, No.3, pp.291-303.

③ 克鲁格和塔洛克都曾经对此发表看法。克鲁格指出，一直到《寻租社会的政治经济学》完成并且被《美国经济评论》接收，她都没有看到塔洛克的这篇文章。她后来是在一次研讨会上发表《寻租社会的政治经济学》时，一个听众向她提到了塔洛克的《关税、垄断和盗窃的福利成本》。塔洛克指出，当时《西部经济杂志》创刊不久，影响还不大。克鲁格和《美国经济评论》也都没有注意到这篇文章。Gordon Tullock, "The Origin Rent-Seeking Concept", *International Journal of Business and Economics*, 2003, Vol.2, No.1, pp.1-8; Gordon L. Brady, "Rent Seeking: Valuing Tullock's Rejects", *Economic Affairs*, 2002, Vol 22, No.4, pp. 64-71.

④ Jagdish N. Bhagwati, "Directly Unproductive, Profit-Seeking (DUP) Activity", *Journal of Political Economy*, 1982, Vol.90, No.5, pp.988-1002.

⑤ William A. Brock, Stephen P. Magee, "The Economics of Special Interest Politics: The Case of the Tariff", *American Economic Review*, 1978, Vol.68, No.2, pp.246-250; Jagdish N. Bhagwati, "Lobbying and Welfare", *Journal of Public Economics*, 1980, Vol. 14, No. 3, pp. 355-363; Jagdish N. Bhagwati, T. N. Srinivasan, "Revenue Seeking: A Generalization of the Theory of Tariffs", *Journal of Political Economy*, 1980, Vol.88, No. 6, pp. 1069-1087; Jagdish N. Bhagwati, T. N. Srinivasan, "The Welfare Consequences of DUP Lobbying Activities: Prices Versus Quantity Distortions", *Journal of International Economics*, 1982, Vol.13, pp.33-44; Jagdish N. Bhagwati, "Lobbying DUP Activities and Welfares: A Response to Tullock", *Journal of Public Economics*, 1982, Vol.19, No.3, pp.395-398; Jagdish N. Bhagwati, "DUP Activities and Rent Seeking", *Kyklos*, 1983, Vol.36, pp.634-637.

⑥ 对此，大卫·柯兰德指出："很大程度上，国际贸易方法和公共选择方法的不同只是方法论上的，而不是内容上的。贸易理论家是形式主义者，他们用雷布任斯基曲线（Rybczynski Lines）、梅茨勒悖论（Metzler Paradoxes）和 $x \times x$ 一般均衡理论模型说话。公共选择理论家是非形式主义者，他们的隐含模型蕴含了更多的思想，但有时难以确定他们的模型是什么。"参见[美]大卫·柯兰德编：《新古典政治经济学》，马春文、宋春艳译，长春出版社 2005 年版，第 9 页。

在塔洛克、克鲁格和巴格瓦蒂等人经典文献的基础上,寻租理论迅速发展。1980 年,布坎南、塔洛克和罗伯特·托里森(Robert D. Tollison)共同主编出版了《寻租社会的理论》,收录了关于寻租的许多经典文献,澄清了与寻租有关的一些概念;1984 年,大卫·柯兰德(David S. Collander)主编出版了《新古典政治经济学:寻租和 DUP 活动分析》,收录了巴格瓦蒂、塔洛克等关于 DUP 和寻租活动理论分析及其应用的 16 篇论文;1988 年,罗利、托里森和塔洛克共同主编出版了《寻租的政治经济学》,收录了塔洛克、托里森等人的论文 31 篇,其中有 15 篇是关于寻租理论在管制(2 篇)、国际贸易(2 篇)、政治市场(5 篇)、企业(1 篇)、税收(1 篇)、环境(2 篇)和法律与立法演进(2 篇)中的应用的;1995 年,托里森和康格尔顿共同主编出版了《寻租的经济学分析》,收录了寻租理论的经典论文 25 篇,涉及五个方面:经典论文(7 篇)、长期中的寻租问题(6 篇)、寻租理论的改进与拓展(5 篇)、寻租的衡量与寻租理论的应用(5 篇)和寻租社会的改进(2 篇)。①

根据巴格瓦蒂的观点,寻租理论可以划分为四个分支:(1)公共选择学派的布坎南、塔洛克、托里森及其他成员的寻租理论;(2)国际经济学家克鲁格、巴格瓦蒂、斯瑞尼瓦桑(Srinivasan)及其他成员的直接非生产性寻利活动理论;(3)芝加哥的"规章制度"学派,包括贝克尔、施蒂格勒、波斯纳、佩茨曼等的理论;(4)瑞典经济学家林德贝克(Lindbeck)的"内生政治家"理论。② 另外,还有人提出,曼瑟尔·奥尔森的集体行动理论、分利集团理论,新经济史学家采用寻租理论研究重要的历史事件,如英国《工厂法》,也都可以看作寻租理论的重要分支。③

---

① James Buchanan, Gordon Tullock, and Robert Tollison, *Toward a Theory of the Rent-seeking Society*, Texas: Texas A&M University Press, 1980; David C. Collander, *NeoClassical Political Economy: The Analysis of Rent-Seeking and DUP Activities*, Cambridge: Ballinger Publishing Company, 1984; Charles K. Rowley, Robert D. Tollison, and Gordon Tullock, *The Political Economy of Rent-Seeking*, Boston: Kluwer Academic Publishers, 1988; Robert D. Tollison, and Roger D. Congleton, *The Economic Analysis of Rent Seeking*, Cheltenham: Edward Elgar Publishing Limited, 1995.

② 参见[美]巴格瓦蒂:《直接非生产性寻利活动》,[美]约翰·伊特韦尔、默里·米尔盖特、彼得·纽曼编:《新帕尔格雷夫经济学大辞典》(第一卷),陈岱孙等译,经济科学出版社 1996 年版,第 913-915 页;[美]巴格瓦蒂等:《DUP 活动和经济理论》,[美]大卫·柯兰德编:《新古典政治经济学》,马春文、宋春艳译,长春出版社 2005 年版,第 3-20 页。

③ 参见[美]大卫·柯兰德编:《新古典政治经济学》,马春文、宋春艳译,长春出版社 2005 年版,"导言";David C. Collander, "Introduction", *NeoClassical Political Economy: The Analysis of Rent-Seeking and DUP Activities*, Cambridge: Ballinger Publishing Company, 1984, pp.6-7. 采用寻租理论解释经济史已经得出了一些颇具创新性的结论。这方面的研究如 Gary M. Anderson, and Robert D. Tollison, "A Rent-Seeking Explanation of the British Factory Acts", in David C. Collander, "Introduction", *NeoClassical Political Economy: The Analysis of Rent-Seeking and DUP Activities*, Cambridge: Ballinger Publishing Company, 1984, pp.187-201; Gordon Tullock, "Why Did Industrial Revolution Occur in England?", in Robert D. Tollison, and Gordon Tullock, *The Political Economy of Rent-Seeking*, Boston: Kluwer Academic Publishers, 1988, pp.409-419; Robert B. Ekelund, and Robert D. Tollison, "Mercantilism as a Rent-Seeking Society", in James M. Buchanan, Robert D. Tollison and Gordon Tullock, *Toward a Theory of the Rent Seeking Society*, Texas: Texas A&M University Press, 1980, pp. 235-268; Robert B. Ekelund, *Mercantilism as a Rent-Seeking Society: Economic Regulation in Historical Perspective*, Texas: Texas A&M University Press, 1981.

二、寻租成本：从“哈伯格三角”到“塔洛克四角”

哈伯格在20世纪50年代计算垄断的社会成本时，提出了“哈伯格三角”计算方法。由于这种方法计算出来的垄断的社会成本占国民生产总值的比例过低，许多经济学家提出了批评，塔洛克在1967年发表《关税、垄断和盗窃的福利成本》，提出了“塔洛克四角”计算方法。在本节中，我们以关税为例分析“哈伯格三角”和“塔洛克四角”。

（一）哈伯格三角

哈伯格于1954年在《美国经济评论》发表了《垄断和资源配置》，提出了垄断的社会成本的问题与计算方法①，被称为“哈伯格三角”。这里以进口关税的社会成本为例进行说明。如图8.1所示，某种产品可以进口，也可以在国内生产。假定国内生产的成本不变，为P_1，进口的价格为P_0。给定需求水平不变，在关税为零的时候，价格为P_0，需求量为Q_0。其中，Q_0-Q_1的数量需要进口。在对该产品征收关税时，产品的价格上升为P_1，需求量下降为Q_1，全部由国内厂商生产。由于产品价格的提高，产品需求量的下降，消费者剩余减少P_0P_1BE，其中P_0P_1BF由于价格的上升转移给生产者，整个社会的福利净损失为BEF。BEF就是“哈伯格三角”。按照哈伯格三角的计算方法，20世纪70年代，美国每年由于垄断所造成的福利损失为5000万美元，占美国国民收入的千分之一。

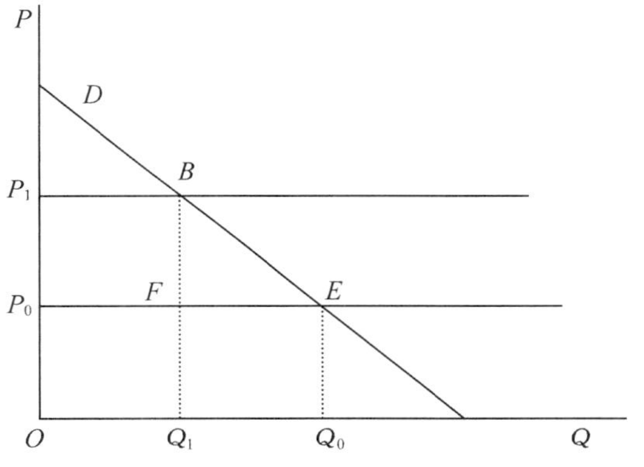

图8.1　哈伯格三角

（二）塔洛克四角

塔洛克认为，在“哈伯格三角”的分析中忽视了大量的成本。因为关税的征收需要建立海关，需要有专门的海关征税人员，然而建立海关所需要的资源本来是可以用于

① Arnold C. Harberger, “Monopoly and Resource Allocation”, *American Economic Review*, 1954, Vol. 44, pp.77-87; Arnold C. Harberger, “Using the Resources at Hand More Effectively”, *American Economic Review*, 1959, Vol.49, pp.134-146.

创造财富的生产性活动的,海关的工作人员本来也是可以到其他生产部门从事生产活动的。另外,进口商还可能会雇用经纪人与海关官员谈判,以制定对他们有利的关税政策。所有这些都可能会造成人力、物力的浪费,既有直接的人力、物力消耗造成的社会成本,也有间接的人力、物力消耗造成的社会成本。同时,生产者获得的从消费者转移来的剩余 P_0P_1BF,也完全可能被生产者用来游说政府官员,制定禁止性关税政策,这种游说官员的支出并未增加任何社会福利,也是一种浪费。

塔洛克通过国内征收货物税和关税的例子作了进一步说明。我们仍然采用图 8.1 分析货物税的情形。在没有征收货物税之前,产品价格为 P_0,在征收货物税之后,产品价格上升为 P_1,单位产品的税收为 P_1-P_0。假定需求曲线为 D。在征税前,产品价格为 P_0 时,对产品的需求为 Q_0;在征税后,产品价格上升为 P_1,需求量也随之下降为 Q_1。由于产品价格上升,消费者需求量下降,消费者剩余减少 P_0P_1BE,但是由于产品的生产者能够得到的价格仍然为 P_0,生产者剩余不会增加,但政府税收会增加 P_0P_1BF,BEF 成为整个社会的福利净损失,既无谓损失(Deadweight Loss)。转移给政府的税收部分虽然不是社会的无谓损失,但塔洛克认为,它也是社会的一种浪费。原因在于政府需要利用这笔钱设立征税办公室,需要为征税的官员开工资,同时无法保证政府会将这笔钱用于生产性活动,可能会被政府官员从事一些并非生产性的活动。显然,这笔税收对整个社会而言,也是一种浪费。这样,在塔洛克看来,征收货物税的社会福利损失不仅仅是 BEF,还包括 P_0P_1BF。整个 P_0P_1BE 都构成社会福利损失,这被称为"塔洛克四角"。

对此,我们还可以通过关税的例子作进一步的说明,如图 8.2 所示。

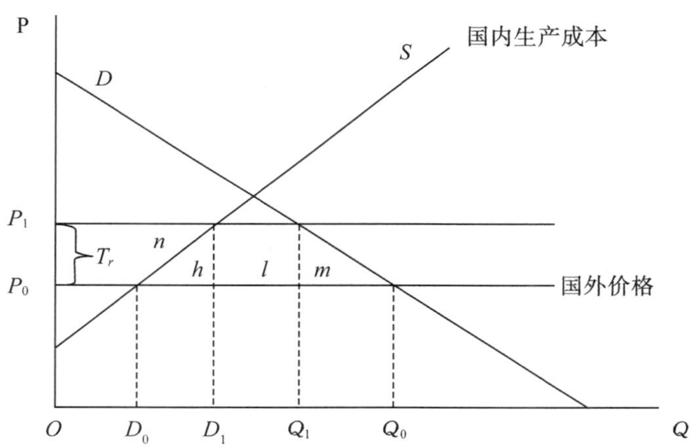

图 8.2 关税的社会成本

假定某产品的国内生产成本为向右上方倾斜的曲线,如图 8.2 中 S 所示。国内需求曲线用 D 表示。假定该种产品的国外价格为常数 P_0 不变。如果该产品自由进口,则国内价格和国外价格相等，都为 P_0。此时国内需求量为 Q_0，而按照国内供给曲线，在此价格下，本国只能供给 D_0，缺口为 Q_0-D_0，这部分通过进口满足。此时，政府如果征收 T_r 的关税，国内产品价格上升为 P_1。此时国内需求量为 Q_1，按照国内需求曲线，在此价格下，本国可以供给 D_1 数量，缺口为 Q_1-D_1，这部分通过进口来满足。由于产品价格的上升，国内消费者剩余减少的数量为 $n+h+l+m$，其中 n 由生产者获得，是生产者剩余的增加；l 由政府获得，即关税收入；h 和 m 为无谓损失，是整个社会的净福利损失，任何人都得不到。按照哈伯格的分析，社会福利损失只有 $h+m$ 部分。而根据塔洛克的分析，$n+h+l+m$ 都是关税造成的社会成本。原因在于国内企业可能不会把获得的生产者剩余增加用于改进技术、降低生产成本，而完全可能游说政府征收关税，以获得较高的生产者剩余。同时，政府以关税能够为国内企业带来较高的生产者剩余为"诱饵"，诱使国内生产者进行捐献。政府征收的关税也不会投资给企业改良生产技术，而是用于建立海关，雇用海关工作人员，甚至用于政府的非理性消费行为，比如挖一条毫无用处的隧道。这些资源本来都可以用于生产性活动，或者改进企业的生产技术，或者投资于更先进的技术设备。因此，$n+h+l+m$ 都构成了政府征收关税的社会福利损失。面积 $n+h+l+m$ 也被称为"塔洛克四角"。

为了说明这一点，塔洛克还特别分析了盗窃的例子。如果按照"一美元等价"的原则，盗窃仅仅是财富从一个主体转移到另一个主体手中，没有任何的社会福利损失。然而，人们为了防止盗窃需要安装防盗门、安装锁具、雇用警察，而这些物质资源和人力资源本来可以用于生产性活动，比如钢铁可以制造机械，警察可以从事直接生产性活动。安装防盗门、安装锁具、雇用警察造成的物质和人力资本的消耗，构成了盗窃的直接社会福利损失，而这些资源本来可以用于其他用途的机会成本，却构成了盗窃的间接社会福利损失。

对于"塔洛克四角"，我们还可以通过一个例子来说明。据说，在 20 世纪初，美国的道路状况十分恶劣，车子经常陷入泥潭。于是，当地的农民便结群开始以此为生，他们通过帮助把陷入泥潭的汽车拖出来挣取收入。为了赚更多的钱，他们开始人为地制造泥坑或扩大已有的泥坑。这个行为的社会成本包括哪些呢？第一，汽车主蒙受不便和损失；第二，农民放弃农业生产而丧失掉的农业产量；第三，农民破坏公路本身就是一种浪费性行为，而破坏公路需要消耗一定数量的人力、物力，这也构成了破坏公路的社会成本。这是一个非常典型的例子。农民帮助汽车主抬出汽车，汽车主支付一定的报酬给农民，这是一种财富的转移和再分配，本身并不创造任何财富。如果农民以此为生，显然是从生产性领域转移到了非生产性领域，成为直接非生产性寻利活动，由此造成的损失包括机会成本，也包括公路的破坏以及为破坏公路而消耗的人力、物力等本来可以用于创造财富的资源。

"塔洛克四角"说明，在寻租活动中，"租金"构成了全部社会福利损失。生产者剩余的增加都可能被用于游说等非生产性活动。但是，塔洛克后来指出，租金和社会福利损失之间并不存在简单的等价关系，更不能说二者相等。[①]

三、寻租理论的拓展与深化：波斯纳、克鲁格和巴格瓦蒂等的发展

（一）波斯纳关于垄断和管制社会成本的模型

1975年，波斯纳以塔洛克1967年的论文为基础，提出了计算垄断和管制社会成本的模型，并对美国管制的社会成本进行了计算。[②]

波斯纳的模型建立在三个重要的假定上：(1)获得垄断本身是竞争性活动，也就是说，在边际上，获得垄断的成本恰好等于成为一个垄断者的预期利润；(2)在获得垄断的过程中所有投入的长期供给具有充分的弹性，即这些投入的总供给价格不含租金；(3)在获得垄断的过程中引起的成本不会造成具有社会价值的副产品。前两个假定保证了所有的预期垄断租金都转变为社会成本，最后一个假定确保这些成本不会产生任何的社会收益。

波斯纳的分析表明，通常情况下，在竞争性价格上，厂商的销售收益越高，价格超过竞争性价格的百分比越高，垄断的社会成本越高。在竞争性价格上，产品的需求价格弹性越小，垄断的社会成本越高。如果在竞争性价格上产品的价格需求完全无弹性，则垄断的社会成本将达到最大化。波斯纳提出，美国GNP（国民生产总值）的3%由于管制造成的垄断的社会成本而丧失了。并且，波斯纳还认为，以前关于垄断的成本的研究在总量上低估了这些成本；与经济中不受管制的部门相比，尽管不受管制部门的规模更大，但被管制部门的垄断的成本很可能更大。

（二）克鲁格的竞争性寻租模型

1974年，安妮·克鲁格发表《寻租社会的政治经济学》[③]，提出了"寻租"这个概念，并着重分析了寻租造成的社会福利损失。她提出了一个在国际贸易受到数量限制从而带来租金的重要场合下竞争性寻租的简单模型，得出的结论是：竞争性寻租使得经济在生产等可能曲线以内运行；数量限制引起的福利损失大于那些与数量限制等价的关税限制所造成的损失；竞争性寻租使某些活动的私人成本不同于社会成本。

克鲁格对印度和土耳其某些年份的租金进行了估算。她指出，1964年，印度租金的总价值为146.45亿卢比，其中进口许可证提供了最大的租金来源，达到102.71亿卢比，而这一年印度的国民收入为2010亿卢比，总租金占国民收入的比例高达7.3%。

---

① Gordon Tullock, "Rent-Seeking as a Negative Sum Game", in Gordon Tullock, Robert Tollison, *Toward a Theory of the Rent-seeking Society*, Texas: Texas A&M University, 1980, pp.16-36.

② Richard A. Posner, "The Social Costs of Monopoly and Regulation", *Journal of Political Economy*, 1975, Vol.83, No.41, pp.807-827.

③ Anne O. Krueger, "The Political Economy of Rent-seeking Society", *American Economic Review*, 1974, Vol.64, No.3, pp.291-303.

这里的租金总价值还不包括投资许可证这种重要的租金来源(由于没有可靠的资料来计算这种租金),较小的控制所产生的租金也没有计算在内。土耳其1968年由于进口许可证而产生的租金占GNP的15%。

(三)巴格瓦蒂等的"直接非生产性寻利活动"模型[①]

巴格瓦蒂、斯瑞尼瓦桑等国际经济学家从国际贸易中的关税、配额等问题出发,研究"直接非生产性寻利活动"问题。巴格瓦蒂指出,这个研究思路是"国际贸易理论近期研究的极少数领先课题之一"[②]。巴格瓦蒂认为,可以从两个角度分析诱发DUP活动的政策:一是将诱发DUP活动的政策看作外生的,二是将诱发DUP活动的政策看作内生的。在前一种情况下,诱发DUP活动的政策是外生给定的,比如配额政策,分析的是各利益集团寻求配额、如何分配配额的问题;在后一种情况下,诱发DUP活动的政策是内生的,即配额政策的确定是内生的,需要考虑政府为什么制定配额政策、为什么通过配额而不是关税限制自由贸易。

在诱发DUP活动的政策是外生给定的情形下,在市场稳定和无贸易相对价格水平限定的情形下,当接受国对可进口商品的边际生产倾向大于(小于)捐助国生产这一产品的边际倾向时,捐助国国民福利就会改善(恶化),而接受国的国民福利就会恶化(改善)。在诱发DUP活动的政策内生的情形下提出了一个两层政府(Two-layer)框架:游说过程中与一个政府部门(如立法部门)互动,实施一种游说过程;然后另一个政府部门(如总统)用关税收益收买游说者,使其接受一种不同的能够带来更高福利的效率关税(Efficient Tariff)。

第二节　腐败的政治经济学

一直以来,对腐败问题的研究主要是谴责和描述,很少有人提出系统的腐败理论。20世纪七八十年代之后,一些经济学家对腐败的形成机制、腐败对经济发展的影响、如何治理腐败等问题进行了系统研究。1974年,贝克尔和施蒂格勒共同发表《法律的执行、渎职与执法者的报酬》,最早对腐败问题进行了经济学分析。1975年,苏珊·罗斯-艾克曼(Susan Rose-Ackerman)发表《腐败的经济学》,最早对腐败问题进行了经济

---

① 相关分析参考 Jagdish N. Bhagwati, Richard A. Brecher, T. N. Srinivasan, "DUP Activities and Economic Theory", in David C. Collander, *NeoClassical Political Economy: The Analysis of Rent-Seeking and DUP Activities*, Cambridge: Ballinger Publishing Company, 1984, 中译文见[美]巴格瓦蒂等:《DUP活动和经济理论》,[美]大卫·柯兰德编:《新古典政治经济学》,马春文、宋春艳译,长春出版社2005年版,第3-20页。

② Jagdish N. Bhagwati, "Directly Unproductive, Profit-Seeking (DUP) Activity", *Journal of Political Economy*, 1982, Vol.90, No.5, pp.988-1002.

学的系统研究；1978 年，她出版《腐败：政治经济学的研究》一书。[①] 20 世纪80 年代之后，对腐败进行政治经济学研究的文献和著作大量增加。本节主要分析腐败的含义与程度测量、腐败产生的政治经济学机制、腐败对经济发展的影响等。

一、腐败的含义与程度测量

（一）腐败的含义

政治学家、经济学家等都从各自的角度给出了“腐败”的定义。在《布莱克维尔政治学百科全书》中，“政治腐败”被解释为：“政治活动家、政治家或官方决策过程中的官员，利用他们由于担任公职而掌握的资源和便利，为另外一些人谋取利益，以作为换取一些已允诺的或实际的好处的报偿，而这种行为是受到正式法规明令禁止的。”[②]美国著名政治学家塞缪尔·亨廷顿提出了类似的定义：腐败就是“公职人员为实现其私利而违反公认规范的行为”，其基本形式是“政治权力与财富的交换”。[③] 这个含义表明：(1)腐败是政治家、政府官员或其他官员的行为；(2)他们利用担任公职而掌握的资源为其他人谋取利益，并以此为自身换取好处；(3)这种行为是违法的。

许多学者从委托—代理机制的角度定义“腐败”。腐败经济学的早期研究者罗斯-艾克曼认为，腐败等价于受贿(Bribery)。“如果一个第三方试图以贿赂手段来影响代理人的话，那么他可能向这个代理人支付一笔钱，而且这笔钱未上缴委托人。这个第三方的支付并不一定意味着委托人的目标受到了损害，甚至可能增加委托人的利益，就好比我们给服务员(代理人)一点小费，并非损失委托人(老板)的利益或扭曲委托人的目标，相反会改善服务的质量。”[④]“因此，我的注意力不局限于那些与委托人的目标有冲突的支付，也不局限于那些被正式宣布为非法的支付。相反，我指的是，所有未上报上司而由代理人接收的支付。不过，许多第三方的支付是非法的，正是在这个意义上我称它为‘腐败’。”[⑤]她还从政府官员作为公民代理人的角度分析了腐败的性质。“腐败是国家管理出现问题的一种症状。这种症状表现为那些原本用来管理公民与国家之间的关系的机制，却被官员用来达到个人发财致富的目的。价格机制本来可以被用来提高经济效益并促进经济增长，但是当它以贿赂的形式出现时，就破坏了政府的

---

① Gary S. Becker, George J. Stigler, “Law Enforcement, Malfeasance, and the Compensation of Enforcers”, *Journal of Legal Studies*, 1974, Vol. 3, No. 1, pp. 1-19; Susan Rose-Ackerman, “The Economics of Corruption”, *Journal of Public Economics*, 1975, Vol. 4, No. 2, pp. 187-203; Susan Rose-Ackerman *Corruption: A Study of Political Economy*, Pittsburgh: Academic Press, 1978.

② [英]戴维·米勒、韦农·波格丹诺编：《布莱克维尔政治学百科全书》，邓正来等译，中国政法大学出版社 1992 年版，第 549 页。

③ [美]塞缪尔·亨廷顿：《变革社会中的政治秩序》，王冠华等译，华夏出版社 1988 年版，第 58、66 页。

④ 张军：《特权与优惠的经济学分析》，立信出版社 1995 年版，第 93-94 页。

⑤ Susan Rose-Ackerman, *Corruption: A Study of Political Economy*, Pittsburgh: Academic Press, 1978, p.7.

合法性和效率。”[①]政治学家约瑟夫·奈(Joseph Nye)也给出了一个类似的定义:“由于考虑私人的金钱或地位利益而偏离作为一个公共角色所具有的正式职责的行为,或者是违反那些旨在反对谋求私利的规则的行为。”[②]普拉纳布·巴丹(Pranab Bardhan)认为,腐败就是“得到公众(委托人)授权从事某些活动的官员(代理人),基于私利而运用公共机构,从事了不易被委托人监督的谋求私利的不良活动”[③]。这些定义实际上都强调,由于作为代理人的官员与作为委托人的政治家(或政府)的目标不一致,官员在追求私人利益时不顾委托人的利益,甚至违反委托人的利益。同时,政治家与选民之间也存在委托—代理关系,选民是委托人,政治家是代理人,政治家也会为了私人利益而不考虑选民的利益,甚至不惜牺牲选民的利益。将官员、政治家和选民联系起来,腐败就是官员或政治家为追求自身利益而不惜牺牲选民的利益的非法行为。

施莱弗和维什尼等用“交换”来定义腐败。腐败就是“政府官员通过出售政府财产来换取个人收益的活动”[④]或“为了个人收益,政府官员以违反博弈规则的方式运用公共权力”[⑤]。比如,政府官员在发放许可证和特许证、提供海关通道或禁止竞争者进入时收取贿赂。在这些情形下,政府官员都是利用政府或国家委托的权力或控制的资源来为自己谋取好处。在大多数情况下,政府官员出售的产品并不是出于私人机构自己的消费需要,而是使它们有资格从事某些经济活动,它们不行贿就得不到这种资格。只要存在限制私人活动的法律或法规,就需要特许证、许可证、护照、签证等,而一旦政府官员在提供这些物品时拥有决策权,他们就可以收取贿赂。

另外,芭芭拉·桑兹(Barbara N. Sands)还给“腐败”下了一个非常广泛的定义。她将腐败定义为政府目标与消费者目标不一致的产物,或者消费者对政府的禁止性规则的一种“违反”活动。她认为,当政府对市场的管制与消费者的愿望不一致时,就会出现另一种交易,即腐败。对于一个经济体制而言,腐败的“量”取决于政府对市场的控制与消费者的目标之间冲突的程度。[⑥] 这个定义强调了腐败的根源在于政府对市场的扭曲,但市场扭曲仅是腐败的必要条件,而非充分条件,因为许多黑市交易、地下经济也是政府对市场扭曲的结果,但这些不是腐败。

---

① [美]苏珊·罗斯-艾克曼:《腐败与政府》,王江、程文浩译,新华出版社 2000 年版,第 3 页。

② Joseph S. Nye, “Corruption and Political Development: A Cost-Benefit Analysis”, *American Political Science Review*, 1967, Vol.61, No.2, pp.417-427.

③ Pranab Bardhan, “Corruption and Development: A Review of Issues”, *Journal of Economic Literature*, 1997, Vol.35, No.3, pp.1320-1346.

④ [美]安德烈·施莱弗、罗伯特·维什尼编著:《掠夺之手:政府病及其治疗》,赵红军译,中信出版社 2004 年版,第 83 页;Andrei Shleifer, Robert W. Vishny, “Corruption”, *Quarterly Journal of Economics*, 1993, Vol. 108, No.3, pp.599-617.

⑤ Toke S. Aidt, “Economic Analysis of Corruption: A Survey”, *The Economic Journal*, 2003, Vol.113, pp.632-652.

⑥ Barbara N. Sands, “Decentralizing an Economy: The Role of Bureaucratic Corruption in China's Economic Reforms”, *Public Choice*, 1990, Vol.65, No.1, pp.85-92; Barbara N. Sands, “Market Clearing by Corruption: The Political Economy of China's Recent Economic Reforms”, *Journal of Institutional and Theoretical Economics*, 1989, Vol.145, No.1, pp.116-132.

从上述定义看，腐败的产生至少需要三个条件：第一，任意利用的权力，即相关的政府官员必须拥有按任意方式设计和执行管制或政策的权威；第二，经济租，即任意利用的权力必须允许抽取租金或创设能够抽取的租金；第三，贫乏无力的制度，即包含于政治、行政和立法制度中的激励必须如此，以便让政府官员有激励运用其可以任意利用的权力抽取或创设租金。① 这说明，腐败的产生必须以官员具有某种能够抽取或创设租金的权力为基础，而能够抽取或创设租金就要求这种权力具有某种经济价值或其他价值，即能够为行贿者带来经济收益或其他方便。其实，只要某个代理人掌握着委托人的资源并且具有权力分配或再分配，腐败就不可避免。可以用图 8.3 表示腐败发生的政治机制。

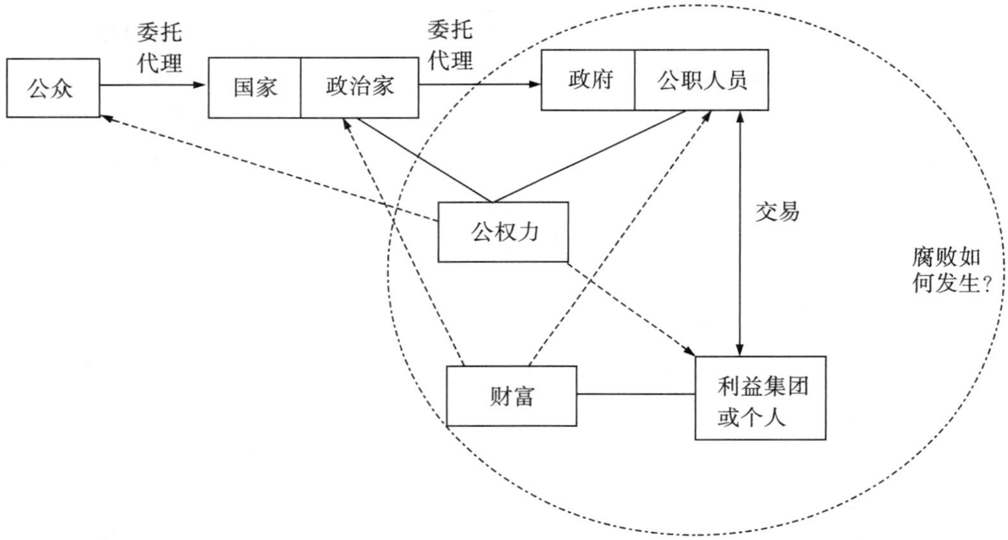

图 8.3　腐败发生的政治机制

(二)腐败程度的测量

腐败程度的测量方法多种多样，主要有透明国际(Transparency International)的腐败感觉指数(Corruption Perceptions Index)和行贿指数(Bribe Payers Index)，世界银行的腐败控制指标(Control of Corruption)，瑞士国际管理发展学院(International Institute for Management Development)的非法支付、司法腐败、贿赂和回扣指标，世界经济论坛的贿赂和腐败、透明度指标等。其中，透明国际的腐败感觉指数被大多数学者接受，并被运用于分析腐败与经济发展的关系、腐败的后果等。

透明国际是一个全球性的致力于反腐败的非政府组织，于 1993 年在柏林成立，从

① Toke S. Aidt, "Economic Analysis of Corruption: A Survey", *The Economic Journal*, 2003, Vol.113, pp.632-652.

1995 年开始发布腐败感觉指数，从 1999 年开始发布行贿指数。腐败感觉指数是对 10 个左右的涵盖不同领域的调查进行加权平均，以企业界、风险分析家、一般民众为调查对象，根据其经验和感觉对各国进行评分。1995—2011 年采用的是 10—0 的评分，从 2012 年之后采用百分制得分。得分越高，腐败程度越低；得分越低，腐败程度越高。2021 年的腐败感觉指数包括世界 180 个国家或地区的数据。①

透明国际对腐败的定义采取了委托—代理的视角，认为腐败是“滥用受托的权力谋取私利”；腐败有多种形式，主要的是政治家（政客）、官员或公务员等受委托的政治主体受贿或谋取私人利益，包括公务员要求或收受金钱或好处以换取服务，政客滥用公共资金或将公共工作或合同授予其赞助商、朋友和家人，公司贿赂官员以获得有利可图的交易。从这几种形式可以看出，腐败涉及的主体不仅仅是受委托的政治主体，还涉及多个利益相关者，主要的是行贿者，即与受委托政治主体达成交易者。

二、腐败形成的机制：腐败者的成本—收益分析②

腐败也是政府官员的理性活动。他们在从事腐败活动时，也会比较其在公职上的正当既得收益与腐败受贿可能得到的预期收益，这是激励相容约束；同时会比较腐败的收益与为此支付的成本，这是参与约束。政府官员的既得收益为其在某公职上能够得到的全部效用（用 E_0 表示），如果他在公职上从事腐败活动，他主观上预期劣迹会被发现的概率为 P_0，他可以在得到既得利益的同时得到腐败租金（用 B 表示），由此腐败出现的必要条件是：

$$E_0 \leqslant (B+E_0)(1-P_0) \tag{8.1}$$

但是，腐败是否被查处以及怎样查处，并不是由私人的主观愿望决定的，而是由社会的执法力度、法制健全程度等客观决定的。假设在既定的制度环境下，腐败被查处的实际概率为 P_1，政府官员被查处后将被调离公职或者降职，他的替代性职业能够为其带来的收益为 E_1，同时还要遭受罚款、审查、监禁、社会歧视、舆论谴责、丧失名誉等，这是对私人收益的一个扣除（用 U 表示）。那么，腐败出现的必要条件就是：

$$E_0 \leqslant (B+E_0)(1-P_1)+(E_1-U)P_1 \tag{8.2}$$

式(8.2)可以简化为：

$$(E_0-E_1)+U \leqslant B\left(\frac{1}{P_1}-1\right) \tag{8.3}$$

式(8.3)左边表示腐败的私人成本。E_0-E_1 是职务的收益损失，U 是受到的直接损失。先分析式(8.3)右边给定的情形下，左边各变量的大小与腐败发生可能性的关系：

第一，当 E_0 和 U 给定时，E_1 越大，说明腐败者越容易在其他职位上找到工作（包括公职和非公职），并获得合法与不合法的收入和效用，则腐败的私人成本越小；相反，

① 数据来自透明国际网站（https://www.transparency.de/cpi/cpi-2021/cpi-2021-tabellarische-rangliste）。

② 分析的思路参见邹薇：《经济发展理论中的新古典政治经济学》，武汉大学出版社 2000 年版，第 449-450 页。

E_1 越小，说明腐败者遭到普遍排斥，难以在其他社会经济组织中找到工作，腐败的私人成本越大。在极端情形下，$E_1=0$，职业收益损失最大。

第二，当 E_1 和 U 给定时，E_0 越大，说明当前既得利益越大，腐败所可能遭受的机会成本越大；E_0 越小，说明当前既得利益越小，腐败所可能遭受的机会成本越小。在极端情形下，$E_0 \leqslant E_1$，即腐败即使被查处，当事人也能够找到比原来职业具有更高职业收益的工作，那么当事人腐败的可能性就比较大。

第三，当 E_1 和 E_0 给定时，U 越大，说明社会法律、道德等对个人腐败的惩罚越严厉，腐败的成本越高；而 U 越小，说明社会法律、道德等对个人腐败的惩罚越宽松，腐败的成本越低。在极端情形下，社会所有组织对有腐败劣迹者一概不接受，甚至枪毙，那么腐败的直接成本就非常高，甚至是趋近于无穷大；相反，如果社会各组织都存在不同程度的腐败，社会对腐败存在相当大的认同态度，甚至腐败是司空见惯的事情，腐败被查处后的惩罚非常小，甚至可以忽略不计，那么腐败的成本就非常低。

接下来分析在式(8.3)左边给定的情形下，右边各变量对腐败可能性的影响。式(8.3)右边表示腐败的私人收益，其大小与腐败的租金(B)成正比，与腐败被查处的概率(P_1)负相关。当 P_1 一定时，腐败所可能得到的租金(B)越高，则个人从事腐败活动的动力越强。当 B 一定时，P_1 越高，即腐败被查处的可能性越大，则腐败的私人预期收益越低，当 $P_1=1$ 时，腐败被查处的可能性最大，只要腐败就会被查处，则腐败就没有任何收益；P_1 越低，即腐败被查处的可能性越小，则腐败的私人预期收益越大，当 $P_1=0$ 时，则腐败被查处的可能性最小，无论怎么腐败都不会被查处，则腐败的预期收益很高，腐败将会盛行。

在许多发展中国家，腐败的成本非常低，而收益却很高。从成本方面看，一是腐败的机会无处不在，人们不需要身居要职，只要有一点权力，就可以成为腐败的资源。这样，腐败几乎成为人们公认的事实，腐败即使被查处，受到的处罚也比较小。二是公务员的工资水平相对于企业经理、高新技术人才的收入较低，腐败者被查处后可能会找到收入更高的工作，由于腐败查处而导致职业收益下降的可能性较小。许多发展中国家提出的"高薪养廉"政策与此有关。从收益方面看，一是腐败的租金(B)很高，如果官员独揽权力，能够获得的租金数额很高。二是腐败被查处的可能性(P_1)很低，一方面是因为法治不健全、执法力度不够；另一方面是因为腐败者都有严密的关系网，官员们相互包庇，官官相护，腐败被查处的可能性很低。正是由于腐败的收益很高，而成本很低，在许多发展中国家腐败非常盛行。

从官员个人成本—收益视角分析腐败发生的机理，可以得出治理腐败的几点对策，"不敢腐、不能腐、不想腐"三个方面都可以从中得出。在式(8.3)中，"不敢腐"与两个变量密切相关：U 和 P，即惩罚的力度和被查处的概率，惩罚的力度越大、被查处的概率越高，官员就越不敢腐败。"不能腐"与 B 有关，因为行贿者对官员行贿的数额是与官员能够给行贿者带来的收益密切相关的，官员能够给行贿者带来的收益越多，行贿者行贿的数额越大。无论如何，行贿者给官员行贿的数额不会高于官员能够给行贿者带来的收益。这样,官员的权力或能够直接控制的资源越少,其腐败的可能就越小。“不想腐”则与 E_0 和 E_1 的大小密切相关,如果官员不腐败能够赚取的收入远高于腐败后的收入,其可能就不想腐败,“高薪养廉”所反映的就是高薪情形下官员的理性计算使其不想腐败。

三、腐败的均衡:“频率依赖的均衡”模型

官员是选择做诚实的公务员,还是选择成为腐败者,这并非由官员的本性外生决定,而是经济体系内生的结果。有学者将腐败看作“频率依赖的均衡”(Frequency-dependent Equilibria)的一个特例,即官员腐败的预期收益依赖于其预期的其他官员腐败的比率。如果其他官员腐败的比率很低甚至没有腐败,自己腐败的净收益可能远远低于做诚实的官员;而如果其他官员都腐败,自己充当诚实的官员,则不仅得不到收益,反而可能遭受损失。图 8.4 表明了这种情况。①

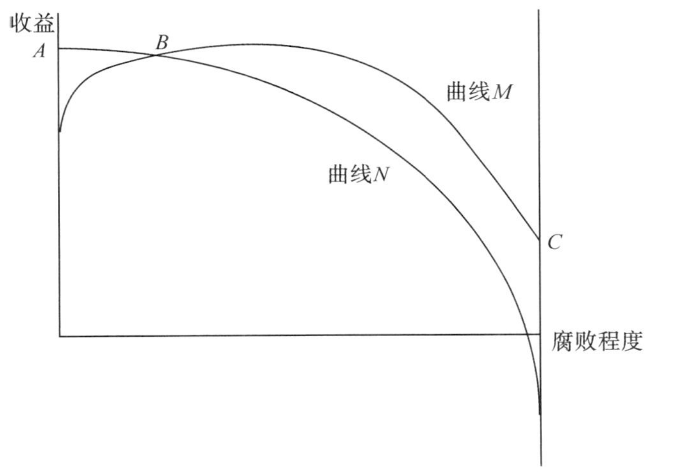

图 8.4　腐败水平的“频率依赖的均衡”模型

在图 8.4 中,纵轴表示官员的收益,横轴表示在全部官员中腐败官员的人数。曲线 M 表示官员腐败时能够得到的收益,曲线 N 表示官员诚实时能够得到的收益。曲线 M 先升后降,表示随着腐败官员数量的增加,自己腐败能够得到的净收益先增加后下降,原因在于随着腐败官员数量的增加,自己腐败被查获时受到的名誉损失会下降;随着腐败人数的增加,腐败被查获的可能性也会下降。但是,当腐败的官员达到一定程度之后,再腐败能够得到的收益会越来越少,原因在于官员之间的竞争。腐败官员越多,官员之间的竞争越激烈,自己能够得到腐败收益的可能性就越小。曲线 N 向右

① 这种分析最初是由 Andvig 于 1991 年提出来的,Jens Christopher Andvig,“The Economics of Corruption: A Survey”, *Studi Economici*, 1991, Vol.43, pp.57-94,这里转引自 Pranab Bardhan,“Corruption and Development: A Review of Issues”, *Journal of Economic Literature*, 1997, Vol.35, No.3, pp.1320-1346.也参考了邹薇:《经济发展理论中的新古典政治经济学》,武汉大学出版社 2000 年版,第 461 页。

下方倾斜，表示随着腐败的官员越来越多，自己保持诚实能够获得的收益将越来越少，因为自己不腐败会成为一种“不正常”的现象，会受到腐败官员的抵制，甚至可能丢失公务员职位，从而当其他官员都腐败时，自己不腐败的收益将可能成为负值。这就决定了当官员中的腐败官员很多时，每个官员的理性选择可能是腐败，而不是诚实。

在图 8.4 中，腐败水平的均衡点有三个：A、B、C。A、C 可能是稳定的均衡点，而 B 点可能是不稳定的。这是因为当腐败的官员数量由 B 点决定时，每个官员选择腐败和不腐败是无差异的。一旦这个平衡被打破，如果腐败的官员数量多于 B 点，那么腐败的预期收益就会大于不腐败，对每个官员而言，选择腐败是最优的，这样越来越多的官员就会腐败，最终所有官员都腐败；如果腐败的官员数量少于 B 点，那么腐败的预期收益就会小于不腐败，对每个官员而言，选择不腐败将成为最优的，这样腐败的官员就会越来越少，最终所有的官员都不腐败。因此，最终的腐败水平均衡将是要么全部都腐败，要么全部都不腐败。

通过这个分析可以得出一个判断：一个经济体系中的腐败水平可能有多个均衡点，均衡点关键依赖于腐败的最初水平。在不稳定的均衡点附近，微小的变化就会对腐败水平产生持久的影响，以至于导向不同的稳定均衡。

那么，如何才能够在 B 点和 C 点之间控制腐败？如何才能够打破频率依赖均衡模型下腐败越来越严重的“循环”？一种行之有效的措施可能在于“沉疴重症用猛药”，即统治者采取强有力的反腐败措施改变频率依赖下的均衡，使得腐败的收益不能高于不腐败的收益，使得腐败与不腐败的比较调转到 B 点左边，即不腐败能够得到的收益高于腐败得到的收益，从而腐败程度会越来越低。

四、腐败的社会成本分析

正如联合国发布的《联合国反腐败公约》的“前言”开头所指出的：“腐败是一种隐患，对社会造成广泛的腐蚀性影响。腐败损害民主和法治，导致侵犯人权，扭曲市场，破坏生活质量，并且允许有组织犯罪、恐怖主义和其他对人类安全的威胁泛滥。”[①]这段话非常清楚地表明了腐败对一个国家或地区造成的负面影响，腐败是有害的。然而，一直存在一种相反的观点，认为在许多发展中国家腐败是有益的。这里首先批驳这种观点，然后分析腐败对宏观经济的负面影响。

(一)对“腐败有益论”的批驳

对于腐败的社会成本与收益分析，首先涉及腐败是有害的还是有益的。有一种观点认为，腐败是有益的。其理由是：第一，腐败可能增进经济发展，因为企业家们所寻求的特殊政策也许正是有利于经济发展的，腐败促进了政治家或政府官员支持企业家所赞同的行动，给予其许可证、信用贷款和外汇配额等具体帮助。这样，腐败加速了资

---

① 《联合国反腐败公约》，2005 年 12 月 14 日，https://www.un.org/zh/issues/anti-corruption/。

本家获得资本、办理开业的速度,腐败的贿赂也就成了“加速钱”(Speed Money)。第二,腐败可以促进政治发展,利益集团的游说和给政治家和政府官员提供的贿赂,可能使两个本来相互冲突的政治家或政府官员的冲突减少,从而促进政治改革和发展。第三,腐败有可能改进政府职能,通过贿赂等腐败行为,政治家和政府官员可以更清楚地认识到自己的职能,自己该干什么,不该干什么,从而加速政府职能转变。腐败的这种积极作用被某些观察家和分析家看作一种“次优选择”,原因是在官僚主义或国家控制和经济活动束缚的情况下,腐败不仅是合理的,而且可以提高效率。① 然而,这种观点有点像腐败不可避免时的“阿 Q”精神。因为这几个方面是完全可以在没有腐败的条件下达到的。比如,政府官员为企业家提供的各种服务,即便没有贿赂也应该完成。

从整个社会来看,腐败是有害的,存在巨大的直接成本和间接成本。从财富的直接转移看,腐败中的贿赂是金钱从企业家等直接转移给政府官员,然而这种转移具有巨大的间接成本,因为这部分资金本来可以用于生产活动,这其实构成了腐败的间接成本。瑞典著名经济学家、1974 年诺贝尔经济学奖得主冈纳·缪尔达尔(Gunnar Myrdal)在研究亚洲的贫困问题后指出:“忽略研究腐败问题的机会主义的理论解释之一是声称腐败并不严重,或者甚至声称腐败在南亚一般情况下对发展有利。我认为这种思想是完全错误的。”②“腐败行为对于任何实现现代化理想的努力都是极其有害的。腐败盛行造成了发展的强大障碍与限制。人心涣散的腐败与巩固国家的努力背道而驰。它降低了人们对政府及其机构的尊敬与忠诚。它经常助长计划中的不合理性,限制了计划的范围。用腐败行为赚钱的常见方法是在官方职责中以蓄意阻挠和拖延相威胁。这使南亚的行政管理车轮减慢到毁灭性的程度。渴望避免耽搁就产生了‘加急费’这种普通商品。行贿者经常可能并不要求官员作出任何非法之举,只不过是想加快政府机构的文件传递和作出决定的速度。”③ 透明国际在《全球腐败报告(2005)》中也指出,“大型公共工程中发生的腐败对可持续发展构成了不可逾越的障碍”,“发生在公共采购领域的腐败,对发达国家和发展中国家都同样构成困扰。如果人们把贿赂金额大小看得比这些金钱的使用价值更高,其结果只会降低工程质量。腐败造成了大量的资源浪费,它还会导致国家破产、人员伤亡”。④ 腐败究竟产生多大的负面影响,取决于三个方面:(1)经济动机被政府的政策扭曲的程度;(2)经济动机被腐败扭曲的程度,或者社会目标被腐败破坏的程度;(3)腐败的流行程度和政府控制它的能力。⑤ 这里讨论腐败可能造成的直接和间接经济代价。

---

① 参见[美]金伯利·艾略特:《国际政策中的反腐败问题:透视和建议》,[美]金伯利·艾略特主编:《腐败与全球经济》,刘勇、李宪等译,北京出版社 2000 年版,第 209 页。

② [瑞典]冈纳-缪尔达尔:《世界贫困的挑战》,顾朝阳译,北京经济学院出版社 1992 年版,第 208 页。

③ [瑞典]冈纳-缪尔达尔:《亚洲的戏剧》,方福前译,首都经济贸易大学出版社 2001 年版,第 165 页。

④ Transparency International, *Global Corruption Report 2005*, 2005.

⑤ 参见[美]金伯利·艾略特:《国际政策中的反腐败问题:透视和建议》,[美]金伯利·艾略特主编:《腐败与全球经济》,刘勇、李宪等译,北京出版社 2000 年版,第 209 页。

(二)腐败的直接经济代价

腐败对一个国家经济发展或经济增长的影响,可谓腐败的直接经济代价。这可以从腐败与投资、腐败与外资流入、腐败与 GDP 三个方面分析。

1.腐败导致投资率下降

保罗·毛罗(Paolo Mauro)在 1993 年对腐败进行了系统的经验性研究。[①] 他关注腐败与投资之间的关系,采用了《国际商业》[②]的腐败指数。该腐败指数包含对私人投资者在 68 个国家所需要面对的 56 个风险因素的主观评价。腐败变量被定义为"在商业交易中涉嫌腐败和可疑支付的程度",它以 1980 年为基准。1970—1985 年的总投资和私人投资占 GDP 的平均比例以及 1980 年的人均实际 GDP,均来自罗伯特·巴罗(Robert Barro)1991 年的《各国的跨部门经济增长》一文。[③] 毛罗得出的结论表明,以 1980 年的实际 GDP 为常数,腐败程度较高的国家,总投资和私人投资占 GDP 的比例都比较低。该估计在统计上是显著的,结果印证了腐败对经济发展有害的观点。毛罗的结论得到了其他许多相关研究的验证和支持。保罗·罗默(Paul Romer)的实证研究表明,腐败指数每改进一个标准差(2.38 个点),将导致一国投资率提高 4 个百分点,人均 GDP 增长率提高 0.5 个百分点以上。[④] 不过,也有学者提出了相反的观点,威德曼(Wedeman)认为,对腐败水平低的国家,腐败和投资占 GDP 的比例之间的相关性具有很强的说服力;然而对于腐败水平很高的国家,这种相关性就相对较弱。世界银行 1997 年的《世界发展报告》也表明,对于给定的腐败水平,如果一个国家的腐败是可以预测的,那么这个国家的投资率仍可能很高。[⑤]

2.腐败与资本流入和外国直接投资

腐败会降低一个国家吸引外国资本的能力。詹姆斯·希恩思(James Hines)的研究表明,美国投资者在腐败国家和其他国家中的外国直接投资(FDI)存在差异。[⑥] 魏尚进表明,在所有变量中,腐败与 FDI 的规模存在着很高的负相关关系。[⑦] 阿莱西纳

---

① Paolo Mauro, "Corruption and Growth", *Quarterly Journal of Economics*, 1995, Vol.110, No.3, pp. 681-712.

② 《国际商业》是英国《经济学者》杂志信息资料部(The Economist Intelligence Unit)的一份出版物。

③ Robert J. Barro, "Economic Growth in a Cross-Section of Countries", *Quarterly Journal of Economics*, 1991, Vol.106, No.2, pp.407-444.

④ 参见[美]保罗·罗默:《腐败对经济增长、投资和政府支出的影响:国际横断面分析》,[美]金伯利·艾略特主编:《腐败与全球经济》,刘勇、李宪等译,北京出版社 2000 年版,第 87-115 页。

⑤ 威德曼和世界银行的观点都来自 Johann Graf Lambsdorff, "Corruption in Empirical Research: A Review", International Anti-Corruption Conference, Durban, South Africa, 1999-10-15, https://www.researchgate.net/publication/220011287_Corruption_in_Empirical_Research_A_Review.为了对这种情况作出解释,他们还提出了两种类型的腐败。第一种类型是,只要你支付了固定的价格,就可以得到你想要的;第二种类型是,即便你支付了你同意支付的价格,你也会担心你是否能够得到你想要的或能否避免你不希望的恐吓或勒索。

⑥ James Hines, "Forbidden Payment: Foreign Bribery and American Business After 1977", *NBER Working Paper*, No.5266, 1995, https://www.nber.org/system/files/working_papers/w5266/w5266.pdf.

⑦ Wei Shangjin, "How Taxing Is Corruption on International Investors", *NBER Working Paper*, No. 6030, 1997, https://www.nber.org/system/files/working_papers/w6030/w6030.pdf.

和比阿特丽斯·韦德(Beatrice Weder)的研究表明,腐败对FDI的影响是非常大的,然而关于影响的证据却比较复杂。[①]

3.腐败对GDP的影响

既然腐败会引起投资率下降,那么腐败肯定也会对GDP产生影响。奈克和基弗的研究表明,腐败对GDP增长有巨大的负面影响。[②] 维托·坦兹(Vito Tanzi)和哈米德·达沃第(Hamid Davoodi)研究了腐败水平对投资质量的影响,发现腐败降低了采用柏油路或电力储备等表示的基础设施的质量。[③] 约翰纳·兰斯多夫(Johann Lambsdorff)的研究表明,不存在腐败是GDP增长的一个要素。[④] 这种观点的延伸表明,对GDP增长的解释,不应该采用腐败的绝对水平,而应该采用腐败的相对变化来解释。布莱恩·哈斯特(Bryan W. Husted)认为,腐败降低了许多国家的人均GDP。[⑤] 这些结果都说明,一个国家或地区的腐败对经济发展和经济增长有负面影响。

4.腐败与经济发展和经济增长的相关性:简单的数据分析

为了更清楚地说明腐败的直接经济成本,下文对2021年各国家的腐败程度与宏观经济之间的相关关系进行简要分析。腐败程度的数据采用透明国际2022年发布的2021年世界各国家或地区的腐败感觉指数(CPI);宏观经济变量分别采用总储蓄率(总储蓄占GDP的比例)、资本形成(资本形成总额占GDP的比例)、外国直接投资净流入(净流入占GDP的比例)、人均GDP(现价美元)、人均GDP增长率(%)、GDP增长率(%)六个指标。图8.5给出了腐败程度与各宏观变量之间关系的散点图和趋势线及公式。各趋势线均表明,腐败感觉指数与各宏观变量都呈正相关关系,即腐败程度越低,各宏观变量表现越好,总储蓄率越高、资本形成总额占GDP的比例越高、外国直接投资净流入占GDP的比例越高、人均GDP越高、人均GDP增长越快、GDP增长越快。

① Alberto Alesina, Beatrice Weder, "Do Corrupt Governments Receive Less Foreign Aid?", *American Economic Review*, 2002, Vol.92, No.4, pp.1126-1137.

② Stephen Knack, Philip Keefer, "Institutions and Economic Performance: Cross-country Tests Using Alternative Institutional Measures", *Economics and Politics*, 1995, Vol.7, No.3, pp.207-227.

③ Vito Tanzi, Hamid Davoodi, "Corruption Public Investment and Growth", *IMF Working Paper*, 1997.

④ Johann Graf Lambsdorff, "Corruption in Empirical Research: A Review", 9th International Anti-Corruption Conference, Durban, South Africa, 1999-10-15, https://www.researchgate.net/publication/220011287_Corruption_in_Empirical_Research_A_Review.

⑤ Bryan W. Husted, "Wealth, Culture and Corruption", *Journal of International Business Studies*, 1999, Vol.30, No.2, pp.339-359.

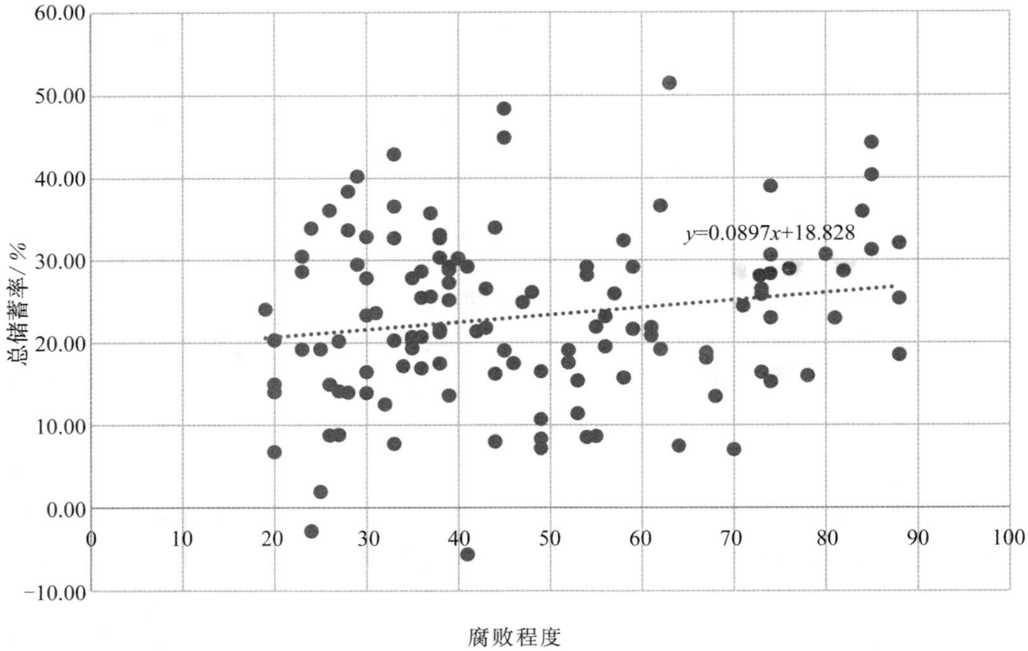

(a)腐败程度与总储蓄率

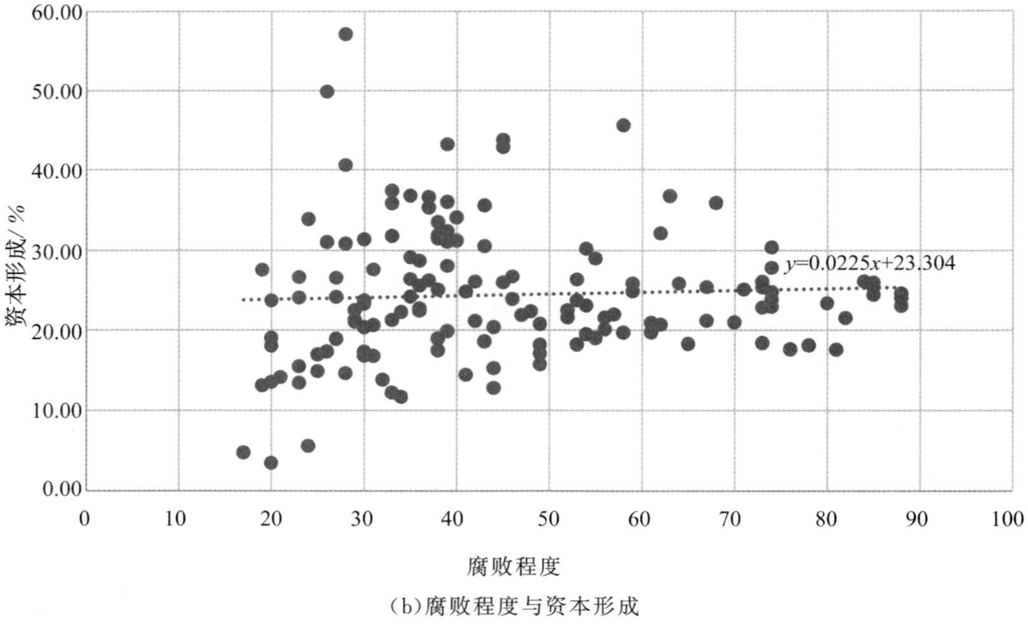

(b)腐败程度与资本形成

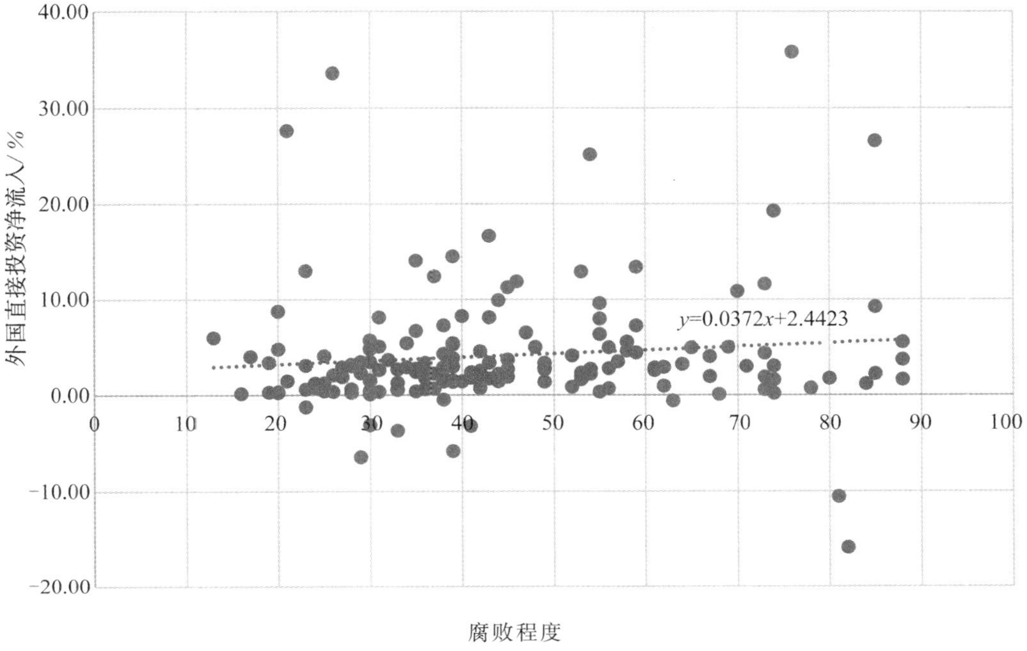

(c)腐败程度与外国直接投资净流入

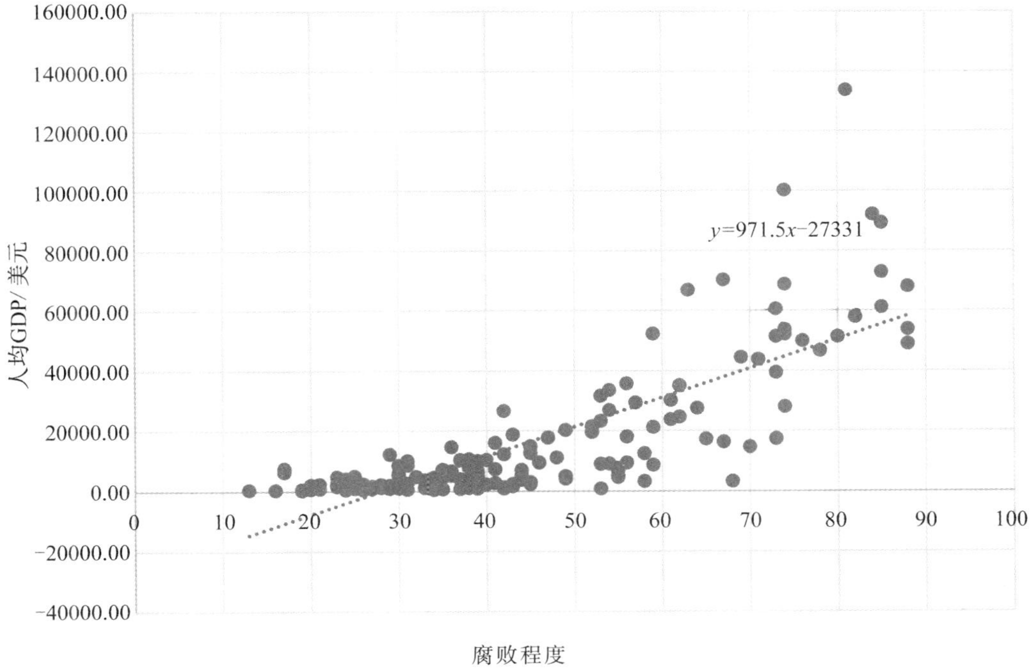

(d)腐败程度与人均 GDP

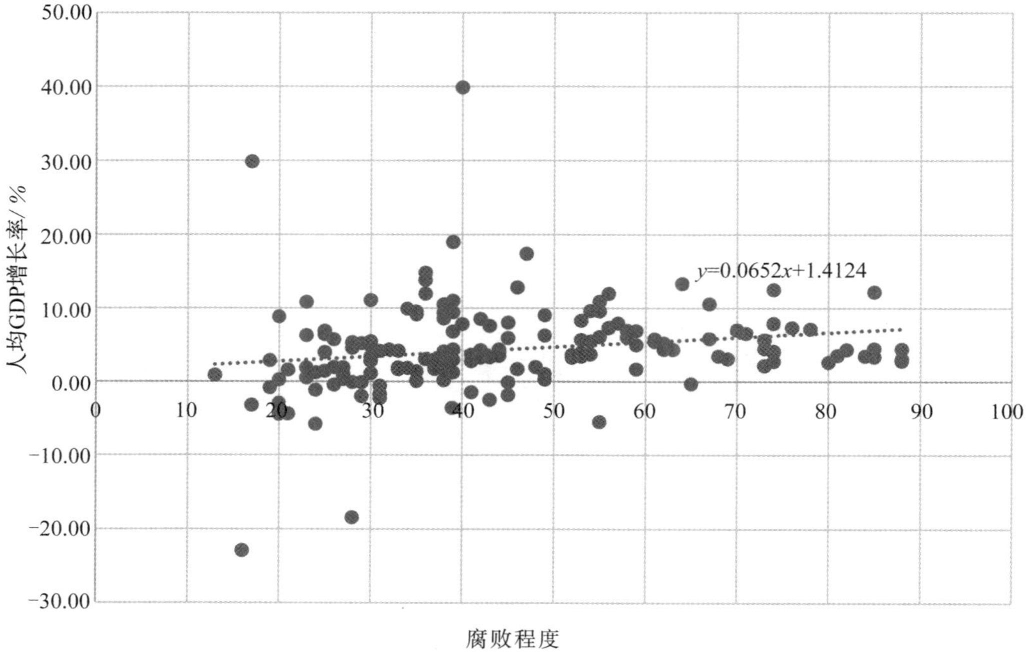

(e)腐败程度与人均 GDP 增长率

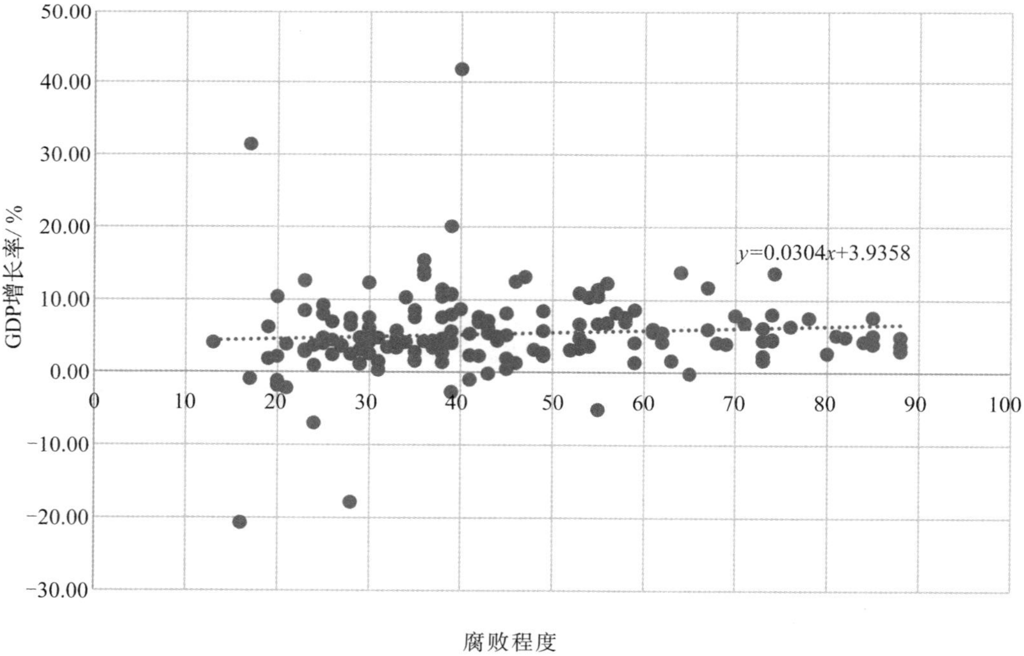

(f)腐败程度与 GDP 增长率

图 8.5 腐败程度与宏观经济绩效

资料来源：2021 年的腐败感觉指数来自透明国际（https://www.transparency.de/cpi/cpi-2021/cpi-2021-tabellarische-rangliste），2021 年的各宏观经济变量来自世界银行数据库的“经济与增长”指标，https://data.worldbank.org.cn/indicator。

(三)腐败的间接经济代价

在某种程度上,贿赂与税收类似。就像对不同物品和活动进行最优征税的统治者一样,垄断者将贿赂确定在使其收益最大化的水平。在这些国家,区分税收与腐败是困难的。税收是进入国库的价格加成,贿赂是进入垄断者腰包的价格加成。当国库和个人腰包合二为一的时候,税收和贿赂是一样的。然而,贿赂与税收有一个关键性的不同之处,即腐败是非法的,是秘密进行的。逃避调查和惩罚的努力将使得腐败比税收更具扭曲性。对于某些物品来说,更容易收取贿赂而不被查处出来,于是政府官员就会运用他们的权力去诱导这些产品的消费。比如,官员们会禁止进口某些产品,其目的是方便销售其他的替代物品,或者他们会禁止某些企业的进入,为了从现有的垄断者那里收取更高的贿赂。从历史上看,君主们经常采用这些重商主义政策提高税收收益,因为对垄断利润征税比对收入征税更加容易。

施莱弗和维什尼通过莫桑比克的一个真实例子,形象地说明了腐败造成的经济扭曲进而对经济造成的间接影响。① 1991 年,莫桑比克的一家制瓶工厂采用了现代化的西方设备来制造瓶子,但是却沿用传统工艺往这些瓶子上贴商标。工人采用了三台老式机器:一台机器从纸上裁剪商标,一台机器将白色商标粘贴到瓶子上,一台机器把红色图案印刷到商标纸上。瓶子在这些机器之间的搬运是手工进行的。大约 30%的图案没有能够印刷在商标纸的正中央。这时,瓶子就被送到机器附近的 12 个女工那里,她们坐在地板上用刀子刮掉商标,然后把瓶子再送回去印刷。往瓶子上贴商标的整个过程可以采用一台相当简单的机器完成,机器大约 1 万美元。利用援助金,这种机器可以在很多国家买到。然而,该工厂的经理却不想购买这样的机器。他想购买一台价值 10 万美元的机器,这种更昂贵的机器不仅能使现有的工艺机械化,而且能够印刷 16 种颜色和不同形态的商标,还适合于各种不同类型的瓶子。世界上只有一家工厂能够制造这样的机器,莫桑比克政府向生产商的母国政府申请了援助贷款来购买它。但由于援助贷款不能马上到位,制瓶厂仍然采用原来的传统工艺继续生产。

在这个例子中,工厂经理希望购买的机器设备远远超出了工厂现有的需求,这似乎是缺乏理性的。然而,要购买一台更好的机器,意味着经理(或部门官员)具有更好的腐败机会。如果只购买一台普通的机器,经理(或部门官员)需要按照国际援助规范在多个国家的多个工厂寻求报价。这样的交易对经理(或部门官员)没有多大好处。然而,如果要购买一台高级机器,就不必寻求其他的报价,唯一的供应商也乐意虚开发票,给经理(或部门官员)更多的回扣。所以,从经理(或部门官员)的角度讲,购买超出现有需求的设备是完全理性的。然而,这会造成非常高的社会成本。如果价值 10 万美元的机器设备的社会价值只有 2 万美元,那么腐败的社会成本就会达到 8 万美元,

---

① 参见[美]安德烈·施莱弗和罗伯特·维什尼编著:《掠夺之手:政府病及其治疗》,赵红军译,中信出版社 2004 年版,第 83 页;Andrei Shleifer, Robert W. Vishny, "Corruption", *Quarterly Journal of Economics*, 1993, Vol. 108, No.3, pp.599-617.

而经理从虚开发票中得到的贿赂可能仅为3000美元。

莫桑比克的这种情况在许多发展中国家大量存在。他们在引进技术设备时,往往不合乎实际需要,甚至购买价高质次的产品,目的就在于为自己创造腐败的机会。

在联合国为反腐败发布的宣传海报中也充分体现了腐败所造成的社会成本。这些海报涉及投票选举、公共设施、医疗、资源环境、教育、司法和金融等领域,表明了腐败在这些领域所造成的负面影响。①

本章小结

本章主要阐述了寻租理论和腐败的政治经济学理论。寻租和腐败是相关但不完全相同的概念。在寻租理论中,主要分析了寻租的含义和类型,重点讨论了计算寻租社会成本的各种理论,包括哈伯格三角、塔洛克四角,以及波斯纳、克鲁格和巴格瓦蒂等的模型。寻租造成的社会成本表明了寻租对一个国家或地区经济发展所产生的不利影响,寻租会成为阻碍一个国家或地区经济发展的因素。在腐败的政治经济学理论中,我们主要从成本收益角度分析了腐败发生的原因,从频率依赖的均衡模型分析了在一个腐败严重的社会中腐败有不断加强的可能性,腐败造成的直接经济成本就是阻碍经济发展和经济增长,造成的间接成本是多方面的。

实际上,关于寻租理论和腐败理论还有大量的问题没有涉及。比如寻租理论的应用,寻租理论已经被广泛应用于发展经济学、经济史学、国际经济学、产业经济学等领域,并产生了广泛的影响。对于腐败的政治经济学,也有大量的理论模型没有阐述,比如集体腐败问题,这可以运用序贯博弈解释集体腐败发生的机理;再比如腐败造成的社会代价,除了直接和间接的经济代价之外,还包括腐败对一个国家或地区政治和社会文化发展的影响。另外,对于腐败问题进行政治经济学研究,关键在于治理,那么如何治理?特别是对于集体腐败,应该如何治理?这些问题都需要进行深入讨论。

推荐阅读

1.[美]大卫·柯兰德编:《新古典政治经济学:寻租和DUP活动分析》,马春文、宋春艳译,长春出版社2005年版。

2. Anne O. Krueger, "The Political Economy of Rent-seeking Society", *American Economic Review*, 1974, Vol.64, No.3, pp.291-303.

① 参见联合国为反腐败发布的宣传材料(https://www.un.org/zh/issues/anti-corruption/materials.shtm)。

3.[美]金伯利·艾略特主编:《腐败与全球经济》,刘勇、李宪等译,北京出版社2000年版。

思考题

1.寻租活动的社会成本如何计算?

2.腐败为什么会发生?如何从经济学的视角认识“不敢腐、不能腐、不想腐”?

3.如何看待腐败对一个国家或地区经济增长和经济发展的负面影响?

第九章　管制的政治经济学

管制(Regulation)是具有法律地位的、相对独立的政府管制者(政府机构)，依照一定的法律法规对被管制者(主要是企业)所采取的一系列行政管理和监督行为。政府管制行为本身就是一种政治行为，因为任何一种政府管制政策的制定和实施都体现着各级政府的政治倾向。政府管制通常包括经济性管制、社会性管制和反垄断管制三个方面。经济性管制的研究领域主要是自然垄断产业(如电信、电力、铁路运输、管道煤气、自来水等)和信息严重不对称的产业(如金融保险业)；社会性管制的研究领域主要是卫生健康、安全和环境保护等，如对产品质量的管制、对工作场所安全的管制、对环境污染的管制等；反垄断管制研究的对象主要是垄断企业，特别是垄断行为，旨在保护社会公平竞争，维护市场竞争机制的正常运行。

本章主要阐述管制的政治经济学的有关理论。第一节分析管制的定义、类型、手段等基本问题；第二节讨论管制的政治经济学理论，如传统的管制理论、管制的俘虏理论、管制的激励理论以及管制的成本收益分析等。

第一节　管制的定义、类型和手段

管制是一个跨越经济学、政治学和法学等的交叉学科。不同学科的学者都曾经发表过对管制问题的研究，从不同角度给出了管制的定义。

一、管制的定义

在经济学中，对于“管制”问题的研究最早集中于考察某些特殊产业的价格和进入控制上，这些产业包括公用事业(电力、管道运输)、通信、交通(公路货运、铁路、航空)与金融(银行、保险、证券)。据丹尼尔·史普博(Daniel F. Spulber)的考证，1970 年之前，管制的经济理论一般强调的是公用事业中的定价问题。[①]

---

① 参见[美]丹尼尔·史普博:《管制与市场》，余晖等译，上海三联书店、上海人民出版社 1999 年版，第 28 页。

1970—1971年，阿尔弗雷德·卡恩(Alfred E. Kahn)推出了两卷本的《管制经济学》教科书，成为此前管制经济学研究的集大成著作。在这部著作中，他将公共部门(Public Sector)和公用事业(Public Utility)视为两种“竞争性市场模型明显不能描述或甚至无从描述”的经济，并认为“管制的实质是政府命令对竞争的明显取代，作为基本的制度安排，它企图维护良好的经济绩效”；对公用事业管制的定义是，“对该种产业的结构及其经济绩效的主要方面的直接的政府规定……如进入控制、价格决定、服务条件及质量的规定以及在合理条件下服务所有客户时应尽义务的规定”。①

乔治·施蒂格勒将管制视为一种规则，并认为，“管制是产业所需并主要为其利益所设计和操作的”，“经济管制理论的中心任务是解释谁从管制得益、谁因管制受损，管制会采取什么形式，以及管制对资源配置的影响”。② 后来，施蒂格勒又将管制的范围扩大到“所有的公共—私人关系中”，不仅包括“公用事业和反托拉斯政策，还包括对‘要素市场的公共干预’，货币筹措及支付，以及‘对商品的服务和生产、销售或交易的公共干预’，还有法律制度”。③

史普博区分了“管制”和“管制过程”两个概念。“管制是由行政机构制定并执行的直接干预市场配置机制或间接改变企业和消费者的供需决策的一般规则或特殊行为”，“行政机构是指由立法机关设立以贯彻政策目标的政府单位”，“管制的过程是由被管制市场中的消费者和企业，消费者偏好和企业技术，可利用的战略以及规则组合来界定的一种博弈”。④

日本学者植草益给出了比较广泛的“管制”概念。他指出：“通常意义上的规制，是指依据一定的规则对构成特定社会的个人和构成特定经济的经济主体的活动进行限制的行为。” ⑤

美国行政管理预算办公室给管制下的定义是：“管制是指政府行政机构根据法律制定并执行规章的行为，这些规章或者是一些标准，或者是一些命令，关系个人、企业和其他组织能做什么和不能做什么。管制是为了解决市场失灵问题，维持市场经济秩序，扩大公共福利。”⑥

还有学者从公共利益的角度来定义管制，它是“针对私人行为的公共行政政策，它是从公共利益出发而制定的规则”⑦。

---

① Alfred E. Kahn, *The Economics of Regulation: Principle and Institutions*, New York: Wiley, 1970; Alfred E. Kahn, *The Economics of Regulation: Principle and Institutions*, New York: Wiley, 1971.这里转引自[美]丹尼尔·史普博：《管制与市场》，余晖等译，上海三联书店、上海人民出版社1999年版，第28页。

② [美]乔治·施蒂格勒：《产业组织和政府管制》，王永钦、薛锋译，上海三联书店、上海人民出版社1996年版，第210-212页。

③ [美]丹尼尔·史普博：《管制与市场》，余晖等译，上海三联书店、上海人民出版社1999年版，第29-30页。

④ 参见[美]丹尼尔·史普博：《管制与市场》，余晖等译，上海三联书店、上海人民出版社1999年版，第44、45、47页。

⑤ [日]植草益：《微观规制经济学》，朱绍文等译，中国发展出版社1992年版，第1页。

⑥ 席涛：《美国政府管制成本与收益的实证分析》，《经济理论与经济管理》2002年第11期。

⑦ 转引自[美]丹尼尔·史普博：《管制与市场》，余晖等译，上海三联书店、上海人民出版社1999年版，第37页。

综合上述各种管制的定义,可以看出管制包括三方面内容:主体、客体和依据与手段。第一,管制的主体是社会公共机构或行政机构(简称为"政府");第二,管制的客体主要是企业,特别是涉及公共利益或具有垄断特征的企业;第三,管制的依据与手段是各种规则或制度。在这三个方面中,最为重要的是第三个方面,因为管制的规则或制度除了对如何管制等问题进行限定外,还表明了管制的主体和客体。所以,管制就是国家的特定行政机构,依据相关的规则和法律,对涉及公共利益或具有垄断性质的企业的活动进行限制的行为。

二、管制的类型

根据主体和对象关系不同,管制可以划分为私人管制和公共管制。私人管制是由私人进行的管制,比如父母对子女行动的约束;公共管制是"由社会公共机构进行的管制,是由司法机关、行政机关以及立法机关进行的对私人以及经济主体行为的管制",是"在以市场机制为基础的经济体制条件下,以校正/改善市场机制内在的问题(广义的'市场失灵')为目的,政府干预和干涉经济主体(特别是对企业)活动的行为"。[①] 在本章中,我们主要讨论公共管制,因为管制的经济学理论主要讨论公共管制。

根据管制领域的不同,管制大体上可以划分为经济性管制、社会性管制和反垄断管制。

(一)经济性管制

所谓"经济性管制",是指政府对企业在价格、产量、进入和退出等方面的决策进行限制。具体而言,经济性管制就是,"在存在着自然垄断和信息偏在问题的部门,以防止无效率的资源配置的发生和确保需要者的公平利用为主要目的,通过被认可和许可的各种手段,对企业的进入、退出、价格、服务的质和量以及投资、财务、会计等方面的活动所进行的管制"。"从经济学的角度讲,首先是在具有以生产/配送的规模经济性、网络的经济性、范围的经济性、沉淀成本的大小、资源的稀缺性等为重要原因而产生的自然垄断性的产业(公益事业、区域内部电话、铁路等),赋予特定的企业法定的垄断权(实施进入管制),在保证经济效率的基础上,从制约企业行事垄断的市场控制能力的角度实施价格管制。其次,为使消费者能公平地享受服务,以制约企业的歧视供给为目的。再次,如同运输业以及金融业一样,市场的结构是竞争性的,但在消费者对于选择何种服务及价格而却不能保证得到充分信息的部门,譬如和公益事业同样具有必需性的服务领域,为了保证消费者公平利用以及防止由于企业破产而引起的消费者损害,则以实行进入管制(作为事业的资格条件)和价格管制为目的。"[②]因此,经济性管制主要存在于自然垄断和信息不对称的部门,如电力、电信业、交通运输业、石油、天然气等产业。

---

① [日]植草益:《微观规制经济学》,朱绍文等译,中国发展出版社1992年版,第19页。

② [日]植草益:《微观规制经济学》,朱绍文等译,中国发展出版社1992年版,第22页。

经济性管制最早可以追溯到19世纪70年代的美国。① 它与两大事件密切相关：一是美国最高法院的一个重要判决为管制垄断提供了依据。1877年，“马恩诉伊利诺伊州案”②促使伊利诺伊州政府制定管制粮仓和批发店粮食价格的政策。该诉讼案确定了一项原则：“当财产以一种具有公共效应的方式被使用，且对社会产生普遍影响时，它就被赋予了公共利益的意义；因此，当一个人将财产使用在具有公众利益的用途方面时，他实际上就在那种用途上赋予了公众一种利益，而且，出于公共利益的目的，他必须接受公众的管制。”二是铁路业势力的加强使其成为美国联邦层次上服从经济管制的第一个行业。在19世纪七八十年代，美国铁路遭受了广泛的侵略性价格战，铁路部门要求政府稳定价格，与此同时，铁路部门对不同的消费者采取价格歧视，那些被迫承担较高价格的消费者要求政府干预。由于消费者和铁路部门都要求政府干预，美国在1887年出台了《州际商业法》，并成立了州际商业委员会。后来，美国国会又赋予了州际商业委员会管制价格的权力。1887年美国《州际商业法》的出台和州际商业委员会的成立，标志着美国经济性管制的正式起步。

(二)社会性管制

社会性管制是以保障劳动者和消费者的安全、健康、卫生、环境保护、防止灾害为目的，对物品和服务的质量以及伴随着提供它们而产生的各种活动制定一定的标准，并禁止、限制特定行为的管制。大体上，社会性管制可以分为：“(1)保证健康/卫生(由药物法、医疗法产生的管制)；(2)保证安全(由劳动安全环境卫生法、保护消费者法、公路交通法、建设标准法、消防法等产生的管制)；(3)防止公害/环境保护等。”③社会性管制通常会对特定的行为和营业活动进行限制，并根据资格制度、审查检验制度以及标准认证制度等对特定行为和营业活动的限制进行补充。

社会性管制实际上是为了解决公共产品、非价值产品、外部经济和信息不对称等问题。解决公共产品问题的，如消防、环境保护、自然灾害防止以及文物保护等；解决非价值产品问题的，如麻药取缔、枪支取缔等；解决外部经济问题的，如公害防止、产业灾害防止、劳动灾害防止、疾病防治、交通安全等；解决信息不对称问题的，如消费者权益保护等。④

在美国，社会性管制在20世纪70年代兴起并逐渐发展。正如W. 吉帕·维斯库斯(W. Kip Viscusi)等指出的，如果其著作《反垄断与管制经济学》完成于70年代的话，他们根本不会论及健康、安全和环境管制问题。然而，70年代之后，美国的社会性管制法规和机构日益增多，社会性管制产生的社会影响越来越大。“70年代最引人注

---

① 参见[美]W. 吉帕·维斯库斯、约翰·M. 弗农、小约瑟夫·E. 哈林顿：《反垄断与管制经济学》，陈甬军等译，机械工业出版社2004年版，第174-175页。

② 对该案件的详细阐述见[美]小贾尔斯·伯吉斯：《管制和反垄断经济学》，冯金华译，上海财经大学出版社2003年版，第32-34页。

③ [日]植草益：《微观规制经济学》，朱绍文等译，中国发展出版社1992年版，第22-23页。

④ 参见[日]植草益：《微观规制经济学》，朱绍文等译，中国发展出版社1992年版，第284-287页。

目的是,几乎所有主要的风险与环境管制机构都出现了,诸如美国环境保护署、美国联邦公路交通安全署、消费者产品安全委员会、职业安全和卫生管理机构以及核能管制委员会等组织机构都是在70年代开始运作的。”①

(三)反垄断管制

反垄断管制是一种间接管制,表示政府对市场的干预过程。反垄断管制理论认为,竞争并非必然是一个自我维持的过程,为了确保竞争的活力,干预是必需的。反垄断的目的就是解决抑制竞争的问题,而不管这种对竞争的抑制是出于如下哪一种原因:(1)以前相互竞争的卖者和买者,现在联合起来,消除它们之间的竞争,并控制价格;(2)单独一个企业成功地消灭了竞争者,从而为自己建立起垄断地位。所以,反垄断管制维护的是竞争过程,并不直接寻求具有特定目标的结果。②

在美国,反垄断管制开始于1890年,标志是通过了《谢尔曼反垄断法》。③ 该法宣布,“限制贸易的联合”和“垄断”的行为都是非法的。后来,美国又通过了《联邦贸易委员会法》(1914年)、《克莱顿法》(1914年)、《鲁宾逊·帕特曼法》(1936年)、《米勒·泰丁斯法》(1937年)和《塞勒·基福弗法》(1950年)。

三、管制的手段

斯蒂芬·布雷耶(Stephen Breyer)阐述了六种管制的手段:“(1)服务成本定价,指选择用以保护那些具备适当的或‘公平’回报率的受管制企业的价格;(2)以历史为基础的价格管制,指价格在初始成本的基础上制定并常常跨行业应用;(3)以公共利益为标准的配置,指经营许可证或‘服务权’的授予取决于一系列的市场进入标准而非竞争性投标;(4)标准设定,指在对环境污染、产品质量或工作场所安全控制时所需要指标的颁布和执行;(5)以历史为基础的配置,主要指稀缺资源的配置以往昔的使用为基础,而非通过市场竞争;(6)个别审查,指新产品(如药物或食品添加剂)或新的市场进入者必须满足通常是就事论事的复杂的技术或科学标准。”④具体说来,经济性管制的手段主要有价格管制、数量管制、进入和退出管制以及产品特征的管制,社会性管制的手段主要包括禁止特定行为、对营业活动进行管制、资格制度等。

---

① [美]W. 吉帕·维斯库斯、约翰·M. 弗农、小约瑟夫·E. 哈林顿:《反垄断与管制经济学》,陈甬军等译,机械工业出版社2004年版,第372页。

② 参见[美]小贾尔斯·伯吉斯:《管制和反垄断经济学》,冯金华译,上海财经大学出版社2003年版,第168页。

③ 反垄断判决在1890年《谢尔曼反垄断法》通过之前就已经存在。英国法院主要是根据习惯法进行判决。比如,1602年,英格兰女王伊丽莎白一世的新郎达西发起了一场私人诉讼,声称英王授予他销售扑克牌的垄断权利,而这一权利受到了其他人的非法侵犯。然而,法院裁决说,这种垄断既有害于竞争者,因为竞争者被剥夺了从事贸易的机会,也有害于公众,因为公众失去了选择价格和质量的好处。也就是说,女王授权的垄断损害了其臣民的利益。参见[美]小贾尔斯·伯吉斯:《管制和反垄断经济学》,冯金华译,上海财经大学出版社2003年版,第170页。

④ Stephen Breyer, *Regulation and Its Reform*, Cambridge: Harvard University Press, 1982;[美]丹尼尔·史普博:《管制与市场》,余晖等译,上海三联书店、上海人民出版社1999年版,第34-35页。

(一)价格管制

价格管制是指通过限制某种要素或产品的最高价格或最低价格或者价格波动的区间,从而避免过度竞争或损害对方利益的行为。价格管制或者为企业制定一个最高限价,或者为企业制定一个最低限价,或者为企业制定一个价格区间。如果政府认为某个被管制的垄断企业定价过高,管制就倾向于为其制定一个最高限价;如果被管制企业有一些不受管制的竞争者,管制机构就会注意被管制企业有没有进行掠夺性定价(通过定价强迫竞争者退出市场),政府就可能为其制定最低限价。最低限价的例子如农产品价格收购,为了补贴农业,有些国家规定农民的余粮在出售给国家时不得低于某个价格,并且如果市场价高于该价格,就按市场价收购;如果市场价低于该价格,必须按照政府确定的最低限价收购。

(二)数量管制

数量管制是指政府部门通过规定企业产量以达到控制某产品价格的目的。比如20世纪30—70年代,美国得克萨斯州和俄克拉何马州都对原油厂商提出了最高产量限制。在市政公用事业方面,数量控制的例子比如公交车、火车等。在一个城市中,不论是否有乘客,公交车都必须运行;不论人多人少,火车都必须运行,而且必须按时间准时运行。从国际层面上讲,石油输出国组织对成员国产量的限制也是典型的数量管制。

(三)进入和退出管制

进入和退出管制是对企业进入某一行业或个人进入某种职业进行管制,目的是控制企业的数量或某种职业从事人员的数量。许多国家对公用事业等的进入和退出一般都要进行限制,比如供水、供电、供气等,原因是这些行业具有规模经济和网络经济性。比如自来水,从理论上讲,一个城市可以有许多家自来水公司,每个用户也可以选择不同的自来水公司,但在一个用户家中安装不同的自来水管,似乎就是不经济的,是对资源的一种浪费。银行、保险、证券等经营的进入和退出也会受到限制,原因是消费者和经营者之间存在严重的信息不对称。

(四)产品特征的管制

对产品特征的管制主要是对产品的质量、安全性等的限制。消费者购买的产品必须有质量、安全性保证等,否则就可能对消费者构成人身安全伤害。比如消费者购买的电器不能漏电,否则就可能对消费者造成人身伤害;消费者购买的食品必须有质量保证,必须标明生产日期和保质期,否则消费者食用了生产不合格或过期的食品,也会受到身心伤害,这些是对产品质量、安全性等方面的管制。

(五)禁止特定行为

禁止特定行为的管制主要是对可能给社会造成危害或不良影响的活动的限制。比如对枪支弹药销售的限制、对毒品交易的限制,对可能造成环境污染的企业排放的废水、废气、废渣的管制等,都是禁止特定行为的管制。

(六)对营业活动进行管制

对营业活动进行管制主要是对于某些可能造成社会危害或不良影响的活动,虽然允许其经营,但进行严格的限制。比如,对于医院必须使用的某些麻醉剂、止痛药品(如杜冷丁等),虽然可以销售,但必须有医生的处方,在数量上也有限制。

(七)资格制度

资格制度是为了确保健康、安全和环境等,由国家对可能从事某行业或职业者在专门知识、技能、经验等方面进行认定、证明的制度。比如律师资格、注册会计师资格等是对单个主体要从事该项职业时进行的资格认定,只有获得了律师资格证书或注册会计师资格证书的人才可以从事该项活动;对进入金融机构等进行的严格审查、颁发许可证,也属于一种资格制度。资格制度进行的管制活动一般包括:(1)只允许资格取得者从事该项业务,禁止资格取得者以外的人从事该业务,如律师、会计师;(2)对管理、监督一定事业活动者设置资格制度,如审计师、汽车驾驶员;(3)对取得一定专业知识、技能者加以公证,授予其一定名称、称号的名称资格,如电工有电工证、厨师有厨师证等。

经济性管制、社会性管制和反垄断管制除了以上总结的手段之外,还有其他许多手段,所有的管制都体现了政府部门对企业或个人行为的限制。

第二节 管制的政治经济学理论

前面讨论了管制的含义、管制的类型、管制的手段等基本问题,但管制究竟是如何产生的?政府为什么要进行管制?管制对社会究竟有利还是有害?如何进行管制?不同的学者提出了不同的理论,如对管制的规范分析、管制的俘虏理论、管制的激励理论以及对管制的成本—收益分析等。

一、对管制的规范分析

传统的管制理论认为,在很多情况下,完全竞争并非一定能够保证经济的良好运行,还存在自然垄断、外部性等依靠竞争无法解决的问题,这就需要政府干预经济。自然垄断是指在产量社会最优的条件下,只有一家企业生产能够使行业成本最低。自然垄断行业存在规模经济性,边际成本递减。企业的产量越大,产品的平均成本越低。这种行业往往需要支付巨大的固定成本,一旦固定成本投入完成,运营成本就非常小了,比如电力、铁路、电信行业等。对于电力的运送来说,一旦电网建成,运营成本就相对较小,而在电网建设初期的投入却非常大;铁路建设时,最初的修路费用非常高,因为要征地、铺铁轨等,但一旦建成了,运营成本也比较低了,使用量越大,平均成本就越低。对这种自然垄断的行业,如果只有一家公司运营,全部的产品或服务都由其提供,可能是最优的。这样,许多人就提出,自然垄断的行业最好只有一家企业经营。为了防止其在垄断地位上定价过高、提供的产品质量不好,就需要国家进行管制,对其产品实行政府定价,对其质量进行监督。

外部性指的是一个主体的消费或生产活动可能给另一个主体的效用或生产函数造成的有利或不利影响。一个人吸烟对周围不吸烟的人就会产生负外部性,一个工厂排放污水会对下游工厂或居民用水产生影响。传统理论认为,外部性需要政府干预才能解决,政府可以直接禁止负外部性者的行为或者对其征税,从而使得负外部性活动不能发生或者减少。比如,在公共场所标明"禁止吸烟"或者"吸烟罚款"就是一种明确的禁止性行为。

对管制的规范分析建立的前提是公共利益假定。假定政府在制定管制政策时是从公共利益出发的,政府能够有效解决市场失灵问题。但是在实践中,这种分析遇到了一些不可解决的问题。第一,管制是通过立法和管制部门完成的,在管制立法和管制部门进行管制的时候,社会福利是如何计算的,公共利益应该如何界定,这些问题在福利经济学中只是一种规范描述。第二,管制存在的领域与这种规范分析所提到的自然垄断和外部性并不完全一致,因为许多管制活动发生在既不是自然垄断行业,也不具有外部性的活动中,比如出租车行业、金融业等。正如理查德·波斯纳指出的:"经济学家通过 15 年的理论和实证研究表明,管制并不必然与外部经济出现或不经济因素或垄断市场结构有关。"①第三,即使是对垄断企业的管制,也不能够有效限制企业的定价行为。正如施蒂格勒等对作为自然垄断行业代表的电力供给部门的管制研究所表明的,管制并没有降低电力部门的收费标准,也没有解决价格歧视问题,对利润的提高也没有显著影响。这些研究结果与管制能够改善社会福利和效率的观点明显不一致,完全没有体现出规范分析所表明的"公共利益"目标。对此,施蒂格勒的解释是:"实际上,价格管制理论暗含的一个基本假定是:如果没有管制,垄断企业会有强大的市场力量。如果事实的确如此……才确实存在一些有效管制的可能性。电力公用事业并没有提供这一可能性。"②

二、管制的俘虏理论

20 世纪 60 年代之后,对管制的规范分析的批评越来越多。越来越多学者的研究表明,管制并非总是为了公共利益。对 19 世纪末以来美国管制历史的回顾表明,管制

① Richard A. Posner, "Theories of Economic Regulation", *Bell Journal of Economics and Management Science* 1974, Vol.5, No.2, pp.335-358.

② George J. Stigler, Claire Friedland, "What Can Regulators Regulate? The Case of Electricity", *Journal of Law and Economics*, 1962, Vol.5, pp.1-16. 中译文见[美]施蒂格勒:《管制者能管制什么? ——电力部门实例》,《产业组织和政府管制》,潘振民译,上海三联书店、上海人民出版社 1996 年版,第 173 页。

并不是和市场失灵紧密相连的，管制有利于厂商，它总是倾向于提高产业利润。[①] 比如在具有潜在竞争的货车运输和出租车行业，管制的目的不在于限制价格，而在于限制潜在竞争者的进入，防止已经进入者所获租金的消散；对电力行业的研究也得出了类似的结论。在此基础上，施蒂格勒等提出了管制的俘虏理论。该理论认为，管制的供给是行业对管制需求的结果，或者随着时间的推移，管制机构受被管制行业控制（称为“被管制者的俘虏”）。

（一）施蒂格勒管制理论的提出

施蒂格勒早在20世纪60年代就开始研究管制问题，先后对电力行业和证券行业的管制进行了研究，并且都得出了管制没有效率或没有作用的结论。[②] 1971年，施蒂格勒对管制理论进行了一般化分析，发表了《经济管制论》，得出的结论表明，管制通常是产业自己争取来的，管制的设计和实施主要是为受管制产业的利益服务的。[③]

施蒂格勒的分析基于两个假定：(1)政府的基础性资源是强制权，利益集团可以说服政府使用强制权为其谋取利益。“国家（国家机器或国家权力）是一个社会中每个产业潜在的资源或潜在的威胁。国家可以而且确实通过禁止或强制、取走或给予资金等方式有选择地帮助或损害了许多产业。”“国家拥有一个在纯理论上即使是最有实力的公民也不能分享的资源：强制权。国家可以通过文明社会法律所允许的唯一方法（税收）获取金钱，还可以决定物质资源的运动和在未经同意的情况下决定家庭和厂商的经济决策。这些权力就为产业利用国家提高盈利提供了可能性。”[④](2)理性经济人假定。施蒂格勒假定，每个利益集团都会选择使自身利益最大化的行动，利益集团为了使自身的利益最大化，会设法利用国家权力来为本集团谋取利益，国家或政府官员也会利用政治制度来为自己谋取利益。

运用供求结构分析，可以分析管制的需求和供给。从需求角度看，利益集团为追

---

① William A. Jordan, “Producer Protection, Prior Market Structure and the Effects of Government Regulation”, *Journal of Law and Economics*, 1972, Vol.15, No.1, pp.151-176.

② George J. Stigler, Claire Friedland, “What Can Regulators Regulate? The Case of Electricity”, *Journal of Law and Economics*, 1962, Vol.5, pp.1-16; George J. Stigler, “Public Regulation of the Securities Market”, *Journal of Business*, 1964, Vol.37, No.2, pp.117-142.中译文见[美]施蒂格勒:《管制者能管制什么？——电力部门实例》《证券市场的公共管制》,《产业组织和政府管制》,潘振民译,上海三联书店、上海人民出版社1996年版,第157-209页。

③ George J. Stigler, “The Theory of Economic Regulation”, *The Bell Journal of Economics and Management Science*, 1971, Vol.2, No.1, pp.3-21. [美]施蒂格勒:《经济管制论》,《产业组织和政府管制》,潘振民译,上海三联书店、上海人民出版社1996年版,第210页。

④ [美]施蒂格勒:《经济管制论》,《产业组织和政府管制》,潘振民译,上海三联书店、上海人民出版社1996年版,第210、212页。

求自身利益最大化，可能会维持垄断地位、限制竞争[①]，也可能希望国家出台某些特殊政策[②]。国家能够给某个产业的政策包括：(1)直接的货币补贴；(2)控制新竞争者的进入；(3)对那些能影响产业的替代物和补充物的干预；(4)固定价格。[③] 国家为什么会为利益集团制定特殊政策？这是因为国家都是在特定政党的统治下，政党要当选必须获得选票和经费，同时政党的运行、维持和竞选等也需要大量的经费。比如，政党需要办公室，需要组织机构，也需要有专门的工作人员，机构的维持、人员的开支都需要经费；在竞选的时候，政党需要做广告、进行宣传等，也都需要经费。这样，政党和特定产业利益集团之间就形成了交易。政党为利益集团提供政策支持，而利益集团为政党提供经费。当产业利益集团规模非常大、能够为政党提供的"政治献金"非常优厚的时候，政党就越来越离不开利益集团的支持；作为交换，政党就为特定产业提供特殊政策。因此，政党的政策制定就成为满足特定利益集团利益最大化的结果。正如施蒂格勒指出的，管制是应利益集团争取最大化利益要求的结果；管制仅仅是一个途径，通过它，利益集团可以将其他集团的收益转移到本集团。

(二)佩茨曼对施蒂格勒理论的一般化

1976年，佩茨曼在奥尔森利益集团理论[④]的基础上将施蒂格勒的理论一般化、系统化，提出了管制的更一般理论。[⑤]

佩茨曼的分析建立在三个假定或命题上。第一，管制立法对财富进行再分配。佩茨曼认为，管制可能有其他作用，但决定管制形式的首要因素是它对社会成员间的财富转移方式。第二，立法者的行为受希望继续留任的动机驱使，即通过立法获得最大化的政治支持。第三，利益集团通过政治支持换取立法上的倾斜。根据这三个假定可以得出：管制很可能倾向于组织更好的利益集团，并使之从有利的立法中获得更多利益。也就是说，管制倾向于拥有明显共同偏好的小利益集团，而可能牺牲组织松散、偏好不明显的较

---

① 在《经济管制论》中，施蒂格勒通过运输业的例子说明了这个问题。最初，汽车运输量非常有限，公路状况也比较差，汽车只能从事市内货物运输，无法从事长途货运，不构成对火车运输业的竞争。然而，随着汽车技术的发展、公路状况的改善，汽车运输的范围扩大到城市之间，这就与火车运输者形成竞争。火车运营商为了维护垄断地位，就积极寻求对运输业的管制。得克萨斯州和路易斯安纳州规定，运输线路涉及两个或两个以上铁路车站的卡车限载7000磅(1磅约为0.45千克)，仅涉及一个车站的限载14000磅。[美]施蒂格勒：《经济管制论》，《产业组织和政府管制》，潘振民译，上海三联书店、上海人民出版社1996年版，第217-219页。

② 比如营业执照。作为一种管制方式，营业执照可能是某些利益集团维护高收益和垄断地位的结果。施蒂格勒的分析表明：(1)持照经营的职业收入较高；(2)持照经营的职业成员更稳定；(3)从事持照经营职业的人较少受雇于企业。这些必须持照的职业如律师、医生、注册会计师等。随着律师、医生、注册会计师人数的增多，再进入这些行业受到的限制可能更大。[美]施蒂格勒：《经济管制论》，《产业组织和政府管制》，潘振民译，上海三联书店、上海人民出版社1996年版，第226-230页。

③ [美]施蒂格勒：《经济管制论》，《产业组织和政府管制》，潘振民译，上海三联书店、上海人民出版社1996年版，第212-215页。

④ Mancer Olson, *The Logic of Collective Action*, Cambridge: Harvard University Press, 1976.中译本见[美]曼瑟尔·奥尔森：《集体行动的逻辑》，陈郁、郭宇峰、李崇新译，上海人民出版社、上海三联书店1996年版。

⑤ Sam Peltzman, "Toward a More General Theory of Regulation", *Journal of Law and Economics*, 1976, Vol.19, No.2, pp.211-240.

大利益集团的利益。美国花生计划、食糖管制都可以作为这方面的典型例子。[①]

佩茨曼分析了在实行政府管制的条件下，由于压力集团之间的斗争，管制者对被管制的产品如何定价的问题。佩茨曼将消费者和生产者看作两个利益相互冲突的利益集团，把管制看作是由追求选票最大化的政治家提供的。假设 V 是政治家获得的选票数，V 既是被管制产品生产者效用(U_p)的函数，也是被管制产品消费者效用(U_c)的函数，即

$$V=v(U_p,U_c), \quad \frac{\partial V}{\partial U_p}>0, \frac{\partial V}{\partial U_c}>0$$

为了简化，假定用 R 和 L 表示的消费者和管制者的效用函数都是线性的，即

$$U_p=R, U_c=k-R-L$$

其中，k 为常数。追求选票最大化的管制者将根据下面的条件给产品定价：

$$\frac{\mathrm{d}V}{\mathrm{d}P}=\frac{\partial V}{\partial U_p}\cdot\frac{\partial U_p}{\partial P}+\frac{\partial V}{\partial U_c}\cdot\frac{\partial U_c}{\partial P}=0$$

即

$$\frac{\mathrm{d}V}{\mathrm{d}P}=\frac{\partial V}{\partial U_p}\cdot\frac{\mathrm{d}R}{\mathrm{d}P}-\frac{\partial V}{\partial U_c}\cdot\frac{\mathrm{d}R}{\mathrm{d}P}-\frac{\partial V}{\partial U_c}\cdot\frac{\mathrm{d}L}{\mathrm{d}P}=0$$

或者

$$\frac{\partial V}{\partial U_p}\cdot\frac{\mathrm{d}R}{\mathrm{d}P}=\frac{\partial V}{\partial U_c}\left(\frac{\mathrm{d}R}{\mathrm{d}P}+\frac{\mathrm{d}L}{\mathrm{d}P}\right)$$

这说明，管制者对被管制的产品不是随意定价，而是按照选票最大化的边际条件来定价，这就是“政治均衡定价”。

对佩茨曼的模型，还可以分析如下。用 $M(P,\pi)$ 表示政治支持函数，P 是价格，π 表示企业的利润。假设 $M(P,\pi)$ 随着 P 的提高而下降，因为当价格提高时，消费者不得不承受更高的价格，然而企业的利润会提高，企业会表现出更强的支持。利润取决于价格，$\pi(P)$ 表示利润函数。当价格低于垄断价格 P^m 时，$\pi(P)$ 随着 P 的提高而提高；当价格高于垄断价格 P^m 时，$\pi(P)$ 随着 P 的提高而下降。所以，当 $P<P^m$ 时，如果价格提高，消费者会反对，但企业的支持会提高。所以，$M(P,\pi)$ 最大化的条件为：

---

① 关于花生计划，从 1949 年起，美国联邦政府通过了一项限制在美国出售花生的农场主数量的计划，进口也被严格限制。据估计，1982—1987 年，从消费者转移到花生生产者的支付大约为 25.5 亿美元，并伴随 3400 万美元的净福利损失。1982 年，美国有 23046 位花生生产者，每人得到 11100 美元的净收入。相应地，这个计划中每人的消费成本是 1.23 美元，其计划没有消费者会花费时间和金钱去寻求废除这个计划。参见 Randal R. Rucker, Walter N. Thurman, “The Economic Effects of Supply Controls: The Simple Analytics of the U.S. Peanut Program”, *Journal of Law and Economics*, 1990, Vol.33, No.2, pp.483-515.美国对食糖进口进行严格限制，美国食糖价格大约是国际市场的 2 倍。出于这个原因，美国国内食糖生产商和糖类作物种植者每年可以获得 10 亿美元的收益，但却给消费者造成了 19 亿美元的损失。但每个消费者食用的食糖数量毕竟是有限的，因此，对食糖进口的限制虽然造成了 9 亿美元的无谓损失，但也没有被废除。参见[美]道格拉斯·欧文：《备受非议的自由贸易》，陈树文、逯宇铎译，中信出版社、辽宁教育出版社 2003 年版；Douglas A. Irwin, *Free Trade Under Fire*, Princeton: Princeton University Press, 2002.

$$\frac{\mathrm{d}M}{\mathrm{d}P}=\frac{\mathrm{d}M}{\mathrm{d}P}+\frac{\partial M}{\partial \pi}\cdot\frac{\mathrm{d}\pi}{\mathrm{d}P}=0,\quad \frac{\mathrm{d}M}{\mathrm{d}P}<0,\frac{\partial M}{\partial \pi}\cdot\frac{\mathrm{d}\pi}{\mathrm{d}P}>0,P\leqslant P^{m}$$

图 9.1 表示立法者政治支持最大化的过程。①

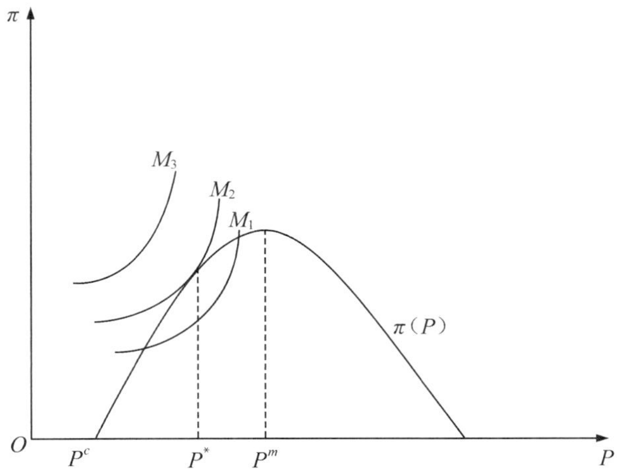

图 9.1　最优管制政策:佩茨曼模型

在图 9.1 中,$\pi(P)$表示利润曲线,当 $P\leqslant P^m$ 时,行业利润随着 P 的提高而提高;当 $P\geqslant P^m$ 时,行业利润随着 P 的提高而下降,$\pi(P)$呈倒 U 形。M 表示政党的无差异曲线,是价格和利润的组合。当 M 和 $\pi(P)$相切的时候,M 能够实现最大化,而此时的价格低于 P^m,这对立法者而言是最优的管制政策,实现了政治支持最大化。

三、管制的激励理论

管制的激励理论②的要点是,由于存在信息不对称,效率与信息租金存在矛盾,也就是说,在得到效率的同时,必须留给企业信息租金,而信息租金会带来社会成本。这一结果的意义在于它说明了管制并不是免费的午餐:虽然管制可以避免企业得到垄断利润,但必须付出效率的代价。此外,为了制定最好的管制政策,政府需要尽可能地利用企业的私有信息,实现企业的自我选择。为此,政府可以运用诸如成本补偿机制和定价政策等某些特定的管制工具实现最优管制。其中,具有不同激励强度的成本补偿机制就是激励管制。

简单来说,激励管制包括两方面的内容:首先,使现有运营商充分考虑其成本以提高劳动生产率,通常被称为以业绩为基础的管制或激励管制;其次,赋予运营商更多确

① Sam Peltzman,"Toward a More General Theory of Regulation",*Journal of Law and Economics*, 1976, Vol.19, No.2, p.224.

② 对于管制的激励理论比较经典的著作当属让-雅克·拉丰和让·梯若尔的《政府采购与规制中的激励理论》,这本书在 1993 年出版之后,就被称为"管制经济学的圣经"。参见[法]拉丰、梯若尔:《政府采购与规制中的激励理论》,石磊、王永钦译,上海三联书店、上海人民出版社 2003 年版。

定服务收费的自由度，从而使运营商更加趋向于按商业原则经营。这种灵活的定价原则实际上使服务的相对价格更加接近拉姆齐价格结构。[①] 激励性管制的主要内容包括特许投标理论，区域间比较竞争理论，价格上限管制，社会契约制度、成本调整契约等。

(一)特许投标理论

在许多具有自然垄断性质的行业中，规模经济要求只能存在一家企业。在没有管制的情况下，这个企业就形成了垄断。它在追求利润最大化动机的驱使下，制定垄断价格，使消费者的福利蒙受损失。同时，潜在的竞争者由于看到该行业可以赚取超额利润，就会进入该行业与之竞争，使产品价格下降。但在规模经济始终存在的情况下，新企业的进入缩小了原企业和新企业的规模，造成成本上升，导致不经济现象。这样，如果只存在一家企业，消费者的福利就可能遭受损失；但如果引入竞争，就会造成成本效率损失。对于这种自然垄断行业，应该如何进行管制？哈罗德·德姆塞茨(Harold Demsetz)在 1968 年首次提出了特许投标理论[②]，为解决这个问题提供了思路。

特许投标是指政府和公共团体在提供公共服务或公益事业服务时，认定在由某一特定企业承包有效的前提下，给予企业特许垄断权。为了给予企业提高效率的激励，在一定的特许期限后再通过竞争投标来决定将特许权授予能以更低(最低)价格提供服务的企业。因此，可以把特许经营权看作对愿意以更低价格提供产品或服务的企业的一种奖励。采用这种方式，如果在投标阶段有比较充分的竞争，价格就可望达到平均成本水平，获得特许经营权的企业也只能得到正常利润。这样，既保证了规模经济效益，又实现了福利最大化。图 9.2 说明了特许投标和价格决定理论。

在图 9.2 中，假定有 4 家企业为获取特许经营权而进行竞争性投标，以 $AC_i(Q)$表示第 i $(i=1,2,3,4)$家企业的平均成本函数。各家企业平均成本函数的差别是由企业的技术水平决定的。这 4 家企业进行竞争性投标的结果是第一家企业获得特许经营权，以 P_1 的价格为社会提供产品。这就使得最有效率的企业以其平均成本或接近于平均成本的价格向市场提供产品或服务。

① 拉姆齐价格的基本思想是：假设边际成本价格使企业产生负利润，企业不能接受，因而社会福利最大化也不可能。在这种情况下，企业只能接受一个偏离边际成本的价格，从而使盈亏至少相抵。为了找到这一价格，拉姆齐假设企业生产多种产品，并在企业不亏损的限制条件下寻求社会福利的最大化，得到一组次优价格。拉姆齐证明了某一市场上次优价格偏离边际成本价格的比率与该市场产品需求弹性的绝对值呈反比。因此，需求弹性越小，价格偏离边际成本的程度越大。这种次优的价格被称为拉姆齐价格。

② Harold Demsetz, "Why Regulate Utilities?", *Journal of Law and Economics*, 1968, Vol.11, No.1, pp. 55-65.

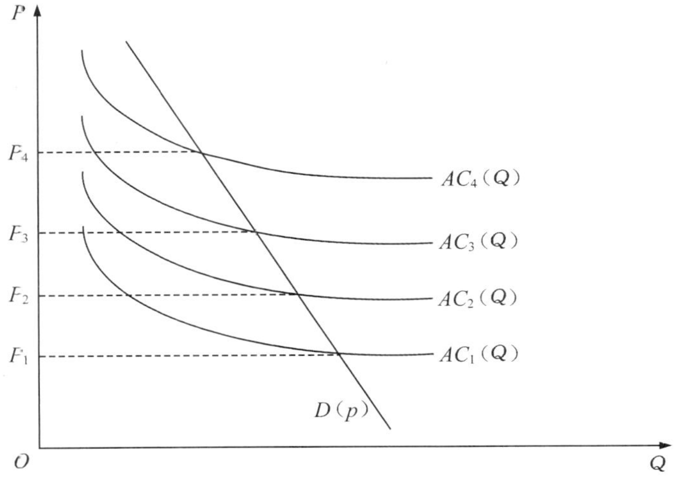

图 9.2　特许投标和价格决定理论

特许投标的做法不仅通过竞争提高了效率，而且减轻了管制者的负担。在实践中，特许投标做法取得了比较好的效果。1986 年，伦敦商学院做的一项研究表明，通过特许投标，英国地方政府在打扫建筑物、清理街道、收集垃圾等公共事务中，在保持原来服务标准的同时，成本下降了 20%，每年可以节省 13 亿英镑。[①] 但是，特许投标做法也遇到了许多问题，如竞争不充分、资产转让、特许合同的款项与管理等。[②] 竞争不充分主要有两个方面的原因：一是存在投标者串通合谋的可能性，特别是当投标者数量很少时；二是某家企业在竞争特许权时拥有战略性优势，其他企业不愿与它竞争。资产转让主要是原来的特许经营者与新获得特许经营权者之间在资产转让过程中由于存在双边垄断造成的问题。比如原来的特许经营者已经在某个产业经营了一段时间，其购置的资产设备是否转让、如何定价转让给新的中标者，如果不转让资产，原经营者已经投资购置的资产就会形成浪费；如果转让，就涉及如何定价、如何转让的问题。特许合同的款项与管理主要是政府与中标者签订的特许经营合同中，信息不对称和未来的不确定因素可能导致的合同不完备问题。如果特许投标的产品质量、品种、需求、生产技术、成本等比较稳定、成熟，这个问题可能就比较容易解决；但如果产品质量、需求等存在比较大的波动，特许投标就可能因合同不完备而产生问题。

（二）区域间比较竞争理论

区域间比较竞争理论是一种借助政府管制机制，以促进不同地区的被管制企业间竞争的管制理论。该理论将受管制的全国性垄断企业分为不同的地区性企业，使特定

① 参见王俊豪：《政府管制经济学导论：基本理论及其在政府管制实践中的应用》，商务印书馆 2001 年版，第 165 页。

② 参见[日]植草益：《微观规制经济学》，朱绍文等译，中国发展出版社 1992 年版，第 154-156 页；王俊豪：《政府管制经济学导论：基本理论及其在政府管制实践中的应用》，商务印书馆 2001 年版，第 165-170 页。

地区的企业在其他地区企业的刺激下提高自身效率。由于区域间的比较竞争并不是处于同一市场上的不同企业之间的直接竞争，而是不同地区市场上的企业之间的间接竞争，这就要求管制当局必须确保在有效经营下的成本和服务信息的基础上制定管制价格，促使各地区性企业为降低成本和增加利润而展开间接竞争。安德烈・施莱弗最早在1985年阐述了该理论。①

假设在某个国家存在 n 个地区性市场，每个地区都有一个地区性垄断企业。各个企业在各自的市场上的需求函数为 $Q(P)$，各个企业为降低成本投入了费用 z，达到的平均单位成本为 $c(z)$［未投入 z 时的成本为 $c(0)=c_0$］，并且 $c'(z)<0, c''(z)\geqslant 0$。由于为降低成本而投入的 z 是固定成本，因此各个企业的平均成本曲线是递减的。同时，由于政府管制当局以经济福利最大化为目标时的价格是由边际成本决定的，企业可能会亏损，因此，政府给每个企业的补贴为 T。这时，企业的利润函数 π 为：

$$\pi=[P-c(z)]Q(P)-z+T$$

社会福利即消费者和生产者剩余之和为：

$$\int Q(x)\mathrm{d}x+[P-c(z)]Q(P)-z$$

使其最大化的条件为：

$$P^*=c(z^*)$$

$$-c'(z^*)\cdot Q(P^*)=1$$

$$z^*=T^*$$

这三个条件的含义为：价格等于平均成本（即边际成本）；降低平均单位成本作出的努力处于边际成本（等于1）等于边际效益（等于 $-c'Q$，即成本降低率乘以产量）的位置；企业用于降低成本的投资通过政府给予的一次性补贴得到补偿。

上述条件虽然为最优解，但如果政府管制当局不了解企业的成本函数 $c(z)$，就无法实现这个最优解。也就是说，当企业了解这个成本函数，而管制当局不了解，即出现信息不对称时，最优解是无法实现的。施莱弗还假定，每个企业经理都偏爱利润 π，而厌恶为降低成本所做的努力 z。这样，即使管制当局向企业表明其管制内容为 $P=c$，$z=T$，也不可能诱导企业作出降低成本的努力。由于利润在 z 的任何一种水平下常常为零，企业经营者使 z 降低到零的水平，使成本水平为 c_0。因此，施莱弗认为，刺激企业提高效率的关键是要打破企业的产品价格由它本身的成本决定的这种关系。假定管制当局计算的 i 企业以外的平均成本为 $\overline{c_i}$，降低成本的平均支出为 $\overline{z_i}$，则：

$$\overline{c_i}=\frac{1}{n-1}\sum_{j\neq i}c_j$$

① Andrei Shleifer, "A Theory of Yardstick Competition", *Rand Journal of Economics*, 1985, Vol.16, No.3, pp.319-327.

$$\overline{z_i} = \frac{1}{n-1}\sum_{j\neq i} z_j$$

作为对 i 企业管制标准的 $\overline{c_i}$ 和 $\overline{z_i}$，依赖于除 i 之外的其他企业的成本或为降低成本支出的平均值。这就是 i 企业的行为与其他企业相比较的区域，在管制机制的诱导下，全部企业的产品价格和能够得到的补贴分别为：

$$P_i = \overline{c_i}$$

$$T_i = \overline{z_i}$$

企业 i 的利润为：

$$\pi_i = [\overline{c_i} - c(z_i)]Q(\overline{c_i}) - z_i + \overline{z_i}$$

在这种情况下，企业要获得较多的利润，就必须使其成本水平低于其他企业的平均成本水平，而降低成本的努力程度则要高于其他企业的努力程度，这就促使企业竞争性地提高经营效率。

（三）价格上限管制

价格上限管制是指管制者与被管制企业之间签订价格改动合同，规定价格上限，企业作价原则上只能在这一上限之下自由变动。价格上限管制是由英国学者斯蒂芬·李特查尔德（Stephen Littlechild）在 1983 年提出来的。[①] 他认为，竞争是反对垄断、保护消费者利益的最好手段，而价格控制本身不是一种理想的办法，因为不断降低价格会抑制竞争者进入市场。因此，管制的主要目标应该是把价格和利润保持在一个既不失公平又能刺激企业提高效率的水平上。他将管制价格与零售价格指数和生产效率挂钩。例如，英国当年采取的价格上限管制采取了 RPI-X 模型，RPI 表示零售价格指数，即通货膨胀率；X 是由管制者确定的在一定时期内生产效率增长的百分比。如果某年的通货膨胀率为 5%，X 固定为 3%，那么企业提价的幅度最高为 2%。如果企业本期的价格为 P_t，则下一期的价格上限 P_{t+1} 为：

$$P_{t+1} = P_t(1 + RPI - X)$$

采用价格上限管制，X 就成为管制者和被管制者争论的焦点。不同产业的 X 值往往存在很大差别。从理论上讲，使用价格上限管制可以以分散化的方式得到拉姆齐价格，即通过让企业自己选择定价而得到拉姆齐价格结构。假设企业受平均价格上限的控制，满足下式：

$$\sum_{k=1}^{n} w_k p_k \leqslant p$$

其中，w_1，w_2，…，w_n 为每种服务收费的权重。在满足该约束的前提下，企业可以自由选择使利润极大化的价格。显然，尽管平均价格水平受到限制，但企业可以自由确定相对价格。容易证明，如果权重正好等于实际产出数量，那么根据企业极大化利润

① M. E. Beesley, S. C. Littlechild, "The Regulation of Privatized Monopolies in the United Kingdom", *The Rand Journal of Economics*, 1989, Vol.20, No.3, pp.454-472.

的最优条件可以得出拉姆齐价格,形成接近拉姆齐价格的收支平衡价格,发挥出放松管制的正效应。

(四)社会契约制度、成本调整契约[①]

作为一种激励性管制手段,社会契约制度、成本调整契约在美国电力事业部门中被广泛应用。在这种情况下,管制者在修订收费标准时,与被管制者就设备运转率、热效率、燃料费、外购电力价格、建设费等签订合同,如果能够实现比合同规定的更好成绩则给予企业报酬,否则就要对企业进行处罚。1984 年,美国亚利桑那州为提高发电部门的设备运转率,采用了如下社会契约制度。首先以设备运转率的 60%—75%为基准,如果设备运转率在这个基准内,则不给予特殊报酬;当设备运转率达到 75%—85%时,则将由于提高设备运转率而节约的燃料费的 50%作为报酬付给该公司(其余 50%返还给消费者);当设备运转率超过 85%时,该公司便得到因此节约的全部燃料费。相反,当设备运转率为 50%—60%时,由此增加的燃料费的 50%作为处罚由公司承担;当设备运转率为 35%—50%时,由此增加的燃料费全部由公司承担;当运转效率低于 35%时,主管管制的部门就不得不重新考虑基准数。

四、管制的成本—收益分析[②]

在对管制的讨论中,一个不容忽视的问题是,如何评价管制的绩效。管制机构在行使管制权力时,究竟是促进了资源的有效配置,使市场更有效率地运行,还是给市场带上了更多的枷锁,没有任何衡量标准。为了回答这一问题,自 1980 年尤其是 1993 年以后,管制理论转向讨论管制的成本和收益,并以收益大于成本或社会净福利最大化作为衡量管制绩效的标准。

成本—收益分析探讨的是,某项政策从总体上看是否对稀缺资源进行了合理配置。成本—收益分析将市场配置资源的原则引入政府公共政策领域,使成本最小化和收益最大化成为制定公共政策的约束条件,并对治理市场失灵的成本和收益进行比较,用市场方法对此进行分析、衡量、解决。成本—收益分析既有实证分析的市场基础,又有规范分析的价值取向,它可以解释现有政策的效率,又可以预测未来的政策走势。在关于提高市场效率、保护健康、安全和环境质量的争论中,成本—收益分析在立法与管制中起着非常重要的作用。

具体而言,成本—收益分析可以理解为超级指令,有三种类型。第一种是实体性超级指令,无论是修正过去的法案还是颁布新的法案,都规定管制的收益要大于管制

---

① 参见[日]植草益:《微观规制经济学》,朱绍文等译,中国发展出版社 1992 年版,第 159-160 页。

② 席涛对美国管制的成本收益分析进行了比较系统的研究,如席涛:《美国管制:从命令控制到成本收益分析》,中国社会科学院研究生院博士论文,2003 年;席涛:《美国政府管制成本与收益的实证分析》,《经济理论与经济管理》2002 年第 11 期;宇燕、席涛:《监管型市场与政府管制:美国政府管制制度演变分析》,《世界经济》2003 年第 5 期;《谁来监管美国的市场经济——美国监管体制的演变:从命令—控制到成本—收益分析》,《国际经济评论》2004 年第 6 期。

的成本,或者证明成本的有效性,成本一收益分析成为衡量管制绩效的标准。第二种是程序性超级指令,要求监管机构按照成本一收益分析的程序制定规章(包括标准、准则、措施、办法),要求对市场失灵问题产生的原因、造成的损失、产生的影响进行具体的量化分析。第三种是准宪法修正案。成本一收益分析的理念是市场理念,强调的是效率。如果将成本一收益分析理解为管制的一种准宪法修正案,由于这种方法把经济效率原则作为唯一的基础,即解释和适用所有法规的"决策标准",这成为政府理念的一个极大转变。

美国是对管制的成本和收益分析比较早、应用也比较早的国家。对美国管制的成本和收益的分析比较早的机构主要是一些独立政策研究机构,如布鲁金斯公共政策研究中心(Brookings Public Policy Center)、卡图研究所(Cato Institute)、传统基金会(Heritage Foundation)和美国企业研究中心(Center for the Study of American Business)等。1993年,时任美国总统克林顿签署了12866号命令,国会在1996年和2000年分别通过的《小企业管制实施公平法》《管制改进法》中立法规定,联邦政府行政机构对市场经济的管制要进行成本和收益的经济分析,通过管制成本与收益的比较分析达到三个目标:一是减少不必要的管制,二是促进市场竞争,三是降低管制成本。

美国独立政策研究机构对管制成本和收益的分析已经基本上达成了共识。在成本方面,主要分析社会管制成本、经济管制成本和文牍管制成本。为分析社会管制成本,设计了12项指标,包括空气污染控制,水污染控制,固体废物处理,有害物质处理,噪声控制,道路光滑指标,疾病和事故预防,退休和养老管理,家庭迁入和迁出管理,就业和培训计划,健康、卫生和安全标准,工作环境设施标准。

为分析经济管制成本,设计了7项指标:农产品价格和销售控制,运输价格和进入控制,能源价格和进入控制,银行、证券、基金和保险的进入障碍,通信的联邦与地方的经营分割,服务业的登记、资格认证与执照许可,工资和工作时间标准的障碍。

文牍管制成本的范围与联邦政府行政机构的计算口径一致,就是把联邦行政机构参与管制的工作时间折合为小时数,确定每小时工作的货币价值,然后用小时总数乘以每小时货币价值,乘积就是文牍管制的总成本。

在收益方面,美国独立政策研究机构认为,市场经济是美国社会基本的经济制度,但市场经济不是完美的,存在着市场失灵,管制的目的就是弥补市场失灵,促进市场有效竞争,但是过多的管制侵入经济的各个方面,远远超出了市场失灵的范围,给经济带来很高的管制成本,如果要分析管制的收益,管制成本有多高,管制的收益就有多大,因为会计账户是遵守平衡原则的。

成本一收益分析方法在美国的实际管制应用中产生了比较好的效果。它帮助国会、总统监督和控制管制机构。实际上,可以将成本一收益分析看作一个委托一代理模型,国会和总统作为委托人,监管机构作为代理人,在存在信息不对称的情况下,代理人可能违背委托人的意志谋取利益。委托人克服信息不对称的重要条件就是要求代理人实施成本一收益分析,代理人必须收集、分析和披露市场信息,委托人通过成本一收益分析控制代理人。代理人如果依据不充分、不真实或错误的信息制定规章，必然遭到政治制裁或者法律制裁。因此，成本一收益分析解决了以两种根本不同的观察方法得出的公认的管制难题。

第一，成本一收益分析解决了部门利益集团理论的难题。因为利益集团理论暗含着一个很强的假定前提，即国会和总统许可管制机构通过管制将资源转移给了部门利益集团，并没有带来公共福利的最大化。成本一收益分析将管制的总成本和总收益信息透明化，如果没有净收益，就不可能实施管制，利益集团难以操纵管制机构。

第二，成本一收益分析解决了福利经济学的难题。福利经济学关注的是一个不能实现的、狭窄的福利标准——帕累托最优，但严格、苛刻的前提条件——完全竞争和完全信息假设，使它根本不能实现市场均衡。管制的成本一收益分析在矫正市场失灵的同时，又以量化成本和收益的方法解释了管制对福利的增进或损失。因此，成本一收益分析解决了如何监管监管机构的问题。

本章小结

管制经济学已经取得了迅速的发展，并引起了巨大反响。在中国，随着国有企业改革的不断深化，许多国有或国营的行业和领域开始市场化、民营化，国家不能够对其经营活动实施直接控制，但有一些涉及国计民生的公用事业，需要受到管制。美国等发达国家市场经济发展的经验表明，市场经济越发达，管制就越严格，或者需要管制的领域和行业就越多。中国不同领域和行业的经济性管制、社会性管制和垄断性管制都需要深入研究。同时，中国对某些产业或行业的管制过于严格，阻碍了竞争，需要放松管制。对管制进行成本一收益分析带来了对管制命令或政策进行评估的必要，并非所有的管制都一定能够带来净收益，一定能够确保其所带来的收益高于为此需要支付的成本，因此管制命令或政策既需要事前估算，也需要事后评估，这样才能够约束管制者。

推荐阅读

1.[美]丹尼尔·史普博:《管制与市场》，余晖等译，上海三联书店、上海人民出版社 1999 年版。

2.[美]乔治·施蒂格勒:《产业组织和政府管制》，潘振民译，上海三联书店、上海人民出版社 1996 年版。

3.[法]让-雅克·拉丰、让·梯若尔:《政府采购与规制中的激励理论》，石磊、王永钦译，上海三联书店、上海人民出版社 2003 年版。

思考题

1.管制有哪些类型？举例说明现实中的管制。

2.从政治经济学的视角如何理解管制的根源？

3.管制的激励理论要解决的核心问题是什么？有哪些方式可以解决管制的激励问题，从而实现所谓的公共利益？

第十章　货币金融的政治经济学

金融通常被看作一个纯经济的问题，它讨论的是在既定的制度下投资者和企业通过何种风险管理方式来使资产保值增值，主要关注金融产品定价、金融产品设计、中介机构的结构和风险管理等技术层面的问题。但是，这些方面能否涵盖金融领域的全部问题？或者说，解决了这些问题是否就一定能够做好金融方面的工作，就一定能够解释金融领域的各种现象？答案是否定的。近些年兴起了一个新的金融学分支，从新政治经济学的角度研究金融问题。它"以法律的方法、政治决策的方法研究金融学领域里的问题。它以权力运作为核心，研究投资者之间权力的冲突与协调，研究权力规则生成环境、权力规则演进与变化对金融产品的设计、金融组织的确立、金融管理风险等方面的影响。因此，投资者之间的秩序如何形成、金融产品的设计及进入市场的内在依据、金融机构如何设立与运作、金融市场交易何以进行和以什么样的方式对金融机构和金融交易进行监管等方面，都是金融政治经济学要探讨的问题"①。金融政治经济学说明金融并非一个纯粹的经济问题，它需要考虑所涉及的不同主体之间的利益冲突和利益协调，还要考虑金融制度形成与演变中的法律、文化习俗、惯例等。

从现代金融政治经济学关注的领域看，它主要集中于公司财务、证券市场和银行等②，但金融远不止这些方面，它还包括比如货币的起源与货币制度的演进、货币政策的制定与实施、货币信用的基础、国际货币体系等，而对这些问题的解释和理解都涉及政治经济学。金融政治经济学虽然是近些年才兴起的，但从政治经济学的角度研究金融问题却至少可以追溯到重商主义、古典经济学时期等。当时的研究者虽然没有专门的金融政治经济学的著作，但他们在讨论金融及相关问题的时候却都是基于政治经济学的视角。

我们将金融政治经济学作广义和狭义的划分。狭义的金融政治经济学仅指现代金融政治经济学；广义的金融政治经济学是指对金融问题的政治经济学分析，包括货

---

① 易宪容：《金融政治经济学的新理论》，《国际经济评论》2003 年第 3 期。

② Marco Pagano, Paolo Volpin, "The Political Economy of Finance", *Oxford Review of Economic Policy*, 2001, Vol.17, No.4, pp.502-519；史晨昱、刘霞：《金融政治经济学的新视野》，《当代经济科学》2003 年第 6 期。

币制度、货币政策、金融制度、金融监管、汇率制度、国际货币体系等内容。本章主要阐述广义的金融政治经济学的有关问题，共包括三节：第一节阐述金融的本质并简要回顾金融政治经济学的发展历程；第二节阐述货币问题的政治经济学，包括货币起源、货币制度的演进、货币非中性等问题；第三节以国际货币体系的变化阐述国际金融的政治经济学。

第一节　广义的金融政治经济学

本节首先从新政治经济学的角度探讨金融的含义，其次阐述金融政治经济学的理论演进，包括古典经济学、马克思主义经济学和新古典经济学家等的相关思想。

一、金融与“Finance”

在现代汉语中，金融是“指货币的发行、流通和回笼，贷款的发放和收回，存款的存入和提取，汇兑的往来以及证券交易等经济活动”。[①] 这是一个传统的通俗定义，从金融学的角度看，它仅反映了中央银行和商业银行的业务。

在英语中，与金融对应的是“Finance”。它有多层含义：(1)货币资金或其他财产管理的科学；(2)对货币、银行业、投资和信贷的管理；(3)资金来源，尤其是政府或公司等的基金；(4)资本资金或资本的提供。实际上，英语中的“Finance”是一个内容非常宽泛的词，它对应的现代汉语包括财政、金融、财务等。比如 Ministry of Finance 可以翻译为“财政部”；International Finance 可以翻译成“国际金融”；Financial Market 可以翻译成“金融市场”；Financial Structure 可以翻译成“金融结构”，也可以翻译成“财务结构”。所以，“Finance”从宏观层面上讲是“财政”，反映的是国家或政府的财产管理；从微观层面上讲是“财务”，是企业、机关、团体等的资金管理或运营；从中观层面上讲是“金融”，是一个国家或地区、企业等通过特定机构进行的资金融通或资金与财产的管理，比如银行吸收存款后放贷赚取收入的活动、企业通过证券市场进行的资金融通活动、居民通过银行进行的储蓄活动或通过证券市场进行的投资活动等。需要注意的是，中央政府或地方政府进行的涉及全国和地方居民的财产收入或支出活动是财政问题，而国家机构内部的财产运作则是财务问题，在英语中都可以使用“Finance”一词来概括。

从本质上看，Finance 就是获得他人资金并进行管理、运作或保管的活动。这包括三层含义。第一，在主体上，它至少包括两方主体，从他人那里获得资金后由自己支配、进行管理并保值增值。如财政是国家与公民达成的一项契约，国家从公民那里征税，然后向公民提供公共物品或服务，公民由于自身不能够提供所需要的全部物品或

① 中国社会科学院语言研究所词典编辑室编：《现代汉语词典》(第 7 版)，商务印书馆 2019 年版，第 675 页。

服务而通过向国家纳税获得公共物品或服务;金融是金融机构从别人那里吸收资金形成负债,然后将吸收到的资金放贷给资金需求者获取报酬;财务是企业的经营者获得企业所有者的资金,通过购买原材料、劳动力进行生产活动,制造产品,然后销售产品获得收入。第二,在客体上,它是对资金的管理、运营,起媒介作用的是资金。第三,在机制上,委托—代理机制是核心,财政是公民将资金委托给政府并从政府那里获得公共物品;金融是有闲置资金的主体将资金委托给金融机构运作,并获得固定或不确定的报酬;财务是企业的所有者将财产委托给企业的经营者从事生产活动,赚取报酬。既然 Finance 涉及不同主体的活动,主体之间就不可避免地会存在利益冲突,这就构成了政治经济学要研究的对象。

二、金融政治经济学的理论演进

从政治经济学的角度研究金融问题,至少从重商主义时代就已经开始了。[①] 在重商主义时代,货币等同于财富,一个国家要致富就要尽可能地从其他国家获得货币,而这要尽可能多出口少进口,从而就出现了国家之间争夺货币财富的冲突。既然货币等同于财富,是能够直接购买物品的媒介物,对货币的争夺、占有和支配就是典型的政治经济学问题。

在古典经济学时期,亚当·斯密、大卫·李嘉图等在许多金融问题上体现了政治经济学角度的分析,如斯密对货币起源、金银价格的变动、银行券等问题的研究,李嘉图对货币价值及货币流通量的论述。斯密认为,由于分工的发展,一个人劳动的生产物只能满足其一小部分的需求,其大部分的欲望需要通过交换来实现,为了交换得以顺利进行,人们采用了各种物品作为交易媒介,并最终确定了金属,但由于金属称量和成分检验比较困难,从而兴起了铸币制度。在这种制度下,一些国家的君主和贵族常常会用不足值的货币偿还债务、履行契约。"实际上,政府的债权人因此被剥夺了一部分应得的权利。政府允许国内一切其他债务人,都有和君主相等的特权,他们同样能以新的贬值币,偿还货币改铸前借来的金额。所以,这种措施常常有利于债务人,而有损于债权人;有的时候,这种措施产生了比公共大灾祸所能产生的大得多、普遍得多的个人财产上的革命。"[②]这说明,货币价值或成色的变化会影响不同经济主体的利益,而国家也以自己的信用保证了人们接受不足值铸币。

李嘉图是较早的货币数量论的提出者,并且认为货币数量不影响经济。他认为,货币价值是由货币生产的劳动量决定的。"金价约比银价贵 15 倍,这不是由于黄金的

---

① 对货币金融问题古典政治经济学、马克思主义政治经济学等早期的分析,伊藤诚等曾经专门作过论述。参见[日]伊藤诚、[希腊]考斯达斯·拉帕维查斯:《货币金融政治经济学》,孙刚、戴淑艳译,经济科学出版社 2001 年版;Makoto Itoh, Costas Lapavitsas, *Political Economy of Money and Finance*, London: Palgrave Macmillan, 1999.

② [英]亚当·斯密:《国民财富的性质和原因的研究》(上卷),郭大力、王亚南译,商务印书馆 1972 年版,第 24 页。

需求大，也不是因为白银的供给比黄金的供给大 15 倍，而只是因为获得一定量的黄金，必须花费 15 倍的劳动量。”“通货绝不会多到泛滥的地步。因为降低其价值，其数量就会相应地增加，而增加其价值，其数量就会相应地减少。”“金银的使用使各处对于这两种商品都有一定的需要量。当一个国家具有为满足这种需要所必需的数量时，再进口更多的数量，由于没有需求，就没有什么价值，对于所有者也没有什么用处。”①因此，货币价值是由生产金银的劳动量决定的，而交换中需要的货币量完全取决于商品的价值，其流通量可以根据商品价值的需要量自动调节。

在李嘉图之后，许多经济学家继承了这种货币数量不影响经济生活的观点，将其称为“货币面纱观”，即认为货币经济实际上仍不过是为实物相交换的实物经济，货币并不产生任何实质性的影响，因而它不过是覆盖在实物经济之上的一层面纱。② 但是，魏克塞尔在 20 世纪初期完成的《国民经济学讲义》中打破了这种观点。“人们往往喜用一些比喻以具体地说明货币的性质和职能。在许多比喻中，将货币比作一个机器油的说法，从几个观点看来，都是极为恰当的。油本来不是机器的任何部分，既不是原动力，也不是零件，一个完善的机器，也只需涂一点油就够了。但这样单纯化的比喻也不过是姑且的说法而已。经济学者们在这一点上每每趋于极端，即他们往往不顾货币在实际上所起的作用如媒介交换、投资与资本转移等，而动欲将其抽去后所演绎出来的经济规律直接适用于货币起着这些作用的现实情况。货币的使用（或滥用）事实上对于实物交换和资本交易起了强烈的影响。由于货币，例如政府纸币的发行，将可能破坏巨额的实物资本，将可能使整个经济生活陷于绝望的混乱，并且这一类事情在实际上已不知发生过多少次了。但对于货币与信用，如能合理地加以利用，则亦颇能促进实物资本的形成和全部生产的增加。这话并不是说货币与信用本身是实物资本或可以代替实物资本，乃是说通过货币和信用，可以限制现在的消费，换言之，即可诱发或强制——这种强制虽然不是无条件得好——人们的储蓄，借以促进实物资本的现实的增加。”③

在马克思主义政治经济学中，对金融问题的研究，如货币起源、货币的职能、货币转化为资本、信用和虚拟资本、银行业、股份资本等问题，都是政治经济学的。我们举其中的几个例子进行说明。在论述信用在资本主义生产中的作用时，马克思指出：“信用制度是资本主义的私人企业逐渐转化为资本主义的股份公司的主要基础，同样，它又是按或大或小的国家规模逐渐扩大合作企业的手段。”“信用制度固有的二重性质是：一方面，把资本主义生产的动力——用剥削别人劳动的办法来发财致富——发展成为最纯粹最巨大的赌博欺诈制度，并且使剥削社会财富的少数人的人数越来越减少；另一方面，又是转到一种新生产方式的过渡形式。”④马克思对银行制度和银行立

① ［英］大卫·李嘉图：《政治经济学及赋税原理》，郭大力、王亚南译，商务印书馆 1962 年版，第 301 页。
② 参见刘絜敖：《国外货币金融学说》，中国展望出版社 1983 年版，第 239 页。
③ ［瑞典］魏克塞尔：《国民经济学讲义》，刘絜敖译，上海译文出版社 1983 年版，第 4-5 页。
④ 《资本论》（第三卷），人民出版社 1975 年版，第 498、499 页。

法的分析更加深刻地反映了这一点。“那种以所谓国家银行为中心,并且有大量贷款人和高利贷者围绕在国家银行周围的信用制度,就是一个巨大的集中,并且它给与这个寄生者阶级一种神话般的、不仅周期地消灭一部分产业资本家,而且用一种非常危险的方法来干涉现实生产的权力——而这伙匪帮既不懂生产,又同生产没有关系。1844年和1845年的法令,就是这伙包括金融业者和证券投机家的匪帮的权力日益增加的证据。”[①]

20世纪之后,讨论货币金融问题的文献就更多了。在这些文献中,不乏大量政治经济学角度的分析,比如对货币政策制定和实施的讨论、对金融业监管问题的讨论。这些研究要么被划归到金融经济学领域,要么被划归到政府管制理论中,很少将金融政治经济学作为独立的金融学的主流理论来探讨。现代金融政治经济学是20世纪90年代随着企业理论、新制度经济学、新政治经济学等的发展而兴起的,它探讨的问题包括:公司治理、企业财务结构、企业破产兼并等,银行业或金融业的管制与放松管制,金融立法或法规的政治经济学分析,证券市场的内部人交易与信息披露,金融问题的政治学根源,金融与增长,其他金融问题的政治经济学。[②]

综上所述,从政治经济学的角度研究和探讨金融问题已经历了长期的发展,现代金融政治经济学只不过是作为一个独立的金融学或新政治经济学分支得到了强调,所研究的问题是金融学领域的,所采用的方法是新政治经济学的。

第二节 货币问题的政治经济学

货币问题包括许多方面,如货币的起源、货币制度的发展与演变、信用货币的基础、货币政策的制定与实施、货币非中性等。这些问题并非纯粹的经济问题,单纯从经济学的角度难以找到满意的答案。

一、作为制度的货币

对于究竟什么是货币,有各种各样的探讨。在人们的通常观念中,货币就是“钱”,是可用于交易的价值尺度、支付手段、流通手段等。按照马克思的观点,货币也是劳动产品,也有价值,也是商品,因此可以与别人拥有的商品进行交换。由于货币本身具有价值,可用于衡量其他商品的价值,充当价值尺度。由于货币本身是商品,可用于交换,人们就可能将买和卖两个过程分开,人们在没有货币的时候可以赊购,在卖出自己的商品后再进行支付,而有些人不需要立即购买,就可以将货币储存起来,这样货币就

① 《资本论》(第三卷),人民出版社1975年版,第618页。

② 这7个方面是根据帕加诺(Marco Pagano)和沃尔平(Paolo Volpin)论文的主要内容和参考文献归纳的。Marco Pagano, Paolo Volpin, “The Political Economy of Finance”, *Oxford Review of Economic Policy*, 2001, Vol.17, No.4, pp.502-519.

具有了支付手段和储藏手段的职能;而一旦交易跨越国界,在不同国家之间进行买卖,货币就具有了世界货币的职能。由于货币具有这些方面的职能,特别是可以储藏起来用于以后的购买,人们对财富的追逐也就成了对货币的追逐。

托马斯·梅耶(Thomas Mayer)等在《货币、银行与经济》一书中对货币的含义作了三个方面的解释:(1)通货,比如"你带钱了吗?";(2)财富,比如"他很有钱!";(3)收入,比如"他赚多少钱?"。他们认为,经济学家对货币的定义是从其职能出发的,"任何一种能执行交换中介、价值标准或完全流动的财富储藏手段职能的物品都可以看成是货币"①。

根据新制度经济学,货币是一种制度,是一种用于降低交易费用的制度。② 这至少包括五层含义:第一,货币是不同主体之间达成的契约或依靠国家强制力作为支付方式;第二,从货币的起源和发展看,它是人们为了节约交易费用而固定下来的计价单位、流通媒介和支付手段;第三,货币体现的是人与人之间的关系,没有人与人之间的交易,货币就没有发挥作用的余地,也就没有价值,人们之所以要持有货币,就是因为货币可用于交换其他人的商品;第四,货币所有权的变化意味着财富的变化,货币从一个主体转移到另一个主体总是意味着财富的转移,否则货币的转移也就没有意义了;第五,货币价值的变化意味着财富多少的变化,在一个人持有的货币数量不变的条件下,货币价值的升高或降低就意味着所持有财富的增多或减少。货币虽然不是可以直接用于消费或生产的物品,但它可用于交换直接消费或生产的其他物品,从而货币就意味着财富。

事实上,有关货币的问题从来就不是纯粹的经济问题,因为货币是财富,对财富的争夺是通过货币来表现的。正如查尔斯·古德哈特(Charles A. E. Goodhart)曾经指出的,"货币即权力"③;乔纳森·科什纳(Jonathan Kirshner)也强调,"货币无所不是政治的"④;英国学者约翰·乔恩(John F. Chown)在《货币史》中明确指出,"现在的一些重大争论无非是通货膨胀、汇率制度、银行的行为规范、欧洲中央银行以及苏联及东欧国家为了建立市场经济必须采取什么政策等,这些问题都与货币有关","如果不了解货币及货币管理怎么能够广泛而深远地影响经济、政治和社会事务,那么就没有能真正地理解我们这个世纪的历史,更别指望对今后可能出现的问题提出应对措施"。⑤

---

① [美]托马斯·梅耶、詹姆斯·杜森贝里、罗伯特·阿利伯:《货币、银行与经济》,洪文金、林志军等译,上海三联书店 1988 年版,第 6 页;Thomas Mayer, James S. Duesenberry and Robert Z. Aliber, *Money, Banking and the Economy*, Manhattan: W. W. Norton & Company, 1987.

② 参见[美]科斯、阿尔钦、诺思等:《财产权利与制度变迁:产权学派与新制度学派译文集》,刘守英等译,上海三联书店、上海人民出版社 1994 年版,第 253 页。

③ Charles A. E. Goodhart, "The Two Concepts of Money: Implications for the Analysis of Optimal Currency Areas", *European Journal of Political Economy*, 1998, Vol.14, pp.407-432.

④ Jonathan Kirshner, *Monetary Orders: Ambiguous Economics, Ubiquitous Politics*, Ithaca: Cornell University Press, 2003, p.3.

⑤ [英]约翰·乔恩:《货币史:从公元 800 年起》,李广乾译,商务印书馆 2002 年版,第 vii-viii、2 页。

二、货币制度的发展与演变

货币制度是指一个国家在货币方面以法律形式确定的货币流通结构和组织形式。它包括6个方面的内容:确定货币材料、确定货币单位、确定金属货币的铸造权、确定本位币与辅币、规定货币的法定偿付能力、准备制度。在人类历史上,货币制度是不断发展演变的,从最初的物物交换发展到用货币交换,诞生了货币;在货币诞生之后,要选择货币材料,是选择金、银等贵金属还是其他金属或物品;在金属本位制发展了很久之后,出现了纸币,并且纸币成为人类社会的主要货币形式;随着现代科学技术的发展,在纸币之外人们还可以用信用卡等电子货币,而不必直接采用现金支付。

(一)货币起源的政治经济学

在人类社会早期,人们之间只存在简单的、偶然的物物交换。要理解货币制度的演变,就必须首先说明货币是如何从物物交换中产生的。怀特认为,许多古代思想家或学者虽然都曾经专门论述过货币的起源问题,如亚里士多德、亚当·斯密等,但在门格尔之前,货币被看作一种未经设计或从天而降的制度,对货币出现的具体步骤的分析不够明确,是门格尔给出了货币起源的经典解释。[①] 在所有关于货币起源的论述中,卡尔·马克思和卡尔·门格尔(Karl Menger)的分析最为经典。[②] 他们都从物物交换开始分析。在人类社会早期,人们从事生产活动,除了满足自身消费之外,剩余的产品不多,交换也很少发生。随着生产力的发展,剩余产品越来越多,人们需求的产品种类也不断增多,从而交换越来越频繁。在产品交换相对较少的时候,交换产品的主体比较少,人们能够相对容易地找到与自己交换产品的另一方,但随着需要交易的物品越来越多,要找到一个自己恰好需要对方的产品而对方也需要自己的产品的交易主体就越来越困难。人们开始选用一种大家都比较容易接受的物品进行交换,实现了买和卖的分离,人们不再用自己的产品直接去交换自己需要的产品,而是先与一种大家普遍愿意接受的产品进行交换,然后再用这种产品与拥有自己所需要产品的一方进行交换,因此出现了一般等价物。当这种一般等价物固定在金、银等贵金属上时,货币就出现了。这种能够固定地充当一般等价物的商品就是货币。

马克思和门格尔关于货币起源理论的论述虽然有异曲同工之妙,但马克思没有阐明从扩大的价值形式到一般价值形式的变化的原因,即为什么人们会选用某种商品作为交换的媒介来表现其他商品的价值,以及用作货币的商品的价值与需要交换的商品的价值之间有什么关系。门格尔通过"销售力"和"习惯"等概念论述了这个问题。他

---

① 参见[美]劳伦斯·H. 怀特:《货币制度理论》,李扬等译,中国人民大学出版社2004年版,第2页。

② 马克思在《资本论》第一章、门格尔在《国民经济学原理》第八章都专门论述了货币的起源,其中马克思的论述是最详细的。分别参见《资本论》(第一卷),人民出版社2018年版,第61-87页;[奥]卡尔·门格尔:《国民经济学原理》,刘絮敖译,上海世纪出版集团、上海人民出版社2001年版,第221-225页。门格尔的《国民经济学原理》虽然是在马克思的《资本论》(第一卷)之后出版的,但门格尔并未提及马克思对该问题的论述。

认为,“随着各个经济人对其经济利益认识的提高,纵使没有任何协约与法律强制,纵使不是为着公共的利益,各经济人也将情愿提供其商品以与那些虽非自需而销售力大的商品交换。从而,在习惯的强力影响之下,随着经济文化的发展,就到处出现这样一种现象:即在当时当地销售力最大的财货,在交换中最为一般人所乐于接受,因而也最能与其他任何商品相交换。对于这样一种财货……名之为‘货币’”;“这样,最有销售力的商品,才不只为多数经济人并且为一切经济人所乐于接受,而一切经济人之所以乐于接受,则很显然,习惯是起了很大作用的”。[①] 在门格尔的论述中,“习惯”在货币的兴起中起了很大的作用,这类似于制度经济学中的路径依赖或正反馈过程所起的作用。

货币的起源是一个政治经济学的过程,这表现在:第一,货币是随着产品交易和交换的发展而兴起的,如果没有人类之间的交易和商品的交换,每个人都可以自给自足地生产自己所需要的一切产品,货币就没有产生的必要;第二,货币的产生是为了降低交易费用,无论哪一位思想家或学者都认为,货币之所以出现是为了便于交易,也就是降低人们在交换中由于买主和卖主相互找寻而出现的费用;第三,在货币的形成中,习惯发挥着重要作用,只有大多数人都接受某种物品作为货币,这种物品才可以成为货币,而这个过程是不断强化的;第四,用作货币的物品的价值与需要交换的物品的价值之间的关系,按照亚当·斯密、大卫·李嘉图以及马克思的分析,这是两种等价的物品,交换比率根据劳动价值论决定。但门格尔采用效用论的观点,不同主体之间之所以同意交换,是因为他们认为对方的商品比自己的商品更有用处或者说具有更高的价值,能够给自己带来更高的效用,他们在出售商品换取更具销售力的商品时,虽然可能认为后者不如前者,但后者能够更加方便地交换到其他能够给自己带来更高效用的物品。

马克思和门格尔都是从市场交易视角来论述货币的起源,另外还有一种从主权国家权威或权力的角度论述货币起源的观点,其更直接地阐明了货币的政治经济学本质,又被称为“货币的国家理论”。[②] 该理论认为,货币的起源和主权国家紧密联系在一起,是货币发行当局的权力决定了货币的材料和使用,一种物品成为货币不在于它本身是金还是银或其他物品,而在于其上印刻的国家主权标记,因为该标记代表的是国家的权威和信用。这种观点强调了国家出现之后才有货币,国家的权威和信用是货币的基础,货币的材料选择是国家决定的。[③]

---

① [奥]卡尔·门格尔:《国民经济学原理》,刘絜敖译,上海世纪出版集团、上海人民出版社2001年版,第223-225页。

② 该“二分法”是由英国经济学家古德哈特提出来的。Charles A. E. Goodhart, “The Two Concepts of Money: Implications for the Analysis of Optimal Currency Areas”, *European Journal of Political Economy*, 1998, Vol.14, pp.407-432.

③ 有很多学者持有这种观点,比如德国经济学家乔治·克纳普(Georg Friedrich Knapp)是持这种观点的早期代表人物。Georg Friedrich Knapp, *The State Theory of Money*, London: Macmillan, 1924;赵柯:《德国马克的崛起:货币国际化政治经济学分析》,中国社会科学院研究生院博士学位论文,2013年,第4-5页。

(二)货币制度中的政治经济学

货币制度经历了不断发展变化的过程,从复本位制到单一金属本位制,从直接使用贵金属作为货币到铸币制度,从铸币到纸币,都体现了利益的冲突与争夺。

1.多种金属铸币与单一金属铸币

曾经作为货币材料的金属有许多种。比如到14世纪末期,几乎每个欧洲国家都使用三种铸币金属——金、银、铜或镍等,并分别称为“黄色货币”“白色货币”或“黑色货币”,但在一个国家不同时期、在相同时期的不同国家这些金属的交换比率是不同的(见表10.1),这就不可避免地导致持有不同金属货币主体的实际财富量不断发生变化,在不同国家之间也存在利用金属币值差异进行的套利交易。当金银价格变动引起持有不同金属货币主体的实际财富量变化时,有的主体获利,有的主体受损,就会产生不同主体之间的利益冲突。在国家之间,由于金银比价的不同,有的人通过在不同国家兑换和运送两种金属就能获利,直到不同国家两种金属的比价相同为止,这可能引起国家之间的利益冲突。到中世纪后期及现代早期,欧洲国家基本上是实行银本位制。金币的价值一方面随着市场条件变动,另一方面政府有时也可以修改金币价值。到19世纪后期,经过多方面的斗争,黄金最终战胜白银取得了主导地位。[①] 哪一种贵金属作为本位货币,大量持有该金属货币者的利益就最稳定,但持有其他金属货币者的利益不可避免地会由于金属价格的波动而得益或受损。从1300—1900年欧洲金银比价关系来看,银相对于金的价格虽然在个别年份略有上升,但在各国家的总体趋势都是大幅度下降的。

表10.1 1300—1900年欧洲金银比价

年份	英格兰	法兰西	威尼斯	德意志	西班牙	平均
1300	9.29		10.84	10.00		10.04
1350	11.57	11.11	14.44	11.33		12.11
1400	11.15	10.74	11.69	11.37		11.24
1450	10.33	11.44	12.10	11.12	5.82	10.16
1500	11.15	11.83	10.97	11.12	10.01	11.02
1550	12.23	12.07	11.07	11.38	10.76	11.50
1600	10.90	11.68	12.34	11.50	12.29	11.74
1650	13.34	13.50	15.37	11.64	13.52	13.47
1700				14.81		14.81
1750				14.53		14.53
1800				15.68		15.68

① 参见[英]约翰·乔恩:《货币史:从公元800年起》,李广乾译,商务印书馆2002年版,第23-24页。

续表

年份	英格兰	法兰西	威尼斯	德意志	西班牙	平均
1850	15.70					15.70
1900	26.49					26.49

资料来源:[英]约翰·乔恩:《货币史:从公元800年起》,李广乾译,商务印书馆2002年版,第22页。

2.铸币税与铸币信誉的根源

人们直接使用金块、银块作为货币的不方便可想而知,既需要验证金、银的成色,又需要分成小块进行称量。铸币的出现就是为了解决这个问题。钱庄或国家指定的铸币厂将金块、银块铸造成货币,标明成色、价值、重量等,大大方便了交易。所谓"铸币税",最初是铸币厂在将金块、银块等铸造成货币时收取的成本。比如,某人将100两白银送到铸币厂铸造货币,拿回的铸币重量可能只有99两,这1两白银就成为铸币厂收取的费用,即铸币税。当国家统治者发现铸造货币有大量利润可赚时,就垄断了铸币业。后来,由于货币的种类越来越多,特别是随着纸币的发行,铸币税就指"政府以低于货币价值的成本发行新货币所攫取的利润",是"从发行货币中获得净收入或利润,它等于发行出来的货币的交换价值与制造货币和维护货币流通的成本之间的差额"。[①] 在有些国家,铸币税成为国家财政收入的主要来源。有研究表明,1971—1990年,有10个国家的政府支出的20%以上依赖于铸币税。[②]

无论是足值的铸币,还是不足值的铸币,能够为人们所接受,原因在于人们相信铸币的价值,或相信其能够用于交换和流通,"其成色和重量是得到姓名、肖像或标志刻于其上的统治者担保的"。比如,在英格兰或苏格兰,肖像上的统治者是国王或王后;在历史上构成现在的德国或意大利的众多国家中,肖像上的统治者是其中某个国家的公爵与伯爵;在意大利的城市国家中,肖像上的统治者是宗教权威,像主教或修道院的院长。[③] 因此,人们能够接受不足值的铸币,国家能够得到铸币税收益,都是以国家或统治者的信誉作担保的。

3.作为价值符号的现代纸币是以国家信誉作担保的

既然不足值的铸币可以充当货币,那么货币本身的价值就变得不是特别重要。人们关心的是货币能够用于交换并且所代表的价值不会下降。由于货币更多的是充当价值符号,因此产生了纸币。中国北宋时期出现的交子是历史上最早的纸币[④],中国许多私人票号发行的银票甚至可以流通到日本等国家,现代世界上各国家的主要货币

① [美]劳伦斯·H.怀特:《货币制度理论》,李扬等译,中国人民大学出版社2004年版,第132页。

② 这10个国家分别是乌拉圭、乌干达、加纳、以色列、尼加拉瓜、缅甸、秘鲁、智利、阿根廷和前南斯拉夫。Reid W. Click, "Seigniorage in a Cross-Section of Countries", *Journal of Money, Credit and Banking*, 1998, Vol.30, No.2, pp.154-171.

③ 参见[英]约翰·乔恩:《货币史:从公元800年起》,李广乾译,商务印书馆2002年版,第14页。

④ 交子是宋朝时期在民间兴起的纸币,是人们为了解决当时铁币的不方便而采用的,其信用基础是当时的16户富商。参见李锦彰:《货币的力量》,商务印书馆2004年版,第94页。

基本上都是纸币。纸币能够用于交换并被人们广泛接受，是以纸币发行者的信誉作担保的。第一，在大多数国家，纸币是由国家的专门机构发行的，纸币上面一般都印有国徽、国家领袖的头像等，其价值是以国家信用作担保的，而国家的信用依靠的是国家经济的发展；在采用货币局制度的国家或地区，如中国香港，虽然任何一家商业银行都可以发行港币，但它以美元作为担保，即每发行一元的港币都必须有一定数量的美元作储备，港币与美元挂钩，它不仅以香港经济作担保，而且以美国经济作担保。第二，不同国家货币在世界上地位的变化与这些国家的经济实力密切相关，现在主要的世界货币包括美元、欧元等，这些国家或地区都是世界上最发达的，经济实力雄厚；同时，人民币的地位也在不断提高，在东亚许多国家和地区人民币可用于交易，虽然人民币国际化还有待时日，但人民币能够被其他国家接受，就说明人民币地位的提高，而这是以中国经济实力的不断提高和经济迅速增长为基础的。第三，特定国家币值的变化与该国经济的稳定程度密切相关，在一个国家内部，在封闭经济中，国家币值的变化主要体现为通货膨胀率的高低，即购买某种物品所需要的货币量变化，在所购买物品不变的情况下如果需要支付的货币量更多了，就意味着货币贬值。货币贬值的原因虽然多种多样，但货币大幅度贬值的最主要原因是该国家经济不稳定，如战乱、政府频繁更迭等造成的经济萧条。因此，纸币能够被人们接受并用于交易，背后是货币发行者的信用。

4.作为官僚机构的中央银行

现代各国家发行货币、制定或实施货币政策都是依靠中央银行来完成的。现代中央银行虽然采用了“银行”(Bank)的名称，但它并不追求商业利润，而是实现特定经济目标的官僚政治机构，表现在“它是政府的一个办事机构，由政府任命的官员领导，它与民营的商业企业不同，不向追求利润的股东负责”[①]。有些商业银行虽然采取私人股东所有的形式，但它执行政府的职能，是政府的组成部分。[②] 中央银行是银行的银行、国家的银行，其主要职能包括发行货币、控制货币数量和利率、防止银行大量倒闭、充当最后贷款人等。这些职能就决定了中央银行无法以营利为目的，而是国家或政府的官僚机构。为了防止银行大量倒闭，中央银行会要求商业银行保有法定储备金；为了保护储户的利益，中央银行会对商业银行的设立、运营等进行监督管理；为了保持宏观经济稳定，中央银行要根据宏观经济形势制定相应的货币政策。

作为美国中央银行的联邦储备委员会就是被作为官僚机构来研究的。“联邦储备系统的外部利益集团并不是它所关照的仅有的受益者。在相当大的程度上，它还要关照自身的机构利益。”[③]既然中央银行是官僚机构，其行动就不可避免地表现出以下特

---

① [美]劳伦斯·H. 怀特：《货币制度理论》，李扬等译，中国人民大学出版社 2004 年版，第 163 页。

② 中央银行的形成有两种不同的方式：一种是从商业银行演变而来的，如英格兰银行；另一种就是自从组建就是中央银行，如大部分国家的中央银行。参见[美]托马斯·梅耶、詹姆斯·杜森贝里、罗伯特·阿利伯：《货币、银行与经济》，洪文金、林志军等译，上海三联书店 1988 年版，第 181 页。

③ [美]托马斯·梅耶、詹姆斯·杜森贝里、罗伯特·阿利伯：《货币、银行与经济》，洪文金、林志军等译，上海三联书店 1988 年版，第 197 页。

征：第一，只要可能，它会尽量避免与能够危害它的有权势人士作对；第二，它要保持自己的权力和自主权；第三，一个试图保持其权力和威望的组织不愿意承认其犯下的错误；第四，一个组织保护自己免受批评的一种方式是以短浅的眼光行事，即十分注意其政策的直接的和眼前的效果，而很少关注这些政策可能引起的较长期的或间接的危害；第五，联邦储备系统总是想宣布模糊的指标，以便它一旦未能实现这些目标也不至于很明显[①]；第六，美联储为了显示自己的重要性而"搅动"资产组合，其要对资产永久性地增加1美元，可能会在公开市场上购买价值184美元的债券，同时卖出183美元的债券，而这被认为是美联储为显示自己的重要性进行的操作[②]。

从独立性看，美国联邦储备系统从法律关系上虽然比较独立，但与国会和总统却有着千丝万缕的联系。在法律关系上，美国联邦储备系统的理事是由国会选举、总统提名产生或直接任命的，但美联储的理事一旦上任就不再受国会或总统的限制。美联储受总统或国会的影响体现在三个方面：第一，国会或总统会对美联储进行道义上的劝告，而只要不是特别违背美联储的利益，美联储一般也不反对总统的建议；第二，美联储为了通过某种法律或为了阻止某种法律在国会通过，要到国会游说，并且希望得到总统的支持；第三，理事会主席与总统保持良好的关系，以便总统任命的新理事能够与自己和睦相处。正如对联邦储备系统政治性问题颇有研究的约翰·伍利(John Woolley)指出的，与其说总统一般都能得到他所希望的货币政策，不如说总统很少得到他不满意的货币政策。[③]

三、货币政策的政治经济学

货币政策是宏观经济政策的主要内容之一，其目标与财政政策的目标基本相同，包括充分就业、价格稳定、汇率稳定、高速度经济增长以及利率稳定、依据可承受的要求分摊紧缩性货币政策的负担、防止大规模银行倒闭和金融恐慌等；政策工具包括公开市场业务、再贴现率、法定准备金率、道义劝告、公布与指导等。[④] 货币政策有多个目标和多种工具，那么就需要讨论：第一，不同的货币政策在效果上有什么差别？第二，不同货币政策工具对不同经济主体有什么影响？第三，不同的货币政策工具是如何选择的？如果同一个货币政策对国内不同经济主体的影响差别很大，获得利益者自然支持该政策，而利益受损者就可能反对，从而产生不同主体之间的利益差别和利益博弈。同时，国内不同经济主体之间与货币政策的制定者之间也存在博弈，这还涉及

---

① 参见[美]托马斯·梅耶、詹姆斯·杜森贝里、罗伯特·阿利伯：《货币、银行与经济》，洪文金、林志军等译，上海三联书店1988年版，第197页。

② Milton Friedman, "Monetary Policy: Theory and Practice", *Journal of Money, Credit and Banking*, 1982, Vol.14, No.1, pp.98-118.

③ 参见[美]托马斯·梅耶、詹姆斯·杜森贝里、罗伯特·阿利伯：《货币、银行与经济》，洪文金、林志军等译，上海三联书店1938年版，第200-201页。

④ 参见[美]托马斯·梅耶、詹姆斯·杜森贝里、罗伯特·阿利伯：《货币、银行与经济》，洪文金、林志军等译，上海三联书店1938年版，第449、465-480页。

理性预期假定下货币政策是否有效的问题。

(一)货币政策的制定是不同主体博弈的结果

货币政策一般是由中央银行制定实施的。中央银行是如何制定货币政策的呢?美国经济学家爱德华·凯恩(Edward Kane)对比了美国联邦储备体系货币操作的两种观点:一种是乌托邦式的,另一种是愤世嫉俗式的。[①]

乌托邦式的观点是将美联储看作一心一意为公众利益服务的机构。美联储的政策目标包括通货膨胀、失业和利率等,其任务是更精确地定量给出政策目标和政策工具之间的关联。大量的经济学专业人士被邀请来设计模型,以找到能够最有效地实现政策目标的工具。

愤世嫉俗式的观点强调货币政策并非美联储一心一意为公众利益服务的结果,而是各方相互竞争的结果。美联储主席、其他联储官员、国会议员和财政部官员的言论都被看作货币政策受不同主体影响的证据。美联储通过利率进行操作,接受利率向哪个方向变动的劝告,它接受经济部门特别是受利率影响的经济部门的游说,这些部门可能包括建筑行业、金融机构和证券交易商等。

乌托邦式的观点将货币政策看作美联储为实现公众利益而设计的,是福利经济学的规范分析;而愤世嫉俗式的观点将货币政策看作美联储与其他政府部门和各种利益集团相互博弈的结果,是实证分析。如果美联储是一个超脱于政府、总统、国会和其他利益集团的部门,可以设想它完全为公众利益服务,但如果美联储是一个现实的官僚机构,那么其为全体公众利益服务的可能性就要受到质疑。同时,相同的货币政策对国内不同主体的影响差别甚大,其政策即使想要服务于全体公众的利益也是不可能的。这就决定了美联储的货币政策只能是不同主体相互博弈的结果。[②]

(二)特定货币政策对不同经济主体的再分配效应

相同的货币政策对不同经济主体的影响差别很大,有的主体受益,有的主体受损。即使都受益或都受损,经济主体受益或受损的程度也不相同,即货币政策是非中性的。梅耶等认为,人们在紧缩性货币政策中受到的负面影响比较大,因为它可能会从公众手中抽走一部分实物;在紧缩性货币政策中受到比较大负面影响的部门有住宅建筑业、小企业厂商等。[③] 最简单的紧缩性货币政策工具是提高利率。对住宅建筑业而言,这至少会造成两方面的问题:第一,提高了住宅建筑业的建筑成本,使新住宅建设

---

① Edward Kane,"Politics and Fed Policymaking: The More Things Change the More They Remain the Same", *Journal of Monetary Economics*,1980,Vol.6, pp.199-211;[美]劳伦斯·H.怀特:《货币制度理论》,李扬等译,中国人民大学出版社2004年版,第164页。

② 无论是乌托邦式的观点,还是愤世嫉俗式的观点,可能都是学者们概括的。那么,中央银行家是如何说的呢?第二次世界大战前杰出的中央银行家蒙塔古·诺曼爵士在被问及他作出的一项决定的理由时回答到,"主席先生,什么是理由?我没有理由,我只有直觉。"参见[美]托马斯·梅耶、詹姆斯·杜森贝里、罗伯特·阿利伯:《货币、银行与经济》,洪文金、林志军等译,上海三联书店1988年版,第198页。

③ 参见[美]托马斯·梅耶、詹姆斯·杜森贝里、罗伯特·阿利伯:《货币、银行与经济》,洪文金、林志军等译,上海三联书店1988年版,第533-536页。

者遭受损失；第二，提高了购房者的支付成本，特别是购房者需要分期付款的时候，利率越高，购房者需要支付的成本就越高。对小企业厂商特别是新企业厂商而言，利率提高可能会使这些企业还未进入市场就已经破产了，因为利率提高会增加这些企业的运营成本，降低其获利的机会。同时，利率提高对债权人比对债务人有利，比如在银行中拥有存款者在利率提高后可以多得到利息，而欠银行贷款者则必须因为利率提高而多向银行支付还款。针对特定的货币政策，有的主体受益，有的主体受损，不同主体之间由于特定的货币政策而形成了利益的再分配效应。

(三)货币政策是否有效

货币政策的制定和实施都是与一定的宏观经济背景密切相关的，中央银行之所以要制定和实施一定的货币政策，就是为了解决宏观经济运行中出现的问题，比如在经济过热时采取紧缩性货币政策，在经济萧条时采取扩张性货币政策。这些货币政策的效果如何呢？经济学的研究表明，任何货币政策都存在时滞性，即从政策实施到发挥作用有一定的时间间隔，并且在许多情况下，货币政策不但起不到预期的效果，还会造成更加严重的问题，被称为“稳定器梦魇”(Stabilizer's Nightmare)”。[①] 关于货币政策“时滞”和起不到预期效果的原因，经济学家们给出了各种解释，另外还可以从政治经济学的角度给出解释。

第一，社会公众可能不知道什么对他们是最好的。每个经济主体的认知能力是有限的，在货币政策问题上，公众并非不理性，但政策实施中每个主体能够得到的收益或受到的损失是非常少的，而对政策实施可能产生的影响也是微乎其微的，但如果要关注货币政策实施中的各种问题，却可能需要花费大量的成本。理性的选民一方面会有“搭便车”的动机，另一方面也有“理性无知”的动机。

第二，特殊利益集团可能会对货币政策施加过大的影响。货币政策对每个主体的影响是不同的，而不同主体组织起来形成利益集团的可能性却存在很大的差别，住宅建筑业、小企业生产商可能更容易组织起来，而其他受影响的公众组织起来的可能性就比较小。在对政策制定的影响中，已经组织起来的利益集团要比尚未组织起来的利益集团产生大得多的影响，他们可能会通过提供政治献金等方式获得政策制定者的支持。

第三，作为官僚机构的中央银行更关心自身的利益而不是公众的利益。前面在分析中央银行是官僚机构的时候已经阐述过了。

第四，理性预期的反作用。罗伯特·卢卡斯(Robert Lucas)、托马斯·萨金特(Thomas Sargent)和尼尔·华莱士(N. Wallace)等提出了选民或其他经济主体的理性预期问题。他们认为，面对特定的经济形势，企业主、消费者等可能会对中央银行将

① “稳定器梦魇”概念参见[美]托马斯·梅耶、詹姆斯·杜森贝里、罗伯特·阿利伯:《货币、银行与经济》，洪文金、林志军等译，上海三联书店1988年版，第544页。虽然在现实中特定货币政策的实施不但起不到预期的作用，还可能造成更严重的后果，但反过来思考，如果不实施该政策，是否会导致比实际出现的情形更加严重的问题呢？这需要进一步讨论。

会采取什么样的政策作出理性预期，为了防止自己在货币政策中遭受损失或为了在政策实施中获得收益，这些企业主、消费者在政府实施特定的政策之前就已经开始行动，当中央银行制定的货币政策实施时，经济条件已经发生了很大的变化，其作用基本也就发挥不出来了。他们还提出，政策要能够起作用，必须要出其不意。这样，在政策制定者和公众之间就存在一种博弈。

总之，货币政策能否发挥作用、能够在多大程度上发挥作用并非一个纯粹的经济问题，需要进行政治经济学分析。

四、货币非中性的新解释[①]

传统的"货币中性论"认为，从长期看，货币数量增加对物价和经济增长没有影响。如果仅从货币数量对物价和经济增长的影响看，货币数量的增加对社会经济可能没有影响，是中性的。但是，货币数量增加并非均匀分布，社会不同阶层、不同主体在货币数量增加中能够得到的新增加货币的数量是不同的。正如坎蒂隆所强调的，货币数量变化引起商品价格上升，重要的是以什么方式、按什么比例提高价格的。[②] 这至少表明两个方面的影响：一是在货币数量增加的时候，持有商品等实物的主体和持有货币的主体受到的影响是不同的；二是货币数量增加虽然引起物价上涨，但是不同商品价格上涨的幅度是存在差别的。因此，货币数量的变化可能会影响社会阶级结构，进而改变一个国家不同阶层的地位，促使制度发生变迁，促进或阻碍经济增长。该思路可以概括为：外生货币→财富重组→阶级兴衰→制度变迁→经济增长。比如，美洲地理大发现之后，欧洲人在美洲发现了大量金银并将其运往欧洲，导致了欧洲金银数量的迅速增加。与此同时，流入欧洲的金银在欧洲不同阶层之间重新分配，导致了欧洲社会阶级结构和不同阶级相对力量的变化，商人阶级兴起。新兴阶级出现之后，不满足于既定的社会制度和权力分配格局，进而发生了资产阶级革命，促进了产权制度创新。有效的产权制度建立起来，形成了对新兴阶级产权的有效保护。在此基础上，政府信誉建立起来，促进了国债制度的建立；私人信誉建立起来，促进了金融市场的自发建立和扩展。由此引起的低利率和大规模投资，促进了欧洲工业革命的发生。

第三节 国际货币体系演变与现状的政治经济学

国家与国家之间存在各种各样的交往，比如贸易，但不同国家的货币不同，特别是在非金属本位货币制下。这样，不同货币之间就需要兑换。那么，货币兑换的比例如

① 具体分析参见张宇燕、高程：《美洲金银和西方世界的兴起》，中信出版社 2004 年版，第 24-25 页。

② 这是爱尔兰经济学家理查德·坎蒂隆在《商业性质概论》中提出来的，参见[爱尔兰]理查德·坎蒂隆：《商业性质概论》，余永定、徐寿冠译，商务印书馆 1986 年版，第 76 页。后来，这被称为"坎蒂隆效应"，参见[英]马克·布劳格：《经济理论的回顾》，姚开建译，中国人民大学出版社 2009 年版，第 10 页。

何确定？哪些货币可以在世界范围内流通？在世界范围内是否存在稳定的货币体系？这些都是国际货币体系关注的问题。本节主要介绍国际货币体系演变与现状的政治经济学分析。

在历史上，国际货币体系的发展经历了几个阶段。1870—1914年，各国家之间实行的是金本位制，英国在这一时期发挥了主导作用。到第一次世界大战爆发时，英国已经无力支撑这一制度，金本位制宣告解体。之后，金汇兑本位制实行，一直到1929年资本主义国家经济大危机爆发，这一体制才逐渐结束。接着，出现了一段时期的汇率波动，各个国家为了发展本国经济，竞相采取货币贬值政策。第二次世界大战爆发之后，从1941年开始，美国和英国就在寻求战争结束后建立稳定的国际货币体系的方法。1944年，布雷顿森林体系建成。1971年8月15日，时任美国总统尼克松宣布结束美元和黄金的兑换关系，布雷顿森林体系解体。后来，许多国家对建立新的国际货币体系进行了许多探索，包括签订《史密森协定》《牙买加协定》等。尽管大多数国家都强调成熟稳定的国际货币体系对各国经济发展的重要性，但是直到现在，成熟稳定的国际货币体系也没有建立起来，许多学者称当前的国际货币体系为“无体系”。

一、国际货币体系屡屡失败的理论原因

（一）“特里芬困境”：布雷顿森林体系必然崩溃

1960年，美国耶鲁大学经济学家罗伯特·特里芬（Robert Triffin）出版了《黄金与美元危机：自由兑换的未来》（*Gold and the Dollar Crisis: The Future of Convertibility*）一书[①]，揭示了美元汇兑本位制的缺陷，通常被称为“特里芬困境”（Triffin's Dilemma）。[②] 他指出，清偿能力的创造机制与其他国家对该制度的信心之间存在着根本性矛盾。该制度是依靠美国国际收支赤字提供清偿能力的，但是在长时间内，这种慢性赤字会破坏人们对美元的信心。外国持有的美元数量增加了，但是得不到美国持有黄金的支持和兑换，最终的结果可能就是人们对这个制度失去信心。反过来，人们的信心一旦丧失，就会导致金融投机，货币会变得越来越不稳定，要么美国国际收支赤字不得不停止，这会降低清偿能力的创造率，减慢世界经济的发展速度，要么必须创造出一种新的清偿能力。

---

① 参见［美］罗伯特·特里芬：《黄金与美元危机：自由兑换的未来》，陈尚霖、雷达译，商务印书馆1997年版；Robert Triffin, *Gold and the Dollar Crisis: The Future of Convertibility*, New Haven: Yale University Press, 1961.

② 与特里芬困境相关的一个问题是“$n-1$问题”。它反映的是固定汇率下各国国内经济政策与国际稳定之间的政治冲突，其核心内容是布雷顿森林体系调整机制的失灵。这个问题是由约翰·威廉森（John Williamson）在1983年出版的《开放经济与世界经济》一书中提出来的。他指出，在由n个国家组成的国际货币体系中，任何$n-1$个国家都可以自由改变其汇率，但是只有一个国家，即作为定值标准的n国不可以改变其汇率，因为其货币是所有其他国家相互挂钩的本位货币。但是，如果所有国家，包括本位货币国为了加强自己的竞争优势为某种国内政策目标而改变货币汇率时，相互之间就会发生冲突。参见［美］约翰·威廉森：《开放经济与世界经济》，厉伟等译，北京大学出版社1991年版。

(二)“三元悖论”:成熟稳定的国际货币体系不可能建立起来

蒙代尔、J. 马库斯·弗莱明(J. Marcus Fleming)提出并经过保罗·克鲁格曼(Paul Krugman)等人发展的“三元悖论”预示着一个成熟稳定的国际货币体系不可能建立起来,因为“三元悖论”证明了不同国家在资本流动、汇率稳定和独立货币政策这三个目标中最多只能实现两个。如果资本可以自由流动,要保持汇率稳定,就必须放弃国内货币政策的自主性。比如,一国存在大量失业时,增加货币发行刺激经济。增发货币会使本国利率水平下降,本国资本为了寻求更高的收益率,可能会流向其他国家,国内投资减少,货币政策的作用难以发挥出来,破坏了本国货币政策的独立性。如果该国要保持货币政策的独立性,防止资本外流,就必须采用浮动汇率制,在增发本国货币、降低本国利率的同时,提高本币的汇率。这一“三元悖论”就使得每个经济体只能在下述三种汇率体制中选择一种。(1)浮动汇率制。它允许资本自由流动,并且不要求决策者必须采取诸如提高利率的措施去捍卫汇率,从而使政府能够运用货币政策去实现经济目标,然而它却不可避免地要求币值能够波动,并且很可能要承担货币波动方面的风险。(2)固定汇率制。它在维持币值稳定和资本自由流动的同时牺牲了货币政策的独立性,因为此时的利率必须成为维持汇率稳定的主要工具。(3)资本管制。它相对调和了汇率稳定与货币政策独立性的矛盾,但是却不得不放弃资本自由流动,并承担由此而来的其他一切风险。例如,弗里德曼建议实行以浮动汇率为基础的体系;有人主张固定汇率,但是大多数人认为要么回到有限稳定的汇率制,要么使浮动汇率制更有效。[①] 各国虽然都希望建立起稳定的国际货币体系,但“三元悖论”加剧了其难度。在资本自由流动的条件下,一个国家要想维持货币政策独立,就必须实行浮动汇率制;而要维持固定汇率制,就不得不放弃货币政策独立性。这也就从理论上解释了建立国际货币体系的困难。[②]

二、国际货币体系不断遭遇失败的政治经济学原因

“特里芬困境”和“三元悖论”解释了成熟稳定的国际货币体系难以建立起来的理论原因。从政治经济学的角度看,各个国家竞相追求本国利益,集体行动难以达成,以及政治家的短期行为等,都使得国际货币体系的建立存在困难。

(一)国家利益冲突是国际货币体系难以建立起来的根本原因

无论是“特里芬困境”,还是“三元悖论”,都揭示了国家之间在建立国际货币体系过程中的利益冲突。国际货币体系遭遇的每一次失败,都是国家间利益冲突的结果。

传统的金本位制要得到维持,必须具备两个条件:一是各外围国家默许自己的地

---

① 参见[美]罗伯特·吉尔平:《全球资本主义的挑战》,杨宇光、杨炯译,上海人民出版社2001年版,第120页。

② 科恩从“三元悖论”出发分析了国际货币合作的困难。Benjamin J. Cohen, “The Triad and the Unholy Trinity: Problems of International Monetary Cooperation”, in Jeffry A. Frieden, David A. Lake, *International Political Economy: Perspective On Global Power and Wealth*, Beijing: Peking University Press, 2003, pp.245-256.

位,与英国保持一致,共同维护这一制度;二是英国继续充当世界经济事务中的霸主地位。但是,这两个条件逐渐遭到了破坏。首先,在产品出口市场上,英国工业生产者面临来自各方的挑战,例如德国、美国、后来的法国、俄国、日本等;其次,19 世纪 90 年代之后,伦敦金融中心的地位受到新兴金融中心(如巴黎、柏林以及纽约等)的挑战;再次,英镑的地位也受到其他国家货币(如法郎、马克、美元等)的挑战。英国面临如此多的竞争,逐渐失去了控制国际经济秩序的能力。到第一次世界大战爆发前,传统的金本位制就已经相当脆弱;战争爆发之后,各国家为筹措战争经费等,更是无法维持这一制度,其崩溃也就成了必然。战争结束后,许多国家虽然提出恢复金本位制,但由于黄金供给不足等,最终没能恢复。正如托马斯·普格尔(Thomas Pugel)和彼得·林德特(Peter Lindert)所指出的,传统的金本位制之所以看上去是成功的,部分是"由于它没有经受过严峻的全球性考验",像两次世界大战、20 世纪 30 年代的经济大萧条、70 年代的石油冲击等;同时,"成功"的含义也比较宽容,即中央银行的政策目标比较简单,只负责确定货币的黄金和外汇值,而不负责承担减少失业和稳定物价的职能。①

金汇兑本位制下,虽然各国货币不直接与黄金挂钩,但也具有金本位制的某些特征,从而其最终崩溃似乎也是不可避免的。有人在总结金汇兑本位制实施的经验时指出,"在严重的冲击面前试图维护固定汇率是无效的,为缓解一些国际冲击,有必要转向浮动汇率制","对于中央银行来说,由于更多地受到实现减少国内失业等目标的政治压力,维护固定汇率变得愈加困难"。② 各民族国家面对战争造成的巨额赤字、国内严重的失业、经济发展迟缓等问题,总会寻求一些解决办法。只要浮动汇率制度能够暂时解决失业、危机等现实问题,任何民族国家都不会放弃采用这种制度的努力。

布雷顿森林体系造成的国家间利益冲突就更多了。在美元过剩时期,美国与其他国家的冲突也变得明显起来,它们相互抱怨对方的经济政策。美国认为欧洲和日本盟国不采取措施使本币升值或重新估价,以降低国际收支不平衡;而欧洲和日本等国家认为,采取措施减少持续的贸易逆差是美国自己的责任。顺差国认为美国享有自由为其逆差融资的特权,因为美元可以作为储备货币,这就在有利于维持美国的货币秩序中产生了一种不对称。毕竟其他任何一个国家都没有这种自动平衡本国国际收支的权力。另外,美国认为各国政府运用美元作为支持本币价值的基本干预手段,在有利于维持欧洲和日本的货币秩序中产生了一种不对称。大多数人都承认美元价值被高估了。然而,问题在于,其他国家如果不同时在外汇市场上对本国货币进行干预,美元相对于其他货币的价值如何进行单方变化?美国认为,如果没有有效措施控制其汇率,也就没有办法通过本币贬值消除其贸易逆差。

其实,在这种不对称的争论背后隐藏着严重的政治冲突。美国越来越担心来自欧共体市场和日本的竞争性威胁。这些国家和地区的经济恢复已经完成,欧洲和日本又

---

① 参见[美]普格尔、林德特:《国际经济学》,李克宁译,经济科学出版社 2001 版,第 338-339 页。

② [美]普格尔、林德特:《国际经济学》,李克宁译,经济科学出版社 2001 版,第 342 页。

重新成为经济强国和地区，它们不仅愿意而且有能力与美国在国内外市场上竞争。让美国利益服从已经强大起来的盟国利益，对美国来说，已经越来越不可接受。相反，欧洲和日本担心美国继续运用其美元特权来推行其在国内外的政策，例如，在越南战争中，美国就主要依靠发行美元进行融资。欧洲各国和日本为了限制美国，能够采取的唯一手段就是把美元兑换成黄金。20世纪60年代中期以后，经济逐渐强大的国家越来越不愿意使用美元，而各国所持有的美元数量已经远远超过了美国的黄金储备。在这种情况下，如果各国一直把所持美元兑换成黄金，就有可能使布雷顿森林体系崩溃。各国政府，除了法国之外，还没有完全丧失信心。法国政府开始急于把本国所持有的美元储备兑换成黄金，为的是给美国政府施加压力。但是，仅有法国并不足以对美国形成威胁，促使其完全改变本国政策。

布雷顿森林体系崩溃之后，一直未能建立起令人满意的新的国际货币体系的主要原因也可以归结为国家之间的利益冲突或不协调。从科恩所认为的成功的国际货币体系具备的三个要素来看，几乎在每个问题上都存在国家利益冲突。在调整问题上，汇率的上下浮动会影响双方的进出口①，产生贸易摩擦；对于清偿手段问题，采用一个国家的货币则同样会产生布雷顿森林体系下的问题，如果创造某种国际货币，则该国际货币的价值是否能够得到世界各国的认可，也不确定。另外，还涉及铸币税的分配问题。这些问题实际上在布雷顿森林体系中都已经暴露出来，这就决定了国际货币体系建立的困难。

(二)国家间达成集体行动的困难

稳定的国际货币体系是公共产品。一旦形成，任何国家都可以从中获益。如果国家数目较少，政策协调、各国达成一致行动比较容易。例如欧盟，虽然它的未来难以预测，但就目前来看运行良好，因为其国家数量只有二十几个，任何国家“搭便车”都容易被发现。如果国家数目较多，一方面，“搭便车”问题难以克服，各个国家的经济实力不均衡，这使得许多小国由于无力影响政策制定而对遵守政策持保留态度；另一方面，各方讨价还价也需要花费高昂的交易成本，不是所有的问题都能够容易地达成一致同意。

(三)各国政治家的短期行为

虽然几乎所有的国家都承认，建立一个长期稳定的国际货币体系对各国都有好处，但是在现代民主国家，领导人的任期有限，在追求选票的过程中，由于利益集团的游说，其行为难以长期化。例如，美国在1971年放弃美元与黄金的自由兑换，从一定程度上讲，是因为美国需要刺激本国经济，消除通货膨胀，解决长期的贸易赤字。当在短期内国内利益与国际利益发生冲突时，任何国家的领导人几乎都会放弃国际利益而维护国家利益，这就难以建立起长期有效的国际货币体系。

---

① 本币汇率升高，会增加进口，而减少出口；本币汇率降低，则会减少进口，增加出口。

三、国际货币体系的发展趋势

对于未来国际货币体系的发展，经济学家们提出了不同看法。[①] 第一种观点认为，必须要恢复由某一个国家进行强有力的领导，这是解决货币不稳定问题最理想的方案，而美国应该发挥这种作用。但布雷顿森林体系的崩溃已经说明这种方案似乎不可行。第二种观点主张设立一个国际货币权力机构来管理国际货币体系。该观点认为，把管理国际货币事务的权力赋予国际货币基金组织的一个执行委员会，由它代表国际社会，根据国际协议运作，负责将汇率保持在某些参数范围内。相反的观点认为，这种建议有一些问题无法解决：(1)该委员会如何平衡各种不同的货币汇率？(2)该委员会如何应对私人手中用于金融投机的巨额货币和金融资产造成的市场压力？(3)该委员会如何说服其他国家放弃这个最重要的经济政策工具？第三种观点认为，主要大国之间的国际政策协调是解决国际货币问题的一个途径。布雷顿森林体系委员会在1994年发表的一份题为《布雷顿森林体系：未来展望》的报告中，提出来的一个最重要观点，就是国际货币基金组织应在主要经济大国的配合下，设计出关于浮动汇率的新办法。

也有观点认为，要恢复较正式的国际政策协调的前景非常渺茫，因为像布雷顿森林体系早期那样的政策协调要求有强大和自愿进行领导的国家，而目前缺乏这样的角色，美国不愿意担当，其他国家也不愿或无能力担当。单靠机构来解决国际货币体系问题是不行的，因为市场的力量太大，各国政府又不愿意为合作解决国际货币问题作出牺牲。[②] 因此，无论在理论上，还是在现实中，一个成熟稳定的国际货币体系都难以建立起来。

本章小结

本章从广义角度阐述了货币问题和金融问题的政治经济学，包括货币的起源、货币制度的演变、现代金融政治经济学以及国际金融的政治经济学等内容。实际上，所有的货币金融问题都可以采用新政治经济学的框架和理论进行分析，至少这种框架和理论提供了一种有用的思路。本章虽然阐述了现代金融政治经济学的一些理论，但只是大致阐述，并未详细展开。国际金融问题更不是纯粹的经济学问题，因为涉及国家

---

① 这几种不同观点的总结参见[美]罗伯特·吉尔平：《全球资本主义的挑战》，杨宇光、杨炯译，上海人民出版社2001年版，第124-128页。

② 有人认为，金本位制、金汇兑本位制和布雷顿森林体系有效发挥作用或者崩溃，与是否存在领导国家有密切关系。Barry Eichengreen, "Hegemonic Stability Theories of the International Monetary System", in Jeffry A. Frieden, David A Lake, *International Political Economy: Perspective On Global Power and Wealth*, Beijing: Peking University Press, 2003, pp.220-244.

之间关系的问题不可避免地受到政治的影响，这已经构成了国际政治经济学的重要内容。

推荐阅读

1.[美]罗伯特·特里芬:《黄金与美元危机:自由兑换的未来》，陈尚霖、雷达译，商务印书馆1997年版。

2.[美]劳伦斯·H.怀特:《货币制度理论》，李扬等译，中国人民大学出版社2004年版。

3.张宇燕、高程:《美洲金银和西方世界的兴起》，中信出版社2004年版。

思考题

1.如何理解货币作为一种制度的起源与演变?

2.货币为什么兼具财富和权力双重特征?

3.如何分析国际货币体系的发展和变化?未来的国际货币体系将如何演变?

第十一章　贸易政策的政治经济学

一个国家贸易政策的选择最为典型地体现了新政治经济学的逻辑。特定的贸易政策对一个国家不同主体的影响存在很大差别，从中受益或受损的不同主体可能会形成不同的利益集团，从而形成贸易政策选择的国内基础。

本章分为两节，第一节阐述贸易政策非中性与利益集团的形成，第二节阐述内生贸易政策的主要理论模型。

第一节　贸易政策非中性与利益集团的形成

所谓"政策非中性"，是指特定政策对不同主体产生的影响存在差异，从而他们对该项政策的态度存在差别。它包括两方面的含义：(1)有的人受益，有的人受损，受影响的双方对该项政策的态度肯定截然相反，从而产生利益冲突；(2)每个人受益或受损的大小存在差别。有的政策选择也可能是一种帕累托改进，能够提高所有人的福利水平。但是，每个人获得的收益大小不同，这也可能产生利益冲突，因为不同主体收益大小的差别有可能改变他们在社会中的相对地位。[1] 国际贸易政策同样具有非中性特征，下面首先从特定商品纯消费者和纯生产者的角度简单分析特定贸易政策的非中性特征，然后根据斯托尔珀—萨缪尔森模型和专用要素模型详细分析这一点。

一、国际贸易政策非中性的简单分析

由于特定的国际贸易政策对不同主体利益的影响存在差异，在现实中就可能形成不同的利益集团。有的主体能够从自由贸易中获得好处，可能形成赞成自由贸易的利益集团；有的主体将在自由贸易中遭受损失，可能形成主张贸易保护的利益集团。那么，如何区分某个国际贸易政策的受损者和受益者？

---

① 位置消费理论所探讨的就是人们的相对地位或相对财富对其效用的影响。参见王建国：《争名的经济学：位置消费理论》，汤敏、茅于轼主编：《现代经济学前沿》(第三集)，商务印书馆 1999 年版，第 83-103 页。

分析贸易政策对不同经济主体的影响，最简单的就是将他们划分为某种产品的纯生产者和纯消费者。如果对这种产品采取贸易保护，则产品的价格提高，导致部分消费者福利转移给国内生产者，并且有一部分成为关税收入。所以，贸易保护的潜在受益者是该产品的国内生产者和政府，而受损者则是消费者，如图 11.1 所示。

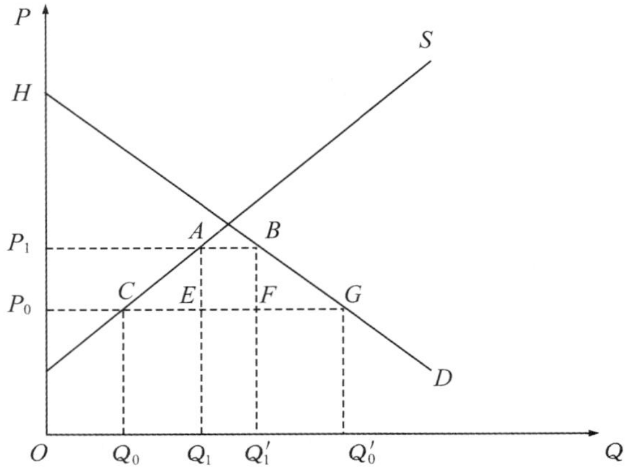

图 11.1　关税对不同经济主体福利的影响

在对某产品征收关税之前，其价格为 P_0，消费量为 Q_0'，国内生产量为 Q_0，进口量为 $Q_0'-Q_0$，消费者剩余为 HP_0G。假定要对产品征收关税，价格从 P_0 上升至 P_1，消费量下降为 Q_1'，国内生产量上升为 Q_1，进口量减少为 $Q_1'-Q_1$，消费者剩余下降 P_1P_0GB，生产者剩余增加 P_1P_0CA，关税收入增加 $AEFB$。很明显，对某产品征收关税，将引起纯消费者的福利下降，国内生产者和政府的福利增加。

以上分析表明了一个国家征收进口关税对不同经济主体的影响。征收进口关税是针对外国生产的商品，它影响的不仅仅是国内的不同经济主体，还包括国外的不同经济主体。这就要求我们分析一个国家采取自由贸易政策对两个国家不同经济主体的影响。假定有甲和乙两个国家，生产和消费一种产品汽车，在两个国家不存在自由贸易之前，甲、乙两国的供给、需求状况如图 11.2(a)、图 11.2(c)所示。

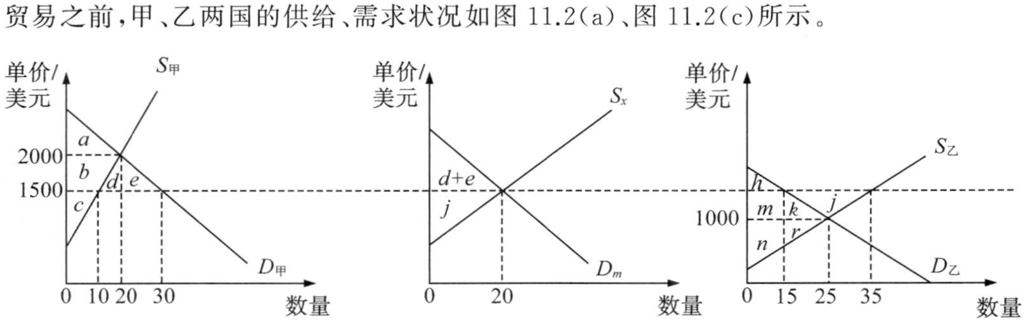

(a) 甲国　　(b)世界进出口　　(c)乙国

图 11.2　自由贸易对两个国家不同经济主体福利的影响

在图 11.2(a)中,假定甲国不存在对外贸易,供求均衡时汽车的价格为 2000 美元/辆,成交量为 20 辆,此时,消费者能够得到的消费者剩余为 a,生产者能够得到的生产者剩余为 $b+c$;在图 11.2(c)中,乙国与甲国没有贸易时,供求均衡时的汽车价格为 1000 美元/辆,成交量为 25 辆,消费者剩余为 $h+m+k$,生产者剩余为 $n+r$。现在甲、乙两国进行自由贸易,假定世界贸易均衡价格为 1500 美元/辆。很明显,甲国将从乙国进口汽车,并且两个国家汽车的销售价格都为 1500 美元/辆。

在甲国,由于价格从原来的 2000 美元/辆下降为 1500 美元/辆,需求量会增加到 30 辆,而本国供给量会减少到 10 辆,需要进口 20 辆以满足国内需求,消费者剩余增加为 $a+b+d+e$,生产者剩余减少为 c;在乙国,由于价格从原来的 1000 美元/辆上升为现在的 1500 美元/辆,需求量会减少到 15 辆,而供给则会增加到 35 辆,其中供给多于需求的20 辆供出口,消费者剩余减少为 h,生产者剩余增大到 $m+k+j+n+r$。图 11.2(b)反映了两个国家的进出口情况,在价格为 1500 美元/辆时,甲乙两国的进出口量为 20 辆。甲国作为需求方,能够得到的消费者剩余为 $d+e$;乙国作为供给方,能够得到的生产者剩余为 j。用表 11.1 表示两个国家在贸易前后消费者和生产者福利的变化。

表 11.1　甲、乙两国自由贸易前后的福利变化

	甲国			乙国		
	贸易前	贸易后	净福利变化	贸易前	贸易后	净福利变化
消费者	a	$a+b+d+e$	$b+d+e$	$h+m+k$	h	$-(m+k)$
生产者	$b+c$	c	$-b$	$n+r$	$m+k+j+n+r$	$m+k+j$
国家整体	$a+b+c$	$a+b+c+d+e$	$d+e$	$h+m+k+n+r$	$h+m+k+j+n+r$	j

上面仅通过图表分析了两个国家自由贸易前后不同主体的福利变化,虽然两个国家的总体福利都增加了,但不同的利益集团(消费者和生产者)的福利变化不同,甲国消费者福利增加,而生产者福利减少;乙国消费者福利减少,但生产者福利增加。这就可能在一个国家内部产生利益集团之间的游说,甲国的生产者集团要求贸易保护,减少进口;乙国的消费者集团要求减少出口,例如征收出口税等。这反映了国家内部利益集团之间的利益冲突。同时,甲国与乙国虽然福利都增加了,但是增加的幅度并不相同,这要根据两国贸易条件来确定,这也可能导致两个国家之间在相对收益方面产生冲突。

针对某种产品而言,上述分析完全成立。但是,人的消费或生产活动并非总是具有单一性,一个国家消费或生产的产品也并非只有一种。这就决定了一个国家的绝大多数人口既不是所有产品的纯消费者,也不是纯生产者。从生产的角度讲,一个人至少是某种生产要素的所有者,或者是资本所有者,或者是劳动所有者,或者是土地所有者。对于特定的个人而言，其拥有的生产要素的种类数要远远少于消费的产品种类数，而且必须首先通过要素所有权获得收入，然后才能消费。我们将从生产要素所有者的角度讨论特定贸易政策的受损者和受益者，并且主要分析本国国际贸易政策对国内不同要素所有者的影响。

传统的国际贸易理论主要是李嘉图的古典贸易理论和伊·菲·赫克歇尔和贝蒂·俄林的要素禀赋理论。李嘉图的古典贸易理论从劳动价值论出发，强调不同部门、不同国家之间产品的价值只通过唯一要素——“劳动”决定，而且劳动完全可以自由流动，产生国际贸易的原因在于不同国家不同部门之间相对劳动生产率的差别。由于只使用一种可以自由流动的生产要素，在一个国家内部就不存在贸易的受益者和受损者。因此，在李嘉图的模型中，一个国家的所有人可能会达成一致同意，赞成自由贸易。在赫克歇尔—俄林模型中，运用两种生产要素，生产两种不同的产品，即 2×2 模型。在不同要素的所有者、不同产品的生产者之间就可能区分出受益者和受损者，因为该模型的结论是一个国家应该生产和出口密集使用本国相对丰裕要素生产的产品，进口密集使用本国稀缺要素生产的产品。斯托尔珀—萨缪尔森定理（Stolper-Samuelson Theorem）就是以此为基础的。在斯托尔珀—萨缪尔森定理中，两种要素都不具有专用性，劳动和资本能够非常容易地从一个部门流动到另一个部门，因此不同国家、不同部门的劳动和资本最终能够取得相同的利润。但是，有些要素从一个部门转移到另一个部门具有极高的成本，即存在要素专用性。这说明，不是所有要素都可以自由流动，或者至少要素流动的成本非常高。既然不是所有要素都可以自由流动，那么不同要素所有者从自由贸易或贸易保护中得到的收益和遭受的损失与斯托尔珀—萨缪尔森的分析就可能存在差别，其为专用要素模型。

二、赞成和反对贸易保护的利益集团

斯托尔珀—萨缪尔森模型和专用要素模型分析了不同经济主体从特定的贸易政策中可能得到的收益或遭受的损失，具有相同利害关系的主体构成了形成利益集团的必要条件，但非充分条件。下面将结合利益集团形成的条件分析现实中可能形成的赞成和反对贸易保护的利益集团的类型，然后分析赞成贸易保护的利益集团比反对贸易保护的利益集团更容易形成的原因。

一般来说，出口产业赞成自由贸易，而进口竞争产业赞成贸易保护。在斯托尔珀—萨缪尔森模型中，结合赫克歇尔和俄林的理论，出口的主要是以本国丰裕资源为密集要素生产的产品，而进口的则是以本国稀缺资源为密集要素生产的产品。因此，本国的丰裕要素所有者将支持自由贸易，而稀缺要素所有者将支持贸易保护。在专用要素模型中，由于要素具有专用性，只有劳动力可以自由流动，在出口产业中密集使用的专用要素会从自由贸易中获得收益，而在进口竞争产业中密集使用的专用要素会在自由贸易中遭受损失。但是，劳动力由于受自身消费结构的影响，自由贸易对其产生的影响不确定，其既可能受益，也可能受损。

在现实中，可能会形成的赞成贸易保护的利益集团主要有四类：一是生产进口替代性产品的企业，它们由于受到国外供货企业的竞争，对关税保护有非常强烈的兴趣，一般都反对自由贸易政策；二是生产替代产品的企业，它们虽然不能够直接从贸易保护中获得利益，但是由于生产替代产品，当进口产品的价格上升，消费者会考虑选择替代品，因此它们强烈要求提高关税，进行贸易保护；三是供应进口替代原料的企业，有些生产企业既可以使用进口原料，也可以使用本国的生产原料，供应这类原料的企业要求进行贸易保护，促使国内企业运用本国生产原料；四是向进口竞争企业供应原材料的企业，当进口竞争企业受到关税保护而增加对原材料的需求时，向这些企业供应原材料的企业也会增加收益，因此它们也会赞成贸易保护。

赞成贸易保护的利益集团通常有强烈的政治兴趣，因为贸易保护政策变化给他们带来的好处和造成的损失很明显，也很直观。这些利益集团往往声称关税降低会给它们带来直接损失，使生产下降，就业人数减少，而有利于外国行业。其实相反，加强贸易保护会明显地增加本国就业，提高本国生产商的产出和利润。当国内经济出现反常的高失业状况时，赞成贸易保护的政策观点尤其具有说服力，通常会得到工会的积极支持。

反对贸易保护的利益集团也有四类：一是出口供应商。向国外市场提供商品的企业意识到国内对贸易保护主义的加强会导致外国的报复，阻碍其出口商品。如果国内不减轻贸易保护，它们就无法指望扩大通向国外市场的途径。二是跨国公司。它们倾向于赞成自由贸易，因为它们有能力在国际市场上进行竞争。同时，贸易保护主义的倾向会限制它们的活动，最终可能导致东道国出于对其母国贸易保护主义行动的报复，而将它们的财产收归国有。三是使用进口原材料进行生产的国内企业。但这些企业往往同时又是对贸易保护感兴趣的进口竞争部门，它们的政治态度不是非常明确，有时甚至会赞成采取关税政策。四是消费者及其集团（如果有的话）。高关税会使商品价格上升，对消费者造成两方面影响：一方面，消费者要为每单位进口商品支付更高的价格；另一方面，消费者会减少对该商品的消费。但是，消费者集团对贸易政策几乎没有什么影响。首先，因为消费者一般来说都是雇员和工人，其收入通常只有一个来源，而支出却分摊于许多不同的商品，有些商品并不（直接）受关税影响。其次，课征关税所引起的福利损失难以确定。当出现易于掩盖低收入影响的通货膨胀时，降低或取消关税通常会使各种商品的实际价格难以确定。关税的机会成本是无形的和间接的，根本激发不起消费者为降低关税而进行政治斗争的努力。

社会中既存在大量的赞成贸易保护者，也存在大量的反对贸易保护者，但是他们形成有组织的利益集团、达成集体行动的可能性并不完全相同。贸易政策本身是一种公共产品，具有非排他性和非竞争性的特点。贸易保护的受益者或受损者，不论是否参与政策制定，一旦政策形成，其得到的收益和遭受的损失是相同的。对于贸易保护的受益者而言，不论是否参与游说，不论是否捐献游说资金，一旦贸易保护政策形成，它就会从中获益；贸易保护的受损者同样如此。相对而言，赞成贸易保护的利益集团

更容易形成,原因如下:

第一,它们从贸易保护中获得的收益相对更明显。对进口品一旦征收关税或采取进口限制,它们就能够从中获得生产者剩余,产量提高,价格上升,利润增加。但对普通消费者而言,提高关税虽然会提高商品价格,但其受到的影响可能并不是非常大,毕竟进口品在全部生活支出中所占比例很低。因此,他们虽然知道贸易保护可能会降低其福利水平,但参加利益集团、达成集体行动的动机小得多。同时,他们可能是其他产业的生产者,或在某个产业就业,由于"互投赞成票"而放弃达成集体行动。

第二,赞成贸易保护的个体相对较少。前面分析了数目较少的个体更容易形成利益集团的原因。对于某种产品而言,国内的进口竞争企业和相关产业的数量相对于消费者而言少得多,它们能够从贸易保护中得到较大份额收益,寻求保护的动力较大。某些大型企业自身就构成了强有力的利益集团。它们占有本国产品市场很大的份额,即使没有本国相同产业企业的合作,它们也有足够的动力促进贸易保护。一般消费者从自由贸易中得到的收益只占全部收益的很小比重,甚至只有亿万分之一或者更小,其"搭便车"的动因要比贸易保护的赞成者高得多。虽然贸易保护的受损者相对于赞成者而言形成有组织的利益集团的可能性较小,但它们并非对贸易政策没有任何反应。例如,一般消费者虽然可能不参与任何有组织的利益集团,但他们每个人手中都有选票。参与竞选的政党虽然能够从赞成贸易保护的利益集团中得到政治捐献,但可能会失去部分选民的选票,政党在接受利益集团游说时为追求选票最大化会在社会福利和政治捐献之间进行权衡。

第三,意外事件的触动。奥尔森的研究表明,在一个利益集团形成或采取游说行动之前,意外事件,例如进口的突然增加、就业数量突然下降等,对集团潜在成员集中关注的共同利益有重要影响。① 丹尼尔·卡尼曼(Daniel Kahneman)和阿莫斯·特韦尔斯基(Amos Tversky)的经验研究表明,一般情况下,个人对相同数量的收入增加和损失赋予的福利权重不同,损失的权重更大一些。② 换句话说,一个人对收入下降的敏感程度高于相同数量收入上升的敏感程度。当某个衰退产业面对进口竞争时,在该产业部门就业的工人比较容易发动起来,达成集体行动,游说政府采取贸易保护政策。在这种情况下,他们游说政府获得的利益很明显,即延缓该产业衰退,减少失业的可能性。虽然该产业的工人和资本家知道贸易保护可能会导致社会整体福利的下降,但他们仍然会组织起来争取对自己最有利的贸易政策,此即个体理性与集体理性的矛盾。

因此,相对于赞成自由贸易者而言,赞成贸易保护者更容易形成利益集团,其能够对政府施加更大的压力,贸易政策也就表现为贸易保护。

---

① Mancur Olson, "The Political Economy of Comparative Growth Rates", in Dennis Mueller, *The Political Economy of Growth*, New Haven: Yale University Press, 1983.

② Daniel Kahneman, Amos Tversky, "Prospect Theory: An Analysis of Decision Under Risk", *Econometrica*, 1979, Vol.47, pp.263-291; "Choices, Values, and Frames", *American Psychologist*, 1984, Vol.39, No.4, pp. 341-350.

三、权力、贸易条件决定与收益分配

在古典和现代国际贸易理论中，研究涉及国家利益分析的学者主要是讨论经济利益，而且主要是绝对经济收益，即财富增加。只要一个国家的绝对财富增加，就认为该国从贸易中得到了收益，但没有人分析国际贸易中的相对收益。也就是说，各个国家虽然都能够从国际贸易中得到收益，但它们得到的收益是不等的。

(一)贸易条件影响收益分配

关于贸易条件，许多学者从不同角度进行了论述。罗纳德・芬德利(Ronald Findlay)将其归为五类：(1)商品贸易条件或纯易货贸易条件，是指"可出口"商品对"可进口"商品的相对价格，即每单位可出口商品换得的可进口商品的单位数；(2)总易货贸易条件，是指进口量与出口量的比例；(3)收入贸易条件，是指"出口商品的购买力"，相当于商品贸易条件乘以出口量；(4)单一生产要素贸易条件，是指出口部门中某一生产要素边际的或平均的生产率；(5)双重生产要素贸易条件。[①] 贸易过程中，贸易条件将决定两个国家从贸易中得到多少收益。虽然两个国家都可能会得到贸易收益，但在不同贸易条件下它们得到的绝对贸易收益之比却大相径庭，甚至有些国家得不到贸易收益。下面将采用商品贸易条件，即两种商品价格的比例，分析贸易条件对绝对收益和相对收益的影响。

假定甲国生产一件衣服需要 a_1 个小时，生产一单位粮食需要 b_1 个小时；乙国生产一件衣服需要 a_2 个小时，生产一单位粮食需要 b_2 个小时。如果 $a_1>a_2$ 且 $b_1<b_2$ 或者 $a_1<a_2$ 且 $b_1>b_2$，这说明两个国家在生产衣服和粮食上都存在绝对优势。在前一种情况下，甲国生产粮食具有绝对优势，乙国生产衣服具有绝对优势；在后一种情况下，甲国生产衣服具有绝对优势，乙国生产粮食具有绝对优势。显然，在这两种情况下，两个国家开展自由贸易完全可能。

如果 $a_1>a_2$ 且 $b_1>b_2$ 或者 $a_1<a_2$ 且 $b_1<b_2$，按照斯密的绝对优势理论，两国之间无法进行贸易，而按照大卫・李嘉图的观点，两个国家之间完全可以进行贸易，只需要 $a_1/a_2\neq b_1/b_2$ 即可。如果 $a_1/a_2>b_1/b_2$，即 $a_1/b_1>a_2/b_2$，那么虽然甲国生产粮食和衣服都没有绝对优势，但是生产粮食比生产衣服具有相对优势。所以，甲国可以专门生产粮食，从他国进口衣服。两个国家都能够从对外贸易中得到好处。那么，两个国家的贸易条件如何确定，即甲、乙两个国家商品的交换比例如何确定？因为甲国生产粮食和衣服花费时间的比例与乙国不同，那么分析得出的结论是：

如果按照甲国的生产条件进行交易，按照劳动价值论，同量劳动相交换：

$1/a_1$ 件衣服 $=1/b_1$ 单位粮食，或者

a_1 单位粮食 $=b_1$ 件衣服，或者

① 参见[美]罗纳德・芬德利：《贸易条件》，[美]约翰・伊特韦尔、默里・米尔盖特、彼得・纽曼编：《新帕尔格雷夫经济学大辞典》(第四卷)，陈岱孙等译，经济科学出版社 1996 年版，第 673-676 页。

$$1\text{ 单位粮食}=b_1/a_1\text{ 件衣服}$$

按照乙国的生产条件进行交易，同样可以得出：

$$1/a_2\text{ 件衣服}=1/b_2\text{ 单位粮食，或者}$$

$$a_2\text{ 单位粮食}=b_2\text{ 件衣服，}$$

$$1\text{ 单位粮食}=b_2/a_2\text{ 件衣服}$$

我们分析按照甲国或乙国的生产条件进行国际贸易，两个国家能够得到的收益。给定甲国总的劳动数量为 L_1，那么其生产的粮食总量为 $L_1 \cdot 1/b_1$；乙国总的劳动数量为 L_2，那么其生产的衣服总量为 $L_2 \cdot 1/a_2$ 件。

假定甲国需要 m 件衣服。在没有贸易的情况下，甲国既生产衣服也生产粮食，那么它在生产 m 件衣服后，还能够生产的粮食总量为 $(L_1-ma_1)/b_1$。

(1)按照甲国国内的贸易条件进行交换。对于甲国来说，要得到 m 件衣服，需要出口 ma_1/b_1 单位粮食，则出口后剩余的粮食数量为 $(L_1-ma_1)/b_1$，与贸易前没有差别。对于乙国来说，出口 m 件衣服，得到 ma_1/b_1 单位粮食，则出口后剩余的衣服总量为 $(L_2 \cdot 1/a_2)-m$ 件。如果乙国在生产衣服的同时自己生产粮食，用生产 m 件衣服的时间生产粮食，则可以生产的粮食数量为 ma_2/b_2。因为前面假定 $a_1/b_1>a_2/b_2$，所以 $ma_1/b_1>ma_2/b_2$。乙国能够从贸易中多得到 $ma_1/b_1-ma_2/b_2$ 单位的粮食。甲国没有得到贸易好处，乙国得到了双方贸易的全部好处。

(2)按照乙国国内的贸易条件进行交换。对于甲国来说，要得到 m 件衣服，需要出口 ma_2/b_2 单位粮食，则出口后剩余的粮食数量为 $L_1/b_1-ma_2/b_2$，与贸易前相比，多得到的粮食有 $(L_1/b_1-ma_2/b_2)-(L_1-ma_1)/b_1$，即 $ma_1/b_1-ma_2/b_2$ 单位的粮食。对于乙国来说，得到 $(L_2 \cdot 1/a_2)-m$ 件衣服，得到的粮食总量为 ma_2/b_2 单位。在两个国家没有贸易时，乙国要生产 ma_2/b_2 单位粮食，需要花费的劳动时间为 ma_2 小时，能够生产的衣服为 $(L_2-ma_2)/a_2$ 件，与没有贸易时的情况相同，因此乙国没有从贸易中得到好处。

从前面的分析可以看出，按照任何一个国家的国内贸易条件进行交易，都只能使一个国家得益，而另一个国家与贸易前无差异。在这种情况下，我们有充分的理由认为，没有得到贸易收益的国家不会进行贸易。因此，此时选定的贸易条件 R 应该介于两者之间，即 $a_1/b_1>R>a_2/b_2$。

(3)两国贸易按照 R 进行。对于甲国来说，要得到 m 件衣服，需要出口 mR 单位粮食。则出口后剩余的粮食数量为 L_1/b_1-mR，相对于没有贸易时，能够多得到的粮食数量为 $(L_1/b_1-mR-L_1-ma_1)/b_1$，即 $(a_1/b_1)-R$ 单位。对于乙国来说，出口 m 件衣服，得到 mR 单位粮食，如果用生产 m 件衣服的时间生产粮食，可以得到 ma_2/b_2 单位，因此它可以多得到 $(R-a_2/b_2)m$ 单位的粮食。

两个国家都从贸易中得到好处，分别得到的好处取决于 R 的大小。如图 11.3 所示，R 值越趋近甲国国内的贸易条件，则甲国得到的收益越少，乙国得到的收益越多；R 值越趋近乙国的国内贸易条件，则乙国得到的贸易收益越少，甲国得到的贸易收益越多。

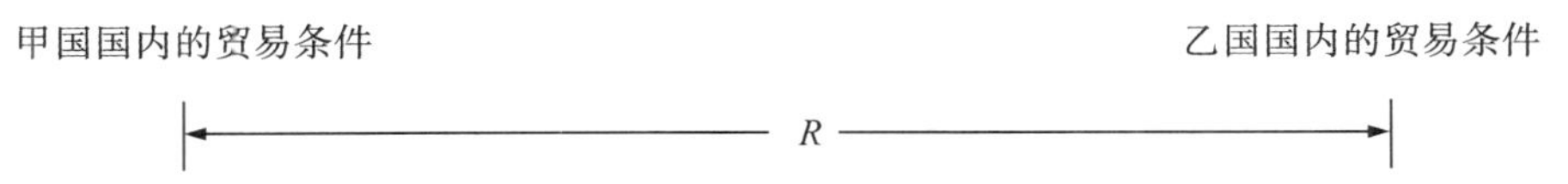

图 11.3　贸易条件与贸易收益的分配

上述分析表明，自由贸易虽然能够给两个国家带来绝对收益，但由于贸易条件的不同，不同国家得到的贸易收益存在很大差别，这就可能改变两个国家在世界上的地位，从而导致两个国家的贸易冲突。劳尔·普雷维什（Raúl Prebisch）和辛格（H. Singer）的研究表明，发展中国家在与发达国家的贸易中，前者的贸易条件有恶化的趋势，其实质是发展中国家从国际贸易中得到的收益越来越少，地位逐渐下降。

（二）权力与贸易条件决定

上面提到，发展中国家在与发达国家的贸易中贸易条件不断恶化，其原因主要在于发达国家对市场的控制力，即垄断。简单说，在经济学中，垄断就是只有一个卖方或买方对多个买方或卖方的情况。在完全竞争条件下，各方都只能是价格的被动接受者，任何一方都对价格的决定无能为力。但在垄断条件下，卖方或买方却可能会成为价格决定者，从而制定能够实现自身利益最大化的价格。在买方垄断的条件下，买主数量非常少，而卖主却可能非常多。当卖方不能就价格达成可信的协议时，买主对市场价格就具有较大的讨价还价余地。在卖方垄断的市场结构下，卖主非常少，而买主却非常多。如果买主不能就价格达成完全可信的协议，卖主就可能控制价格的制定。垄断方控制价格而另一方不得不接受控制，这就是权力。垄断方之所以能够控制另一方，根本原因就在于另一方对垄断方的依赖。

如果交易发生在不同国家之间，垄断方可能会成为价格的控制者，而另一方不得不被动接受。这在发展中国家与发达国家之间的贸易中已经体现出来。发展中国家数量众多，生产的产品很少能够在世界市场上具有垄断性。但是，少数发达国家生产的某些高科技产品却具有很强的垄断性。在交易过程中，发达国家往往成为价格的控制者，发展中国家不得不接受发达国家根据自身利益最大化决定的贸易条件。

前面已经分析了贸易条件的差异对贸易收益产生的影响。在这个过程中，由于发达国家控制着贸易条件，发展中国家在贸易中虽然能够获得贸易收益，但与发达国家之间的差距却可能越拉越大。这也从另一个角度说明了权力对财富分配的影响。

第二节　国内政治与贸易政策：内生贸易政策理论的主要模型

经济学家和政治学家很早就开始关注利益集团对贸易政策形成的影响，这方面最早的文献可以追溯到 20 世纪 30 年代埃尔默·埃里克·沙斯施奈德（Elmer Eric

Schattschneider)的《政治学、压力和关税》。[①] 在这部著作中,沙斯施奈德对利益集团在1929—1930年对美国《斯穆特-霍利法案》产生的影响进行了研究,开创了研究美国利益集团在贸易政策形成中发挥重要作用的先河。20世纪50年代,查尔斯·金德尔伯格(Charles P. Kindleberger)发表《集团行为与国际贸易》。[②] 他提出,在某些情况下,对国际贸易的分析可以从国家层次上的集团行为中找到有用的工具,分析了欧洲国家不同利益集团的地位变化。沙斯施奈德和金德尔伯格对利益集团影响贸易政策形成的分析主要借鉴了社会学和政治学的研究方法。20世纪五六十年代公共选择理论产生以后,就有学者对利益集团影响贸易政策的问题进行了深入分析。戈登·塔洛克就明确提出了关税是利益集团游说结果的观点。[③] 到70年代特别是80年代之后,许多学者研究了贸易保护的内生形成过程,提出了不同的政治经济学模型。

对此,不同学者有不同的分类。根据罗伯特·鲍德温(Robert E. Baldwin)的总结,分析贸易政策的政治经济学和贸易保护形成的政治过程的文献可以分为两大类:一是建立在经济学自利方法之上,即选民、利益集团和政策制定者都追求自身福利最大化;二是强调选民和官员对社会福利的关心。[④] 第一类模型是经济学家提出的贸易保护模型,这又可以分为当权政府模型、政党竞争模型和直接民主模型等。其中,当权政府模型又包括政治需求模型、政治支持函数模型和市场模型。按照斯蒂芬·马吉(Stephen Magee)的解释,从行为主体追求利益最大化出发是内生贸易政策模型的主要特征。[⑤] 第二类模型主要是一部分政治学家、社会学家提出来的,他们对经济学家的"自利"假定不满,提出了略有差别的模型。但是,这些模型同样采用了经济学的分析方法,从广义上讲,它们也可以被看作内生贸易政策模型。[⑥] 第一类内生贸易政策模型之间的相互关系可以采用图11.4表示。

---

① Elmer Eric Schattschneider, *Politics, Pressures and the Tariff*, New York: Prentice-Hall, 1935.

② Charles P. Kindleberger, "Group Behavior and International Trade", *The Journal of Political Economy*, 1951, Vol.59, No.1, pp.30-46.

③ 塔洛克是在研究了关税造成的福利损失后提出这一观点的。他认为,政府一般不会自动地征收保护性关税,它必定是在一些集团(如国内的生产者)的游说或施加的压力下才这样做,而这些政治活动是要耗费资源的;另一些集团为了抵制关税导致的价格提高以及由此引起的财富转移,也会投入资源阻止政府作出征收关税的决策。Gordon Tullock, "The Welfare Costs of Tariffs, Monopolies, and Theft", *Western Economic Journal*, 1967, Vol.5, No.3, pp.224-232.

④ Robert E. Baldwin, "The Political Economy of Trade Policy", *Journal of Economic Perspective*, 1989, Vol.3, No.4, pp.119-135.

⑤ 斯蒂芬·马吉曾解释了"内生政策"的含义。他指出,"内生"的含义是"从内部成长","内生政策就是源于行为者追求狭隘自利的政策"。

⑥ 赫尔普曼也曾经对贸易政策的政治经济学模型进行综述,他分别给出了不完全相同的名称:直接民主模型(Mayer, 1984)、政治支持函数(Hillman, 1982)、关税形成函数(Findlay & Wellisz, 1982)、选举竞争(Magee, Brock & Young, 1989)和影响驱动捐献(Grossman & Helpman, 1994)。Elhanan Helpman, "Politics and Trade Policy", in D. M. Kreps, K. F. Wallis, ed., *Advances in Economics and Econometrics: Theory and Applications*, Cambridge: Cambridge University Press, 1997.

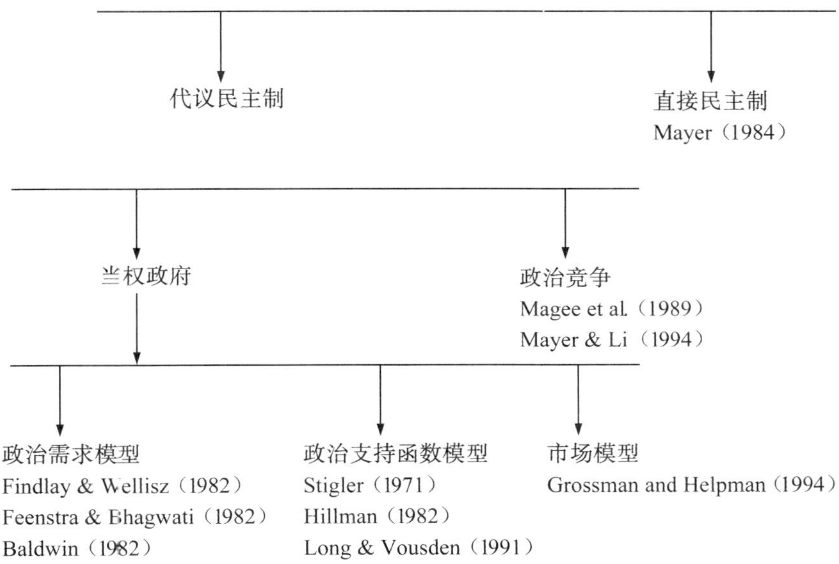

图 11.4　内生贸易政策模型分类

资料来源：Ram Chandra Acharya, *International Trade Policy: A Game-theoretic Approach with Special-interest Groups and Optimizing Politicians*, PhD. Paper, Canada: University of Ottawa, 1999, p.5. 笔者略有修改。

一、政治需求模型

在政治需求模型中，利益集团游说政府以获得对自己有利的贸易政策。贸易政策的政治需求模型是由罗纳德·芬德利和斯坦尼斯劳·威利兹(Stanislaw Wellisz)、芬恩斯特和巴格瓦蒂于 1982 年几乎同时提出来的。二者的差别在于：在芬德利和威利兹的模型中，他们假定利益集团的游说只使用"劳动"一种要素；在芬恩斯特和巴格瓦蒂的模型中，利益集团游说使用的资源不仅有劳动，还有资本。他们假定，存在规模收益不变和完全竞争的两个部门，两个部门在生产过程中都运用可以流动的劳动力和部门专用性资本。进口产业集团为进口关税而游说，出口产业集团为自由贸易而游说。关税水平随着进口产业的游说努力而提高，随着出口产业的游说努力而下降。在这个过程中，贸易政策是两个游说集团投入资源的函数，两个游说集团游说策略的纳什均衡决定贸易保护水平。

假定存在两个不同的利益集团，一个支持对产业 i 的保护，另一个反对保护。[①] 政府的贸易保护水平，一方面依赖于贸易保护的支持者投入游说的资源数量，另一方面依赖于反对者投入的资源数量。因此，贸易保护的不同水平反映了持不同态度的利

① 芬德利和威利兹在分析中将利益集团划分为农业利益集团和制造业利益集团。Ronald Findlay, Stanislaw Wellisz, "Endogenous Tariffs, the Political Economy of Trade Restrictions, and Welfare", in Jagdish N. Bahgwati, ed., *Import Competition and Response*, Chicago: University of Chicago Press, 1982.

益集团斗争的结果。用 $T_i(C_i^s, C_i^o)$ 表示该部门的关税形成函数,其中 C_i^s 表示支持保护的利益集团的游说成本,C_i^o 表示反对保护的利益集团的游说成本。支持贸易保护的利益集团支付的游说成本越高,反对贸易保护的利益集团支付的游说成本越低,则贸易保护的程度就越高,即 T_i 是 C_i^s 的增函数,是 C_i^o 的减函数。在政治均衡中,贸易保护水平 $\tau_i = T_i(C_i^s, C_i^o)$。

假定支持贸易保护的游说集团的利益由递增函数 $W_i^s(\tau_i)$ 给定,反对贸易保护的游说集团的利益由递减函数 $W_i^o(\tau_i)$ 给定。每个游说集团的成本由非合作博弈的纳什均衡决定。其中,每个游说集团选择游说支出以最大化其净收益,即支持贸易保护的游说集团的函数为 $W_i^s[T_i(C_i^s, C_i^o)] - C_i^s$,反对保护的游说集团的函数为 $W_i^o[T_i(C_i^s, C_i^o)] - C_i^o$。对这两个函数求极大值,即:

$$\frac{\partial W_i^s}{\partial T_i} \cdot \frac{\partial T_i}{\partial C_i^s} = 1 \tag{11.1}$$

$$\frac{\partial W_i^o}{\partial T_i} \cdot \frac{\partial T_i}{\partial C_i^o} = 1 \tag{11.2}$$

联合求解方程组即可得出两个利益集团支付的游说成本,从而可以得出均衡的贸易保护水平。这种方法很简单,基本上反映出了贸易保护的支持者和反对者之间的博弈关系,能够说明只存在两个利益集团游说政府时的资源投入和达到的贸易保护水平。

在芬恩斯特和巴格瓦蒂的分析中,劳动和资本都用于游说活动,但他们的分析集中于只有一个产业在政治上积极的情况。面临进口竞争的产业的劳动者,由于进口竞争,其工资等受到影响,他们会积极推动政府采取贸易保护措施,提高关税。[①] 由劳动者组成的利益集团寻求工人福利的最大化,这样可以得出利益集团希望的最优关税水平。但是,政府为追求社会福利最大化或其他目的,希望降低利益集团的游说水平和关税水平。政府将关税收入用于补贴劳动者组成的利益集团,以使利益集团的游说水平和关税水平下降到政府希望的水平,下降后的关税水平即"有效关税"(Efficient Tariff)。

假定 p^* 表示国际价格水平,在关税水平为 t 时,国内价格水平为 $p = p^*(1+t)$。关税水平 t 为利益集团投入的劳动 L_t 和资本 K_t 的函数,即 $t = f(L_t, K_t)$,f 为递增凹函数。$C(t, w, r)$ 为 t 能够得到的最低代价。

假定所有的劳动者都具有相同的线性效用函数,最大效用 $V(p, I)$ 给定。当商品的国际价格水平从 $P_0{}^*$ 下降为 p^* 时,劳动者组成的利益集团游说满足的条件为:

$$\max_{t \geqslant 0} V\{p^*(1+t), W\bar{L} - C(t, w, r)\} \tag{11.3}$$

据此条件,可以求解对劳动者而言的最优关税水平 t^*。

---

① 他们没有考虑曼瑟尔·奥尔森提出的利益集团形成问题。这在内生关税理论中是一个普遍的现象,几乎所有学者在分析关税水平决定时都不考虑利益集团形成的原因。

如果政府希望降低游说水平和关税水平至 t_0，为此政府愿意提供补贴 $S(t_0)$，当关税水平 t 低于 t_0 时，补贴为零；当 t 高于 t_0 时，补贴为正。对于劳动者组成的利益集团而言，在关税水平低于他们希望的最优水平 t^* 后，他们得到的福利至少不应该低于此水平。因此，政府的补贴水平应该满足：

$$S(t_0)=[B(t^*)-C(t^*)]-[B(t_0)-C(t_0)]$$

或者

$$V\{p^*(1+t_0),w\bar{L}-C(t_0,w,r)+S(t_0)\}=V^* \tag{11.4}$$

通过这个等式，我们就可以求解出劳动者能够得到的补贴和政府希望得到的有效关税。另外，该模型还可以扩展。政府征收关税，然后将关税用于补贴游说者以降低游说水平和关税水平，使社会福利最大化。

在芬恩斯特和巴格瓦蒂的分析中，政府不仅考虑利益集团的福利最大化，而且试图通过政府转移支付降低游说水平和关税水平使社会福利最大化。其目的是降低经济扭曲的程度。

另外，鲍德温采用图形对利益集团寻求贸易保护的水平进行了简要分析，这是一个政治需求模型。假定利益集团获得的贸易保护水平用关税水平衡量。横轴表示关税水平，原点表示没有任何游说时的关税水平，假定为 0；纵轴表示利益集团游说能够获得的收益和付出的成本。图 11.5[①] 中 OBC 曲线表示院外活动收益，即利益集团进行院外活动后得到的关税贸易保护的货币值；OA 表示院外活动费用，即各个利益集团的组织机构通过院外活动获得关税贸易保护的总费用。

假定院外活动费用曲线 OA 是根据边际成本递增规律作出来的，曲线的斜率不断增大，说明随着关税水平的不断上升，利益集团为同样水平的关税上升所付出的代价会越来越大。院外活动收益曲线 OBC 是根据边际收益递减规律作出来的，曲线的斜率不断下降，说明随着关税水平的提高，利益集团从贸易保护中得到的收益上升幅度越来越小，到达某一点之后，即使关税水平上升，利益集团从贸易保护中得到的收益也不再变化。[②] 如果院外活动费用曲线和院外活动收益曲线性状良好，那么当两条曲线的斜率相等时，即两条曲线的切线平行，如图 11.5 中 t^* 所示，利益集团能够从中得到的收益最大，此时的关税水平对利益集团而言达到最优，其游说的水平也达到最优。

① 该图参考了[瑞士]布鲁诺·弗雷：《国际政治经济学》，吴元湛译，重庆出版社 1987 年版，第 22 页图 2.3。

② 笔者对鲍德温的模型略微作了修改。他给出了一条形状不完全相同的收益曲线，收益曲线的斜率逐渐增大，到达某一点后，突然变为零。Robert E. Baldwin, "The Political Economy of Protectionism", In Jagdish Bhagwati, ed., *Import Competition and Response*, Chicago and London: The University of Chicago Press, 1982, p.275; Robert E. Baldwin, *Trade Policy in Changing World Economy*, Chicago: The University of Chicago Press, 1988, p.108.成本曲线与收益曲线之间仍然可以存在一个最大值，这要求刚开始时收益曲线在成本曲线之上，但是成本曲线斜率上升的速度要大于收益曲线，两条曲线在某处相交。然而，鲍德温没有解释收益曲线斜率逐渐增大的原因，也没有解释为什么在某一点收益曲线的斜率突然变为零。

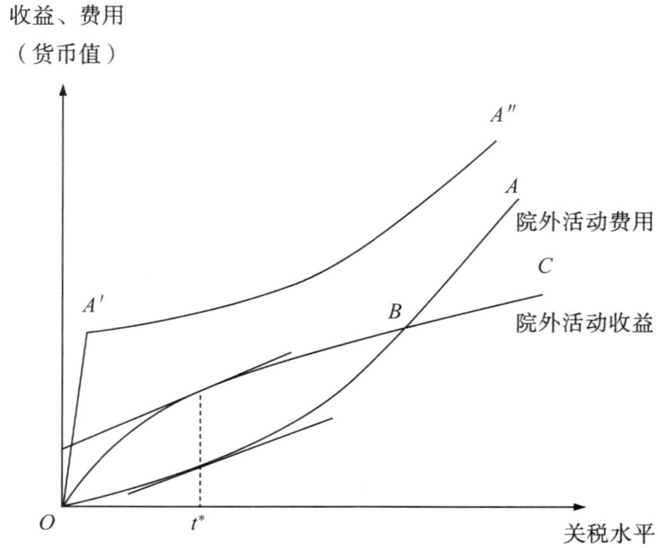

图 11.5 最优游说数量的确定

有一种特殊情况，即院外活动费用曲线如 $OA'A''$所示，院外活动的初始费用如此之高，以至于曲线 $OA'A''$总是位于曲线 OBC 之上。这说明利益集团不论如何游说，他们所能够得到的收益都不能弥补为此付出的成本，因此利益集团也就组织不起来，从而没有院外活动。图 11.5 说明，要在贸易保护的政治市场上增进自身利益，必须有一个建立起来的组织。如果原来组织的费用已经得到补偿，那么进行院外活动是有利的。此时，院外活动费用曲线就是 OA，最理想的关税是 t^*。这就解释了为什么组织起来的经济行业有获得附加收益的可能，从而更加牢固地确立起它们的特权地位，而新出现的行业在政治斗争中总是处于不利的地位，难以实现自己的要求。

芬德利和威利兹、芬恩斯特和巴格瓦蒂、鲍德温从不同角度研究了内生贸易保护的政治需求模型。有意思的是，这三个模型几乎是同时提出来的。① 不过，政府选择贸易政策时，并非只考虑需求方。芬恩斯特和巴格瓦蒂的模型指出，政府追求社会福利最大化，采取措施降低利益集团的游说水平和关税水平。在这一点上，他们的模型更加符合现实。

① 这三个不完全相同的模型都是 1980 年 5 月在 NBER 的一次讨论会上提出来的，并被收入同一本论文集中。

二、政治支持函数模型

艾利·希尔曼(Arye L. Hillman)借鉴施蒂格勒和佩茨曼[①]研究管制理论时提出的政府支持模型,研究了处于衰退的产业寻求贸易保护的问题。[②] 他认为,政府对衰退产业的保护反应不是为了寻求社会福利目标,而是为了政治支持最大化的自利动机。政府虽然最终要对选民负责,但是消费者并不能够直接对价格作出政治上的反应,而且消费者组织起来影响价格和产业组织影响价格的交易成本相差悬殊。希尔曼提出,关税税率的选择可以看作一个最优化问题的解,政府在制定政策的时候要权衡从工业利益集团中获得的政治支持和由于消费者的不满而失去的选票。工业利益集团能够获得的利润越多,他们提供的捐献也就越多;而消费品价格越低,消费者就能够给政府更多的选票支持。政府对某些衰退产业进行保护,提高关税水平,就会引起国内价格的上升,这虽然能够从工业利益集团中得到更多的支持,但从消费者那里得到的支持会下降。

希尔曼提出了一个简化的政治支持函数:

$$\widetilde{M}(P,P^*)=M[\pi(P,P^*),V(P,P^*)] \tag{11.5}$$

式中,P^*表示国际价格,P表示征收关税后的国内价格;$\pi(P,P^*)$表示征收关税前后,受保护产业的利润变化;$V(P,P^*)$表示征收关税前后消费者福利的变化。对上式求极值,可以得到:

$$\widetilde{M}_P=M_\pi\pi_P+M_VV_P=0 \tag{11.6}$$

根据式(11.6)即可求解政治支持最大化条件下产业的关税水平。在此基础上,希尔曼还研究了国际价格变化时,国内价格将与国际价格同方向变化。他最后的结论表明,出于政治支持动机对衰退产业的保护只是暂时的,不是永久的。虽然处于衰退的产业最希望得到政府的支持以阻止这种衰退,但最终结果可能不是延缓而是加速了这些产业的衰退。[③]

---

① 施蒂格勒的主要结论是各种管制政策是政府为满足利益集团的要求而制定的。后来,有人将施蒂格勒的这种观点归纳为"俘虏理论",即将政府看作利益集团的"俘虏"。George J. Stigler, "The Theory of Economic Regulation", *Bell Journal of Economics*, 1971, No.2, pp.3-21. 中译文参见[美]施蒂格勒:《产业组织与政府管制》,潘振民译,上海三联书店、上海人民出版社 1996 年版,第 210-241 页。Sam Peltzman, "Towards a More General Theory of Regulation", *Journal of Law and Economics*, 1976, Vol.19, No.2, pp.211-240.在这两篇文章中,施蒂格勒和佩茨曼暗含的假定是政府追求政治支持最大化。

② Arye Hillman, "Declining Industries and Political-support Protectionist Motives", *American Economic Review*, 1982, Vol.72, pp.1180-1187.

③ 另外,希尔曼还发表过其他关于贸易政策的文章和著作,如 Arye L. Hillman, Heinrich W. Ursprung, "Domestic Politics, Foreign Interests, and International Trade Policy", *American Economic Review*, 1988, Vol.78, No.4, pp.729-745; Arye L. Hillman, *The Political Economy of Protection*, London: Harwood Academic Publishers, 1989。在 Hillman 和 Ursprung (1988)中,希尔曼引入了外国利益集团对候选人决策的影响,这实际上是对政党竞争模型的发展。在 Hillman (1989)中,希尔曼对贸易保护的各种政治经济学模型进行了系统总结。但他并没有进一步发展其在 1982 年提出的模型。

1991 年,朗(Long)和沃斯登(1991)在一般均衡框架中对希尔曼的方法进行了模型化。他们假定存在两种产品经济,包括三个利益集团:两个产业专用要素的所有者和可流动要素(即劳动)的所有者。他们运用政府的政治支持函数,包括三个利益集团的间接效用函数,以及每个利益集团在政府决策中的影响大小,即外生权重,反映了政府对三个利益集团的偏好。他们运用政府支持最大化的条件得出关税水平,结论也证实了希尔曼的结论,即衰退产业将继续衰退。

希尔曼、朗和沃斯登等的供给方模型使用政治支持函数而不是社会福利函数来研究贸易政策。他们没有解释不同利益集团所采取的行动。对于保护的需求方,虽然是由不同的经济主体构成的,但其在这些模型中都是外生的,在制定政策中只有当权政府发挥作用。

三、政治竞争模型

马吉、威廉·布洛克(William Brock)等很早就开始研究贸易保护政策形成中的政党竞争问题。① 他们假定存在两个政党,这两个政党在选举前对关税政策持有不同态度:一个政党支持高关税,另一个政党支持自由贸易。两个政党的目标都是赢得选举。支持高关税的政党为了最大化当选的可能性,就会不断提高保护水平,直到从支持贸易保护的利益集团获得的选民和资源增加恰好等于失去的选民和资源。同时,支持自由贸易的政党会选择相反的主张,以使支持贸易保护的政党当选的可能性最小化。这样,它就会采取较低的关税,直到支持自由贸易者提供的选票和资源数量的边际增加恰好等于失去的选票和资源量。如果支持自由贸易的政党得到的捐献和选民支持较少,它可能采取与另一个政党相同的政策。因此,每个政党作出自己的决策时,都会考虑对方政党的反应,其均衡结果就是古诺—纳什均衡解。

后来,马吉、布洛克和扬(Young)1989 年深化了这个分析,提出了正式模型(以下简称"MBY 模型")。他们同样假定存在两个政党,这两个政党在不同的利益集团进行捐献之前就表明自己的政策偏好。不同利益集团的政治捐献不影响政策立场,而只影响不同政党当选的可能性。一个政党当选的可能性取决于自己和对方能够得到的捐献数量和双方的贸易政策,而能够得到的捐献数量又受到双方贸易政策的影响。因此,一个政党能够当选的可能性主要取决于双方选择的贸易政策。假定不同的利益集团从不同的贸易政策中得到的收益不同,他们的目标就是最大化期望收益值,而期望

① 根据马吉等的介绍,他们从 1972 年就开始研究贸易保护的政治经济学问题。1974 年,布洛克和马吉完成第一篇相关论文——"An Economic Theory of Politics: The Case of Tariffs",并将其提交给了芝加哥大学的乔治·施蒂格勒产业组织讨论会;1978 年,他们的另一篇论文提交给了美国经济年会,即"The Economics of Special Interest Politics: the Case of Tariffs"。William A. Brock, and Stephen P. Magee, "The Economics of Special Interest Politics: The Case of the Tariff", *The American Economic Review*, Vol.68, No.2, 1978, pp.246-250; Stephen P. Magee, William A. Brock and Leslie Young, Black Hole Tariffs and Endogenous Policy Theory. New York: Cambridge University Press, 1989.

收益最终取决于不同政党所采取的贸易政策。求解两个利益集团最大化期望收益和两个政党最大化当选的可能性的均衡解,就可以得出两个政党选择的贸易政策。假定存在一个支持贸易保护的游说集团,它通过捐献等游说政府提高关税,当游说的边际成本等于收益时,其捐献量达到最优水平。得到捐献的政党需要给予利益集团关税保护,当因关税上升造成扭曲效应而减少的选票等于因捐献增加而赢得的选票时,政党提供的关税水平达到最优,如图 11.6 所示。

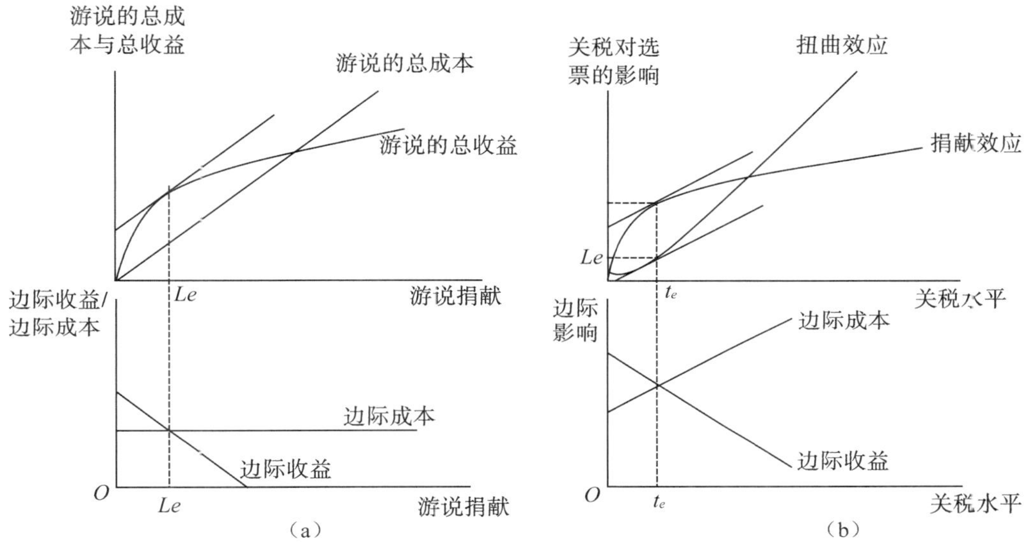

图 11.6 政党竞争的均衡模型

在图 11.6(a)中,利益集团的捐献数量曲线取决于游说的收益和成本,当游说的边际收益等于边际成本时,利益集团从游说中得到的收益达到最大,此时捐献数量为 *Le*。在图 11.6(b)中,支持贸易保护的政党提高关税,会造成扭曲,失去部分选票,对追求当选可能性最大的政党来说相当于提高关税的成本;但是,提高关税水平能够得到利益集团更多的捐献,用于说服摇摆不定的选民,也可以增加选票。当扭曲效应造成的选票损失等于捐献带来的选票增加时,政党的选票达到最大化,从而得出支持贸易保护的政党制定的关税水平。

MBY 模型虽然既分析了利益集团又分析了政党的当选可能最大化行为,但是似乎没有说清楚利益集团与政党之间的联系。利益集团的捐献影响政府制定的关税水平,同时政府能够提供的关税水平直接影响利益集团的收益,进而影响捐献。支持贸易保护的政党还要考虑选民和其他政党以及利益集团的捐献。然而,MBY 模型并没有深入分析这些方面。[①]

---

① 笔者非常希望弄清楚如何在 MBY 模型中将关税与捐献之间的关系直接表述出来,但是一直没有找到直接联系二者的纽带。

后来，希尔曼和厄斯普恩格(Ursprung)在政治竞争中引入了外国利益集团的影响，扩展了MBY模型。他们认为，外国利益集团与国内利益集团都通过捐献对候选人表达支持，候选人为了当选的可能性最大化也会对外国利益集团的游说活动作出反应。在此基础上，他们认为，作为贸易保护工具，关税可能会引起两国冲突，而自动出口限制则可能对双方是有利的。因此，如果自动出口限制是可行的，候选人一般不使用关税作为贸易政策工具。

MBY模型也受到了许多人的批评。奥斯汀·史密斯(Austin Smith)认为，它将每个政党限制在要么支持出口，要么支持保护，并且使用了概率投票，而没有使用理性选择基础。格罗斯曼与赫尔普曼指出，在通常情况下，利益集团的政治捐献主要是影响执政党的政策选择，例如选择不同的贸易保护水平，而不是影响政党当选的可能性。

四、保护待售模型

20世纪80年代，许多学者提出了贸易保护的政治经济学模型，但这些模型都有不同程度的缺陷。格罗斯曼和赫尔普曼最早在1992年提出了保护待售模型，此后他们利用这一模型进行了一系列研究。①

他们首先对政治竞争和政治支持最大化模型进行了简要回顾，然后提出了他们自己模型的思路。他们采用政治支持最大化方法，假定当权的政治家作出政策选择，并且知道这会影响其再次当选的可能性。他们指出，以前的模型都采用了简化形式的政治家目标函数，假定政府赋予社会中不同利益集团的福利水平确定的权数；而在他们的模型中，政府目标函数中选民福利或者利益集团的捐献的权数是内生的，并且明确了政府关注不同的特殊利益的过程。有组织的利益集团提供政治捐献，政治家评价其在未来选举中的价值。利益集团将其捐献水平与政府选择的贸易政策联系起来，而政府的关税政策是使社会总福利与总捐献的加权和最大化。同时，在给定其他利益集团捐献水平的情况下，每个利益集团的捐献将达到最优。每个利益集团不考虑其捐献与选举结果的关系，而受到将要影响政策的预期的激励进行捐献。正是在这个意义上，

---

① 格罗斯曼与赫尔普曼的“保护待售模型”最早是以NBER工作论文的形式出现的，参见Gene M. Grossman, Elhanan Helpman, “Protection For Sale”, *NBER Working Paper*, 1992, No. 4149, http://www.nber.org/papers/w4149。后来关于这方面的研究，可以参见Gene M. Grossman, Elhanan Helpman, “Protection For Sale”, *American Economic Review*, 1994, Vol.84, No.5, pp.833-850; Gene M. Grossman, Elhanan Helpman, “The Politics of Free—Trade Agreements”, *The American Economic Review*, 1995, Vol.85, No.4, pp.667-690; Gene M. Grossman, Elhanan Helpman, “Trade Wars and Trade Talks”, *Journal of Political Economy*, 1995, Vol.103, No.4, pp.675-780; Gene M. Grossman, Elhanan Helpman, “Electoral Competition and Special Interest Politics”, *Review of Economic Studies*, 1996, Vol.63, pp. 265-286; Gene M. Grossman, Elhanan Helpman, “Competing for Endorsements”, *American Economic Review*, 1999, Vol.89, No.3, pp.501-52; Elhanan Helpman, “Politics and Trade Policy”, in D. M. Kreps and K. F. Wallis, *Advances in Economics and Econometrics: Theory and Applications*, Cambridge: Cambridge University Press, 1997, pp. 19-45; Gene M. Grossman, Elhanan Helpman, *Interest Groups and Trade Policy*, Princeton: Princeton University Press, 2002.

格罗斯曼与赫尔普曼将其模型命名为保护待售模型或者影响驱动的捐献模型。[①] 他们建立模型时采用了道格拉斯·伯恩海姆(Douglas Bernheim)和米歇尔·惠斯顿(Micheal Whinston)提出的"菜单拍卖"方法。[②] 他们假定有一个小国,不同的居民有相同的偏好,但是要素禀赋不同。政府的贸易政策就是征收关税或给予补贴。每个利益集团,比如 i 部门,总福利由 $W_i(\vec{p}) \equiv l_i + \pi_i(p_i) + \alpha_i N[r(\vec{p}) + s(\vec{p})]$ 给出。其中,$\vec{p}$ 表示所有产品的价格向量,反映了政府的贸易政策;p_i 表示部门 i 产品的价格,在贸易政策中,它对部门 i 的福利影响最大;l_i、α_i 分别表示部门 i 的劳动供给和人口与总人口数的比重;N 表示劳动的总规模。政府的目标函数为利益集团的捐献额与整个社会福利水平的加权平均,即 $G = \sum_{i \in L} C_i(\vec{p}) + aW(\vec{p}), a \geqslant 0$。社会的福利水平又可以表示为 $W(\vec{p}) = l + \sum_{i=1}^{n} \pi_i(p_i) + N[r(\vec{p}) + s(\vec{p})]$。在其他利益集团捐献水平给定的条件下,均衡的价格水平使单个利益集团的福利水平和政府目标函数之和最大。通过求最大值,可以计算出部门 i 的最优关税(或补贴)水平 t_i°,即

$$\frac{t_i^\circ}{1 + t_i^\circ} = \frac{I_i - \alpha_L}{a + \alpha_L}\left(\frac{z_i^\circ}{e_i^\circ}\right), \quad i = 1, 2, \cdots, n \tag{11.7}$$

其中,$z_i^\circ = y_i(p_i^\circ)/m_i(p_i^\circ)$ 表示均衡时的国内产出与进口的比例,$e_i^\circ = -m'_i(p_i^\circ)p_i^\circ/m_i(p_i^\circ)$ 表示进口需求或出口供给的弹性。

格罗斯曼和赫尔普曼提出的保护待售模型受到了广泛关注,既有学者从理论上扩展,也有学者进行实证检验。[③] 佩妮洛皮·戈德堡(Pinelopi K. Goldberg)和马吉最早用美国1983年的数据进行了检验;加旺德(Gawande)和班德亚帕德耶(Bandyopadhyay)用非关税壁垒作为工业保护的替代进行了研究,结论是政治行动委员会的捐献与贸易流量存在正相关的工业部门组织良好;米塔(Mitra)等人利用土耳其1983—1990年的数据研究了贸易保护的形式;麦卡考曼(McCalman)对澳大利亚的数据进行了研究。加旺德、克里什纳(Krishna)和罗宾斯(Robbins)则对格罗斯曼和赫尔普曼德模型进行了扩展,分析了在外国利益集团捐献存在的情况下一个国家贸易政策的问题,其结论是外国利益集团在美国贸易政策制定中起重要作用。

格罗斯曼与赫尔普曼的模型从贸易政策的需求方(利益集团)和供给方(政府)分析了贸易政策的形成过程。在这个过程中,政府和利益集团都按照自身利益最大化原则行事。目前,格罗斯曼与赫尔普曼的保护待售模型是最主要的内生贸易政策模型。

---

① "影响驱动的捐献模型"的这一名称参见 Elhanan Helpman, "Politics and Trade Policy", in D. M. Kreps and K. F. Wallis, *Advances in Economics and Econometrics: Theory and Applications*, Cambridge: Cambridge University Press, 1997, pp.19-45.

② 格罗斯曼和赫尔普曼对贸易政策与利益集团政治学的研究中,主要借鉴了以下这篇文章的方法, Douglas Bernheim, Michael D. Whinston, "Menu Auctions, Resource Allocation, and Economic Influence", *The Quarterly Journal of Economics*, 1986, Vol.101, pp.1-31.

③ G. M. Grossman, H. Helpman, "Introduction", *Interest Groups and Trade Policy*, Princeton and Oxford: Princeton University Press, 2002, pp.17-20.

他们还将保护待售模型扩展到国际层次。他们也意识到了国际贸易政策不仅是国内利益集团游说的结果，还涉及国家之间的关系，特别是大国的贸易政策制定影响的不仅仅是本国，还会引起他国的反应。他们还分析了国家间的贸易谈判、贸易战和自由贸易协定等问题。他们的分析将贸易政策制定的国内政治与国际政治结合了起来，既考虑了政府与国内利益集团之间的关系，又考虑了国家之间的关系。[①]

五、直接民主模型

1984年沃尔夫冈·迈耶(Wolfgang Mayer)在鲍德温的模型、布洛克和马吉的模型以及芬德利和威利兹的模型的基础上，提出了关税形成的直接民主模型。他指出，三个模型的共同特点是，关税水平反映了选民、利益集团、政治家以及其他贸易政策决策者的自我经济利益。他特别赞成鲍德温的模型，并以此作为自己模型的基础，得出的结论也相同。迈耶首先以H-O-S模型为基础，分析了在消费者偏好、要素分布和关税收益分配给定的条件下个人的最优关税税率。他得出三个结论：(1)进口产品密集使用的要素禀赋良好(较差)者的最优关税为正(负)；(2)个人与整个国家的要素禀赋情况差别越大，就会追求与自由贸易相差越大的关税(或补贴)；(3)如果个人拥有的资本—劳动比率与整个国家相同，那么其最优关税率为零。在此基础上，他分析了多数票情况下的最优关税决定。实际关税通常被看作是多数票制的结果，投票结果反映了那些有能力并且愿意参与关税形成过程的主体的经济利益。在H-O-S模型下分析关税形成，强调要素所有权分配、投票成本和投票人资格的作用，而要素用在什么地方无关紧要。迈耶认为，在H-S-O模型下讨论关税形成适用于分析长期关税政策。然而，它非常不适合于解释单个产业为获得关税保护而进行的短期努力。特别是，它不能够解释损害大多数选民利益情况下的单个产业关税水平上升。然后，迈耶引入了多部门模型，分析了多数票制如何导致小型产业获得关税保护的情况，这验证了鲍德温的假说。

在直接民主制下，选民、利益集团既是贸易政策的需求者又是供给者。但是，现代民主国家很少实行直接民主制，基本上都是采取代议民主制。一般选民不会直接对贸易政策进行投票表决，因为这样做成本太高，实际上迈耶也注意到了投票成本问题。在代议民主制下，选民选出的是代理人，包括总统、议员等，贸易政策主要由他们制定。

本章小结

本章分析了贸易政策的新政治经济学。首先讨论了贸易政策非中性，指出了不同贸易政策对国内不同主体的利益影响存在差别，这是贸易政策国内政治的基础；在国

① 补充一句，格罗斯曼与赫尔普曼对贸易政策的研究引起了其对特殊利益政治学的研究，并出版了《特殊利益政治学》。在这部著作中，他们对利益集团影响政府政策的各种形式进行了模型化，包括利益集团作为选民、游说者和捐献者等。Gene M. Grossman, Elhanan Helpman, *Special Interest Politics*, Cambridge and London: The MIT Press, 2001.

际层面，自由贸易给不同国家带来的收益存在差别，导致国家间收益的再分配，成为国家间贸易政策国际政治的基础。不同的内生贸易政策理论强调了贸易政策选择的国内政治基础，是新政治经济学的理论和方法在贸易政策选择理论研究中的运用。国际关系中的诸多问题，如国际金融、要素的跨国流动、国际能源竞争、战争、国际组织、国际制度、国际公共产品等①，都不是单纯的经济学问题或政治学问题，而必须采用新政治经济学的思路和方法进行研究。

推荐阅读

1.[美]G. M. 格罗斯曼、[以]E. 赫尔普曼：《利益集团与贸易政策》，李增刚译，中国人民大学出版社 2005 年版。

2.[以]埃尔赫南·赫尔普曼、[美]保罗·R. 克鲁格曼：《贸易政策和市场结构》，李增刚译，上海人民出版社 2009 年版。

3.[美]拉尔夫·戈莫里、威廉·鲍莫尔：《全球贸易和国家利益冲突》，文爽、乔羽译，中信出版社 2018 年版。

思考题

1.所有参与国际贸易的国家或地区都能获得收益吗？

2.如何从新政治经济学的角度分析贸易保护主义政策的根源？

3.如何分析利益集团在贸易政策制定中的影响和结果？

① 对国际政治经济学的系统研究，参见张宇燕、李增刚：《国际经济政治学》，上海人民出版社 2008 年版；张宇燕、李增刚：《国际关系的新政治经济学》，中国社会科学出版社 2010 年版。

第十二章　发展的新政治经济学

经济发展一直是经济学家、政治学家、社会学家等研究者和政治家、企业家等实务工作者关心的核心问题。发展经济学有广义和狭义之分。广义而言，所有的经济学都是发展经济学，因为所有的经济学都研究经济发展或经济增长问题；狭义而言，发展经济学是20世纪40年代之后兴起的研究发展中国家经济发展问题的经济学分支。通常所指的发展经济学主要是狭义的发展经济学，本章提到的发展经济学也主要是狭义上而言的。

发展经济学产生于20世纪40年代第二次世界大战之后广大发展中国家的独立。它以发展中国家的经济发展问题为主要研究对象，探索发展中国家经济发展的经验和规律。它在经历了50年代至70年代的繁荣之后，到80年代出现了危机，因为发展经济学不仅没有解决发展中国家的贫穷落后问题，反而使得发展中国家与发达国家的差距越来越大。90年代之后，随着新政治经济学的繁荣，许多发展经济学家采用新政治经济学的有关理论和工具研究发展中国家的经济发展和经济增长问题，并成为发展经济学的新阶段和新方向。

本章分为两节，第一节论述发展经济学的危机与发展的新政治经济学，包括发展经济学的形成、发展和面临的危机；第二节概述发展的新政治经济学研究的主要问题和观点。

第一节　发展经济学的危机与发展的新政治经济学

发展经济学产生于20世纪40年代，经历了五六十年代的繁荣和70年代新古典主义的复兴与激进主义的兴起以及80年代的危机。90年代之后，从新政治经济学角度思考和研究发展问题成为发展经济学关注的新方向，并且被看作“发展经济学的革命”。

一、发展经济学的形成、发展与危机

发展经济学大体经历了三个阶段:20世纪40年代至50年代,发展经济学的形成阶段;60年代至70年代,新古典主义复兴阶段;80年代的危机阶段。①

(一)发展经济学的形成阶段

20世纪40年代,第二次世界大战结束之后,大量的亚、非、拉殖民地国家取得了独立,成为"发展中国家"或"不发达国家"。它们的经济发展问题引起了许多经济学家的关注。1943年,罗森斯坦-罗丹(Rosenstern-Roden)发表《东南欧工业化问题》,提出了"大推进"理论;1944年,斯特利(E. Staley)出版《世界经济发展》;1947年,曼德尔鲍姆(K. Mandelbaum)出版《落后地区的工业化》,标志着发展经济学的产生。② 迈耶和西尔斯在《发展经济学的先驱》中列举了作为发展经济学开创性先驱的10多位经济学家,包括彼得·鲍尔(Peter Bauer)、克林·克拉克(Colin Clark)、艾尔伯特·赫希曼(Albert O. Hirschman)、阿瑟·刘易斯(Arthur Lewis)、贡纳·缪尔达尔(G. Myrdal)、普雷维什(R. Prebish)、罗森斯坦-罗丹、华尔特·罗斯托(Walt W. Rostow)、辛格(H. Singer)、简·丁伯根(Jan Tinbergen)、西奥多·舒尔茨等。③

这一阶段,发展经济学的基本观点可以概括为唯资本论、唯工业化论和唯市场论。唯资本论将发展中国家落后或不发达的原因归结为资本匮乏。1949年,联合国发表的《不发达国家经济发展的措施》报告指出,经济进步是新的资本形成率的函数,在大多数经济迅速发展的国家,国内资本形成率至少为10%,有的更高一些;而在发展中国家,即使包括外国资本在内,资本的净形成率也不足5%。唯工业化论认为,发展中国家萧条的原因在于工业化水平低。发展中国家的主要产业是农业。工业化是发展中国家摆脱贫困、实现经济发展的必由之路。唯计划论强调通过计划化和国家干预实现发展中国家的资本积累与工业化。

(二)20世纪六七十年代的发展经济学

许多发展中国家按照"唯资本论、唯工业化论、唯计划论"的思路进行了实践,极力推行工业化政策,结果虽然在工业化方面取得了一些成就,但也付出了巨大的代价,农村和农业没有得到重视与发展,而城市人满为患。同时,这些国家虽然取得了一定的经济增长,但并没有取得根本性的发展。在这种情况下,20世纪60年代末70年代初,发展经济学开始转变,表现在新古典主义的复兴、结构主义仍占主要地位和激进主义的兴起。

---

① 有学者总结了发展经济学的演变和发展,指出了20世纪50年代之后在发达国家占主导地位的经济学流派和发展经济学研究的主要问题,表明了发展经济学与主流经济学之间的关系。参见高鸿业、刘凤良主编:《20世纪西方经济学的发展》,商务印书馆2004年版,第458页。

② 参见毕世杰主编:《发展经济学》,高等教育出版社1999年版,第29页。

③ 参见[英]迈耶、西尔斯编:《发展经济学的先驱》,谭崇台等译,经济科学出版社1988年版。

首先,新古典主义复兴。新古典主义首先对经济计划化和市场经济的作用进行了重新评价,市场和价格机制的作用重新得到重视。

其次,结构主义仍占主要地位,并有所发展。结构主义兴起于20世纪50年代发展经济学形成时期,其主要观点是,世界经济由两个部分构成:一个是中心,另一个是外围,两部分的生产结构有很大差别。中心的生产结构是同质的和多样化的,外围的生产结构则是异质的和专业化的。所谓"异质",是指生产率显著不同的经济活动并存,生产率相对较高的出口部门和生产率很低的农业部门并存。

最后,激进主义兴起。激进主义在结构主义关于世界经济中心和外围的基础上提出了"依附论"。激进主义者认为,发达国家位于中心,而发展中国家处于外围。外围与中心存在很大差别。外围的资本主义模式是中心国家通过殖民统治或凭借其政治经济优势强加给外围国家的,外围国家受制于中心国家。依附论进一步指出,外围国家的经济发展和经济扩张受制于中心国家的发展与扩张。多斯·桑托斯(Dos Santos)认为,拉丁美洲的依附经历了三个阶段:殖民时期的商业性依附、19世纪末期的金融—工业依附、第二次世界大战之后的技术—工业依附。

在这一时期,发展经济学家对兴起时期被忽视的发展中国家的许多问题进行了深入研究,包括农村和农业的发展问题、资本和劳动可替代性的问题、跨国公司问题、教育和人力资本问题、人口问题、资本市场问题等。

(三)发展经济学的危机

20世纪80年代之后,发展经济学受到了诸多批评。一是新古典主义发展经济学与主流经济学并没有本质的差别,没有所谓的发展经济学;二是发展经济学并没有解决发展中国家的问题,世界上仍然存在很多落后国家和发展中国家,有研究表明,战后1950—1985年,许多贫穷国家的收入是停滞的。① 发展经济学的奠基人之一艾尔伯特·赫希曼在1981年发表《发展经济学的兴起与衰落》,认为"发展经济学衰落了"②;迪帕克·拉尔(Deepak Lal)于1983年出版了《发展经济学的贫困》小册子,提出"发展经济学的死亡可能有助于发展中国家经济学和经济的健康发展"③。这样,20世纪80年代,发展经济学陷入了危机。

二、发展的新政治经济学

"发展的新政治经济学"并非"发展经济学"的新阶段,也并非发展经济学的"复兴",相关的学者也并没有自称为"发展经济学家",而是新政治经济学家(如新制度经

---

① 参见[瑞典]阿尼·比格斯滕:《非洲发展的障碍》,[瑞典]马茨·伦达尔等主编:《发展经济学新方向:当代的增长、环境与政府》,罗永光、卢周来译,经济科学出版社2001年版,第58页。

② Albert O. Hirschman, "The Rise and Decline of Development Economics", *Essays in Trespassing: Economics to Politics and Beyond*, Cambridge: Cambridge University Press, 1981, pp: 1-24.

③ [英]迪帕克·拉尔:《发展经济学的贫困》,刘泸生译,上海三联书店1992年版,第122页。

济学家等)在研究中将经济增长和经济发展作为研究的主题,探讨有些国家发展快、有些国家发展慢的原因,或者讨论一个国家或地区经济发展或经济增长的根源。例如,新制度经济学家诺思就是在研究美国经济增长和西欧经济兴起的原因时引入制度因素,研究了制度在一个国家或地区经济发展和经济增长中的重要作用;诺思并没有宣称自己是一个发展经济学家,但从其研究的主题看,他的确是研究经济发展和经济增长问题的。曼瑟尔·奥尔森一生关注的核心问题就是为什么有的国家富,有的国家穷,他从利益集团的角度分析了有些国家发展缓慢的原因,这也是政治经济学分析。新增长理论在研究经济增长时,将技术、分工和专业化内生到经济增长模型中,并且认为制度是推动经济增长最重要的因素。阿西莫格鲁和罗宾逊在《国家为什么会失败》中从汲取性制度和包容性制度、经济制度和政治制度双重"二分"的视角指出了很多发展中国家经济不发达的根源在于汲取性的政治制度和经济制度。[①] 还有的学者主张要从政治、文化、社会、经济等方面考察一个国家或地区的经济发展和经济增长。

第二节　发展的新政治经济学:研究主题及主要内容

前面提到,发展的新政治经济学并非发展经济学的新阶段,而是新政治经济学家们在研究经济增长和经济发展问题时考虑了政治过程、制度、法律等的影响,它并非独立的完整理论,而是贯穿于整个新政治经济学。新政治经济学对发展问题的研究并非仅仅针对第二次世界大战之后的发展中国家,而是既涉及发达国家,也涉及发展中国家。如果借用发展经济学以发展中国家的经济发展为研究对象的话,发展的新政治经济学可以理解为研究发展中国家经济发展的学者借用了新政治经济学的理论和工具,对比如非洲、南亚及拉美发展中国家问题的研究。本节主要关注以下方面:制度与经济发展,利益集团与国家兴衰,治理与经济增长,自由与经济发展,经济发展的政治、文化、社会等多维考察。

一、制度与经济发展

制度对一个国家或地区的经济增长和经济发展起着重要作用,是新制度经济学的核心命题和主要观点。从诺思 20 世纪五六十年代对美国 1790—1870 年经济增长的研究,到 60 年代末对西欧国家兴起的研究,都表明制度对一个国家或地区经济增长和经济发展的决定性作用。同时,制度也可能阻碍一个国家或地区的经济增长和经济发展,这就是诺思提出来的无效率制度存在的问题。这表明,有效率的制度能够促进一个国家或地区的经济增长和经济发展,而无效率的制度则可能起阻碍作用。许多研究

① 参见[美]阿西莫格鲁、罗宾逊:《国家为什么会失败》,李增刚译,湖南科学技术出版社 2015 年版,第 49-67 页。

经济增长的学者虽然提出了影响经济增长的因素，如储蓄率、技术进步等，但在追溯决定不同国家储蓄和技术进步的因素时，又不得不讨论制度的决定性作用，因为有的制度鼓励储蓄，有的制度鼓励消费和投资；有的制度鼓励技术进步，有的制度阻碍技术进步。诺思曾经指出，造成历史上经济停滞、当今第三世界经济不发达的主要原因是社会无力发展保证合同履行的简单、廉价方法。相反，所有权不确定会促使人们回避长期合同，仅使用一笔固定的资金。①

林毅夫对此作过比较详细的分析，他指出，制度具有重要的功能，这些不同功能的相对重要性随时间变化而变化。“在经济发展初期，收入水平徘徊在生存线附近，节约功能中的风险减免因素就可能是主导因素。正是这个因素为一些重要制度比如家庭、部落、宗族提供了基本的存在理由。在这种背景下，比如让村民友好相处并让每个个体相互了解加深，这些制度可能非常有效。当生产技术简单，大部分交易发生在个人之间并重复进行时，这尤为真实。机会主义行为很少，因为很容易被上述制度察觉。但当经济发展起来时，生产和交易变得日益复杂，经济的制度结构也随之变化。每一项制度安排趋于更加完善，执行的功能更加专门化，因而传统的制度将不再是最优的。”这说明，制度发挥作用的条件不断变化，而制度的效率也不断变化。如果经济条件已经改变，而制度没有变化，那么这种制度可能会由促进一个国家或地区的经济发展和经济增长转变成阻碍该国家或地区的经济发展和经济增长。“事实上，制度僵化和惰性会长期存在甚至会长期阻碍制度相对于环境变化的调整，并导致制度无效。”“如果制度惰性在即使没有社会成员能从中获益时依然能够维持下去，那么很明显，只在不利于部分社会成员时照样能维持下去。甚至当制度变迁的利益足够大，或至少是有巨大的潜在利益，使得那些从中受益之人可以补偿那些受害者，但这也并不意味着他们必须这么做。在这么做时，他们会受到下述因素的阻碍：(1)在所有可能的补偿方案中鉴别和达成最佳契约的困难；(2)与社会习俗任何可能的冲突；(3)评估潜在的成本收益及其分布的困难(这种困难在发展中国家更大)。”②因此，无效率的制度不仅会存在，而且可能会长期存在。

许多发展中国家的经济落后和不发达，可以归结为制度因素；而新兴市场经济国家的经济发展和经济增长，可以归结为制度改革。比如，中国作为世界上最大的发展中国家，1978 年的经济体制改革促进了经济的快速增长；家庭联产承包责任制的推行，促进了农业生产效率的提高；企业产权制度的改革，促进了工业的发展和工业化进程。

阿兰·华特斯(Alan R. Waters)曾经比较了斯里兰卡和韩国在第二次世界大战结束之后的发展差距。韩国和斯里兰卡几乎是在相同的时间取得独立的。1950 年，韩国的人均国内生产总值不到斯里兰卡的 82%，1963 年为 97%，1973 年则为 186%；

① 参见[美]诺思：《制度、制度变迁与经济绩效》，刘守英译，上海三联书店、上海人民出版社 1993 年版，第 9-12 页。

② 林毅夫：《再论制度、技术与中国农业发展》，北京大学出版社 2000 年版，第 22-25 页。

到1983年，韩国的人均国民生产总值已经是斯里兰卡的600%以上。造成这种情况的根源是什么？华特斯认为，是产权制度。直到1977年，斯里兰卡政府一直公开宣称其政策是为了削减私人产权，各届政府都在制定集中经济权力、广泛干涉市场、促使国家迈向完全计划经济的各项政策。“私人财产受到威胁和没收，造成了一种对未来预期不确定的气氛。由于获取未来收益的概率较小，很少有人要求得到或创造资产，生产性资产的价值下降了。在这个过程中，发生了储蓄向当前消费的转移，并导致经济增长率的下降。”①

二、利益集团与国家兴衰

曼瑟尔·奥尔森利用利益集团理论解释了国家兴盛发达和衰退落后的根源。在《国家的兴衰》这部著作中，他提出了有关利益集团的九个命题，解释了利益集团的存在是导致国家衰退落后的根源，一个国家的特殊利益集团的数量越多，越难以实现快速的经济增长。

几乎所有国家都会形成各种各样的利益集团，具有共同利益者具有形成利益集团的潜在可能性，然而并非所有具有共同利益者形成有组织的利益集团的可能性相同，也不是所有具有共同利益者都能够形成有组织的利益集团。那些能够形成并且已经形成的利益集团相对于没有形成利益集团者对政策的偏向具有更大的影响力，因而公共政策会偏向已经形成组织并且组织良好的利益集团。一个国家或地区存在的时间越长，社会越稳定，形成利益集团的可能性越大。利益集团的本质是为了分利，又可称为“分利集团”。所谓“分利”，是指利益集团并非追求整个社会财富的增长，而是在既有财富中分得更大的份额。哪怕整个社会的财富量有所下降，只要其能够分得的份额上升，其能够分享到的财富总量仍然可以高于社会财富不断增长而其份额不变的情形。因此，只要利益集团能够从社会财富中分配到的份额上升、分配到的财富总量上升，他们对由于政策偏离最优状态而阻碍了经济增长就不会关心。当一个社会的利益集团数量非常多的时候，每个利益集团都致力于分得更大的份额，而不是致力于财富的生产和增加，最终的结果就是整个社会财富增长缓慢，甚至下降。这也就解释了利益集团的存在导致国家衰退的原因。按照这个逻辑也可以得出国家兴盛的一个条件，即不存在各种各样的分利集团。

如果说奥尔森在《国家的兴衰》中解释了国家衰退的原因是利益集团的存在，那么在《权力与繁荣》中给出了市场经济国家经济繁荣的两个必要条件。第一个条件是产权明晰，这是对所有经济主体形成有效激励的条件。在产权不明晰的条件下，经济主体没有创造财富的激励，而在产权明晰的条件下，经济主体能够明确对自身努力所创造财富的权利。第二个条件是不存在任何形式的掠夺，既不存在国家通过税收等形式

① [美]阿兰·华特斯：《经济增长与产权制度》，[英]詹姆斯·A. 道等编著：《发展经济学的革命》，黄祖辉、蒋文华译，上海三联书店、上海人民出版社2000年版，第123-144页。

对经济主体财富的任意掠夺，也不存在利益集团造成的财富再分配和财富转移。可以说，奥尔森对市场经济国家经济繁荣两个条件的分析给出了必要条件，但并不是充分条件。

奥尔森在利益集团理论的基础上，通过分利集团解释了利益集团如何导致了国家衰落，这对于理解世界上很多国家的经济衰落具有重要的启发意义。实际上，阿西莫格鲁和罗宾逊在《国家为什么会失败》中提出的“汲取性制度”本质上类似于利益集团不但存在而且以制度的形式确定下来，可以说是对奥尔森理论解释的发展。

三、治理与经济增长

世界上最发达的国家基本上都采取市场经济体制，但是，市场经济并非一定带来经济繁荣。世界上最贫穷落后的国家也实行了市场经济体制，如撒哈拉以南的非洲、南美洲、中亚的许多国家。换句话说，市场经济仅是经济繁荣的必要条件，而非充分条件。

市场经济促进经济繁荣必须满足严格的条件。自从启蒙时代，许多思想家、学者就对此有深刻的阐述，并且几乎达成了一致的观点：“好的经济体制要能够有效地保护产权，使人们能够从投资中获益，自由订立合同，并且很好地排解纠纷。产权的有效保护还可以鼓励个人进行资本投资和自身的人力投资，进而促进经济的增长。”①

奥尔森等人研究了治理质量与经济增长之间的关系。衡量治理质量的指标包括政府的征用风险、政府拒不执行契约的风险、官僚的质量、腐败水平、公民守法、执法的传统等，研究的国家涉及欧洲、亚洲、南美洲、中美洲、非洲等 58 个国家。他们的结论表明，治理质量与经济增长率之间存在非常强的正相关关系。结果表明，衡量治理质量的各个指标都与经济增长正相关，即治理质量越高，经济增长速度越快；治理质量越低，经济增长速度越慢。②

政府消费支出占 GDP 的比重也对经济增长有重要影响。这可以从正反两个方面分析。一方面，政府消费支出占 GDP 的比重过高，意味着政府从事的非生产性活动占用了过多的资本，可能会使某些生产性活动无法得到投资，同时延长了资本积累的时间，但这种政府具有较强的财政汲取能力，为从事有效治理、保护产权等奠定了财政基础；另一方面，政府消费支出占 GDP 的比重过低，虽然政府不会形成对生产性资本的占用，但同样可能没有效率，可能会因为没有财力支持而无法从事有效治理，并造成政府官员的贪污、腐败、受贿等。

比如尼日利亚和扎伊尔，政府消费支出都低于 GDP 的 8%，它们同时也是经济增长最低的国家。这是因为它们的政府支出如此低，以至于缺乏行政能力和政治连续

---

① Simeon Djankov, Edward Glaeser, Rafael La Porta, et al., “The New Comparative Economics”, *Journal of Comparative Economics*, 2003, Vol.31, No.4, pp.595-619.

② Mancur Olson, Naveen Sarna, Anand V. Swamy, “Governance and Growth: A Simple Hypothesis Explaining Cross-country Difference in Productive Growth”, *Public Choice*, 2000, Vol.102, pp.341-364.

性，既不能有效地统治本国领土，也不能够提高政府占有的GDP份额。俄罗斯在刚完成经济转型时，政府消费支出不足GDP的10%，但抢劫、盗窃盛行，贪污、腐败成风，不仅没有促进经济增长，反而抑制了经济繁荣。政府消费支出占GDP的比重，在美国高达30%，在多数西欧、北欧国家高达40%以上，这不仅没有限制经济增长，反而促进了经济繁荣。这说明，政府消费支出占GDP的比重既不能过高，也不能过低，否则都不利于经济增长。

再比如经济转轨国家。有的国家在经济转轨后实现了迅速的经济增长，如中国和波兰；有的国家却经历了经济衰退和停滞，如俄罗斯。对这些国家经济转轨后经济绩效差别的解释，最初集中于转轨速度（大爆炸式改革和渐进式改革）上，并将改革速度作为衡量改革成效的决定性因素。尽管没有改革的国家总是面临着各种各样的政治或经济问题，然而过分强调改革的速度却可能毫无意义。如彼得·默瑞尔（Peter Murrell）指出的，各国经济转型成就存在很大差异，这在很大程度上取决于其创立的新制度的有效性。许多中欧国家之所以取得成功，关键在于创立了一系列行之有效的民主制度和市场经济制度，而俄罗斯各项改革的速度不可谓不快，而且也成功地创建了民主政府，却出现了严重的腐败和政府官员“被俘获”的问题。[①] 这也说明了单纯建立市场经济并非经济繁荣的充分条件；市场经济建成之后，要获得繁荣，必须建立有效的治理机制。

四、自由与经济发展

自由包括多个方面，在一个国家或地区的经济发展中起重要作用。主流经济学长期将市场自由与政府干预作为讨论的主题。就自由与经济发展的关系，1998年诺贝尔经济学奖得主阿马蒂亚·森（Amartya Sen）进行了详细的讨论，提出了自由既是发展的目的，也是发展的手段的命题。也有许多经济学家对经济自由与经济发展之间的关系进行了实证研究。

（一）作为自由的发展：阿马蒂亚·森的观点

阿马蒂亚·森将自由看作“实质自由”，“包括免受困苦——诸如饥饿、营养不良、可避免的疾病、过早死亡之类——等初步的可行能力，以及关系到能够识字算数、享受政治参与、发表不受审查的言论等等的自由”[②]。他区分了自由的过程方面和自由的能力方面，并特别关注自由的能力方面，指出“一个人的‘可行能力’（capability）指的是此人有可能实现的、各种可能的功能性活动组合。可行能力因此是一种自由，是实现各种可能的功能性活动组合的实质自由（或者用日常语言说，就是实现各种不同的

---

① Peter Murrell, “The Transition According to Cambridge, Mass”, *Journal of Economic Literature*, 1995, Vol.33, No.1, pp.164-178.

② ［印］阿马蒂亚·森：《以自由看待发展》，任赜、于真译，中国人民大学出版社2002年版，第30页。

生活方式的自由)”[①]。阿马蒂亚·森还举例说,从表面上看,一个富有的人的自愿节食和一个穷人的被迫挨饿在所达到的功能上是一样的,但是,前者完全有能力选择多吃一些,因此他比后者拥有一个更大的“能力集”(前者可以选择吃好并得到充足的营养,而后者无法做到)[②],实际上这是更大的自由度。这类似于以赛亚·伯林(Isaiah Berlin)所说的主动自由和被动自由。被动自由反映了自由使人免于他人侵害的一面;而主动自由则反映了人的能动一面,即一个人能做什么。[③] 阿马蒂亚·森主要分析了五种工具性自由:(1)政治自由;(2)经济机会;(3)社会机会;(4)透明性担保;(5)防护性保障。[④]

(二)经济自由与经济发展:实证研究

经济自由与经济干预一直是经济学讨论的主题。政府在市场失灵时干预经济生活,但是布坎南、阿尔钦等认为,市场失灵并非政府干预经济生活的充分条件,最多只是一个必要条件,因为政府并非全知全能、仁慈的,而是也追求自身利益最大化,甚至还掠夺成性。“对第三世界经济政策思考方式的最重要变化,是认识到关于计划经济国家政府特性的假设是不现实的。人们深信不疑地认为政府是仁慈的、无所不知的和无所不能的。关于政府无所不能的信念很快破灭了。政府无所不知的信念也越来越令人怀疑,因为计划者常常表现得缺乏远见,从而使私人机构很快破产。”[⑤]关于发展经济学早期主张政府干预的观点,从新政治经济学角度研究发展中国家问题的学者提出了批判,并进行了大量实证研究。

格莱尔德·斯库利(Gerald Scully)通过对115个国家和地区1960—1980年的数据进行研究,发现三个表征自由的变量中每一个都与经济增长率高度相关。当他把三个自由指标折合成单个变量时,他发现以“政治开放、个人拥有权利、自由市场”为特征的国家或地区有2.73%的人均收入增长率,而那些以“政治封闭、国家拥有权力、命令(经济)”为特征的国家或地区只有0.91%的人均增长率。[⑥]

朱利安·西蒙(Julian L. Simon)以中国农村的家庭联产承包责任制实行前后的农业产量、联邦德国(西德)和民主德国(东德)的经济发展、韩国和朝鲜的经济发展为例进行了说明。东西德国、韩国和朝鲜起始于相同的文化、相同的语言和差不多相同的经济发展水平,但由于采用了不同的体制,结果经济绩效存在异乎寻常的差别。比

---

① [印]阿马蒂亚·森:《以自由看待发展》,任赜、于真译,中国人民大学出版社2002年版,第62页。

② 参见[印]阿马蒂亚·森:《以自由看待发展》,任赜、于真译,中国人民大学出版社2002年版,第63页。

③ 参见[英]以赛亚·伯林:《自由四论》,胡传胜译,译林出版社2005年版。

④ 参见[印]阿马蒂亚·森:《以自由看待发展》,任赜、于真译,中国人民大学出版社2002年版,第7页。关于这五个方面工具性自由的详细阐述,参见[印]阿马蒂亚·森:《以自由看待发展》,任赜、于真译,中国人民大学出版社2002年版,第32-33页。

⑤ [英]狄帕克·拉尔:《发展中国家的经济转型:从计划到市场》,[英]詹姆斯·道等主编:《发展经济学的革命》,黄祖辉、蒋文华译,上海三联书店、上海人民出版社2000年版,第72页。

⑥ 参见[美]朱利安·西蒙:《人口增长拖了经济发展的后腿吗?》,[英]詹姆斯·道等主编:《发展经济学的革命》,黄祖辉、蒋文华译,上海三联书店、上海人民出版社2000年版,第90页。

如,在东德,简陋的四缸特拉庞特(Trabant)车几乎是人们能买到的唯一汽车。一个人要工作 3807 小时才能赚足够的钱买一辆特拉庞特车,而在西德工作 607 小时就能买到一辆更好的车。在东德,买车需要排队等 10 年。买一个电冰箱在东德需要工作 293 小时,但在西德只需 40 小时;买一套衣服在东德需要工作 67 小时,而在西德只需 13 小时。在东德,只有 36%的住房设施中有中央空调,60%有室内盥洗室,68%有淋浴室;而在西德,相应的百分比分别为 70%、95%和 92%。①

布莱安·约翰逊(Bryan T. Johnson)和托马斯·谢(Thomas P. Sheehy)研究了 1980—1993 年 100 个国家和地区的经济自由与经济增长之间的关系。② 他们是通过 10 个指标刻画一个国家或地区的经济自由指数的,包括贸易政策、税收政策、政府对经济产出的消费、货币政策、外国投资、银行政策、工资及价格控制、产权、管制及黑市活动。按照经济自由指数得分,将所考察国家分为四类:得分在 1.00—1.99 的国家或地区,经济上是自由的;得分在 2.00—2.99 的国家或地区,经济上较为自由;得分在 3.00—3.99 的国家或地区,经济上较不自由;得分在 4.00 及以上的国家或地区,经济上不自由。结论表明,经济越自由的国家或地区(指数越低),其经济增长水平越高;经济自由程度越低的国家或地区(指数越高),经济增长水平越低,如图 12.1 所示。

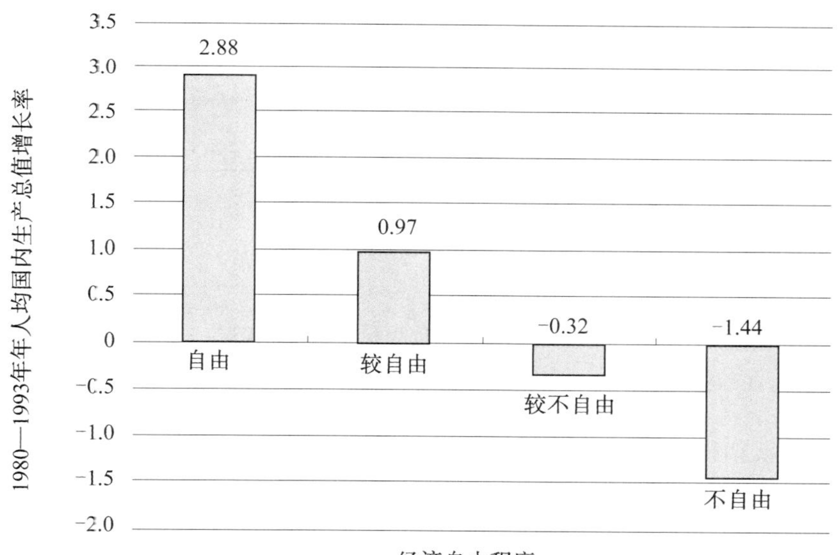

图 12.1 经济自由与经济增长之间的关系

资料来源:[美]布莱安·约翰逊、托马斯·谢:《经济发展和经济自由》,[英]詹姆斯·道等主编:《发展经济学的革命》,上海三联书店、上海人民出版社 2000 年版,第 329 页。

① 参见[美]朱利安·西蒙:《人口增长拖了经济发展的后腿吗?》,[英]詹姆斯·道等主编:《发展经济学的革命》,黄祖辉、蒋文华译,上海三联书店、上海人民出版社 2000 年版,第 92 页。

② [美]布莱安·约翰逊、托马斯·谢:《经济发展和经济自由》,[英]詹姆斯·道等主编:《发展经济学的革命》,黄祖辉、蒋文华译,上海三联书店、上海人民出版社 2000 年版,第 324-333 页。

五、经济发展的政治、文化、社会等多维考察

速水佑次郎(Yujiro Hayami)在《发展经济学：从贫困到富裕》中提出了一个考察经济发展的多维框架。他认为："如果不考察社会组织和人们的价值体系必不可少的重大变化，是无法领悟如此广泛的经济增长的。理解经济变量(诸如资本和劳动力)数量扩展与文化、制度相互作用进而产生一种有利于人均收入增长的社会制度的过程，应该是发展经济学的最终目标。"[①]他提出了一个包含经济发展的社会体制发展的广义框架，如图 12.2 所示。

在图 12.2 中，下半部分描述的是经济系统，包括技术和资源；上半部分描述的是文化和制度，它们对经济系统具有重要影响，同时经济系统对文化和制度也具有重要影响。这样，文化和制度与技术和资源之间就形成了相互联系、相互作用、共同发展的统一体系。

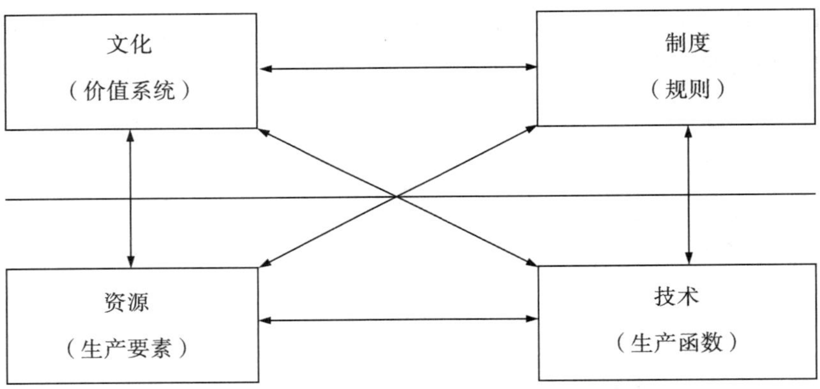

图 12.2　社会制度中相互联系的发展

资料来源：速水佑次郎：《发展经济学：从贫困到富裕》，李周译，社会科学文献出版社 2003 年版，第 2 页。

速水佑次郎提出的这个框架表明，一个国家或地区的经济发展并不是单一因素决定的，而是受到多种因素的影响。在分析或思考一个国家或地区的经济发展时，需要进行多维度、多角度的考察。

本章小结

发展中国家的经济发展是一个全球关注的问题。发展经济学的产生并没有解决发展中国家的落后或不发达问题，这导致了发展经济学的危机。新政治经济学的产生

① [日]速水佑次郎：《发展经济学：从贫困到富裕》，李周译，社会科学文献出版社 2003 年版，第 1 页。

为研究发展中国家问题的学者指明了一条思路，他们需要从制度等方面思考造成发展中国家贫穷落后的根源。这一研究思路虽然取得了重要的成果，但还不能称之为一个独立的学派或发展经济学的新阶段。实际上，研究发展中国家的问题离不开发展中国家自身的政治、文化、制度以及经济背景，因此需要多角度、全方位的综合研究。

推荐阅读

1.［美］詹姆斯·A. 道等编著：《发展经济学的革命》，黄祖辉、蒋文华主译，上海三联书店、上海人民出版社 2000 年版。

2.［美］曼瑟尔·奥尔森：《国家的兴衰：经济增长、滞胀和社会僵化》，李增刚译，上海人民出版社 2008 年版。

3.［印］阿马蒂亚·森：《以自由看待发展》，任赜、于真译，中国人民大学出版社 2002 年版。

思考题

1.如何看待发展经济学与主流经济学之间的关系？发展经济学能否解决发展中国家或不发达国家的发展问题？

2.如何看待制度与经济发展之间的关系？如何看待文化与经济发展之间的关系？如何看待技术与经济发展之间的关系？

3.一个国家或地区从事直接非生产性活动的人数占比与其经济增长和经济发展有什么关系？

第十三章　立宪经济学

立宪经济学是公共选择理论的核心内容之一。古典经济学时期，亚当·斯密等就开始对宪法、法律、宪政等问题发表看法，这可以看作是立宪经济学的最早成果；20 世纪，在立宪经济学方面有两位具有重大影响的学者：一个是哈耶克，另一个是布坎南。1960 年，哈耶克出版了《自由宪章》，提出了关于法律、宪法与自由的一些思想，1973 年又出版了三卷本的《法律、立法与自由》，对宪政、法律和自由等问题作了比较深入的阐述。[①] 1962 年，布坎南和塔洛克共同完成出版的《同意的计算》一书的副标题就是“立宪民主的逻辑基础”，其中第六章的标题是“广义立宪经济学理论”。[②] 此后，布坎南发表了许多立宪经济学的文章。他于 1986 年获得诺贝尔经济学奖时发表的演说的题目就是《经济政策的宪法》。[③]

本章主要对立宪经济学的含义、发展演变、主要理论观点及其应用等进行阐述。第一节阐明立宪经济学的含义、发展演变，第二节总结立宪经济学的主要观点，第三节描述立宪经济学的应用，第四节简要分析立宪经济学的局限性和未来发展。

第一节　什么是立宪经济学

Constitutional Economics 有不同的译法，如立宪经济学、宪政经济学、宪法经济学、宪则经济学、立宪政治经济学等。比较早达成一致的名称是“立宪经济学”，后来越

---

① F. A. Hayek, *The Constitution of Liberty*, University Of Chicago Press, 1960; F. A. Hayek, *Law, Legislation and Liberty*, Chicago: The University of Chicago Press, 1973.*The Constitution of Liberty* 至少有三个不同的中译本：一是台湾地区的译本《自由的宪章》；二是邓正来翻译的《自由秩序原理》(生活·新知·读书三联书店，1997 年版)；三是杨玉生、冯兴元等翻译的《自由宪章》(中国社会科学出版社，1999 年版)。对于该书的书名究竟如何翻译，邓正来曾经专门撰文探讨。参见邓正来：《〈自由秩序原理〉抑或〈自由的宪章〉》，《读书》1997 年第 8 期。

② [美]布坎南、塔洛克：《同意的计算：立宪民主的逻辑基础》，陈光金译，中国社会科学出版社 1999 年版。

③ James M. Buchanan, “The Constitution of Economic Policy”, *The American Economic Review*, 1987, Vol.77, No.3, pp.243-250.

来越多的学者采用“宪政经济学”①,也有学者采用“宪则经济学”②。立宪经济学和宪政经济学虽然有密切的关系,但不完全相同。宪政经济学分析的内容既包括立宪阶段,也包括立宪下的选择问题,即规则制定阶段和规则制定后阶段。③ 根据布坎南对立宪层次和操作层次的划分,他更强调的是立宪层次。

一、立宪经济学的含义

“立宪经济学”又称为“立宪政治经济学”(Constitutional Political Economy),是布坎南在公共选择理论基础上发展起来的一个经济理论范式。布坎南在1990年为《立宪政治经济学》杂志撰写的文章中指出:“立宪政治经济学是这样一种研究纲领,它直接研究规则的运行性质、个人在其中相互作用的制度以及这些规则和制度被选择的过程或规则和制度的产生。这个研究纲领与主流经济学的不同之处在于强调约束条件的选择,它与传统的政治科学的区别在于强调相互作用的合作而不是对抗。方法论上的个人主义与理性选择被看作是这个研究纲领的核心内容。”④

布坎南在为《新帕尔格雷夫经济学大辞典》撰写的“立宪经济学”词条中,从与古典经济学关系的角度给出了解释。他指出:“自本世纪70年代以来,‘立宪经济学’(立宪政治经济学)一词被用来定义和区分一个独特的学术流派及相关的政策讨论。该流派的研究对象并不新奇古怪,而且,可以说,它与亚当·斯密等古典经济学家的学说的关系,比起与古典经济学的现代的、‘非立宪的’变体的关系,要更为紧密。这两个流派都进行实证分析,其最终目的都在于为政策问题的讨论出谋划策。二者的差异在于它们的分析层次或立足点是不同的,从而它们所宣扬的东西也将是不同的。”“立宪经济分析试图对约束经济行为者和政治行为者的选择与活动的不同法律制度立宪规则的运转性质作出解释,这些规则界定了某种结构,在这一结构内经济行为者和政治行为者作出普通的选择。”⑤

为了理解“立宪经济学”的含义,布坎南与杰佛瑞·布伦南(Geoffrey Brennan)在

---

① 参见冯兴元为《宪政经济学》中译本写的“编校序”,[美]詹姆斯·布坎南:《宪政经济学》,冯克利等译,中国社会科学出版社2004年版,第2页。

② 韩朝华在翻译布坎南的论文集 *Explorations into Constitutional Economics* 的时候,采用了“宪则经济学”译法,参见[美]詹姆斯·布坎南:《宪则经济学:人类集体行动机制探索》,韩朝华译,中国社会科学出版社2017年版。韩朝华认为,布坎南所谓的“constitution”有“宪法”的意思,但并不等同于统领国家规则的“宪法”,而是强调各个领域的统领性规则,因此“宪则”这个译法可能更接近布坎南的思想核心。

③ 另据冯兴元的考证,在德国,Constitutional Economics 被译为“秩序经济学”(Ordnungsökonomie)。如果按照中国古汉语《国语》中的“顺其宪则”、《旧唐书》中的“永垂宪则”的用法,可译为“宪则经济学”。参见冯兴元为《宪政经济学》中译本写的“编校序”,[美]詹姆斯·布坎南:《宪政经济学》,冯克利等译,中国社会科学出版社2004年版,第2-3页。除韩朝华翻译的版本,同一部著作的另一个中译本则翻译为《宪政的经济学阐释》,参见[美]詹姆斯·布坎南:《宪政的经济学阐释》,贾文华、任洪生译,中国社会科学出版社2012年版。

④ James M. Buchanan, “The Domain of Constitutional Economics”, *Constitutional Political Economy*, 1990, Vol.1, No.1, pp.1-8.

⑤ [美]詹姆斯·布坎南:《立宪经济学》,盛洪主编:《现代制度经济学》(上卷),北京大学出版社2003年版,第345页。

1980 年共同出版的《征税的权力》一书中，对“宪法”的含义作了专门分析。“我们始终把‘宪法’视为一套规则，或一套社会制度，个人在其中从事活动和相互交往。把这些规则比作一种博弈规则可能是有用的。一场博弈可以通过其规则来加以描述，这些规则即该项博弈的宪法。这些规则形成了博弈赖以在其中进行的框架；它们界定了哪些行为是合法的，并描述了博弈目标和如何决定谁为胜者。”①因此，宪法就是其中行为的规则，包括个人之间交往的规则、个人与政府交往的规则以及政府行事的规则等。

2003 年，布坎南完成了一本题为《公共选择：一个研究纲领的起源与发展》的小册子。其中有一部分专门讨论了“立宪政治经济学”问题。他指出：“政治集体行动，与个人选择的结果类似，在两个或更多可以区分的阶段或层次上形成。首先，存在既定规则内的选择，总体上，这种规则被描述为‘宪法’。其次，存在对这些规则得以出现的选择……‘思考的立宪方式’将注意力转移到政治秩序的框架规则，其目标是要求或确保政体成员的一致同意。正是在这个层次上，个人从观念上计算或考虑他们自身与国家或政治权威的交易条件。”②这里，布坎南既给出了宪法的解释，也给出了立宪经济学的任务。

唐寿宁在关于立宪经济学的一篇综述中指出：“所谓立宪经济学，是讨论制度规则的选择的理论。采用‘立宪’这个词，一方面表明这里对于制度规则的讨论，是在最一般的层面上展开的，并不针对特定的制度；另一方面表明个人在制度规则的形成上的最终权利，之所以说是最终权利，在于要说明制度规则尽管并不是人设计的产物，但制度规则的形成却是要通过一致同意的检验。立宪在这里并没有宪法方面的特定含义。”③

从布坎南等人的定义可以看出，立宪经济学是一个研究纲领，从研究对象上看，它强调对一般规则的研究，包括具体的规则（Rule）和规则的规则（Rule of Rules）。

二、立宪经济学的发展

立宪经济学的起源至少可以追溯到布坎南和塔洛克 1962 年共同出版的《同意的计算》，其副标题是“立宪民主的逻辑基础”，并且有专门章节讨论立宪经济学问题。

1975 年，布坎南出版《自由的限度：在无政府状态和利维坦之间》（*The Limits of Liberty: Between Anarchy and Leviathan*）。该书提供了立宪经济学的雏形。这本书将选择一种什么样的财政制度作为讨论的核心问题。布坎南将财政制度看作一系列政策规则，这些规则受正义观、民主观和自由观的约束，同时这些观念也约束政府行

---

① Geoffrey Brennan, James M. Buchanan, *The Power of Tax: Analytical Foundations of a Fiscal Constitution*, Cambridge: Cambridge University Press, 1980;［澳］布伦南、［美］布坎南：《宪政经济学》，冯克利等译，中国社会科学出版社 2004 年版，第 3 页。

② James M. Buchanan, “Public Choice: The Origins and Development of a Research Program”, 2003, http://www.gmu.edu/centers/publicchoice/ Booklet.pdf.

③ 唐寿宁：《立宪经济学范式的一个综述》，1998 年，http://www.ordo.org/geren/bukannan.htm。

为。社会一旦选择了某种制度，政策就会按照这种制度所确定的政治程序来制定。这种制度有助于约束政治程序。①

1980年，布坎南和布伦南合作出版《征税的权力：财政宪法的分析基础》(*The Power of Tax*: *Analytical Foundations of a Fiscal Constitution*)。这本书更系统地讨论了通过制定财政政策宪法来约束政府对收入和财富征税的权力。这本书开头就明确指出："本书讨论的主题是政府征税的权力，怎样行使这项权力，可以怎样约束和应当如何约束这项权力。"对政府行为进行限制的宪法基础是，"授予政府的任何权力，都有可能在某些范围内和某些场合下，以不同于公民在'无知之幕'中所规定的可欲的用途得到行使"。②

1982年，理查德·麦肯锡(Richard B. McKenzie)在华盛顿组织召开了一次遗产基金会会议(Heritage Foundation Conference)，会议的主题就是"立宪经济学"。布坎南认为，是麦肯锡引入了"立宪经济学"这个术语③，而实际上布坎南一直在研究相关的问题。

1985年，布坎南和布伦南又合作出版了《规则的理由：立宪政治经济学》(*The Reason of Rules*: *Constitutional Political Economy*)。这本书突出讨论了立宪政治经济学的基本问题，如规则是如何产生的、如何实行的、如何改变的以及如何对其进行评价等。他们在这本书的开头就指出："英美法理学强调理性的规则(the Rules of Reason)，却大大忽视了规则的理由(the Reason of Rules)。我们所参与的社会经济、法律、政治博弈，只有根据其规则才能作出经验描述。但是，我们中间大部分参与博弈的人，并不理解或评价这些规则，例如它们是如何产生的，它们是如何实行的，它们又是如何被改变的，特别是如何对它们作出规范性的评价。从知识分子到一般社会大众，基本上都是'宪法盲'(Constitutional Illiteracy)。我们怀着既羡慕又妒忌的复杂心情，看着那些聪明的大玩家按照自己的利益操纵现行规则。众人竞相效仿的不是圣贤，而是这些耍小聪明的人。聪明人比比皆是，智慧日益贫乏。"④

1986年，布坎南获得诺贝尔经济学奖。次年，他为《新帕尔格雷夫经济学大辞典》撰写"立宪经济学"词条。"立宪经济学"的流行面日益广泛，并被越来越多的学者接受。在这个词条中，布坎南给出了"立宪经济学"的定义，阐明了立宪经济学与古典经

---

① James M. Buchanan, *The Limits of Liberty*: *Between Anarchy and Leviathan*, Chicago: University of Chicago Press, 1975

② Geoffrey Brennan, James M. Buchanan, *The Power of Tax*: *Analytical Foundations of a Fiscal Constitution*, Cambridge: Cambridge University Press, 1980;[澳]布伦南、[美]布坎南:《宪政经济学》,冯克利等译,中国社会科学出版社2004年版,第1、5页。

③ James M. Buchanan, "The Domain of Constitutional Economics", *Constitutional Political Economy*, 1990, Vol.1, No.1, pp.1-18.

④ Geoffrey Brennan, James M. Buchanan, *The Reason of Rules*: *Constitutional Political Economy*, Cambridge: Cambridge University Press, 1985;[美]布坎南、[澳]布伦南:《规则的理由:宪政政治经济学》,中国社会科学出版社2004年版,第xv页。在这部著作的中译本中,"Constitutional Illiteracy"被翻译成"制度盲"是不恰当的,这里修改成了"宪法盲"。

济学及社会哲学等的联系、理论渊源、特色、主要内容和应用等。[①]

1987 年，布坎南出版《经济学：介于预测科学和道德哲学之间》（*Economics: Between Predictive Science and Moral Philosophy*）论文集。该论文集收录了布坎南从 20 世纪 50 年代关于公共财政到 80 年代关于契约论社会哲学的论文。[②]

1989 年，布坎南出版《立宪经济学探索》（*Explorations into Constitutional Economics*）论文集，该论文集收录了布坎南独立完成及与他人合作完成的 31 篇论文。这 31 篇论文共分为理论基础和应用两大部分，在应用中又划分了投票、货币和财政宪法、公共产品供给、税收和公债、产权和外部性等 5 个部分。该书"序言"的两位作者罗伯特·托里森（Robert D. Tollison）和维克多·范伯格（Viktor J. Vanberg）对宪政经济学和布坎南给予了高度评价。[③]

1990 年，《立宪政治经济学》（*Constitutional Political Economy*）期刊创办。该期刊第一期第一篇论文是由布坎南独立完成的《立宪政治经济学的范围》。截至 2022 年年底，该期刊已经连续出版了 33 年。

1991 年，布坎南出版了《立宪经济学》（*Constitutional Economics*）论文集，收录了布坎南独立完成及与他人合作发表的从 20 世纪 60 年代到 80 年代的 6 篇文章。这些文章涉及财政政策、货币政策、卫生政策等领域。该书的序言作者阿瑟·塞尔顿认为，该书的 6 篇文章概括了布坎南关于立宪经济学和公共选择理论的主要思想，而这些思想是在过去的 30 年中形成的。[④]

此后，布坎南虽然在立宪经济学方面没有新的著作出版，但立宪经济学的发展主要得益于布坎南等的贡献。可以说，立宪经济学的发展和完善是在布坎南及其同事和学生的努力下完成的。哈耶克虽然也曾经在这方面有所贡献，但他讨论的主要是"自由"问题，而且也并非纯粹的经济学探讨，他的研究跨越了政治、哲学、法律、经济学等各领域。[⑤] 所以，我们在讨论立宪经济学的时候，以布坎南等公共选择学派的代表人物为主。

三、立宪经济学与非立宪经济学

布坎南认为，立宪经济学与非宪法经济学（Non-constitutional）、传统经济学（Traditional Economics）有本质的区别。按照布坎南的观点，经济学是一门关于选择

---

① 参见[美]布坎南：《立宪经济学》，盛洪主编：《现代制度经济学》（上卷），北京大学出版社 2003 年版，第 345 页。

② James M. Buchanan, *Economics: Between Predictive Science and Moral Philosophy*, Texas: Texas A&M University Press, 1987.

③ James M. Buchanan, *Explorations into Constitutional Economics*, Texas: Texas A&M University Press, 1989.

④ James M. Buchanan, *Constitutional Economics*, Oxford: Basil Blackwell, 1991.

⑤ 需要说明的是，哈耶克在 1974 年就获得了诺贝尔经济学奖，在经济学界具有重要的影响。他的研究跨越的学科非常广泛，正如其在《自由宪章》一书中指出的："我们必须把关于自由的哲学、法理学和经济学综合交融为一体，或者说为了增进我们对自由的洞见，我们必须把哲学、法理学和经济学综合起来进行探究。"F. A. Hayek, *The Constitution of Liberty*, Chicago: University of Chicago Press, 1960, p.5.

的学问，个人在一定的制度安排下在各种可能的方案中进行选择。主流经济学将分析集中于在约束或规则范围内作出选择，而这些约束本身是外在强加给进行选择的个人的，并且是由自然、历史、过去的选择结果、其他人、法律和制度安排甚至风俗和习惯强加的。例如，在微观经济学的消费者行为理论中，消费者在商品价格和收入（预算）约束下对一组商品的消费进行选择，以实现效用最大化。在这里，价格和预算约束本身对消费者来说是外在的，是消费者不能进行选择的。消费者只能在这种外在约束范围内进行选择。

立宪经济学将重点放在在各种约束或规则之间进行选择。立宪经济学的研究内容包括"规则、规则如何运行，以及应当如何选择规则"。[①] 立宪经济学既研究约束个人行为的规则，也研究约束集体行为的规则，重点是研究约束政府行为的规则。

立宪经济学既然研究规则的选择，那么它与新制度经济学之间有什么关系？布坎南认为，在新政治经济学的框架内，二者是并列的。[②] 但如果将立宪经济学中的"宪法"与新制度经济学中的"制度"联合起来考察，可以发现，立宪经济学要比新制度经济学高一个层次。第一，立宪经济学不仅是对规则的研究，还包括对规则的规则的研究；而新制度经济学主要集中于制度安排的研究，它是在主流经济学的框架内、在既定的宪法规则内研究制度，所以立宪经济学更强调的是制度安排形成的规则的研究。第二，从长期和短期来看，立宪经济学突出的是长期变化；制度经济学突出的是短期变化，因为相对于具体的制度安排而言，宪法变迁需要的时间更长。

立宪经济学和非立宪经济学虽然有上述差别，但立宪经济学并非要推翻、取代主流经济学，而只是对主流经济学进行补充和扩展。正如布坎南指出的，对于某些目的来说，把现存的约束看作相对的绝对并直接对结果模式的产生进行预测是有用的，实证经济学在这方面已做了大量工作。但是，经济学的新古典范式却无法解释立宪层次的行为。虽然立宪范式侧重于对立宪层次的分析，但其分析是为执行层次的分析提供前提，执行层次的分析在立宪层次的分析之后才得以展开。

四、古典政治经济学、社会哲学和宪法政治学

布坎南认为，立宪经济学与古典政治经济学有关系，而且它可以被看作古典政治经济学更为全面复兴的一个重要部分。按照布坎南的分析，古典政治经济学的一个目的就是解释市场如何在没有详细的政治指导下运行，对于市场功能的基本的古典分析，只是达到整个古典理论更为全面的一个必要步骤，其目的是要证明，具有可接受的效率的市场功能与政治指导无关。正是由于古典经济学的这个目的，亚当·斯密才致力于比较不同的制度结构、不同的约束，并阐明经济行为者在这些既定的制度结构和

① James M. Buchanan, "The Domain of Constitutional Economics", *Constitutional Political Economy*, 1990, Vol.1, No.1, pp.1-18.

② 参见[美]布坎南：《立宪经济学》，盛洪主编：《现代制度经济学》（上卷），北京大学出版社 2003 年版，第 348 页。

约束下作出选择。从这个角度看,亚当·斯密的古典政治经济学包括了对政府行为的约束和规定,而这正是立宪政治经济学要做的。[①]

布坎南认为,古典政治经济学是从道德哲学中产生的,或者在亚当·斯密的体系中,政治经济学只是其整个道德哲学体系的一部分,因此其学说的创立自然是在哲学观的范围内形成的。作为古典政治经济学的现代化身,立宪经济学也就具有了同样的规定性。所以,布坎南有许多论文和著作讨论道德等问题,比如《经济学:介于预测科学和道德哲学之间》。从具体层面上讲,道德哲学所讨论的重要问题包括人如何在自由、和平和繁荣的环境中生存?人的自由是什么?人的自由有什么规定性?等等。布坎南实际上将人和政府的自由放在宪法框架下进行讨论,宪法约束人的行为,更重要的是约束政府的行为。这样,布坎南的立宪经济学实际上是从规则和规则的规则的角度讨论人的自由和行为以及政府的自由和行为等。[②]

布坎南还专门讨论了立宪经济学与立宪政治学之间的关系。在布坎南看来,如果用交易范式(Exchange Paradigm)而不是最大化范式(Maximizing Paradigm)描述立宪经济学的研究纲领,那么经济学的内容就包括研究人类相互作用的合作安排,这种合作从最简单的两个人、两种商品的交易过程到最复杂的多个国家组织的准宪法安排。这种合作视角可以扩大到非商业活动或政治活动。这就把宪法经济学和宪法政治学区别开来了。政治学从对抗的视角看待政治过程,布坎南认为,在政治组织的成员之间、集团之间总存在潜在的对抗。因此,在政治学模型中不能够直接引入合作视角。但是,在社会的相互作用中,合作的必要条件为有关当事人获得正收益提供了前景,如果用收益—损失术语来讨论的话,则其为没有人遭到净损失提供了前景。从这个意义上讲,立宪政治学主要是从当事人相互对抗的角度讨论立宪问题,而立宪经济学更侧重于从合作角度讨论立宪问题。[③]

第二节 立宪经济学的主要理论

立宪经济学的主要理论观点分为多个方面,我们强调几点:一是立宪层次与执行层次的划分,二是不确定性与信息在立宪层次上达成一致同意的重要性,三是一致同意作为立宪层次上的基本规则,四是过程比结果重要。

---

① 参见[美]布坎南:《立宪经济学》,盛洪主编:《现代制度经济学》(上卷),北京大学出版社 2003 年版,第 346-347 页。

② 参见[美]布坎南:《立宪经济学》,盛洪主编:《现代制度经济学》(上卷),北京大学出版社 2003 年版,第 347 页。

③ James M. Buchanan, "The Domain of Constitutional Economics", *Constitutional Political Economy*, 1990, Vol.1, No.1, pp.1-18.

一、立宪层次与执行层次

立宪经济学将人们的行为分为两个层次：立宪层次（Constitutional Level）与执行层次（Operational Level）。这既可以看作立宪经济学的主要理论，也可以看作立宪经济学的前提条件。在《立宪经济学探索》的序言中，托里森和范伯格指出，“布坎南立宪政治经济学的核心就是时时提醒我们，我们的分析应该小心地在规则的层次（Level of Rules）与在这些规则内行动的层次（the Level of Actions within Those Rules）之间作出区分”[①]。

立宪层次与执行层次，按照布坎南的区分，是指对于制度进行选择的层次与在既定制度下进行选择的层次。对这两个层次，布坎南还用过别的词语，如，“立宪选择与后立宪的或时期中的选择”“立宪的决策制定与日常的决策制定”“对约束的选择与约束内的选择”“经济的结构与该经济在这一结构内的运行”“博弈的规则与规则内的博弈”等。[②] 在执行层次可以用成本—收益的语言进行讨论，而在立宪层次则无法用成本—收益的语言进行分析，在布坎南看来，新古典理论讨论的是执行层次的问题，立宪经济学则讨论立宪层次的问题。

立宪层次与执行层次的区分类似于把扑克游戏中先确定游戏规则然后再开始游戏划分为两个阶段。在开始玩扑克之前，牌友们要先对按什么规则玩进行讨论，由于这时无法知道以后自己会拿到什么样的牌，因此，每个人从自己的利益出发，将倾向于选择一套使游戏能公平进行的规则。当然，牌友们在这个选择规则的过程中会发生争论，但这些争论并不是基于自身可辨认利益的比较，而是基于对不同的规则在游戏过程中如何发挥作用的不同判断。因此，尽管牌友们在未发牌之前要就游戏规则达成一致是不容易的，但显然要比在牌友们拿到牌之后再选择游戏规则容易得多。这样，就体现了区分两个阶段的重要性。扑克游戏这一例子是布坎南在谈论到立宪层次与执行层次的区分时最喜欢引用的。在一个国家内部，宪法详细规定了总统如何选举、法律如何制定、行政层次如何安排等，这是立宪层次的问题；而这些规则一旦确定下来，选举总统、制定法律和安排形成层次就属于执行层次的问题了。这时候，如果立宪层次上的规则达成一致，执行层次所产生的结果就应该得到遵守。比如，只要宪法得到了全体一致同意，那么在宪法规则下选举出来的总统、制定的法律，都必须得到全体选民的遵守。

二、不确定性与信息在立宪层次上达成一致同意的重要性

将人的行为分为立宪层次和操作层次，人们在立宪层次上更容易达成一致同意，根本的原因就在于立宪层次上的信息更不对称，存在更大的不确定性。在很多情形

---

① James M. Buchanan, *Explorations into Constitutional Economics*, Texas: Texas A&M University Press, 1989, p. viii .

② 参见唐寿宁:《立宪经济学范式的一个综述》,1998 年，http://www.ordo.org/geren/bukannan.htm。

下，规则难以达成一致，就是因为人们已经具有了某些可以影响自身利益的信息，并在规则的选择上倾向于符合自己的利益。

唐寿宁认为，“不确定性体现个体对于特定制度效应的无信息”，并指出了无信息的两层含义：一是无法收集到信息，人对自己在今后时间中的具体的情形是不确定的，人只能是确定自己在今后的努力目标。当无法获取信息时（不存在信息对称），也许这些信息的获取就是不必要的。无法知道的东西也许就是没必要知道的。二是对于个人在这一层次的行为来说，也不必要收集信息，因为这里是制度规则的选择，各个行为主体带有自身利益的要求是不适宜的，这里是朝后看的，而信息总是指对于以前的了解。对于朝后看的选择来说，以前的信息在某种情形下是不需要的，或者说是不能予以考虑的。[①]

还是前面打扑克牌的例子，如果每个人对扑克牌的各种打法都具有差不多的水平，那么对扑克牌的规则就比较容易确定，但如果每个人都知道自己擅长哪种打法，并且也知道别人最擅长哪种打法，再达成一致同意的规则就比较困难了。这时，如果大家都特别想玩的话，可能会选择要么大家都不擅长或者牌技不起多大作用的简单玩法；另一种办法就是，大家就如何选择打牌规则进行决定，比如采用剪子包袱锤的方法决定谁来选择打法。这时对大家可能就都是公平的，同时这种玩法产生的结果更具不确定性。一旦要采用这个办法，那么获胜的一方选择的玩法，就必须得到大家的认可。

相对于具体法律而言，宪法的制定可能更容易，因为宪法只规定原则性问题，不涉及具体问题和直接利益，其产生的结果也就具有更大的不确定性。比如，美国宪法规定，满足一定条件的公民都可以竞选总统，也都有选举总统的权利，候选人只要获得50%以上的选票就可以当选。人们能够就这个规则达成一致，是因为任何人都不知道自己以后能否有实力竞选、是否能够获得半数以上的选票。

因此，信息不对称和不确定性在规则的达成上具有决定性作用，正是因为人们的信息不对称、信息不足和不确定性，才比较容易达成立宪层次上的规则。

三、一致同意作为立宪层次上的基本规则

布坎南认为，在立宪层次上，规则需要一致同意达成，因为一致同意表示没有人受损。只有这样，才能够保证每个人的利益得到维护，交易才能够公平。只要不是一致同意，就必然意味着有人在某项规则的达成或变化中受到损害，这样达成的规则就不是维护全体公民利益的，可能就是不稳定的。布坎南认为，对所选定规则效率的判定要依赖于一致同意标准，而现有规则的变动是否有效率，也要依赖于一致同意标准。如果从一个给定的位置上无法通过所有成员的同意而作出任何变动，那么，这一原来的位置将被看作属于最优的或有效率的；如果提出一种变动而且集体中的所有成员都

① 参见唐寿宁：《立宪经济学范式的一个综述》，1998年，http://www.ordo.org/geren/bukannan.htm。

同意这一变动，那么，这一原来的位置就不是最优的。“一致同意之所以重要，不在于它的神圣，而在于它提供了判断规则的唯一标准。”①同时，布坎南认为，立宪层次和执行层次的一个重要差别就在于立宪层次上必须一致同意，而执行层次则未必如此。

根据布坎南的观点，一致同意规则最早源于魏克塞尔。魏克塞尔认为，要是对个人的估价进行计算，要是关于这种估价的信息唯一来源是个人本身已显示的选择行为，那么，除非采取某种措施使所有人（及集团）达成一致，否则没有任何变化可以被认为是“有效的”。②

既然一致同意规则在立宪层次上如此重要，那么是否存在一致同意规则？布坎南追随罗尔斯的观点，作出了肯定的回答。因为在立宪阶段，每个人都处于对未来的无知状态，每个人并不清楚其在未来的决策规则运行中处于什么位置、扮演什么角色，因此每个人都希望创造一套公正的博弈规则。虽然当事人的利益和目标是不可调和的，但他们在不能准确知道自己未来状况的条件下，从自身利益出发，都会按照某种公正的标准来评价和选择博弈规则。

四、过程比结果重要

相对于结果而言，布坎南更重视过程或者规则。他将人的行为分为立宪层次和执行层次，将一致同意作为立宪层次的标准，只要在立宪层次上达成了一致同意，那么“宪法”对所有人就是公平的、有效率的。在宪法下出现的结果就应该被达成宪法的所有人接受，而不论这个结果对某个人是有利还是有害。在执行层次上，涉及的问题越具体，让所有人达成一致同意的可能性就越小，因为总会有人受益、有人受损。这样，在执行层次上，根据人们的成本和收益，在判断某项规则或制度的效果时，就肯定有人不满意。所以，布坎南就提出，要判断某项结果是否公平、合理，不在于结果本身，而在于最初的规则和执行者是否按照该项规则行事，也就是必须根据行事的过程是否违反宪法来判断结果。

比如，不论谁当选总统，只要其当选符合宪法的规定，就应该得到全体人民的拥护，即便这个总统是个杀人犯或者法西斯独裁者如阿道夫·希特勒（Adolf Hitler）。如果宪法规则得到了全体一致同意，要判断某件事情或结果是否合理、公平，关键是看过程是否遵照宪法来执行。只要过程是合乎宪法的，那么根据全体一致同意的宪法得出的结果就应该得到全体的认可。

---

① [美]布坎南：《民主过程中的财政》，唐寿宁译，上海三联书店1992年版，第228页。

② 参见[美]布坎南：《立宪经济学》，盛洪主编：《现代制度经济学》（上卷），北京大学出版社2003年版，第349页。

第三节 立宪经济学的应用

立宪经济学的应用大量存在。比如，在对某个事情的决策存在大量争论的时候，首先可以就决策规则达成一致意见，甚至就决策规则的选择规则达成一致意见，或者就决策规则的选择规则的决定规则达成一致。只要还在某个层次上存在争论，尚不能够达成一致同意，就可以向更高层次的规则扩展，直到大家达成一致同意。一旦大家在某个层次达成了一致同意，在此规则下作出的决策，不论如何，都必须被接受。这就是运用立宪层次与执行层次的差别。

在"立宪经济学"词条中，布坎南指出了立宪经济学已经在多个方面得到应用；在《立宪经济学探索》论文集中，编者将布坎南的文章分为两大类，即理论和应用，并将"应用"划分为五个部分，即选举、货币和财政宪法、公共产品供给、税收和公债、产权和外部性。这实际上指明了宪政经济学应用的五个领域。所有这些方面，布坎南都曾经详细研究和阐述过。本节主要讨论布坎南等关于立宪经济学在税收、财政或货币政策两个方面的应用。

一、税收领域

布坎南认为，后马歇尔经济理论(局部均衡模型或一般均衡模型)常常在税负分析中得到应用。所作的分析是要说明，外部征集的税收对于在市场上作为物品和劳务的需求者及供给者的私人经济行为会产生什么影响。在这一实证分析的基础之上，规范福利经济学根据帕累托标准对各种收入税制度进行了顺序排列。新古典税收理论在实证与规范这两方面都体现着如下假定，即税收本身对于选择过程来说是外生的。但是，公共选择理论假定政治决策的过程和结果都是内生的，它直接考察政治决策规则，以说明将出现什么类型的税制或税种。立宪经济学的一个重要应用就是分析了不同的政治规则如何会产生不同的税制。

在《征税权》一书中，布坎南和布伦南引用了许多更早的思想家关于征税与权力限制等方面的经典观点。如孟德斯鸠在《论法的精神》中提到的，"一条永恒的经验是：任何掌权者都倾向于滥用权力；他会一直如此行事，直至受到限制"；穆勒在《论代议制政府》中指出的"政府的利益在于可以重税，共同体的利益在于尽可能少纳税，少到只能维持政府的必需开支"；"正是合宪政府的这一原则要求人们假设，掌权者为了达到自己的特殊目的，会滥用政治权力；不是因为事情一贯如此，而是因为这是事物的自然趋势，自由制度的特殊功用便是对它加以防范"[①]。在布坎南和布伦南看来，如果不对政

① 转引自[澳]布伦南、[美]布坎南：《宪政经济学》，冯克利等译，中国社会科学出版社2004年版，扉页、第1页、第16页。

府的权力进行限制，它就会提高税率，扩大征税范围，无限制地征税，损害纳税人的利益，宪法的重要作用就在于限制政府的权力。政府在决定税率、税收的形式等方面必须符合宪法规定的程序等方面的要求，否则选民可以不接受政府制定的税率或税收形式。这样，布坎南和布伦南就将税收制度改革、税收立法和基本税收结构看作约束政府无限膨胀的一种努力。

二、财政或货币政策宪法

布坎南认为，要约束财政政策或货币政策的过度扩张，必须对政策的制定过程施加宪法规则约束，制定政策应当遵循经一致同意形成的规则。财政—货币宪法是约束财政政策和货币政策制定过程的根本性规则。规则一旦确定，随后的财政政策和货币政策就必须按照这种规则制定。为什么要制定财政—货币宪法？因为它可以避免政策制定者在利己心的驱动下或者利益集团的游说下，随意制定对个人或某些利益集团有利的政策，能够使政策的制定过程更加透明。

布坎南和瓦格纳在《赤字中的民主：凯恩斯勋爵的政治遗产》中设想了财政制度改革的两个步骤。第一步是确立一个宪法规则，这个规则对于政治家或官员来说是外在的和高高在上的。这个规则的特征可以概括为："第一，它必须较为简单、易懂，能够被公众所领会，那些或许只有经济学家、传教士才能充分理解的高度复杂的准则，仅仅在这一点上就几乎不具备资格。第二，一个有效的准则，必须只有划分是否遵循或违反该准则的标准界线，一旦准则遭到破坏，无论政治家们或是一般公众都能比较容易地加以辨别。第三，也即最重要的一点是，这一财政准则必须反映和表达全体公民的价值观，从而使他们信奉准则规定的各项条款，在某种意义上可能被看作是神圣不可侵犯的。总而言之，上述三点基本特征都提出了一个要求，即任何有效的预算准则，都必须被普通选民认为是'有意义的'。"第二步是明确地重新确立财政账户收支双方平衡的原则，有效地控制公共开支，把凯恩斯主义破坏财政平衡的理论颠倒过来。"这个预算平衡原则具有简单易行的极大优点。无论过去、现在和将来，它都易于为人们所理解，而将私人财务责任转化为政府的行为准则，也有助于减轻理解上的困难。"[①]

在对财政政策的宪法进行分析之后，布坎南和瓦格纳提出了修改美国宪法的建议，增加如下条款[②]：

(1)要求总统每年向国会提交一份按照联邦政府的支出与收入相等而规划的预算。

(2)要求国会在初步复审和随后批准预算时，不得超出联邦政府收支平衡的预算限度(当然，不要求国会的预算与总统提交的预算相同)。

---

① [美]布坎南、瓦格纳：《赤字中的民主：凯恩斯勋爵的政治遗产》，刘廷安、罗光译，北京经济学院出版社1988年版，第178页。

② 参见[美]布坎南、瓦格纳：《赤字中的民主：凯恩斯勋爵的政治遗产》，刘廷安、罗光译，北京经济学院出版社1988年版，第182-183页。

(3)当证明规划有错误并且预算赤字超过了规定限度的情况发生时,应在3个月内自动削减联邦政府支出,以恢复预定的预算平衡。如果预算出现结余,则应利用余额来偿付国债。

(4)这个修正案的各项条款将在通过后的5年之内完全有效。为了逐步有序地使其彻底贯彻实施,该修正案通过后5年内每一年度的预算赤字应至少降低20%。如果达不到20%,则应将其按修正案充分实施条件下背离预算平衡处理。

(5)只有当国会两院各以2/3票数通过并且经过总统批准,宣布国家处于紧急状态时,这个修正案的各项条款才可以放弃。一年以后,国家紧急状态的宣告自动失效。

布坎南和瓦格纳还通过一个例子对这些建议做了说明。[①] 假定上面提到的修正案在1980年采用,当时联邦政府的年度预算赤字为1000亿美元。那么在1981年即过渡时期的第一年,赤字将降低到800亿美元以下。如果在这第一年里,预计的支出超过收入,在800亿美元以上,为了达到赤字的上述水平限定,就需要全面减少联邦政府的所有支出。5年过渡期内随后的每一年都将采取类似的处理方法,直至1985年修正案充分生效。从那时以后,就开始要求政府保持预算平衡,而不再是降低赤字。修正案要求在过渡期内逐年减少赤字规模,并在过渡期结束时彻底消除赤字,这并不一定意味着现行的联邦政府支出计划在采用修正案条款时将被压缩或取消。修正案的直接目的在于控制预算赤字的规模,而不是联邦政府支出的绝对额。为了遵守所提出的修正案的条款,国会可以选择提高税率、降低政府支出的增长率或者二者配合运用等手段。

布坎南和瓦格纳提出的上述建议条款都是对政府任意扩大赤字的限制,并且对政府逐年减少赤字并通过议会表决的方式生效进行宪法限制。

在阐明了财政宪法的问题之后,布坎南和瓦格纳还对货币政策的宪法进行了阐述。他们指出,美国面对巨额国债,美国联邦储备局可能以此作为增加货币基础的手段,"实际上,国家债券在这整个时期内都将具有货币的性质"。任意增发货币将会对经济产生巨大的不良影响。布坎南等指出:"如果货币数量的变化对经济产生的影响是中立的,那么凯恩斯主义的通货膨胀倾向本身就不值得一提了。但是,货币数量的变化并不是中性的,因为这些变化会影响经济内部一系列变量的实际行为。正是货币数量变动的这种非中性影响,使得凯恩斯主义的通货膨胀倾向具有如此大的破坏力。货币的创造扭曲了经济运行的各种信号,结果劳动和资本投入了那些如果没有不断增加的通货膨胀就无法维持的领域。虚假的信号也减少了诸如标准核算等计划的信息量,从而增加了经济运行参与者的决策失误。"[②]为了防止国家通过任意发行货币来解决债务问题,布坎南等提出,需要一个"补充性的宪法修正案,以指导联邦储备局按照

① 参见[美]布坎南、瓦格纳:《赤字中的民主:凯恩斯勋爵的政治遗产》,刘廷安、罗光译,北京经济学院出版社1988年版,第183-184页。

② [美]布坎南、瓦格纳:《赤字中的民主:凯恩斯勋爵的政治遗产》,刘廷安、罗光译,北京经济学院出版社1988年版,第185页。

大体上相当于国民经济实际产出增长率的比率，来增加其货币基础，这个补充性的货币法规有助于保持产品价格水平的基本稳定。联邦储备局将会发现，鉴于实际产出应该随着时间变化而增长，根据该货币法规，增加货币基础是必要的。它们可以直接被用来专门购买和分期偿还联邦政府尚未清偿的债务"[①]。

除了上述几个方面之外，布坎南等还阐述过立宪经济学在其他方面的应用，例如关于"改变立宪"的种种规则的分析、关于公共企业组织的分析等方面。

本章小结

本章主要对立宪经济学的含义、发展演变、主要理论观点和应用以及缺陷和未来发展进行了阐述。立宪经济学包括的内容非常广泛，就其应用而言，不仅包括税收以及财政政策和货币政策领域，还包括公共产品的提供、外部性以及其他公共政策（比如卫生政策）的制定等领域。然而，立宪经济学也存在一些问题，使得其在 20 世纪 90 年代之后发展缓慢。

立宪经济学可以被视为一种工具，讨论立宪层次上的选择问题，包括政治宪法和市场宪法，但在基本理论上有比较大突破的可能性似乎不大。《立宪政治经济学》虽然在 1990 年创刊，但发表的大多数论文是关于立宪经济学在某个方面的应用，或者在更大范围内就是公共选择问题。所以，立宪经济学未来的发展可能主要集中于理论探讨。在现实应用中，立宪经济学虽然颇具价值，但能够应用到何种程度、能否被接受、能够被接受的程度等都是值得认真思考的。

推荐阅读

1.［美］詹姆斯·布坎南、戈登·塔洛克：《同意的计算：立宪民主的逻辑基础》，陈光金译，中国社会科学出版社 2000 年版。

2.［澳］杰佛瑞·布伦南、［美］詹姆斯·布坎南：《宪政经济学》，冯克利等译，中国社会科学出版社 2004 年版。

3.［美］詹姆斯·布坎南：《宪则经济学：人类集体行动机制探索》，韩朝华译，中国社会科学出版社 2017 年版。

---

① ［美］布坎南、瓦格纳：《赤字中的民主：凯恩斯勋爵的政治遗产》，刘廷安、罗光译，北京经济学院出版社 1988 年版，第 184-185 页。

思考题

1.如何看待制度、宪法、宪则、规则等的层次性及不同层次规则之间的关系?

2.行为的执行层次和立宪层次的差别是什么?一致同意规则为什么适用于立宪层次?

3.为什么在民主制度下过程比结果重要?

第十四章　比较经济学、比较制度分析与新比较经济学

比较经济学(Comparative Economics)是经济学的一个重要分支。它主要是对不同国家的经济体制进行比较研究,特别是对社会主义经济体制和资本主义经济体制进行比较。20 世纪 90 年代,随着苏联的解体、转轨和社会主义国家普遍采用市场经济体制,原来对不同经济体制进行比较的比较经济学似乎没有了比较的对象。但是,不同国家的经济发展模式不可能完全相同,同样的经济体制在不同国家的经济绩效也差别甚大。比如,同样是市场经济,为什么在不同的国家会有不同的绩效?一种制度从发达国家移植到发展中国家之后,制度的效率或作用能否发挥出来?这也许需要对不同国家的制度(包括文化规范、社会惯例等)进行比较研究。这就是新比较经济学和比较制度分析所研究的问题。

本章主要阐述比较经济学的有关理论,涉及传统比较经济学、新比较经济学和比较制度分析。第一节主要阐述传统比较经济学的产生和发展等,第二节阐述比较制度分析的有关理论,第三节阐述新比较经济学的主要理论及其应用。

第一节　比较经济学

一、比较经济学的产生与发展

比较经济学是对不同国家经济体制的比较。从经济学说史上来看,至少从空想社会主义者就已经开始了对比较经济体制的研究。空想社会主义者、马克思、恩格斯对资本主义灭亡、社会主义必然胜利的论述,实际上就是比较了当时的资本主义和设想的社会主义或共产主义经济制度,并得出社会主义或共产主义比资本主义制度优越的结论。

1917 年,俄国十月革命胜利,建立了世界上第一个社会主义国家。在 20 世纪二

三十年代，苏联取得了巨大的经济成就，引起了世界的关注。这一时期，米塞斯和泰勒、哈耶克、罗宾斯与兰格关于社会主义的争论，就是对经济体制的比较，但他们更强调的是社会主义是否可行。真正对社会主义和资本主义等不同经济体制进行比较可能是从康芒斯开始的。康芒斯 1934 年出版的《制度经济学》最后一章的标题是“共产主义、法西斯主义、资本主义”。在该章开头，他指出：“自从世界大战以来，三种政治经济学体系取得了重要的地位：苏联的共产主义、意大利和德意志的法西斯主义、美国的金融资本主义。可以从这三种观点出发，对它们进行比较：经济理论、社会哲学和世界历史。”①1937 年，英国著名经济学家庇古出版了《社会主义和资本主义的比较》。②1938 年，美国经济学家威廉·劳克斯(William N. Loucks)与约翰·胡特(John W. Hoot)共同出版了《比较经济体制》③，这是第一部专门的比较经济学著作。这本书的副标题为“资本主义、社会主义、共产主义、法西斯主义与工团主义”，此即他们对世界各国经济体制的划分。将不同国家的经济体制划分为不同“主义”的做法，被称为“主义”划分法，后来成为比较经济学对各国经济体制进行划分的主要方法。

在第二次世界大战结束之前，比较经济学虽然已经产生并有了一定的发展，但是，比较经济学作为一门独立的经济学分支并得到迅速发展是在第二次世界大战之后。阿兰·格鲁奇(Allan G. Gruchy)对此曾经做过解释：“在第二次世界大战之前，经济学家对国民经济的不同类型没有多大兴趣。虽然苏联在 1917—1939 年已经有相当大的进步，但在第二次世界大战开始时还没有对西方资本主义经济提出强有力的挑战。德国、意大利和日本的法西斯经济，往往被看作资本主义制度的异端，而不被看成经济制度不同类型的代表。1945 年以后，独裁主义的社会主义或共产主义在东欧和中国大陆的扩展，印度社会主义的出现，南斯拉夫市场社会主义的发展，不发达国家的蓬勃兴起，使经济学家越来越注意国民经济不同类型的问题。这种新的兴趣，表现为关心比较经济制度或比较经济学的研究。”④

从 20 世纪 60 年代中后期开始，在美国、西欧等国家和地区出现了大批的比较经济学者和研究成果，美国、西欧的大学普遍开设比较经济学课程。这一时期，西方经济学界相继出版的比较经济学著作有：劳克斯和惠特尼合作出版的《比较经济制度》(第 8 版，1969 年)、劳埃德·雷诺兹(Lloyd G. Reynolds)的《经济学的三个世界》(1971 年)、埃克斯坦(A. Eckstein)的《经济体制的比较：理论和方法》(1971 年)、格鲁奇的《比较经济制度》(1975 年)、纽伯格(E. Neuberger)和达菲(W. Duffy)的《比较经济体制：从决策角度进行的比较》(1976 年)、约翰·蒙泰斯(John M. Montias)的《经济体制的结构》

---

① [美]康芒斯：《制度经济学》(下册)，于树生译，商务印书馆 1962 年版，第 559 页。

② 参见[英]庇古：《社会主义和资本主义的比较》，谨斋译，商务印书馆 1963 年版。

③ William N. Loucks, John W. Hoot, *Comparative Economic Systems: Capitalism, Socialism, Communism, Fascism, Cooperation*, New York: Harper & Brothers Publishers, 1938.

④ [美]阿兰·格鲁奇：《比较经济制度》，徐节文、王连生、刘泽曾译，中国社会科学出版社 1987 年版，第 3 页；Allan G. Gruchy, *Comparative Economic Systems: Competing Ways to Stability, Growth, and Welfare*, Boston: Houghton Mifflin Company, 1977.

(1976年)、维克拉夫·霍尔索夫斯基(Vaclav Holesovsky)和伯恩斯坦(M. Bernstein)的《比较经济体制:模式与案例》(1979年)、保罗·格雷戈里(Paul Gregory)和罗伯特·斯图尔特(Robert Stuart)的《比较经济体制学》(1980年)、马斯登(C. Marsden)等的《比较经济学导论》(1980年)、史尼泽(M. C. Schnitzer)等的《比较经济体制》(1983年)、弗雷德里克·普瑞尔(Frederic L. Pryor)的《东西方经济体制比较:研究指南》(1985年)等。[①] 1977年,《比较经济学》杂志创刊,标志着比较经济学作为经济学中的一门重要前沿学科迅速发展。《比较经济学》杂志致力于对当代的、历史上的和假想的经济体制的分析与研究。这些分析包括不同经济体制或次体制绩效的比较,对一个经济体中绩效与体制特征关系的研究,以及对一个或更多经济体制的起源与演进的考察。比较经济学在20世纪六七十年代一直到80年代前期取得了比较迅速的发展,成为经济学的一个重要分支。然而,在80年代末90年代初,随着苏联解体和东欧社会主义国家的改革、中国向社会主义市场经济体制的转变,传统意义上的比较经济学失去了比较的对象,其重要性也日益下降。[②]

传统比较经济学没有了比较的对象,但不意味着原来从事比较经济学研究的学者不存在了。他们在20世纪90年代一直探讨比较经济学的发展问题。大约1993年,蒙泰斯就和阿夫纳·本-内尔(Avner Ben-Ner)、纽伯格共同提出了一个比较经济学的新框架,强调对经济体制效果进行比较的重要性,探索将经济体制从环境、政策要素对经济效果的影响中分离出来并进行测量的方法。[③] 1994年,他们出版了《比较经济学》著作,主要内容有:(1)组织的内部结构、行为及目标;(2)组织的不同类型及其控制和代理问题;(3)企业组织之间的联系与超级组织,组织的力量与工会,组织与宏观经济学,制度绩效及其比较;(4)制度变迁的动因及其影响。[④] 1998年,《比较经济学》杂志主编约翰·伯宁(John P. Bonin)指出,比较经济学比较的对象仍然是"制度"(Institutions),而这些制度是由体制(Systems)和亚体制(Subsystems)引发的,"比较经济学家就是要学会识别和认识体制和亚体制下制度安排的复杂性和相互关联"。[⑤] 这样,传统的比较经济学家在失去了经济体制的比较对象之后,开始寻找新的比较点,即制度,而不再是体制。

---

① 参见江泽宏:《比较经济学导论》,复旦大学出版社1988年版,第11页;张仁德:《新比较经济学》,人民出版社2002年版,第3页。

② 比如在1987年出版的《新帕尔格雷夫经济学大辞典》中就没有"比较经济学"这个词条。

③ Avner Ben-Ner, J. Michael Montias and Egon Neuberger, "Basic Issues in Organizations: A Comparative Perspective", *Journal of Comparative Economics*, Vol.17, No.2, 1993, pp.207-242.

④ John Michael Montias, Avner Ben-Ner and Egon Neuberger, *Comparative Economics*, Switzerland: Harwood Academic Publishers, 1994.

⑤ John P. Bonin, "The 'Transition' in Comparative Economics", *Journal of Comparative Economics*, 1998, Vol.26, pp.1-8.

二、比较经济学的核心:“经济体制”的定义、分类与比较

比较经济学从产生一直到20世纪60年代后期,比较的对象主要是按照“主义”划分法划分出来的不同经济体制,主要是资本主义经济体制和社会主义经济体制,以及资本主义和社会主义内部的各种变体。这种比较既包括纵向比较,也包括横向比较。横向比较是对不同国家经济体制的比较,纵向比较是对同一个国家在不同时期经济体制的比较。1968年,在一次关于比较经济制度范围、方法和理论的研讨会上,许多参加者提出抛弃“经济制度”总概念的观点。库普曼斯(J. E. Koopmans)和蒙泰斯共同撰文指出:“最近20年曾见证了许多相对独立的各体制内的组织技巧和制度形式方面的尝试,而各体制间又有方法和形式方面的相互借用。另外,欠发达经济存在的截然不同的制度问题也得到了人们的极大关注。其结果是五花八门的组织形式与体制形态令我们眼花缭乱,更无法按照原有的三大体制(即资本主义、社会主义和共产主义)为这些新事物做简单的归类。”①“总之……新的情况要求用新的方法进行经济制度的比较,即要求废除以前按照总的‘主义’进行分类的方法,代之以对特殊经济职能的组织分类进行比较。”②

(一)经济体制的定义

传统的比较经济学对“经济体制”或“经济制度”的定义,都是以国家或地区为研究对象,反映一个国家或地区在生产、分配、消费、交换等领域的决策及其所有制结构特征等。

瑞典经济学家林德贝克、罗夫·艾登姆(Rolf Eidem)和斯塔芬·威奥第(Staffan Vioti)主要从决策以及实现决策的方式对经济体制或经济制度进行定义。林德贝克指出,“一种经济制度就是用来就某一地区内的生产、投入和消费作出决定并完成这些决定的一整套的机制和组织机构”③,它涉及决策机构,提供情况、分配资源和协调经济决策的机制,“财产所有权”的定义,个人与公司对刺激和命令的选择,各个不同决策单位之间的竞争与非竞争关系,作为一个整体的经济制度与“外部世界”之间的关系。艾登姆和威奥第主要强调分配决策由谁作出的问题。他们认为,经济体制研究的主要问题在于分配决策是靠国家当局制定还是由独立于国家的微观单位(家庭、企业)通过市场体制作出。④

---

① 转引自张仁德:《新比较经济学研究》,人民出版社2002年版,第5-6页。

② 转引自[美]阿兰·格鲁奇:《比较经济制度》,徐节文、王连生、刘泽曾译,中国社会科学出版社1987年版,第14页。

③ [瑞典]林德贝克:《新左派政治经济学:一个局外人的看法》,张自庄、赵人伟译,商务印书馆1980年版,第130页。

④ 参见[瑞典]罗夫·艾登姆、斯塔芬·威奥第:《经济体制:资源是怎样分配的》,王逸舟译,生活·读书·新知三联书店1987年版,第7-21页;Rolf Eidem, Staffan Vioti, *Economic System: How Resources are allocated*, New York: John Wiley and Sons, 1978.

美国经济学家埃冈·纽伯格(Egon Neuberger)和威廉·达菲(William J. Duffy)也强调经济体制的决策角度,同时提出了相互联系的三个方面:决策(Decision-making)结构、信息(Information)结构和动力(Motivation)结构。他们认为,体制是社会确立的在生产、消费和分配等三个基本领域内作出经济决策(决定什么、怎样、何地、何时和为谁)的机制。决策结构是社会地作出的安排,通过这种安排,经济决策权在一定社会的成员间进行分配。它表明,何人拥有作出哪些决策的权力,以及这些权力的基础是什么。信息结构包括收集、传递、加工、储存、取出和分析经济数据的既定机制和渠道。利用这种结构,个别决策者就可以了解总的环境,以及作出有关决策的其他当事人所选定的或打算采取的行动。动力结构涉及决定分配权力的不同决策当事人运用权力的形式。其核心是一个当事人按照自己的愿望推动另一个当事人去行动。在纽伯格和达菲三个方面的基础上,保罗·格雷戈里和罗伯特·斯图尔特增加了第四个方面:财产权。他们认为,"一种经济制度就是在一个既定的地理区域内,有关制定和实施生产、收入与消费决策的一套机制和组织机构",它可以从四个方面来定义:(1)决策组织的形式;(2)提供信用和协调的机制:市场和计划;(3)财产权:支配和收入;(4)确定目标和督导人们行动(即刺激)的机制。[①]

美国学者弗雷德里克·普瑞尔(Frederic L. Pryor)区分了"经济制度"(Economic Institution)和"经济体制"(Economic System)。他指出:"经济制度是指在两个或两个以上执行某种经济功能(生产、分配、交换和消费)的人之间经常地、有规律地发生的关系方式。这种关系是由参与者的价值观(能使这种相互作用合法化的信念),调节相互关系的准则(例如,财产法、风俗和习惯、规章制度,等等),制裁和奖励以及个人的特殊动机形成的。""经济体制包括政治的、社会的和经济的机构、组织、法律、规则和信仰等,它们以一定方式互相作用,直接或间接影响着消费、分配、交换和生产(生产什么、生产多少、怎样生产)。"[②]从这个意义上讲,经济体制是比经济制度更广泛的一个概念,它涉及经济生活的各个方面。

(二)经济体制的分类

经济体制可以按照不同的方法进行分类。在比较经济学发展的早期,主要是按照"主义"分类法进行分类,如分为资本主义、社会主义等;到20世纪60年代,"主义"分类法受到了批评,学者们发现按照"主义"分类法所做的分类可能不足以概括不同国家的经济结构和经济决策特征,因为资本主义国家之间、社会主义国家之间的内部特征差别甚大。不过,有的学者在强调按照特征对经济体制进行分析时,仍然采用了"主义"分类法的名称。

---

① 参见[美]保罗·R. 格雷戈里、罗伯特·C. 斯图尔特:《比较经济体制学》,林志军、刘平译,上海三联书店1988年版,第8页。

② [美]弗雷德里克·L. 普瑞尔:《东西方经济体制比较:研究指南》,霍小虎等译,中国经济出版社1989年版,第14-15页;Frederic L. Pryor, *A Guidebook to the Comparative Study of Economic Systems*, Englewood: Prentice-Hall Inc., 1985.

林德贝克认为，从八个方面对经济体制或经济制度的定义和分类方法虽然既不完善，也不一定是最好的，但是“比用资本主义和社会主义这类术语来讨论这些问题时所采用的相当含糊的分析方法，其成果要大得多”①。在此基础上，林德贝克勾画出了三种不同类型国家的经济制度“形象”：一是以瑞典为代表的混合经济模式，二是以南斯拉夫为代表的市场社会主义模式，三是以苏联为代表的中央集权模式。

艾登姆和威奥第从理论与现实两个方面对经济体制进行了分类。在理论上，从资源分配的角度，经济体制可以划分为两个极端：完全集中的体制和完全分散的体制。完全集中的分配体制要求有关消费、投资和生产的经济决策全部由一个中央机构(CMA)在宏观水平上作出。这种理论模式建立在完善信息的假设之上，并要求：(1)输入CMA的信息是真实的；(2)最终决策是每个人尽最大努力完成的，即“价值观完全一致”。而完全分散的分配体制要求所有的经济决策由企业和家庭自行作出，他们把自己的决策建立在价格基础之上，这种价格作为买者和卖者相互作用的结果形成于市场之中，当买者和卖者的决策通过价格导致各个市场供需相等(即均衡)时协调一致的分配就实现了。对价格越灵敏，协调越容易。价格越是接近社会成本，企业和家庭越是注意使成本降低，分配就越理想。在这种体制模式中，国家的作用在于为经济制定一些达成交易的规则并促使交易达成。

在现实中，采取完全集中和完全分散体制的国家都不存在，但各国家在集中和分散的程度上存在差别，其中，美国、苏联和法国可以作为典型代表。美国代表分散化程度较高的国家，苏联代表集中化程度较高的国家，而法国则介于二者之间。(1)以美国为代表的资源配置体制。美国的资源配置体制表明决策分散化的体制是如何在现实生活中发挥作用的，因为这个国家长期以来被视作市场经济的样板。但是现在美国实际的经济体制，已不是完全分散化的资源配置体制。(2)以苏联为代表的资源配置体制。苏联的资源配置体制是最接近于完全集中的资源配置模式的体制，而且苏联是中央集中化经济的开拓者，所以苏联的资源配置体制具有一定的典型性。在这种分配体制中，经济决策的集中协调是通过计划过程履行的。(3)以法国为代表的资源配置体制。法国具有既不同于美国又不同于苏联的资源配置体制。以西欧人的标准衡量，它含有集中的经济计划过程的显著成分。而相对于苏联的经济体制，它又是一种分散的体制。与美国相比，法国的竞争一般不如美国激烈，虽然贸易自由化和共同市场加强了法国的竞争程度，而且法国的消费决策更加集中，但法国的公共部门本身比美国的公共部门更大。与苏联相比，法国不存在任何苏联式的分配决策集中化，通常被称作“指导性的”法国的集中计划过程并不下达任何给企业的直接指令，而是有国家预期的和希望的经济发展的总指导路线和信息。

格鲁奇、格雷戈里和斯图尔特对经济体制的定义虽然是强调特征描述，但在分类

① [瑞典]林德贝克：《新左派政治经济学：一个局外人的看法》，张自庄、赵人伟译，商务印书馆1980年版，第132页。

时仍然采用“主义”名称。格鲁奇将经济制度划分为四类：(1)成熟的资本主义经济模式，兼有美国、英国、西德、法国、日本这样一些国家经济制度共同的主要特征；(2)成熟的民主社会主义经济模式，吸取了瑞典、挪威和英国工党执政时的英国的战后经验；(3)发达的独裁主义的社会或共产主义的经济模式，主要有苏联、中欧和南斯拉夫；(4)不发达经济有关的模式，主要是印度、非洲和拉丁美洲国家的现实经济。

格雷戈里和斯图尔特将当时的经济制度划分为三种类型：资本主义、市场社会主义与计划社会主义。资本主义是一种以生产要素私有制为特征的经济制度；决策权是分散化的，分属于生产要素的所有者；他们的决策由市场机制协调，后者为决策提供信息；采用物质刺激的手段促使参与者去实现目标。市场社会主义是一种以生产要素公有制为特征的经济制度；决策权是分散的，由市场机制加以协调；采用物质刺激和精神鼓励的手段促使参与者去实现目标。计划社会主义是一种以生产要素公有制为特征的经济制度；决策权是集中的，由中央计划加以协调；后者是该制度的参与者，发布具有约束力的指令；采用物质刺激和精神鼓励的手段促使参与者去实现目标。

(三)经济体制优劣的比较

艾登姆等认为，对经济体制优劣的评价可用一系列标准来衡量：(1)产出水平；(2)产出增长率；(3)产出构成(消费、投资和军备方案的份额，集体和个人消费之比)；(4)效率；(5)(产出、就业、价格的)稳定；(6)个人平等和经济安全；(7)对变化的适应性。[①] 但这些标准中，有些一致，有些互斥。对于如何使用这些标准综合衡量经济体制，他们认为，在比较两种经济体制时，除非一个国家在全部标准上均高于对方，否则，不可能作出比较两种体制的任何尝试，如果不对不同的标准作适当的综合衡量的话。虽然可以通过研究不同标准在综合衡量中的分量或权数得出一个确定的值来，但权数的确定存在困难。所以，对不同国家所选择的经济体制的优劣进行比较是困难的。

(四)经济体制或经济制度的趋同

从20世纪50年代开始，许多学者就认为，不同国家的经济体制有趋同的趋势。据说当时联邦德国的总理对苏联领导人赫鲁晓夫说：“我亲爱的赫鲁晓夫先生，不出100年，将不用再谈论什么资本主义和社会主义了。”[②]对不同国家经济体制的趋同进行最系统阐述的是第一届诺贝尔经济学奖得主、挪威经济学家简·丁伯根。他在1961年提出，西方的资本主义制度和东方的社会主义制度正相互接近，而且这一趋势还在发展，并将在未来继续下去。他是从极端资本主义和极端社会主义都不是最有效率的经济秩序的角度出发的。西方出现集中化的原因有：(1)为了实现充分就业，国家经济计划过程的范围逐步扩大，政策环境在这中间发挥了重要作用；(2)不断进步的日

---

① 参见[瑞典]罗夫·艾登姆、斯塔芬·威奥第：《经济体制：资源是怎样分配的》，王逸舟译，生活·读书·新知三联书店1987年版，第147页。

② 转引自[美]阿兰·格鲁奇：《比较经济制度》，徐节文、王连生、刘泽曾译，中国社会科学出版社1987年版，第863页。

益复杂的现代工业国家不需要对协调问题的总体规划；(3)公共部门的扩张。东方出现分散化的原因有：(1)消费需求的增长的差别和由此产生的生产的差别，集中计划过程的增长的复杂性和由此产生的信息要求；(2)在某些情况下，对外贸的极度依赖。所以，共产主义国家认识到，应当减少集中计划的项目，应当允许建立许多较小的企业，特别是在服务行业；应当给工业管理者更多的作出生产决策的自由，因为消费者需要质量更好和品种更多的商品；自由定价可能比集中定价更有利于调节市场平衡等。非共产主义国家也认识到，应当在一定程度上使经济计划化，对付成本—利润推动的通货膨胀，应当按照共产主义国家的做法保证所有人受到教育。这样，由于资本主义体制和社会主义(共产主义)体制都不是最有效率的经济秩序，二者都有向最有效率的经济秩序逼近的趋势，必然会导致经济体制的趋同。

丁伯根的经济体制趋同论遭到了许多学者的批评。艾登姆和威奥第认为，资本主义和共产主义虽然表现出了一定程度的趋同，但并不意味着最终会走向一致，因为未来存在太多的不确定因素；格利戈里·格罗斯曼和简·普里比拉认为，资本主义和共产主义虽然可能会在经济方面趋同，但在政治、思想意识形态等方面趋同的可能性非常小，而思想意识形态和政治上的差异会成为阻碍经济趋同的巨大障碍。

不同国家的经济体制是否趋同也是传统比较经济学研究的一个重要问题，因为体制的趋同将意味着比较对象的消失。丁伯根的经济体制趋同论虽然在当时遭到了许多批评，但现实的发展部分证实了丁伯根的预言，即20世纪90年代苏联的解体、东欧社会主义国家的转型和中国建立社会主义市场经济体制的努力。

三、对比较经济学的评价

在西方经济学界，比较经济学虽然曾经取得了长足的发展，但由于失去了比较的对象而日趋沉寂。从比较经济学研究的内容看，它主要是对不同国家经济体制的比较。学者们虽然构建了描述经济体制的方法，也对经济体制的不同类型进行了划分，但这些方法和分类主要是描述性的，他们并没有提出比较经济学的理论框架。换句话说，比较经济学虽然产生于新古典经济学、凯恩斯主义经济学大发展的时期，但它没有在主流经济学的基本假定、方法等基础上形成一般性的理论框架。综观比较经济学或比较经济体制学的著作，虽然篇幅普遍较长，但主要是国别描述。以阿兰·格鲁奇的《比较经济制度》为例，全书共6篇、21章、878页，而真正的理论性内容只有开头一章的35页和最后一章的23页，共58页。其余内容主要是对各类经济体制下国家经济的描述，如作为资本主义经济典型的美国、英国、西德、法国，作为民主社会主义经济典型的挪威、瑞典，作为共产主义经济典型的苏联、东德、南斯拉夫，作为不发达经济的印度等。传统比较经济学的这种没有公认理论框架的、侧重描述的分析方式，自然经不起历史的考验。在苏联和东欧社会主义国家向市场经济转轨之后，虽然国家之间还存在各种差别，发达国家和发展中国家的差距还存在，但传统比较经济学根据表面现象描述经济体特征的方式已经不能够解释这些经济体经济发展水平存在差别的本质原因。传统的比较经济学虽然曾经迅速发展，但在西方经济学界一直没有取得比较大的进展和较高的地位，在苏联和东欧社会主义国家的经济转轨之后更是由于没有了比较的对象而归于沉寂，最重要的原因就在于缺乏一般性的理论框架。

20 世纪 90 年代之后，比较经济学研究者虽然也在不断地进行新的探索，包括研究的主题、内容、比较的对象等各方面，但也没有提出自己的理论框架，他们要么借鉴或采用新制度经济学等的分析框架，要么沿着原来的比较方法前进。与此同时，传统比较经济学在取得发展的同时，又新出现了两个从事比较研究的分支：一是新比较经济学的兴起，它是由一些从事新政治经济学研究的学者提出并发展的；二是比较制度分析，是由斯坦福大学的学者在 20 世纪 90 年代初开始发展的。从事比较经济学研究的学者在表面上虽然是不同的分支，但在比较的对象、方法等方面越来越接近。在对象上，都强调制度的多样化、制度细节的比较；在方法上，都强调主流经济学方法和理论框架的运用，如博弈论、公共选择理论、新制度经济学等。

第二节　比较制度分析

在传统比较经济学由于苏联和其他社会主义国家的转型而失去比较对象的时候，1990 年秋季美国斯坦福大学的一些学者，包括青木昌彦（Masahiko Aoki）、保罗·米尔格罗姆（Paul Milgrom）、阿夫纳·格雷夫（Avner Greif）、钱颖一、约翰·利特瓦克（John Litvack）以及马瑟尔·法弗钱普斯（Marcel Fafchamps）、史蒂文·塔德里斯（Steven Tadelis）、伊亚·塞加尔（Ilya Segal）、约翰·列文（John Levine）等，在斯坦福大学开设了“比较制度分析”这门课程，试图从新的视角分析经济体制和经济制度。

一、比较制度分析的视角

（一）比较制度分析的产生与兴起

比较制度分析的产生与兴起既有现实的原因，也有理论上的原因。从现实方面看，比较制度分析的产生与两大历史事件密切相关。一是 20 世纪 80 年代末 90 年代初的“柏林墙”倒塌、苏联和东欧社会主义国家的经济转轨。原先的社会主义国家在经济转轨中放弃了计划经济体制，但究竟应该选择什么样的市场经济体制？对这个问题并没有统一的答案。因为不同国家在采用市场经济体制时，在具体制度方面千差万别。比如在企业融资制度方面，北美国家以股票、债券市场为主，而日本、德国以银行贷款为主。二是东亚国家和地区在 80 年代取得迅速增长。继日本之后，韩国、新加坡、中国台湾、中国香港都取得了惊人的发展成就；马来西亚、印度尼西亚、泰国等也紧跟其后。这些国家或地区经济迅速增长，虽然采取的是市场经济体制，但政府的作用也很大。也就是说，它们依靠政府发挥的重要作用，取得了迅速增长。这与传统的古典经济学和新古典经济学理论对政府职能的论述是不同的。这就提出一个问题:发展中国家仅仅依靠市场能否实现迅速增长?如何利用政府的作用?

从理论方面看,经济学理论从20世纪70年代以后取得了迅速的发展。关于不确定性与风险、信息与激励、契约与谈判等传统经济学不涉及的问题,在70年代之后都有所发展,产生了信息经济学、契约理论等。另外,博弈论在80年代之后成为经济学的主要分析工具,产生的影响越来越大。这些理论的迅速发展和普及,为分析制度多样性、制度的重要性等问题奠定了基础。

(二)比较制度分析的视角

比较制度分析的视角,可以概括为以下五个方面。①

第一,经济体制的多样性。即使同样是市场经济体制,也会因不同国家内部的制度配置不同而存在差别,产生不同市场经济体制的市场经济国家。

第二,制度具有战略上的互补性。一个制度作为稳定的结构存在,是因为某种社会行为方式越普遍,选择这种行为方式在战略上就越有利,从而它就会作为一种自我约束机制固定下来。

第三,经济体制内部的制度互补性。多样性的经济体制之所以会产生,是因为一个体制内部各种制度之间是互为补充的,并产生出作为制度整体的强度。

第四,经济体制的演化与路径依赖性。经济体制具有惯性,经济所处的外部环境与所积累的内部环境的变化一起逐渐演化。

第五,改革、转轨的渐进方式。经济体制改革以及从计划经济向市场经济转轨过程中,渐进式改革为什么比大爆炸式改革更受欢迎。

这五个不同的视角,实际上是制度的重要性、多样性、互补性、演化性。从资本主义与社会主义或市场经济与计划经济角度看,经济体制相同的国家或地区,在内部具体制度的细节等方面可能有很大的差别,这种差别反映了各个国家不可能有相同的制度或发展模式。

(三)比较制度分析的方法论特征

1.复杂系统与有限理性②

在传统经济学中,经济主体被假定为追求自身利益最大化的经济人,并都可以获得充分的信息,进行理性的计算。这是一种简单系统、充分理性的分析框架。但现实世界并非如此。首先,经济系统是复杂的。在现实世界中,有无数家企业,生产无数种产品,并且分配给几十亿人。在这种情况下,每个经济主体要获得充分的信息、权衡自己的利害得失等根本是不可能的,而且每个经济主体也并非具有相同的认知能力和计

---

① 参见[日]青木昌彦、奥野正宽编著:《经济体制的比较制度分析》,魏加宁等译,中国发展出版社1999年版,第2页。

② 参见[日]青木昌彦、奥野正宽编著:《经济体制的比较制度分析》,魏加宁等译,中国发展出版社1999年版,第9-10页。

算能力，能否进行充分的最优化计算就值得讨论。这就决定了经济系统本身是复杂的，每个经济主体的理性也是有限的。传统经济学虽然在构建理论时，从简单的假定出发，对消费者、生产者等的行为分析看上去比较简单，但构筑的理论与现实差别太远，对现实解释的说服力不断遭受质疑。

2.演化博弈论

比较制度分析强调演化观点，大量采用博弈论的分析方法。青木昌彦等指出，如果将经济体制看作复杂的系统，把人看作有限理性的主体，社会制度就是有限理性的主体在复杂系统中逐渐演变而成的。“所谓社会制度，不是由什么人有意设计的，而是那些适应环境、社会变化的新结构不断被发现，而更为理想的结构被保存下来，即在所谓的‘适应性进化’(Adaptive Evolution)的过程中产生的。20 世纪 90 年代，从生物学引入的‘进化博弈论’(Evolutionary Game Theory)，原本是在进化论的基础上为说明动物进化而创立的。这里，用来说明‘适应性进化’的过程。”[①]“进化博弈论”的基本思路强调，“经济中稳定的均衡状态是：不可能正确地知道自己所处的利害状况，发现最佳行动的能力也有限的经济主体(有限理性的经济主体)，通过被认为是最为有利的战略逐渐地模仿下去，而最终所达到的状态。在这样的经济中，能够观察到采用获得更高收益的战略的人数比率逐渐上升的动态过程。这与更善于适应现状的种类逐渐地占据统治地位的所谓生物进化过程相类似”[②]。比较制度分析学者对制度的定义就是从博弈论角度出发的，并且明确指出“博弈论是比较制度分析不可分割的一部分”[③]。

上述两点是青木昌彦等的比较制度分析与传统经济学或主流经济学在方法论上不同的地方。他们强调所分析主体的有限理性、所分析世界的复杂性以及对演化论、博弈论的应用。

二、比较制度分析的主要理论观点

(一)对于制度的定义

青木昌彦从博弈论角度分析了不同学者关于制度的定义，从演化博弈论的角度提出了对制度的新的理解，并阐明了这种新的制度观适用于比较制度分析的原因。

1.博弈论视角的三种制度观

青木昌彦认为，在他之前，经济学家已经赋予“制度”至少三种虽然不同但相互关联的定义。他们分别将制度看作博弈的参与人、博弈规则和博弈过程中参与人的均衡策略。

---

① [日]青木昌彦、奥野正宽编著：《经济体制的比较制度分析》，魏加宁等译，中国发展出版社 1999 年版，第 10 页。

② [日]青木昌彦、奥野正宽编著：《经济体制的比较制度分析》，魏加宁等译，中国发展出版社 1999 年版，第 30 页。

③ [日]青木昌彦：《比较制度分析》，周黎安译，上海远东出版社 2001 年版，第 5 页。

第一种观点是将制度视为博弈的特定参与人或参与主体，如行业协会、技术协会、大学、法庭、政府机构、司法机构等。第二种观点是将制度视为博弈规则，并明确区别于参与博弈的主体。道格拉斯·诺思在《制度、制度变迁与经济绩效》中明确提出，“制度是社会的博弈规则(Rule of Games)”①；里奥尼德·赫尔维茨(Leonid Hurwicz)从更加技术性的角度给出了制度的博弈规则的定义，“博弈规则可以由参与人能够选择的行动(‘决策集’)以及参与人决策的每个行动组合(Profile)所对应的物质结果(‘后果函数’)来描述”②。第三种观点是将制度视为博弈均衡的结果。“一种被社会所有成员认同的社会行为的规律性，它规定了在一些特定和经常出现的情况下的行为，它要么自我监督，要么由某种外部权威监督。”③这种观点后来发展为两种不同的方法：进化博弈论和重复博弈论。进化博弈论认为，“参与人的行为习惯可以自我形成，不需要第三方实施或人为设计。当惯例演化时，参与人在进化选择的压力下，倾向于发展某些适应性更强的特征(如环境认知、偏好、技能等)。这样，惯例和参与人的特征共同演化。惯例也许最终会以法律条文的形式固定下来，从而节约了因变异和错误带来的失衡成本。另外，用文字清晰表述人们行为中已经习惯化的准则也有助于给出具体环境下具体的行为指南”④。重复博弈论主要强调在重复博弈的条件下规则和制度的自我实施特征。

2.比较制度分析的制度观

青木昌彦还从博弈论角度提出了新的制度概念。“制度是关于博弈如何进行的共有信念的一个自我维系的系统。制度的本质是对均衡博弈路径显著和固定特征的一种浓缩性表征，该表征被相关域几乎所有参与人感知，被认为是与他们的策略决策相关的。这样，制度就以一种自我实施的方式制约着参与人的策略互动，并反过来又被他们在连续变化的环境下的实际决策不断再生产出来。”这个定义包含了制度五个方面的特征：(1)内生性，体现在“自我维系”“自我实施”“不断再生产”中；(2)信息浓缩，体现在“浓缩性表征”中；(3)对于环境连续性变化和微小动荡的刚性，体现在“均衡博弈路径显著和固定特征”“被相关域几乎所有参与人感知”“在连续变化的环境下……不断再生产出来”；(4)与相关域几乎所有参与人相关的普遍性，体现在“共享的”“制约着参与人的策略互动”“被所有的参与人感知”；(5)多重性。⑤

3.新制度观适合于比较制度分析的理由⑥

第一，对制度起源和实施进行内生性分析。青木昌彦认为，如果按照传统的制度分析方法，制度起源和实施的内生分析就会陷入无限循环，最终可能涉及元规则如何

---

① 在中译本著作中，这句话的翻译是“制度是一个社会的游戏规则”。[美]诺思：《制度、制度变迁与经济绩效》，刘守英译，上海三联书店、上海人民出版社1993年版，第3页。

② [日]青木昌彦：《比较制度分析》，周黎安译，上海远东出版社2001年版，第7页。

③ [日]青木昌彦：《比较制度分析》，周黎安译，上海远东出版社2001年版，第8页脚注。

④ [日]青木昌彦：《比较制度分析》，周黎安译，上海远东出版社2001年版，第8-9页。

⑤ 参见[日]青木昌彦：《比较制度分析》，周黎安译，上海远东出版社2001年版，第28-29页。

⑥ 参见[日]青木昌彦：《比较制度分析》，周黎安译，上海远东出版社2001年版，第16-22页。

产生的问题。而比较制度分析强调制度是自我维系、自我实施的，并且在正式规则与惯例之间没有界限，从而可以将制度的起源和实施都看作内生自我演进的结果。

第二，历史是重要的。比较制度分析认为，两个国家或地区的制度一旦在某一点发生分歧，以后即便面临着相同的技术、市场等环境，制度安排也可能相差甚远，即强调路径依赖的影响。

第三，制度间的相互关联和相互依赖。当一项新制度被移植到某个国家时，虽然政府通过正式的法律、法规实施，然而效果可能与想象的相差甚远。比较制度分析认为，之所以出现这种情况，是因为不同制度之间存在相互关联性，一项制度在甲国可能效果非常好，然而在乙国却可能恰好相反。这说明，制度并非孤立地发挥作用，而是与其他因素相互联系、相互依赖的。

第四，不同符号系统竞争而诱致的制度变迁。在某种均衡状态下，人们形成特定的制度观念。然而，当环境发生重大变化时，参与人已经形成的技能和决策规则就可能不再适应了，从而引发“制度危机”。原来被视作当然的制度就可能受到怀疑，参与人将被迫参考现存制度之外的新信息，重新审视自己的决策规则。在这个过程中，参与人将重新选择并适应新的制度，引致制度变迁。

第五，成文法和公共政策的作用。利用比较制度分析的框架，可以分析成文法和公共政策不能够很好地发挥作用的原因。将政治家、立法者、政府等都看作追求自身利益的主体，通过分析他们在追求自身利益最大化时的行为特征，就可以阐明对他们自身有利的法律和公共政策，这可能对整个社会、国家或地区是没有效率的。

(二)制度的重要性

比较制度分析之所以比较制度，就是因为制度是重要的，特别是具体的、细节性的制度对一个国家或地区经济发展和经济增长的重要作用。相同的法律规则或政策在不同的国家取得的经济绩效可能千差万别，而不同的法律规则在不同国家却可能取得相同的经济绩效。比如发达国家的法律移植到经济转轨国家之后，不但没有带来经济的迅速增长，反而导致了经济衰退；宗主国的正式制度在移植到殖民地国家之后也曾经导致殖民地的经济落后；东亚新兴国家在 20 世纪 80 年代取得了迅速发展，但在政府作用方面与美国等发达国家是不同的，这些国家的经济迅速增长是在政府发挥积极作用的情况下取得的。比较制度分析就是在制度对经济增长或经济发展起重要作用的假定下，比较分析不同制度在不同国家取得相同经济绩效以及相同制度在不同国家产生不同经济绩效的原因。

(三)制度的多样性

比较制度分析强调一个国家或地区的制度是由多种具体制度构成的，包括文化传统、社会习俗、惯例、正式的法律、法规、政策等。制度的多样性是比较制度分析的基础，否则也就没有必要进行比较了。不同国家可能都采用市场经济体制，但在具体的融资制度、企业制度、政府发挥作用的方式、文化习俗、道德传统、公民偏好等方面存在很大的差别。比如在就业和通货膨胀的选择问题上，德国公民更厌恶通货膨胀，宁可失业率高一点，也不希望过高的通货膨胀发生；而美国公民宁可要高一点的通货膨胀，也不要过高的失业率，这就是公民偏好的差别。这种公民偏好的差别就可能影响经济政策的选择。

（四）制度的互补性

制度的互补性是指一项制度的存在成为另一项制度存在的理由。也就是说，一项制度的存在、运作和积极发挥作用不是对另一项制度的替代，而是更加强化、巩固另一项制度。不同制度之间的互补关系，体现在特定的经济体制中。一个国家或地区的经济体制由许多具体的制度构成，当这种经济体制适应经济增长或经济发展，能够产生良好的经济绩效时，这些不同的制度就是相互补充的，至少不存在制度间的相互抵触情形。比较制度分析的重要内容之一就是在一个经济体制中分析多样化制度之间的关系，如何通过制度之间的互补性促进经济的迅速增长和发展。

（五）制度的演化性

比较制度分析对制度变迁的分析遵循的是演化论方法。比较制度分析强调制度、规则、习俗等都是自然演化的。无论是法律、政策等正式制度的变化，还是习俗、惯例等非正式制度的变化，都遵循自然演化的规律，并且强调正式制度和非正式制度之间相互作用的演进规律。当外部环境或技术等发生变化时，制度的变化并非一蹴而就的，即便正式制度可以迅速发生变化，而非正式制度却可能变化缓慢，从而迅速变化的正式制度也难以有效地发挥作用。在这一点上，比较制度分析与演化经济学是相同的。

（六）比较制度分析对现实问题的研究

比较制度分析对经济现实问题的研究已经扩展到多个方面，比如企业内部治理结构、企业与政府的关系、企业融资制度的演进等。学者们主要是发现不同国家在具体经济制度方面的差别，并解释这种差别的原因。比如在企业融资结构上，日本和德国以银行贷款为主，而美国则以发行股票和债券为主；在企业与政府的关系上，发达资本主义国家的政府对企业很少干预，也很少给企业以支持；而东亚新兴市场经济国家政府对企业干预较多，如日本的窗口指导，对企业的支持也比较多，比如在企业从银行贷款时，政府给企业的支持。同样是市场经济国家，在具体制度上的这些差别，是比较制度分析比较研究的对象，也构成比较制度分析的理论在现实问题中的应用。在《经济体制的比较制度分析》中，青木昌彦和奥野正宽研究了日本企业制度的形成，包括企业的内部体制和外部体制。在内部体制方面，包括企业内协调、企业体制的形成、企业内部激励与雇用合同等；在外部体制方面，包括企业间竞争与合并的垂直关系、企业的法人治理结构、企业的团队结构、在融资方面的主银行制度、政府与企业的关系以及日本经济体制的演进等。在《比较制度分析》中，青木昌彦除提出了比较制度分析的一般理论之外，还研究了公司治理结构、关系性融资、日本的主银行制、硅谷在产品开发方面的制度创新等。

三、对比较制度分析的简要评价

比较制度分析是对传统比较经济学的发展，强调不同国家或地区在具体经济制度方面的比较。比较制度分析采用了博弈论和演化论的分析方法，试图研究更为现实的世界。比较制度分析也属于新制度经济学的分支，在推进新制度经济学的发展方面具有重要意义。正如道格拉斯・诺思在评价青木昌彦的《比较制度分析》时所指出的："如果新的制度经济学要实现其目标，它必须超越现有的描述、见解和假设，并将它们组织成系统的理论框架。青木昌彦的《比较制度分析》将该进程大大推进了。"①

比较制度分析深化了传统比较经济学的分析模式，并且结合经济学的最新发展领域，特别是博弈论，采用叙述性分析方法描述具体经济现实，给出解释。比较制度分析对制度的概括、对制度特征等方面的分析更具有理论性，并且采用主流经济学工具内生地分析制度的起源与变迁。总之，比较制度分析是在主流经济学框架内，采用最新的经济学成果，发展和深化制度研究，提出自己的理论。比较制度分析提出了自己的理论框架、分析思路，推动了主流经济学的发展，从而获得了经济学界的广泛关注，也被主流经济学接受。

第三节　新比较经济学

20 世纪 80 年代末 90 年代初，东欧和苏联社会主义制度的崩溃，使传统的比较经济学失去了比较的对象，比较经济学陷于沉寂。东欧国家、苏联和中国进行经济改革、实行市场经济体制之后，在经济增长速度和经济发展水平上仍然存在很大差别，为什么？原来同样是资本主义、实行市场经济的国家，为什么会有经济发展水平的巨大差别？原来的社会主义国家在转轨过程中采用资本主义国家的某些制度之后，并没有取得经济的迅速增长，即同一项制度在不同国家所起的作用不同，为什么？对这些问题的关注和解释催生了"新比较经济学"。

一、新比较经济学的含义

(一)新比较经济学的研究对象

新比较经济学产生于 21 世纪，主要的代表人物是西蒙斯・詹科夫(Simons Djankov)、爱德华・格莱泽(Edward Glaeser)、拉斐尔・拉・波塔(Rafael La Porta)、

① [日]青木昌彦：《比较制度分析》，周黎安译，上海远东出版社 2001 年版，封底。

F. 洛佩兹·德-西拉内斯(Florencio Lopez-de-Silanes)和安德鲁·施莱弗等。[①]“新比较经济学”概念、视角等也都是这些学者提出来的。在《新比较经济学的新视角》一文中,詹科夫等提出:“在这篇文章中,我们将支持这样一个答案:比较经济学不会消亡。从传统比较经济学的废墟上又浮现出了一个崭新的领域,我们称之为新比较经济学。它继承了传统比较经济学的基本理念,即通过比较不同的经济体制,我们能够更好地理解各种经济制度是如何运行的。但新的比较经济学侧重于对各个国家所实行的不同的资本主义制度进行比较分析。这些制度的功能包括选择政治领导人、维护法律和社会秩序、保护产权、重新分配财富、解决纠纷、治理公司以及进行信贷配置等等。最近的研究表明资本主义国家在制度安排方面存在着很大的差异,而且这些制度差异对各国的经济和政治发展产生了重大影响。有的制度带来了增长,另一些制度却使得经济发展陷入全面停滞。新比较经济学的研究目标就是对上述制度以及它们各自的有效性进行比较分析。”[②]从这段话中,我们可以看出,新比较经济学继承了传统比较经济学比较不同经济体制的传统,但与其有根本的差别,可以从比较对象和研究方法两个角度进行阐述。

从比较对象上看,传统比较经济学所比较的对象是不同体制的国家,尤其集中于社会主义国家和资本主义国家,并特别强调它们在资源配置方式、决策机制等方面的差别。正是出于这种原因,比较经济学随苏联及东欧社会主义国家的解体而没有了比较的对象。新比较经济学分析的对象是资本主义经济体制内部具体经济制度的差异。正如詹科夫等指出的,“新比较经济学集中分析制度的多样性”[③]。“新比较经济学”比较的是“制度”,而不再是“体制”。

从研究方法上看,传统比较经济学在方法上没有任何特色,也未采用主流经济学的方法,更多的是描述性研究,注重资料的罗列和枚举。它虽然也讨论制度、研究制度,但没有统一的方法清楚地说明不同制度的来龙去脉。但是,新比较经济学采用了主流经济学的分析方法,提出了自己的分析思路和理论框架。因此,传统比较经济学与以理论见长的主流经济学相差甚远;而新比较经济学则完全可以看作主流经济学的分支,是对主流经济学的发展、补充和运用。

(二)新比较经济学兴起的历史背景

詹科夫等认为,新比较经济学的兴起与 20 世纪 90 年代世界上发生的三件重大历史事件有关:一是苏联和东欧社会主义国家的经济转轨,二是 1997—1998 年发生的亚洲金融危机,三是欧洲经济一体化。[④]

---

① “新比较经济学”这个术语的提出虽然是在 21 世纪,但对新比较经济学有关问题的研究在 20 世纪 90 年代末就已经开始了。

② [美]S. 詹科夫等:《新比较经济学的新视角》,吴敬琏主编:《比较》第四辑,中信出版社 2002 年版,第 63 页。

③ Simeon Djankov, Edward Glaeser, Rafael La Porta, et al., “The New Comparative Economics”, *Journal of Comparative Economics*, 2003, Vol.31, No.4, pp.595-619.

④ [美]S. 詹科夫等:《新比较经济学的新视角》,吴敬琏主编:《比较》第四辑,中信出版社 2002 年版,第 64-67 页。

20 世纪 90 年代初，苏联、东欧和中欧的许多社会主义国家进行了经济转轨和政治转轨，但转轨的绩效却差别甚大。有的国家取得了经济的迅速增长，如波兰、斯洛文尼亚、匈牙利和捷克等；有的国家却经济增长缓慢，如苏联解体后的俄罗斯以及罗马尼亚。与此同时，中国只进行了经济改革而没有政治转轨，也取得了迅速的经济增长，成为世界上经济增长速度最快的国家。那么，同样是经济转轨和政治转轨，为什么在不同国家的效果差别如此之大？将中国的改革视为渐进式改革，俄罗斯的改革视为激进式改革，两个国家经济增长速度差别的原因是否可以完全归结为经济改革速度的快慢？俄罗斯、波兰等国家的经济改革进行了大规模的私有化，而中国在经济改革之初并未发生大规模的私有化，那么私有化是否经济改革所必需的？同样是私有化，俄罗斯和波兰为什么会出现经济改革绩效的巨大差别？同样是经济改革取得了成功，中国没有进行大规模私有化，而波兰进行了大规模私有化，那么决定经济改革成功的因素能否仅归结为是否私有化？

1997—1998 年，亚洲金融危机爆发。亚洲金融危机能否仅从宏观角度进行解释？能否仅将其看作一场单纯的金融危机？同样是受到亚洲金融危机影响的国家和地区，影响的程度也不相同，如中国香港、中国台湾、新加坡受到的影响比较小；而韩国、印度尼西亚则受到的影响比较大。同样是东亚经济取得迅速发展的国家和地区，法律体系不同，中国台湾和韩国是大陆法系，而中国香港、新加坡和马来西亚是普通法系。既然如此，决定亚洲新兴经济体迅速增长的原因是什么？民主政体是否经济迅速增长的关键？

20 世纪 90 年代后期，欧洲的一体化进程不断加快。但是，参加欧洲一体化的国家在偏好、习俗、法律、对经济的干预程度等方面都存在巨大差别。那么，欧洲一体化如何保证国家之间的合作顺利进行？欧洲国家如何作为一个整体与美国或世界其他大国抗衡？如何对整个欧洲市场进行监管？如何实行统一的经济政策？

以上三大历史事件产生出了大量的问题。许多表面上看相同的改革或制度，在不同的国家却可能意味着不同的结果；而同样是迅速增长的国家，却可能在具体制度或改革方式上存在差别。同样是资本主义国家，同样是经济发达国家，同样是经济迅速增长的国家，在具体制度的细节方面却可能千差万别。对这些问题的解释和深入研究就催生了新比较经济学。

（三）新比较经济学与相关学科的关系

詹科夫等认为，新比较经济学与新制度经济学、公共选择理论和比较制度分析在许多方面是相同的，但是也存在差别。

新比较经济学比较的对象是各个国家的不同经济制度，包括制度环境、制度安排、实施机制等各个方面，所采用的“制度”定义也与“新制度经济学”相同。从这个意义上讲，新比较经济学完全可以看作是新制度经济学的一个分支。但是，它们在最终结论上存在分歧。新制度经济学强调资本主义经济的普遍绩效，例如产权明晰、私有化和产权保护等。新制度经济学认为，产权的清晰界定和有效保护是资本主义经济迅速发展的动力，并且明确指出任何国家要取得经济的迅速发展，必须明确界定并保护产权。

新比较经济学认为，产权保护虽然非常重要，但并不是每个国家都适合采用法律明确界定并保护产权的制度。例如，格莱泽和施莱弗的研究表明，由国家强制实施的法律虽然能够保证在全民中是公正的，但是具体到某个社区、某一种文化中就未必公正。同样，简・恩斯明格(Jean Ensminger)的研究也表明，正式制度要发挥作用，必须与非正式制度相匹配。[①] 因此，由于每个国家的制度环境、风俗、文化、习惯等存在差异，不可能采用统一的制度。明确界定的私有产权虽然总体上看是有效率的，但并不是在每个国家都能够行得通。苏联在转轨之后虽然迅速完成了私有化，但是并没有迅速带来经济的高效率，就说明了这一点。因此，新比较经济学虽然在概念、研究方法等许多方面借鉴新制度经济学的研究成果，但并不是盲从，而是进行了新的开拓性发展。它集中研究不同制度在不同国家实施的绩效，或者是相同制度在不同国家实施中为什么会存在绩效差异的原因。从新制度经济学的较为宽泛的"制度"定义出发，完全可以认为新比较经济学从属于新制度经济学。而且，新制度经济学家也不可能不注意到，各个国家之间没有普遍适用的制度。每个国家由于自身的历史、文化、风俗、地理等早就形成了适合自己发展的制度路径。如果存在普遍适用的制度，那么也就没有了这个五彩斑斓、多姿多彩的世界。

新比较经济学与公共选择理论也有共同点。詹科夫等认为，不同国家之间最主要的制度差异在于政府。如果不理解促使制度演变的政治力量，就不可能理解制度形成及其绩效或不同制度对环境的适宜度。其实，不同国家之所以存在制度绩效的差异，主要是因为制度公共选择的过程。如果制度完全由政府选择、制定并实施，例如制度的殖民移植，这种制度未必就完全符合殖民地的实际需要，制度的低效率也就在所难免。但是，从制度的自我演进看，虽然能够长期存在的制度一般都是高效率的，但相对于"谁"高就成为一个问题，而且由于设计和实施一项新制度本身也存在成本，这样"低效率"的制度可能也会长期存在。因此，就制度选择而言，新比较经济学与公共选择理论似乎有共同之处。

新比较经济学与青木昌彦等的比较制度分析有许多相同的地方，但不完全相同。相同点方面，新比较经济学和比较制度分析都是对传统比较经济学的发展，强调的重点都是经济体制内的具体经济制度，强调相同经济体制国家内部具体制度的差别以及一个国家或地区内部各种经济制度间的相互关联。不同点方面，二者在具体分析方法和分析框架上存在差别。新比较经济学主要是在主流经济学的框架下，假定经济主体是理性最大化的经济人，分析方法也相对简单；但比较制度分析采用有限理性假定和演化博弈论的分析工具，强调经济制度的演进特征。在制度相互关联性方面，新比较经济学采用"制度可能性边界"和"文明资本"概念概括了除所分析制度之外的所有其他制度，而比较制度分析强调不同制度间的相互关联和相互作用。

---

① 参见[美]简・恩斯明格：《变更产权：非洲正式和非正式土地产权的协调》，[美]德勒巴克、奈编：《新制度经济学前沿》，张宇燕等译，经济科学出版社 2003 年版，第 198-234 页。

二、制度可能性边界:新比较经济学的理论框架

新比较经济学指出,自从启蒙时代开始,经济学家就认为好的经济体制要能够有效地保护产权。但是,这种产权保护制度可能会成为"双刃剑"。一方面,投资者必须得到政府的保护,以免遭受盗贼、竞争者及其他人的非法侵占;另一方面,政府所具有的保护产权使之免受私人侵害的能力,也能将自己变成一个侵害者或盗贼。也就是说,政府保护产权的能力也可以成为其侵犯产权的能力。按照詹科夫等人的说法,政府保护产权是为了摆脱整个社会的无序状态,而为了防止政府侵犯产权则要对政府可能的专制进行限制。"所谓无序,是指个人以及财产遭受谋杀、盗窃、违约、民事侵权以及垄断定价等形式的私人侵占的危险。无序还表现为个人通过行贿、盗窃来扰乱法院等公共机构,从而使进行侵占的个人逃脱惩罚。所谓专制,是指个人及其财产被政府机构及其代理人通过谋杀、征税、财产侵害等形式来侵占的危险。专制还表现为通过国家以及利用监管者来限制竞争对手的进入。"[①]如果以贪污为例来解释无序和专制的话,当考虑到个人通过行贿来使自己免除其侵害行为的惩罚的时候,就是无序;当考虑到官员通过制定一些有害的规则来从围绕在他们周围的私人身上寻求贿赂的时候,就是专制。任何社会制度的功能就是控制无序和专制两方面的危险。但考虑到政府控制无序的能力越强,造成专制的可能性也越大,这就有必要分析政府究竟应该有多大的规模和能力。詹科夫等人通过制度可能性边界(Institutional Possibility Frontier,IPF)对此进行了分析(见图 14.1[②])。

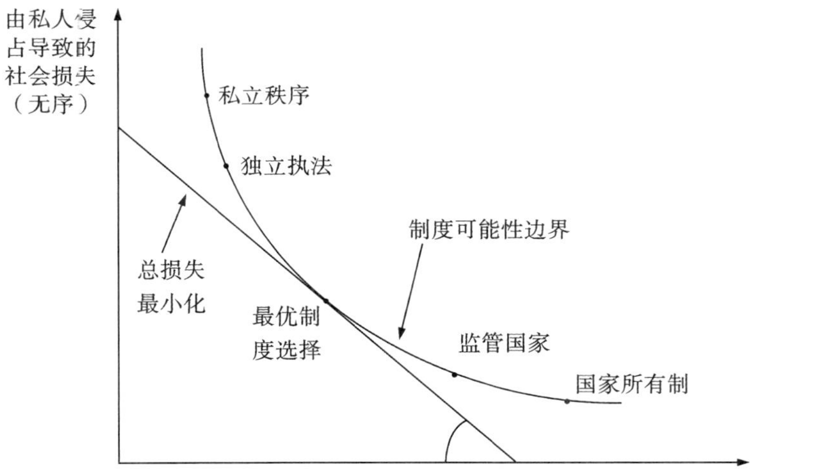

图 14.1　制度可能性边界

① [美]S. 詹科夫等:《新比较经济学》,吴敬琏主编:《比较》第十辑,中信出版社 2004 年版,第 9-36 页。

② Simeon Djankov, Edward Glaeser, Rafael La Porta, et al., "The New Comparative Economics", *Journal of Comparative Economics*, 2003, Vol.31, No.4, pp.595-619.

图 14.1 描述了一个社会或社会中一个部门的制度可能性边界。横轴表示由于高度专制带来的社会损失，纵轴表示由于高度无序带来的社会损失。制度可能性边界表示随着政府权力的逐渐增加，有多大程度的无序可以被减少。制度可能性边界线上每一点都表示这样一种制度，即在特定的社会或产业中，只有专制程度增强，才能减少无序。或者说，专制和无序之间存在此消彼长的关系。在此处，假定制度可能性边界线凸向原点，表示随着专制程度的不断增强，专制程度提高的速度越来越快，而无序降低的速度越来越慢，符合边际效用递减规律。这是因为专制程度的增强是与政府力量的增强密切相关的，政府统治的能力越强，对于无序状态的控制能力越强，但同时也意味着政府掠夺居民财产的能力越强，侵占居民财产的可能性越高。但这仅是一个假定，很多情况下并非如此。例如，价格控制一方面体现了政府的能力，强化了专制的程度，但价格控制也会造成贿赂盛行、排队等候等无序情形的加剧。向下倾斜的 45°线表示一定程度的无序和专制的总社会成本，它与制度可能性边界线的切点就表示最优的制度选择。

制度可能性边界线的形状和位置以及有效率的制度选择是由许多因素决定的。在不同的社会中，制度可能性边界线的位置和形状都不一样。比如，瑞典无论是实行极度自由主义政策还是实行社会主义政策，都可以实现经济社会的较快发展；然而，尼日利亚、阿尔巴尼亚等国家即便实现了最优的制度选择，也未必能够取得好的经济效果。对于制度可能性边界线的形状和位置确定的因素，詹科夫等人认为最主要的是"文明资本"(Civic Capital)。如果社会的文明资本越多，制度可能性边界线的位置就越可能接近原点，人们就越可能合作，由无序和专制造成的社会总损失就越小。那么，文明资本是由什么决定的？不同学者有不同的概括。戴维·兰德斯(David Landes)强调传统文化的影响，威廉·伊斯特利(William Easterly)强调种族异质性的影响，戴蒙德强调要素禀赋和物理环境的影响。[①]

在制度可能性边界线形状和位置的决定因素中，除了文明资本，还有许多具体因素，如税收效率、人力资本水平等。如果一个国家或地区人们接受的教育水平比较发达，制度可能性边界线就向原点靠近；如果受教育者中工程类专业人数比重较高，而法律、政治类专业人数比重较低，则制度可能性边界线就较靠近原点。

根据奥尔森等人的分析，制度可能性边界线的位置和形状可以用"治理"(Governance)来表示。[②] 治理反映了一个国家防止私人之间相互侵犯产权和国家侵犯私人产权的能力。政府规模和政府支出过大不利于经济增长，但也并非越小越好。

---

① 关于传统文化，国家与国家之间、一个国家不同地区之间的差别非常大，可能会影响该国家或地区的思想和意识形态，进而对经济产生影响。关于种族异质性，比如犹太民族，可能就是一个比较特殊的民族，有学者将此称为民族的性格。关于地理位置和物理环境的影响，比如有的地区适合农业生产，但有些地区根本就不适合农业发展，也会造成地区文明资本的差别。

② Mancur Olson Jr., Naveen Sarna Anand V. Swamy, "Governance and Growth: A Simple Hypothesis Explaining Cross-country Differences in Productivity Growth", *Public Choice*, 2000, Vol.102, pp. 341-364.

如果政府支出过少，就可能造成其根本没有能力保护产权，造成私人之间相互侵犯产权，即无序状态；而政府支出规模过大，虽然可以防止私人之间相互侵犯产权，但造成了政府对私人产权的侵犯，即专制状态。世界上经济最发达的国家既不是政府支出比重最大的国家，也不是政府支出比重最小的国家。

制度可能性边界线上的四个点——私立秩序、独立执法、监管国家和国家所有制，表示从无序到专制的四种情形。私立秩序表示政府控制无序状态的能力比较弱，一个国家或地区的居民为了达成合作，可能就会私下组成维持秩序的组织，比如黑手党对所控制地区的秩序维持，这类似于奥尔森所谓的“流寇”定居下来成为“坐寇”，进行统治。沿着制度可能性边界线向下移动，表明国家的控制能力不断提高，由无序造成的社会损失有所下降，但政府对法官的控制能力比较差，造成了法官表面上按照法律进行司法活动，但却可能受当事人的影响比较大，结果成为事实上的无序。随着国家控制能力的不断提高，无序状态会大大好转，国家的监管力度变大，就造成了政府维持秩序的能力虽然大大提高了，但因过度监管造成的政策扭曲、政府支出过于庞大等产生的社会损失也在不断提高。国家控制力再提高，就不再仅仅是对经济社会的监管，而演变成了国家所有制，所有的经济活动都由国家经营管理，造成的社会损失进一步增加。所以，从无序向有序过渡、从专制向自由过渡，都是有限度的。在图 14.1 中，这个限度就是制度可能性边界线和 45°线的切点。在一个国家制度可能性边界短期内无法改变的条件下，使其与 45°线相切，以使社会总损失最小化，就成为短期内的最优选择。

三、新比较经济学的应用

詹科夫、施莱弗等人采用制度可能性边界的理论框架分析了法律渊源、监管国家的起源、制度转型、制度移植等问题。

（一）法律渊源[①]

12 世纪和 13 世纪，英国和法国奠定了各自现代法律体系的基础。英国形成了一套普通法体系，特征是陪审团确认证据，法官相对独立、极少上诉，判决依赖于判例和法官制定的法律，而不是依赖于严格的法典；法国则继承了罗马法传统，采纳了大陆法体系，特征是国家雇用法官确认证据、上级部门自动对判决进行审查，判决依赖于程序法和实体法，而不是法官的自由裁量权。那么，英国和法国两个邻近的欧洲国家，为什么会形成这两种不同的法律体系？格莱泽和施莱弗利用制度可能性边界对此进行了解释。他们认为，任何一个法律体系的关键特征在于面对有权势的诉讼人干预时的脆弱性，法庭受到强权干预的压力越大，就需要越强的集权政府来化解这种压力。但是，集权政府越强，造成的专制成本就越大，因为统治者可能主要依据个人偏好和个人能

① Edward Glaeser, Andrei Shleifer, “Legal Origin”, *Quarterly Journal of Economics*, 2002, Vol. 117, No.4, pp.1193-1229.

力来断案。在12世纪和13世纪，法国各地贵族打破了地方制度，将其改造成了符合自身利益的制度，总体上处于一种分裂和无序状态；英国则相对稳定，君主保持着对整个国家的控制。因此，对于法国而言，采纳比英国专制程度更高的法律体系就非常有必要，即便这样可能会造成统治者大范围滥用法律的成本。

格莱泽和施莱弗采用图14.2描述了这种情形。[①] 英国的制度可能性边界线比法国更靠近原点。在均衡点，法国更加无序。相对于英国，它就更需要一种更加集权性的治理办法。这样，法国就通过国家雇用法官、不依赖独立陪审团、使法条和程序法典化等，从而减少各地区规则可能造成的无序状态。普通法系在英国是可行的，但在法国就不可行。

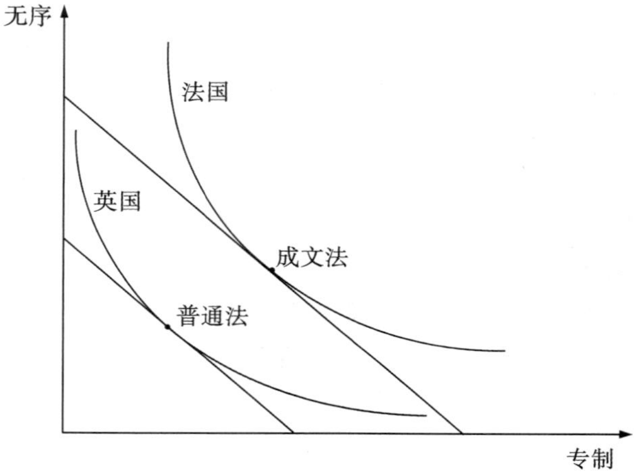

图14.2 法律渊源

(二)美国作为管制国家的起源[②]

1900年之前，美国重大的商业纠纷通常是通过基于合同和侵权行为的私人诉讼来解决。对于工业事故中企业的责任，诸如铁路票价折扣的反竞争行为、食品和药品的安全性，都由法庭来审理。从1887年美国国会通过《州际商业法案》到1917年参加战争从而结束进步运动，许多由法庭审理的事务转移到了州和联邦的管制机构，它们掌握了有关竞争、反托拉斯政策、铁路定价、食品和药品安全、工厂安全等许多公共事务的控制权。

格莱泽和施莱弗采用制度可能性边界解释了这一转变。美国在内战之前相对稳定，潜在的诉讼人之间不存在明显的不平等，私人诉讼是对商业活动进行控制的

---

① Simeon Djankov, Edward Glaeser, Rafael La Porta, et al., "The New Comparative Economics", *Journal of Comparative Economics*, 2003, Vol.31, No.4, pp.595-619.

② Edward Glaeser, Andrei Shleifer, "The Rise of Regulatory State", *Journal of Economic Literature*, 2003, Vol.41, No.2, pp.401-425.

有效手段，可以有效地解决社会的无序状态。内战之后，由于大规模的工业化和商业化，形成了力量相对强大的工商业者，在诉讼中，他们雇用高级律师和贿赂法官或立法者，整个社会的无序状态加剧，私人诉讼就造成了明显的不平等。在图 14.3[①] 中，就表现为制度可能性边界线向外移动，在相同的专制水平下，无序的程度加剧。为了解决无序加剧可能造成的社会损失，美国的做法就是许多工商业纠纷不再采取诉讼的做法，而是对限制竞争、食品和药品安全、工厂安全等进行管制，美国的管制从此兴起。

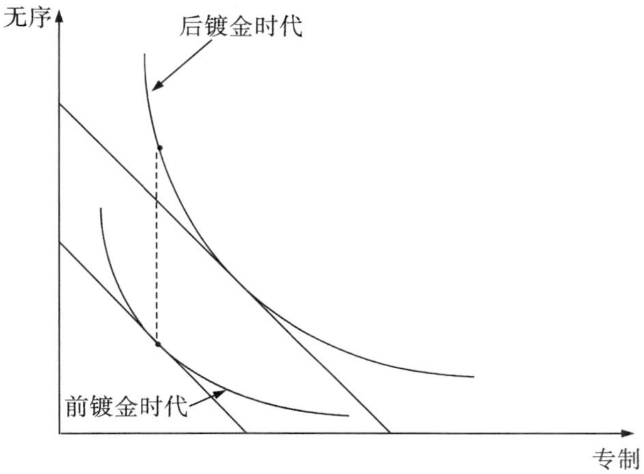

图 14.3　管制国家的起源

（三）制度转轨

20 世纪 80 年代末 90 年代初，俄罗斯、东欧的许多社会主义国家进行了制度转型。但这些国家转轨的方式不同，造成的后果也不相同。相对于东欧的社会主义国家，苏联的制度可能性边界线离原点较远。由于专制水平较高，苏联造成的社会损失也就比较大。在经济转轨时，苏联采取了“休克疗法”，彻底打破了原来的所有制形式和国家治理方式，但是并没有建立市场经济所要求的相关制度，使整个国家陷入了无序状态。因此，俄罗斯转轨后，经济长期处于比较低迷的状态。东欧社会主义国家自从 60 年代就开始进行了改革，虽然也具有比较高的专制程度，但其改革是向最优制度转变，即在无序和专制之间实现最优均衡，使造成的社会总损失最小化（见图 14.4[②]）。

总之，施莱弗等人提出的新比较经济学的制度可能性边界分析框架在解释不同国家采用相同制度会产生不同的经济绩效、采用不同制度的国家却同样都可以取得良好的经济绩效方面具有较强的解释力。这就为制度多样化现实的分析奠定了基础。实

① Simeon Djankov, Edward Glaeser, Rafael La Porta, et al., “The New Comparative Economics”, *Journal of Comparative Economics*, 2003, Vol.31, No.4, pp.595-619.

② Simeon Djankov, Edward Glaeser, Rafael La Porta, et al., “The New Comparative Economics”, Journal of Comparative Economics, 2003, Vol.31 No.4, pp.595-619.

际上，不同的国家有自己的文化、国情，也就是文明资本或制度可能性边界不同，相同的制度不可能产生相同的经济绩效。每个国家要取得比较好的经济绩效，都要选择适合本国的制度，包括经济制度和政治制度等，单纯地移植其他发达国家的制度虽然也可能取得比较好的经济绩效，但也许不是最优的，每个国家都有自己的合适制度。

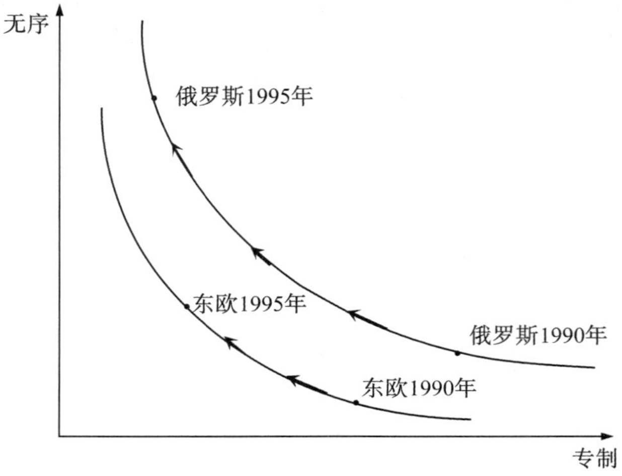

图 14.4 经济转型

四、对新比较经济学的简要评价

新比较经济学在主流经济学的框架内，通过提出制度可能性边界和文明资本概念，分析了不同国家在正式制度方面的差别以及相同正式制度在不同国家所起的作用的差别，这就比传统比较经济学向前迈出了一大步。这种理论框架为新比较经济学的发展奠定了基础，同时也必将加深人们对不同国家和地区社会经济制度与经济绩效关系的理解，成为各国家和地区选择适宜制度以产生更好的经济绩效的理论依据。

本章小结

传统比较经济学由于苏联、东欧社会主义国家的崩溃而失去了比较的对象，从而促进了比较制度分析和新比较经济学的产生。本章阐述了比较经济学、比较制度分析和新比较经济学的主要理论观点与研究框架。新比较经济学和比较制度分析虽然突破了传统比较经济学对不同经济体制比较的束缚，但仍然以国家作为比较的对象，那么这种分析方法能否用于比较一个国家不同地区之间经济发展的差异呢？中国是一个发展中的大国，不同地区的经济发展水平差异甚大，但采取的基本经济制度是相同的，那么在相同的经济制度下造成不同地区发展差异的根源是什么？比较制度分析和新比较经济学也许可以给出答案。

推荐阅读

1.[日]青木昌彦:《比较制度分析》,周黎安译,上海远东出版社 2001 年版。

2. Simeon Djankov, Edward Glaeser, Rafael La Porta, et al. ,"The New Comparative Economics", *Journal of Comparative Economics*, 2003, Vol.31, No.4, pp.595-619.

3.[美]阿兰·格鲁奇:《比较经济制度》,徐节文、王连生、刘泽曾译,中国社会科学出版社 1987 年版。

思考题

1.经济制度存在优劣之分吗?是否存在适用于各国家的最优经济制度?各国家的经济制度是否会趋同?

2.公司在寻求外部融资时,有的国家的公司会偏向于采取股份融资,有的国家的公司会偏向于采取债务融资,为什么会存在这种差别?

3.同样是采用市场经济的发达国家,在具体的经济制度、法律制度、政治制度等方面存在差别,能否从经济学角度探讨其中的原因?为什么不同国家会采取不同的制度?

第十五章　新制度经济学、新经济史学与法经济学

新制度经济学是20世纪六七十年代之后现代经济学发展最快的分支之一。[①] 它采用现代经济学的工具和方法研究制度的起源、变迁及其与资源配置、经济增长和经济发展之间的关系。这至少包括两个层面的含义:(1)对制度本身的经济学研究,解释制度的起源、变迁、演变等;(2)制度对资源配置进而对经济增长和经济发展的影响。

"制度"本身是一个非常宽泛的概念。按照新制度经济学的有关定义,"制度"就是一个社会的游戏规则,它既包括法律、政策、契约等正式规则,也包括意识形态、道德习惯、风俗等非正式规则,还包括规则的实施机制,即自我实施还是依靠第三方实施等。

从新制度经济学研究的领域和范围看,其包括交易成本理论、产权经济学、企业理论、新经济史学、法经济学、认知、意识形态以及路径依赖理论等。每一个领域都已经积累了浩如烟海的文献。本章无意也不可能对新制度经济学的所有领域和所有文献进行系统阐述,而只能是对新制度经济学的主要问题进行简单梳理。

本章分为三节。第一节阐述新制度经济学的基本概念,包括新制度经济学的含义、主要研究领域和范围,制度的含义与构成,交易费用理论,制度变迁理论,制度在经济增长和经济发展中的作用;第二节阐述新经济史学和制度的历史分析;第三节概述法经济学的起源、发展与基本框架。

---

① 马修斯(R. C. O. Matthews)在1986年就任英国皇家经济学会主席的演讲中指出,"制度的经济学已经成为我们学科最具活力的领域之一"。马修斯认为,新制度经济学有两个重要的假说:第一,制度是重要的;第二,制度的决定可以采用经济理论的工具进行分析。(R. C. O. Matthews, "The Economics of Institutions and the Sources of Growth", *Economic Journal*, 1986, Vol.96, No.384, pp. 903-918.) 梅纳德和谢里也指出,自从1975年威廉姆森命名了"新制度经济学"之后,它迅速发展,学术研究的影响力越来越大,而且这种影响不限于经济学家,法学家、政治学家、社会学家、人类学家、管理学家和其他领域的学者都研究新制度经济学,并且吸引了来自不同国家的学者进行研究。(Claude Menard, Mary M. Shirley, "Introduction", *Handbook of New Institutional Economics*, Berlin: Springer, 2005, pp.2-3.)

第一节　新制度经济学

本节首先描述新制度经济学的含义、主要研究领域和范围，其次阐述交易费用、制度等主要概念，再次论述制度变迁的一般理论，最后概括制度在经济增长和经济发展中的作用。

一、什么是新制度经济学

作为广义新政治经济学的一个主要研究领域，“新制度经济学”已经发展成为现代经济学的重要分支之一，产生了重要影响。罗纳德·科斯于1991年、道格拉斯·诺思和罗伯特·福格尔于1993年获得诺贝尔经济学奖，奥利弗·威廉姆森和埃利诺·奥斯特罗姆于2009年获得诺贝尔经济学奖，以及奥利弗·哈特（Oliver Hart）和本特·霍姆斯特罗姆（Bengt Holmström）获得2016年诺贝尔经济学奖，就是明证。那么，什么是新制度经济学？其研究领域和范围有哪些？

（一）新制度经济学的含义

在国际新制度经济学会（International Society for New Institutional Economics）网站的主页上，有两个方面的内容：一个是“什么是新制度经济学”，另一个是“国际新制度经济学会的任务陈述”。对于第一个问题的回答是，“新制度经济学是一项联合经济学、法律、组织理论、政治学、社会学和人类学的学科交叉事业。它自由地借鉴了各个社会科学学科，但其基本语言是经济学。其基本目标是解释制度是什么，它们如何产生，它们服务于什么目的，它们如何变迁以及应该如何改革等”①。

根据经济思想史网站关于“新制度主义学派”的解释，“新制度主义学派是指试图采用新古典经济理论解释像政府、法律、市场、企业、社会规范、家庭等政治、历史、经济和社会制度的思想流派的集合。它通常被看作芝加哥学派‘经济学帝国主义’（即运用新古典经济学解释通常在其之外考虑的人类社会领域）的产物”②。

作为新制度经济学代表人物之一的威廉姆森最早将“新制度经济学”定义为“交易成本经济学”，因为如果交易成本为零，制度就没有必要，也就没有制度经济学。他在许多著作和论文中使用了“交易成本经济学”名称。③

克劳德·梅纳德（Claude Menard）和玛丽·谢里（Mary M. Shirley）在为《新制度

---

① 对于第二个方面内容的阐述是：“国际新制度经济学会鼓励运用产生于经济学、组织理论、法学、政治学和其他社会科学的各种方法对这些问题进行严格的理论和经验研究。学会特别鼓励来自世界各地学者的广泛参与，目前已经有超过46个国家的会员。学会欢迎年轻学者以及来自发展中国家和转型经济国家的学者。”

② 该网站对经济学说史上各流派的基本含义、代表人物及其代表性著作都有简单介绍。

③ Oliver E. Williamson, “Transaction-Cost Economics: The Governance of Contractual Relations”, *Journal of Law and Economics*, 1979, Vol.22, No.2, pp.233-261.

经济学手册》(*Handbook of New Institutional Economics*)撰写的“序言”中指出,“新制度经济学研究制度以及制度如何与组织安排相互作用”[①]。

约翰・德罗巴克(John N. Drobak)和约翰・奈认为,“新制度经济学”是一个含混的术语。“新制度主义与其说是一个明确的学派,倒不如说是一个根植于现存经济理论和传统的特定共识集合”;他们“关注那些通常不被主流经济学特别注重的问题,但他们仍然倚重新古典价格理论,并以此对许多(尽管不是全部)现实世界中的经济现象进行描述”。大多数新制度经济学家主要关注两个核心但又不同的问题:制度如何影响经济增长,制度如何兴起。[②]

埃里克・弗鲁博顿(Eiric G. Furubotn)和鲁道夫・芮切特(Rudolf Richter)在主编和写作的新制度经济学文集与专著中指出,现代制度经济学“是运用新古典经济理论(以及更新的分析技术)来解释制度安排的运行和演化,从而拓展了微观经济学的适用范围,并提高了其预测能力”[③]。

当然,关于新制度经济学,还有其他各种不同的定义。不过,各种定义的共同点在于:(1)制度是重要的;(2)对制度采用现代古典经济学的分析工具和方法进行分析,即将制度内生化,对制度起源、制度变迁等采用经济学的工具进行分析;(3)分析制度在经济增长和经济发展中的作用。

(二)新制度经济学的研究领域和范围

德罗巴克和奈认为,通常被称为新制度经济学家的学者经常关注四个研究领域:(1)交易费用与产权;(2)政治经济学和公共选择;(3)量化经济史;(4)认知、意识形态以及路径依赖的作用。[④] 他们主编的《新制度经济学前沿》包括了四个大的领域:理论基础,经济史,制度和政治经济学,认知、学习和理性。

梅纳德和谢里从新制度经济学与正统的新古典经济学和旧制度经济学的差别出发,阐明了新制度经济学的研究领域和范围。其认为:“新制度经济学抛弃了标准的新古典经济学个人具有完全信息、无限理性、交易没有成本并且瞬时发生的假定,认为个人只具有不完全信息和有限智力能力,因此他们对不可预知的事件和结果面临不确定性,导致了获取信息的交易成本。为了降低风险和交易成本,人们创造了制度、成文和强制实施的宪法、法律、契约和管制,即所谓的正式制度;构造并反复向人们灌输行为规范、信念和思想与行为习惯,即所谓的非正式制度。他们发展了镶嵌在这些装置中

---

① Claude Menard, Mary M. Shirley, “Introduction”, *Handbook of New Institutional Economics*, Berlin: Springer, 2005, p.1.

② John N. Drobak, John V. C. Nye, “Introduction”, *Frontiers of New Institutional Economics*, New York: Academic Press, 1997, p.xv.

③ [美]埃里克・弗鲁博顿、[德]鲁道夫・芮切特:《新制度经济学:一个交易费用分析范式》,姜建强、罗长远译,上海人民出版社2006年版,第2-3页。他们主编的另一部论文集是:[美]埃瑞克・G.菲吕博顿、[德]鲁道夫・瑞切特编:《新制度经济学》,孙经纬译,上海财经大学出版社1998年版。

④ John N. Drobak, John V. C. Nye, “Introduction”, *Frontiers of New Institutional Economics*, New York: Academic Press, 1997, p.xvi.

的不同组织模式，为激励主体提供了以其能力而变化的不同激励。对新制度经济学家来说，市场经济的绩效依赖于方便私人交易和合作行为的正式和非正式制度与不同模式的组织。新制度经济学集中关注：这些制度是如何出现、实施和演进的；它们如何形成了促进生产和交易的制度安排，以及这些安排又是如何改变博弈规则的。"[①]新制度经济学虽然放弃了新古典经济学的一些假定，但接受了其稀缺性和竞争的正统假定，并采用其成功的硬核，而这正是新制度经济学取得成功的根源。正如阿罗所指出的，新制度经济学不是试图回答经济学的传统问题，而是试图回答新的问题，即制度为什么是按照它们出现的方式而不是其他方式产生的。[②] 诺思认为，新制度经济学回答了传统经济学没有涉及的问题，即它试图通过解释人类的激励和目标以及为追求其目标而创造出来的信念、规范和规则等来阐释人类社会的经济变迁（甚至政治和社会变迁）。[③] 梅纳德和谢里的《新制度经济学手册》包括八个部分：新制度经济学的范围和领域、政治制度和国家、市场经济的法律制度、治理模式、契约安排、管制、制度变迁、未来展望。

弗鲁博顿和芮切特对新制度经济学的领域进行了比较宽泛的划分，包括交易费用经济学、产权分析方法、合约经济理论、经济史的新制度分析方法、政治经济学的新制度分析方法、宪政经济学。[④]

不同学者对新制度经济学领域和范围的划分与他们对新制度经济学和新政治经济学关系的不同理解密切相关。本书既然将新制度经济学作为新政治经济学的一个分支，我们认为这里是指狭义上的新制度经济学，讨论的主要领域和范围包括制度与制度变迁、制度与经济增长关系的机制、新经济史学、法律的经济分析。

二、交易费用与科斯定理

古典经济学和新古典经济学假定人具有完全理性、信息完全，没有交易费用，也没有存在制度的必要。罗纳德·科斯在其1937年发表的论文《企业的性质》中，为了解释企业存在的根源，提出了"交易费用"概念。此后，这一概念不断发展、完善，成为新制度经济学的核心概念和分析工具。科斯在1960年发表的《社会成本问题》中表述了后来被称为"科斯定理"的基本思想。

（一）交易费用的含义

科斯为了回答企业存在的原因，提出利用价格机制、市场机制是有费用的，即存在

---

① Claude Menard, Mary M. Shirley, "Introduction", *Handbook of New Institutional Economics*, Berlin: Springer, 2005, pp.1-2.

② Kenneth J. Arrow, "Reflections on the Essays", in George Feiwel, ed., *Arrow and the Foundations of the Theory of Economic Policy*. New York: New York University Press, 1987, pp.727-734.

③ Douglass North, *Understanding the Process of Economic Change*, Princetion: Princetion University Press, 2005, p.12.

④ 参见[美]埃里克·弗鲁博顿、[德]鲁道夫·芮切特：《新制度经济学：一个交易费用分析范式》，姜建强、罗长远译，上海人民出版社2006年版，第39-42页。

交易费用；具体说，交易费用是与发现交易对象、发现相对价格、讨价还价、订立契约和执行契约有关的费用。[①] 后来，他在1960年发表的《社会成本问题》中，进一步将发现交易对象、告诉对方交易愿望和方式以及履约的成本包含到交易费用中。科斯虽然最早提出了交易费用的思想，但并没有使用明确的“交易费用”概念。最早使用“交易费用”这一术语的是肯尼思·阿罗。阿罗在1969年研究保险市场的逆向选择行为和市场经济运行的效率时提出了这个概念，并将其定义为“市场机制运行的费用”。这就大大扩展了科斯的有关表述。

“交易费用”概念被广泛定义并得到迅速发展是在20世纪七八十年代。阿尔钦、德姆塞茨、威廉姆森、埃格特森以及张五常等人都对交易费用进行了比较详细的阐述。阿尔钦和德姆塞茨将企业看作一个团队，其中存在劳动交易困难，原因在于劳动的贡献难以测度和计量，他们将获取劳动信息的成本定义为交易费用。威廉姆森认为，“交易成本在经济中的作用相当于物理学中的摩擦力”。“经济组织的问题其实就是一个为了达到某种特定目标而如何签订合同的问题”，而签订合同就涉及“合同签订之前的交易成本”和“合同签订之后的交易成本”，“前者是指草拟合同、就合同内容进行谈判以及确保合同得以履行所付出的成本”；而签订合同后的成本包括：(1)不适应成本，即交易行为逐渐偏离了合作方向，造成交易双方互不适应的成本；(2)讨价还价成本，即如果交易双方想纠正事后不合作的现象，需要讨价还价所造成的成本；(3)建立及运转成本，即为了解决合同纠纷而建立的治理结构并保持其运转需要付出的成本；(4)保证成本，即为了确保合同中各种承诺得以兑现所付出的成本。[②] 威廉姆森是从签订合同的事前和事后成本角度给出了相对比较具体的定义。马修斯也是从合同签订和执行角度定义交易费用的。他认为：“交易费用包括事前签订合同和事后实施合同的费用，与生产费用不同，它是实施合同的费用。从广义上讲，交易费用是人和人之间关系的费用，而生产费用是人与物之间关系的费用。”[③]

思拉恩·埃格特森（Thrainn Eggertsson）认为，一般地说，交易费用是个人交换他们对于经济资产的所有权和确立他们的排他性权利的费用，它可以分为可变部分与不变部分。[④] 他还区分了交易费用与信息费用，认为二者相关，但不完全相同。在鲁滨逊生活的孤岛上，也存在信息费用问题，但由于不存在交易，故而没有交易费用。交易费用的产生是因为信息本身是有成本的，导致交易费用的人类行为包括：“(1)寻找有关价格分布、商品质量和劳动投入的信息，寻找潜在的买者和卖者及有关他们的行为与环境的信息；(2)在价格是内生的时候，为弄清买者和卖者的实际地位而必不可少

---

① 参见[美]科斯：《企业的性质》，盛洪主编：《现代制度经济学》(上卷)，北京大学出版社2003年版，第103-117页；Ronald Coase, “The Nature of the Firm”, *Economica*, 1937, Vol.4, No.16, pp.386-405.

② 参见[美]威廉姆森：《资本主义经济制度》，段毅才译，商务印书馆2002年版，第31-35页。

③ R. C. O. Matthews, “The Economics of Institutions and the Sources of Growth”, *Economic Journal*, 1986, Vol.96, No.384, pp.903-918.

④ 参见[冰]埃格特森：《新制度经济学》，吴经邦译，商务印书馆1996年版，第16页。

的谈判；(3)订立合约；(4)对于合约双方的监督以确定对方是否违约；(5)当对方违约之后强制执行合同和寻求赔偿；(6)保护产权以防第三者侵权。"①

张五常给出了一个相对宽泛的定义。他认为，必须将"交易成本"定义为"所有在鲁宾逊·克鲁索经济中不存在的成本"或者"制度成本"；"包括律师、金融机构、警察、中间人、企业家、经理、职员、佣人等等的收入……除那些与物质生产过程和运输过程直接有关的成本以外，社会中所有可想象的成本都是交易成本"。②

弗鲁博顿和芮切特在康芒斯、威廉姆森等关于"交易"定义的基础上，认为交易费用是"源自建立、使用、维持和改变法律意义上的制度和权利意义上的制度所涉及的费用"；其典型情形是"使用市场的费用和企业内部发号施令的费用"，即"市场型交易费用""管理型交易费用""政治型交易费用"。其中每一种类型的交易费用又可以划分为"固定的"和"可变的"两类。在此基础上，他们对每种类型交易费用的含义进行了深入探讨，指明了它们所包含的内容。③

总之，"交易费用"是相当宽泛的概念，其含义经历了由窄到宽的不断变化。从最初科斯运用价格机制或市场机制的费用，到后来扩大到企业内部的管理费用，再到后来扩大到制度运行的费用。如果按照康芒斯把交易划分为"买卖的交易""管理的交易""限额的交易"三种类别从而概括了人和人之间的一切交往④，那么交易费用就是人与人之间交往的一切费用。

不过，"交易费用"概念内涵和外延的不确定性也导致了人们对这个概念的批评。斯坦利·费希尔的代表性说法是："交易费用在理论上就有一个现成的坏名声……这部分原因是人们怀疑，是否只要祈求规定了适当的交易费用就能使几乎任何事物都合理化。"耶鲁大学的一位教授曾经揶揄道："猴子为什么要上树？当然是交易费用嘛！"⑤

(二)为什么存在交易费用

前面提到，古典经济学和新古典经济学假定人具有无限理性，具有充分信息，交易瞬时发生，因而不存在交易成本。但是，新制度经济学放弃了新古典经济学的假定，认为人只具有有限理性，信息的获取存在成本，而且交易也不是瞬时发生的，这就使得交易不可能没有成本，因为人们要获取信息、处理信息，都需要花费成本。

1.威廉姆森的分析

威廉姆森从主观和客观两个角度对交易费用存在的原因进行了比较系统的阐述。

---

① [冰]埃格特森：《新制度经济学》，吴经邦译，商务印书馆1996年版，第17页。

② 张五常：《经济解释》，商务印书馆2000年版，第517-518页。

③ 参见[美]埃里克·弗鲁博顿、[德]鲁道夫·芮切特：《新制度经济学：一个交易费用分析范式》，姜建强、罗长远译，上海人民出版社2006年版，第57-67页。

④ 参见[美]康芒斯：《制度经济学》(上册)，于树生译，商务印书馆1962年版，第74-86页。

⑤ 单伟建：《交易费用经济学的理论，应用及偏颇》，汤敏、茅于轼主编：《现代经济学前沿专题》(第一集)，商务印书馆1989年版，第67页。

主观上,交易费用存在是因为行为主体的有限理性和机会主义动机;客观上,在于资产专用性、不确定性和交易频率。[①]

有限理性包括两层含义:第一,人们认识客观事物的能力有限,不是所有的人都可以进行完全没有成本的理性计算;第二,不同人的学习能力存在差别,即主体并非马歇尔意义上的代表性主体,而是存在差别。这样,由于不同主体的认知、学习能力存在差别,对同一个交易是否存在收益、收益大小如何等的判断就存在差别。

机会主义动机普遍存在,最通常的情形就是道德风险和逆向选择,由于信息是不完全的、不对称的,追求自身利益最大化的行为主体就会通过隐瞒信息等手段谋取个人利益,并且不惜损害他人利益。

资产专用性是指为支撑某种具体交易而进行的耐久性投资。威廉姆森将资产专用性看作交易成本经济学的重要概念,并且认为其重要性无论怎样强调都不为过。因为没有资产专用性,交易成本经济学就没有存在的必要了。

威廉姆森认为,要理解交易成本经济学,最重要的是要认识到,人们的行为是不确定的。他引用了库普曼斯将不确定性划分为原发的和继发的观点,认为经济组织的核心问题就是如何面对、如何解决不确定性的问题。原发的不确定性是指那种随时发生的问题,是自然无序行为和无法预测的消费者偏好的变化造成的;而继发的不确定性则产生于缺乏信息沟通,即一个人作出决策时,无从了解其他人同时也在作的那些决策和计划。这些不确定性的存在一方面可能会阻碍交易的发生,另一方面需要设计一些制度来约束或规范交易主体的行为,降低不确定性,从而就产生了交易费用。

交易源于分工,分工越细致、专业化程度越高,交易越频繁,交易费用越高,但是分工和专业化可以降低生产成本。威廉姆森认为,分工和专业化的程度依赖于生产成本和交易费用之和。

无论从客观方面还是主观方面,只要行为主体不是完全理性的、信息是有成本的、产品并非同质的,交易费用就不可避免。

2.诺思的分析

诺思认为,有以下四个变量决定交易费用。[②]

一是在交换中衡量物品和服务的价值属性或代理人绩效的费用。衡量既包括界定被交换权利的物理属性(颜色、大小、重量、数量等),也包括界定被交换的产权(使用权、收益权和转让权)。

二是市场规模。市场的大小决定了个人或非个人的交换是否会发生。在个人的交换中,亲情、友情、个人忠诚、重复交往都会对参与者的行为产生作用,会降低产权界定和实施的需要;在非个人的交换中,没有什么东西可以制约参与者充分利用自己的优势。因此,签约成本随着需要对交换的权利进行更详细的界定而增加。

---

① 参见[美]威廉姆森:《资本主义经济制度》,段毅才译,商务印书馆2002年版,第68-98页。

② Douglass C. North, "Institutions, Ideology and Economic Performance", *The Cato Journal*, 1992, Vol.11, No.3, pp.477-496.

三是实施。在一个产权实施和充分实现的理想化世界里,第三方将公平地(不花成本)评价争执,并在合同受侵犯时对受害方进行补偿。机会主义、逃避责任和欺诈都将一无所获。

四是意识形态和洞察力。意识形态不仅在政治选择中发挥重要作用,而且是影响经济绩效的个人选择的关键。意识形态的重要性直接取决于衡量与实施合同的费用。如果衡量与实施合同的费用很低,那么人们是否相信游戏规则公平或不公平就无多大差别,但由于衡量和实施合同的费用往往较高,意识形态就会起作用。

(三)交易费用的度量

"交易费用"自提出之后,一直面临着如何度量的问题。如果不能够度量或者不可以度量,那么交易费用将只会是一个概念或者理念。正如西蒙所指出的:"(交易费用)被随意地用于分析,除了内省和常识外缺乏实证支持,这类做法在文献中迅速扩散,使人觉得(交易成本分析)只是权益的做法……除非(外生参数估计和理论检验所需的实证研究)得以开展,(否则)新制度经济学及相关方法只能是人们基于信念或虔诚而作出的(选择)。"[①]对交易费用的度量基本上形成了三种观点:第一种是交易费用可以度量,至少可以粗略度量,并进行了尝试性努力;第二种观点认为交易费用不可度量,甚至连粗略度量也不可能;第三种观点认为,没有必要精确度量。

诺思和沃里斯最早对美国的交易费用进行了度量。他们的计量方法如下:(1)在人类行为理论的基础上对交易费用和转形成本进行定义。交易费用是"执行交易功能的成本","是在交易中为界定、保护、实施产权而消耗的资源的总和";转形成本是"执行转形功能的成本","是为改变物质的属性(颜色、地点、尺寸、化学性质等)而消费的资源的总和"。(2)对计量任务进行调整,只计量通过市场活动的各种交易费用,并把形成这些交易成本的活动定义为交易服务,因此计量的任务就是加总各种交易服务并计量其价值。(3)加总交易产业的价值,所谓"交易产业"就是在公开市场上为产权交换而提供交易服务的各种部门,包括金融业、房地产业、批发零售业、广告业、咨询业、保险业等,交通业除外。(4)在非交易产业中,划分企业职员的职业,一是提供交易服务的职业,如业主、经理、主管、监视员、测量员、会计、营销员等;二是提供转形服务的职业。(5)加总除转移性支付外的国家公共部门为国防、教育、城市服务等活动而支付的各种费用。(6)把以上各项对应于国民经济核算账户,加总交易费用。他们采用这种方法对美国1870—1970年的交易费用进行了计量,结果表明,1970年,交易费用占美国国民收入的比例超过50%,而1870年这一比例仅为25%多一点。[②]

弗鲁博顿和芮切特在诺思和沃里斯研究的基础上,结合对市场型交易费用、管理

① 转引自[美]玛斯顿:《交易成本经济学的实证研究》,[美]约翰·克劳奈维根编:《交易成本经济学及其超越》,朱舟、黄瑞虹译,上海财经大学出版社2002年版,第61页。

② John J. Wallis, D. C. North, "Measuring the Transaction Sector in the American Economy, 1870-1970", in S. L. Engerman and R. E. Gallman, ed., *Long-Term Factors in American Economic Growth*, Chicago: University of Chicago Press, 1988, pp.95-161.

型交易费用和政治型交易费用的划分，对每种类型交易费用的计量进行了阐述。[①] 市场型交易费用可以从购买者和销售者两方面考察。从购买者角度而言，其在购买产品或服务的过程中，需要投入时间和精力获取有关产品质量的信息。类似甚至相同的商品，其价格可能存在很大的差别，"我们所观察到的相对于平均价格的价格差异，可以被理解为对消费者的自身交易活动的费用的近似度量"；另外，消费者在购买贵重物品时，可能会聘请专门的经纪人、律师、金融专业人士等提供"交易性服务"，消费者花费在交易性服务上的费用也是交易费用。从销售者角度来看，"交易费用或销售费用是指推销掉某一商品的费用减去由生产者将该商品送到最终消费者手中的运费。推销费用是用最终消费者支付商品的价格和生产费用之差来度量的"。

对于管理型交易费用的度量，他们用间接费用作为估算程序的基础。不过，间接费用除了包括交易费用外，还包括生产费用（如折旧、维修和水电费等）。间接费用中究竟有多少是交易费用并没有精确的数据。他们通过假定交易费用占总间接费用的50%估计了企业内交易费用介于18%和30%。另外，他们还认为，有些交易费用是以"沉没成本"或"专用投资"的形式出现的。

关于政治型交易费用，他们认为，"对于税收法律，重要的是考虑'获取税源、选民行为和代理人行为等有关信息的费用；实现政策一致性的执行费用'"。政治型交易费用是"公共选择的费用"。"对于一个特定（或新或旧）的法律社会，成本不仅包括与法律有关的政府支出，还包括附加在社会上的交易费用，比如由于破坏自由交换所导致的资源损失。"最后，政治型交易费用还包括"政治组织和压力集团的建立和经营费用"。

弗鲁博顿和芮切特虽然对交易费用的度量进行了细致的阐述，但他们并非认为交易费用可以精确度量，他们总体上认为交易费用作为一种分析问题和思考问题的方法更为重要。他们指出："最小化绝对或相对交易费用在经济学上并非一个合理的目标。相反，判断一个经济实体的经济质量（'效率'）最重要的是总的经济结果，而不是交易费用水平。"[②]张五常也指出："说一种成本可以度量，或可以精确地度量，并不一定意味着它可以用元或分来度量。如果我们能够说，在其他条件相同的情况下，某种特定类型的交易成本在状况 A 下高于在状况 B 下，并能够说不论什么时候观察到这两种状况，不同的个人都能始终如一地确定同一种排列，那么就可以说，交易成本至少在边际上是可以度量的。"[③]从弗鲁博顿和芮切特与张五常的观点来看，交易成本能否进行精确度量可能并非重要，关键是将交易费用作为一种分析方法、分析思路，在经济研究中不能够假定交易费用为零或交易费用不存在，因为交易费用在现实经济运行中占的

① 参见[美]埃里克·弗鲁博顿、[德]鲁道夫·芮切特：《新制度经济学：一个交易费用分析范式》，姜建强、罗长远译，上海人民出版社 2006 年版，第 67-73 页。

② [美]埃里克·弗鲁博顿、[德]鲁道夫·芮切特：《新制度经济学：一个交易费用分析范式》，姜建强、罗长远译，上海人民出版社 2006 年版，第 71-72 页。

③ 张五常：《经济解释》，商务印书馆 2000 年版，第 520 页。

比重越来越高。

我们认为，交易费用作为一种分析方法比精确计量更重要，一是交易费用计量本身需要很高的费用，而且也不精确；二是精确计量的目的是降低或避免较高的交易费用，而将交易费用作为一种方法，在实际工作中不断降低交易费用或寻求交易费用更低的处理问题的手段或办法，可能比准确计量出来更有效。

（四）科斯定理

1960 年，科斯发表《社会成本问题》，通过一系列案例分析，表述了科斯定理的基本思想。[①] 科斯定理通常表述为由三个命题构成的定理组。我们通过一个案例来解释科斯定理的基本内容。假定在某个地方存在一个磨面房，已经有 200 年的历史，每天可以创造 100 元的价值。某一天，与磨面房相邻的地方开了一家诊所，每天可以创造 200 元的价值。诊所要使用听诊器等医疗设备，然而磨面房发出的噪声使得这些设备没法使用。诊所将磨面房告上法庭，要求磨面房停止侵权。问题是：法院应该判磨面房停止侵权，还是判磨面房有继续经营的权利？按照科斯的观点，判磨面房停止侵权就侵害了磨面房的权利，因为它已经在这个地方经营了 200 年；如果判磨面房可以继续经营，就侵害了诊所的权利。

假定交易费用为零。如果法院判磨面房继续营业，那么诊所可能会跟磨面房讨价还价，补偿磨面房 100 元，磨面房的收益不变，诊所还可以赚 100 元。这样，诊所在没有使得磨面房的利益受损的情况下获得了利益，这是一种帕累托改进。最终经营下去的是诊所，虽然法院判磨面房继续经营。如果法院判磨面房停止侵权，则磨面房只能停止经营，最终经营下去的还是诊所。因此，无论是将权利界定为磨面房还是诊所，最终的结果都一样。

科斯第一定理：如果交易费用为零，权利的初始配置不影响资源最终利用的方向。

如果交易费用不为零。在上述例子中，假定双方讨价还价的成本为 150 元。如果法院判磨面房继续营业，那么诊所可能就不会跟磨面房讨价还价，因为它除了要支付磨面房 100 元的补偿外，还要支付 150 元的交易费用，最终的结局是亏损 50 元。显然，最终经营下去的是磨面房。如果法院判磨面房停止侵权，最终经营下去的就是诊所。因此，权利的初始配置影响了资源最终利用的方向。

科斯第二定理：如果交易费用不为零，权利的初始配置可能会影响资源最终利用的方向。

那么，在交易费用不为零的情况下，权利应该界定给谁呢？根据前面的分析，按照创造的社会产值最大化原则，权利显然应该界定给诊所，因为它创造的价值大于磨面房创造的价值。也就是说，对整个社会而言，将权利界定给诊所比界定给磨面房能够

---

① 参见[美]科斯：《社会成本问题》，[美]科斯、阿尔钦、诺思等：《财产权利与制度变迁：产权学派与新制度学派译文集》，刘守英等译，上海人民出版社、上海三联书店 1994 年版，第 3-58 页；或者见盛洪主编：《现代制度经济学》（上卷），北京大学出版社 2003 年版，第 3-37 页。

创造更高的产值。

科斯第三定理：如果交易费用不为零，权利应该界定给能够创造更高价值的一方。

科斯定理虽然回答了交易费用不为零时权利的界定问题，然而科斯并没有讨论权利的配置会影响收入分配的问题，而且科斯定理中交易的主体是明确的，只有两方。如果交易主体扩大到三方甚至更多方，科斯定理还能否适用，需要进一步讨论。

三、制度的含义与构成

在新制度经济学之前，马克思主义经济学剖析了资本主义制度，但没有给出制度的明确定义；旧制度经济学家凡勃伦、康芒斯等给出了制度的明确定义。新制度经济学给制度下了多种不完全相同的定义，分析了制度的构成，研究了正式制度和非正式制度的划分及其关系。

（一）关于制度的定义

1.旧制度经济学的定义

美国旧制度经济学的创始人凡勃伦所著的《有闲阶级论》一书的副标题是“关于制度的经济研究”。他认为：“制度实质上就是个人或社会对有关的某些关系或某些作用的一般思想习惯；而生活方式所构成的是，在某一时期或社会发展的某一阶段流行的制度的综合，因此从心理学的方面来说，可以概括地把它说成是一种流行的精神态度或一种流行的生活理论。”①康芒斯将制度解释为“集体行动控制个体行动”，其“指出个人能或不能做，必须这样或必须不这样做，可以做或不可以做的事，由集体行动使其实现”。②

2.新制度经济学的定义

新制度经济学家从不同的角度对“制度”进行了定义。但是，大多数经济学家将制度定义为“结构”或“游戏规则”，如诺思、弗农·拉坦（Vernon W. Ruttan）、舒尔茨等。诺思指出，“制度是一系列被制定出来的规则、守法秩序和行为道德、伦理规范，它旨在约束主体福利或效用最大化利益的个人行为”；“制度是一个社会的游戏规则，更规范地说，它们是为决定人们的相互关系而人为设定的一些制约”。③ 拉坦指出：“一种制度通常被定义为一套行为规则，被用于支配特定的行为模式与相互关系。”④舒尔茨认为，制度就是“一种行为规则，这些规则涉及社会、政治及经济行为”。他还给出了制度的不同类型：“（1）用于降低交易费用的制度（如货币、期货市场）；（2）用于影响生产要素的所有者之间配置风险的制度（如合约、分成制、合作社、公司、保险、公共社会安全

① ［美］凡勃伦：《有闲阶级论：关于制度的经济研究》，蔡受百译，商务印书馆1964年版，第139页。

② ［美］康芒斯：《制度经济学》（上册），于树生译，商务印书馆1962年版，第87、89页。

③ ［美］诺思：《经济史中的结构与变迁》，陈郁、罗华平等译，上海三联书店1991年版，第226页；［美］诺思：《制度、制度变迁与经济绩效》，刘守英译，上海三联书店1994年版，第3页。

④ ［美］V. W. 拉坦：《诱致性制度变迁理论》，［美］科斯、阿尔钦、诺思等：《财产权利与制度变迁：产权学派与新制度学派译文集》，刘守英等译，上海三联书店、上海人民出版社1994年版，第329页。

计划）；（3）用于提供职能组织与个人收入流之间的联系的制度（如财产，包括遗产法、资历和劳动者的其他权利）；（4）用于确立公共品和服务的生产与分配的框架的制度（如高速公路、飞机场、学校和农业实验站）。”[①]梅纳德和谢里同时定义了制度与组织。制度是“人类设计出来降低不确定性并控制其环境的成文与不成文的规则、规范和约束。这包括：（1）管理契约关系和公司治理的成文规则和协约；（2）管理政治、政府、金融以及更宽泛社会的宪法、法律和规则；（3）操行、行为规范和信念的不成文规则”。组织安排是“行为主体实施的促进生产和交易的不同治理模式。它包括：（1）市场、企业和经济主体发展出来方便交易的不同形式的联合；（2）提供有组织活动框架的契约安排；（3）成为所选择安排基础的行为特征。在研究制度及其与特定安排的相互关系时，新制度经济学家越来越关注决定人类如何解释现实的智力模型和认知的其他方面，而这反过来又形成了他们构建的制度环境”。[②] 弗鲁博顿和芮切特认为：“无论如何……制度将被定义为一组正式和非正式的规则，以及规则的执行安排。”[③]奥斯特罗姆给出了一个详细的定义：“制度可以被定义为一组运行规则，它们是用来决定在一些场合谁有资格作出决策，什么行为是允许的或者要被限制的，什么样的一组规则可以被采用，应该遵循什么样的程序，必须或者不必提供什么信息，应该如何根据个人的绩效制定支付条件……所有的规则包含禁止、允许或者要求某种行为或结果这样一些条件。当个人在他们的行为中作出选择时，所采用的、监督和执行的正是这些规则。”[④]格雷夫认为，制度是相互关联的规则、信念、规范和组织的系统，它们共同产生了社会行为规范。[⑤]

安德鲁·肖特（Andrew Schotter）、青木昌彦等从博弈论的角度给出了制度的定义。肖特指出：“一个社会制度是一种社会行为的规则，它被所有社会成员所赞同，它规定了特定的反复出现的情况下的行为，它是自我维持的，或者是被某个外在的权威所维持的。”正式的定义为：“在一人口群体 P 中，当其成员在反复出现的情景 Γ 下，作为行动人常规性的 R 只有在下列条件下而成为人口群体 P 中的共同知识时，它才成为一种制度：（1）每个人都遵同 R；（2）每个人都预计他人遵同 R；并且（3）如果 Γ 是一个协调问题，在这种情况下一致遵同 R 是一个协调均衡，于是在其他人都遵同 R 时，每个人都愿意遵同 R；或者（4）如果任何一个人偏离了 R，人们知道其他人当中的一些

---

① ［美］T. W. 舒尔茨：《制度与人的经济价值的不断提高》，［美］科斯、阿尔钦、诺思等：《财产权利与制度变迁：产权学派与新制度学派译文集》，刘守英等译，上海三联书店、上海人民出版社 1994 年版，第 253 页。

② Claude Menard, Mary M. Shirley, “Introduction”, *Handbook of New Institutional Economics*, Berlin: Springer, 2005, p.1

③ ［美］埃里克·弗鲁博顿、［德］鲁道夫·芮切特：《新制度经济学：一个交易费用分析范式》，姜建强、罗长远译，上海人民出版社 2006 年版，第 7 页。

④ 转引自［美］埃里克·弗鲁博顿、［德］鲁道夫·芮切特：《新制度经济学：一个交易费用分析范式》，姜建强、罗长远译，上海人民出版社 2006 年版，第 8 页。

⑤ 参见［美］阿夫纳·格雷夫、戴维·莱廷：《内生制度变迁理论》，黄少安主编：《制度经济学研究》（第八辑），经济科学出版社 2005 年版，第 205 页；［美］阿夫纳·格雷夫：《大裂变：中世纪贸易制度比较和西方的兴起》，郑江淮等译，中信出版社 2008 年版，第 22 页。

或全部将也会偏离，在反复出现的博弈 Γ 中采用偏离的策略的得益对于所有行为人来说都要比 R 相对应的得益低。”[①]青木昌彦认为，制度可以概括为“关于博弈重复进行的主要方式的共有信念的自我维持系统”，“制度作为共有信念的自我维系系统，其实只是对博弈均衡的概要表征(信息浓缩)”。[②]

综合以上各种定义，制度就是约束人们交往的行为规则，存在于两个或两个以上主体的相互博弈中，它既有自我实施的非正式规则，也有第三方强制实施的正式规则。

(二)制度的构成和层次

1.正式规则和非正式规则

前面对制度的各种定义都表明，制度可以划分为正式规则和非正式规则。诺思明确提出，制度“由正规的成文规则和那些作为正规规则的基础与补充的典型非成文行为准则所组成”[③]。正式规则包括政治(及司法规则)、经济规则和合约，其顺序排列为：“从宪法到成文法和普通法，再到明确的细则，最终到确定制约的单个合约；从一般规则到特定的说明书。”“政治规则可广义地定义为政治团体的等级结构，以及它的基本决策结构和支配议事日程的明晰特征；经济规则用于界定产权，即关于财产使用，从中获取收入的权利束，以及转让一种资产或资源的能力；合约则包含着对交换中一个具体决议的特定条款。”[④]但正式规则只占一个社会行为规范的很少一部分，人类社会的大部分行为是依靠非正式规则约束的。这些非正式规则包括行为规范、行为准则和习俗。相同的正式规则在不同的社会产生的结果不同，主要原因在于这些社会的非正式规则存在很大差别。非正式规则来源于“社会所流传下来的信息以及我们称之为文化的部分遗产”。按照诺思的观点，人类大脑处理信息的方式取决于“大脑对一个或多个结构精致的自然语言的学习能力。这些自然语言可以破译成感性的、态度的、道义上的、行为的及真实的信息”；文化可以定义为“一代一代的遗承，或者通过对知识、价值和其他要素的交汇与模仿来影响行为”。[⑤] 人类社会从无政府状态时主要依靠非正式规则约束人类行为，到现代社会既依靠正式规则也依靠非正式规则来约束人类行为。非正式规则主要通过三种方式发挥作用：“(1)对正规规则的拓展、阐明与修正；(2)社会公认的行为准则；(3)内部实施的行为标准。”[⑥]另外，诺思还认为，在正式规则和非正式规则之外，还必须设计一些制度来增进和确保制度的实施，从而使交易得以进行。这些实施机制包括自我实施和第三方强制实施。[⑦]

林毅夫也区分了正式制度安排和非正式制度安排。他指出：“正式的制度安排指

① [美]安德鲁·肖特：《社会制度的经济理论》，陆铭、陈钊译，上海财经大学出版社2004版，第17-18页。

② [日]青木昌彦：《比较制度分析》，周黎安译，上海远东出版社2001年版，第11页。

③ [美]诺思：《制度、制度变迁与经济绩效》，刘守英译，上海三联书店、上海人民出版社1993年版，第5页。

④ [美]诺思：《制度、制度变迁与经济绩效》，刘守英译，上海三联书店、上海人民出版社1993年版，第64页。

⑤ [美]诺思：《制度、制度变迁与经济绩效》，刘守英译，上海三联书店、上海人民出版社1993年版，第49-50页。

⑥ [美]诺思：《制度、制度变迁与经济绩效》，刘守英译，上海三联书店、上海人民出版社1993年版，第55页。

⑦ 参见[美]诺思：《制度、制度变迁与经济绩效》，刘守英译，上海三联书店、上海人民出版社1993年版，第78-79页。

的是这样的一种制度安排：在这种制度安排中规则的变动或修改，需要得到其行为受这一制度安排管束的一群(个)人的准许。也就是说，无异议是一个自发的、正式的制度安排变迁的前提条件。因此，正式的制度安排变迁，需要创新者花时间、花精力去组织、谈判并得到这群(个)人的一致性意见。""非正式制度安排指的是另一种制度安排：在这种制度安排中规则的变动和修改纯粹由个人完成，它用不着也不可能由群体行动完成。最初，创新者将被其他人认为是违反了现行规则。只有当这个社会中的大多数人放弃了原来的制度安排并接受新制度安排时，制度安排才发生变换。这种制度安排的例子有价值观、伦理规范、道德、习惯、意识形态等等。"[①]

2.制度安排与制度环境

诺思、林毅夫等人区分了制度安排与制度环境概念。诺思认为，"制度环境，是一系列用来建立生产、交换与分配基础的基本的政治、社会和法律基础规则"，"一项制度安排，是支配经济单位之间可能合作与竞争的方式的一种安排"。[②] 林毅夫采用了制度安排与制度结构概念，"一项制度安排是指在特定领域内约束人们行为的一组行为规则；而制度结构是指经济社会中所有制度安排的总和，它包括组织、法律、习俗和意识形态"[③]。

3.内在制度和外在制度

柯武刚(Wolfgang Kasper)和史漫飞(Manfred E. Streit)根据制度的起源，划分了内在制度和外在制度。内在制度是从人类经验中演化出来的。它体现着过去曾最有益于人类的各种解决办法。其例子既有习俗、伦理规范、良好礼貌和商业习俗，也有盎格鲁-撒克逊社会中的自然法。违反内在制度通常会受到共同体成员的非正式惩罚，例如，不讲礼貌的人发现自己不再受到邀请。但是，也有各种执行内在制度的正式惩罚程序。外在制度是被自上而下地强加和执行的。它们由一批代理人设计和确立，这些代理人通过一个政治过程获得权威。它们的一个例子就是司法制度。外在制度配有惩罚措施，这些惩罚措施以各种正式的方式强加于社会(如遵循预定程序的司法法庭)并可以靠法定暴力(如警察)的运用来强制实施。[④] 从内容和实施看，柯武刚和史漫飞的内在制度接近于诺思的非正式制度，外在制度接近于正式制度。

4.制度的层次

许多学者讨论了制度的层次问题，这实际上涉及的是制度的内容和构成。威廉姆

---

① 林毅夫：《关于制度变迁的经济学理论：诱致性变迁与强制性变迁》，[美]科斯、阿尔钦、诺思等：《财产权利与制度变迁：产权学派与新制度学派译文集》，刘守英等译，上海三联书店、上海人民出版社 1994 年版，第 390-391 页。

② [美]戴维斯和诺思：《制度变迁的理论：概念与原因》，[美]科斯、阿尔钦、诺思等：《财产权利与制度变迁：产权学派与新制度学派译文集》，刘守英等译，上海三联书店、上海人民出版社 1994 年版，第 270 页。

③ 林毅夫：《再论制度、技术与中国农业发展》，北京大学出版社 2000 年版，第 16 页。

④ 参见[德]柯武刚、史漫飞：《制度经济学：社会制度与公共政策》，韩朝华译，商务印书馆 2000 年版，第 36-37 页。

森在讨论社会分析的层次时分析了制度的不同层次(见图 15.1)。[①] 他认为,社会分析的最高层次(第一层次)是社会嵌入层次,包括规范、习俗、道德观念、传统、宗教等,该层次的制度变化非常缓慢。第二层次是制度环境层次,部分是演进的结果,但主要是人为设计的,它超出了非正式约束层次,主要是正式约束,包括宪法、法律、产权。第三层次是治理制度,威廉姆森认为,虽然第二层次规定了产权,但是还不包括能够发挥良好作用的界定契约和实施契约的法律体系,大部分的契约安排和争端解决都是各方之间讨价还价的结果,因此这需要博弈参与。只有在以上三个层次的基础上,才可能保证交易进行,而这就是社会分析的第四层次,即新古典经济学所谓的供求平衡——形成交易价格和交易量。

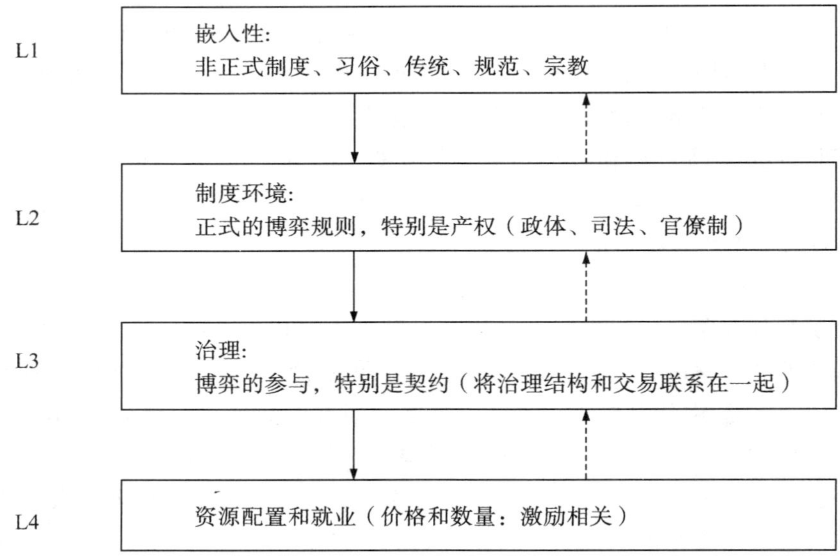

图 15.1 制度的层次

5.正式规则与非正式规则之间的关系

作为制度的构成内容,正式规则和非正式规则之间的关系也是新制度经济学关注的主要问题。诺思认为,正式规则和非正式规则是相互作用的,二者相互补充、修正,其中任何一个变化都可能影响另一个变化的方向。这里主要关注非正式规则对正式规则发挥作用的限制。因为二者变化的方式不同,正式规则可以通过偶然事件(如革命、战争等)发生变化;而非正式规则是逐渐演进变化的,这就出现了同样的正式规则在不同国家产生的经济结果是不同的,根本原因就在于这些国家的非正式规则存在差别。

---

① Oliver E. Williamson, "The New Institutional Economics: Taking Stock, Looking Ahead", *Journal of Economic Literature*, 2000, Vol.38, No.3, pp.595-613.

恩斯明格(Jean Ensminger)通过讨论非洲土地产权制度的变化,提出了"正式制度和非正式制度的匹配是前者成功的关键"的命题。[①] 他考察了非洲进行土地产权变革时,引进发达国家土地私有化的观念,然而改革的效果甚微,有些进行了土地私有化的地区,又重新回到了原来的土地产权制度,最终迫使政府不得不修改与非正式制度不匹配的正式产权制度。这说明,如果仅有单纯的正式制度变化,而没有相应的非正式制度变化,那么正式制度不仅不会起到应有的积极作用,反而还会起消极作用。

对正式制度和非正式制度关系的分析,还可以从法律与社会规范之间的关系说明。波斯纳等人对此进行了研究。波斯纳指出:"对法的充分理解需要考虑规范。法比政治社会更古老,这意味着法是作为诸多规范中的一种而产生的。这就像在国际公法中,法仍旧表现得那样,因为在国际社会中不存在世界政府。甚至在有着强大政府的诸多社会中,规范也可能既是法的一个来源,也是法的一个廉价、有效的替代品且有时是法的对立物。"[②]张维迎曾经指出:"法律作为由国家制定和执行的社会行为规则,对维持社会秩序和推动社会进步具有重要的作用。但法学界、经济学界以及其他社会科学界过去十多年的研究表明,法律的作用被人们大大高估了;社会规范,而非法律规则,才是社会秩序的主要支撑力量。特别是,如果法律与人们普遍认可的社会规范不一致的话,法律能起的作用是非常有限的。"[③]法律与社会规范的区别主要体现在执行机制和产生方式上。就执行机制而言,法律是由作为第三方的政府、法院或者专门的执行机构来执行的;而社会规范的执行机制是多元的。就产生方式而言,法律是由专门的机构(立法机关)制定和颁布的,而社会规范在很大程度上是自下而上形成并演进的。

波斯纳还讨论了社会规范得到实施的原因:(1)有些规范是自我执行的(遵守这些规范的诱因来自这样的事实,即遵守它们会带来个人利益),因为它们是获利交易的组成部分;(2)一些规范是由于诸多情感而被执行的;(3)规范也可以通过否定的表示、嘲笑(甚至在一些极端的场合也可以通过排斥)来执行;(4)内化了的规范是出于罪过或羞耻感而被遵守的。[④]

四、制度在经济增长中的作用

制度对经济增长既可能产生积极作用,也可能产生消极作用。诺思在 1997 年撰写的回忆性文章中指出,当他 1971 年写作《制度变迁与美国经济增长》和 1973 年写作

---

① 参见[美]简·恩斯明格:《变更产权:非洲正式和非正式土地产权的协调》,[美]德勒巴克、奈编:《新制度经济学前沿》,张宇燕等译,经济科学出版社 2003 年版,第 198-234 页。

② Richard A. Posner, "Social Norms and the Law: An Economic Approach", *American Economic Review*, 1997, Vol.87, pp.365-369.

③ 张维迎:《法律与社会规范》,吴敬琏主编:《比较》第十一辑,中信出版社 2004 年版。张维迎以北京市禁止随地吐痰的规定得到了很好的执行而禁止燃放烟花爆竹的规定被违反的程度越来越高为例,说明了这个问题。

④ Richard A. Posner, "Social Norms and the Law: An Economic Approach", *American Economic Review*, 1997, Vol.87, pp.365-369。

《西方世界的兴起》时认为，制度（无论怎样定义）总是有效的，但后来更深入研究的结果表明（他在1981年出版的《经济史中的结构与变迁》中提出）制度并非总是有效的，并且有些"无效"的规则会长期存在。[①] 赫尔普曼在2004年出版的《经济增长的秘密》中，在讨论了积累、创新、不平等对经济增长的影响之后，将落脚点放在了制度上。其认为，制度可以被定义为规则、信念和组织的组合。制度既可以保护创新，也可以保护既得利益，扼杀潜在的创新。好的制度必须能够保障法制和合同的执行，并限制政府的干预。[②] 那么，制度影响经济增长的机制是什么？

第一，制度界定权利、配置资源，决定了资源利用的效率。制度是界定人和人之间权利的，但客体是权利所依托的资源。科斯定理表明，在交易费用不为零的条件下，权利的配置决定了资源利用的方向，进而决定了资源利用的效率，从而决定了经济增长的速度。

第二，制度通过激励与约束影响主体的行为。制度可以减少外部性、产生规模收益、降低交易费用、减少不确定性等，对制度主体既可以产生积极的激励作用，也可以产生消极的约束作用。这可能会改变个人的偏好，使个人作出不同的选择，影响经济增长。比如，专利制度的产生保护了专利发明人在专利期内享有专利垄断收益的权利，从而激励人们积极从事发明创造；而如果专利不受任何保护，那么人们从事发明创造能够获得的收益可能还不足以弥补为此支付的成本，就没有人从事发明创造，这对一个国家和地区的经济增长显然是不利的。再比如，市场经济国家要实现经济繁荣必须形成有效的产权保护制度，不仅要防止人们之间相互侵犯产权，还要防止政府侵犯产权。这样，有效的产权保护制度对一个国家和地区的经济增长就起着至关重要的作用。

五、制度的变迁与演进

制度变迁是指制度从一种状态向另一种状态转变的过程，是从一种均衡向另一种均衡的变化。[③] 诺思将制度均衡定义为这样一种状态，"在给定的一般条件下，现存制度安排的任何改变都不能给经济中任何个人或任何个人的团体带来额外的收入"[④]；"即在行为者的谈判力量及构成经济交换总体的一系列合约谈判给定时，没有一个行为者会发现将资源用于再建立协约是有利可图的"，但是，"这一状态并不意味着，每个

① 参见［美］诺思："绪论"，［美］德勒巴克、奈编：《新制度经济学前沿》，张宇燕等译，经济科学出版社2003年版。

② 参见［以］赫尔普曼：《经济增长的秘密》，王世华、吴筱译，中国人民大学出版社2007年版，第121页。

③ 拉坦将组织包含在制度概念的意义上，定义了制度变迁："（1）一种特定组织的行为的变化；（2）这一组织与其环境之间的相互关系的变化；（3）在一种组织的环境中支配行为与相互关系的规则的变化。"［美］V. W. 拉坦：《诱致性制度变迁理论》，［美］科斯、阿尔钦、诺思等：《财产权利与制度变迁：产权学派与新制度学派译文集》，刘守英等译，上海三联书店、上海人民出版社1994年版，第329页。

④ ［美］戴维斯和诺思：《制度创新的理论：描述、类推与说明》，［美］科斯、阿尔钦、诺思等：《财产权利与制度变迁：产权学派与新制度学派译文集》，刘守英等译，上海三联书店、上海人民出版社1994年版，第297页。

人对现有规则和合约都满意，只是由于改变合约参加者游戏的相对成本和收益使得这样做不值得。现存的制度制约确定和创立了均衡”。[①] 根据弗鲁博顿和芮切特的定义，制度均衡是指，“尽管事实上一组补充性的非正式规则和执行特征已经扩散到了整个制度结构，但是初始的正式规则仍然处于有效状态”；可以在两个意义上认为制度均衡是稳定的，“(1)如果均衡的获得是‘自动’的，‘自动’的含义是，非正式规则在没有摧毁原有正式制度框架的情况下达到了新(完全的)制度安排的某种稳定终点；或者，(2)如果初始的制度均衡在经历了一个外部扰动之后，又达到了一个新的制度均衡(不一定是初始的均衡)”。[②]

对于制度的变迁，有两种不同的极端视角：一种是建构的视角，认为制度是行为主体为了追求自身收益而人为设计出来的，是从制度变迁主体的成本—收益角度思考这一过程的；另一种是演化的视角，认为制度的变迁是自发的，是随着人们的学习、认知变化而逐渐发生的。

(一)制度变迁的成本—收益分析

诺思早年的制度变迁(创新)理论、拉坦的诱致性制度变迁理论、林毅夫的强制性和诱致性制度变迁理论等都是从制度变迁主体的成本—收益角度研究这一过程的。他们认为，制度变迁主体推动制度变迁是因为制度变迁的潜在收益将大于为此支付的成本，即推动制度变迁是有利可图的，是为了获取制度变迁的潜在利润。

1.诺思早期的制度创新理论

在《制度变迁与美国经济增长》一书中，诺思和兰斯·戴维斯(Lance E. Davis)提出了制度创新理论。[③] 基本思想就是，制度创新发生的根源在于对潜在利润的追求。他们指出：“我们假定经济制度会被创新，产权会得到修正，因为它表现为个人或团体可望承担这类变迁的成本，他们希望获得一些在旧有的安排下不可能得到的利润。”“如果预期的净收益超过了预期的成本，一项制度安排就会被创新。只有当这一条件得到满足时，我们才可望发现在一个社会内改变现有制度和产权结构的企图。”[④]因此，制度变迁要能够为变迁主体带来潜在利润，要么制度变迁的潜在收益提高，要么制度变迁的潜在成本降低，诺思将其称为“外部利润”。这种利润的产生有四个方面：规模经济，外部性——外部成本与收益的变化，克服对风险的厌恶，市场失败和不完善市场的发展。[⑤]

---

① [美]诺思：《制度、制度变迁与经济绩效》，刘守英译，上海三联书店、上海人民出版社1993年版，第115页。

② [美]埃里克·弗鲁博顿、[德]鲁道夫·芮切特：《新制度经济学：一个交易费用分析范式》，姜建强、罗长远译，上海人民出版社2006年版，第30-31页。

③ 参见[美]兰斯·E.戴维斯、道格拉斯·诺思：《制度变迁与美国经济增长》，张志华译，格致出版社、上海人民出版社2019年版，第3-74页。

④ [美]戴维斯、诺思：《制度变迁的理论：概念与原因》，[美]科斯、阿尔钦、诺思等：《财产权利与制度变迁：产权学派与新制度学派译文集》，刘守英等译，上海三联书店、上海人民出版社1994年版，第274页。

⑤ 参见[美]戴维斯、诺思：《制度变迁的理论：概念与原因》，[美]科斯、阿尔钦、诺思等：《财产权利与制度变迁：产权学派与新制度学派译文集》，刘守英等译，上海三联书店、上海人民出版社1994年版，第276-291页。

诺思进而分析了三个方面的制度创新压力：(1)制度创新的潜在收入可能会增加。这包括环境的变化可能造成了前所未有的外部效应，风险得到了调整，交易费用发生了转移，或者报酬递增的技术得到了应用。(2)组织或者操作新制度安排的成本可能发生改变。这主要是组织或操作一项新的制度安排需要使用的要素的价格发生了变化，降低了制度变迁的成本。(3)法律上或政治上的某些变化可能影响制度环境，使得某些集团实现一种再分配或趁机利用现存的外部利润机会成为可能。他还分析了美国历史上三类事件对改变制度创新潜在收益的重要性：一是市场规模的变化，二是技术的进步，三是各种团体对收入预期的改变导致了它们对建立新制度安排的收益和成本评价的全面修正。①

诺思在 1992 年出版的《制度、制度变迁与经济绩效》中，提出了制度变迁的政治经济学理论。② 他首先区分了制度和组织，认为制度是博弈的规则，而组织则是博弈的主体。组织是由具有某种目标功能的个人群体构成的，比如企业、工会、合作社等经济组织，政党、体育协会、立法机构、管制机构等政治组织。组织和追求实现目标的企业家是制度变迁的推动力量。组织本身的存在是由于制度结构的激励带来的机会。在一个以稀缺和竞争为特征的世界里，组织和企业家也是在竞争中求生存的，竞争将引导他们努力调整制度框架以提升其在竞争中的地位。虽然竞争的激烈程度决定了制度变迁的速度，但变化的方向将对行动者的理念产生影响。

2.拉坦的诱致性制度变迁理论

拉坦从制度变迁的需求和供给两方面进行了分析。他认为，“制度变迁可能是由对与经济增长相联系的更为有效的制度绩效的需求所引致的”；还“可能是关于社会与经济行为、组织与变迁的知识供给进步的结果”。制度变迁的需求在于：一是要素相对价格的变化，人口的增长提高了资源的稀缺性；二是人的经济价值的提高；三是技术变迁释放的新的收入流的分割产生了重新分配产权的激励。制度变迁的供给在于：一是社会科学的进步，“正如当科学和技术知识进步时，技术变迁的供给曲线会右移一样，当社会科学知识和有关的商业、计划、法律和社会服务专业的知识进步时，制度变迁的供给曲线也会右移”；二是制度供给的激励变化，“制度变迁也可能是由政治家、官僚、企业家及其他人指导他们的日常活动时所实施的创新努力的结果”。③

3.林毅夫的强制性制度变迁和诱致性制度变迁理论

林毅夫划分了强制性制度变迁和诱致性制度变迁。他认为，“诱致性制度变迁指的是现行制度安排的变更或替代，或者是新制度安排的创造，它由个人或一群(个)人，

---

① 参见[美]戴维斯、诺思：《制度创新的理论：描述、类推与说明》，[美]科斯、阿尔钦、诺思等：《财产权利与制度变迁：产权学派与新制度学派译文集》，刘守英等译，上海三联书店、上海人民出版社 1994 年版，第 297-299 页。

② 参见[美]诺思：“绪论”，[美]德勒巴克、奈编：《新制度经济学前沿》，张宇燕等译，经济科学出版社 2003 年版，第 18 页；[美]诺思：《制度、制度变迁与经济绩效》，刘守英译，上海三联书店、上海人民出版社 1993 年版。

③ [美]V. W. 拉坦：《诱致性制度变迁理论》，[美]科斯、阿尔钦、诺思等：《财产权利与制度变迁：产权学派与新制度学派译文集》，刘守英等译，上海三联书店、上海人民出版社 1994 年版，第 332-339 页。

在响应获利机会时自发倡导、组织和实施”;“强制性制度由政府命令或法律引入和实行”。[①]

诱致性制度变迁必须是由某种在原有制度安排下无法得到的获利机会引起的。有四个方面的原因会引起制度的不均衡:制度选择集合的变化,技术的改变,要素和产品相对价格的长期变动,其他制度安排的变迁。当某个制度安排出现不均衡的时候,整个社会的制度结构出现不均衡,制度变迁的原因在于社会抓住获利机会并从中获得收益。制度创新是否发生取决于个别创新者的预期收益和费用。[②]

强制性制度变迁既可以是新的获利机会的产生,也可能只是在不同选民之间对现有收入的再分配。林毅夫将国家的决策过程看作是通过国家统治者的行为来完成的,“统治者只有在下面这种情况下才会采取行为来弥补制度创新的供给不足,即按税收净收入、政治支持以及其他进入统治者效用函数的商品来衡量,强制推行一种新制度安排的预计边际收益要等于统治者预计的边际费用”。政策失败的原因包括统治者的偏好和有限理性、意识形态刚性、官僚政治、集团利益冲突、社会科学知识的局限性。强制性制度变迁虽然从受制度影响的主体的角度来看是强制性的,但从制度供给者的角度看,却是诱致性的,因为“没有人可以保证效用最大化的统治者有激励去履行那些增进社会安排供给的政策,以达到使作为整体的社会财富最大化”。[③]

(二)学习、认知与制度演进

诺思在解释无效率制度存在的原因的时候,逐渐意识到单纯依靠理性选择理论会遇到许多难以解释的问题,而且“在没有对认知科学进行挖掘以求了解大脑获取经验并作出选择的方式时,我们是无法企及意识形态的”。这样,诺思从 1990 年之后开始关注学习、认知与制度演进的问题。[④] 在《制度、制度变迁与经济绩效》一书中,为建立制度变迁理论,他引入了组织、学习等概念。青木昌彦在《比较制度分析》中,从认知方面探讨了制度变迁的机制。阿兰·斯密德(Allan A. Schmid)从主体行为的角度研究了非正式制度和正式制度演进的理论。

1.诺思的学习与制度变迁理论

诺思早年的制度变迁理论主要是构建的,但面对无效率的制度为什么存在这样的问题,无法给出令人满意的答案。从 20 世纪 90 年代开始,诺思引入了“学习”来理解

---

① 林毅夫:《关于制度变迁的经济学理论:诱致性变迁与强制性变迁》,[美]科斯、阿尔钦、诺思等:《财产权利与制度变迁:产权学派与新制度学派译文集》,刘守英等译,上海三联书店、上海人民出版社 1994 年版,第 384 页。

② 参见林毅夫:《关于制度变迁的经济学理论:诱致性变迁与强制性变迁》,[美]科斯、阿尔钦、诺思等:《财产权利与制度变迁:产权学派与新制度学派译文集》,刘守英等译,上海三联书店、上海人民出版社 1994 年版,第 384-393 页。

③ 林毅夫:《关于制度变迁的经济学理论:诱致性变迁与强制性变迁》,[美]科斯、阿尔钦、诺思等:《财产权利与制度变迁:产权学派与新制度学派译文集》,刘守英等译,上海三联书店、上海人民出版社 1994 年版,第 394-400 页。

④ [美]诺思:“绪论”,[美]德勒巴克、奈编:《新制度经济学前沿》,张宇燕等译,经济科学出版社 2003 年版,第 19 页。

制度变迁。在《制度、制度变迁与经济绩效》一书中，他首次讨论了“学习”与制度变迁的关系，指出学习个体的相互作用引起了社会、政治、经济和组织的变化。诺思在1993年发表的诺贝尔经济学奖获奖演说辞中，多次提到了学习对理解制度变迁的重要性。他指出：“历史表明，观念、意识形态、神话、教条、偏见是重要的，理解它们对发展理解社会变迁的框架是必要的。理性选择框架假定人们知道什么符合他们的利益，并以此行事。对高度发达的现代市场经济下的人们作出选择这可能是正确的；但对不确定条件下的人们作出选择这可能是完全错误的。”“我们建立的分析框架必须建立在对人们学习如何发生的理解上。”①1997年，诺思又提到：“努力理解人类究竟如何学习，似乎是通向理解人类看待周围世界之精神构架的捷径。”②

诺思认为，两个方面的因素决定了需要引入学习来理解制度变迁的机制：一是不确定性，它已经构成了形成经济变迁的政治和经济选择的主要特征；二是有限理性，这是因为决策者的知识和计算能力是有限的。

所谓“学习”，就是心智模式的修改、完善或被摈弃。心智模式就是一种灵活的知识结构，它是心智在尚未得到环境反馈之前对环境的预期。人类的学习具有三个特征：“第一，学习过程既是心智模式的调整过程，又是‘表象重述’的过程。从特殊到一般进行概括的能力和应用模拟的能力是这种重述过程的一部分。大量的实验表明这种能力不仅是创造性思维的源泉，而且是人类决策所依赖的意识形态和信仰体系的源泉。第二，学习或创造性选择是否发生将取决于个体所得到的环境反馈。因为个人的经验，要么来自物质环境，要么来自社会文化、语言环境。在不同的环境条件下，个体的学习内容和性质也就不同。第三，学习是一个试错的过程。当相同的心智模式被环境反馈多次证实时，它就变得相对稳定；当给定的心智模式不能被环境反馈证实时，个体就会无意识地使用推理（尤其是模拟）策略。如果这些策略也不能解决遇到的问题，个体就被迫进行创新，即形成新的心智模式，尝试新的办法。”③

那么，学习如何影响制度变迁？对非正式制度而言，非正式制度自发出现的过程是社会团体彼此之间集体学习、模仿、创新的过程。在社会互动中，个人学会了遵守社会惯例、道德准则，采纳社会规范，由此逐渐形成了良好的社会秩序。对正式制度而言，诺思通过集体学习在国家演变过程中的作用进行了说明。（1）不同社会中的学习性质不同是国家是否作为一个强制机关出现的关键。这是因为个体的学习内容主要取决于环境反馈，在一个复杂多变的现代社会中的个体与那些在原始部落的个体获得的经验绝对不同；（2）从保护性机构发展到保护性国家，统治者和选民都经过了一个学

① Douglass C. North, “Economic Performance Through Time”, *American Economic Review*, 1994, Vol. 84, No.3, pp.359-368.

② ［美］诺思：“绪论”，［美］德勒巴克、奈编：《新制度经济学前沿》，张宇燕等译，经济科学出版社2003年版，第19页。

③ 诺思的这些观点参见刘和旺：《论学习和制度变迁：诺思制度变迁理论的新发展》，《山东社会科学》2005年第8期。

习的过程。因此，“非正式制度是内在产生的，即它是共同体内生的；正式制度是外在强加给共同体的，它是统治者之间及统治者与选民之间相互关系演变的结果”①。

2.青木昌彦的认知视角的制度变迁理论

青木昌彦认为：“当现行的决策规则相对人们所希望的来说并不能够产生令人满意的结果时，参与人将会较大幅度地修改或重设规则系统，尤其是开始搜寻和试验涉及扩大策略启用集合维度的新决策规则。”究竟哪一种信念系统最终成为新制度，“主要取决于学习、模仿、适应和惰性如何在相关域之间相互作用，最终趋于稳定”。“新的主观博弈模型要达到认知均衡，必须满足三个条件：(1)指导主要参与人学习的预测性和规范性信念系统被认为与相关域的内在状态是相互一致的；(2)在运用新的推理规则预测行动结果时不会出现令几乎所有的参与人惊奇的结果；(3)新决策启用集所做的决定产生了令人满意的报酬。随着参与人反复修改的主观博弈模型同时实现均衡，相互一致，制度转型过程就将趋于完成。再接下来的是确立，一种概括新均衡决策组合的主要特征的新制度方式也将演化和形成。伴随着新制度的确立，制度演进的转型过程开始告一段落，迎来了另一个在一定时间里相对稳定的阶段。”②图 15.2 揭示了这一演化过程。③

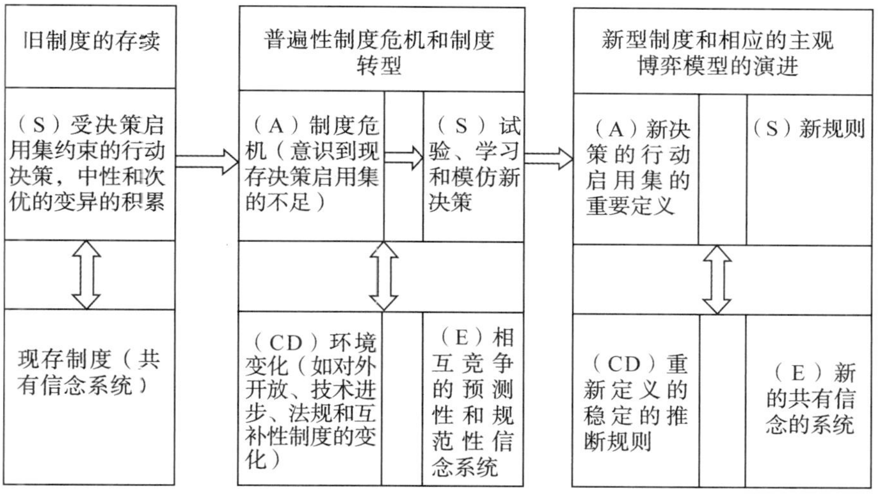

图 15.2　认知视角的制度变迁机制

3.斯密德的状态—结构—绩效制度变迁理论

斯密德在阐述了制度变迁的功能理论、权力理论、同构理论和学习演化理论之后，提出状态—结构—绩效制度变迁理论。他认为：“制度随着人口、资源、技术和人们主观意识及想象的变化会导致人们之间的相互关系发生变化，随之而来的就是制度的变

① 刘和旺：《论学习和制度变迁：诺思制度变迁理论的新发展》，《山东社会科学》2005 年第 8 期。

② [日]青木昌彦：《比较制度分析》，周黎安译，上海远东出版社 2001 年版，第 243-245 页。

③ 参见[日]青木昌彦：《比较制度分析》，周黎安译，上海远东出版社 2001 年版，第 246 页。

迁。在累积和规则化成为新的非正式制度以后，这些变化导致人们改变自己的行为。有意识的那些行为也导致了对正式制度变迁的压力，对新的正式制度变迁'需要'的结果取决于制定规则的规则（宪法），制定规则的规则决定了在需求存在冲突的情况下，对谁的利益得到满足进行排序。"①以此为基础，他提出了分析制度变迁的步骤②：

（1）从历史上某个时期的现有制度开始。

（2）发现相互作用的各方——谁是不可相容的和谁可以分享高排他成本效益，不确定性程度，继续采用现状的报酬递增状况。

（3）对于正式制度：确定主导制定规则的规则，研究替代制定规则的规则的影响。对于非正式制度：确定限制和允许在现有和不正常现象之间进行反馈和交易的高层次非正式制度。

（4）绩效变量是特定非正式制度的主导因素（影响分析的结构变量）。

（5）形成可检验的假设。

（6）检验假设：寻找历史模式。

第二节 新经济史学与历史制度分析

根据研究方法的不同，经济史研究可以分为传统经济史研究和新经济史研究。传统经济史研究属于史学的分支，采用历史学的方法研究一个国家和地区的经济发展、经济增长以及相关问题，主要突出历史资料的罗列、历史数据的考证，理论分析较少；新经济史研究突出强调经济学的分析工具和经济理论在经济史研究中的作用，并且大量采用统计方法和计量学模型，因此新经济史又被称为"计量历史学"。1993 年，诺贝经济学奖授予了罗伯特·福格尔和道格拉斯·诺思，以表彰他们为解释经济和制度变迁而运用经济理论和数量方法对经济史的开创性研究。福格尔开创了"反事实假定"研究经济史的方法，诺思则采用制度变迁解释了西欧国家和美国的兴起。20 世纪 90 年代之后，格雷夫等开创了"历史的制度分析"研究方法，解释经济史，引起了经济学界的广泛关注。本节首先分析新经济史学的起源、发展、演变，其次分别介绍诺思、福格尔的新经济史学，最后阐述格雷夫等的"历史制度分析"研究。

一、新经济史学的起源与发展

新经济史学可以追溯到 1957 年秋天美国经济研究局和美国经济史学会在威廉斯敦联合召开的收入与财富研讨会。这次研讨会主要是致力于产生一批采用数量方法

① ［美］阿兰·斯密德：《制度与行为经济学》，刘璨、吴水荣译，中国人民大学出版社 2004 年版，第 362 页。

② 参见［美］阿兰·斯密德：《制度与行为经济学》，刘璨、吴水荣译，中国人民大学出版社 2004 年版，第 412-413 页。

研究美国和加拿大经济史的论文。阿尔弗雷德·康莱德(Alfred Conrad)和约翰·迈耶(John Meyer)在1957年发表的《经济理论、统计推理和经济史》和1958年发表的《南北战争前南方奴隶制的经济学》的论文中[①]，提出了经济史研究的新方法——结合经济理论和经济统计研究经济史，并将其用于研究美国南北战争前的奴隶制度，成为新经济史学上的里程碑。[②] 到1960年时，新经济史学引起了少数经济学家的重视，标志是在普渡大学召开关于经济史研究中定量分析方法的第一次研讨会，斯坦利·瑞特尔(Stanley Reiter)提出了"Cliometrics"这一名称[③]；到1965年的时候，新经济史的研究方法引起了众多学者的关注，在当年召开的关于经济史研究中定量分析方法的第六次研讨会上，参加会议的人数是最初核定人数的数倍。在1965年美国经济史学会第25次年会上，出现了许多新经济史方面的论文，并且占据了《经济史杂志》40%的篇幅。[④] 诺思也曾经指出，20世纪60年代，美国大学经济系对新经济史学者的需求非常火爆，新经济史研究不仅提高了人们对过去(历史)的理解，也促进了经济学的发展。[⑤]

根据2023年诺贝尔经济学奖得主克劳迪亚·戈尔丁(Claudia Goldin)的观点，新经济史学的发展可以分为三个阶段[⑥]：1965—1975年、1975—1985年、1985年至今。[⑦] 在第一个阶段(1965—1975年)，计量经济史学主要关注历史的正统主题，即高中和大学历史学课程教授的主题。这些主题包括航海法在推动美国革命中的作用、铁路和运河的经济影响、奴隶制的收益率、美国南北战争后南方经济衰退的根源、大危机的经济原因、杰克逊经济政策的影响、关税的后果等。这一时期，计量经济史学非常繁荣和激动人心，研究发现非常新颖和具有创新性，大多数的追随者是年轻的经济学者。他们成功地挑战了已经功成名就的历史学家。第二个阶段(1975—1985年)和第一个阶段研究的主题基本一致，开始形成自己的被接受的观点，并开始出版自己的教科书，在计量经济史学内部也有一些挑战。到20世纪80年代早期，计量经济史学者意识到传统研

① Alfred. H. Conarad, John. R. Meyer, "Economic Theory , Statistical Inference and Economic History", *Journal of Economic History*, 1957, Vol.17, No.4, pp.524-544; Alfred. H. Conarad, John. R. Meyer, "The Economics of Slavery in the Ante-bellum South", *Journal of Political Economy*, 1958, Vol.66, No.2, pp.95-130.

② Douglass C. North, "Cliometrics—40 Years Later", *American Economic Review*, 1997, Vol.87, No.2, pp.412-414. 顺便说一句，1997年美国经济学年会设立了"计量经济史"专题，在"专刊"(papers and proceedings)中有五篇相关文章，分别讨论了其40年的发展历程、研究主题的变化、未来的发展等。

③ 据说这一名称取自历史的缪斯"女神"克里奥(Clio)与计量经济学的后缀"metrics"。

④ 参见刘红忠：《从1993年诺贝尔经济学奖看新经济史学的崛起》，《世界经济文汇》1994年第1期。

⑤ Douglass C. North, "Cliometrics—40 Years Later", *American Economic Review*, 1997, Vol.87, No.2, pp.412-414.

⑥ 有人认为，从经济思想史的角度看，美国历史经济学的发展经历了三代人：第一代学者是西蒙·库兹涅茨(Simon Kuznets)和亚历山大·格申克隆(Alexander Gerschkron)，他们的历史经济学研究主要是同对经济增长原因的探索联系在一起；第二代学者包括福格尔、恩格尔曼、诺思、保罗·大卫(Paul David)、彼得·特明(Peter Temin)、乔尔·莫克(Joel Mokyr)等人；第三代学者主要是约翰·奈、格雷夫、加里·李贝卡普(Gary D. Libecap)、里·阿尔斯顿(Lee J. Alston)、巴里·温格斯特等人。参见秦海：《阿弗纳·格雷夫的历史制度分析》，《经济社会体制比较》2001年第2期。

⑦ Claudia Goldin, "Exploring the 'Present Through the Past': Career and Family Across the Last Century", *American Economic Review*, 1997, Vol.87, No.2, pp.396-399.

究问题与当前人们关注问题的差别。第三个阶段(1985年至今),他们关注的问题开始发生变化,计量经济史学也开始转变成为探索和"通过过去理解现在"的学科。研究的主题包括生产率下降、日益提高的不平等、经济收敛、社会计划的起源、妇女劳动力、种族不平等、移民、人口老龄化、宏观经济政策的功效以及政府的增长等。现在,经济史研究进入了第四个阶段——历史的制度分析,在研究中大量采用新古典经济学和博弈论,分析经济主体的行为。

新经济史学与传统经济史学研究的差别主要体现在:第一,新经济史学注重经济理论与经济史的结合,采用经济理论解释经济史,比如采用新古典经济学的理性选择假定研究经济史中模糊不清的事实,进行推断,从经济史中发现经济理论,或者用经济史验证经济理论,经济理论和经济史相互促进。第二,新经济史学注重经济史与计量经济学的结合,新经济史学之所以又被称为历史计量学,根本原因在于计量经济学方法在经济史研究中的应用,通过历史数据推断经济理论,但是,历史上的经济数据可能残缺不全,针对这种情况,新经济史学家采用了假定—演绎的推理框架,对历史进行假定,推断经济理论。第三,新经济史学注重经济史与博弈论的结合,采用博弈论的思路和方法研究经济史上的重大事件中各主体的相互博弈,推断经济理论。

二、诺思的新经济史学

诺思是比较早参与新经济史学研究方法和思路开创的学者。他早在1956年在美国经济研究局工作时,就开始研究美国经济史。1956—1957年,他主要研究的是美国1790—1860年的国际收支,参加了1957年秋在威廉姆斯召开的开创新经济史学的收入与财富研讨会;1957—1967年,他主要研究美国1790—1860年的经济增长,并出版了《1790—1860年间的美国经济增长》。其间,1963年,他在《美国经济评论》发表《美国经济史的数量研究》,明确提出,对美国经济史的研究必须结合经济理论和统计学,经济史的结论必须严格建立在数量研究的基础上。[①] 1966—1967年,他将关注的焦点从美国经济史转向了欧洲经济史。

诺思在对美国和欧洲经济史进行研究的时候,发现新古典经济理论无法解释社会变迁的本质,也无法解释欧洲各经济体从中世纪走出来的条件和美国经济在19世纪的迅速增长。后来,他引入制度进行经济史的研究,于1970年发表了《西方世界增长的经济理论》;1971年,发表了《制度变迁与经济增长》和《庄园制的兴衰:一个理论模

① Douglass C. North, "Quantitative Research in American Economic History", *American Economic Review*, 1963, Vol.53, No.1, pp.128-130.

型》[①];1971年,出版了《制度变迁和美国经济增长》(与戴维斯合著);1973年出版了《西方世界的兴起》(与托马斯合著)。在对美国经济增长原因的研究中,他们试图说明美国经济增长过程中新制度和新组织演化的途径;在对西欧国家兴起原因的研究中,他们得出的重要结论是,制度是经济增长的关键。一种提供适当的个人刺激的有效制度是促进经济增长的决定性因素,而在制度因素中,产权关系的作用最为突出,无论是封建庄园制的兴衰,还是近代产业革命的发生,都与私人财产地位的变革密切相关。如果没有制度保障产权,提供个人经营的激励,产业革命就不会发生。

诺思虽然通过引入制度经济学理论解释了制度是美国和西欧国家经济增长的关键,但他对新古典经济理论用于制度分析并不完全满意,因为仍然有一些问题没法解决,比如意识形态问题、无效率制度存在的原因等。这样,他又在原来研究的基础上进一步深化,于1982年出版了《经济史中的结构与变迁》,试图对无效制度长期存在的原因进行解释。他研究了决定历史上不同经济组织形式的交易成本,同时对意识形态影响"搭便车"行为进而影响政治经济决策的途径进行了研究,并且用8章的篇幅对从公元前8000年农业起源到20世纪的经济史进行了概括性的研究。

20世纪80年代,诺思主要集中研究原来著作已经阐述但阐述得令其并不满意的问题,即制度变迁的政治经济学解释。他1989年发表了《宪法与承诺:17世纪英格兰制度治理公共选择的演进》[②],1991年发表了《一种政治学的交易成本理论》和《制度、制度变迁与经济绩效》。在《一种政治学的交易成本理论》中,他将交易成本框架用于政治市场的研究,并得出了政治市场天生就不如经济市场有效的结论。在《制度、制度变迁与经济绩效》中,他提出了制度变迁的政治经济学理论,并采用这一理论框架对荷兰、英国和西班牙之间显著的发展差距进行了考察,得出的结论表明:在荷兰和英国,进化而来的政体演化出的产权结构成为现代经济增长的基石;而在西班牙,其政体却引发了长期停滞。

总结诺思的新经济史学研究,我们可以看出:第一,诺思的研究从偏重经济史研究转向偏重理论研究。诺思是在研究经济史时试图寻找一个解释框架,引入了"制度",但这又需要对制度、制度变迁及其影响经济绩效的机制进行研究,从而他转向了新制度经济学一般理论的研究,这与他后来在研究中突出认知、学习等是一致的。从他出版的著作看,在《西方世界的兴起》和《经济史中的结构与变迁》中,历史描述的篇幅明显比理论阐述的篇幅大,但在《制度、制度变迁与经济绩效》中,却主要是理论描述。第二,诺思强调理论在经济史研究中的重要性。"对于一部好的历史,故事必须给出一个

---

① Douglass C. North, Robert P. Thomas, "An Economic Theory of the Growth of the Western World", *The Economic History Review*, 1970, Vol.23, No.1, pp.1-17; Douglass C. North, "Institutional Change and Economic Growth", *The Journal of Economic History*, 1971, Vol.31, No.1, pp.118-125; Douglass C. North, Robert P. Thomas, "The Rise and Fall of the Manorial System: A Theoretical Model", *The Journal of Economic History*, 1971, Vol.31, No.4, pp.777-803.

② Douglass C. North, "Constitutions and Commitment: The Evolution of Institutional Governing Public Choice in Seventeenth-Century England", *The Journal of Economic History*, 1989, Vol.49, No.4, pp.803-832.

一致的、有逻辑的解释”，“将制度融入历史，能使我们比在其他情况下讲述一个更好的故事”。[①] 诺思对经济史的研究基本上是从理论开始，以理论结束的。在《西方世界的兴起》中，他开篇就提出了全书的理论框架，强调“有效率的经济组织是经济增长的关键”；在《经济史中的结构与变迁》中，他专门阐述了理论，包括新古典国家理论、经济组织的分析框架、意识形态与“搭便车”问题等。第三，诺思的研究很少采用计量经济学，但他强调计量经济学在经济史研究中的重要性。综观诺思“新经济史”的著作，基本上没有计量分析，但这并不意味着他不重视计量方法在经济史研究中的作用。他曾经指出，计量经济史的贡献就在于“它将一个系统的理论（新古典理论）应用到历史中去，并将复杂的数量技术应用到历史模型的说明与检验中去”[②]。

三、福格尔的“反事实假定”

福格尔也是新经济史学的开创者之一，他提出的“反事实假定”推翻了“历史不能假定”的金科玉律，得出了许多令人振奋的结论。早在1960年，他就出版了《美国太平洋铁路：不成熟企业实例》，在1962年发表了《美国经济增长中铁路研究的数量方法：一些初步发现的报告》，1964年出版了《铁路与美国经济增长：计量经济史论文集》。[③] 在这些著作和论文中，他把新古典经济理论和统计推理原理结合在一起，提出了一个反事实的问题：假如没有铁路，美国的经济增长会怎么样？整个20世纪60年代，福格尔基本上都集中于铁路与美国经济增长以及新经济史学方法论的研究，既包括对自己观点的辩护和深化，也包括对新经济史学方法论的辩护和解释。直到60年代末70年代初，其研究逐渐转向美国南部经济以及奴隶制问题，标志性成果就是他在1971年与斯坦利·恩格尔曼（Stanley Engerman）合作发表了《奴隶制的相对效率：1860年美国南部和北部农业的比较》。1974年，他们出版了《黑暗的年代：美国黑奴制经济学》。[④] 在这部著作中，他们推翻了“黑奴制没有效率”的传统观点，认为黑奴制的垮台不是因为没有效率，而是因为南北战争这样的超经济力量。这部著作引起了广泛关注和争

---

① ［美］诺思：《制度、制度变迁与经济绩效》，刘守英译，上海人民出版社、上海三联书店1993年版，第176页。

② ［美］诺思：《制度、制度变迁与经济绩效》，刘守英译，上海人民出版社、上海三联书店1993年版，第176-177页。

③ Robert W. Fogel, *The Union Pacific Railroad: A Case in Premature Enterprise*, Baltimore: John Hopkins University Press, 1960; Robert W. Fogel, “A Quantitative Approach to the Study of Railroads in American Economic Growth: A Report of Some Preliminary Findings”, *Journal of Economic History*, 1962, Vol.22, No.2, pp.163-197; Robert W. Fogel, *Railroads and American Economic Growth: Essays in Econometric History*, Baltimore: John Hopkins University Press, 1964. 其中，*Railroads and American Economic Growth: Essays in Econometric History* 被认为是“计量历史学”诞生的标志，参见［英］马克·布劳格：《凯恩斯以后的100位著名经济学家》，冯炳昆、李宝鸿译，商务印书馆2003年版，第89页。

④ Robert W. Fogel, S. L. Engerman, *Time on the Cross: The Economics of American Negro Slavery*, Little, Brown & Co., 1974.关于这部书的中文名称有多种不同的翻译，比如《不公正的年代》《艰难岁月》《苦难的历程》《十字路口的年代》等。

论。诺贝尔评奖委员会发布的公告中主要突出了福格尔的这两项研究[①]，因此，我们主要以此为例说明他的新经济史研究成果。

（一）铁路与美国经济增长[②]

一般认为，铁路在美国经济增长中起重要的作用。铁路的出现大大降低了运费，使美国的大规模疆土开发成为可能，引起了对工业制成品的巨大需求，并且导致了其他领域内的创新发明。但是，福格尔并没有盲从这一定论，而是试图探究，“如果当时没有铁路，那么会出现什么情况，而这又会对美国工业化的速度产生何种影响”。他以1890年美国的农产品运输作为研究对象，分析了铁路对美国国民收入的净收益，即使用假设—演绎分析方法，比较存在铁路条件下与假设没有铁路条件下的国民收入之间的差异。铁路对美国国民收入的净收益，用铁路运输所节约的社会成本来表示。铁路运输成本与非铁路运输成本，都是针对1890年运输等量的农产品、等距离运输而言的。福格尔假设：(1)当时没有铁路，而使用运河以及1890年已有的道路进行运输；(2)在没有铁路的条件下，兴建5000公里的运河；(3)在没有铁路的情况下，道路状况得以改善。根据第一个假设，福格尔发现，铁路运输农产品所节约的社会成本占当时的国民生产总值的比例为3.1%；根据第二、第三个假设，铁路运输农产品所节约的社会成本占当时的国民生产总值的比例下降为1.8%，这表明水路和陆路运输渠道与工具的改进能够极大地降低运输成本。接着，福格尔分析了兴建运河的可行性。运河的开通，将使流经区域土地的农业化比例从原来的76%上升到93%，其间的差额按照土地生产力可以计算出1890年兴建运河的收益现值。这一收益现值大于按1890年计算的兴建运河的建筑成本现值。根据这些分析，他得出结论：在其他条件不变的情况下，即使自19世纪中期以来没有铁路，到1890年的时候，美国的国民生产总值也不会比这一年的实际产量低30%以上，也就是说，假如不存在铁路，美国的经济增长至多会推迟两年。

福格尔的这一分析还具有重要的政策意义。美国当年修建铁路时，政府的干预是相当强的，这不仅表现在铁路网的布局上，而且更重要的是表现在国家对铁路的投资超过了私人金融市场所具有的融资能力。在这样的前提下，如果承认铁路对美国的经济起飞与工业化具有重大作用的话，那么就等于变相承认国家对经济生活进行干预的合理性，等于承认政府是推动经济发展的源泉之一。从这个角度看，福格尔的分析摧毁了国家干预合理性的基础。

---

① 其实，诺贝尔评奖委员会提到了福格尔在三个领域的突出贡献：一是对铁路和美国经济增长关系的研究；二是对黑奴经济学的研究；三是对经济人口统计学，特别是人类长期死亡率的研究。但是，最能够反映其新经济史成就的还是前两项研究。

② 参见刘红忠：《从1993年诺贝尔经济学奖看新经济史学的崛起》，《世界经济文汇》1994年第1期；张宇燕：《“假如没有……”——谈谈一九九三年度诺贝尔经济学奖得主福格尔》，《读书》1994年第1期。

(二)奴隶制经济学[①]

传统观点认为,南北战争前美国南方以奴隶为主要劳动力的种植园经济是垂死的、没有效率的。比如 1905 年菲利普斯发表《产棉地带奴隶所有制的经济代价》一文,在将奴隶价格与棉花价格按时间序列加以仔细比较后发现,奴隶的价格比棉花的价格增长速度更快,因此得出了"使用奴隶是一项无利可图的投资"的结论。但是,福格尔等没有盲从这一传统结论,而是采用量化数据和计量经济学技术等进行了实证检验。首先,在给出一系列假定的同时,他将菲利普斯的理论用数学模型加以表述;其次,逐项地对代数式中的各个变量及其相互关系进行详尽的理论分析;再次,又代入他本人根据原始数据修正的重组数据加以检验;最后,得出的结论是菲利普斯之所以会得出奴隶制不经济的结论,原因在于其依据的是一个错误的方程。福格尔等的研究表明,撇开农奴制的不道德因素,农奴制对于发展战前南方经济是一种非常有效的制度安排。福格尔等得出了 10 点与之前历史学不同的结论(结果)[②]:(1)奴隶制并非一种非理性的制度,奴隶主并非不关心或无法关心经济利益;相反,种植园主对奴隶的购买是具有很强盈利能力的投资,购买农奴的投资所带来的收益率远远高于投资于制造业的收益率。(2)在南北战争前夕,南方的"奴隶制并非行将就木",远没有达到崩溃的边缘。(3)在南北战争前,奴隶主阶层对奴隶制的未来并没有悲观判断。(4)与北方的自由农业相比,南方的奴隶制农业并非无效率或低效率;相反,南方种植园的规模经济、有效的管理和劳动力与资本的大量投入,使得南方种植业的生产效益高出北方 35%。(5)奴隶并非懒惰、愚蠢和生产效率低下,相反,他们是非常勤奋的,且比从事种植业的白人更具生产能力。(6)从事南方城市工业劳动的奴隶,在勤奋和生产效率上,完全可以和那些自由民相媲美,城市地区对奴隶需求增长超过农村的事实表明,农奴制与工业化是可以和谐并存的。(7)奴隶的家庭并非比自由民的家庭更不稳定,因为奴隶家庭的稳定是有利于种植园主的。(8)与工业领域中的自由民工人相比,黑奴的物质生活条件较为有利。(9)种植园主对奴隶的剥削率并非像想象的那样严重,因为其所生产的 90%归自己所有,这与传统经济史认为的剥削和压榨相比,要低得多。(10)战前的南方经济并未衰退,相反,增长迅速。在 1840 年到 1860 年间,南方的人均收入增速远远高于北方。1860 年的南方经济发展已经达到相当高的水平,第二次世界大战之前的意大利尚未达到 1860 年美国南方经济的人均收入水平。因此,福格尔得出结论:如果没有南北战争,如果任凭经济自己发展,南方种植园经济连同奴隶制不会自动走向崩溃,原因在于,种植园经济和农奴经济具有较高的经济效率,保证了该制度的继续发展,真正并且最终摧毁美国南方奴隶制的,并不是市场力量的效率原则,而是体现道

① 参见刘红忠:《从 1993 年诺贝尔经济学奖看新经济史学的崛起》,《世界经济文汇》1994 年第 1 期;张宇燕:《"假如没有……"——谈谈一九九三年度诺贝尔经济学奖得主福格尔》,《读书》1994 年第 1 期。

② 参见[美]罗伯特·威廉·福格尔、斯坦利·L. 恩格尔曼:《苦难的时代:美国奴隶制经济学》,颜色译,机械工业出版社 2016 年版,第 X-XI 页。

义力量的政治革命。福格尔等明确指出，得出奴隶制并非无效率的结论不是要恢复奴隶制，而是为了批判美国社会关于种族歧视的错误观念；无论是生物学上的歧视还是社会学上的歧视，都是不正确的，因为“黑人”奴隶无论是在个人品格还是体力等方面并不比白人差。[①] 这个落脚点明确了研究美国奴隶制经济效率的现实价值或意义。

福格尔的这种“反事实假定”的分析方法遭到了许多批评。[②] 有人认为历史不能够假定，福格尔的分析最多只能算是“伪历史”“虚构史”“准历史”。对此，福格尔指出，“反事实假定”是大多数历史研究的共同特征，在我们说“如果……就太好（糟）了”的时候，我们就已经使用了“反事实假定”。

四、格雷夫的历史制度分析

格雷夫（Avner Greif）从 20 世纪 80 年代末开始研究中世纪末期商业革命中制度与经济增长的关系，发现了诺思等人将制度引入经济史研究中的不足，提出从新的角度，采用博弈论、现代微观经济学等对经济史进行制度分析，并提出要进行经济的、政治的、文化的和社会的综合研究。从格雷夫 1989 年发表这方面的第一篇文章开始[③]，这种研究思路已经引起了许多学者的关注，并代表了新经济史学新的发展方向。目前，格雷夫已经在《美国经济评论》《政治经济学杂志》《经济史杂志》《制度与理论经济学杂志》等发表了大量成果，并且绝大多数论文被其他著作收录。1998 年，格雷夫与罗伯特·贝斯（Robert H. Bates）等合作出版了《分析性叙述》[④]；2006 年，他出版了《制度与现代经济之路：来自中世纪贸易的教训》，突出了其历史制度分析的价值[⑤]。

格雷夫认为：“传统经济史的制度分析不能够解决有关制度与经济产出之间关系的一系列问题，例如，能够使和平自我实施的是什么制度？贸易发展是不是和平与资源禀赋的唯一函数？制度是不是影响贸易扩张的时间、地点和范围呢？作为对贸易增长的反应，为什么欧洲的制度创新会不同于其他经济社会（尽管技术上具有相似性）？”[⑥]要解决这些问题，需要一种不同的方法，即历史的制度分析。他将“制度”定义为“自我对行为实施的非技术决定的约束”，并强调了博弈论在历史制度研究中的特殊

---

① 参见[美]罗伯特·威廉·福格尔、斯坦利·L. 恩格尔曼：《苦难的时代：美国奴隶制经济学》，颜色译，机械工业出版社 2016 年版，第 191-196 页。

② 参见张宇燕：《“假如没有……”——谈谈一九九三年度诺贝尔经济学奖得主福格尔》，《读书》1994 年第 1 期。

③ Avner Greif, “Reputation and Coalitions in Medieval Trade: Evidence on the Maghribi Traders”. *The Journal of Economic History*, 1989, Vol.49, No.4, pp.857-882.

④ Robert H. Eates, Avner Greif, Margaret Levi, et al. , *Analytic Narratives*, Princeton: Princeton University Press, 1998；[美]罗伯特·H. 贝斯、阿夫纳·格雷夫等：《分析性叙述》，熊美娟、李颖译，中国人民大学出版社 2008 年版。

⑤ Avner Greif *Institutions and the Path to the Modern Economy: Lessons from Medieval Trade*, Cambridge: Cambridge University Press, 2006；这本书的中译本为：[美]阿夫纳·格雷夫：《大裂变：中世纪贸易制度比较和西方的兴起》，郑江淮译，中信出版社 2008 年版。

⑥ [美]阿弗纳·格雷夫著、韩毅译：《历史制度分析：从经济史视角研究制度问题的新进展》，《经济社会体制比较》2003 年第 5 期。

价值。在此基础上,他对历史制度分析的概括为:“博弈论将制度定义为均衡,运用归纳的微观历史分析和特殊历史情境战略模型,使得经验分析突破了新制度经济史的局限。它使我们能够考察自我实施的制度(包括那些使国家自我实施的制度),它也能使我们考察制度的选择和路径依赖。特别是,历史制度分析的理论框架能够对文化、社会因素同制度选择和路径依赖之间的关系进行经验式的检验。”①具体而言,历史的制度分析具有以下特征。②

第一,历史制度分析的起点是微观历史检验。格雷夫认为,要研究与一个特定历史时期相关联的制度,是不可能从一个没有制度活动的博弈开始的。历史上人们之间的相互影响和作用,都必须在一个制度的前后逻辑关系中进行说明。要考察特定历史环境中的细节,就必须构建一个特殊历史情境模型;要构建这一模型并区别相关环境,就需要进行微观层面的历史研究。这种研究能够为模型的细化提供基础,也有利于以历史资料的细节对应于理论分析的细节;并且,为构建这种特殊历史情境模型,需要识别交换和组织问题,因为这是制度在特定历史时期影响经济产出的本质所在。例如,在以远距离贸易为基础的经济中,那种支配着贸易中心商人之间代理关系的制度,可能在效率和分配方面具有重要意义;而在地区经济中,用来缓解借贷双方信息不对称的制度可能具有重要意义。

第二,历史制度分析是一种归纳性方法,不事先假定制度具有特别的属性。它根据直接的历史证据,形成关于一种特定制度的相关性与非相关性的假说。例如,有关12世纪热那亚代理关系的史实表明,存在于家庭内部的代理关系低于16%,这说明代理关系并没有被家庭的忠诚所支配;再比如,史实表明,18世纪,是巴黎的贵族而不是银行在减少借贷之间的信息不对称现象上起了重要作用。

第三,只要可能,历史制度分析就会放弃其他假说而集中证明一种假说,即集中证实占统治地位的制度假说,而不是去证明那些不占统治地位的制度假说。这是因为,要想识别出一组在特定环境中已经具有相关性的所有制度是不可能的,也是不实际的。为了进一步抽象并证实一种特定情境中占统治地位的制度假说,就必须在理论和历史检验的相关过程中详细说明特殊历史情境模型。这种模型建立在一定的假设基础上,对它的信任完全来自其预言能力。这有两个目的:一是保证这种分析不会把研究者对环境的看法强加给历史人物,二是要充分地限定可能模型的设置。在某些场合中,使用一些从历史分析中总结出来的模型限制条件,对建立一个有用的模型至关重要。

第四,均衡分析方法通常被用来便利于经验研究,这会提高假说的可信性。尽管大多数历史制度分析的研究还没能建立起可以进行量化检验的模型以对论点的逻辑、

---

① [美]阿弗纳·格雷夫著、韩毅译:《历史制度分析:从经济史视角研究制度问题的新进展》,《经济社会体制比较》2003年第5期。

② 参见[美]阿弗纳·格雷夫著、韩毅译:《历史制度分析:从经济史视角研究制度问题的新进展》,《经济社会体制比较》2003年第5期。

一致性以及生命力进行检验，但它仍可以表明组织的确切作用，区分那些为使论点成立而必须满足的条件，在特殊战略占优势地位的假设下，形成关于在建立模型中没有使用的可观察到的事物的预言。这样做的目的，不是简单地提出一个对可观察事物的预言，而是提出若干个对可观察事物的预言。

第五，博弈论运用于历史制度分析。格雷夫认为，博弈论能够大量运用于历史制度分析，是由这种方法本身决定的[①]：(1)将制度看作是自我实施的，这决定了其自发性、自愿性特征，构成了一种均衡，而博弈论的核心概念是均衡。(2)历史制度分析主要运用历史经验的归纳方法，而这一方法的具体运用与博弈论密切相关。运用历史经验归纳出关于制度的命题，形成假说，而假说需要采用博弈论构建理论模型，分析行为主体的可能战略、目标函数及均衡。(3)历史制度分析对特殊历史情境模型的运用，解决了博弈论中由多重均衡导致的博弈结果的非确定性和非结论性问题。

第六，历史制度分析强调经济的、政治的、文化的和社会的共同作用。格雷夫认为，不管是自发的还是有意识的，对自我实施制度的选择受到历史的(包括经济的、政治的、文化的和社会的)逻辑关系影响。例如，支配热那亚和马格里布人代理关系的不同制度，在很大程度上归结于他们不同的社会和文化特征，而这些特征又反过来进一步强化了其经济制度。在马格里布人中间，集体主义的文化信仰和与此相联系的经济上的自我实施的集体惩罚，导致了一种水平式的社会结构(即商人身兼商人和代理人二职)，以及封闭和非集体的社会信息通信网。在热那亚人中间，个人主义的文化信仰则导致了一种垂直并融合的社会结构，以及相对比较低水平的信息联络的个人主义的社会。在一定程度上，一个人用其所持有的随时间不断变化的价值观去判断经济和社会的行为方式，而这些不同的经济社会体制可能会导致不同的价值观。

第三节　法经济学

一般认为，现代法经济学开始于1958年美国芝加哥大学《法和经济学杂志》的创办和1960年科斯《社会成本问题》的发表。不同学者对这一学科赋予了不同名称，如法律的经济分析(Economic Analysis of Law)、法和经济学(Law and Economics)、经济分析法学(Jurisprudence of Economic Analysis)、法律—经济学(Law-Economics)、法经济学(The Economics of The Law)、法律的经济方法(Economic Approach to Law)、法律经济学(Legal Economics)、经济法理学(Economic Jurisprudence)等。[②]大多数学者认为，这些名称是类似的，但也有学者认为“法律的经济分析”与“法和经济

① 参见韩毅：《历史的制度分析：西方制度经济史学的新进展》，辽宁大学出版社2002年版，第64-65页。

② 参见魏建、黄立君、李振宇：《法经济学：理论与基础》，人民出版社2004年版，第4-5页。

学”既有联系，也存在差别，应该加以区分[①]；还有学者认为，法律的经济分析、法经济学等名称侧重于经济学学科，经济分析法学、经济法理学等侧重于法学学科，而法和经济学、法律—经济学则无所偏重。[②] 在本节中，我们不可能也没有必要详细地阐述法经济学的主要内容。之所以不可能，是因为在本书中法经济学仅是新制度经济学的一部分，是广义的新政治经济学的一部分；之所以没有必要，是因为关于法经济学，国内已经出版了大量的著作（包括译著和专著），发表了大量的论文。因此，本节仅对法经济学的含义、发展历程、已经取得的成就和存在的不足进行简要概述。

一、法经济学是什么

由于学者们对“法经济学”的学科名称还没有达成一致的看法，对于法经济学是什么，不同学者就有不同的看法。按照法经济学的代表人物理查德·波斯纳的观点，法经济学是“将经济学的理论和经验主义方法全面运用于法律制度的分析，包括侵权法、契约法、赔偿法和财产法等普通法领域；惩罚的理论和实践；民事、刑事和行政程序；立法和管制的理论和实践；法律实施和司法管理；以及宪法、初民法、海事法、家庭法和法理学”[③]。在《法和经济学运动》一文中，波斯纳对“法经济学”的定义进行了粗略的描述，如由法律制度加以规范的行为范围是如此之大，以致法经济学只好作一个宽泛的定义，以便它能跟经济学一样扩展很广。当然，这不会是一个有用的定义”；“对法经济学进行定义的唯一可能的标准是效用——而不是准确”；“这个被松散地称为法律的经济分析的学科”等。[④]

罗伯特·考特（Robert Cooter）和托马斯·尤伦（Thomas Ulen）在合著的《法和经济学》第一版中，虽然开篇就提出了“什么是法和经济学”的问题，但并没有给出一个明确的定义，而是用三个例子指出了法和经济学的宽泛定义：“将经济学用于解释法规和立法制度”“用微观经济理论的工具分析法律问题”。同时，他们概述了对一个法律问题进行完整的经济分析所包含的步骤：“第一步是要假定进行决策的个人或机构要使众所周知的或明确的经济目标最大化，例如企业要使利润最大化，而消费者要使福利和闲暇最大化；第二步是要找出全部有关决策者之间的关系可达到经济学家所谓的均衡，即不再自发改变的条件；第三步是要以经济效率的准则评价这一均衡。”[⑤]在第五

---

① 罗宾·保罗·麦乐怡（Robin Paul Malloy）认为，“法律的经济分析”只是在新古典主义的经济模式中研究既定社会制度中的法律问题；而“法和经济学”的研究应注重经济哲学、政治哲学和法律哲学的相互关系，分析和评估可供选择的多种社会模式，研究和探索各种不同社会模式的法律制度与经济关系的后果。参见[美]麦乐怡：《法与经济学》，孙潮译，浙江人民出版社 1999 年版，第 1-3 页。

② 参见吴锦宇：《略述“法和经济学运动”在中国大陆的发展（1983—2003）》，黄少安主编：《制度经济学研究》（第二辑），经济科学出版社 2003 年版，第 169-186 页。

③ [美]波斯纳：《法律的经济分析》（上），蒋兆康译，中国大百科全书出版社 1997 年版，第 25 页。

④ Richard A. Posner, “The Law and Economics Movement”, *American Economic Review*, 1987, Vol.77, No.2, pp.1-13.

⑤ [美]罗伯特·考特、托马斯·尤伦：《法和经济学（第一版）》，张军译，上海三联书店 1994 年版，第 8 页。

版中，他们同样在开头就提出了“何为法律的经济分析”的问题，但是也没有明确界定，只是指出了两个方面的含义：一是经济学提供了一种行为理论，能够据此预测人们如何对法律作出反应；二是经济学提供了一整套评估法律和政策的行之有效的规范性标准。①

尼古拉斯·麦考罗（Nicholas Mercuro）和斯蒂文·曼德姆（Steven G. Medema）合著的《经济学与法律：从波斯纳到后现代主义》开篇就指出，“法经济学已被定义为运用经济学理论（主要是微观经济学和福利经济学的基本原理）来研究法律和司法机构的构成、结构及对经济的影响”，其主要的流派包括“芝加哥学派、公共选择理论及两个法经济学的专门研究机构和纽黑文学派”。他们还总结了法经济学所关注的问题：“首先，一些研究工作致力于对法律和司法机构的发展加以实证描述，例如其关注的是随着时间的流逝，在法律的发展过程中，是否表现出有效率的逻辑性。其次，建立于效率标准上的标准化和补偿性原则在法经济学研究中居于首要位置，其目标在于寻求法律的某种改变——将能有助于促进有效率的产出。再次，大量的研究工作致力于描述与社会稀缺性资源的配置和分配有直接牵连的那些法律领域中所发生的一些变化——这可以被称为经济效果分析。这些工作主要以效率标准为基础来评估类似的司法转变所导致的结果。尽管在这个议题上的另外一小部分研究试图阐述可供选择的司法结构和运作规则对资源配置和分配所产生的效应。最后，另外一些附加的研究已经在对法律、经济影响决策过程的复杂关系进行描述，其可被称为法学和经济学间的相互关系或法经济学中的联结关系。”②

大卫·弗里德曼（David D. Friedman）在《经济学语境下的法律规则》一书中，没有给法经济学下明确的定义，但指出了法律经济学的三大领域：“预测特定的法律规则会产生什么样的效果、解释为什么特定的法律会存在、确定应该存在什么样的法律规则。”③他在为《新帕尔格雷夫经济学大辞典》写的“法律和经济学”词条中，作了类似的表述：“对法律的经济学分析涉及三项不同但相互关联的工作。首先是运用经济学预见法律规则的效果；其次是运用经济学决定何种法律规则在经济上是有效的，以便建议应当采用什么法律规则；最后是运用经济学预见未来法律规则的发展。其中，第一项工作主要是价格理论的应用，第二项主要是福利经济学的应用，第三项主要是公共选择的应用。”④

美国学者斯蒂文·沙维尔（Steven Shavell）在《法律经济分析的基础理论》中同样没有给出“法律经济分析”的明确定义，只是从实证和规范两个方面进行了说明，一是

① 参见[美]罗伯特·考特、托马斯·尤伦：《法和经济学（第五版）》，史晋川、董雪兵等译，格致出版社、上海三联书店、上海人民出版社2010年版，第3-4页。

② [美]尼古拉斯·麦考罗、斯蒂文·G.曼德姆：《经济学与法律：从波斯纳到后现代主义》，吴晓露、潘晓松译，法律出版社2005年版，第1页，第28-29页。

③ [美]大卫·弗里德曼：《经济学语境下的法律规则》，杨欣欣译，法律出版社2005年版，第9-10页。

④ [美]大卫·弗里德曼：《法律和经济学》，[美]约翰·伊特韦尔、默里·米尔盖特、彼得·纽曼编：《新帕尔格雷夫经济学大辞典》（第三卷），陈岱孙等译，经济科学出版社1996年版，第155页。

法律规则效用的描述性分析，二是法律规则社会最优化的规范性分析。[①] 前者表明法律规则所产生的影响，后者表明最优的法律规则应该是什么样的。

国内学者也对“法经济学”下了不同的定义。蒋兆康给法经济学下了一个比较具体的定义：“法经济学是用经济学的方法和理论，而且主要是运用价格理论（或称微观经济学），以及运用福利经济学、公共选择理论及其他有关实证和规范方法考察、研究法律和法律制度的形成、结构、过程、效果、效率及未来发展的学科。它是法学和经济学科际整合的边缘学科：一方面，它以人类社会的法律现象为研究对象，故成为法学的一个分支学科或法理学的一大流派；另一方面，由于它以经济理论和方法为其指导思想和研究方法、工具，故又是经济学的分支学科。”[②]史晋川将法经济学定位为“一门用经济学阐述法律问题的学科”，具体说，“法经济学采用经济学的理论和分析方法，研究特定社会的法律制度、法律关系以及不同法律规则的效率”。[③] 魏建等则提出，将“法经济学”定义为从经济学的角度研究法律问题，是狭义的法经济学；而广义的法经济学指的是“对社会中法律现象和经济现象之间的关系的研究，既包括从微观、具体层次上讨论二者之间的关系（如波斯纳等所作的分析），又包括从宏观、抽象的层次上说明它们之间的联系（如马克思关于经济基础和上层建筑的关系的论述）。从内容上看，‘法律的经济分析’不仅包括了运用经济理论和方法来研究法律和法律制度的形成、结构、过程、效果、效率及未来发展，而且还应包括对法律在社会运行中对经济活动所造成的影响进行探讨”。[④]

综上所述，法经济学至少包括三个方面的含义：一是对法律的经济学分析，即采用微观经济学的理论工具和方法研究法律问题，包括法律和法律制度的形成、司法实践等，讨论法律政策等对主体行为的影响；二是研究法律和经济学之间的关系，包括对法律及相关问题的经济学分析，也包括法律对经济的影响以及经济对法律的影响等，比如法律制度对经济发展和经济增长的影响、法律与金融发展的关系；三是从公共选择的角度研究法律规则的形成和变化等，法律的博弈分析[⑤]、公共选择视角的法律制度等就讨论这方面的问题。

二、法经济学的起源和发展

有人认为，广义的法经济学的起源可以追溯到古罗马时期；也有人认为，可以追溯到15和16世纪的马基雅维利、16和17世纪的霍布斯，以及18世纪的孟德斯鸠、边

---

① 参见[美]斯蒂文·沙维尔：《法律经济分析的基础理论》，赵海怡、史册译，中国人民大学出版社2013年版，第1-2页。

② [美]波斯纳：《法律的经济分析》（上），蒋兆康译，中国大百科全书出版社1997年版，“中文版译者序言”第3-4页。

③ 史晋川：《法经济学评述》，[美]尼古拉斯·麦考罗、斯蒂文·曼德姆：《经济学与法律：从波斯纳到后现代主义》，吴晓露、潘晓松译，法律出版社2005年版，第7页。

④ 魏建、黄立君、李振宇：《法经济学：理论与基础》，人民出版社2004年版，第7-8页。

⑤ 参见[美]道格拉斯·G. 拜尔、罗伯特·H. 格特纳、兰德尔·C. 皮克：《法律的博弈分析》，严旭阳译，法律出版社1999年版，第5页。

沁等。狭义的法经济学的起源比较公认的就是20世纪50年代末60年代初芝加哥大学《法和经济学杂志》的创刊(1958年)和科斯《社会成本问题》(1960年)、圭多·卡拉布雷西(Guido Calabresi)《关于风险分配和侵权法的一些思考》(1961年)、阿尔钦《关于产权的经济学》(1961年)的发表。① 美国学者赫尔斯·皮尔森(Heath Pearson)对法经济学的起源和发展作了比较详细的研究,认为法经济学最早可以追溯到1830年,并发生了两次比较大的浪潮。②

(一)法经济学运动的第一次浪潮

根据皮尔森的研究,法经济学起源于欧洲,主要与德国历史学派有关,后来传播到了美国,旧制度学派对此作出了贡献。法经济学所要回答的核心问题是,在不同的社会中,财产权和其他权利在历史上和功能上是如何决定的。16、17世纪的哲学家们的回答是,这些权利是由自然法所赋予的。根据这种说法,自然法在逻辑上被认为凌驾在任何实际的法律体系之上。这种说法显然不能说明权利在时间和空间上的变化。法经济学运动的第一次浪潮认为,财产权利的变化必须反映经济条件的变化。第一次浪潮实际上是试图发展一种"权利的解释性科学"。

第一次浪潮是由经济学家发起的,特别是德国历史学派的代表人物。他们从国家、民族的特殊性出发,认为只存在国家和民族的经济规律和法律,不存在普遍适用的经济规律和法律体系,所有的法律只是适应国家和民族的特殊需要而产生的,并且只有这些需要决定法律的存在,因而他们的政治经济学也被称为"国民经济学"或"政治经济学的国民体系"。这种情况在当时的欧洲大陆非常普遍,奥地利、比利时、法国、德国、荷兰,甚至包括英国和美国,大量的学者都在进行"国民经济学"的研究。至今仍然经常被提及的经济学家有卡尔·门格尔(Carl Menger)、古斯塔夫·施穆勒(Gustav Schmoller)、威尔纳·桑巴特(Werner Sombart)、阿道夫·瓦格纳(Adolph Wagner),以及美国旧制度经济学派的代表人物约翰·康芒斯。

第一次浪潮期间,关于"权利的解释性科学"产生了大量的实证研究。一个突出的表现就是关于土地开采权利契约安排的历史研究。这些研究证实,土地开采的契约安排研究主要取决于人口密度、土壤的质量和开发利用的方式等几个重要的变量。一个特别值得关注的发现是,权利的界定主要取决于资源的稀缺性和从事这些稀缺资源开发的个人成本与收益。而这些权利的确定完全取决于个人选择,属于个人权利,而其他的权利则是公共权利。

19世纪70年代之后,法经济学的第一次浪潮就逐渐衰落了。究其原因,包括两

---

① 参见[美]波斯纳:《法律的经济分析》(上),蒋兆康译,中国大百科全书出版社1997年版,"中文版译者序言"第5页。

② Heath Pearson, *Origins of Law and Economics: The Economists' New Science of Law Movement: 1830—1930*, Cambridge: Cambridge University Press, 1997. 关于法经济学运动两次浪潮的内容主要参见魏建、黄立君、李振宇:《法经济学:基础与比较》,人民出版社2004年版,第18-30页;秦海:《法与经济学的起源和方法论》,吴敬琏主编:《比较》(第五辑),中信出版社2003年版,第151-176页。

个方面：(1)社会科学的专业化，经济学家转向研究与市场直接相关的主题，特别是在一个既定的法律体系约束下的经济运行问题；(2)研究所依赖的经济学理论和方法的不成熟性。“边际主义革命”使得社会科学所惯用的整体主义方法论转向个人主义方法论，但德国历史学派却仍然固守“整体主义概念”，如国民精神、社会—精神动机、集体意愿以及国家的精神—道德生活。对于职业经济学家来说，德国历史学派和美国制度学派的学说越来越走向一种异端学说。比如，罗纳德·科斯曾经批评旧制度经济学“没有一个理论，除了一堆需要理论来整理不然就只能付之一炬的描述性材料外，没有任何东西流传下来”①。

(二)法经济学运动的第二次浪潮

法经济学的第二次浪潮是当今法经济学界共同接受的说法。一般而言，法经济学运动起源于20世纪三四十年代。法经济学的第二次浪潮可以初步划分为五个时期，即发轫期(1930—1950年)、范式孕育期(1958—1973年)、范式接受期(1973—1980年)、范式质疑期(1976—1983年)以及成熟期(1983年至今)。

1.发轫期(1930—1950年)

法经济学的第二次浪潮在20世纪30年代发端于英国，主要的代表人物是阿诺德·普兰特(Arnold Plant)和科斯。普兰特对知识产权问题进行了经济学分析；科斯在1937年发表了《企业的性质》，提出了“交易费用”概念。科斯的这篇论文不仅被认为是新制度经济学的发端，而且被看作法经济学的奠基性文献之一。

但是，法经济学运动真正的发祥地是20世纪40年代的芝加哥大学。当时，经济学正在发生变化，一个突出的表现就是“新古典综合”。正是在这个时期，作为一个经济学家，阿隆·迪莱克特(Aaron Director)极为罕见地被任命继任亨利·西蒙斯(Henry Simons，另一位经济学家)在芝加哥大学法学院的教授职位。芝加哥经济学院的经济学家们主张，经济学研究必须坚持可检验的预言和经验研究，他们认为，政府干预令人怀疑，市场机制能够保证个人的理性选择和自律。迪莱克特在芝加哥大学所面临的问题是，如何使得那些律师同行更加严肃地对待经济学的分析方法。正是出于对经济学方法论的执着，他将经济学分析方法贯穿到反托拉斯法研究中，以便与芝加哥经济学派的传统结合起来，即把效率、理性选择等融入法学研究。

在新政时期，为了实现有效竞争，有必要对通过大规模收购、兼并而出现的许多巨型企业进行反托拉斯诉讼。按照美国的法律，这些巨型托拉斯需要拆散。在惩罚违法者的时候，迪莱克特认为，对这些案件的处理应该充分强调经济学中的赏罚机制，因为垄断惯常使用联盟和串谋，而不是采用有效竞争的方式，这些垄断是绝对不被允许的，因为它们损害了消费者的利益。这一时期，出现了许多文献，包括西蒙斯、施蒂格勒、贝克尔等人的研究，涉及的主要问题包括反托拉斯经济分析，公司法、破产法、证券管制、劳工法、公共设施的管制、侵权法等。这一时期的文献被波斯纳和威廉·兰德斯

① [美]科斯：《关于新制度经济学》，《企业、市场与法律》，盛洪、陈郁译校，上海三联书店1991年版，第252页。

(William Landes)称为“旧的法与经济学”(the “old” law and economics)。这一时期，法经济学的主要特征是将市场经济学运用到法律制度、规则、程序之中，特别是民事侵权行为和犯罪等领域，而这些领域在传统的理论看来是不受市场行为影响的，实际上它们是根据市场失效进行定义的。

经过一段时期的孕育，到 20 世纪四五十年代，法经济学已真正成为名副其实的运动了。

2.范式孕育期(1958—1973 年)：经济学开始进入法学的主要领域

范式孕育期的一个明显标志就是 1958 年芝加哥大学法学院创办了《法与经济学杂志》，迪莱克特担任第一任主编。不久之后，科斯从弗吉尼亚大学转到芝加哥大学法学院，成为该杂志的主编，并且于 1960 年在该杂志上发表了《社会成本问题》。正是在这篇文章中，他提出了科斯定理的主要观点。围绕该杂志，许多法经济学的理论范式开始孕育。1961 年，阿尔钦完成了《关于产权的经济学》、卡拉布雷西发表了《关于风险分布和侵权法的一些思考》，奠定了法经济学分析范式的基础。围绕着科斯定理，阿尔钦、德姆塞茨、威廉姆森、张五常等人撰写了大量的关于产权、交易成本和契约的理论研究文章，最终形成了法经济学领域关于产权、交易成本和契约等的核心理论范式。

在这个时期，波斯纳撰写了大量论文和著作，一个突出的表现就是财富最大化原理被引入法学领域。波斯纳在《法与经济学运动》中指出，人们在作出非市场行为决策时，如结婚或离婚、犯罪或抑制犯罪、驾车过程的注意或大意等，都是以满足最大化的理性当事人为原则的。① 法学家卡拉布雷西的《关于风险分布和侵权法的一些思考》成为法经济学耶鲁学派的奠基之作。

3.范式接受期(1973—1980 年)：法经济学开始进入法学院

法经济学开始进入法学院有一系列的标志性事件：一是 1972 年波斯纳在芝加哥大学创办了《法律评论杂志》(*Journal of Legal Review*)；二是 1973 年波斯纳出版了《法律的经济分析》；三是越来越多的大学法学院开始延聘经济学教授，或者专门为法学家和律师创办经济学的研讨活动，以便使法学家们更加熟悉经济学理论。波斯纳的《法律的经济分析》将经济学原理渗透到了每一个法学家所熟悉的法学规则和法条之中。波斯纳在 1985 年为《法律的经济分析》写的“第三版序言”中指出：“20 世纪后 25 年法学理论方面最重大的发展也许是经济学被不断广泛地运用到法学研究的各个领域：包括那些既很基本但又明显不具有经济性的侵权、刑法、家庭法、程序法和宪法。它为完全可预料的关于这一运动的争议所困扰，运动本身不仅对方法论提出了挑战，而且对许多传统法学家、法律学生、律师、法官的政治倾向提出了挑战——它常被嘲笑为不仅有障碍作用，而且明显是错误的——然而，法律的经济分析仍然致力于引起不断增长的学术和实践兴趣，使文献的广度和深度得到了发展。”②

---

① Richard A. Posner, “The Law and Economics Movement”, *American Economic Review*, 1987, Vol.77, No.2, pp.1-13.

② [美]波斯纳：《法律的经济分析》(上)，蒋兆康译，中国大百科全书出版社 1997 年版，“第三版序言”第 1 页。

4.范式质疑期(1976—1983 年)

到 20 世纪 70 年代后期,在美国出现了关于法经济学方法论的大论战。主要有两个阵营:一是纽约的大学,包括纽约大学、哥伦比亚大学等;二是芝加哥大学。这一时期争论的焦点是效率与财富最大化问题。

第一,效率不是财产权配置的基础。对于任何资源配置而言,有效配置总是能够被发现,因此效率是同义反复。斯密德认为:“一个人不能在别人认为自己的行为是正当的情况下,仅从自己的立场出发把别人的行为说成是偷窃。当财产限定了一个人所能交易的东西时,财产不会是有效交易的产物。人们从交易中得到的东西,不仅来自他自己对生产、保护、行窃的选择,而且也取决于别人的仁慈,而仁慈基本上是依赖于人们对公正性的伦理选择。如果违背了任何权利制度赖以存在的公正性,那么交易所得仍是一种幻影。”①

第二,效率是无法证伪的。一旦一种明显无效率的安排被发现,那么那些影响无效率产权安排的因素可能就会被称为“受到忽视的成本”,而这些成本就可能被用来说明这种无效率的安排。这对于启发思考而言或许有用,但对于理论检验而言却不符合要求。

第三,效率无历史属性。如果没有历史属性,那么对于任何特定的问题而言,任何一种给定的解释都可以说是有效率的解。然而,法律是随时间演化的,一个有效率的解可能适用于历史,但可能无法适用于未来。比如管制类型、租金控制、环境保护等。

第四,价值主观性问题。这种批评主要来自奥地利经济学派。他们认为,价值是主观主义的,在实际生活中,从某个具体的事情中所产生的赢家和输家之间并不存在交易,而且也不存在赢家对输家的补偿,这就可能导致帕累托改进。

第五,关于效率逻辑的起源问题。波斯纳认为,普通法反映的是效率逻辑。但是,批评者认为,实际上人们无法构建一个理论来说明普通法所包含的效率逻辑的起源。在给定的司法程序的约束下,法官甚至包括议会也不能自由地追求财富的再分配政策,他们必须屈从于一些利益集团的压力。如果效率规则是法庭被迫接受的规则,那么,任何规则都会迫使法庭接受。法庭被强迫接受规则实际上是不确定的。所以,从这一点来看,与其说法庭被迫接受了关于效率的理论,倒不如说,法庭实际上总是受到不确定性规则的强制。

另外,还有的批评来自社会分配问题以及公正、正义等。如果人们认为普通法的核心规则反映了效率逻辑,那么现代许多立法就必须以财富再分配为目标,事实上,任何社会的公民都依托他们所需要的政策或者是法律来解决社会财富的再分配问题。

5.成熟期(1983 年至今)

经过了上述争论之后,法经济学并没有陷入支离破碎的状态。相反,这一交叉学

① [美]A. 艾伦·斯密德:《财产、权力和公共选择:对法与经济学的进一步思考》,黄祖辉等译,上海三联书店 1999 年版,第 42 页。

科更加成熟了,而且出现了更加丰富的研究主题,出现了大量的专业性著作和刊物。波斯纳的《法律的经济分析》不断再版,到2014年已经是第9版;考特和尤伦的《法和经济学》到2011年已经是第6版。同时,一系列学术期刊创刊。如1979年纽约大学创办《法与经济学研究年刊》(*Research in Law & Economic*),1981年《法与经济学国际评论》(*International Review of Law & Economics*)创刊,1982年芝加哥大学创办了《最高法院经济评论》,1985年耶鲁大学创办了《法、经济学与组织杂志》(*Journal of Law, Economics and Organization*),1994年英国创办了《欧洲法与经济学杂志》(*European Journal of Law & Economics*)。这样,法经济学真正成为一个伴随着法学和经济学而迅速发展的交叉学科了。

三、法经济学的成就、不足与未来发展方向

1997年,《芝加哥大学法律评论》杂志编辑部召开了一场"圆桌会议",围绕两大问题展开讨论:一是在法经济学的理论和实践中取得了哪些最重要的成就?最令人失望或主要的失败在什么地方?二是在法经济学中还有哪些前景看好值得进一步研究的重要问题?应该利用何种方法(数理模型或经验实证)来研究这些问题?芝加哥大学经济学系、法学院以及商学院的一些著名学者,如科斯、贝克尔、波斯纳、默顿·米勒(Merton H. Miller)、理查德·爱泼斯坦(Richard A. Epstein)等参加了该会议。与会者达成的一致看法是,法经济学运动在总体上已经取得了巨大成功,主要表现在两个方面:一是经济分析的引进加深了人们对法律体系的认识,二是法经济学的研究成果对反垄断法、产业管制、金融管制、刑法、劳动工资法已经产生了重要的影响。同时,学者们也比较一致地认为,法经济学的研究仍然缺乏足够的深度,法律体系对经济系统运行的影响仍需深入研究。此外,法经济学的研究可能"过于理论化"了,人们对真实世界提出的问题研究不够。①

2002年诺贝尔经济学奖授予了从事行为经济学和实验经济学研究的丹尼尔·卡尼曼和弗农·史密斯(Vernon L. Smith),以表彰其在行为经济学和实验经济学方面的开创性贡献。几乎与此同时,行为法经济学和实验法经济学也引起了学者们的关注。其实,早在1985年,伊丽莎白·霍夫曼(Elizabeth Hoffman)和马修·斯佩兹(Matthew L. Spitzer)就发表了题为《实验法经济学:引论》的论文。他们认为,实验经济学的基本方法"完全适用于法经济学问题的研究","法经济学强烈的政策偏向使得这项技术(即实验经济学的技术)特别有用。尽管运用社会实验决定所提议的多项新

① 参见道格拉斯·比尔德(Douglas G. Baird)为该"圆桌会议"讨论的内容写的"引言"。Douglas G. Baird, "Introduction", *The University of Chicago Law Review*, 1997, Vol. 64, No. 4, pp. 1129-1132; Richard A. Epstein, Gary S. Becker, Ronald H. Coase, et al., "The Roundtable Discussion", *The University of Chicago Law Review*, 1997, Vol.64, No.4, pp.1132-1165; Richard A. Epstein, "Law and Economics: Its Glorious Past and Cloudy Future", *The University of Chicago Law Review*, 1997, Vol.64, No.4, pp.1167-1174.

政策的效果代价高昂,但实验室实验提供了一种比较各种提议的非常便宜的途径”。[①] 1998 年,克里斯汀·乔斯(Christine Jolls)、凯斯·桑斯坦(Cass R. Sunstein)和理查德·塞勒(Richard Thaler)联合发表了题为《法经济学的行为方法》的论文,首先使用了“行为法经济学”这个概念,并将其任务界定为“探索实际(非假定)人类行为对法律的意义”,也就是将人类表现出来的有限理性、有限意志力和有限自利运用于法律分析,突破传统法经济学对新古典经济学最大化假定的运用。[②] 不过,也有学者不同意采用“行为法经济学”这个名称,而将其称为“法和行为科学”(law and behavioral science)。[③] 不过,这些学者都预言行为法经济学将成为法经济学最有前途的研究方向。[④]

对于法官行为的研究可谓“法经济学”的最新进展,有两部代表性著作:一部是理查德·波斯纳于 2008 年出版的《法官如何思考》(*How Judges Think*);另一部是理查德·波斯纳与李·爱泼斯坦(Lee Epstein)和威廉·兰德斯(William M. Landes)合著的《法官如何行为:理性选择的理论和经验研究》(*The Behavior of Federal Judges: A Theoretical and Empirical Study of Rational Choice*)。这两部著作都从实证角度,运用劳动经济学模型,认为法官“和其他人一样,他们想要的同样是基本的善品,诸如收入、权力、名誉、尊重、自尊以及闲暇”[⑤],作为劳动力市场的参与者,“法官和其他类型的劳动者一样,会受到成本和收益的激励和约束。这里的成本和收益既有货币的因素也有非货币的因素,不过主要是后者。非货币的成本包括付出的努力、外界的批评、同事关系是否紧张等,而非货币的收益则有闲暇、来自他人的尊重、社会影响力、自我表现、名声(也就是成为公众人物)、被任命为更高层级法院法官的机会”[⑥]。在此基础上,他们根据不同的制度环境、外部约束等推导并实证检验了法官行为的命题或假说,最典型的体现为法官个人特征对判决结果的影响。这些个人特征包括个人的性格、个人的背景(如种族和性别)、个人的宗教信仰、个人的职业经历、个人的教育背景甚至在法学院就读时的成绩等。对法官行为的研究对解释司法实践具有重要的价值。

---

① Elizabeth Hoffman, Matthew L. Spitzer, “Experimental Law and Economics: An Introduction”, *Columbia Law Review*, 1985, Vol.85, No.5, pp.991-1036.

② Christine Jolls, Cass R. Sunstein, Richard Thaler, “A Behavioral Approach to Law and Economics”, *Stanford Law Review*, 1998, Vol.50, No.5, pp.1471-1550; Cass R. Sunstein, “Behavioral Analysis of Law”, *The University of Chicago Law Review*, 1997, Vol.64, No.4, pp.1175-1195.

③ Russell B. Korobkin, Thomas S. Ulen, “Law and Behavioral Science: Removing the Rationality Assumption from Law and Economics”, *California Law Review*, 2000, Vol.88, No.4 , pp.1051-1144.

④ 国内学者魏建较早地对行为法经济学进行了研究。参见魏建:《行为经济学和行为法经济学:一个简单介绍》,黄少安主编:《制度经济学研究》(第二辑),经济科学出版社 2003 年版,第 16-33 页;[美]凯斯·R. 桑斯坦主编:《行为法律经济学》,涂永前、成凡、康娜译,北京大学出版社 2006 年版,第 12 页。

⑤ [美]理查德·波斯纳:《法官如何思考》,苏力译,北京大学出版社 2009 年版,第 10 页。

⑥ [美]李·爱泼斯坦、威廉·兰德斯、理查德·波斯纳:《法官如何行为:理性选择的理论和经验研究》,黄韬译,法律出版社 2017 年版,第 5 页。

本章小结

本章对作为新政治经济学分支的新制度经济学、新经济史学和法经济学进行了简要阐述。由于新制度经济学的文献浩如烟海而且发展迅速，本章不可能把新制度经济学的所有理论和概念阐述清楚，比如阿西莫格鲁从政治过程对制度变迁的分析，格雷夫的内生制度变迁理论，本章尚未涉及。新经济史学的研究也已经取得了重要进展，其重点在于采用现代经济学理论分析历史，而不仅仅是诺斯、福格尔以及格雷夫的分析。法律的经济学分析更是发展迅速，成为经济学中的独立分支。新经济史学和法经济学也可以看作新制度经济学的重要分支。

推荐阅读

1.[美]科斯、阿尔钦、诺思等:《财产权利与制度变迁:产权学派与新制度学派译文集》,刘守英等译,上海三联书店、上海人民出版社1994年版。

2.[美]德勒巴克、奈编:《新制度经济学前沿》,张宇燕等译,经济科学出版社2003年版。

3.[美]阿夫纳·格雷夫:《大裂变:中世纪贸易制度比较和西方的兴起》,郑江淮译,中信出版社2008年版。

思考题

1.制度为什么会发生变化?制度变迁或演化的动力是什么?

2.1993年诺贝尔经济学奖得主道格拉斯·诺思和罗伯特·福格尔关于新经济史学研究的相同点或不同点是什么?

3.如何分析法官个人特征对司法判决的影响?

第十六章　结　语

前面提到，中国在经历了长时期领先于世界之后在近代“落伍”了，出现了所谓的东西方“大分流”“李约瑟之谜”；新中国成立后特别是改革开放后，中国经济快速增长，成为世界第二大经济体，人均国内生产总值达到中等偏上国家水平并超过世界平均水平，创造了举世瞩目的“中国奇迹”。党的十八大以来，以习近平同志为核心的党中央提出全面建成小康社会和实现中华民族伟大复兴的中国梦“两个一百年”奋斗目标。全面建成小康社会的奋斗目标已经实现，中华民族伟大复兴的中国梦正在努力实现。党的二十大提出以中国式现代化推进中华民族伟大复兴。我们坚信，在中国共产党的领导下，中华民族伟大复兴的中国梦一定能够实现。然而，我们也必须意识到中国现阶段经济发展所面临的困难和挑战。作为全书的结束语，本章落脚于实现中华民族伟大复兴的中国梦以及中国经济发展现阶段面临的主要矛盾和挑战。

一、实现中华民族伟大复兴的中国梦

党的十八大之后，习近平总书记提出并多次论述了“实现中华民族伟大复兴的中国梦”。2012 年 11 月 15 日，习近平总书记在十八届中央政治局常委同中外记者见面时的讲话中明确提出：“我们的责任，就是要团结带领全党全国各族人民，接过历史的接力棒，继续为实现中华民族伟大复兴而努力奋斗，使中华民族更加坚强有力地自立于世界民族之林，为人类作出新的更大的贡献。”[①]2012 年 11 月 29 日，习近平总书记在参观《复兴之路》展览时明确提出了“中国梦”。“现在，大家都在讨论中国梦，我以为，实现中华民族伟大复兴，就是中华民族近代以来最伟大的梦想。”“我坚信，到中国共产党成立一百年时全面建成小康社会的目标一定能实现，到新中国成立一百年时建成富强民主文明和谐的社会主义现代化国家的目标一定能实现，中华民族伟大复兴的梦想一定能实现。”[②]2013 年 3 月 17 日，习近平总书记在第十二届全国人民代表大会第一次会议上明确了“中国梦”的基本内涵或本质，即国家富强、民族振兴、人民幸福。

---

① 《习近平著作选读》(第一卷)，人民出版社 2023 年版，第 60 页。

② 《习近平著作选读》(第一卷)，人民出版社 2023 年版，第 63 页。

之后，习近平总书记在很多讲话中对此进行论述，如《顺应时代前进潮流 促进世界和平发展——在莫斯科国际关系学院的演讲》(2013 年 3 月 23 日)、《在同各界优秀青年代表座谈时的讲话》(2013 年 5 月 4 日)等。

党的十九大明确提出“为实现中华民族伟大复兴的中国梦不懈奋斗”。党的十九大报告全文中共有 27 处“中华民族伟大复兴”、13 处“中国梦”的表述，明确将“实现中华民族伟大复兴”作为中国共产党的历史使命。为了实现中华民族伟大复兴，党的十九大报告确定了从 2020 年到本世纪中叶分为两个阶段的历史安排：第一个阶段是从 2020 年到 2035 年，在全面建成小康社会的基础上，再奋斗十五年，基本实现社会主义现代化；第二个阶段是从 2035 年到 21 世纪中叶，在基本实现现代化的基础上，再奋斗 15 年，把我国建成富强民主文明和谐美丽的社会主义现代化强国。两个阶段的历史任务完成后，中国将成为综合国力和国际影响力领先的国家，全体人民共同富裕基本实现，人民将享有更加幸福安康的生活，中华民族将以更加昂扬的姿态屹立于世界民族之林。

在庆祝中国共产党成立 100 周年大会上，习近平总书记在讲话中明确指出：“中国共产党一经诞生，就把为人民谋幸福、为中华民族谋复兴确立为自己的初心使命。一百年来，中国共产党团结带领中国人民进行的一切奋斗、一切牺牲、一切创造，归结起来就是一个主题：实现中华民族伟大复兴。”习近平总书记庄严宣告，中国“实现了第一个百年奋斗目标，在中华大地上全面建成了小康社会，历史性地解决了绝对贫困问题，正在意气风发向着全面建成社会主义现代化强国的第二个百年奋斗目标迈进”[①]。这两段话既表明中国共产党将中华民族伟大复兴作为自己的历史使命，中国共产党从成立之初就是要实现中华民族伟大复兴，又表明中国在实现中华民族伟大复兴的道路上已经取得了阶段性胜利，全面建成了小康社会，全面消除了绝对贫困。

党的二十大提出为全面建设社会主义现代化国家、全面推进中华民族伟大复兴而团结奋斗。党的二十大报告有 15 处“中华民族伟大复兴”的表述，3 处“中国梦”的表述，特别是明确“从现在起，中国共产党的中心任务就是团结带领全国各族人民全面建成社会主义现代化强国、实现第二个百年奋斗目标，以中国式现代化全面推进中华民族伟大复兴”[②]。党的二十大报告明确提出了“中国式现代化”的中国特色和本质要求以及为全面建成社会主义现代化强国“两步走”的总体战略安排。

中国共产党的目标是带领全国各族人民全面建设社会主义现代化国家，全面推进中华民族伟大复兴。“国家富强、民族振兴、人民幸福”是中华民族伟大复兴的重要内涵和本质要求，这三个方面都要求中国经济既要保持一定的经济增长速度，又要转向高质量发展。正如习近平总书记在党的十九大报告中指出的，“我国经济已由高速增

---

① 习近平：《在庆祝中国共产党成立 100 周年大会上的讲话》，人民出版社 2021 年版，第 2-3 页。

② 习近平：《高举中国特色社会主义伟大旗帜 为全面建设社会主义现代化国家而团结奋斗——在中国共产党第二十次全国代表大会上的报告》，人民出版社 2022 年版，第 21 页。

长阶段转向高质量发展阶段，正处在转变发展方式、优化经济结构、转换增长动力的攻关期"[①]；在党的二十大报告中强调指出的，"高质量发展是全面建设社会主义现代化国家的首要任务"[②]。

二、中国经济发展现阶段的社会主要矛盾及面临的挑战

我们既要看到中国社会经济发展所取得的伟大成就，又要确定中国未来的奋斗目标和发展目标，还要看到和意识到中国社会经济发展所面临的主要矛盾及挑战并积极应对。正如习近平总书记在党的二十大报告中所指出的："全面建设社会主义现代化国家，是一项伟大而艰巨的事业，前途光明，任重道远。当前，世界百年未有之大变局加速演进，新一轮科技革命和产业变革深入发展，国际力量对比深刻调整，我国发展面临新的战略机遇。同时，世纪疫情影响深远，逆全球化思潮抬头，单边主义、保护主义明显上升，世界经济复苏乏力，局部冲突和动荡频发，全球性问题加剧，世界进入新的动荡变革期。我国改革发展稳定面临不少深层次矛盾躲不开、绕不过，党的建设特别是党风廉政建设和反腐败斗争面临不少顽固性、多发性问题，来自外部的打压遏制随时可能升级。我国发展进入战略机遇和风险挑战并存、不确定难预料因素增多的时期，各种'黑天鹅'、'灰犀牛'事件随时可能发生。我们必须增强忧患意识，坚持底线思维，做到居安思危、未雨绸缪，准备经受风高浪急甚至惊涛骇浪的重大考验。"[③]

（一）中国社会主要矛盾的转化

习近平总书记在党的十九大报告中提出："中国特色社会主义进入新时代，我国社会主要矛盾已经转化为人民日益增长的美好生活需要和不平衡不充分的发展之间的矛盾。我国稳定解决了十几亿人的温饱问题，总体上实现小康，不久将全面建成小康社会，人民美好生活需要日益广泛，不仅对物质文化生活提出了更高要求，而且在民主、法治、公平、正义、安全、环境等方面的要求日益增长。同时，我国社会生产力水平总体上显著提高，社会生产能力在很多方面进入世界前列，更加突出的问题是发展不平衡不充分，这已经成为满足人民日益增长的美好生活需要的主要制约因素。"[④]在此之前，中国社会主要矛盾的表述为人民日益增长的物质文化需要同落后的社会生产之间的矛盾，这成为改革开放之后党中央制定各种政策、路线、方针的重要依据。

中国社会主要矛盾表述的变化意味着经济社会发展的背景和所存在的问题转变

---

① 习近平：《决胜全面建成小康社会　夺取新时代中国特色社会主义伟大胜利——在中国共产党第十九次全国代表大会上的报告》，人民出版社 2017 年版，第 30 页。

② 习近平：《高举中国特色社会主义伟大旗帜　为全面建设社会主义现代化国家而团结奋斗——在中国共产党第二十次全国代表大会上的报告》，人民出版社 2022 年版，第 28 页。

③ 习近平：《高举中国特色社会主义伟大旗帜　为全面建设社会主义现代化国家而团结奋斗——在中国共产党第二十次全国代表大会上的报告》，人民出版社 2022 年版，第 26 页。

④ 习近平：《决胜全面建成小康社会　夺取新时代中国特色社会主义伟大胜利——在中国共产党第十九次全国代表大会上的报告》，人民出版社 2017 年版，第 11 页。

了。这一表述包括两大方面:一是人民的目标转变,从“日益增长的物质文化需要”转变成了“日益增长的美好生活需要”;二是制约人民目标实现的问题转变,从“落后的社会生产”转变为“不平衡不充分的发展”。这是人均收入水平的不断提高而产生的必然结果。在人们收入水平比较低的时候,对物质产品和服务的需求主要是从“无”到“有”、从“少”到“多”,逐渐实现量的满足;当人们收入水平达到中等收入阶段、人均GDP超过1万美元之后,人们对物质产品和服务的需求更加强调质的提高。无论是物质产品需要还是文化服务需要,都对质量、品质等提出了更高的要求,比如食物追求越来越健康、越来越营养、越来越绿色等。从制约因素上看,中国的社会生产虽然还没有达到高度发达的水平,但至少已经不再落后,社会生产的主要问题是发展的不平衡、不充分。发展的不平衡包括多个方面,比如城乡之间的不平衡、东中西部的地域不平衡、南北地域不平衡、沿海与内地不平衡等。不充分则体现为各种生产要素的配置和利用的效率还不够高,离技术上可以实现的最高水平还有较大差距,甚至有些生产要素还处于低效率利用的状态,比如农村的宅基地。随着城镇化的不断推进,大量农村户籍人口迁移到城镇,转变为城镇常住人口,宅基地大量闲置或低效率利用。

(二)中国经济社会发展面临的挑战

中国经济社会发展面临的挑战可以概括为五个“陷阱”:“中等收入陷阱”或“拉美陷阱”,“资源、环境陷阱”或“马尔萨斯陷阱”,“大国超越陷阱”或“修昔底德陷阱”,“全球公共产品陷阱”或“金德尔伯格陷阱”,“国际分工陷阱”或“低端锁定陷阱”。

1.“中等收入陷阱”或“拉美陷阱”

所谓的“中等收入陷阱”,指的是许多发展中国家在达到中等收入阶段之后会陷入停滞或增长缓慢,难以成为高收入国家。有许多拉美国家在达到中等收入阶段之后不仅没有成为高收入国家,反而出现了经济衰退,所以“中等收入陷阱”又被称为“拉美陷阱”。按照世界银行的标准,中国在1998年成为中等偏下收入国家,2010年成为中等偏上收入国家;2021年,中国人均GDP达到80976元人民币,根据年平均汇率折算达到12551美元,超过世界平均水平。那么,处于中等收入阶段,是否就一定会陷入中等收入陷阱?当然,不是所有的国家都陷入了“中等收入陷阱”,但是既然有许多发展中国家陷入了“中等收入陷阱”,那么中国作为一个发展中国家就有陷入“中等收入陷阱”的可能性,问题是:中国如何才能够避免陷入“中等收入陷阱”?

那么,为什么会存在“中等收入陷阱”?这需要从几个方面进行分析:一是随着人均收入水平的提高,劳动力成本优势减弱。很多发展中国家凭借低成本劳动力的优势,承接发达国家的劳动密集型产业,并通过外向型经济战略,实现经济的迅速增长。随着人均收入水平的提高,劳动力成本也在逐渐提高,劳动密集型产业越来越不具有国际竞争力,许多劳动密集型产业甚至转移到其他发展水平更低的国家或地区。但是,由于劳动力素质并未提高,劳动密集型产业难以在短时间内升级为技术(技能)密集型或资本密集型产业,从而产业发展陷入“瓶颈”。二是“未富先懒”。人均收入达到中等阶段之后劳动力的供给不仅没有随着收入水平的提高而上升,反而有所下降,呈现“向后弯曲”的劳动力供给曲线，在现实中表现为劳动力短缺和劳动力闲置并存。从需求方表现为劳动力短缺，供给方表现为劳动力闲置。根本原因就在于许多劳动力的生产力水平较低，其创造的价值低于劳动力的工资要求，使得劳动力的供给难以满足需求。进一步的问题就是：劳动力创造的价值为什么会低于其工资要求？究其原因，在人均收入水平达到一定阶段之后，随着需求多样化和质量的不断提高，劳动力的生产和再生产的成本提高了，但是这并不代表着劳动力本身的质量也随之提高。三是“未富先老”。在尚未达到富裕阶段时就出现了“老龄化”或“少子化”问题。“老龄化”使得抚养比较高，“少子化”使得未来劳动力的供给不足，反映在人口结构上就是适龄劳动力的供给不足。四是经济增长速度变慢。很多发展中国家达到中等收入国家水平之后，经济增长速度显著减慢，经济增长的动力不足。

中国的经济发展是否面临着这些方面的问题？第一，从劳动力供给的角度来看，低成本劳动力的优势已经在弱化。中国在改革开放之后利用“人口红利”，主要是大量农村劳动力向城镇转移，从农业部门转移到制造业、服务业等部门，大力发展劳动密集型产业，实现了经济的快速增长；然而，随着中国城镇化率的不断提高，这种“人口红利”正在逐渐消失，特别是在农村适龄劳动力、青壮年劳动力基本上已经转移完成之后。第二，中国的“老龄化”问题日渐突出，“少子化”开始显现。按照联合国的统计标准，一个国家或地区 65 岁及以上人口占比超过 7%，就进入老龄化社会；占比超过 14%，就达到深度老龄化社会。根据中国国家统计局的数据，中国 65 岁及以上人口比例在 2000 年达到 7%，在 2021 年达到 14.2%，如图 16.1 所示。这说明，中国不仅已经进入老龄化社会，而且已经成为深度老龄化社会。从人口出生率来看，中国的人口出生率在 1999 年之后一直低于 15‰，2020 年和 2021 年则分别为 8.52‰和 7.52‰。2011 年之后，中国的计划生育政策虽然逐渐放松，如双独二孩（2011 年）、单独二孩（2013 年）、全面二孩（2015 年），但是人口出生率仅在放松之后的短时间内略有上升，比如，2012 年、2014 年和 2016 年都比上一年的出生率略有提高，但是在 2016 年之后人口出生率不断下降。人口出生率的下降意味着未来若干年之后的适龄劳动力供给不足。如果考虑总和生育率，即一个国家或地区的妇女，在育龄期间每位妇女平均生育的子女数量，通常认为，一个国家或地区要达到正常的人口交替、基本上实现人口的代际平衡，总和生育率要达到 2.1。根据第七次人口普查数据，2020 年中国的总和生育率为 1.3，低于中等收入国家（1.90）和发达国家（1.60），所以有很多学者担心中国面临着低生育率风险，有可能跌入所谓的“低生育率陷阱”。第三，经济增长速度放慢。中国自从 2012 年之后，经济增长速度基本上都在 8%以下，相对于之前 8%以上甚至很多年份 10%以上的快速增长有所放慢。

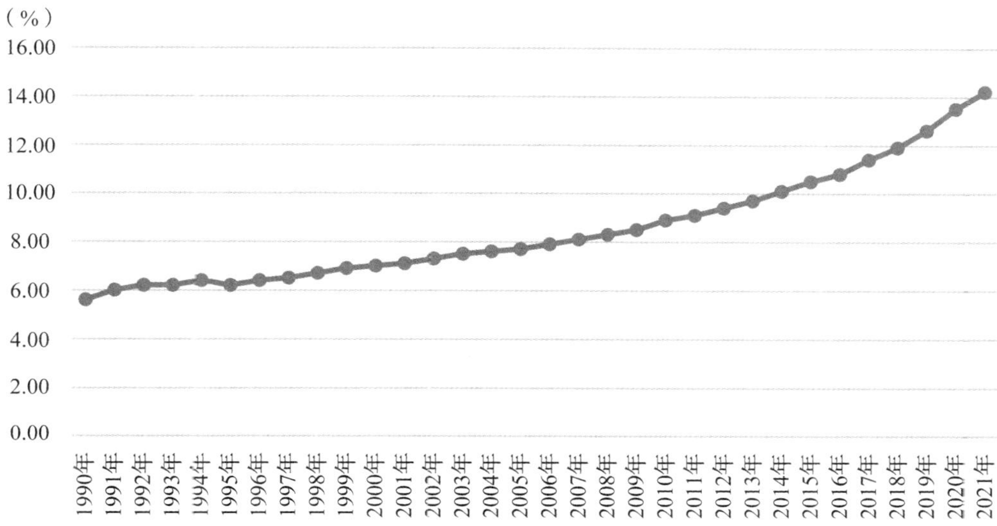

图 16.1　中国老龄人口占比

资料来源：国家统计局。

2.“资源、环境陷阱”或“马尔萨斯陷阱”

所谓的“马尔萨斯陷阱”，本来的含义是人口增长的速度快于食物的增长速度，在人口持续增长一段时间之后会暴发瘟疫、战争等使得人口增长速度下降，甚至人口数量下降。[①] 它体现了人与自然之间的关系。人口在迅速增长的过程中，对自然环境等的需求也不断增大，当人口达到一定水平后就会超过自然的承载力，使得自然对人口的上升作出“回应”，进而可能“惩罚”人类。很多国家在工业化过程中，大量使用煤炭等化石燃料，使得环境质量大幅度下降，比如曾经的伦敦被称为“雾都”。

21 世纪之后在全球范围内暴发的各种传染性疾病也可以说是人类破坏自然环境的一种代价。2C03 年的非典型性肺炎、2014 年的西非埃博拉病毒疫情、2020 年全球范围内暴发的新冠疫情等。在这些疫情暴发年份的前后，世界人口分别突破了 60 亿(1999 年)、70 亿(2011 年)和 75 亿(2017 年)。虽然不能直接说人口数量是导致疫情的直接原因，但是人口数量的不断增加至少是造成疫情的一个重要原因，从而也在一定程度上证实了“马尔萨斯陷阱”。

中国在经济快速发展和工业化进程中，空气、地表水、地下水、土地等受到严重的污染。“雾霾”就是一个非常突出的表现。2013 年最为严重，2013 年 1 月，全国就发生了 4 次严重的雾霾过程，基本上影响到了除海南省之外的其他全部地区。雾霾直接影响人们的生活生产活动，导致了多种呼吸系统疾病的暴发。根据世界卫生组织的数

① 托马斯·马尔萨斯(Thomas R. Malthus)在《人口原理》中提出：“如果不存在其他一些减少人口的原因，该国无疑就会发生周期性流行病或饥馑。”参见[英]马尔萨斯：《人口原理》，朱泱、胡企林、朱和中译，商务印书馆 1992 年版，第 51 页。

据,2016 年大气污染造成全球 420 万人过早死亡,其中有 40%出现在中国。[①] 此后,中国开始下大力度治理雾霾,空气质量有所好转。由此出现的问题可能就是,在发展过程中通过对自然的粗放式开采和滥用以及不惜牺牲环境所实现的经济增长和经济发展的收益,是否真的能够超过环境治理所耗费的成本?

3.“大国超越陷阱”或者“修昔底德陷阱”

当世界上经济总量位居第二的国家接近位居第一的国家时,位居第一的国家会通过战争、贸易手段、汇率变化等手段破坏赶超国的发展环境或直接打压其经济增长,从而使得赶超国难以超越被赶超国,这被称为“大国超越陷阱”。这种现象早在古希腊思想家、历史学家修昔底德写作《伯罗奔尼撒战争史》时就提了出来,因此又被称为“修昔底德陷阱”。[②] 之所以称为陷阱,是因为被赶超国所采取的限制等可能会使得赶超国不仅超越不了,反而会陷入经济衰退,与被赶超国之间的差距越拉越大。

根据艾利森对 15 世纪至 20 世纪历史上的 16 个超越案例的研究,只有 4 次没有发生战争。但是,没有发动武力战争,并不代表超越是和平进行的,更不代表潜在的超越者能够超越。20 世纪美国成为世界第一大经济体之后,苏联和日本曾经与美国的经济总量最为接近,几乎达到美国经济总量的 70%,然而这两个国家最终不但没有超过美国,反而与美国的差距越拉越大。比如,日本的经济总量在 1995 年曾经达到美国的 71.33%,之后日本经济总量占美国经济总量的比重不断下降,到 2019 年下降为 23.71%。日本不但在经济总量上没有超过美国,反而与美国的差距越拉越大,为什么?虽然美国与日本发生没有武力冲突,但是美国也的确对日本采取了经济上的限制措施,最重要的是贸易限制和汇率操纵。在贸易方面,通过自愿出口限制等措施,限制日本对美国的出口,这与第二次世界大战后日本经济恢复期间美国对日本的支持政策完全相反;在汇率方面,提高日元对美元的汇率,让日元升值,特别是在 1993 年 2 月到 1995 年 4 月,日元对美元汇率升值达到 56.8%,从 124.95 日元兑 1 美元上升到 79.70 日元兑 1 美元。虽然不能够说日本自 20 世纪 90 年代之后与美国的差距逐年拉大都是因为美国的压制,但是美国的压制也是“功不可没”的。

中国在 2010 年超过日本,成为世界第二大经济体。2015 年,中国的经济总量达到美国的 60%,2019 年达到美国的 66.92%,2020 年达到美国的 70.46%,2021 年达到美国的 77%。虽然可以乐观地预计中国的经济总量必然会超过美国,但是我们必须意识到在中国经济总量与美国的差距越来越小的过程中,美国必然会对中国的经济增长进行越来越多的压制。比如,2017 年以来美国发起的与中国之间的贸易摩擦,虽

① 参见《让呼吸更顺畅:支持中国治理大气污染的宏伟目标》,2020 年 5 月 7 日,https://www.shihang.org/zh/results/2020/05/07/breathing-easier-supporting-chinas-ambitious-air-pollution-control-targets。

② 修昔底德的《伯罗奔尼撒战争史》主要描述的是雅典人和拉栖代梦人(即斯巴达人)之间的战争。他在第一章的最后一自然段写道:“雅典势力的日益增长,由此而引起拉栖代梦人的恐惧,使战争成为不可避免的了。”参见[古希腊]修昔底德:《伯罗奔尼撒战争史》(上卷),徐松岩译,上海人民出版社 2017 年版,第 73 页。“修昔底德陷阱”这种说法是由美国学者格雷厄姆·艾利森提出来的。参见[美]格雷厄姆·艾利森:《注定一战:中美能避免修昔底德陷阱吗?》,陈定定、傅强译,上海人民出版社 2019 年版,第 4 页。

然经过多轮谈判，达成了第一阶段的《中美贸易协议》，中美之间的贸易冲突暂停，但这并不意味着美国对中国的贸易遏制会降低。约瑟夫·拜登(Joseph R. Biden)于2021年年初上任美国总统之后，就一直限制美国企业向中国出口芯片，甚至在2022年8月签署了《芯片与科技法案》，目的就是通过"芯片"限制中国的发展。正如拜登在《芯片与科技法案》签署仪式上所说的，"这项法案将协助美国赢得21世纪的经济竞争"。很明显，拜登所谓的"21世纪的经济竞争"就是中国和美国在21世纪经济实力的竞争。美国不仅通过贸易、投资等经济手段限制中国的发展，还通过各种非经济手段遏制中国的发展，比如在中国周边制造"事端"，如台海危机、南海危机等，甚至让日本等所谓的美国"盟友"为中国制造不利的外部环境。在未来一段时间，美国对中国的遏制只会不断强化，不可能减弱。所以，中国必须清醒地意识到在赶超美国的过程中可能遇到的各种困难和不利环境，避免陷入"修昔底德陷阱"。

4."全球公共产品陷阱"或"金德尔伯格陷阱"

无论是全球问题的解决还是为全球经济发展创造条件，都涉及全球公共产品的问题。在全球化时代，各国家之间的联系日益密切，越来越多的全球事务需要各国家共同参与。像全球环境问题、全球疫情防控等，不是某个国家能够解决的，也并非某个国家能够自愿解决的，需要各个国家之间的合作。在全球经济发展过程中，国际贸易规则为贸易的顺利进行奠定基础，稳定的国际金融体系或货币体系为国际贸易结算和国际资金流动创造条件。第二次世界大战结束前后，如联合国、世界银行、国际货币基金组织的建立以及《关贸总协定》的达成等就是推进世界和平和经济发展而提供的公共产品。它们在战后的确都起到了稳定国际经济秩序、推动世界经济发展的作用。正如美国著名经济学家查尔斯·金德尔伯格所指出的："国际经济和货币体系需要有领导，起领导作用的将是这样的国家，它自觉地或者不自觉地准备按照国内所认可的一套系统的规则，为其他国家确立行为准则，力求其他国家遵循那些准则，为该体系承担超过应有份额的负担，特别是，在该体系处于逆境的时候，通过接受该体系的过剩商品，维持投资资本的流量和将它的商业票据贴现等措施，来支持该体系。英国迄至1913年的一百年间，美国在第二次世界大战后迄至1963年征收利息平衡税这段时期，正是起着这样的领导作用。……世界萧条持续时间之长的部分原因和破坏程度之深的大部分解释，就是英国没有能力继续发挥其世界经济体系的保险者的作用，而美国迄至1936年又拒绝扮演这一角色。"1929年大萧条"波及面这么宽、程度这么深、持续时间这么长，是由于英国没有能力、美国又不愿意在三个方面承担责任以稳定国际经济体系，致使该体系处于不稳定的状况。这三个方面是：(1)为跌价出售的商品保持比较开放的市场；(2)提供反经济周期的长期贷款；(3)在危机时期实行贴现"。[①]

第二次世界大战之后，西欧国家经济的快速恢复，日本、韩国经济的快速发展，中

① [美]查尔斯·金德尔伯格：《1929—1939年世界经济萧条》，宋承先、洪文达译，上海译文出版社1986年版，第12-13页。

国改革开放之后经济的快速增长，外向型发展战略都起了很大的作用，而这依赖于相对成熟稳定的国际经济秩序，像关贸总协定和世界贸易组织主导的国际贸易秩序、世界银行和国际货币基金组织主导的国际货币体系与国际金融秩序等。这是典型的国际或全球公共产品。按照金德尔伯格等的观点，这些国际或全球公共产品通常是由当时占主导地位的“超级大国”提供的，当“超级大国”的力量绝对超过其他国家的时候会主动提供，而当“超级大国”面临着潜在的威胁或挑战的时候，提供的意愿会大幅度下降，甚至不再提供或“破坏”这种国际或全球公共产品。

以布雷顿森林体系为例，国际货币体系确定了世界经济交往的结算货币、支付手段以及货币的兑换关系。第二次世界大战之后建立的国际货币体系的核心是美元与黄金挂钩、其他国家的货币与美元挂钩。布雷顿森林体系建立之初，美国的经济实力远超出其他国家；但是，当其他国家特别是欧洲主要国家的经济逐渐恢复之后，与美国之间的差距缩小，美国稳定国际货币体系的意愿大幅度下降，也就暂停了美元与黄金的兑换关系，布雷顿森林体系解体。布雷顿森林体系是美国主导下提供的国际公共产品，美国和美元是核心。但是，由于“特里芬困境”①，一方面，美国不得不向其他国家供给美元，否则就会出现国际流动性不足；另一方面，美国不断地向其他国家供给美元之后美元会逐渐贬值。美国虽然也可以从供给美元和推动全球经济发展中受益，但是其获得的收益不如全球其他国家获得的收益大，也就出现美国本国利益与全球利益的不一致。因此，在其他国家所获得的收益越来越大，有可能威胁到美国利益时，美国提供这种国际公共产品的意愿下降，直至不愿意提供、不再提供。布雷顿森林体系的解体表明，当一个提供全球公共产品的国家的利益与全球利益或世界上其他国家的利益出现矛盾或不一致的时候，该国家会为了本国的利益而不惜牺牲全球利益。

中国改革开放之后所取得的快速发展，也受益于各种各样的全球公共产品。当然，中国也一直积极履行大国责任，尽可能地为全球发展提供公共产品。中国在成为第二大经济体并且与第一大经济体之间的差距逐渐缩小的过程中，将面临两大方面的全球公共产品问题：一是能够利用的公共产品数量减少，二是需要承担越来越高的公共产品成本。就前者来看，特别是原来由美国主导提供的全球公共产品，美国提供的意愿下降，甚至不再提供。比如，美国威胁退出 WTO，推行单边主义贸易政策，拖欠联合国会费，拖欠世界卫生组织会费甚至威胁退出。就后者来看，其他国家特别是大量的发展中国家对中国的期望越来越高，希望中国承担更高份额的全球公共产品成

---

① 20 世纪 50 年代，美国经济学家特里芬对布雷顿森林体系研究后指出，如果没有别的储备货币来补充/取代美元，以美元为中心的平价体系必将崩溃，因为在这一体系中，美元同时承担了相互矛盾的双重职能：(1)为世界经济增长和国际贸易发展提供清偿能力；(2)维持美元的币值，保持美元同黄金的汇兑比例。为了满足各国对美元储备的需要，美国只能通过对外负债形式提供美元，即国际收支持续逆差，而长期的国际收支逆差将导致国际清偿力过剩、美元贬值（“美元灾”），无法维系对黄金的官价；如果要保证美元币值稳定，美国就必须保持国际收支顺差，这又将导致美元供应不足、国际清偿手段匮乏（“美元荒”）。美元在布雷顿森林体系下的这种两难处境，就是著名的“特里芬困境”。参见[美]罗伯特·特里芬：《黄金与美元危机：自由兑换的未来》，陈尚霖、雷达译，商务印书馆 1997 年版，第 25-36 页。

本，比如在帮助贫困落后国家发展方面提供更多的援助等。这意味着，中国免费或低成本受益于既有国际或全球公共产品的可能性越来越小、难度越来越大，同时又不得不提供更多的国际或全球公共产品，甚至还面临着对中国有益的国际或全球公共产品消失或"人为"被破坏的可能。

5."国际分工陷阱"或"低端锁定陷阱"("比较优势陷阱")

无论是古典经济学时期亚当·斯密提出的"绝对优势说"、李嘉图提出的"比较优势说"还是新古典经济学时期赫克歇尔和俄林提出的"要素禀赋理论"，一个基本的共识就是，一个国家或地区参与国际贸易和国际分工能够获得收益。这是鼓励自由贸易的理论依据。虽然参与国家或地区都能够从国际贸易或分工中获得收益，但是各国家或地区能够从中获得的收益及其份额是不同的，这是由贸易双方的贸易条件决定的。对于发达国家与发展中国家之间的贸易，虽然双方都能够从中获益，但是发达国家会通过各种各样的手段决定贸易条件，强化其在国际贸易中的优势地位，从中获得尽可能多的收益，而发展中国家只能被动地接受贸易条件，获得非常低的收益。有许多发展中国家或贫穷落后国家参与国际贸易，甚至对外开放的程度还比较高，但是仍然很贫困，根本的原因就在于陷入了"低端锁定陷阱"中。正如美国经济学家杰弗瑞·威廉姆森(Jeffrey G. Williamson)所指出的，贫穷的外围国家出口初级产品，主要是农产品和矿产品，而富裕的中心国家出口工业制成品，"贸易、商品专业化和贫穷是高度相关的"①。

即使发展中国家不总是出口农产品和矿产品，也出口工业品，但是也很容易被锁定在"低端陷阱"。至少有两个理论说明了这一点。一个理论是弗农在20世纪60年代提出的产品生命周期理论。该理论将产品的生命周期划分为四个不同的阶段，分别为创新国企业的创新期、创新国企业的出口期、创新国以外的国家生产并成为产品的出口国、创新国成为产品的净进口期。该理论与小岛清的产业梯度转移理论或"雁形理论"结合起来，新产品或新兴产业通常都是从发达国家起步的，然后逐渐向发展中国家转移，结果就是发展中国家一直处于跟随地位。虽然按照产品生命周期理论，发展中国家最终也会成为产品的生产国并出口，但是其能够从中获得的收益是很低的。一方面在于发达国家可以通过各种手段进行压价，毕竟技术来自发达国家；另一方面，发展中国家通常面临着很多的竞争者。所以，发展中国家的"跟随"也就意味着"低端锁定"。另一个是所谓的"微笑曲线"理论。根据该理论，一个国家在全球分工中所处的地位决定其可获得的附加值的大小。全球分工通常可以分为三个阶段，即研发、制造和营销，这也体现出一项新产品从研发到销售的全过程。在研发阶段和营销阶段，附加值最高；制造或组装阶段，附加值最低。发达国家通常处在研发和营销阶段，比如专利、品牌等，而发展中国家通常处于制造和组装阶段。这基本上体现出，产品生产过程

① [美]杰弗瑞·G.威廉姆森：《贸易与贫穷：第三世界何时落后》，符大海、张莹译，中国人民大学出版社2016年版，第2页。

的两端(即高附加值的阶段)在发达国家完成,而制造或组装阶段(即低附加值的阶段)在发展中国家完成。如果发展中国家一直处于产品的制造或组装阶段,虽然也能够从中获得收益,但很容易被“低端锁定”。

中国已经是世界制造业大国,但还不是制造业强国。从制造业增加值来看,中国从2012年以来一直保持世界第一,从2012年的16.98万亿元增长到2021年的31.4万亿元,占全球的30%;从制造业门类看,中国是世界上工业门类最齐全、工业体系最完整的国家,拥有31个大类、179个中类、609个小类;在世界500种主要工业产品中,有40%以上产品的产量稳居世界第一。[①] 中国虽然已经是制造业大国,但是有很多工业门类主要集中于“中间环节”。2015年,国务院印发了《中国制造2025》,提出实施制造强国战略,努力实现中国制造向中国创造、中国速度向中国质量、中国产品向中国品牌三大转变,到2025年迈入制造强国行列。中国已经在向“制造强国”转变,应加强研发、智能制造和品牌建设等,避免被锁定在“微笑曲线”的低端。

三、新政治经济学在中国的适用性及可能的启示

新政治经济学的相关理论既有对各种政治主体的分析,又有对腐败、管制等活动的研究,然而这些理论能否直接应用于中国?毕竟这些理论都是西方国家学者提出来的,都有其现实背景。最为重要的是中国与西方国家的政治制度存在差别,特别是政党制度、民主制度等都存在差别。但是,新政治经济学是经济学的一个重要分支,有其合理的方面,提供了认识社会经济现象的一种理论思路。

(一)新政治经济学在中国的适用性

新政治经济学不能够完全适用于中国,也不能直接应用于中国,但是可以作为理解中国现实、解决中国问题的一种工具或思路。任何理论的发展都有现实背景。新政治经济学是以西方国家,特别是美国、英国等国家的政治制度、民主制度为背景而发展起来的,其所研究或分析的问题主要是西方民主制度下出现的问题。比如,西方国家的政党制度,无论是两党制还是多党制,都不同于中国共产党领导下的多党合作和政治协商制度。政党制度的差别决定了政党的目标存在差别。在西方国家,由于存在着政党竞争,各政党的目标就是赢得选举或者在议会中获得尽可能多的席位,无论是执政党还是在野党,所实行的经济政策或许诺实行的经济政策,都是以获得尽可能多选民的支持为目标的,所以其经济政策即便能够提高公众或选民的福利,也只是其赢得选民支持的副产品,而不是直接以为选民的利益服务为目标。中国共产党与此不同,中国共产党是为中国人民谋幸福、为中华民族谋复兴的党,是以“全心全意为人民服务”作为根本宗旨的政党。正如习近平总书记反复强调的:“江山就是人民,人民就是

① 《制造业这十年:全球产业门类最齐全,持续保持世界第一制造大国地位》,2022年7月26日,http://baijiahao.baidu.com/s?id=1739390968729496793&wfr=spider&for=pc。

江山。中国共产党领导人民打江山、守江山，守的是人民的心。”[①]中国的民主制度也不同于西方国家的民主制度。中国的民主制度是以中国共产党为领导的全过程、全链条民主制度。正如习近平总书记所指出的，美国有美国式民主，中国有中国式民主，都符合各自的国情。中国全过程人民民主基于中国国情和历史文化，体现了人民意愿。进一步地，在此基础上所发展出来的新政治经济学的相关理论，比如政治商业周期理论，就不能够直接应用于中国。

我们对新政治经济学既不能一味否定，也不能全盘接受，而是要“去其糟粕，取其精华”。新政治经济学是经济学的一个重要分支。它提供了认识世界、解释世界的一种思路、工具或方法。世界是复杂的，人们对世界的认识或解释就像“盲人摸象”，各种理论对世界的认识或解释可能只是真实世界的一个方面或一个侧面。新政治经济学提供了关于政治与经济、政治学与经济学关系的一种认识，虽然未必完全正确，未必完全适用于中国的情境，但至少能够让我们更好地理解或认识西方国家的政治经济现象。正如习近平总书记所指出的，“对国外特别是西方经济学，我们要坚持去粗取精、去伪存真，坚持以我为主、为我所用”[②]；“对国外的理论、概念、话语、方法，要有分析、有鉴别，适用的就拿来用，不适用的就不要生搬硬套”[③]；“对一切有益的知识体系和研究方法，我们都要研究借鉴，不能采取不加分析、一概排斥的态度”[④]。

在借鉴吸收新政治经济学“精华”或“有益成分”的基础上，要结合中国的情境和所遇到的问题有所发展和创新。习近平总书记对构建中国特色哲学社会科学及指导思想、学科体系、学术体系、话语体系等方面充分体现中国特色、中国风格和中国气派提出了明确要求和希望，我们在批判地借鉴和吸收西方国家新政治经济学的理论、方法和工具等基础上要有所发展，使之成为构建中国特色哲学社会科学的有益成分。比如，可以利用新政治经济学所提出来的一些概念、假定和方法研究中国问题，目标不是证实西方国家语境下的既有理论，而是在证伪基础上发展，立足中国实际，讲好中国故事，传播中国声音，展现中国形象。

（二）解释中国实践，解决中国问题

正如习近平总书记指出的：“世界上伟大的哲学社会科学成果都是在回答和解决人与社会面临的重大问题中创造出来的。”“当代中国正经历着我国历史上最为广泛而深刻的社会变革，也正在进行着人类历史上最为宏大而独特的实践创新。这种前无古人的伟大实践，必将给理论创造、学术繁荣提供强大动力和广阔空间。这是一个需要理论而且一定能够产生理论的时代，这是一个需要思想而且一定能够产生思想的时代。我们不能辜负了这个时代。”[⑤]新中国成立后特别是改革开放后所创造的伟大成

---

① 《习近平著作选读》（第一卷），人民出版社 2023 年版，第 38 页。

② 习近平：《论把握新发展阶段、贯彻新发展理念、构建新发展格局》，中央文献出版社 2021 年版，第 65 页。

③ 习近平：《在哲学社会科学工作座谈会上的讲话》，人民出版社 2016 年版，第 18 页。

④ 习近平：《在哲学社会科学工作座谈会上的讲话》，人民出版社 2016 年版，第 18 页。

⑤ 习近平：《在哲学社会科学工作座谈会上的讲话》，人民出版社 2016 年版，第 12、8 页。

就，不仅体现在经济方面，而且体现在社会、政治、文化等各个方面，需要对其进行解释，中国未来发展面临的困难和问题需要解决思路，新政治经济学能够在一定程度上发挥作用，这也是本书的落脚点。

比如，对中国改革开放之后所取得的伟大成就的解释，马克思主义政治经济学是有解释力的，新政治经济学中的制度与经济增长（经济发展）的理论也可以进行解释。中国改革开放本身是一场伟大的制度变迁，而制度是调节人与人之间关系的，是通过物体现出来的人与人之间的关系。家庭联产承包责任制实施之后，在土地数量、质量和生产技术等没有根本变化的情况下，农业产量大幅度提高，根本原因在于农民个人、农村集体和国家之间对于农业生产和收益分配的关系进行了调整，赋予了农户生产经营的自主权，也赋予了农户生产经营收益的剩余索取权，极大地提高了农户的生产积极性。可见，改革开放后农业产量在短期内的迅速增长单纯从技术或物理方面是难以解释的，需要从人与人之间关系的角度进行解释。

再比如，面对中国现阶段经济发展所面临的各种“陷阱”或挑战，单纯从技术或物理方面难以提出有针对性的解决方案，也需要从人与人之间关系的角度进行解决。人与自然或环境之间的关系说到底是人与人之间关系的问题，是不同主体利益关系的调整问题。

总之，学习或研究新政治经济学的目标既是为构建中国特色哲学社会科学贡献力量，也是为解释中国现实、解决中国问题贡献力量。当然，这需要在对已有理论深入学习和研究的基础上，结合中国的情境、问题等进行分析和发展。

后　记

我编著的《新政治经济学导论》2008年在上海人民出版社出版后，已经过去15年了。这期间，我一直在山东大学经济研究院工作，并一直以这本教材为基础为研究生讲授“新政治经济学”这门课程，既有全日制研究生，也有在职申请学位者。在讲授这门课程的过程中，我不断阅读文献，不断有新的想法，不断地修改讲课用课件，也想修订再版。上海人民出版社也跟我沟通过修订再版的事宜，但是，出于各种原因，我一直没有修改完成。为了满足需求，只好重印了3次。

2021年，《新政治经济学导论》获评“首届山东大学研究生优秀教材”(证书编号：SDU-YYXJC2021-16)，使我下定决心修改再版；2022年，本书的再版获得山东大学“2022年度研究生核心课程教材出版专项”计划立项(山大研字[2022]15号)。立项之后，我从2022年6月开始启动修改工作，修改比较缓慢，实际修改的难度比想象的要大。一个暑假、一个寒假加上一个学期，我主要的时间都在进行修改工作。暑假和寒假时间比较集中，能够集中阅读文献进行修改。终于，在2022至2023学年寒假快要结束的时候，才修改完成。

本次修改主要体现为五个方面：一是增加了课程思政的内容，将专业课程与思政内容密切结合，在专业课程中融入思政内容；二是提高教材的问题意识，专门增加一章“典型事实与已有解释”，阐述该课程要回答的科学问题；三是调整全书结构，既有章节的合并调整，也有前后顺序的调整，使其逻辑更加紧密；四是补充新的文献和资料，特别是2008年之后出版或发表的各种文献；五是在每一章后面增加“推荐阅读”和“思考题”，以便学生有重点地阅读学习和思考研究。

本书能够再版得到了山东大学研究生院和山东大学出版社的大力支持，在此表示感谢！山东大学出版社的陈佳意老师和邵淑君老师在编辑本书过程中，付出了大量的劳动，为本书增色不少，我十分感谢！

虽然我已经尽力完善，但是仍不免存在不足之处，还请读者多加指教，以便进一步修改完善。

李增刚

2023 年 2 月